ANDRZEJ MOSZCZYŃSKI jest autorem 23 książek, 34 wykładów oraz 3 kursów. Pasjonuje go zdobywanie wiedzy z obszaru psychologii osobowości i psychologii pozytywnej.

Ponad 700 razy wystąpił jako prelegent podczas seminariów, konferencji czy kongresów mających charakter społeczny i charytatywny.

Regularnie się dokształca i korzysta ze szkoleń takich organizacji edukacyjnych jak: Harvard Business Review, Ernst & Young, Gallup Institute, PwC.

Jego zainteresowania obejmują następujące tematy: potencjał człowieka, poczucie własnej wartości, szczęście, kluczowe cechy osobowości, w tym między innymi odwaga, wytrwałość, wnikliwość, entuzjazm, wiara w siebie, realizm. Obszar jego zainteresowań stanowią również umiejętności wspierające bycie zadowolonym człowiekiem, między innymi: uczenie się, wyznaczanie celów, planowanie, asertywność, podejmowanie decyzji, inicjatywa, priorytety. Zajmuje się też czynnikami wpływającymi na dobre relacje między ludźmi (należą do nich np. miłość, motywacja, pozytywna postawa, wewnętrzny spokój, zaufanie, mądrość).

Od ponad 30 lat jest przedsiębiorcą. W latach dziewięćdziesiątych był przez dziesięć lat prezesem spółki działającej w branży reklamowej i obejmującej zasięgiem cały kraj. Od 2005 r. do 2015 r. był prezesem spółki inwestycyjnej, która komercjalizowała biurowce, hotele, osiedla mieszkaniowe, galerie handlowe.

W latach 2009-2018 był akcjonariuszem strategicznym oraz przewodniczącym rady nadzorczej fabryki urządzeń okrętowych Expom SA. W 2014 r. utworzył w USA spółkę wydawniczą. Od 2019 r. skupia się przede wszystkim na jej rozwoju.

Każdy z nas jest niepowtarzalny i wyjątkowy. Wszyscy rodzimy się z naturalną ciekawością świata, pragnieniem odkrywania, poznawania i tworzenia. Jak to się dzieje, że ta wyjątkowość, kreatywność, radość i swoboda ekspresji zatracają się gdzieś podczas dorastania i przypadającej na ten czas edukacji szkolnej? Czy powszechne systemy edukacji oparte na oświeceniowym przekonaniu, że wszyscy przychodzimy na świat jako „czysta tablica", którą można dowolnie zapisać, wspierają nasz rozwój i rozwijają nasze zdolności, czy jest wręcz przeciwnie? Czy szkoła, próbująca nas ukształtować według narzuconego przez system modelu i starająca się nas wpasować w ramy społecznych oczekiwań, na pewno jest warunkiem odniesienia sukcesu i spełnionego życia? Nie potwierdzają tego przykłady ludzi, którzy zdołali się wyłamać z tego systemu i pójść własną drogą. To samoucy – ci, którzy mimo braku formalnego, systemowego wykształcenia odnoszą sukcesy w przeróżnych dziedzinach i branżach, tworząc, wynajdując, unowocześniając, a często wręcz rewolucjonizując życie swoje i współczesnych im ludzi, czyniąc je lepszym i łatwiejszym.

Książka *Sukcesy samouków. Królowie wielkiego biznesu* zawiera pięćdziesiąt biogramów nieprzeciętnych ludzi – przedsiębiorców samouków, którzy często wbrew ciężkim warunkom, biedzie i brakowi szkolnej edukacji odnieśli w życiu wielkie sukcesy, w sposób zasadniczy wpływając na świat, jaki znamy. Niech będą one dla Ciebie dowodem na to, że spełnione życie i sukces zależą przede wszystkim od pracy i samodzielnego rozwoju, a nie od formalnego wykształcenia.

Szczegóły dostępne na stronie:
www.andrewmoszczynski.com

Andrzej Moszczyński

INACZEJ O DOBRYM I MĄDRYM ŻYCIU

2021

© Andrzej Moszczyński, 2021

Redakcja wydawnicza, korekta oraz skład i łamanie:
Wydawnictwo Online
www.wydawnictwo-online.pl

Projekt okładki:
Mateusz Rossowiecki

Wydanie I

ISBN 978-83-65873-53-8

Wydawca:

ANDREW MOSZCZYNSKI
INSTITUTE

Andrew Moszczynski Institute LLC
1521 Concord Pike STE 303
Wilmington, DE 19803, USA
www.andrewmoszczynski.com

Licencja na Polskę:
Andrew Moszczynski Group sp. z o.o.
ul. Grunwaldzka 411, 80-309 Gdańsk
www.andrewmoszczynskigroup.com

Licencję wyłączną na Polskę ma Andrew Moszczynski Group sp. z o.o. Objęta jest nią cała działalność wydawnicza i szkoleniowa Andrew Moszczynski Institute. Bez pisemnego zezwolenia Andrew Moszczynski Group sp. z o.o. zabrania się kopiowania i rozpowszechniania w jakiejkolwiek formie tekstów, elementów graficznych, materiałów szkoleniowych oraz autorskich pomysłów sygnowanych znakiem firmowym Andrew Moszczynski Group.

Ukochanej Żonie
Marioli

SPIS TREŚCI

Przedmowa 9

O czym przeczytasz w tej książce? 21

Inaczej o szczęściu 31

Inaczej o wartościach 57

Inaczej o poznawaniu siebie 81

Inaczej o poczuciu własnej wartości 133

Inaczej o wierze w siebie 171

Co potrafi człowiek? 205

Inaczej o byciu odważnym 233

Inaczej o byciu wytrwałym 253

Inaczej o byciu entuzjastycznym 275

Inaczej o byciu realistą 311

Inaczej o byciu wnikliwym 359

Inaczej o podejmowaniu decyzji 377

Inaczej o priorytetach 411

Inaczej o byciu asertywnym........................425

Inaczej o umiejętności wyznaczania i osiągania celów 447

Inaczej o planowaniu 483

Inaczej o uczeniu się.............................501

Inaczej o inicjatywie 525

Inaczej o zaufaniu 547

Inaczej o pozytywnym myśleniu.....................595

Inaczej o motywacji..............................613

Inaczej o miłości 633

Bibliografia.....................................653

Indeks osób 663

O autorze 667

Dodatek 1. Cytaty, które pomagały autorowi
    napisać tę książkę 671

Dodatek 2. Inspirujące cytaty 677

Przedmowa

Czy zastanawiałeś się ostatnio nad swoim życiem? Czy próbowałeś zadać sobie pytanie, jakie ono jest? Czy jesteś z niego zadowolony?

Zazwyczaj uważamy, że życie to coś oczywistego i naturalnego – jak oddychanie lub przemiana materii... Nie mamy wpływu na jego przebieg. Dlatego nawet jeśli czujemy się nieszczęśliwi i zagubieni, często nie robimy nic, by zmienić ten stan rzeczy. Pozwalamy życiu po prostu się toczyć. Pracujemy bez satysfakcji, otaczamy się nieodpowiednimi ludźmi, wplątujemy w zatruwające nas sytuacje. Nie rozumiemy, dlaczego jest nam źle, ani nie zdajemy sobie sprawy z tego, że sami możemy poprawić jakość życia.

Czy – wiedząc, że masz wybór – świadomie zgodziłbyś się, by to inni decydowali o Twojej przyszłości, o Twoich marzeniach, o Twoim szczęściu? Myślę, że odpowiedź brzmi: nie! A przynajmniej zastanawiasz się nad tym... Może masz wątpliwości... Zadajesz sobie pytania...

Od kiedy pamiętam, szukam odpowiedzi na wiele pytań dotyczących sensu życia.

Zawsze miałem wątpliwości co do bezkrytycznego przyjmowania, że aby być szczęśliwym czy spełnionym, koniecznie należy postępować w określony przez jakąś grupę ludzi sposób, na przykład że mam jako uczeń przynosić do domu dobre oceny, w szkole uczyć się według podanego programu nauczania. Coś mi nie pasowało pod tym względem: czemu mam się uczyć na pamięć formułek, definicji, czytać nudne lektury, być bezwzględnie posłusznym nauczycielom? Od kiedy pamiętam, nie podporządkowywałem się tym oczekiwaniom. Nie chciałem uwierzyć, że to, kim mogę zostać, kim chcę zostać, ma zależeć tylko od innych ludzi czy może od ślepego losu.

Czasami się zastanawiałem, kim są ludzie tworzący standardy dotyczące edukacji, czym się kierowała ta grupa osób, ustanawiając na przykład określony program matury. Być może ich intencje były szlachetne, ale kiedy przeanalizowałem efekty takich programów, zrozumiałem, że nasze umysły są zbyt skomplikowane, aby narzucać nam, czego mamy się uczyć czy też co mamy robić, żeby nasze życie stało się pożyteczne i wartościowe.

Rodzimy się z naturalną potrzebą rozwoju. Najlepiej widać to u dzieci, które z ogromnym zapałem chłoną wszystkie nowości i w intuicyjny sposób szukają inspiracji. Jakie są przy tym radosne i zadowolone! Niektórzy z nas zachowują ten sposób poznawania rzeczywistości przez całe życie; niestety – tylko niektórzy.

Tu rodzą się ważne pytania: Gdzie podziewa się wrodzona ciekawość świata i zdolność zachwycania się życiem? Dlaczego tak wielu z nas zaczyna ślepo wierzyć w utarte, ogólnie przyjęte i hamujące rozwój pseudo-prawdy o życiu i zasadach, jakimi się rządzi?

Czasami słyszymy takie powiedzenia: „głową muru nie przebijesz", „biednemu zawsze wiatr w oczy", „życie to nie bajka", „z przeznaczeniem nie wygrasz", „trzeba się pogodzić z losem", „życie takie jest i nic się nie da zmienić". Jak zapatrujesz się na takie twierdzenia? Warto, byś się nad tym zastanowił chwilę.

Idąc dalej, zadajmy inne pytania: Czy to możliwe, by życie człowieka w tak niewielkim stopniu zależało od niego samego? Czy jeśli ktoś pochodzi na przykład z małej wsi lub ubogiej rodziny, to nie ma przed sobą żadnych perspektyw i jest skazany na życie niskiej jakości? Co o tym myślisz? Jakie jest Twoje zdanie na ten temat?

A co myślisz o zjawisku tak zwanej tyranii autorytetu? Czy słyszałeś o czymś takim? Opinie ludzi uznanych za wykształconych przyjmowane są przez niektórych jako pewniki, bo słowa autorytetu (nauczyciela, naukowca, dziennikarza itp.) „muszą być" prawdą, jedyną i słuszną. Czy można bezkrytycznie przyjmować takie „prawdy" i opierać się na nich, zamiast szukać własnych rozwiązań? Czy da się bez przemyślenia i weryfikacji czyichś słów odróżnić prawdziwy autorytet od pseudoautorytetu? Poglądy pseudoautorytetów przyjmowane „na wiarę" mają ogromną siłę sprawczą, która często prowadzi na manowce.

Przychodzimy na świat z określonymi predyspozycjami i potencjałem, ale czy to geny są czynnikiem, który decyduje o tym, że nasze życie będzie szczęśliwe, spełnione? Na co wskazują obserwacje? Geny to siła, która nas kształtuje, rozwijamy się w określonym kierunku pod wpływem wrodzonego potencjału – potencjału, który musi znaleźć sposób na rozwój. Ale czy to jedyny czynnik, który nas prowadzi przez życie?

Co przesądza o tym, jacy jesteśmy i jak postąpimy z własnym życiem? Wpływ na nasze losy mają również wychowanie, kontakty środowiskowe, ale i – zaznaczę to wyraźnie – nasz samorozwój, nasza świadomość samodoskonalenia.

Czy jesteśmy gotowi się zmienić? Świadomość wpływania na życie wprowadza nas w świat widzenia okazji, kształtuje w naszych umysłach postawę, która charakteryzuje się słowami: „chcę", „mogę". Tak myśli człowiek, który doświadczył zmian wynikających ze świadomego kształtowania swojej osobowości, wpływania na własne nastawienie.

Jeśli jesteś gotowy, aby wejść na drogę lepszej jakości, to nie szukasz powodów, które szybko Cię zniechęcają. Raczej jesteś skupiony na szukaniu sposobów pozwalających Ci rozwijać się zgodnie z tempem, jakie wynika z Twojego temperamentu.

Myślę że na pewnym etapie życia zastanawiamy się nad tym, co robić, żeby było ono szczęśliwe, żebyśmy byli zadowolonymi ludźmi. Szukamy więc mądrości i zastanawiamy się nad jakością naszych decyzji, jakością naszych relacji i jakością naszego nastawienia do wyzwań, które stawia przed nami życie.

Stawiamy sobie proste pytanie: jaką drogą iść, by prowadzić dobre życie?

Posłużę się pewnym przykładem w tej ważnej sprawie. Prawie każdy z nas próbował sklejać w dzieciństwie modele statków lub samolotów. Wydaje się to takie proste. Dostajemy pudełko z częściami, które trzeba ze sobą połączyć, następnie wygładzić i odpowiednio pomalować. Im bardziej skomplikowany model, tym części jest więcej. Jednak bez względu na ich liczbę przychodzi taki moment, w którym model nabiera już kształtu finalnego, ale jeszcze nie jest gotowy. Brakuje drobiazgów. Malutkich sznureczków zastępujących liny okrętowe albo kółek wysuwanego podwozia w kadłubie samolotu. Gdy wszystkie części umocujemy tak, jak należy, nadal nie możemy uznać, że ukończyliśmy dzieło. Trzeba usunąć resztki kleju, doszlifować niektóre elementy, a potem nadać całości odpowiednie barwy. Wtedy możemy powiedzieć: jest super .

Czy na pewno? W stosunku do pierwotnych zamiarów: tak. Ale… jeśli przypatrzymy się efektowi następnego dnia, z całą pewnością okaże się, że można jeszcze coś dodać lub poprawić.

Przedmowa

Co wtedy robimy? Jedni machną ręką i zostawią pracę na tym etapie. Inni postanowią dokonać zmian, by obiekt był jeszcze bliższy doskonałości.

Taki schemat postępowania obowiązuje nie tylko w pracy nad modelami. Praca nad tym, aby nasze życie było dobre, przebiega dokładnie tak samo jak przy składaniu modelu. Wymaga uważności i skupienia na szczegółach. Wymaga rozwijania swojej osobowości.

Jaką korzyść daje nam rozwijanie swojej osobowości? Obrazowo na to pytanie można odpowiedzieć tak: dzięki kształtowaniu dobrych nawyków, pielęgnowaniu pozytywnych cech naszego charakteru uzbrajamy się w emocjonalny mechanizm, który można porównać do filtra. Ten mechanizm zapobiega przedostawaniu się do naszego serca – czyli naszego siedliska uczuć, naszych pobudek oraz do naszego nastawienia – „wirusów", które niszczą nasze życie. Niszczą, jeśli wierzymy w coś, co nie jest prawdą, na przykład w przeznaczenie albo w to, że nikomu nie można ufać, albo że lepiej jest zakładać w życiu czarne scenariusze, aby nie być potem rozczarowanym.

Zwróćmy uwagę na to, że nasze przekonania prowadzą nas od jednej decyzji do drugiej. To oczywiste. A co, jeśli jesteśmy „zawirusowani" i uważamy, że bycie szczęśliwym to mrzonka, że bycie człowiekiem spełnionym jest nierealne? Wówczas nie szukamy wiedzy, lecz godzimy się z tym, że szczęście to coś, na co nie mamy wpływu. Że jakaś niewidzialna siła steruje życiem, a my jesteśmy tylko małymi trybikami. Jeśli tak myślimy o jakości życia, to ten schemat skłania nas do podejmowania decyzji, które niosą ryzyko unieszczęśliwiania nas.

Rozwijanie się daje taką korzyść, że uzbrajamy się w różne mentalne filtry, które nas chronią przed niewłaściwym formułowaniem myśli, niewłaściwym interpretowaniem zdarzeń. Rezultatem samorozwoju jest posiadanie czystego umysłu. Jak to napisał Mark Fischer: „Dla tych, którzy nie potrafią dostrzec zła – zło nie istnieje". Idąc za Fischerem, liczy się to, jakie nadajemy znaczenie temu, co nas spotyka. Aby lepiej to zrozumieć i zapamiętać, podzielę się z Tobą kolejnym przykładem.

Jak się czujesz w hotelu, w którym pracownicy traktują Cię życzliwie i z szacunkiem? Widać i czuć, że ludzie pracujący w tym hotelu po prostu lubią innych ludzi – nie byli tego uczeni, właściciel bądź dyrektor hotelu szukał ludzi, którzy już posiadali dobre nastawienie do ludzi. Szukał kogoś, kto ma pozytywne nastawienie do zadań, wyzwań – kogoś, kto lubi się rozwijać pod względem emocjonalnym, kogo interesuje rozwijanie swojej osobowości.

Czy wiesz, że ci z nas, którzy lubią innych – bez względu na to, czy kogoś znają, czy nie – mają w sobie taki filtr? Mówiąc obrazowo, są uzbrojeni w taki mechanizm, który pomaga dostrzegać w innych dobro, pomaga dostrzegać w innych wspaniałych ludzi, kogoś, dzięki komu oni mają pracę i mogą realizować swoje marzenia.

A co, jeśli pracownicy hotelu są z wykształcenia hotelarzami, ale brakuje im takich właśnie filtrów? Teoretycznie wiedzą wszystko o tym, co należy robić, ale czy w chwilach prób będą gotowi, aby stawić czoła wyzwaniom?

Ci z nas, którzy rozwijają się, wprawiają w ruch kreatywne myślenie o rozwiązywaniu konfliktów, nie myślą o tym, kto ma rację, nie szukają winnych, nie osądzają, nie szukają sprawiedliwości. Chcą pokoju, szukają sposobności łagodzenia nieporozumień. Ale żeby to osiągnąć, musi temu towarzyszyć gotowość do samorozwoju i wiara, że możemy się zmienić.

Dla każdego, kto dba o swój rozwój, nie jest problemem bycie pokornym, chcącym innych stawiać w dobrym świetle czy – jeśli zajdzie taka potrzeba – umiejącym przeprosić.

Nietrudno się domyślić, że takie działanie przynosi same korzyści.

Żeby coś w sobie zmienić, najpierw musimy ocenić siebie. I to jest pierwsze wyzwanie, bo chodzi o to, aby ocenić siebie uczciwie i realistycznie. Uzyskanie świadomości siebie – kim się jest w danej chwili – wbrew pozorom jest dość trudnym wyzwaniem. A dbanie o drobiazgi w naszej osobowości to klucz do trwałych zmian.

Ponieważ temat szczegółów jest bardzo ważny, zapoznaj się, proszę, z poniższymi przemyśleniami na ten temat.

Czy słyszałeś o takim powiedzeniu: „Drobiazgi składają się na doskonałość, ale doskonałość nie jest drobiazgiem"? A może znasz też podobny cytat: „Perfekcja składa się z drobiazgów, jednak sama perfekcja nie jest drobiazgiem" (Frederick Henry Royce)?

Poświęcenie odpowiedniej ilości czasu na szczegółowe przeanalizowanie na przykład przyczyn, które doprowadzają do rozwinięcia się pięknej cechy, jaką jest wytrwałość, jest bardzo ważne. Koncentracja na tym zadaniu wymaga odpowiedniej motywacji, która z kolei rodzi determinację i, ogólnie mówiąc, wielkie zaangażowanie.

Cała nasza osobowość to, mówiąc w przenośni, wielka fabryka, w której znajduje się mnóstwo zależnych od siebie trybików. Osobowość każdego z nas jest niepowtarzalna – od temperamentu po cechy, uzdolnienia, nawyki. Żeby nasze życie uległo zmianie, powinniśmy się przyjrzeć sobie i dokonać samoanalizy. Potem czeka nas praca z samym sobą.

Wiele szczegółów w naszej osobowości może się nam wydawać nieistotnych. Ale tak nie jest. Może jeszcze kilka krótkich przykładów ilustrujących ważność dbania o szczegóły:

Czy wiesz, z ilu części składa się **samochód**? Mniej więcej z dwunastu tysięcy. Gdybyś na przykład chciał obejrzeć każdą z tych dwunastu tysięcy części i poświęciłbyś na jedną tylko minutę, to zajęłoby Ci to aż dwieście godzin. To więcej niż miesiąc pracy urzędnika pracującego po osiem godzin dziennie ☺.

A teraz pomyśl, ile czasu i uwagi musieli poświęcić projektanci auta na zaprojektowanie tych części? Ile czasu zajęło ich wyprodukowanie? Ile trwało ich zmontowanie? Wielu ludzi brało udział w dbaniu o szczegóły takiego przedsięwzięcia i, jak widać, wszystko działa i możemy dziś poruszać się autami. Jazda samochodem to wielka przyjemność, z której korzystam niemal każdego dnia. Na naszej planecie jeździ ponad miliard aut.

Samolot Boeing 747-400 składa się z sześciu milionów części, w tym 274 kilometrów przewodów i 8 kilometrów rur.

Wahadłowiec kosmiczny składa się z 2,5 miliona odrębnych części, 370 kilometrów okablowania, ponad 1060 zaworów hydraulicznych, 1440 przycisków włączających/wyłączających, ponad 27 000 płyt izolacyjnych i koców termicznych.

Pomyśl: my, ludzie, tego dokonaliśmy – zadbaliśmy o szczegóły i dzięki temu mamy takie osiągnięcia.

Dlaczego podaję te zadziwiające liczby? Aby pokazać, że jesteśmy bardzo, ale to bardzo wyjątkowi; jesteśmy cudem.

Jeśli zapoznamy się z funkcjonowaniem naszej osobowości i wejdziemy w szczegóły tego fascynującego tematu, to zdobędziemy jedną z najważniejszych informacji, która wpływa na podniesienie jakości naszego życia. A moim zdaniem rozwój osobisty ma wielki wpływ na jakość naszego życia.

Jesteśmy dziś wręcz bombardowani indoktrynacją – w szkole, w pracy, w domu rodzinnym, w kościele czy przez media. Dlatego konieczne wydaje się, by posiąść umiejętność korzystania ze zdolności do samodzielnego myślenia.

W moim przypadku musiałem zapłacić wysoką cenę, aby na pewnym etapie życia nie poddawać się indoktrynacji. Przez kilka lat byłem sfrustrowany i musiałem na nowo przeanalizować mój system wartości. Wypracowałem w sobie pewną miarę zdrowego sceptycyzmu – okazuje się, że sceptycyzm chroni nas przed manipulacjami i złym wpływem.

Dziś tak wiele mówi się o sukcesie rozumianym bardzo wąsko jako suma sławy i pieniędzy. To cel dla tych, którzy ulegają stereotypom i nie rozumieją, czym jest sukces, jeśli już musimy posługiwać się tym pojęciem (lepiej mówić o jakości życia, bo to wyrażenie wskazuje na długofalowość i ma znacznie szerszy zakres).

Czy warto dążyć do sukcesu za wszelką cenę, po drodze mijając lub nawet niszcząc to, co mogłoby nas uszczęśliwić? Czy osiągnąwszy ten swój „sukces", rzeczywiście poczujemy się spełnieni?

Co więc robić, by słowo „sukces" stało się synonimem autentycznej i trwałej satysfakcji? Wierzę, że droga do tego prowadzi poprzez kształtowanie umiejętności świadomego kierowania swoim postępowaniem i myśleniem, wpływanie na emocje, tworzenie lub zmianę nawyków. To zwykła logika.

Myślenie w kategoriach „chcę" i „mogę" rodzi określone działania, z nich zaś powstają nawyki, które stają się częściami osobowości.

Jako że nasze „dobre" życie zaczyna się w naszym umyśle, w moich książkach można znaleźć zachęty do pielęgnowania myślenia optymistycznego, bez uprzedzeń, popartego rzetelną wiedzą na dany temat. Mam nadzieję, że poznane podczas lektury tej książki przemyślenia staną się inspiracją do zmian, które pozwolą moim Czytelnikom znaleźć życiowe zadowolenie i spełnienie.

Czasami stawiam moim rozmówcom następujące pytanie: czy chciałbyś mieć wolny wybór? Wolny wybór decyzji i działania.

Wolność prowadzi do równowagi i harmonii, które dają satysfakcję i rodzą zadowolenie. To niezwykły stan ducha. Przede wszystkim wzmacnia poczucie własnej wartości i wiarę w siebie. Zdobycie wolności myślenia jest jednym z ważniejszych celów, który mi przyświecał podczas pisania tej książki.

Jeśli wejdziesz w taki stan myślenia, który charakteryzuje się uzyskaniem szerszego obrazu na dany temat, jeśli zakwestionujesz swoje aktualne poglądy, by uzyskać rzeczywisty obraz sytuacji, to znaczy, że pisanie spełniło swój cel.

Ludzie od wieków się rozwijają i dokonują rzeczy niezwykłych, otwierając się na nowe poglądy, na wiedzę popartą dowodami.

U różnych osób w momentach kryzysu pojawia się gotowość do rozwoju i przyjęcia nowej wiedzy, nowych poglądów. Łatwiej godzimy się wtedy na zmianę nawyków, przyjmujemy wcześniej niedoceniane prawdy i porzucamy stare schematy myślenia.

Czy wiedza, jaka kryje się w tej książce wystarczy, by życie stało się lepsze? To zależy od konkretnego człowieka. Jego aktualnych przekonań, jego potrzeb, potencjału i... świadomości.

Aby zmiany osobowości były głębokie i trwałe, trzeba przesiąknąć wiedzą, zanurzyć się w niej. Przemyślenia, jakie zawarłem w tej książce, to tylko niewielka część wiedzy o dobrym życiu.

Praca nad sobą wymaga pokory – najpierw powinniśmy sami przed sobą przyznać, że czegoś nam brakuje, że może powinniśmy być bardziej sumienni, może powinniśmy uznać, że nie każdy cel jesteśmy w stanie osiągnąć.

Czy w każdym człowieku kryje się wielka energia, którą można wyzwolić? Energia zamknięta w potrzebie rozwoju rozumianego jako przekraczanie własnych ograniczeń w drodze do spełniania pragnień.

Przedmowa

Moim zdaniem nie w każdym z nas kryje się ta energia. Ale u niektórych ludzi ta energia występuje. Uwalnianie jej to zazwyczaj proces trudny, pełen obaw i lęków. Boimy się pożegnania ze „starym człowiekiem" w nas, bo nie mamy pewności, czy ten „nowy" spełni nasze oczekiwania i zrealizuje plany.

Czasami blokują nas też stereotypy, na przykład takie: „już nic nie da się zrobić", „taki się urodziłem", „chyba za późno na zmiany".

Może warto w takiej chwili postawić sobie pytanie: czy przyszedł czas, by odrzucić fałszywe poglądy na różne tematy i zrobić milowy krok w kierunku poprawy jakości życia? ☺

* * *

Niniejsza książka to faktycznie zbiór 22 poradników, napisanych przeze mnie w latach 2005-2019 i wydanych jako seria inspirujących książek w wersji kieszonkowej.

O czym przeczytasz w tej książce?

W dzisiejszych czasach, czasach rewolucji cyfrowej i postępu technologicznego, żyjemy coraz wygodniej, przyjemniej, intensywniej i dłużej. Gromadzimy coraz więcej przedmiotów, które nasze życie czynią łatwiejszym i prostszym. Czy jednak jesteśmy dzięki temu szczęśliwsi?

Zaproponuję zupełnie inne podejście do kwestii **szczęścia**, które wiąże się z uczciwością rozumianą jako zgodność czynów z wyznawanymi wartościami, nieustannym samorozwojem, akceptacją, tworzeniem pozytywnych więzi i altruizmem.

*

Wartości są wszystkim, co uznajemy w swoim życiu za ważne, do czego chcemy dążyć i co chcemy posiąść lub osiągnąć. Nasza hierarchia wartości decyduje o tym, jakich wyborów dokonujemy, o co dbamy i czym się w życiu zajmujemy.

Szczególną rolę pełnią wartości nadrzędne, którym podporządkowane są wszystkie inne. Takimi dominującymi wartościami mogą być: rodzina, miłość, szczęście, prawda, wolność, zdrowie, prostolinijność, wiedza, satysfakcjonująca praca.

Jakie cechy charakteru mogą w nas wytworzyć wartości nadrzędne? Jak wybierać swoje wartości i jaki wpływ przyjęty system wartości będzie miał na nasze życie?

*

Jedni ludzie osiągają w życiu sukces, a inni nie. Z pewnością nie jest to tylko kwestia szczęścia. Nie jest to też wynik samej ciężkiej pracy. Dużą rolę odgrywa umiejętność właściwego wykorzystania swoich predyspozycji, talentów i zainteresowań. Aby tę umiejętność posiąść, najpierw należy dobrze **poznać samego siebie**.

Czy wiesz, kim jesteś i jaki jesteś? Czy znasz swoje silne i słabe strony? Czy wiesz, jaki rodzaj inteligencji jest u Ciebie najlepiej rozwinięty? Czy masz świadomość, w jakim stopniu Twoje postępowanie zależy od dobrych i złych nawyków?

Opiszę metody przydatne w diagnozowaniu własnej osobowości. To istotne ogniwo w łańcuchu czynności zmierzających do budzenia drzemiącego w każdym z nas potencjału.

*

Dlaczego jedni ludzie są pewni siebie i śmiało kroczą przez życie, a drudzy pozostają nieśmiali, lękliwi i pełni kompleksów? Dlaczego różnimy się tak bardzo poczuciem własnej wartości i to bardzo często bez związku z posiadanymi umiejętnościami czy cechami charakteru?

Rozważymy, czym jest **poczucie własnej wartości**, jakie są jego źródła w dzieciństwie i jakimi sposobami można je u siebie podnieść i wzmocnić. Zastanowimy się, dlaczego niekorzystnym zjawiskiem jest zarówno zbyt niska, jak i zbyt wysoka samoocena, zwłaszcza gdy jest oderwana od rzeczywistości. Wytłumaczę, jak właściwie kształtować wewnętrzne przekonania na swój temat dzięki pozytywnemu myśleniu, samoświadomości i samoakceptacji.

*

Nie ma potężniejszej siły popychającej człowieka do czynu niż **wiara w siebie**, czyli głębokie przekonanie, że to, co robimy lub zamierzamy zrobić, w końcu przyniesie spodziewany efekt. Nie daje ona gwarancji sukcesu, ale bez niej żaden sukces nie jest możliwy.

Skąd wyrasta wiara w siebie i czym się rożni od poczucia własnej wartości? Dlaczego wiara nie jest sprzeczna z wiedzą, lecz się na niej wspiera? Jak znajdować pasję i tworzyć własną wizję życia? Jak dzięki wierze w siebie pokonywać przeszkody, które stawia przed nami życie? Czego uczą nas przykłady ludzi, którzy nigdy nie utracili wiary?

*

Jak to się dzieje, że jedni ludzie osiągają szczęście i spełnienie, podczas gdy drudzy cały czas bezskutecznie poszukują sensu w życiu? Wbrew pozorom to nie jakiś wrodzony talent jest najważniejszy w odniesieniu sukcesu, lecz znalezienie w sobie wewnętrznej siły, odpowiedniej motywacji i wystarczającej wytrwałości.

Wskażę, jak istotne dla poprawy naszego życia jest to, byśmy potrafili rozpoznać własne predyspozycje oraz byśmy zrozumieli, że nasze możliwości są niemal nieograniczone. Odwołując się do inspirujących przykładów **osiągnięć ludzkiego rozumu i ciała**, wskażę, jak rozwijać nasz potencjał oraz jak wyznaczać życiowe cele i skutecznie dążyć do ich realizacji.

*

Odwaga jest kolejnym – obok wiary w siebie, wytrwałości, wnikliwości, entuzjazmu i realizmu – czynnikiem stanowiącym bazę dla dojrzałej konstrukcji psychicznej i mocnego charakteru. Jest świadomą, śmiałą i zdecydowaną postawą wobec życia, umiejętnością nieustraszonego wypowiadania się i postępowania zgodnie z własnymi przekonaniami, jasnego stawiania sobie celów i konsekwentnego dążenia do nich.

Porozmawiamy o odwadze. O tym, jak ją rozwijać i wzmacniać dzięki poznawaniu siebie i zdobywaniu wiedzy. O pokonywaniu lęków, odrzucaniu irracjonalnych obaw i uniezależnieniu się od zniechęcającego wpływu otoczenia.

*

Wytrwałość to konsekwentne dążenie do celu. To nieugięte pozostawanie na wybranej ścieżce pomimo przeszkód, niedogodności, zniechęcenia własnego, a także zniechęcania nas przez innych. To posiadanie jasnej wizji celu i przekonanie, że zasługujemy na jego osiągnięcie. To niezachwiana wiara, że na końcu wytyczonej drogi czeka na nas nagroda.

Wytrwałości można się nauczyć. Można ją wypracować i wyćwiczyć, stosując odpowiednie metody oddziaływania na własną podświadomość. Wytrwałość można wzmacniać i pielęgnować, unikając niekorzystnego wpływu pewnych zjawisk i sytuacji.

*

Co sprawia, że niektórzy ludzie z wielkim zaangażowaniem i radością realizują swoje pasje i potrafią zarażać nimi innych? To **entuzjazm**. Czyli silna, pozytywna emocja, która inicjuje i przyspiesza działanie, zwiększa wiarę w osiągnięcie celu oraz łączy się z odczuwaniem szczęścia.

Dowiesz się:
- jak rozwinąć i utrzymać entuzjazm,
- na czym polega metoda Williama Jamesa rozwinięta przez Normana Vincenta Peale'a,

- jak radzić sobie z przeszkodami w byciu entuzjastycznym,
- jak umiejętność wzbudzania entuzjazmu może pomóc w kierowaniu zespołem.

*

Co kojarzy się nam ze słowem „realizm"? Czy **realizm** pcha nas w górę, czy ściąga w dół? W powszechnym mniemaniu bycie realistą to właśnie zaprzestanie „bujania w obłokach" i „zejście na ziemię", w dodatku najczęściej połączone z twardym lądowaniem.

Jak się jednak okazuje, realistyczne myślenie wcale nie oznacza porzucania marzeń i ograniczania się w stawianiu sobie ambitnych celów. Myślenie realistyczne wiąże się z racjonalnością, a nie z pesymizmem, co wykazuję, odwołując się do różnych przykładów, w tym również do swojego własnego.

*

Wnikliwość jest jednym z najważniejszych fundamentów dojrzałej osobowości – obok wiary w siebie, wytrwałości, odwagi, realizmu i entuzjazmu jest to główna cecha odpowiedzialna za obecność szczęścia w życiu. Umiejętność analizowania, docierania do sedna rzeczy i odkrywania prawdy przynosi jedną z największych satysfakcji, jakie może osiągnąć człowiek.

Z niniejszego poradnika dowiesz się, jak rozwijać i stosować wnikliwość w różnych sferach życia, jak może Ci w tym pomóc prowadzenie wewnętrznego dialogu oraz jak bardzo inspirujące są biografie ludzi wnikliwych.

*

Całe nasze życie składa się z niezliczonej ilości decyzji podejmowanych co chwilę. Są to zwykle **decyzje** bezrefleksyjne i automatyczne, dokonywane codziennie w błahych sprawach.

Jednak często musimy też decydować w sprawach ważnych i doniosłych, wymagających uprzedniego zdobycia wiedzy i gruntownego przemyślenia.

Dowiesz się, jak wybierać samodzielnie, świadomie i właściwie, w zgodzie ze swoimi pragnieniami i wartościami. Poznasz etapy podejmowania decyzji i metody kształtujące umiejętność ich podejmowania. Nauczysz się, jak radzić sobie z przeszkodami, takimi jak stres, i jak pozytywnie wykorzystać swoje błędy.

*

Priorytety to sprawy na tyle dla nas istotne, że przyznajemy im pierwszeństwo w naszym życiu. To im w pierwszej kolejności poświęcamy swoją uwagę i podejmujemy działania, których wymagają. Gdy właściwie wyznaczymy swoje priorytety, nasze życie będzie prostsze i lepsze – uzyskamy kontrolę nad czasem, nasze działania staną się skuteczne, zyskamy szacunek i zaufanie.

Udzielę praktycznych wskazówek, jak ustalać swoje priorytety, jak się na nich koncentrować i kierować się nimi na co dzień, a także jak wykorzystać w tym celu potęgę daru myślenia.

*

Asertywność to postawa obrony swoich praw w relacjach z otoczeniem, charakteryzująca się posiadaniem i wyrażaniem własnego zdania oraz bezpośrednim wyrażaniem emocji w granicach nienaruszających praw innych osób.

Dzięki lekturze tej książki poznasz pięć praw regulujących zachowania asertywne. Nauczysz się rozpoznawać wewnętrzne blokady hamujące Twoją asertywność oraz czynniki, które ją wspomagają. Dowiesz się także, jak: przyjmować oceny, wyrażać krytykę, niezadowolenie i gniew, stopniować swoje reakcje, odmawiać czy negocjować.

*

To **cele** nadają sens naszemu życiu. Wyznaczając sobie cele, decydujemy, co chcemy osiągnąć i dokąd chcemy dotrzeć.

Przeczytasz o kryteriach, jakie spełnia właściwie wyznaczony cel – powinien być: szczegółowy, mierzalny, trafny, realistyczny, terminowy, ekscytujący i zapisany. Nauczysz się wyciągać wnioski z sukcesów i porażek. Dowiesz się o różnych źródłach, z których można czerpać inspirację do wyznaczania i osiągania celów. Opisane przeze mnie techniki stosuje się zarówno w biznesie, jak i sporcie – są to rozwiązania uniwersalne, które mogą być wykorzystywane przez każdego.

*

Myślenie strategiczne dotyczy nie tylko dziedzin biznesu, polityki i wojskowości, lecz posiada też ogromne znaczenie w życiu osobistym. **Umiejętność planowania** i przewidywania różnych możliwości działania w zależności od rozwoju sytuacji pozwala na zdobycie kontroli nad własnym życiem.

Przeczytasz o zasadach skutecznego planowania oraz poszczególnych etapach tego procesu. Dowiesz się, jak planować w różnych perspektywach czasowych i jak stosować metodę scenariuszową. Przedstawię także sprawdzone sposoby organizowania czasu: zasadę Pareto, kwadrat Eisenhowera i Cztery Generacje Zarządzania Czasem.

*

Thomas Alva Edison, naukowiec i wynalazca, twierdził, że geniusz to 1% natchnienia i 99% mozołu. To przede wszystkim wiedza i praca, a nie sam talent. Nic nie jest dane na zawsze z góry, wszystkiego można się nauczyć. Ale **jak uczyć się skutecznie**, zdobywając nowe umiejętności i wzbogacając swoje życie osobiste?

Przedstawię najlepsze metody uczenia się i techniki, które je wspomagają: mnemotechniki, notowanie nielinearne (mapy pojęć i mapy myśli), aktywne powtarzanie, szybkie czytanie, przyswajanie wiedzy w stanie relaksu, a także wyjaśnię potęgę samokształcenia.

*

Konfucjusz powiedział, że nawet podróż tysiąca mil zaczyna się od pierwszego kroku. Co jest tym pierwszym krokiem? **Inicjatywa**. Inicjatywa to decyzja o podjęciu działania, wiara w jego sens i skuteczność. To pierwszy krok do zrobienia czegokolwiek – bez niego nie można zrealizować żadnego planu, osiągnąć żadnego celu ani spełnić żadnego marzenia. Wykazując inicjatywę w jakiejś sprawie, dowodzisz, że Ci na niej zależy. Przejmując inicjatywę, bierzesz sprawy w swoje ręce i sprawiasz, że zaczynają się one toczyć tak, jak Ty byś sobie tego życzył.

Zachęcę Cię do śmiałego wykonywania tego pierwszego kroku, a także przedstawię pięciopunktowy plan codziennej pracy nad sobą, który pomoże Ci stać się człowiekiem z inicjatywą.

*

Zaufanie to wynik pracy nad sobą i rezultat pielęgnowania wielu przymiotów naszej osobowości – w tym najważniejszej, jaką jest uczciwość.

Wyjaśnię, jak dzięki zaufaniu możemy uczynić nasze życie lepszym, budując dobre relacje z innymi, ale i tworząc szczególną relację z samym sobą. Dowiesz się o:

- zaufaniu do siebie,
- zaufaniu w relacjach z ludźmi,
- zaufaniu w związku,
- a także poznasz tajniki zaufania w biznesie.

*

Czym naprawdę jest **pozytywne myślenie**? Według mnie wcale nie chodzi o wyobrażanie sobie wielkiej wygranej na loterii czy marzenie o złowieniu złotej rybki. Chodzi o takie nastawienie się do rzeczywistości, które realnie pomoże Ci w codziennym życiu i realizacji zaplanowanych celów. Pozytywne nastawienie przynosi korzyści, a narzekanie i czarnowidztwo szkodzi. Myśląc pozytywnie, programujesz do pomocy potężne narzędzie, jakim jest Twoja podświadomość.

Czy tak rozumianego pozytywnego myślenia można się nauczyć? Jak dzięki niemu radzić sobie ze stresem? Jak być optymistą w trudnych sytuacjach?

*

Motywacja to siła, która pcha nas do przodu, wyzwala w nas chęć działania i entuzjazm. Dzięki niej nasze wysiłki są nakierowane na cel i skupione na drodze prowadzącej do niego.

Czym się różni motywacja wewnętrzna od zewnętrznej? Jakimi sposobami możemy wzbudzać motywację w sobie? Czy może nam w tym pomóc wizualizacja celu albo rozważanie korzyści, jakie wypływają z jego osiągnięcia? Czy warto motywować innych? Jak wykorzystać pozytywnie emocje i potrzeby? Na takie właśnie pytania odpowiem w tej książce.

*

Wydaje się, że o **miłości** powiedziano i napisano już wszystko, i z żadnej książki, rozmowy, filmu ani wykładu nie dowiesz się niczego nowego. Na pewno? Czy potrafisz w sposób jasny zdefiniować miłość, powiedzieć bez wahania, czym ona jest – czym jest prawdziwa miłość? Jak o nią dbać? Jak ją okazywać? Jak jej nie utracić?

To właśnie miłość pozwala najsilniej doświadczyć wartości życia. To ona nadaje sens naszej egzystencji. Jest dopełnieniem wszystkiego. Miłość domaga się jednak nieustannego rozwoju. Musimy ciągle jej się uczyć.

*

Zapraszam Cię do przeczytania o: szczęściu, wartościach, poznawaniu siebie, poczuciu własnej wartości, wierze w siebie, ludzkich możliwościach, odwadze, wytrwałości, entuzjazmie, realizmie, wnikliwości, decyzjach, priorytetach, asertywności, celach, planowaniu, uczeniu się, inicjatywie, zaufaniu, pozytywnym myśleniu, motywacji i miłości… **INACZEJ**.

Inaczej o szczęściu

Spis treści

Wstęp 33

Cztery czynniki szczęścia 39

Pierwszy czynnik: przyjęcie
odpowiedzialności za własne szczęście 41

Drugi czynnik: poznanie
fundamentów szczęścia 46

Trzeci czynnik: przeszkody
w osiąganiu szczęścia 48

Czwarty czynnik: szczęście
wynikające z dawania 51

Co możesz zapamiętać? ☺ 54

Wstęp

Kilka lat temu przeczytałem interesujący tekst o szczęściu. Dowiedziałem się z niego między innymi, że szczęściu towarzyszy spokój wewnętrzny, który wynika z bycia uczciwym. Po przeczytaniu tego nasunęła mi się refleksja: kiedy naszą wartością nadrzędną jest uczciwość, wówczas nie obawiamy się na przykład utraty reputacji. Ten jeden drobiazg w pewnym sensie jest odpowiedzialny za bycie szczęśliwym.

Analizując temat szczęścia w kontekście bycia uczciwym, czasami zastanawiam się, jaki związek ma uczciwość z niedocenianą przez nas cnotą, jaką jest pokora. Pokora ma wiele odcieni i można ją analizować w wielu różnych aspektach. Myślę, że pokora może oznaczać, iż pragniemy się uczyć przez całe życie. I to nie tylko zdobywając wiedzę szkolną czy uniwersytecką, z książek czy na kursach. Chodzi o coś więcej – o naukę poprzez obserwację innych ludzi, a nawet zwierząt.

Kiedy umiemy się uczyć od innych, bez względu na ich zamożność, wykształcenie, pozycję społeczną, wówczas jesteśmy przystępni, a inni darzą nas szacunkiem i zwyczajnie nas lubią. To właśnie jest pewną miarą szczęścia.

Człowiek, który nie uważa pokory za cnotę ani wartość, może przejawiać przeciwne cechy, takie jak: zarozumiałość, zuchwałość, pychę. Jak zachowuje się taka osoba?

Swoją postawą demonstruje, że jest lepsza od innych; na przykład nauczyciel w szkole sam może wybrać sposób komunikowania się z uczniami: będzie przystępny, życzliwy, pokorny, skromny, będzie zwracał uwagę na możliwości swoich uczniów, ich ograniczenia, różnice w percepcji albo będzie się wywyższał, co okaże intonacją głosu czy używaniem słów mało zrozumiałych dla swoich podopiecznych.

Znam ludzi, którzy uznali, że pokora to pozytywna cecha i że warto ją pielęgnować. Tacy ludzie dość szybko znajdują w sobie źródło siły do podejmowania różnych wyzwań. Wynika to z umiejętności wejrzenia w siebie, spojrzenia na siebie jakby oczami innych.

Weźmy na przykład takie źródło nieporozumień, a może nawet konfliktów, jakim jest przerywanie innym podczas rozmowy. Osoba pokorna posiada taki stan umysłu, który pomaga jej rozpoznać u siebie tę przywarę, która zniechęca innych do prowadzenia rozmów. Co z tym dalej robi? Zwyczajnie rozwija w sobie przekonanie, że chce tego zaprzestać. Następnie szuka skutecznych strategii, które wprowadzi w życie.

A jakie Ty masz w tej sprawie zdanie?

Pokorni ludzie nie uważają się za lepszych od innych. Jeśli cenisz u innych na przykład umiejętność przyznawania się do błędów, to wiesz, że pewna doza szczęścia prędzej czy później „zapuka do drzwi" takich osób.

Kończąc ten wątek – wątek pokory – dodam jeszcze, że jeśli umiemy przeprosić za popełniony błąd, to jesteśmy wolni od dumy i manii wielkości; kiedy przyznajemy się do błędów, to jesteśmy wiarygodni. Ludzie wiedzą, że każdy popełnia błędy. Lecz nie każdy jest w stanie się do nich przyznać.

Co to wszystko ma wspólnego ze szczęściem?

Złe relacje z innymi nie dają szczęścia – osoba pokorna dba o dobre relacje z innymi, zależy jej na byciu przystępną i życzliwą.

Szczęśliwa jest też osoba współczująca. Jeśli jesteś taką osobą – a myślę, że większość ludzi posiada tę cechę – to wypełnia Cię łagodność i empatia, współodczuwasz ból innych i „łączysz się" z nimi na poziomie emocjonalnym.

Co jeszcze można powiedzieć o szczęściu? Szczęście to dla wielu z nas brak stresu, brak bólu psychicznego, to posiadanie dziecka (zwłaszcza jeśli małżonkowie się o nie starają, a jest to trudne z powodów zdrowotnych), to dobrze przespana noc czy spacer z rodziną.

Ponadto jesteśmy szczęśliwi, jeśli robimy coś dla innych, jeśli pielęgnujemy pozytywne relacje.

Pewnie wiesz, że kto dba o dobre relacji z innymi, ten zwyczajnie lubi ludzi. Kto myśli o innych pozytywnie, wierzy w ich dobre intencje, niesie pociechę, chętnie chwali, docenia, okazuje wdzięczność, umie słuchać, ten zaspokaja u innych potrzebę bycia ważnym.

To ktoś, kto akceptuje odmienność. Kto kocha innych, jest delikatny, nie ocenia. Nie trzeba do tego dużo, wystarczy rozbudzić w sobie miłość do innych ludzi.

Z moich obserwacji wynika, że jeśli ktoś od dziecka jest przyjazny, komunikatywny, optymistyczny, wrażliwy na ludzkie cierpienie, kochający zwierzęta, altruistyczny, to jest mu bliżej do bycia szczęśliwym.

Nie oznacza to jednak, że inni nie są szczęśliwi. Wielu jest, bo spełniają jeszcze wiele innych kryteriów. U niektórych ludzi musi się coś wydarzyć w życiu: wypadek, choroba, zdrada, śmierć bliskiej osoby. W takich sytuacjach następuje coś w rodzaju resetu umysłu. Nagle zdajemy sobie sprawę, co jest w życiu ważne: ciepłe relacje z innymi ludźmi, ich bliskość, zrozumienie, życzliwość, szczerość, ciepła rada, spontaniczny uśmiech. Zaczynamy wówczas nowe życie bez zbędnych wymagań, bez złości, z większą dawką cierpliwości. Zaczynamy pojmować, że jesteśmy tu tylko na chwilę, jesteśmy tu gośćmi.

Czy wiesz, że kiedy umrzesz, to ci, którzy przyjdą na Twój pogrzeb, prawdopodobnie podsumują Twoje życie tylko jednym zdaniem? Większość z nich odpowie na pytanie: kim on był?

Ludzie podążający drogą szczęścia rozumieją to, że aby doświadczać ze strony innych przejawów miłości, sami muszą tacy być w stosunku do innych; wiedzą, że inicjatywa musi wyjść od nich samych. Czy myślisz teraz, kiedy masz na to jeszcze wpływ, jak odpowiedzą inni na pytanie: kim był ten człowiek?

Kiedy umarł mój tata, miałem zaledwie piętnaście lat. Śmierć taty była dla mnie traumatyczna. W tamtym okresie byłem bardzo skupiony na poszukiwaniu odpowiedzi na jedno pytanie: jaki jest sens życia? Po co żyjemy? Dlaczego na świecie jest tyle cierpienia, bólu, złości? Od tego czasu rozpocząłem poszukiwania sensu życia i postanowiłem w swoim sercu, że będę się skupiał na zgłębianiu tajników umysłu. Dlaczego? Aby osiągnąć szczęście, a może nawet coś więcej – spełnienie.

Po jakimś czasie pojawiło się pragnienie kontrolowania własnych myśli, słów, postępowania. W każdym razie ten jeden impuls – śmierć taty – pociągnął za sobą szereg postanowień, które prowadziły mnie do celu, jakim jest życie według własnego scenariusza.

Dotarło wówczas do mnie, jak kruche jest życie – mój ojciec miał tylko 44 lata, kiedy zmarł. Od tego czasu chodzę regularnie na pogrzeby, ponieważ przypominają mi, jaki jest sens życia, skłaniają mnie do stawiania następujących pytań: co robić, aby być szczęśliwym? Jak określać priorytety? Jak siebie dyscyplinować, aby robić to, co powinno zostać zrobione? Skoro ludzie potrafią opisać innych jednym zdaniem, to jak chcę być opisany?

Ja pragnę być zapamiętany jako ten, który okazywał innym dobro. Tylko tyle, nic więcej.

Myślę, że właśnie takie proste, krótkie zdanie może być mottem dla moich codziennych decyzji. W zasadzie taka jest moja misja życiowa: zachęcać, inspirować, wzmacniać, budować, wpływać na podejmowanie dobrych decyzji, pokazywać, że można być spełnionym człowiekiem.

Takie nastawienie do życia już od wielu lat nadaje głęboki sens mojemu życiu i budzi we mnie energię, która pozwala mi być niemal przez cały czas zaangażowanym we wszystko, czym się zajmuję.

Ale powróćmy do szczęścia. Kiedy jesteś osobą wdzięczną, zauważasz intencje, a nie określone czyny. Raczej myślisz o tym, co masz, niż o tym, czego Ci brakuje. Kontrolujesz siebie w różnych aspektach życia, na przykład pamiętasz, aby nie wynosić się nad innych. Kiedy doceniasz to, co masz, i to, co Cię spotyka, rzadko kiedy się smucisz, raczej jesteś pełen pozytywnej energii.

Co wspólnego ze szczęściem ma poczucie własnej wartości?

Kiedy masz zdrowe poczucie własnej wartości, zwyczajnie lubisz siebie. Uśmiechasz się do siebie w łazience, dbasz o siebie, czytasz to, co sprawia Ci przyjemność, jesz smaczne potrawy, wychodzisz na spacery, do kina, teatru, odwiedzasz gabinety spa. Wyznaczasz sobie cele, które są w zasięgu Twoich możliwości, są realistyczne. A kiedy lubisz siebie, to lubisz też innych. Jeśli rozumiesz, kim jesteś, nie oczekujesz od siebie tego, czego nie jesteś w stanie zrobić, a to tworzy harmonię. Kiedy jesteś osobą, która wierzy w siebie, wyznaczasz sobie cele i je osiągasz, co również uszczęśliwia.

Gdy jesteś wnikliwy, nie oceniasz, a tym bardziej nie osądzasz – takie postępowanie Cię uszczęśliwia. Ponadto dzięki wnikliwości jesteś specjalistą od rozwiazywania życiowych wyzwań – to jest źródłem szczęścia. Jeśli jesteś wytrwały i kończysz to, co zaczynasz, stajesz się osobą, której inni ufają. Ufasz także sam sobie, co również Cię uszczęśliwia.

Będąc odważnym, robisz to, czego wielu się obawia i rezygnuje z różnych okazji. Przekraczanie granic i podejmowanie się trudnych zadań rodzą świadomość bycia potrzebnym. Odwaga to wybitny atrybut szczęśliwego człowieka. Podobnie kiedy jesteś entuzjastyczny, to Twój uśmiech, radość, zadowolenie są dowodami, że jesteś szczęśliwy.

A kiedy entuzjazm nas nie opuszcza? Gdy zajmujemy się na co dzień tym, co jest też naszą pasją, czymś, co kochamy, co będziemy w stanie robić nawet bez zapłaty. Dla człowieka, który jest realistą, bycie szczęśliwym jest w pewnym sensie naturalne. Nie chodzi mi o bycie pesymistą. Tylko realistą, który jest bardzo zaangażowany w poszukiwanie rozwiązań w różnych obszarach życia.

Jestem przekonany, że szczęśliwy jest ten, kto lubi się uczyć, kto poznał swoje zdolności do przyswajania wiedzy i ma plan własnej edukacji – uczenie się jest czymś pięknym i to nas różni od innych stworzeń.

Czyż to nie cud, że umiemy mówić, pisać, czytać, słuchać pięknej muzyki, malować, rzeźbić? Aby to wszystko można było robić, potrzebny jest impuls do nauki, jej głód, jej pragnienie.

Ci, którzy odkryli, że zaspokajanie tej potrzeby daje szczęście, są w pewnym sensie zwycięzcami – ludźmi doświadczającymi uczucia ekscytacji. Ci z nas, którzy kochają się uczyć, rozumieją, jak w trakcie nauki czas gna niczym rozpędzony pociąg. Nie wiadomo kiedy mija pięć godzin. Jest to tak zwany stan *flow*. Zatem odkryj własny sposób na naukę i doświadczaj szczęścia.

Posiadanie różnych umiejętności, takich jak asertywność, wyznaczanie celów, planowanie, podejmowanie decyzji, ustalanie priorytetów, to również źródło pełni szczęścia. Dlatego ich rozwijanie jest naprawdę fascynującym zajęciem.

Czy potrafisz sobie wyobrazić człowieka, który posiada umiejętność ustalania priorytetów?

On po prostu wie, co ma zrobić w pierwszej kolejności, i to robi. Nie odkłada spraw ważnych na koniec, bo rozumie, że dysponuje określonym zasobem energii. I kiedy postępuje zgodnie z posiadaną umiejętnością, jest z siebie zadowolony. To owoc jego pracy nad daną umiejętnością.

Skoro szczęście wynika z utrzymywania dobrych relacji z innymi, to zapewne warto się pochylić nad tym, w jaki sposób można rozwinąć w sobie pozytywne nastawienie, które pozwala nam na niewdawanie się w konflikty z innymi. Nasza postawa wobec innych ludzi czy zdarzeń jest kluczowa zwłaszcza w aspekcie utrzymywania pozytywnych relacji.

Często mówił o tym profesor psychologii **Viktor Frankl**: „Ostatnią z ludzkich wolności pozostaje wybór postawy wobec dowolnego zestawu okoliczności". Ten człowiek wiedział, co pisze, bowiem doświadczył ogromu cierpienia i bólu w obozie koncentracyjnym.

Ale dobre relacje z innymi, które dają nam szczęście, to coś więcej niż pozytywne nastawienie. To również motywowanie innych, by wykorzystywali swój potencjał, to ufanie innym, a przede wszystkim obdarzanie ich altruistyczną miłością.

Cztery czynniki szczęścia

Czy wiesz, dlaczego wymieniłem aż tyle cech, umiejętności, które wpływają na nasze zadowolenie, na nasze szczęście? Ponieważ wszystkie te elementy są odpowiedzialne za jakość naszego życia. Tak dochodzimy do kolejnego aspektu szczęścia.

Zdaniem wielu myślicieli szczęście ma związek z zaspokajaniem potrzeby rozwoju osobistego. Potrzeby doskonalenia swojej osobowości. Czy też tak myślisz?

Rodzimy się z naturalną potrzebą rozwoju, która jest najsilniejsza w pierwszym okresie życia. Jako dzieci z ogromnym zapałem i radością chłoniemy wszelkie nowości i intuicyjnie szukamy inspiracji. Niestety, z wiekiem zwykle tracimy spontaniczną chęć poznawania świata; tylko nieliczni zachowują ją na całe życie.

Dlaczego tak się dzieje? Gdzie się podziewa nasza wrodzona ciekawość i zdolność do zachwycania się życiem? Pod wpływem wychowania i kontaktów ze środowiskiem korygujemy swoje nastawienie i dostosowujemy się do wymagań otoczenia. To bardzo niepokojące zjawisko hamujące naturalny rozwój osobowości.

Czasami słyszymy: „głową muru nie przebijesz", „biednemu zawsze wiatr w oczy", „trzeba się pogodzić z losem". Czy to możliwe, by jakość życia człowieka zależała niemal wyłącznie od czynników zewnętrznych, a nie od niego samego? Gdyby Ciebie o to zapytano, jakiej byś udzielił odpowiedzi?

Oczywiście można zacytować wielu znanych myślicieli i powiedzieć, że szczęście zależy od nas samych. Ale czy w to wierzymy? Czy wierzysz w to, że potencjał tkwi w każdym człowieku i tylko czeka, aby go wykorzystać?

Jeśli „głodzisz" wątpliwości, a „karmisz" wiarę w dobro, miłość i rozwój, to jesteś na najlepszej drodze do szczęścia. Możemy być szczęśliwi niezależnie od okoliczności.

Czy podzielasz taki pogląd? Może nie, a może tak. Zastanówmy się, jak to zrobić? Jak być szczęśliwym, mimo że spotykają Cię różne nieprzyjemne sytuacje? Poszukajmy wspólnie odpowiedzi na to pytanie, rozważając cztery czynniki przybliżające nas do szczęścia.

Oto one:
1. Wiara w to, że jakość naszego życia zależy od nas samych.
2. Poznanie fundamentów szczęścia.

3. Rozpoznanie przeszkód w osiąganiu szczęścia i nauczenie się, jak je pokonywać.
4. Robienie czegoś dla innych.

Rozwinę po kolei każdy z nich.

Pierwszy czynnik: przyjęcie odpowiedzialności za własne szczęście

Szczęście zależy od nas samych. Wielu z nas nie wierzy w możliwość wpływania na własne życie. Dlatego nawet jeśli nie jesteśmy z niego zadowoleni i czujemy się zagubieni lub nieszczęśliwi, to nie robimy nic, by poprawić swój los. Pozwalamy życiu po prostu się toczyć. I tu rodzi się pytanie: dlaczego mamy się zgadzać na to, by przypadek albo inni ludzie decydowali o naszej przyszłości, o naszych marzeniach, o naszym szczęściu? Czy wiesz, że akceptacja takiego stanu rzeczy wypływa z przekonania, które ktoś nam wpoił?

Zakładam, że ten ktoś nie miał złej woli ani złych intencji, raczej był wprowadzony w błąd przez innych. Przekonania można modyfikować, ale wcześniej musimy poddać je analizie. Zacznijmy więc od następującego pytania: czy Twoim zdaniem istnieje prawo skutku i przyczyny? Niektórzy powiedzą niemal od razu, że oczywiście tak. To zwykła logika.

Ale być może część Czytelników jeszcze o tym nie myślała.

Jeśli się wahasz z odpowiedzią, to zastanów się, jakie jest prawdopodobieństwo, że zostaniesz zwolniony z pracy (na przykład z powodu redukcji etatów), jeśli będziesz znany z tego, że jesteś uczciwy, lojalny, punktualny, wytrwały, entuzjastyczny, odważny, wnikliwy.

Wiadomo, że robisz więcej, niż prosi Cię o to Twój przełożony, posiadasz umiejętności planowania, asertywności, ustalania priorytetów. Jako kierownik działu jesteś skromny, pokorny, masz optymalne poczucie własnej wartości, wychodzisz z inicjatywą, ufasz innym, masz silną motywację do pracy, a Twoim atrybutem jest pozytywne nastawienie do wyzwań.

Czy Twoja osobowość jest kapitałem dla firmy, w której pracujesz? Jak myślisz? Który będziesz w kolejce do zwolnienia, jeżeli przyjdzie recesja?

Oczywiście znamy odpowiedź: prawo skutku i przyczyny jest pewne jak działanie szwajcarskiego zegarka.

Jeśli natomiast nie jesteś świadomy własnej osobowości i jej nie rozwijałeś, może masz nawet dystans do rozwoju, a Twoje relacje z innymi pozostawiają wiele do życzenia, to prawo skutku i przyczyny też zadziała i w chwili próby dowiesz się, że jesteś pierwszy na liście do zwolnienia.

Tak może się stać, nawet jeśli masz tak zwane kompetencje twarde, a więc jesteś specjalistą w jakimś zakresie.

Wiem coś o tym, bo brałem udział w zatrudnianiu ludzi do różnych działów w agencji reklamowej, do pracy w hotelach, w tworzeniu struktur firmy deweloperskiej, a w ostatnim czasie w rekrutacji w fabryce urządzeń okrętowych.

Wiele osób nie ceni rozwoju kompetencji miękkich, a mocno stawia na rozwój kompetencji twardych. Jednak aby być przydatnym w miejscu swojej pracy, trzeba poważnie traktować samorozwój.

Niestety, musiałem brać udział w zwalnianiu ludzi, którzy byli skuteczni w wielu dziedzinach, ale nie przejawiali chęci korzystania ze szkoleń ułatwiających funkcjonowanie firmy. Na pewnym etapie w każdej firmie ważne stają się szczegóły związane z relacjami czy wyznawanymi wartościami, posiadanymi umiejętnościami z zakresu inteligencji emocjonalnej, a także optymalnym poczuciem własnej wartości.

Przypomina mi się pewna myśl, którą usłyszałem wiele lat temu: „Póki życie trwa, zawsze mamy szansę na zmianę jego jakości. Bez względu na to, ile mamy lat – czy stoimy dopiero u progu dorosłości, czy zakończyliśmy aktywne życie zawodowe". Jest tylko jedno pytanie: czy jesteś gotowy na zmiany, na rozwój, na naukę?

Życie przebiega dokładnie tak, jak je prowadzimy: od jednej decyzji do drugiej. Pewnie niektórzy mają teraz ochotę się sprzeciwić: „Zaraz, zaraz, są przecież sytuacje, których nie możemy przewidzieć i na które nie mamy wpływu. Wypadki, choroby...". Owszem. Ale takie okoliczności nie stanowią przeszkód w podejmowaniu decyzji. Jedynie ograniczają wybór... A czasem paradoksalnie mogą otworzyć przed nami nowe możliwości.

Nawet wtedy, gdy zostajemy zmuszeni do zmiany i mamy ograniczony wybór, na przykład podczas choroby, to i tak zawsze mamy alternatywę. Zawsze.

Wyobraź sobie, jak mogłoby wyglądać Twoje życie, gdybyś nie skupiał się na zdarzeniach, które Cię spotkają, a na decyzjach, jakie podejmujesz, uwzględniając te zdarzenia. Większość wydarzeń jest przecież niezależna od nas, ale postępowanie i decyzje, jakie podejmujemy pod ich wpływem, już w stu procentach są naszym świadomym działaniem.

Seneka powiedział, że żeglarzowi, który nie wie, dokąd płynie, żaden wiatr nie jest przychylny.

Jak rozumieć te mądre słowa? Żadna droga nie będzie dobra dla człowieka, który nie wie, dokąd zmierza. Nie wystarczy powiedzieć: „chcę być szczęśliwy, pragnę być dobrym mężem, ojcem". Zatem o co chodzi? O zrozumienie i zaakceptowanie tego, że życie wymaga planu.

Aby plan stworzyć, musimy przewidzieć różne okoliczności. Pamiętam, jak zareagowałem, kiedy przeczytałem około

25 lat temu w pewnej książce, aby napisać swoją własną wizję życia, napisać misję swojego życia, ale również napisać – a wcześniej wnikliwe przemyśleć – strategię, która stanie się narzędziem realizacji mojej wizji i misji.

Byłem zszokowany. To było dla mnie jak odkrycie największego sekretu.

A jakie Ty masz o tym zdanie? Czy takie podejście do życia jest według Ciebie słuszne?

Analiza zachowań tych, którzy żyją szczęśliwie, są spełnieni, wskazuje, że nie ma innej drogi.

Smutne to, ale prawdziwe, że ani szkoły, ani w większości nasi rodzice nie uczą nas, że szczęście to nie przypadek, że szczęście to zbiór zasad i wartości, które albo uznamy za prawdziwe i zastosujemy, albo tylko o nich porozmawiamy, ale nie weźmiemy ich sobie do serca.

Większość ludzi dąży do szczęścia. I tu rodzi się kolejne ważne pytanie: skąd miałbyś wiedzieć, którą drogę wybrać, gdybyś nie odpowiedział sobie na pytanie, co jest dla Ciebie szczęściem? Czy wiesz, że aby być szczęśliwym człowiekiem, należy kierować się konkretnymi zasadami?

Poznanie ich i uznanie za słuszne będzie pierwszym krokiem do uwolnienia potencjału zamkniętego w Twoim wnętrzu. Czym jednak jest szczęście? Czy można być szczęśliwym długotrwale? Czy dla każdego człowieka bycie szczęśliwym oznacza to samo?

Zastanówmy się, czym jest szczęście.

Odpowiedzi na te pytania nie są ani proste, ani jednoznaczne. Od wieków poszukują ich najwybitniejsi myśliciele. Istnieje nawet odrębna dziedzina wiedzy zajmująca się tym zagadnieniem: felicytologia. Myśliciele antyczni uważali, że szczęście jest jedynym celem życia człowieka. Na określenie szczęścia używali słowa „eudajmonia".

Niemal wszyscy zgadzali się, że stan ten można osiągnąć poprzez zdobycie jak największej ilości dóbr.

Czy więc zachęcali, by skupiać się na gromadzeniu rzeczy materialnych? Absolutnie nie! „Dobra" w rozumieniu większości myślicieli greckich były zazwyczaj czymś innym.

Niektórzy twierdzili, że chodzi o doznawanie przyjemności, inni, że o dobra moralne. Jeszcze inni przekonywali, że muszą to być wszelkie dobra naraz. Pełnię szczęścia, według definicji przyjmowanych przez starożytnych Greków, możemy dziś rozumieć jako zadowolenie z życia.

Jak widać, pojęcie „szczęścia" można różnie interpretować. Niezmienne jest to, że szczęście opiera się na stałych, pozytywnych wartościach, choć równocześnie każdy z nas może je postrzegać trochę inaczej.

Niemal wszystkie koncepcje zawierają to samo przekonanie: szczęście wypływa z wnętrza człowieka. A jak współcześnie pojmujemy szczęście?

W dzisiejszych czasach na co dzień coraz rzadziej używamy słowa „szczęście". Raczej mówimy o sukcesie. Co rozumiemy pod pojęciem sukcesu? Najczęściej zdobycie przeróżnych dóbr. Należą do nich znakomite wykształcenie, świetna (czyli dobrze płatna) praca, awans, piękny dom, nowoczesny samochód i temu podobne. Czy pod wpływem wszechobecnej komercji wielu osobom nie wydaje się, że wszystko można kupić? Że każde marzenie można spełnić w galerii handlowej czy studiu urody? A jeśli do tego jeszcze dojdzie sława?

Czy czulibyśmy się spełnieni, gdybyśmy mieli to wszystko? Zastanówmy się nad tym ☺. Kiedy posłuchamy tych, którzy są sławni i majętni, usłyszymy, że szczęście nie jest tożsame z sukcesem rozumianym jako zdobycie sławy i majątku.

To złudzenie, że do szczęścia wystarczy sukces materialny i posiadanie coraz to nowych rzeczy. To wymysł specjalistów od marketingu posługujących się propagandą i manipulujących faktami.

Dążymy do szczęścia... Czyli do czego? Jak rozumieć to pojęcie? Słowniki języka polskiego podają kilka znaczeń tego słowa. Jedno z nich mówi, że szczęście to: „uczucie zadowolenia, upojenia, radości, a także wszystko, co wywołuje ten stan". Czy zgadzasz się z nim?

Szczęście, którego doznajemy, może utrzymywać się przez chwilę lub być stanem długotrwałym. Odczucie chwilowe to radość lub zadowolenie z czegoś, co właśnie się zdarzyło.

Taką przyjemność sprawiają nam bardzo różne rzeczy: awans zawodowy, zakończenie projektu, ślub, narodziny dziecka, zakup domu, samochodu, butów czy udział w spektaklu teatralnym. To bardzo silne doznanie trwa tylko przez pewien ograniczony czas.

Inaczej jest, jeśli pomyślimy o szczęściu jak o satysfakcji z całego życia.

Jak widzimy, nie ma jednej prostej definicji szczęścia. Za to jest wiele aspektów, które warto poddawać analizie, a tym samym pogłębiać ten temat.

Czas na postawienie kolejnego ważnego pytania: jakie są fundamenty trwałego szczęścia?

Drugi czynnik: poznanie fundamentów szczęścia

Szczęście osiągamy, postępując zgodnie z własnym systemem wartości. To zaś możliwe jest jedynie wówczas, gdy posiadamy świadomość zasad, którymi warto się kierować. Gdy postąpimy wbrew własnym przekonaniom, pojawią się nieprzyjemne uczucia: wstyd, wyrzuty sumienia, zażenowanie.

Są one spowodowane rozdźwiękiem między zachowaniem a wartościami.

Aby rozwiązywać takie, a często jeszcze bardziej skomplikowane problemy, potrzebujemy kryteriów, zgodnie z którymi będziemy podejmować decyzje. Te kryteria są wyznaczane przez system wartości – fundament naszego szczęścia.

Opierają się na nim wszystkie dziedziny naszego życia. Jeśli będziemy postępować zgodnie z kierunkiem wskazanym przez dobrze określone wartości, mamy szansę na spełnione, szczęśliwe życie. Zyskamy spokój i poczucie bezpieczeństwa, a to pozwoli nam skupić się na rozwijaniu własnego potencjału.

Jesteśmy wolni i w każdym momencie życia o czymś decydujemy. Wolna wola pozwala na samodzielne podejmowanie różnych decyzji, od błahych (co zjeść na kolację, co obejrzeć w telewizji, jak się ubrać) po bardzo istotne (czy przyjąć nową pracę, z kim zawrzeć związek małżeński, czy mieć dzieci, jak się opiekować obłożnie chorym rodzicem). Niektóre, na przykład dobranie butów do garnituru, są błahostkami, ale wiele z nich to prawdziwe dylematy egzystencjalne.

Oto przykłady:

Twój współpracownik systematycznie wynosi z biura różne drobne przedmioty: papier do drukarki, toner, zszywki i temu podobne. W końcu kierownik działu zaczyna się zastanawiać, gdzie znikają te artykuły. Pyta, czy nie wiesz, co się z nimi dzieje. Jaka będzie Twoja odpowiedź? Będziesz kryć kolegę czy wskażesz złodzieja?

Niespodziewanie szef proponuje Ci awans wiążący się z dużo wyższym wynagrodzeniem. Ten awans należał się jednak komuś innemu i doskonale o tym wiesz. Przyjmiesz propozycję czy nie?

Wewnętrznym świadkiem i sędzią naszych poczynań jest sumienie. To ono wystawia nam ocenę. Raz oskarża, innym razem staje w naszej obronie. Sumienie tak długo będzie naszym sprzymierzeńcem, jak długo będziemy wierni wartościom.

Czy sumienie można zagłuszyć? Tak, i to na długo. Można je nawet zniszczyć, jeśli podporządkujemy życie wygodnym pseudowartościom i zaczniemy postępować zgodnie z zasadami, które w każdej chwili można łatwo nagiąć do rzeczywistości, na przykład:
- będę uczciwy, jeśli państwo będzie wobec mnie uczciwe;
- będę mówił prawdę, jeśli inni będą prawdomówni;
- będę pomagał, jeśli to mi się opłaci.

Czy można być uczciwym, przyzwoitym lub szlachetnym pod jakimiś warunkami?

To wyłącznie tłumaczenia, którymi niekiedy się posługujemy, żeby usprawiedliwić czyny niezgodne z przyjętymi przez nas wartościami.

Czy warto „na chwilę" odchodzić od zasad? Dokonywać precedensu? Precedensy bardzo łatwo zmieniają się w nawyki, choćbyśmy nie wiem jak się zarzekali, że tylko ten jeden jedyny raz postąpimy inaczej, niż dyktuje nam sumienie. Jeśli będziemy postępować zgodnie z kierunkiem wskazanym przez dobrze określone wartości, mamy szansę na spełnione, szczęśliwe życie.

Na drodze do satysfakcjonującego życia napotykamy wiele przeciwności; przyjrzyjmy się im.

Trzeci czynnik: przeszkody w osiąganiu szczęścia

Część przeciwności, jakie napotykamy na drodze do satysfakcjonującego życia, jest od nas niezależna, na przykład śmierć kogoś z rodziny, choroba, utrata pracy, majątku lub inne nieszczęścia dotykające nas samych albo osoby w naszym bliskim otoczeniu.

Inne przeszkody pochodzą z naszego wnętrza i są mocno zakorzenione w psychice. Jak je pokonywać?

Niektórzy utwierdzają się w błędnym przekonaniu, że są skazani na życie niskiej jakości. Nie potrafią wyciągać pozytywnych wniosków z przykrych doświadczeń. Często przyczyną niewyciągania wniosków jest brak pokory rozumianej w tym przypadku jako zdolności do bycia uczciwym wobec siebie i przyznawania się do własnych błędów.

Porażka może każdego z nas wzmocnić pod warunkiem, że przeanalizujemy ją i zrozumiemy, dlaczego do niej doszło. Jeśli chcemy się rozwijać, to nie będziemy szukać winnych naszych niepowodzeń. Nie będziemy się też stawiać w pozycji ofiary – to wygodna postawa, bo pozwala na bierność, ale w żaden sposób nie zbliża nas do życia, które uznalibyśmy za satysfakcjonujące.

Z zetknięcia z każdą przeciwnością losu możemy wyjść silniejsi, jeśli zrozumiemy znaczenie rozwoju osobistego i potraktujemy przeszkody jako kolejne etapy doskonalenia osobowości. Ważne, byśmy potrafili odróżniać to, co możemy zmienić, od tego, co musimy przyjąć.

Oto przykład wskazujący na realną możliwość przyjmowania tego, co od nas niezależne:

Mark O'Brien, poeta i dziennikarz, we wczesnym dzieciństwie przeszedł polio. Choroba spowodowała całkowity paraliż i pozbawiła go kontaktu z otoczeniem. Poruszał jedynie jednym z mięśni szyi. Specjalnie dla niego skonstruowano urządzenie sterowane tym jedynym świadomie poruszanym mięśniem. Było połączone z maszyną do pisania. Gdy ukończył piętnaście lat, opublikowano jego pierwszą książkę – zbiór wierszy. Później napisał wiele artykułów i autobiografię, które otwierały przed czytelnikiem świat osoby sparaliżowanej, niemej, pozbawionej możliwości komunikowania się z otoczeniem. Za swoje publikacje Mark otrzymał liczne nagrody i wiele dobrych recenzji.

Czego uczy nas ten przykład? Mark skupił się na tym, co może zrobić, nie zaś na tym, czego zrobić nie może. Nie robił z siebie ofiary, która potrzebuje litości. Zaakceptował swoją niepełnosprawność, czyli to, na co nie miał wpływu. Jego energia życiowa zrodziła się, gdy postanowił nie być utyskiwaczem, gderającym inwalidą czy narzekającym na swój los smutnym człowiekiem.

Jeszcze raz podkreślmy – zrozumiał, że może kontrolować swoje myślenie, więc uczynił to i odnalazł spełnienie w byciu pisarzem. Do przeszkód leżących w naszej psychice zaliczamy między innymi gniew, obawę przed porażką i opinią publiczną, kompleks niższości, lenistwo, nudę czy zazdrość.

Najważniejszą rzeczą w ich pokonywaniu jest zdanie sobie sprawy z samego faktu istnienia przeszkody. Możemy to osiągnąć poprzez wnikliwą obserwację własnych reakcji (co wymaga dystansu do siebie) i uważne słuchanie innych. Czy też tak uważasz?

Skoro mówimy o przeszkodach wewnętrznych, to powiedzmy jeszcze o jednym wirusie, który niszczy nasz potencjał i zniechęca do przejawiania inicjatywy. O czym mowa? O narzekaniu! Wywołuje ono złudzenie, że cokolwiek załatwiamy. To jak czekanie na cud. Szczęście jednak nie jest cudem. Możemy o nie zadbać samemu i każdego dnia podejmować działania, które nas do niego zbliżą. Zastanów się zatem, jaki masz pogląd na temat narzekania?

Najkrócej pisząc, narzekanie to skuteczny sposób na rozstrajanie samego siebie, na oddalanie się od bycia szczęśliwym i pełnym wigoru. Narzekanie to w pewnym sensie zadawanie sobie bólu emocjonalnego, który zabija w nas chęci i inicjatywę.

Zastanów się, czy zdarza Ci się być apatycznym, zniechęconym? Jeśli tak, pomyśl o prawie skutku i przyczyny. Zastanów się, czy możesz zrobić sobie prezent i przestać narzekać. Gdy już to zrobisz, nawet na próbę (na przykład przez 72 godziny), szybko przekonasz się, że będziesz uciekał od każdej myśli, która miałaby Cię wprowadzać w stan bierności, stan smutku.

U mnie było tak, że kiedy pracowałem nad pozbyciem się tego toksycznego nawyku – nawyku narzekania – to miałem silne wrażenie, że umysł walczy, abym jednak trwał w tym stanie myślenia i mówienia o tym, co złe, niebezpieczne, negatywne. Prowadziłem ze sobą trudny dialog wewnętrzny. Ale myślenie o nagrodzie – czyli o większej ilości energii, o jakości relacji – bardzo mnie motywowało do zwycięstwa w tej walce.

Jak już zdecydujesz się na ten krok i przestaniesz narzekać, zobaczysz, że Twoje wcześniejsze życie było jakby zamglone. Uruchomisz swój emocjonalny noktowizor, który całkowicie zmieni Twoje życie, i zaczniesz odczuwać pragnienie realizowania różnych wartościowych celów.

Wyzwaniem będzie nieuczestniczenie w narzekaniu innych ludzi. Ale i z tym sobie poradzisz, opracowując strategie bycia asertywnym.

Czwarty czynnik: szczęście wynikające z dawania

Czy człowiek, który poszukuje szczęścia, może się skupiać wyłącznie na sobie? Co prawda szlifowanie osobowości i kształtowanie przydatnych cech zapewni nam szczęście, ale… względne.

Staniemy się ludźmi niezależnymi, będziemy dawać sobie radę z rzeczywistością. To jednak nie wszystko. Aby być w pełni szczęśliwym, trzeba też robić coś dla innych. Ważna jest tutaj szczerość intencji.

Nie tak dawno jeden z ośrodków medycznych dał swoim studentom możliwość wczucia się w rolę starszych ludzi. Przygotował akcesoria, dzięki którym studenci mogli się poczuć jak staruszkowie – mogli niedosłyszeć, niedowidzieć, mieć trudności w poruszaniu się i chwytaniu przedmiotów. To było pouczające doświadczenie.

Czy pomyślałeś kiedyś, że rodzice być może nie zrealizowali swoich marzeń, ponieważ byli zajęci wychowywaniem Ciebie? Czy pomyślałeś choć raz, o czym marzyli w czasach młodości, o czym teraz marzą? Co chcieliby jeszcze osiągnąć w życiu? Może warto o tym pomyśleć, póki jeszcze można coś zrobić. Wystarczy z nimi rozmawiać i dzielić się własnymi przeżyciami, wspólnie pójść na spacer, poczytać książkę, zawieźć ich do rodzinnej miejscowości lub w odwiedziny do przyjaciół.

To wszystko wymaga niewiele zachodu, a przynosi ogromne korzyści. Nie tylko tym, którym pomagamy. Im sprawiamy radość, a w sobie kształtujemy empatię i altruizm. To może być pierwszy krok do zauważania potrzebujących w naszym otoczeniu.

Warto poświęcić trochę czasu, by wejść w świat ludzi potrzebujących. Pozwala to zorientować się, kto rzeczywiście potrzebuje pomocy, i poczuć, jak to jest, gdy człowiek znajduje się w sytuacji na pierwszy rzut oka bez wyjścia.

Tego typu projekt zrealizowała telewizja BBC. Do programu zaproszono milionerów. Incognito wtapiali się oni w środowisko ludzi, którym zamierzali pomóc. Były to peryferia dużych miast z wysokim wskaźnikiem zabójstw i demoralizacji nieletnich, osiedla bezrobotnych lub grupy ludzi z jakiegoś powodu osamotnionych i biednych. Milionerzy mieszkali tak jak wszyscy, ubierali się tak jak wszyscy i pracowali jako wolontariusze w upatrzonych stowarzyszeniach.

Co to były za organizacje? W języku formalnym powiedzielibyśmy, że były oddolne, czyli założone przez ludzi dla ludzi, bez pośrednictwa urzędników. Ich twórcy wcale nie byli w lepszym położeniu niż podopieczni, po prostu trochę lepiej dawali sobie radę i posiadali dużo życzliwości dla innych.

Zakładali więc kluby skupiające osoby w podobnej sytuacji życiowej: bezrobotnych, dzieci wychowywane przez ulicę, samotnych rodziców borykających się z codziennością.

Przychodzący do klubów nie mogli raczej liczyć na pomoc finansową, bo kierujący stowarzyszeniami sami niewiele mieli. Dawali im jednak wsparcie, pośredniczyli w kontaktach z urzędami państwowymi i lokalnymi oraz stwarzali warunki, w których można było spokojnie posiedzieć, umyć się i napić herbaty.

Milionerzy integrowali się z wybraną przez siebie grupą. Dopiero po jakimś czasie ujawniali swoją tożsamość i ofiarowywali sporą sumę pieniędzy na klub lub stowarzyszenie, a osobno na wsparcie człowieka, który był jego założycielem lub animatorem.

Warto było widzieć reakcje osób, które nie spodziewały się tak dużej pomocy. Ciekawa jest motywacja dobrze sytuowanych ludzi biorących udział w programie. Mówili oni na przykład: „Zawsze, kiedy było mi źle, znalazł się ktoś, kto mi pomógł...", „Byłem kiedyś na najlepszej drodze, żeby się stoczyć. Wyszedłem z tego, teraz chcę pomóc innemu dziecku...", „Pamiętam, że sama byłam dzieckiem samotnym, z niezwykle niskim poczuciem własnej wartości. Może dzięki mnie choć jedno dziecko przestanie się tak czuć...".

Budujące było to, że zaangażowani do programu milionerzy nie ograniczali się do udziału w tej jednej akcji. Często zaprzyjaźniali się z obdarowanymi i wspierali ich znacznie dłużej, niż trwał program.

Życzliwość i szczera pomoc oferowana innym wpływa pozytywnie zarówno na obdarowanego, jak i na darczyńcę. Może się stać początkiem korzystnej przemiany. Rodzi wzajemność.

Altruizm i empatia są uczuciami, które wracają do nas w postaci radości i stanowią źródło szczęścia. Warto więc wykształcić je w sobie i brać pod uwagę w życiu codziennym. Bez względu na nasz wiek... Bez względu na to, czy stoimy dopiero u progu dorosłości, czy też zakończyliśmy aktywność zawodową – póki życie trwa, mamy szansę na poprawę jego jakości.

Co możesz zapamiętać? ☺

Podsumujmy opisane wcześniej czynniki, które przybliżają nas do szczęścia rozumianego jako satysfakcja z życia.

Szczęście nie jest cudem. Trzeba o nie zadbać samemu i każdego dnia podejmować działania, które nas do niego zbliżają. Znajdźmy sposób, aby uwierzyć, że możemy zwiększyć jakość naszego życia.

Skuteczną metodą jest zapoznanie się z historiami innych zwyczajnych ludzi, którzy dowiedli, że zmiana przekonań kieruje człowieka na drogę możliwości.

Fałszywe, niezgodne z prawdą poglądy o szczęściu jako przypadku pozbawiają wielu chęci do prób, do wyznaczania celów. Dlatego bądźmy otwarci na poznawanie różnych poglądów i zastanawiajmy się nad nimi.

Poprzez takie próby dajemy dochodzić do głosu naszej intuicji, która na pewno da o sobie znać. W pewnym momencie poczujemy, że jakieś zachowanie jest tym, co powinniśmy czynić, aby odczuwać szczęście – głęboki, pozytywny stan umysłowy, który przynosi nam spokój, harmonię i spełnienie.

Nie dajmy wiary obiegowym ani powierzchownym pojęciom szczęścia oraz sukcesu. Szczęście nie jest tożsame z sukcesem rozumianym jako zdobycie sławy i majątku. Sukces przynosi jedynie chwilowe zadowolenie, a nie o to przecież nam chodzi.

Dla każdego z nas szczęście może mieć trochę inny kształt. Kształt, który jest odzwierciedleniem naszych planów i marzeń. Głównym filarem, na którym możemy oprzeć budowanie naszego szczęścia, jest kierowanie się w życiu nadrzędnymi wartościami i wzniosłymi ideami.

W drodze do szczęścia nieocenione mogą się okazać wskazówki płynące od ludzi cieszących się uznaniem i szacunkiem otoczenia, a także wartościowe lektury. Mogłeś przeczytać o przeszkodach na drodze do szczęścia. Uznanie, że takie przeciwności istnieją, świadczy o dojrzałości i realizmie.

Czy należy się nimi zrażać? Nie jest to łatwe pytanie. Wiem tylko, że kiedy pokonywałem przeciwności, stawałem się silniejszy pod względem emocjonalnym.

Jeśli czujesz w sobie gotowość do trwałych zmian, zrób sobie prezent, który odmieni Twoje życie i wprowadzi Cię do świata nowych możliwości – domyślasz się już pewnie, że mam na myśli usunięcie ze swego umysłu nawyku narzekania. To cud, że eliminując tylko ten jeden fatalny wirus umysłu, jesteśmy w stanie wznieść nasze życie na inny poziom.

Co jeszcze możemy dodać?

Nie staniemy się ludźmi w pełni szczęśliwymi, jeśli nie będziemy robić czegoś dla innych. Zatem jak najszybciej zróbmy plan pozwalający nam doświadczyć radości wynikającej z dawania.

Mam nadzieję, że Twoje przekonanie w kwestii budowania trwałego szczęścia jest podobne do mojego: można je odnaleźć poprzez rozwijanie siebie, czyli doskonalenie osobowości.

Jest jeszcze jeden bardzo ważny czynnik zapewniający szczęście – jest nim zaspokajanie potrzeb duchowych. Uznałem, że książka ta nie jest właściwym miejscem do opisania tego czynnika. Żywię jednak przekonanie, że pełnię szczęścia możemy uzyskać, uznając za wartość nadrzędną w swoim życiu spełnianie woli Bożej. Tak jest w moim przypadku – filarem mojego szczęścia jest szukanie Bożego kierownictwa i spełnianie jego woli.

Inaczej
o wartościach

Spis treści

Wstęp 59

Czym są wartości? 59

Cechy, które budzą się pod wpływem
   wartości nadrzędnych 63

Dlaczego powinniśmy rozpoznać
   i ustalić wartości nadrzędne? 65

Źródła wartości 67

Wybór wartości nadrzędnych
   i ich wpływ na nasze życie 69

Niewidomy zdobywca 74

Co możesz zapamiętać? ☺ 79

Wstęp

Dojrzała osobowość – tylko taka pozwoli nam żyć pełnią życia, da poczucie spełnienia i pewności. Gdy nie czujesz się dobrze z samym sobą, powinieneś coś zmienić, zmienić siebie, wzbogacić i wzmocnić swoją osobowość. Najpierw rozpoznajesz swój potencjał, dowiadujesz się, jakie są Twoje mocne i słabe strony, poznajesz siebie jako człowieka, który może się rozwijać. Dzięki tej świadomości, dzięki spojrzeniu na siebie z dystansu, stabilizujesz myślenie o sobie i zdajesz sobie sprawę, jaki jesteś naprawdę. To bardzo ważny moment, bo tylko człowiek, który zna swoją wartość, ma dobre i trwałe podłoże do budowania osobowości. I dopiero na takim stabilnym podłożu można postawić fundament pod dojrzałą osobowość i odpowiednio go wzmocnić. Co jest takim fundamentem? Wartości nadrzędne, które każdy człowiek powinien wybrać i niezmiennie kierować się nimi w życiu. To one są jak stalowa konstrukcja wysokiej jakości, która tworzy trwały fundament. Właśnie o wartościach jest ta książka.

Czym są wartości?

Wartości to najprościej mówiąc wszystko, co uznajemy w życiu za ważne, bardzo ważne i najważniejsze dla nas samych. W pojęciu tym mieści się wszystko, co cenne i godne pożądania, wszystko, co stanowi cel dążeń człowieka.

Za wartościowe uważa się to, co zaspokaja potrzeby, a zarazem daje satysfakcję. Myśliciele od wieków toczą dyskusje na temat tego, w jaki sposób istnieją wartości. Obiektywiści twierdzą, że są one od nas niezależne, ale potrafimy je rozpoznać. Dzięki temu, na przykład, za piękne uważamy stworzone przed wiekami dzieła sztuki, ponieważ umiemy dostrzec w nich harmonię niezależnie od mody czy naszego wykształcenia. Subiektywiści uzależniają wartość od jednostki – to ona decyduje, co jest dla niej ważne, dobre lub piękne. Współcześnie niezwykle popularne jest stanowisko relatywistyczne, które uzależnia budowanie własnego systemu wartości od szeregu czynników, takich jak: środowisko, tradycja, religia, wykształcenie, moda, a nawet szerokość geograficzna, w jakiej żyjemy.

Wartości tworzą system koncentryczny, w środku którego mieści się wartość centralna: nadwartość. Wokół niej, niejako w orbicie, znajdują się wartości ważne, bardzo ważne, ale nie najważniejsze. Często posiadamy więcej niż jedną nadwartość.

Wartość nadrzędna oznacza coś, co jest dla nas najważniejsze, za co gotowi jesteśmy nawet oddać życie. Jest to prawda, w którą wierzymy tak mocno, że zdolni jesteśmy do wszelkich poświęceń i ofiarności, aby ją utrzymać.

Wartości nadrzędne stanowią siłę, która wzbudza w nas żarliwość, gorliwość i skłania do wzmożonej aktywności.

W starożytności myśliciele za wartość najwyższą uznawali Dobro. Dla Platona była to Idea Dobra, najdoskonalsza ze wszystkich idei, dla cyników i stoików – Cnota. Arystoteles uważał, że Dobro najwyższe jest celem, do którego dążymy, podporządkowując mu wszystkie cele pośrednie.

Każdy z nas, stosując pewne kryteria wyboru, tworzy swój indywidualny i autonomiczny system wartości z kanonem wartości naczelnych (mam tu na myśli wartości moralne). Nasz indywidualny system budują normy, oceny moralne i wzorce osobowe. Normy moralne to zasady, jakimi w życiu się kierujemy, najczęściej formułowane w formie nakazów lub zakazów. Złamanie takiej reguły pociąga za sobą sankcje, na przykład wyrzuty sumienia czy dezaprobatę otoczenia. Normy moralne mogą przybierać charakter kategoryczny, na przykład: „nie zabijaj", lub hipotetyczny, kiedy nasze zachowanie przybliża nas do wyznaczonego celu, na przykład: „jeśli będziesz szanował ludzi, oni także okażą ci szacunek". Jeżeli norma nie dopuszcza żadnych wyjątków, uznajemy ją za bezwzględną, charakter względny ma ona wtedy, kiedy istnieją okoliczności, w których dopuszczamy jej złamanie. Niektórzy etycy wyodrębniają także normy uniwersalne, obowiązujące zawsze i wszędzie.

Ocenom moralnym poddawani są ludzie, ich intencje, zachowania oraz skutki tych zachowań.

Średniowieczny francuski myśliciel Piotr Abelard uważał, iż jedynie Bóg może oceniać postępowanie ludzi, bo tylko On zna ich prawdziwe intencje. Ludzie zazwyczaj skupiają się na skutkach czyjegoś zachowania.

Wzory osobowe to uznawane przez nas autorytety, ludzie, których podziwiamy za to, że żyją zgodnie z wartościami etycznymi, które są dla nich ważne. Właśnie ta konsekwencja budzi podziw i zachęca do naśladowania. Takie wzory istnieją we wszystkich kulturach.

Określając swój indywidualny system wartości, często nieświadomie i bezrefleksyjnie przyjmujemy normy społecznie aprobowane czy pożądane przez ogół, ale niekoniecznie zgodne z naszymi przekonaniami. Rodzina, rozwój zawodowy czy zdrowie to wartości, z którymi chętnie się afiszujemy; są jak górnolotne hasła wypisane na sztandarach. Nie wszyscy jednak, mimo deklaracji, realizują je. Ilu z nas świadomie dba o swoje zdrowie, świadomie prowadzi zdrowy styl życia, stosuje profilaktykę, regularnie się bada i tak dalej? Raczej niewielu, ale większość właśnie zdrowie uważa za najważniejsze.

Dla wielu osób zdrowie to wartość tylko deklarowana, martwa, niekierująca ich życiowymi wyborami. Mówią o zdrowiu, bo „tak wypada".

Czasem presja społeczna czy stereotypy nie pozwalają nam przyznać się samym przed sobą, że założenie rodziny czy wstąpienie w związek małżeński nie są dla nas ważne. Ktoś może cenić sobie wyżej wartość życia w pojedynkę i bynajmniej nie z egoizmu czy wygody, tylko ze względu na świadome rozpoznanie swojego powołania.

Dlatego tak ważne jest, aby przy określaniu osobistej struktury wartości być szczerym wobec samego siebie. Nie kierować się społecznym dowodem słuszności, tylko świadomie i autonomicznie podjąć decyzję. Człowiek musi być przekonany, że rzeczywiście chce kierować się daną wartością w każdej chwili swojego życia. Jeśli na przykład świadomie postanowimy coś w naszym życiu zmienić, podświadomość może uruchomić w nas procesy, które będą nas skłaniały do realizacji określonych celów.

Cechy, które możemy w sobie obudzić dzięki ingerencji podświadomości, są niczym grono asystentów oddanych do naszej dyspozycji. Mają nam pomagać w osiągnięciu celów wyznaczonych w oparciu o obrane przez nas wartości.

Te uruchomione przez podświadomość cechy osobowości są jak baśniowy dżin z lampy Aladyna, który pojawia się na każde wezwanie i jest gotowy spełniać wszelkie nasze marzenia. Stanowią potężną siłę zdolną wykonać niemal każde zadanie. Bądźmy jednak ostrożni, bo siła ta może się ujawnić w realizacji także bardzo destrukcyjnego zamierzenia. W tej książce zastanawiać się będziemy nad pozytywnym aspektem działania wartości nadrzędnych i ich roli w osiąganiu właściwych celów.

Cechy, które budzą się pod wpływem wartości nadrzędnych

Moje doświadczenia oraz obserwacje przekonały mnie, że jeśli uznamy określoną wartość za ważną w naszym życiu, to dzieje się coś pozytywnego w naszych umysłach. Co takiego się dzieje?

Otóż wartości nadrzędne stają się impulsem, pod którego wpływem uruchamiają się wyjątkowe cechy, do tej pory uśpione; dzięki nim odnajdujemy w sobie moc, by być lepszymi dla siebie i innych, by działać i zmieniać się. Oto te wartości:

- **odwaga**, czyli śmiała i świadoma postawa polegająca na wypowiadaniu się i postępowaniu zgodnie z własnymi przekonaniami bez względu na konsekwencje; jest to przymiot, który likwiduje obawy między innymi przed podejmowaniem niezbyt popularnych działań;
- **wytrwałość**, czyli konsekwentne zmierzanie do postawionego celu; jest to bardzo ważna cecha, która dużo bardziej pomaga w realizacji zamierzeń niż na przykład inteligencja;
- **determinacja**, czyli zdecydowane dążenie do osiągnięcia celu bez względu na trudności; determinacja stanowi potężną siłę pozwalającą pracować ciężko i bez wytchnienia – taka praca nie zmęczy, a może stać się prawdziwą pasją;
- **entuzjazm**, czyli zaangażowanie i gotowość do działania połączone z radością wynikającą z osiągania zamierzonych celów;
- **optymizm**, czyli skłonność do dostrzegania we wszystkim dobrych stron i wiara w pomyślny rozwój wydarzeń;
- **wiara we własne możliwości** (może wydawać się nieracjonalna) polega na silnym wewnętrznym przekonaniu, że zdołamy osiągnąć zamierzony cel; w chwili ustalenia

nadrzędnych wartości nasza podświadomość rozpocznie poszukiwania możliwych rozwiązań, a efektem tej pracy będą gotowe obrazy ukazujące sposoby osiągnięcia celu i silna wiara w realność starań i we własne możliwości;
- **dyscyplina wewnętrzna**, czyli narzucanie samemu sobie rygorystycznych reguł postępowania i podporządkowanie się im; w ludziach silnie umotywowanych wewnętrznie dyscyplina budzi się samoistnie i uruchamia się proces nauki kontrolowania własnych myśli;
- **pokora**, czyli świadomość własnej niedoskonałości polegająca na przykład na umiejętności przyznawania się do błędów; pokora objawia się brakiem pychy, co jest oznaką siły, a nie słabości – obiektywna ocena samego siebie i szczere przyznanie się do błędów wymagają ogromnej odwagi;
- **panowanie nad sobą**, czyli umiejętność kontrolowania swoich myśli, odczuć, odruchów i zachowań; nawet typowi cholerycy, gdy ustalą swoje nadrzędne wartości, nauczą się panować nad sobą, choć oczywiście nie stanie się to w ciągu kilku dni – czasem przemiana ta zajmuje miesiące lub lata;
- **cierpliwość**, czyli umiejętność wytrwałego czekania i znoszenia ze spokojem przeciwności;
- **gotowość do okazywania miłości** rozumiana jako ciepło i pozytywna energia odczuwana wewnątrz nas, emanująca z nas i promieniująca na innych;
- **łagodność**, czyli dobroć i wyrozumiałość, które mogą iść w parze z miłością; łagodność objawia się w kontakcie z innymi poprzez gesty, intonację głosu, dobór słów, zachowanie, które otoczenie odbiera jako okazywanie szacunku – łagodność jest wynikiem życzliwego nastawienia wobec innych.

Kiedy wyzwolimy w sobie te dwanaście przymiotów, zaczną one harmonijnie ze sobą współpracować i tworzyć zarys silnego charakteru. Im szybciej odkryjemy, co jest dla nas w życiu najważniejsze, tym prędzej wprawimy w ruch te wspaniałe cechy.

Być może zastanawiasz się, czy zawsze jest tak, że wybór określonych wartości rodzi czy też budzi wyżej opisane przymioty.

Niestety, nie zawsze tak jest i wynika to z różnych przyczyn. Opisane wyżej doświadczenia z działaniem podświadomości dotyczą mojego życia i ludzi, z którymi miałem i mam możliwość współpracować. Czy zadziała to również w Twoim przypadku? Zachęcam Cię abyś sam tego doświadczył ☺.

Dlaczego powinniśmy rozpoznać i ustalić wartości nadrzędne?

Zauważ, że spośród żyjących stworzeń tylko ludzie posiadają wartości i zastanawiają się nad tym, jak osiągnąć szczęście. Spoczywa na nas duża odpowiedzialność, ale jeśli mamy tę wyjątkową możliwość, powinniśmy z niej korzystać i zastanawiać się, co jest dla nas ważne. Wartości są bowiem kluczem do pomyślnej realizacji wszelkich zamierzeń i osobistego poczucia szczęścia. Autonomiczna, indywidualna struktura wartości ma formę koncentryczną, co znaczy, że w jej centrum znajduje się najważniejsza z nich – wartość nadrzędna, zaś pozostałe ułożone są niejako na jej orbicie i pełnią funkcję drugoplanową. Warunkiem szczęścia w życiu jest właściwe rozpoznanie i ustalenie wartości nadrzędnej, bez niej skazujemy się na niespełnienie.

Nie wiedząc bowiem, co jest dla nas teraz najważniejsze, staramy się realizować kilka wartości naraz z tym samym zaangażowaniem. A w życiu bardzo rzadko bywają momenty, gdy możemy w tym samym stopniu spełniać się w pracy, miłości i jednocześnie zadbać o zdrowie. Najczęściej musimy wybierać:

jeśli poświęcimy się pracy, nie zawsze będziemy mieli czas na miłość czy prowadzenie zdrowego trybu życia. Wiedząc, co jest dla nas najważniejsze, łatwiej nam będzie ustalać priorytety, wartości nadrzędnej podporządkowując pozostałe.

Współcześnie ludzie często żyją w iluzji, że nie muszą wybierać pomiędzy tym, co ważne, a tym, co najważniejsze, nie chcą „ograniczać się" do jednej tylko wartości nadrzędnej. Ulegając konsumpcyjnemu stylowi życia, nie chcą z niczego rezygnować i uważają, że muszą mieć wszystko. Taki sposób myślenia jest typowy dla tych, którzy skupiają się na wartościach materialnych, wierzą tylko w to, co widzą. Media pokazują uśmiechnięte twarze aktorów, polityków, biznesmenów. Oczywiście wszyscy oni mają piękne domy, samochody, modne ubrania, mnóstwo pieniędzy. Jednak jeśli uważnie przyjrzymy się życiu tych „wybrańców", dostrzeżemy, że często są to osoby głęboko nieszczęśliwe. Pytamy wówczas: „Jak to możliwe? Przecież mają wszystko! Mają wszystko to, czego ja pragnę i są nieszczęśliwi? W rzeczywistości tak zwani ludzie sukcesu, którzy wartościami nadrzędnymi uczynili dobra materialne, skazują się na życie bez radości, bez spełnienia. Życie nabiera sensu i daje nam szczęście, jeśli nasze wartości nadrzędne dotyczą kategorii „być", a nie „mieć", i są ukierunkowane na coś lub kogoś poza nami samymi. Dobro, miłość, uczciwość, prawda, wolność – te wartości nadrzędne mogą nas uczynić spełnionymi i szczęśliwymi.

Ludzie kierujący się niematerialnymi wartościami nadrzędnymi nie mają potrzeby zaistnienia w sferze materialnej, społecznej („mam i jestem znany"), nie potrzebują rozgłosu i dlatego mogą nie być powszechnie znani, ale są wokół nas. Wystarczy tylko uważniej patrzeć.

Takim człowiekiem może być sąsiad czy kolega z pracy, który potrafi łączyć różne sfery swojego życia w harmonijną całość.

Takie osoby, wyznaczając cele, biorą pod uwagę swoje ograniczenia. Ponieważ określili swoje wartości nadrzędne poza materią, nie stawiają spraw na ostrzu noża, nie są zachłanni, nie muszą mieć wszystkiego natychmiast. Wiedzą, że muszą znaleźć czas na rodzinę, wychowanie dzieci, budowanie trwałych i satysfakcjonujących relacji ze współmałżonkiem. Mają świadomość, jak ważne jest, by służyć, dawać, kochać, dlatego w ich myślach zakodowane jest traktowanie swoich celów jako sposobności do budowania pozytywnych relacji z innymi ludźmi. Tego typu osoby nikogo nie wykorzystują, doceniają i szanują potrzeby innych ludzi, zauważają u nich przymioty, które im samym mogą pomóc w osiąganiu celów.

Niezwykle ważne jest wyrobienie w sobie nawyku myślenia przez pryzmat „doceniam to, co mam". Skupiajmy się na byciu, nie na posiadaniu. Jest to jedna z lepszych rzeczy, jakie możemy dla siebie zrobić. W ten sposób będziemy mogli nieprzerwanie cieszyć się każdą chwilą i obdarowywać tą radością innych. Poczujemy satysfakcję i spełnienie, zyskamy pewność, że jesteśmy na dobrej drodze i że nasze życie ma sens. Jeśli będziemy świadomi swojego wewnętrznego bogactwa, łatwiej pozbędziemy się leków i wątpliwości, będziemy wiedzieli, że wszystko, co robimy, jest słuszne.

Każdą porażkę potraktujemy jak źródło informacji i oceny swoich dotychczasowych działań, co pozwoli nam zweryfikować błędne założenia i naprawić niewłaściwe posunięcia.

Źródła wartości

System wartości każdego człowieka wywodzi się z kilku źródeł. Kształtują go: środowisko, w jakim się wychowujemy, tradycja, kultura, religia, wykształcenie, autorytety, doświadczenia, osobiste predyspozycje psychologiczne, moda, a nawet epoka, w jakiej żyjemy, czy szerokość geograficzna. Jednym z ważniejszych jest rodzina: matka, ojciec, dziadkowie i inne ważne osoby z najbliższego otoczenia. Wpojenie odpowiednich zasad wymaga świadomej i ciężkiej pracy w procesie wychowania. Kolejnym źródłem wartości jest kontakt z rówieśnikami i innymi grupami. W tym wypadku podstawą asymilacji wartości jest socjalizacja. W wyniku tych dwóch procesów, wychowania i socjalizacji, tworzymy system wartości zapożyczonych niejako od innych. Wówczas ważne jest dla nas to, co jest ważne dla rodziców lub kolegów, przyjaciół czy znajomych z pracy. Ostatecznym źródłem wartości pozwalających na stworzenie autonomicznego indywidualnego systemu jest aktywność własna jednostki. Na bazie własnych doświadczeń, wiedzy i refleksji weryfikujemy zapożyczony system i tworzymy swój własny, który jednak może zawierać wartości wyznawane przez rodziców i przyjaciół. My jednak akceptujemy je dlatego, że z osobistej perspektywy uważamy je za ważne i uważalibyśmy tak nawet, gdyby nie były wyznawane przez naszych rodziców.

Gdy nie mamy autonomicznego, indywidualnego systemu wartości i pozostajemy na poziomie wyznawania wartości preferowanych przez innych, nasz rozwój zostaje zahamowany. Stajemy się wówczas osobami zewnętrznie sterowanymi, czyli sterowanymi przez wartości innych ludzi. Uznajemy wówczas za wartościowe to, co uznają inni, nie weryfikując, czy są to wartości ważne także dla nas. Zewnętrzne sterowanie determinuje negatywnie nasze funkcjonowanie.

Nie planujemy swojego życia, nie wyznaczamy celów, żyjemy z dnia na dzień, mając poczucie, że naszym losem kieruje bliżej nieokreślona siła, a nie my sami. Nie wiedząc, co jest dla nas najważniejsze, stajemy się nieświadomie wykonawcami cudzych celów i pozostajemy bierni we własnym życiu.

Uważamy, że od nas nic nie zależy, poddajemy się więc prądowi życia, który znosi nas na mieliznę rozwoju. Nawet jeśli mamy pragnienia, nie stają się one naszymi celami, bo nie wierzymy, że ich osiągnięcie zależy od nas samych. Stajemy się coraz bardziej sfrustrowani, nieusatysfakcjonowani, a ostatecznie nieszczęśliwi. Ale nawet będąc w takim stanie, osoby zewnętrznie sterowane nie starają się wziąć odpowiedzialności za swoje życie i czegoś w nim świadomie zmienić; przerzucają winę na innych ludzi, na system polityczny, ekonomiczny, a nawet na Boga i w poczuciu krzywdy pozostają nadal bierni.

Wybór wartości nadrzędnych i ich wpływ na nasze życie

Hierarchia zamieszczonych poniżej wartości jest sprawą subiektywną. Prezentuję je wedle mojego indywidualnego przywiązania do każdej z nich. Każdy jednak powinien sam decydować, która wartość jest dla niego najważniejsza.

Wartości, które mogą stać się drogowskazami:
- **duchowość (Bóg)**;
- **rodzina**;
- **miłość**;
- **szczęście**;
- **prawda**;
- **wolność**;
- **zdrowie**, czyli prowadzenie higienicznego stylu życia i dbanie o własny organizm;
- **prostolinijność**, czyli prowadzenie prostego, wolnego od komplikacji życia, oparcie się na wartościach duchowych, a nie materialnych – prostolinijność rodzi wyciszenie i spokój wewnętrzny;

- **wiedza** – jej zdobywanie i pogłębianie w różnych dziedzinach;
- **praca** dająca satysfakcję – ważne jest, by wybierać zajęcia odpowiadające naszym silnym stronom, wtedy praca staje się także pasją, przy okazji pomagając uzyskać niezależność finansową.

Ludzie obierają sobie także wartości zupełnie innego rodzaju, jak choćby okazywanie wdzięczności czy docenianie otoczenia – ludzi, zwierząt, przedmiotów. Zastanów się, jakie wartości są ważne dla Ciebie – może zupełnie inne niż te, które wymieniłem?

To, jakim wartościom nadrzędnym się podporządkujemy, wpłynie na obraz całego naszego życia. Jeśli za najważniejsze uznasz szczęście rodzinne, będziesz szukał sposobów, jak stworzyć szczęśliwą rodzinę, będziesz do tego dążył nawet podświadomie. Doskonale odróżnisz autentyczne potrzeby rodziny od powierzchownych tylko przyjemności. Bez problemu rozpoznasz pragnienia każdego ze swoich bliskich – wnikniesz w osobowość i potrzeby dzieci, współmałżonka, rodziców oraz innych bliskich Ci osób. Dawanie im prawdziwego szczęścia stanie się dla Ciebie ważniejsze niż twoja wygoda.

W ten sposób przestaniesz ograniczać się do zapewnienia rodzinie bytu materialnego i zaspokoisz też ich wewnętrzne, podstawowe potrzeby emocjonalne – bezpieczeństwa i miłości. W pewnej książce przeczytałem taką myśl: „nie poczucie bycia bogatym, a poczucie bycia kochanym sprawia, że życie ma sens". Bardzo mi się podoba ta myśl ☺.

Naucz się patrzeć na sytuację i siebie samego oczami swoich bliskich. Może być to trudne, ponieważ wymaga zrozumienia mentalności drugiej osoby, poznania jej nawyków, wyuczonych reakcji, ukrytych motywów i intencji.

Ale obierając tę wartość za swój życiowy drogowskaz, na pewno znajdziesz w sobie dość siły i determinacji, by sprostać wyzwaniom. Jeśli obawiasz się, że nie znajdziesz na to czasu, może to oznaczać, że nie pojmujesz znaczenia rodziny jako wartości albo że szczęście rodzinne nie jest dla Ciebie naprawdę ważne. Jeśli obierasz jakąś wartość nadrzędną, działanie w tym kierunku staje się sprawą priorytetową i bezdyskusyjną.

Zastanów się, ile warta jest dla Ciebie Twoja rodzina. W niektórych krajach, na przykład w Tajlandii, dzieci traktuje się jak towar lub tanią siłę roboczą i sprzedaje się je na przykład do domów publicznych.

Oczywiście nie zawsze sytuacja jest tak drastyczna, ale może pod wpływem takich rozważań zastanowisz się, czy nie zaniedbujesz swojej rodziny. Czasem wydaje się, że wszystko jest w porządku, brakuje nam jedynie czasu dla dzieci, ponieważ jesteśmy zajęci zarabianiem pieniędzy na ich utrzymanie. Pamiętajmy jednak, że dzieci potrzebują naszej fizycznej obecności i psychicznego wsparcia bardziej niż kolejnej zabawki, którą kupujemy kierowani poczuciem winy z powodu naszej ciągłej nieobecności w domu.

Ignorowanie potrzeb dzieci może mieć bardzo negatywne konsekwencje. Nie chcemy przecież, aby z powodu niedostatecznego rozwoju osobowości stały się one w przyszłości własnymi lub czyimiś niewolnikami, nieumiejącymi realnie patrzeć na świat. Zastanów się teraz, jak ważne są dla Ciebie Twoje dzieci, żona i reszta rodziny. Jak dobrze ich znasz? Przetestuj sam siebie. Zacznij mówić o pozytywnych cechach swojego współmałżonka. Jeśli będziesz mógł to robić przez 5 minut i każde zdanie będziesz zaczynał od wymienienia kolejnej jego zalety, oznacza to, że naprawdę wiesz, czym jest rodzina jako wartość, wiesz, że stworzyłeś tę rodzinę z kimś, z kim chcesz być. Jeśli jednak po kilku zdaniach wątek się urwie lub zaczniesz wyliczać, jaki Twój współmałżonek nie jest, będzie to znaczyć, że nadszedł czas, by zrewidować myślenie o tym, kim jesteś i dokąd zmierzasz. Rodzina to prawdziwa i głęboka wartość nadająca sens życiu każdego człowieka. Ci, którzy to odkryli, są zwycięzcami, ludźmi spełnionymi. Takie osoby żyją wśród nas, wystarczy tylko wyostrzyć wzrok, bo są to często ludzie skromni. Znam takich ludzi i szczerze ich podziwiam.

Ważną życiową wartością jest własne szczęście. Pomyśl, kiedy jesteś prawdziwie szczęśliwy. Czy nie wtedy, kiedy czujesz wokół siebie miłość i zaangażowanie? Będziesz naprawdę szczęśliwy, gdy skupisz się na tym, co masz, zamiast zadręczać się tym, czego nie posiadasz. Ciągłe zamartwianie się niedostatkami w różnych dziedzinach powoduje, że życie staje się smutne, a my sami jesteśmy zestresowani i spięci. Gdy potrafimy czerpać radość z otaczającego świata, nasze życie nabiera barw, a wszelkie negatywne zjawiska doczesnego świata – takie jak: zachłanność, zarozumiałość, pycha, kłamstwo – przestają nas dotykać. Przypomina to odtruwanie organizmu z toksyn. Złe cechy często są tak mocno w nas zakorzenione, że nawet ich nie zauważamy i nie czujemy, że są częścią nas. Aby je sobie uświadomić, musimy przeprowadzić uczciwą, choć czasem bolesną konfrontację z samym sobą. Jednak gdy zaczniemy doceniać to, co dobre w naszym życiu, poczujemy, że to nas uszczęśliwia, uwolnimy psychikę od przygnębiających rozmyślań o wszystkim, co nas ominęło lub czego nie dane było nam posiąść.

Istotną wartością w życiu może stać się zdrowie i dbałość o ciało. Uważamy za oczywiste, że dysponujemy sześcioma zmysłami, dwojgiem rąk i nóg, parą oczu, włosami, zębami. Zadaj sobie jednak pytanie, jaką wartością są dla Ciebie na

Inaczej o wartościach

przykład Twoje oczy? Czy sprzedałbyś je za milion dolarów? Czy można je w ogóle poddać jakiejś wycenie? Czy wiesz, ile zapłaciłby niewidomy człowiek za to, by móc widzieć, choćby tylko w czarno-białych kolorach? Nie wiemy tego, bo większość z nas nigdy nie rozmawiała na ten temat z osobą niewidomą. Może warto to zrobić. Byłoby to naprawdę cenne doświadczenie. Przeprowadziłem kilka takich rozmów, pomogły mi one docenić to, że widzę.

Zamknij oczy na 10 minut i próbuj wykonywać różne czynności. Gdy już je otworzysz, Twój punkt widzenia na różne wyzwania życiowe zmieni się diametralnie. Wczujmy się w sytuację osoby niewidomej lub w inny sposób niepełnosprawnej, a na pewno docenimy wartość sprawnego ciała i umysłu. Sam fakt, że żyjemy, oddychamy i jesteśmy zdrowi, stanowi ogromny powód do radości. Ciało i jego możliwości to nasze aktywa. Gdybyś zaczął to doceniać, może stałoby się to dla Ciebie źródłem szczęścia.

Zastanówmy się teraz, co się dzieje, gdy czyjąś nadrzędną wartością staje się zarabianie pieniędzy. Popularne jest powiedzenie, że pieniądze nie dają szczęścia. Jednak uważam, że ludzie często wypowiadają je zupełnie bezrefleksyjnie, w istocie bowiem wierzą w coś przeciwnego. Warto zastanowić się głębiej nad tym problemem. Nadmierne zamiłowanie do gromadzenia pieniędzy może ograbić człowieka z radości. Nie należy mylić szczęścia z przyjemnościami, które oczywiście można kupić. Pieniądze powinny być naszym sługą, należy je wykorzystywać w konkretnym celu, na przykład by zaspokoić ważne życiowe potrzeby. Jeśli traktujemy je w inny sposób, możemy stać się ich niewolnikami. Będziemy krzątać się wokół przedmiotów, które kupiliśmy, ale w końcu, w głębi duszy dopadną nas wątpliwości: czy jesteśmy naprawdę szczęśliwi? Zastanów się, czy radość, jaką może dać Ci nawet najnowszy samochód z mocnym silnikiem i nowoczesnym wyposażeniem, nowa sukienka, biżuteria czy telewizor, jest rzeczywiście autentyczna i głęboka?

Nie potępiam w żaden sposób chęci posiadania dobrego auta, ubrań czy sprzętu. Wręcz przeciwnie! Zachęcam bliskie mi osoby do kupowania bezpiecznych samochodów z rozmaitymi systemami wspomagającymi i silnikami o dużej pojemności, które pozwalają bezpiecznie dotrzeć do celu podróży. Uważam jednak, że wobec wszystkich dóbr materialnych należy zachować zdrowy dystans.

Trzeba zrozumieć, że nie są one celem samym w sobie, a jedynie środkiem do osiągnięcia celów ważniejszych – zapewnienia sobie i swojej rodzinie godnego życia. Zdobywanie pieniędzy jest obowiązkiem każdego odpowiedzialnego człowieka. Jednak im więcej ich mamy, tym bardziej się o nie troszczymy i przestajemy być wolni w swoich decyzjach i wyborach. Drżymy z obawy, że stracimy materialne dobra. Mieć tyle pieniędzy, aby nie martwić się ich brakiem – 30 lat temu miałem taką dewizę życiową w tej dziedzinie. Nadal sądzę, że to podejście jest słuszne.

Niewidomy zdobywca

Kiedy myślę o wartościach, przychodzi mi na myśl człowiek, który w sposób zdecydowany kieruje się obranymi wartościami nadrzędnymi. Jest niewidomy. Byłem pod wielkim wrażeniem, gdy dowiedziałem się, na czym się koncentruje. Otóż z ogromnym zaangażowaniem szuka wciąż nowych odpowiedzi na pytanie, co może robić, by być szczęśliwym. Obliczył, że jest około 200 takich czynności, a gdyby nie był niewidomy, pula ta zwiększyłaby się jedynie o około 60.

Inaczej o wartościach

To zaskakujący wniosek, ponieważ zazwyczaj myślimy, że osoby niepełnosprawne skazane są na wiele więcej ograniczeń. Przeciętny, zdrowy człowiek, jeśliby go zapytać, jakie zajęcia czynią go szczęśliwym, opowie nam raczej o tym, czego robić nie może z powodu braku czasu czy pieniędzy – wskaże mnóstwo powodów, dla których czuje się nieszczęśliwy.

Natomiast człowiek, o którym chcę opowiedzieć, myśli zupełnie inaczej, myśli pozytywnie. Chce być szczęśliwy i właśnie szczęście obrał za swoją naczelną życiową wartość. Wyznaczył cele, wyselekcjonował środki, za których pomocą może je osiągnąć, i zaczął działać. Jednym z jego marzeń stało się podróżowanie, postanowił odwiedzić wszystkie kontynenty. Nie widzi, ale uznał, że także pozostałymi zmysłami może poczuć pełnię życia i poznać świat. Gruntownie przygotowuje się do każdej podróży, czyta o danym kraju, jego klimacie, przyrodzie, historii, architekturze, kulturze, by móc jak najlepiej wczuć się w jego specyfikę. Skąd bierze pieniądze na te kosztowne przecież wyprawy? I tu kolejny dowód na to, że jeśli się chce, można osiągnąć wiele. Otóż człowiek ten jest cenionym specjalistą i nie narzeka na brak klientów. Jest niezwykle pracowity, sumienny i rzetelny, w pracy daje z siebie wszystko. Kwalifikacje zawodowe zdobywał, gdy był już niewidomy. Miał plan i zrealizował go mimo rozlicznych przeszkód, jakie życie stawiało mu drodze. Dzisiaj obsługuje kilkanaście znaczących firm. Można powiedzieć, że jest spełniony, bo ma nadrzędną wartość, którą jest bycie szczęśliwym w każdej sekundzie życia.

Zapytany, jak do tego doszedł, odpowiedział, że udało mu się przestać narzekać i użalać się nad sobą; skoncentrował się na tym, co może robić, by być szczęśliwym. Umiał postawić sobie właściwe pytania, które są kluczem do rozbudzenia w sobie pozytywnego myślenia. To bardzo ważne.

Pomyśl, czy czasem pytasz sam siebie, dlaczego nie możesz czegoś zrobić? Tak sformułowane pytanie świadczy o tym, że wątpisz i jesteś przygnębiony. Jaka będzie odpowiedź? Na pewno wyeksponuje ona Twoje ograniczenia i niemożność zrealizowania celu. Powinieneś raczej pytać, jak możesz to zrobić. Takie postawienie sprawy zainspiruje Cię do szukania właściwych, pozytywnych rozwiązań.

Człowiek, o którym pisałem, szukał inspiracji w życiu innych ludzi. Dużo o tym czytał. Zafascynowała go biografia **Helen Keller**. Ta od dziecka niewidoma i niesłysząca pisarka mimo poważnego upośledzenia w pełni skoncentrowała się na odkrywaniu radosnej strony życia. Świadomie zdecydowała, że chce poświęcić się pisaniu i dawaniu nadziei innym. Jest autorką wielu książek, z których najsławniejsza jest jej biografia *The Story of My Life*. Ta niezwykła historia stała się inspiracją dla sztuki Williama Gibsona opartej na życiu Keller i jej nauczycielki Anne Sullivan. Autor w 1960 roku otrzymał za nią Nagrodę Pulitzera. Na podstawie *The Story of My Life* nakręcono również film. Helen Keller swoją odważną i pozytywną postawą wzbudziła wielkie zainteresowanie. Zapraszano ją do wielu krajów, by opowiadała, jak można rozwiązywać problemy i kształtować w sobie pozytywne nastawienie do życia. Zachęcam do zapoznania się z jej fascynującą biografią.

Poznawanie historii ludzi, którzy osiągnęli więcej od nas, jest ogromnym i nieocenionym źródłem inspiracji. Ludzie, którzy określili, co jest dla nich ważne, i w codziennym życiu konsekwentnie kierują się tymi wartościami, czują się spełnieni.

Jak rozpoznać wartości? Jak wybrać to, co najważniejsze? Jak zmienić swoje życie na lepsze? Oto moja rada:

Będzie to ćwiczenie, które najlepiej wykonać w dniu wolnym od pracy. Usiądź wygodnie, rozluźnij się i zrelaksuj. Weź kartkę papieru i zapisz na niej te pojęcia, które przedstawiają wartość dla Ciebie. Następnie ponumeruj je według priorytetów. Te, które otrzymają pierwsze w kolejności numery, będą Twoimi wartościami nadrzędnymi. Teraz postanów sobie w głębi serca, że wszystko podporządkujesz właśnie im i nie będziesz w tej materii szedł na żadne kompromisy. Podejmując takie postanowienie, pozbędziesz się toksycznych myśli i wątpliwości, nareszcie będziesz wiedział, jak bez lęku i wahania podejmować najważniejsze życiowe decyzje.

Jak dowodzą statystyki, w przytłaczającej większości przypadków rzeczy ważne, które zawsze były blisko nas, zauważamy dopiero, gdy przeżyjemy poważny kryzys lub porażkę. Czy nie lepiej świadomie podjąć ten trud? Zatem jeszcze dzisiaj zrób sobie pauzę i wyznacz termin spotkania z samym sobą. Na spotkaniu tym zadaj sobie konkretne pytania: „Dokąd zmierzam? Jakie są moje życiowe cele? Co tak naprawdę się dla mnie liczy? Co jest dla mnie ważne?". Bądź skrupulatny i całkowicie szczery w odpowiedziach.

Jest to warunek konieczny do dokonania w sobie prawdziwych i znaczących przemian.

Kiedy poznasz swoje wartości nadrzędne i odpowiesz uczciwie na pytania, prawdopodobnie Twoja podświadomość niemal automatycznie pobudzi do działania cechy, o których pisałem w pierwszej części książki. Będą Cię one wspomagały w realizacji zamierzeń. Nie mamy co prawda władzy nad tymi siłami, ale możemy je ukierunkować. Ustalanie wartości nie jest celem samym w sobie, chodzi tu o wywołanie u siebie silnego, wewnętrznego przekonania o znaczeniu danej wartości – to wytworzy silną motywację wewnętrzną, która nie będzie poddawać się zniechęcającym czynnikom zewnętrznym. Musisz jednak podjąć decyzję świadomie, zdecydowanie i wszystko jej podporządkować. Dopiero wówczas zaczniesz zmieniać swoje życie.

Jest to proces powolny, czasem potrzeba miesięcy, a nawet lat, aby zmiany stały się wyraźne. Pierwsze efekty powinieneś dostrzec już po 2-3 miesiącach, na pewno ich nie przeoczysz. Jeśli Twoją wartością nadrzędną stanie się rodzina, zauważysz, że nie wykręcasz się już od spędzania z nią czasu i nie usprawiedliwiasz swojej nieobecności w domu koniecznością pracy po godzinach. Poczujesz się szczęśliwy, kiedy Twoje własne dziecko powie Ci, jak bardzo cieszy się, że jesteś już w domu i odrabiasz z nim lekcje.

Nie wystarczy jednak poruszać się tylko w sferze świadomości, bo ma ona poważne ograniczenia. Jeśli zaprogramujemy swoją podświadomość, podsuwając jej pozytywne informacje, nasze polecenia potraktuje ona jak rozkaz. Jak to właściwie działa?

Wyjaśnię to na własnym przykładzie. Kiedy postanowiłem zadbać o swoje zdrowie i wygląd, a także schudnąć, moja podświadomość zaczęła mną kierować i w pewnym sensie zmuszała mnie do rezygnacji z zachowań, które nie przybliżały mnie do osiągnięcia celu, a skłaniała do podejmowania tych działań, z którymi było mi po drodze. Obserwowałem, jak moja sylwetka powoli się zmienia. Odbyłem rozmowę z dietetykiem i zrozumiałem, że powrót do optymalnej wagi zajmie mi około 16 miesięcy. Przy wzroście 183 centymetrów ważyłem wtedy 96 kilogramów, a chciałem schudnąć do 81 kilogramów. Udało się i do tej pory utrzymałem wagę, nigdy nie doświadczyłem efektu jojo. Był nawet taki moment, że schudłem do 77 kilogramów, ale nie czułem się wtedy dobrze i szybko wróciłem „do siebie", czyli do wagi, którą odbierałem jako optymalną. Ważne było postanowienie i przekonanie, że zdrowe ciało jest dla mnie ważne i dlatego będę szczupły, oraz to, że bezwzględnie w to uwierzyłem. Całkowicie zmieniłem tryb życia i nadal się tego trzymam, choć od tamtego czasu minęło już 16 lat.

Może się zdarzyć, że wybrane przez nas wartości nadrzędne będą ze sobą sprzeczne. Dlatego istotne jest wskazanie jednej z nich jako numeru jeden, aby wszystkie inne pozostawały jej podporządkowane. Jeśli ktoś postawi na pierwszym miejscu pracę na równi z rodziną, jest bardzo prawdopodobne, że poniesie porażkę. Wartość pierwszego rzędu powinna być tak dobrana, by jej realizacja nie wpływała negatywnie na pozostałe.

Nadrzędne wartości pozwalają nadać sens życiu każdego człowieka. Ich świadome ustalenie poprzez działanie podświadomości budzi w nas pozytywne cechy, które pomagają w realizacji wszelkich zamierzeń.

Zachęcam do zdobywania wiedzy o wartościach nadrzędnych. W ostatnich 100 latach powstało co najmniej kilkadziesiąt mądrych książek o tej tematyce.

Kiedy zdobędziemy wiedzę na ten wyjątkowy temat, wzbudzimy w sobie nawyk okazywania wdzięczności, która odpowiada za jakość naszego życia. Zachęcam Cię do zdefiniowania Twoich wartości nadrzędnych. Zrób to już dziś i zacznij żyć nowym, lepszym życiem.

Co możesz zapamiętać? ☺

1. Ustalenie nadrzędnych wartości budzi pozytywne cechy, które podświadomie zaczynają pomagać w realizacji zamierzeń.
2. Nadrzędne wartości to klucz do osiągnięcia wartościowych celów.
3. Korzystaj z różnych źródeł, z których można czerpać wartości.
4. Naucz się doceniać to, co masz.

5. Dostrzeż korzyści i pozytywny wpływ wartości nadrzędnych na życie swoje i innych.
6. Zdefiniuj swoje kluczowe wartości i żyj zgodnie z nimi!

Inaczej
o poznawaniu siebie

Spis treści

Wstęp 83

Osobowość człowieka – co to takiego?................. 84

O co chodzi z tą inteligencją ? 95

Pozytywne i negatywne cechy osobowości 99

Nawyki dobre i złe................................... 113

Człowiek, którzy poznał siebie 117

Poznaj swoje silne i słabe strony 118

Słownictwo – budulec naszej osobowości 123

Jesteś sową czy skowronkiem?
   I co z tego wynika? 126

Praca nad kształtowaniem nowych cech 129

Refleksje końcowe 130

Wstęp

Książka ta zawiera metody przydatne w diagnozowaniu własnej osobowości. To istotne ogniwo w łańcuchu czynności zmierzających do budzenia drzemiącego w każdym z nas potencjału. Czy wiesz, kim jesteś i jaki jesteś? Czy próbowałeś z odwagą spojrzeć na siebie i nazwać cechy, które Cię charakteryzują? Czy zauważyłeś, w jakim stopniu Twoje postępowanie zależy od nawyków – dobrych i złych? Czy masz świadomość swoich mocnych i słabych stron? Tylu rzeczy się uczymy w życiu, a tak rzadko uczymy się siebie!

Jeśli chcemy zbudować dom, musimy utwardzić podłoże, na którym ma stanąć, a jeśli chcemy osiągnąć spełnienie, musimy poznać siebie.

Wokół widujemy ludzi, którzy spełniają się w każdej dziedzinie. Są świetni w pracy, mają poukładane życie rodzinne, znajdują czas na rozwijanie zainteresowań.

Co robią, że tak znakomicie im wszystko wychodzi? Obserwując to z zewnątrz, często mówimy: przypadek, niezwykły fart, odziedziczony talent. Niekiedy mamy wrażenie, że los podaje im sukces i radość życia na tacy. To opinia nieprawdziwa i krzywdząca, krzywdząca nie ich, lecz nas samych! Powoduje, że automatycznie czujemy się zwolnieni z odpowiedzialności za własny los. Uznajemy, że nie ma sensu się starać, skoro szczęście i spełnienie zależy wyłącznie od zwykłego zbiegu okoliczności lub genów.

Osobowość człowieka – co to takiego?

Wystarczy rozejrzeć się w najbliższym otoczeniu, żeby dostrzec, że ludzie – mimo przynależności do tego samego gatunku – znacznie różnią się między sobą. Różnice nie dotyczą wyłącznie wyglądu zewnętrznego czy takich cech jak tembr głosu i sposób poruszania, choć te najłatwiej zauważyć. Każdy z nas zachowuje się inaczej, myśli inaczej, inaczej reaguje na te same zdarzenia. To, co jeden uzna za tragedię, dla drugiego będzie niewielką przeszkodą do pokonania. To, co jednego rozśmieszy, dla innego będzie żenujące. To, co jeden uzna za warte zachodu, drugi odrzuci od razu, z komentarzem: „Szkoda się wysilać!". Podobnych przykładów można podać nieskończenie wiele.

Z czego wynikają te różnice? Ich źródłem jest nasza osobowość, zjawisko bardzo dziwne, ale niezwykle interesujące. Nie możemy jej poznać za pomocą żadnego ze zmysłów. Ujawnia się poprzez nasze myślenie, mówienie i postępowanie. Czym jest? Definicji znajdziemy bardzo wiele, a psychologowie i myśliciele stale tworzą kolejne, zawężając albo poszerzając zakres znaczeniowy tego pojęcia. Większość badaczy skłania się ku stwierdzeniu, że osobowość to zbiór cech, które decydują o tym, jak myślimy, jak odczuwamy, jak traktujemy siebie i innych, jak oceniamy wszystko, z czym stykamy się w ciągu naszego życia. Osobowość jest niepowtarzalna, swoista dla każdego z nas.

Czy cechy osobowości mogą się zmieniać? I tak, i nie...

Niektóre są uwarunkowane genetycznie, wynikają z budowy naszego organizmu – i te zasadniczo nie ulegają zmianom. Inne jednak pojawiają się w wyniku doświadczeń życiowych i kontaktów społecznych. Kształtują się od momentu poczęcia aż do śmierci. Najwięcej ich powstaje i utrwala się w dzieciństwie, dlatego mówimy, że to ten okres decyduje o jakości dorosłego życia człowieka.

Jeśli będziemy świadomi możliwości zmiany pewnych cech osobowości, możemy na nie wpływać, celowo je wzmacniać bądź osłabiać, i w ten sposób przyjmować odpowiedzialność za siebie oraz za własne szczęście.

Co składa się na osobowość? Jest wiele teorii próbujących to opisać. Jedna z najszerszych wymienia wśród składników osobowości: temperament, popędy, potrzeby, wartości, postawy, zdolności, zainteresowania, obraz samego siebie i świata oraz inteligencję w jej różnych wymiarach.

Temperament decyduje o tym, w jaki sposób reagujemy na otoczenie. Temperament jest wrodzony i uwarunkowany fizjologicznie. Podlega pewnym modyfikacjom w procesach dojrzewania i starzenia się, ale nie można go zmienić całkowicie. To istotna informacja! Nie zatrzymamy wypracowanych cech na dłużej, jeśli będą z nim sprzeczne.

Pierwsza koncepcja temperamentu powstała już kilkaset lat przed naszą erą. Stworzył ją grecki lekarz Hipokrates, a zaproponowaną przez niego typologię udoskonalił inny starożytny medyk – Galen. Według nich, każdy człowiek reprezentuje jeden z czterech typów charakterologicznych.

Może być melancholikiem, cholerykiem, sangwinikiem lub flegmatykiem.

Kim jesteś według typologii Hipokratesa i Galena?

Możesz to sprawdzić, rozwiązując na przykład test zamieszczony w książce *Osobowość plus. Jak zrozumieć innych przez zrozumienie siebie?* autorstwa Florence Littauer. Warto wykonać go samemu i zachęcić do tego członków rodziny. Wiedza, jaki typ temperamentu charakteryzuje każdego z nas, ułatwi wzajemne zrozumienie naszych reakcji i potrzeb. Do tego będzie można dostosować strategię postępowania. Rozpoznanie typu temperamentu pozwala na układanie właściwych relacji z otoczeniem, z poszanowaniem indywidualności każdego człowieka. W praktyce oznacza to na przykład, że jeśli syn jest flegmatykiem, nie można go popędzać podczas wykonywania zadania i denerwować się wolnym tempem jego pracy. Trzeba dać mu czas, skupić się na pozytywnych stronach jego działania, którymi będą prawdopodobnie skrupulatność oraz dokładność, i chwalić go za to!

Przedstawiona powyżej typologia temperamentu jest znana, ale nie jedyna. W 1921 roku Ernst Kretschmer opracował nową koncepcję, wiążąc temperament z budową ciała. Wyróżnił trzy zasadnicze typy: asteniczny, pykniczny oraz atletyczny.

Typ asteniczny, do którego zaliczył osoby wątłe, według jego oceny, charakteryzuje wrażliwość i nieśmiałość. Typ pykniczny – otyły i niski – cechuje zmienność nastrojów, ale i towarzyskość. Osoby typu atletycznego – o muskularnej budowie ciała – są zazwyczaj opanowane i nieufne. Czy to się sprawdza? Z moich obserwacji wynika, że nie!

Ale znam ludzi którzy mają inne zdanie w tej sprawie ☺.

Jeszcze inną koncepcję stworzył Carl Gustav Jung, który wyróżnił dwa przeciwstawne typy. Jednym jest nieśmiały i zamknięty w sobie introwertyk, drugi natomiast to towarzyski i otwarty ekstrawertyk.

Ta koncepcja ma wielu zwolenników. Jest też co najmniej kilka świetnych książek opisujących ten temat.

Z testu, jaki wypełniłem, wynika, że jestem introwertykiem. Mam szacunek do tej koncepcji, choć mam też pewne wątpliwości. Mimo wszystko polecam analizę tego tematu ☺.

Warto też poświęcić chwilę na poznanie koncepcji temperamentu Marlane Miller. Moim zdaniem, badaczka ta jest wnikliwą obserwatorką osobowości człowieka, skupiającą się szczególnie na sposobie myślenia jednostki. Zauważyła, że zasadniczo można rozróżnić cztery grupy ludzi: myślicieli, znawców, konceptualistów i rozjemców. Oto, jak je opisała:

Myśliciel. Nie podejmuje decyzji od razu. Najpierw ocenia sytuację i zastanawia się, co można zrobić. Gdyby któreś rozwiązanie niosło ze sobą możliwość konfliktu, będzie dążył do ugody, szukał kompromisu. Nie kieruje się emocjami, bo według niego to nieracjonalne i nie może przynieść niczego dobrego. Ma dobrze rozwiniętą zdolność indukcji, zwraca uwagę na wszystkie szczegóły. W istotnych sprawach nigdy nie zmienia zdania, potrafi planować, a także wyszukiwać różnorodne informacje. Doskonale radzi sobie z analizą i porządkowaniem faktów, gorzej jednak wypada w relacjach międzyludzkich.

Znawca. Reaguje, używając lewej półkuli mózgu. Szybko orientuje się w sytuacji, bez głębszej analizy wyciąga wnioski i podejmuje decyzje. To powoduje, że ma skłonność do upraszczania problemów, myśli w kategoriach czarne–białe. Trudno mu pójść na kompromis. W sytuacjach konfliktowych jest skłonny do konfrontacji, bo wierzy w zwycięstwo. Nie okazuje emocji. Z łatwością dociera do sedna problemu i formułuje proste logiczne wnioski.

Przedstawiane przez niego rozwiązania są praktyczne i sensowne, ale nie zawsze uwzględniają potrzeby innych. Stąd wynikają jego kłopoty ze współpracą w grupie.

Konceptualista. Jego reakcje oparte są na pracy obu półkul mózgowych. Angażuje kolejno prawą, lewą i znowu prawą półkulę mózgu. Udziela odpowiedzi ogólnych bądź niejasnych. Intuicyjnie wie, jak rozwiązać dany problem, ma jednak trudności z przekazywaniem swoich przemyśleń innym. Nie zwraca uwagi na detale. Bywa nierozumiany, dlatego raczej stroni od towarzystwa. Cechuje go skłonność do ryzyka. Chętnie schodzi z utartych szlaków. Ten styl myślenia jest typowy dla wizjonerów i wynalazców.

Rozjemca. Rozjemca aktywizuje głównie prawą półkulę mózgu, czyli szybko udziela odpowiedzi, które są oparte zazwyczaj na emocjach. Większą uwagę niż na problemy zwraca na relacje międzyludzkie. Unika konfliktów i konfrontacji. Jest przyjacielski, rozmowny i empatyczny. Często żałuje swoich wybuchów emocji. Jest nieprzewidywalny i spontaniczny. Niekiedy w jednej chwili diametralnie zmienia własne decyzje i opinie. Z trudnością oddziela fakty od emocji. Nie potrafi być neutralny w ocenach. Kieruje się intuicją, łatwo snuje nowe wizje i znajduje wszelkie możliwe rozwiązania problemów. Może wywierać inspirujący wpływ na innych.

Kim jesteś? Myślicielem? Znawcą? Konceptualistą? Rozjemcą? Dowiesz się po zrobieniu testu. Znajdziesz go w książce Marlane Mille *Style myślenia. Zmień swoje życie, nie zmieniając siebie*. Ponad 20 lat temu przeprowadziłem ten test, stąd wiem, jak się przydaje w poznaniu siebie. W moim przypadku okazało się, że jestem konceptualistą. Nie boję się wchodzić w nieznane obszary, ale miewam kłopoty z przekazywaniem swoich wizji innym. Uświadomienie sobie własnych cech bardzo mi pomogło. Teraz, kiedy chcę przekonać kogoś do nowej idei, staram się dobrze do tego przygotować.

Na tym jednak nie można skończyć poznawania swojej osobowości. Zdolności pozwalają na uzyskiwanie pomyślnych, a nawet ponadprzeciętnych rezultatów w danej dziedzinie. Człowiek nie może ich nabyć, jest nimi obdarzony. Jednak zdolności tylko w kilku procentach decydują o powodzeniu podejmowanych działań.

Reszta to kwestia cech, które można w sobie rozwinąć. Przykładami są: wytrwałość w dążeniu do celu, wnikliwość pozwalająca znaleźć optymalne rozwiązania i odwaga, dzięki której mamy siłę, by pokonać lęk i podążyć nową drogą.

Na ludzką osobowość składają się także popędy i potrzeby. Popędy to silne, biologicznie uwarunkowane pragnienia człowieka, wymagające zaspokojenia, trudne do opanowania. Potrzeby zaś to stany braków charakteryzujące się odczuwanym psychicznie i fizycznie napięciem domagającym się redukcji. **Abraham Maslow** ułożył je w hierarchię. Jego zdaniem, w pierwszej kolejności człowiek zaspokaja potrzeby fizjologiczne, potem potrzebę bezpieczeństwa i afiliacji, czyli przynależności, a następnie miłości, szacunku i uznania społecznego oraz samorozwoju. Przy czym trzeba dodać, że zaspokojenie potrzeb niższego rzędu nie musi być całkowite. Świadczą o tym zachowania człowieka w warunkach ekstremalnych. Na przykład mimo pragnienia i głodu potrafi się on podzielić minimalną ilością jedzenia i wody. Zaspokojenie potrzeby przynależności (więzi społecznych) staje się więc ważniejsze od pełnej realizacji potrzeb fizjologicznych.

Zaspokajanie potrzeb nie następuje w dowolny sposób. Każda społeczność wypracowuje własne reguły w tym zakresie. Pozwala to na względnie bezkonfliktowe kontakty między ludźmi. Reguły te mogą być skodyfikowane lub tylko utrwalone zwyczajem społecznym. Przykładami takich kodyfikacji są Dekalog (normy religijne) i przepisy tworzone przez systemy państwowe (normy prawne), zaś tradycję może reprezentować stosunek danej społeczności do osób starszych (normy nieformalne).

Kolejnym składnikiem osobowości są zainteresowania. Skąd się biorą? Rodzą się na styku potrzeb i zdolności, a polegają na podejmowaniu działań przynoszących satysfakcję i zadowolenie. Zainteresowania mogą łączyć się z pracą zawodową lub wypełniać czas wolny.

O ile wymienione wyżej składniki osobowości w dużym stopniu są uwarunkowane genetycznie i niezależne od człowieka, o tyle postawa, chociaż podobnie jak zainteresowania kształtuje się w procesie zaspokajania potrzeb, jest możliwa do nauczenia się. W umyśle każdego z nas, świadomie bądź nie, powstają emocjonalne reakcje na wszystko, czego doświadczamy naszymi zmysłami. Tworzą się one na skutek połączenia wiedzy wynikającej z doświadczeń życiowych ze skłonnością do zachowywania się w określony sposób w stosunku do danego obiektu. W zasadzie możemy wyróżnić trzy rodzaje postaw: akceptację, odrzucenie i postawę obojętną, choć co do tej trzeciej są wątpliwości. Wielu badaczy uważa, że żadna postawa nie może być nazwana obojętną, ponieważ jeśli czegoś nie odrzucamy, to znaczy, że się na to zgadzamy, a zgoda jest już rodzajem akceptacji.

Do postaw będziemy wracać wielokrotnie, gdyż jest to jedno z najważniejszych pojęć psychologii społecznej. I tu mam dla czytelników dwie wiadomości: dobrą i złą. Zła jest taka, że postawa może być źródłem stereotypów i uprzedzeń, szkodliwych i krzywdzących. Dobra – o której już wspominałem – że postawę można wykształcić, czyli świadomie zmienić. Czy widzisz w tym szansę dla siebie?

Ważnym aspektem osobowości, który w dużym stopniu wynika z postawy, jest obraz samego siebie i otaczającego świata. Składa się on z uczuć, wyobrażeń oraz wiedzy o sobie i otoczeniu. Wszystko, co napotykamy na naszej drodze (łącznie z własną osobą), bez przerwy obserwujemy i oceniamy, czy jest zgodne z naszą wiedzą i wyobrażeniami, czy nie. Na dodatek przepuszczamy to jeszcze przez filtr emocji.

Elementami obrazu własnej osoby są przekonania związane z wyglądem, samoocena, oszacowanie możliwości i tym podobne.

Na obraz świata składają się opinie na temat otoczenia, stosunek do niego oraz oczekiwania wobec innych ludzi i sytuacji. Łatwo jednak możemy się przekonać, że obraz świata (podobnie jak samego siebie) nie jest niczym trwałym i może się zmienić, jeśli dodamy lub zmienimy któryś z elementów wpływających na nasze widzenie rzeczywistości.

Właściwie prawie nigdy nie możemy być pewni, że mamy wszystkie informacje, żeby rzetelnie ocenić to, co odbieramy zmysłami. Zapach spalenizny może świadczyć o ogromnym pożarze albo... o przypalonym obiedzie. Gorzki smak – to może być trucizna albo... lekarstwo. Odrażający wygląd wskaże na zaniedbanie albo... chorobę. Nie będziesz wiedzieć, póki nie zdobędziesz wystarczająco wielu danych na temat bodźca, który dotarł do Twojego umysłu.

Wpływ na naszą osobowość ma także inteligencja. Zwróć uwagę: inteligencja, a nie poziom IQ! Kiedyś uważano te określenia za jednoznaczne, jednak współcześni badacze definiują inteligencję zupełnie inaczej, o czym szerzej przeczytasz w drugim rozdziale.

Jak kształtuje się osobowość? Można by odpowiedzieć jednym zdaniem: osobowość kształtuje się pod wpływem otoczenia na bazie cech odziedziczonych po przodkach. O tym, że w genach została zapisana płeć, wzrost, kolor włosów i oczu, wiemy na pewno. Badania wykazują też dziedziczność uzdolnień, skłonności do nałogów, otyłości i agresji. Być może dalsze poszukiwania doprowadzą do odkrycia odpowiedzialności genów za inne cechy naszej natury.

Rodzicom bardzo pomogłyby testy diagnostyczne umożliwiające wczesne poznanie biologicznych czynników osobowości dzieci. Możliwe byłoby wtedy wzmacnianie odziedziczonych cech pozytywnych i wygaszanie cech negatywnych już w najmłodszym wieku. Wiedza ta pozwoliłaby także pokierować wykształceniem potomka tak, aby było zgodne z jego predyspozycjami. W rezultacie dziecko miałoby większe szanse na stanie się człowiekiem szczęśliwym i spełnionym, a o to przecież nam wszystkim chodzi. Na razie jednak musimy zadowolić się obecnym stanem wiedzy. Wiemy już jednak sporo!

Czynniki biologiczne to tylko fundament osobowości. Na jego bazie kształtuje nas aktywność własna i wpływ otoczenia (celowy bądź mimowolny), i to przez całe życie. Kiedyś sądzono, że proces ten kończy się w wieku około 25 lat, teraz wiemy, że trwa aż do śmierci człowieka.

Podstawowe struktury osobowości powstają już w wieku przedszkolnym, jednak wiele istotnych jej elementów pojawia się później. Dopiero w pierwszej fazie wieku szkolnego powstaje system osobowości.

Bardzo ważnym elementem systemu osobowości staje się samoocena. Jeśli jest wysoka, towarzyszy jej przekonanie o słuszności wyznawanych zasad oraz wartości, koncentrowanie się na teraźniejszości, wiara we własne możliwości, poczucie równości, radość życia i zainteresowanie potrzebami innych ludzi. To wszystko najłatwiej ukształtować w dzieciństwie. Bardzo często jednak rodzice popełniają wiele błędów w wychowywaniu własnych dzieci.

Niektórzy zbyt wysoko stawiają poprzeczkę, budują atmosferę wiecznego współzawodnictwa, raczej karzą niż nagradzają, są zbyt surowi i nie pozwalają na żadne dyskusje, co prowadzi do zaniżonej samooceny. Inni zaś powielają źle rozumiane idee wychowania bezstresowego: nie stawiają granic, nadmiernie pobłażają i rozpieszczają, czego efektem jest samoocena nierzeczywista, zbyt wysoka. Konsekwencje obu krańcowych postaw są dla dziecka bolesne. Trudno mu znaleźć miejsce w społeczeństwie, jest sfrustrowane, a świat zewnętrzny kojarzy mu się głównie ze stresem.

W rozwoju osobowości wyróżniamy kilka momentów przełomowych.

Często mają one charakter kryzysów. Dotychczasowe badania wskazują, że każdy z nas przeżywa osiem takich przełomów w ciągu swego życia. Wszystkie są jednakowo ważne, bo każdy z nich zasadniczo wpływa na jakość egzystencji w kolejnych latach. Który jest najbardziej spektakularny? Na pewno okres dojrzewania. Nieuniknione są wtedy konflikty z otoczeniem, pojawia się wiele dylematów natury filozoficznej i egzystencjalnej.

Młodzi ludzie zadają sobie pytania: „Kim jestem naprawdę?", „Co stanowi sens życia?", „Dokąd zmierzam?".

Dochodzą do tego ważne problemy związane z płciowością. Nastolatki odrzucają świat dorosłych. Rodzice i nauczyciele tracą pozycję autorytetów. Co pojawia się na ich miejscu? Nowe wzorce. Mogą być zgubne – często młodzi szukają ich w środowiskach nieaprobowanych przez rodziców. Wszystko to razem stanowi tygiel, w którym mieszają się sprawy ważne i nieważne. Chwilowe trudności zostają podniesione do rangi najistotniejszych kwestii życiowych, a ważne problemy są spychane na dalszy plan. Z tego chaosu wyłaniają się po kilku latach zręby dojrzałej osobowości. Jest to okres, w którym ustalają się kluczowe indywidualne wartości człowieka. Odtąd będą kierowały jego życiem.

Dojrzewanie kończy się w wieku około 25 lat. Jednak proces kształtowania osobowości, jak już pisałem, trwa do końca życia. Osobowość to struktura dynamiczna. Przeobraża się pod wpływem nowych doświadczeń, a tych przecież nie brakuje. Codziennie dzieje się coś nowego, spotykamy nowych ludzi, przytrafiają się nam nowe sytuacje, podejmujemy nowe wyzwania. Z biegiem lat wiele spraw traci na znaczeniu, inne zaś na nim zyskują. Tak jest na przykład z płciowością człowieka, pragnieniem posiadania dzieci, chęcią zrobienia kariery czy koniecznością zmierzenia się z syndromem „pustego gniazda".

Trudnymi momentami są także wejście w wiek średni i starość. Wielu z nas niełatwo godzi się z upływającym czasem. Menopauza i andropauza zmuszają do refleksji nad egzystencją. Uzmysławiają, że pewien etap życia skończył się nieodwołalnie. Jednak osobowość nadal podlega ewolucji. Kryzys wywołany wycofaniem się z życia zawodowego (nie zawsze na własne życzenie) może spowodować zaburzenia osobowości.

Człowiek czuje się niepotrzebny i odrzucony, nie widzi sensu życia, gorzknieje i zamyka się w sobie. Kobiety przeżywają utratę atrybutów wzbudzających zainteresowanie mężczyzn, mężczyźni zaś chcą utwierdzać się w swej roli poprzez kolejne podboje erotyczne, co często kończy się kryzysem domowym. Przypada on zwykle na i tak trudny okres, kiedy dzieci odchodzą z domu, by prowadzić samodzielne życie, a małżonkowie próbują określić rzeczywistą wartość związku. Czy można coś na to poradzić? Tak! Jeśli zdamy sobie sprawę z możliwości pojawienia się takich problemów oraz z mechanizmów, które nimi rządzą, łatwiej będzie nam przetrwać kryzysy lub pomóc przejść przez nie przyjaciołom.

Trudnym momentem w życiu jest również zakończenie kariery zawodowej. Znajomy opowiadał mi o człowieku, który po przejściu na emeryturę niemal z dnia na dzień stał się zrzędliwy i marudny. Trudno było się z nim porozumieć. Z wyglądu pozostał prawie taki sam.

Miał miłą twarz, wyprostowaną sylwetkę i świetną formę fizyczną. Jednak po odejściu z pracy zmienił swój stosunek do bliskich. To już nie był przyjazny mąż i tata. Najbliżsi irytowali go swoim zachowaniem. Zrobił się drażliwy, nie potrafił śmiać się razem z nimi, nie interesowały go problemy żony i dzieci, nie włączał się w prace domowe, a jeśli się odzywał,

Inaczej o poznawaniu siebie

to głównie z pretensjami. Rodzina uważała, że to starość przyniosła zmiany w charakterze tego człowieka. Okazało się jednak, że przechodzi on kryzys typowy dla ludzi, którzy kończą karierę zawodową. Najbliżsi postanowili mu pomóc. Najpierw na wiele propozycji odpowiadał niechęcią. Wydawało mu się, że nic dobrego go już nie spotka. Zgodził się w końcu (raczej dla świętego spokoju) uczestniczyć w zajęciach dla ludzi w jego wieku. Okazało się, że to był strzał w dziesiątkę. Starszy pan miał dokąd wyjść, znalazł nowych znajomych, z którymi z przyjemnością spędzał czas. Stał się znowu przyjaznym, ciepłym i miłym członkiem rodziny, z którym można było rozmawiać o wszystkim.

Rozejrzyj się! Zapewne i Ty masz w rodzinie starszą osobę, która straciła pracę lub przeszła na emeryturę. Pomóż jej znaleźć nową formę aktywności. Może to być osiedlowe koło szachowe lub gimnastyka dla seniorów, inny rodzaj pracy albo wolontariat. Wskaż kierunki. Jeśli zainteresujesz starszego człowieka propozycją wyjścia z domu, to wybór zajęcia nie będzie już taki trudny. Ważne, by sprawiało mu to satysfakcję i dawało poczucie przynależności do społeczeństwa mimo zmienionej sytuacji życiowej.

Treści zawarte w tym rozdziale powinny nam uświadomić, że nie można swoich niepowodzeń zrzucać na osobowość, bo choć niektóre jej elementy są niezmienne, to nad innymi możemy z powodzeniem pracować!

O co chodzi z tą inteligencją?

Składnikiem osobowości jest inteligencja. Jej definicji jest wiele. Ja skłaniam się ku terminologii zgodnej z teorią inteligencji wielorakich **Howarda Gardnera**. Według tego badacza, inteligencja jest unikatową kombinacją ośmiu zdolności (do niedawna była mowa o siedmiu, ale lista jest cały czas otwarta!), które określają indywidualny profil każdego człowieka. Wyróżniamy więc inteligencję lingwistyczną (językową), logiczno-matematyczną, muzyczną, wizualno-przestrzenną, kinestetyczną (motoryczną), interpersonalną, intrapersonalną (intuicyjną) oraz naturalistyczną (przyrodniczą).

Co oznacza – rewolucyjna moim zdaniem – teoria Gardnera? Nie ma ludzi nieinteligentnych. Każdy jest uzdolniony, lecz inaczej!

Stopień, w jakim dana zdolność się rozwinie u konkretnego człowieka, w jakiejś mierze zależy od predyspozycji wrodzonych, ale także od środowiska, w jakim się wychował, systemu edukacji i... od tego, czy miał szansę rozpoznać swój talent. Niestety, od lat propagowane testy na inteligencję sprawdzają wyłącznie logiczne myślenie, a to tylko jeden z aspektów tak rozumianej inteligencji. Takim testem można sobie lub dziecku wyrządzić ogromną krzywdę.

Człowiek może się nigdy nie dowiedzieć, że ma talent plastyczny lub muzyczny, za to zapamięta, że nie nadaje się do Mensy, bo jego IQ jest znacznie poniżej normy!

Znajoma opowiadała mi o człowieku, który swój talent rzeźbiarski odkrył już dobrze po trzydziestce. Był nauczycielem wychowania fizycznego w małej szkole i pewnie nie pomyślałby nawet o dłubaniu w drewnie, gdyby nie przypadek. W jego szkole zorganizowano plener dla rzeźbiarzy ludowych i uczniów, którzy pod okiem mistrzów uczyli się posługiwania dłutem.

Zajęcia przyciągały wszystkich. Przeznaczone były dla dzieci, ale zaglądali tam także dorośli. Chwytali klocki lipowe i próbowali wyrzeźbić w nich jakiś kształt. Większość po kilku minutach odchodziła, uznając, że nic z tego nie wyjdzie.

Wuefista natomiast wziął dłuto do ręki i tak sprawnie wyrzeźbił pierwszą postać, jakby zajmował się tym od zawsze. W ten sposób odkrył swoją pasję! Było to ponad 20 lat temu. Rzeźbi do dziś, zdobył status twórcy ludowego, a jego prace pokazywane są na wielu wystawach i chętnie kupowane. Czy odkryłby swoje zdolności za pomocą testu badającego IQ? Raczej nie!

Zdolności można odkryć testami sprawdzającymi różne typy inteligencji albo podejmując próby różnych działań. To zazwyczaj pokazuje, w czym dany człowiek może być naprawdę dobry! Jeśli masz dzieci, zwróć na to uwagę! Pozwól im zapisywać się na rozliczne zajęcia, ale pozwól też rezygnować, jeśli dojdą do wniosku, że to nie dla nich! Zgódź się na wielokrotne próby. W ten sposób zwiększasz ich szanse na szczęśliwą przyszłość.

Nieocenioną pomocą są także testy inteligencji wielorakiej, dzięki którym można pomóc dzieciom w znalezieniu drogi życiowej. Poznanie ich wyniku może ułatwić naukę. Czy wiesz, że niektóre dzieci, żeby się czegoś nauczyć, muszą chodzić po pokoju, słuchać głośnej muzyki lub pstrykać długopisem? Rozpraszają się? Wręcz przeciwnie! Tylko w ten sposób mogą się skupić.

Powodzenie poczynań człowieka zależy od poziomu inteligencji emocjonalnej. Twórca tej teorii Daniel Goleman inteligencją emocjonalną nazywa zdolność rozpoznawania stanów emocjonalnych u siebie i innych ludzi oraz umiejętność używania i kontrolowania własnych emocji, a także radzenie sobie ze stanami emocjonalnymi zaobserwowanymi u innych.

W tym miejscu warto przypomnieć, czym są emocje i co różni je od uczuć. Emocje są proste, krótkotrwałe, powstają gwałtownie pod wpływem silnego bodźca. Przykładem może być gniew, strach, wzruszenie, radość. Mają wyraźne podłoże fizjologiczne. W przeciwieństwie do nich uczucia, których przykładami mogą być przyjaźń, miłość, niechęć czy nienawiść, są trwałe, świadome, niezależne od chwilowego impulsu, choć ich obiekt może się zmienić pod wpływem powtarzalnego bodźca.

Czy chciałbyś nauczyć się panować nad emocjami, wygaszać uczucia negatywne, a rozwijać w sobie uczucia pozytywne? Im większa jest u kogoś umiejętność panowania nad emocjami, tym wyższa jest jego inteligencja emocjonalna.

Inteligencja emocjonalna jest uzupełnieniem intelektualnej, mierzonej tradycyjnie ilorazem inteligencji. W skład inteligencji emocjonalnej, według Daniela Golemana, wchodzą trzy grupy kompetencji:

Kompetencje psychologiczne. Składają się na nie: samoświadomość (umiejętność rozpoznawania własnych stanów emocjonalnych), samoocena (poczucie własnej wartości, wiara we własne siły, świadomość swoich możliwości i ograniczeń) oraz samokontrola (umiejętność opanowywania i kształtowania własnych emocji).

Kompetencje społeczne. Należą do nich: empatia (umiejętność doświadczania stanów emocjonalnych innych osób), asertywność (umiejętność wyrażania własnego zdania i emocji), perswazja (umiejętność wpływania na innych), przywództwo (zdolność tworzenia wizji i motywowania innych do ich realizacji) oraz współpraca (umiejętność współdziałania z innymi).

Kompetencje prakseologiczne. Zaliczamy do nich: motywację (zaangażowanie i wytrwałe dążenie do osiągnięcia celu), zdolności adaptacyjne (umiejętność dostosowywania się do zmian zachodzących w otoczeniu) i sumienność (umiejętność przyjmowania odpowiedzialności za swoje życie i wykonywane zadania oraz konsekwencja w działaniu).

Łatwo zauważyć, że kompetencje psychologiczne odnoszą się do nas samych, społeczne – do naszych kontaktów z innymi, prakseologiczne zaś są cechami umożliwiającymi osiągnięcie wytyczonego celu. Dużo? Dużo! Jednak... Po pierwsze, nie każdy z nas potrzebuje wszystkich kompetencji, choć wiele z nich każdemu z nas się przyda. Jeśli na przykład nie musimy niczym zarządzać, to rozwijanie kompetencji przywódczych nie będzie nam specjalnie potrzebne, nie każdemu też przydadzą się mocno rozwinięte umiejętności perswazyjne. Po drugie, kompetencje dają się wzmacniać. Może nie zawsze dojdziemy do doskonałości, ale świadomie pracując nad sobą, będziemy w stanie osiągnąć poziom zadowalający.

Pozytywne i negatywne cechy osobowości

Zanim podejmiemy próby kształtowania i wzmacniania naszych cech, zastanówmy się, w jakim miejscu jesteśmy w tej chwili. Które cechy ujawniają się najczęściej w naszym postępowaniu? Czy są pozytywne i chcemy je wzmocnić, czy też przeszkadzają nam w osiągnięciu szczęścia i powinniśmy je wygasić?

Lepiej poradzimy sobie z tym zadaniem, jeśli zapoznamy się z listą cech pozytywnych i negatywnych. Ułatwią nam one analizowanie własnej osobowości. Zacznijmy od cech pozytywnych:

Altruizm. Kierowanie się w postępowaniu dobrem innych, gotowość do poświęceń i udzielanie pomocy potrzebującym.

Ciekawość. Zainteresowanie otaczającym światem i ludźmi, potrzeba ciągłego zdobywania wiedzy i nowych doświadczeń.

Cierpliwość. Znoszenie ze spokojem trudności i przeciwności losu, umiejętność wytrwałego czekania.

Docenianie. Uznawanie wartości (pozytywna ocena) kogoś lub czegoś.

Empatia. Rozpoznawanie uczuć innych ludzi i utożsamianie się z nimi; zdolność do postawienia się w sytuacji drugiego człowieka.

Entuzjazm. Stan emocjonalnego zaangażowania; synonim zapału, gorliwości, żarliwości. Wiąże się z nim także determinacja, motywacja do działania, świadomość życiowego celu oraz pasja.

Hojność. Umiejętność dzielenia się majątkiem.

Lojalność. Uczciwość i rzetelność wobec bliskich, przyjaciół, pracowników, pracodawców itd.

Łagodność. Dobrotliwość, brak surowości w postępowaniu.

Miłość. Bezinteresowne i głębokie uczucie do innych osób, silna więź z bliską osobą lub ideą.

Obowiązkowość. Poczucie odpowiedzialności za przyjęte zadania. Polega na przestrzeganiu reguł, terminów, umów i zobowiązań. Dotyczy także zobowiązań wobec siebie.

Odpowiedzialność. Przyjmowanie na siebie obowiązku troski o kogoś lub o coś. Dotyczy także własnych czynów i świadczy o dojrzałości psychicznej. Człowiek odpowiedzialny zna konsekwencje swojego postępowania i gotów jest je ponieść.

Odwaga. Wypowiadanie się i postępowanie zgodnie z własnymi przekonaniami, nawet jeśli to jest niebezpieczne, trudne lub niewygodne. Pozwala na podejmowanie niepopularnych działań.

Opanowanie. Kontrolowanie swoich myśli, odczuć, odruchów, zachowań i wypowiadanych słów.

Optymizm. Dostrzeganie głównie dobrych stron życia.

Pokora. Świadomość własnej niedoskonałości i umiejętność przyznawania się do błędów.

Prawdomówność. Jedność myśli i słów.

Racjonalna oszczędność. Umiejętność gospodarowania pieniędzmi.

Racjonalna samoocena. Zdolność do realistycznego spojrzenia na siebie w celu rozpoznania swoich możliwości i ograniczeń.

Radość życia. Odczuwanie zadowolenia nawet z błahych powodów.

Rozsądek. Zdolność do trafnej oceny sytuacji i dostosowania do niej swojego zachowania.

Samodzielność. Radzenie sobie z życiowymi zadaniami bez ciągłego korzystania z pomocy innych osób.

Samokontrola. Panowanie nad swoimi emocjami.

Skromność. Nieprzecenianie siebie, niezabieganie o rozgłos i sławę, świadomość własnych ograniczeń.

Takt. Opanowanie, delikatność i umiejętność zachowania się w każdej sytuacji.

Uczciwość. Rzetelność i jawność w postępowaniu, szanowanie cudzej własności i poglądów, niestosowanie oszustwa i kłamstwa.

Wdzięczność. Odczuwanie serdecznych uczuć wobec innych, pragnienie podziękowania i odwzajemnienia się za doznane dobro.

Wiara w siebie i innych. Przekonanie o wartości każdego człowieka oraz o jego dobrych intencjach.

Wrażliwość. Zdolność do dostrzegania problemów innych ludzi i współodczuwania, niechęć do sprawiania innym przykrości.

Wytrwałość. Konsekwencja w dążeniu do celu, niezrażanie się przeciwnościami, niepoddawanie się zniechęceniu.

Życzliwość. Przyjazny i otwarty stosunek do ludzi i świata.

O dojrzałej osobowości mówimy wtedy, gdy potrafimy dostrzec i nazwać charakteryzujące nas cechy. Wiele z nich ceniono już w starożytności. Platon dostrzegał znaczenie rozumu, męstwa, umiaru i sprawiedliwości. Etyka hinduska od dawna na pierwszym miejscu stawiała altruizm i empatię, z czym łączy się zakaz krzywdzenia istot żywych, konieczność współodczuwania i dokonywania dobrych uczynków. W starożytnych Chinach gloryfikowano miłość i szacunek dla starszych, a także umiejętność odpowiedniego zachowania się (znajomość obyczajów i etykiety). Wybitny mędrzec Konfucjusz zalecał, by traktować wszystkich według zasług – z szacunkiem należnym urodzeniu i pozycji społecznej.

Z moich przemyśleń wynika, że dla konkretnego człowieka ważne jest nie tyle ułożenie zalet w hierarchię (jak to czynili starożytni myśliciele), ile świadomość, które z nich dominują w naszej osobowości i jakie to ma konsekwencje.

Okazuje się bowiem, że nawet cechy pozytywne mogą być powodem poważnych życiowych komplikacji. W moim przypadku dotyczyło to optymizmu.

W 1995 roku utworzyłem spółkę akcyjną. Firma miała ogromny potencjał. Planowałem jej rozwój i wierzyłem, że kiedyś wprowadzę ją na giełdę. Zainteresowałem przedsięwzięciem jednego z bardzo zdolnych menadżerów, o wysokich kompetencjach zawodowych. W moim ręku znalazło się 95% akcji spółki. Pozostałe 5% akcji objął mój wspólnik. On też został prezesem spółki. Jestem optymistą (jak się później przekonałem, ta cecha należy do dominujących w moim charakterze). Optymistycznie więc zakładałem, że umiejętności nowego prezesa będą istotnym walorem spółki. Zachłysnąłem się jego kompetencjami twardymi (praktyczną znajomością zasad zarządzania i działaniami operacyjnymi w innym przedsiębiorstwie). Okazało się jednak, że mój optymizm był nadmierny (mogę nawet dodać – naiwny) i wpłynął na zniekształcenie oceny sytuacji. Nie dostrzegłem, że ten człowiek nie potrafi zgodnie współdziałać z innymi. Nie zdobył kompetencji miękkich pozwalających na płynne i bezkonfliktowe kierowanie zespołem. Tuż po uruchomieniu spółki zaczął podległych sobie ludzi traktować przedmiotowo. Nie pomagały żadne rozmowy. Ucinał je krótko: „Postępuję tak, byśmy szybko osiągnęli nasze cele". Nie bardzo wiedziałem, co mam z tym zrobić.

Próbowałem przekonywać, by nie dzielił ludzi na lepszych i gorszych, by nie tylko egzekwował, wymagał i podkreślał porażki, ale zauważał też dobre strony każdego pracownika, doceniał jego osiągnięcia i pomysły, a błędy traktował jako konieczne doświadczenie. Dla niego najważniejsze były zyski, dla mnie wartości. Nie mogłem i nie chciałem im się sprzeniewierzyć. Wiedziałem już, że będziemy musieli się rozstać. Nie zgodził się na to. Jedynym sposobem było rozwiązanie dobrze zapowiadającej się spółki. Kosztowało mnie to bardzo dużo. I w sensie emocjonalnym, i materialnym.

Gdybym w tamtym czasie znał dobrze swoją osobowość, mógłbym przyjrzeć się lepiej różnym aspektom planowanej współpracy i skupić się nie tylko na jej dobrych stronach. Prawdopodobnie potrafiłbym wtedy przewidzieć, że znaczne różnice w poglądach na temat osiągania celów i zupełnie inny system wartości uniemożliwią nam działanie na tym samym obszarze. Nauczyło mnie to przy następnych decyzjach kadrowych korzystać z profesjonalnych analiz, by optymizm, cecha, z której jestem dumny, nie przysłaniał mi rzeczywistości.

Czy Tobie także któraś pozytywna cecha charakteru przysporzyła kłopotów? W jaki sposób sobie to uświadomiłeś? Czy potrafisz już zapobiegać negatywnym skutkom własnych zalet?

Chciałbym zatrzymać się przy trzech cechach, które uważam za szczególnie ważne. Są to: empatia, altruizm i łagodność. Łączy je skierowanie uwagi na innych ludzi.

Empatia. Ktoś kiedyś ładnie powiedział, że to umiejętność odczuwania cudzego bólu we własnym sercu. Czy to jest równoznaczne ze współczuciem? Niezupełnie. Współczucie ma w sobie jakąś domieszkę litości.

Powiedziałbym raczej, że empatia to współodczuwanie, umiejętność rozumienia drugiego człowieka, jego stanu emocjonalnego. Odczuwanie empatii łączy się z chęcią niesienia pomocy i pozwala na nadanie jej odpowiedniej formy. Możesz powiedzieć, że to proste, że każdy przyzwoity człowiek pomaga innym.

Czy wiesz, że nie każda pomoc łączy się z empatią?

Pomaganie to zaspokajanie czyichś potrzeb. Może ograniczać się do form najprostszych: wpłat pieniędzy na jakiś cel pod wpływem impulsu, zrealizowania czyjejś prośby o pomoc, na przykład w przeniesieniu czy przewiezieniu czegoś, załatwienia jakiejś sprawy przy okazji itp. To można zrobić, nie będąc osobą empatyczną. Wystarczy być dobrze wychowanym. Empatia natomiast oznacza wrażliwość na potrzeby drugiego człowieka i pozwala nieść pomoc w celowy i sensowny sposób, choć nie zawsze jest to tak łatwe jak przekazanie datku pieniężnego czy rzeczowego. Empatia niweluje lub osłabia gniew i agresję, a wzmacnia zdolność do kompromisów. Dzięki niej potrafimy sobie wyobrazić, dlaczego nasz oponent zajmuje przeciwne stanowisko. Jesteśmy w stanie rozumieć i wybaczać. Czy już wiesz, dlaczego znalezienie tej cechy w sobie i stałe jej wzmacnianie jest tak ważne?

Jak rozwinąć w sobie tą piękną cechę?

Od czego zacząć? Proponuję, aby zacząć od umiejętności słuchania. Czy potrafisz skupić się na słowach drugiego człowieka? Zastanów się nad tym. Przypomnij sobie, czy zdarzało się, że ktoś swoim opowiadaniem zniecierpliwił Cię lub w czasie rozmowy powiedział z wyrzutem: „Ty mnie nigdy nie rozumiesz!". Jeśli tak, to może słuchasz nie dość wnikliwie. Może się zdarzyć, że ktoś do nas coś mówi, a my rozumiemy to tylko powierzchownie. Ileż razy na przykład w rozmowie małżonków pojawia się tego typu wymiana zdań:

Ona: Czuję się nieszczęśliwa. Jest mi źle.

On: Przecież masz wszystko: pracę, dom, rodzinę. Czego jeszcze chcesz?

Zwykle w tym miejscu rozmowa się kończy lub zmienia w kłótnię. Dlaczego? Bo zabrakło empatii.

Żona przekazała swoje uczucia, a mąż zamknął się przed tą informacją, przedstawił argumenty realistyczne, ale niemające nic wspólnego z odczuciami kobiety. Nie potrafił, a nawet nie usiłował zrozumieć jej problemu. Nie umiał wczuć się w sytuację. Nie zapytał, co jest przyczyną takiego samopoczucia. Pytaniem: „Czego jeszcze chcesz?", wręcz uniemożliwił dialog.

Niestety, takie zachowanie jest bardzo częste. Konsumpcyjne społeczeństwo promuje postawę polegającą na zamykaniu się w świecie własnych potrzeb i nieprzejmowaniu się innymi. A wystarczy słuchać (nie tylko słyszeć!), obserwować (nie tylko widzieć!) i zadawać pytania. Wtedy dowiemy się naprawdę ważnych rzeczy o ludziach i ich pragnieniach. Obserwacja jest istotna, bo pozwala z tonu głosu, mimiki twarzy i postawy ciała wywnioskować, co przeżywa nasz rozmówca. Jest zrozpaczony? Zrezygnowany? Rozzłoszczony? Ma chęć do walki czy pogrąża się w apatii? Sygnały pozawerbalne mogą nam nieraz więcej powiedzieć niż słowa, „słuchajmy" więc nie tylko uszami, ale i oczami. To ważne także dla rodziców, którzy dzięki obserwacji mogą dostrzec pierwsze niepokojące objawy w zachowaniu swoich dzieci i szybko starać się zaradzić problemom. Wiem, trudno o empatię, jeśli to, co robi własne dziecko, nie zgadza się z naszymi wyobrażeniami. Wtedy jednak wrażliwość i zrozumienie najbardziej się przydają.

Warto bowiem zdiagnozować, co się wydarzyło, i pomyśleć, jaka potrzeba nie została zaspokojona, skoro teraz mamy kłopoty?

Wyobrażanie sobie stanów uczuciowych innych ludzi stanie się łatwiejsze, gdy spróbujesz postawić się na ich miejscu. Zapytaj siebie, co Tobie byłoby potrzebne w podobnej sytuacji. Pomyśl, jak mogą czuć się bliscy, gdy ich pragnienia nie zostają zaspokojone. Wyobraź to sobie, wczuj się w ich położenie, spójrz na świat ich oczami. Odpowiedź na pytanie: „Jak pomóc?", przyjdzie sama. Poczujesz ją głęboko w sercu.

Niestety, łatwiej nam osądzać ludzi niż rozumieć ich uczucia. Czy nie lepiej stać się kimś, kto wspiera, kto wzmacnia, dodaje otuchy, pokazuje rozwiązania?

Stephen R. Covey uważał, że powinniśmy być jak latarnie oświetlające innym drogę. Najpierw więc cierpliwie słuchajmy i próbujmy zrozumieć, a dopiero potem zastanawiajmy się wspólnie z potrzebującym nad strategią udzielenia mu pomocy.

Empatii można się nauczyć od innych.

Osobą potrafiącą pomagać umiejętnie była pisarka **Helen Keller**. W dzieciństwie wskutek choroby Helen straciła wzrok i słuch. Wrócić do normalnego życia pomogła jej (prawie niewidoma) nauczycielka Anne Sullivan. Cierpliwie szukała sposobu na porozumienie z Helen, choćby poprzez „literowanie" słów na jej ręce. Z czasem dziewczynka nauczyła się czytać i pisać brajlem, a potem także mówić. Empatia opiekunki pozwoliła również Helen wczuwać się w sytuację innych i angażować się całym sercem w pomoc ludziom, którzy znaleźli się w trudnym położeniu.

Historia tych dwóch kobiet stała się dla mnie szczególnie ważna, ponieważ moja mama była chora na jaskrę. Była prawie zupełnie niewidoma, więc od najmłodszych lat uczyłem się rozumieć trudną sytuację drugiego człowieka. W dzisiejszych czasach empatia nie jest modna. Słyszymy: „Dbaj o własne sprawy!", „Zaspokajaj swoje potrzeby!", „Masz jedno życie!", „Niech się każdy martwi o siebie". Szkoda! Życie warto dzielić z innymi. Warto rozwijać tę cechę, bo wzbogaca ona osobowość i wzmacnia więzi międzyludzkie.

Z empatią łączy się **altruizm**. Altruizm to cecha wyjątkowa, godna najwyższego szacunku. Oznacza postawę ukierunkowaną na osiąganie celów pozaosobistych oraz bezinteresowną pomoc. Altruista nie oczekuje żadnej gratyfikacji, zwłaszcza materialnej. Myślę jednak, że ofiara z cząstki siebie złożona drugiemu człowiekowi zawsze zostanie nagrodzona. Dzięki niej będziemy czuć się szczęśliwsi, bogatsi o pozytywną energię, której moc wzrasta z każdym dobrym uczynkiem.

Altruistę cechuje pokora i gotowość do rezygnacji z własnych potrzeb na rzecz innych, jeśli jest taka potrzeba.

Czy to znaczy, że powinniśmy całkowicie zapomnieć o sobie? Albo przestać się cenić? Nie! Altruizm to nie upokarzanie siebie, a tylko rezygnacja z postawy egoistycznej, która stawia na centralnym miejscu w życiu jednostki jej osobiste dążenia i potrzeby. Wrażliwość na innych ludzi i rozumienie przyczyn ich zachowań pozwoli pomóc im w zaspokajaniu potrzeb, nawet jeśli o to nie proszą.

W miejscu pracy postawa altruistyczna wobec podwładnych i współpracowników nie oznacza rezygnacji z wymagań. Uważna obserwacja zespołu umożliwia odróżnienie celowego zaniedbania (co jest naganne) od zwykłych ludzkich pomyłek lub błędów wynikających z braku wiedzy. Taka diagnoza pozwala na sprawiedliwą ocenę sytuacji.

Sprawiedliwość zaś połączona z wyrozumiałością powinna przynieść efekty w postaci identyfikowania się załogi z celami firmy. Więzi między pracownikami a kierownictwem wzmacnia także gotowość przełożonych do udzielania różnego rodzaju pomocy, nawet finansowej, gdyby miało to rozwiązać problemy trapiące pracownika. Czy w Twoim miejscu pracy zaobserwowałeś przejawy postaw altruistycznych? Czy kogoś możesz pod tym względem wyróżnić?

Zbyt często zapominamy o tym, że w rodzinie również jest potrzebny altruizm. Jak się przejawia? Na przykład przez poszanowanie decyzji współmałżonka, wspieranie go w realizacji marzeń, docenianie jego zainteresowań, nawet jeśli się ich nie podziela. To także codzienna wzajemna życzliwość i troska oraz chęć niesienia pomocy osobom spoza rodziny. Dzieci, które obserwują taką postawę, uczą się od najmłodszych lat dbać o bliskich i pomagać potrzebującym. Czy można wspomóc tę naukę? Tak. Wskazując zalety bezinteresownej pomocy i efekty troszczenia się o to, co wspólne! Wyznaczajmy obowiązki odpowiednie do wieku syna lub córki. Nie płaćmy za prace domowe wykonywane dla wspólnego pożytku. Wystarczającą nagrodą niech będzie pochwała i podziękowanie, wyrażone szczerze i z uśmiechem. Warto podkreślać, jak ważna dla całej rodziny jest praca każdego z jej członków. To wzbudza pozytywne odczucia i wzmacnia postawę altruistyczną. Uczmy też dzielenia się z innymi. Młodsze dzieci można zachęcić (nie zmusić!) do oddania kilku zabawek rówieśnikom, którzy mają ich niewiele, starszym zaś zaproponować działanie w ramach wolontariatu w swoim środowisku, na przykład w jednej z organizacji pożytku publicznego. Mimo że altruizm jest nakierowany na innych, to właśnie on może sprawić, że poczujemy się spełnieni i osiągniemy tak upragniony spokój i harmonię. Czy w Twoim życiu jest wystarczająco dużo altruizmu?

Empatii i altruizmowi zwykle towarzyszy **łagodność**. Czy wyobrażasz sobie człowieka rozumiejącego innych ludzi i pomagającego im, a pozbawionego tej cechy? Niekiedy łagodność jest mylona lub łączona ze słabością, jednak nie ma z nią nic wspólnego. To nie tchórzliwa uprzejmość, sentymentalna czułostkowość czy bierny spokój. To bardzo szlachetny przymiot, który łączy się z pojęciem pokory wynikającej z wewnętrznej mocy. Łagodne usposobienie wypływa z siły moralnej.

Prawdziwie wielcy, szlachetni ludzie są zawsze łagodni. To słabość musi zasłaniać się surowością! W relacjach ludzkich łagodność oznacza opanowanie emocji oraz szacunek dla drugiego człowieka. Czym przejawia się jej brak? Nadmierną pobudliwością, porywczością, skłonnością do wszczynania kłótni lub szorstkością. Z czego wynika? Zwykle z poczucia niepewności, braku wiary w siebie i innych, rozgoryczenia lub rozpaczy, a te z kolei na ogół z nierozpoznania lub niewłaściwego rozpoznania wartości nadrzędnych. Dlaczego zachęcam do kształtowania w sobie łagodności? Ponieważ cecha ta pozwala uniknąć wielu kłopotów i umożliwia prowadzenie spokojnego i szczęśliwego życia.

Od czego zacząć? Zacznij od panowania nad gniewem i porywczością. Zdaj sobie sprawę, że to tylko sposób reakcji na sytuację niezgodną z Twoim oczekiwaniem. Stań się obserwatorem samego siebie. Spróbuj zauważyć, kiedy reagujesz najbardziej gwałtownie. Potem poćwicz odsuwanie reakcji. Dobre jest znane od dawna liczenie do dziesięciu lub oddalenie się na kilka minut.

Dotychczas zajmowaliśmy się zaletami. Osobowość człowieka nie składa się jednak z samych zalet. Wszyscy mamy wady, które ujawniają się w różnych sytuacjach w mniejszym lub większym stopniu. Aby spróbować zmierzyć się z nimi, musimy znowu wniknąć w głąb siebie, przypatrzeć się sobie z zewnątrz. Szczere przyznanie się do cech negatywnych nie jest łatwe. Niekiedy niby to robimy, jednak... wybiórczo. Co to znaczy? Przypisujemy sobie pewne wady, ale tylko te, które w naszym mniemaniu nie są takie najgorsze. Łatwiej przyznać się do lekkomyślności, pesymizmu i porywczości niż do chciwości, nieuczciwości i żywienia nienawiści do innych. Skąd taki podświadomy podział?

Gotowi jesteśmy zgodzić się na te wady i słabe strony osobowości, które nie naruszają powszechnych norm moralnych lub norm wynikających z przyjętego systemu wartości.

Wydaje się, że lekkomyślność, pesymizm i porywczość mają mniejszy ciężar niż chciwość, nieuczciwość i nienawiść.

Większość cech negatywnych w jakimś procencie występuje w niemal każdej osobowości.

Przemyśl, czy wśród nich są takie, których w sobie nie akceptujesz, a które mimo wszystko rozwinęły się ponad miarę:

Agresywność. Łatwość słownego lub fizycznego atakowania innych.

Chciwość. Zachłanność, silne pożądanie różnych dóbr, wręcz obsesyjne ich gromadzenie mimo zaspokojenia potrzeb.

Chęć dominacji. Dążenie do uzyskania przewagi nad innymi, decydowania o wszystkim oraz kontrolowania osób i sytuacji.

Egoizm. Przeciwieństwo altruizmu; oznacza nadmierną miłość do samego siebie, kierowanie się wyłącznie własnym dobrem i niezwracanie uwagi na potrzeby innych; egoista wszystko odnosi do siebie i patrzy na świat wyłącznie poprzez pryzmat własnego „ja".

Kłamliwość. Mijanie się z prawdą nawet bez powodu.

Lekkomyślność. Brak rozwagi i rozsądku w postępowaniu, podejmowanie decyzji bez przemyślenia i nieliczenie się z konsekwencjami własnych działań.

Lenistwo. Niechęć do podejmowania i kontynuowania aktywności w różnych dziedzinach, łatwe zniechęcanie się i poddawanie pod najbłahszym pretekstem.

Nienawiść. Silna awersja do ludzi, połączona z chęcią, by przydarzyło się im coś niemiłego.

Nieuczciwość. Nieszczerość intencji, postępowanie mające na celu oszustwo.

Niezaradność. Nieumiejętność radzenia sobie w różnych, nawet prostych, sytuacjach życiowych, często połączona z brakiem samodzielności.

Ordynarność. Nieuprzejme zachowanie wobec innych.

Pesymizm. Dopatrywanie się we wszystkim zła.

Podejrzliwość. Nieufność, doszukiwanie się we wszystkim ukrytych motywów i złych intencji.

Porywczość. Brak kontroli nad własnymi myślami, emocjami i zachowaniami, łatwe i częste popadanie w gniew i złość.

Rozrzutność. Wydawanie pieniędzy bez kontroli i bez potrzeby.

Skąpstwo. Niechęć do dzielenia się z innymi dobrami materialnymi, nawet jeśli zaspokoiło się własne potrzeby.

Snobizm. Udawanie tego, kim się nie jest; naśladowanym jest najczęściej osoba powszechnie znana.

Tchórzostwo. Brak odwagi, nadmierne skupianie się na własnych ograniczeniach, niedociągnięciach i negatywnych okolicznościach, które skutecznie paraliżują aktywność.

Upór (tak zwany ośli). Pozostawanie przy swoim zdaniu bez względu na argumenty i dobro innych.

Wygodnictwo. Lenistwo powiązane z egoizmem, wybieranie postępowania dogodnego dla siebie, nawet kosztem innych.

Zarozumialstwo. Zbytnia pewność siebie, przekonanie o własnej nieomylności i wyższości.

Zawiść. Uczucie zazdrości wobec drugiej osoby dotyczące jej cech osobistych, przedmiotów lub osiągnięć. Polega na tym, że pragniemy, by inna osoba została pozbawiona tych wartości lub byśmy to my je za wszelką cenę posiedli. Jest to bardzo destrukcyjna i wyniszczająca cecha.

Złośliwość. Zachowanie mające na celu sprawienie przykrości innej osobie.

Praca nad osłabianiem wad wygląda zupełnie inaczej niż praca nad wzmacnianiem cech pozytywnych. Pierwszą zasadą jest nieskupianie się na własnych wadach. Nie powiodą się próby pozbycia się czy zniszczenia negatywnych cech charakteru. To wbrew pozorom mogłoby je nawet utrwalić. Co więc robić? Rekomenduję następującą strategię: należy je sobie uświadomić, ale nie ogniskować na nich swoich działań. Lepiej zająć się wzmacnianiem zalet przeciwstawnych zauważonym wadom.

Dopiero to może spowodować, że wady ulegną znacznemu osłabieniu lub nawet całkowicie znikną.

W kwestii wyrabiania w sobie pozytywnych cech osobowości autorytetem może być Benjamin Franklin. Wypracował on metodę, która mu w tym pomagała. Na wykształcenie w sobie lub wzmocnienie jednej zalety poświęcał cztery tygodnie. Czytał o niej i rozmyślał. Szukał definicji, wzorów osobowych, zasięgał opinii innych ludzi. Robił notatki, a potem przeglądał je i weryfikował. To kształcenie przez zanurzenie w wiedzy. Uruchamia podświadomość, która ułatwia wykonanie zadania.

Zalecam wypróbowanie tego sposobu. Wybierz cechę, nad którą chcesz pracować, i przez cztery tygodnie codziennie poświęcaj godzinę na rozmyślanie, czytanie o niej i robienie notatek. Przesiąknięcie tematem może pobudzić do współpracy podświadomość, która będzie pomagała kultywować ten przymiot.

Na koniec tego rozdziału zastanówmy się, jak kształtować swoją osobowość, mając na uwadze wymienione tu pozytywne i negatywne cechy? Dobrym sposobem jest przebywanie z ludźmi, którzy posiadają pożądane przymioty. Cennym źródłem inspiracji może być lektura biografii. Nie karmmy negatywnych cech, nie dostarczajmy im pożywki w postaci kontaktów z toksycznymi osobami, nie wikłajmy się w szkodliwe dla nas sytuacje. Nie słuchajmy i nie powtarzajmy negatywnych, defetystycznych, stereotypowych osądów, które tylko zatruwają umysł. Zastanówmy się nad tym, jakiej muzyki słuchamy, jakie programy telewizyjne i filmy wybieramy, po jakie książki i magazyny sięgamy.

Czy przekazywane w nich treści nie osłabiają nas, nie pogrążają w marazmie? Jeśli tak, to decyzja powinna być natychmiastowa – przestaję oglądać takie programy, słuchać takiej muzyki, czytać takie gazety. Może to być bolesne jak odwyk dla narkomana czy alkoholika, ale w efekcie nasz umysł zostanie oczyszczony z toksyn, które zalegały w nim w wyniku obcowania ze szkodliwymi treściami. Dopiero gdy dokonamy tego przeobrażenia, odrodzimy się i zaczniemy postrzegać świat w kategoriach możliwości.

Nawyki dobre i złe

Nawyki... Towarzyszą nam od rana do wieczora. Nawykiem jest codzienne mycie zębów, przygotowywanie śniadania w określony sposób, układanie ubrań na te, a nie inne półki, picie kawy, zanim zabierzemy się do pracy, czytanie przed snem itp. Co to jest nawyk? To jakaś czynność, która przez wielokrotne powtarzanie zautomatyzowała się, i teraz w ogóle nie myślimy o tym, że w danej chwili ją wykonujemy.

Niekiedy nawyki mogą spowodować nieco zabawnego zamieszania w naszym życiu. Czy nigdy nie zdarzyło Ci się włożyć portmonetki do lodówki albo wrzucić kluczyków samochodowych do szafki z butami? Jak to się dzieje? Przeanalizujmy pierwszy przykład. Przynosimy zakupy, zazwyczaj część układamy w lodówce, a część w szafce. Tym razem w lodówce znalazła się też portmonetka. Odruchowo włożyliśmy ją tam, gdzie właśnie trafiło masło, warzywa i mleko.

To oczywiście tylko przykład, ale pokazuje, jak działa nawyk.

Mimo tych nieporozumień bez nawyków żyłoby się nam bardzo ciężko. Czy wyobrażasz sobie, że zaraz po obudzeniu się zaczynasz myśleć: „Co ja teraz mam zrobić?". Analizujesz sytuację: „Słońce za oknem, siódma na zegarze, spać mi się nie chce... No tak, w takim razie czas wstać". Wstajesz. Rozważasz dalej: „I co teraz? Mogę wyjść z sypialni. Gdzie mam iść i po co? Aha, czuję się nieświeżo. Pójdę do łazienki...". I tak w kółko. Codziennie. Minuta po minucie. Analiza za analizą. Podejrzewam, że gdyby nie nawyki, wstawalibyśmy bardzo długo. Nawykowe codzienne działania bardzo upraszczają życie i zdecydowanie skracają czas wykonywania czynności powtarzalnych.

Jeśli przeanalizujemy swój rozkład dnia, to okaże się, że bardzo wiele minut, a nawet godzin zabierają nam nawyki zbędne, które zadomowiły się w naszym umyśle. Co z nimi zrobić? Zmienić! To tylko pozory, że są integralną częścią naszej osobowości. Nawyki kształtują się w nas podczas codziennych czynności. Możemy na nie wpływać. Psychologowie i eksperci w dziedzinie behawioryzmu twierdzą, że nabycie nowego nawyku zajmuje od 20 do 70 dni.

Istotna jest świadomość tego, w jaki sposób nawyk działa.

Kilka lat temu przeczytałem o koncepcji 4D opracowanej przez Briana Tracy'ego, autora wielu poradników motywacyjnych. Zamyka się ona w czterech następujących krokach:

Powód. Powinieneś wiedzieć, dlaczego chcesz pozbyć się starego nawyku i wykształcić nowy. Czy jest Ci to naprawdę potrzebne? Najlepiej wypisz korzyści, jakie przyniesie Ci zmiana nawyku.

Decyzja. Masz przed oczami korzyści? Jesteś przekonany, że chcesz zmiany? Podejmij decyzję! Nie od jutra! Nie od poniedziałku! Teraz!

Determinacja. Powieś kartkę z korzyściami w widocznym miejscu. Dąż do celu mimo trudności i chwilowych zwątpień. Nie daj się zmęczeniu. Nie ulegaj usprawiedliwieniom, które będą pojawiać się chwilami w Twoich myślach.

Dyscyplina. Ustal sam reguły, ale... przestrzegaj ich sztywno. Nie naginaj do sytuacji i nie łam!

Proponuję rozpocząć pracę nad nawykami od pozbycia się nawyku ustawicznego narzekania. Nie jest trudny do wyplenienia, a taka zmiana bardzo ułatwi nam życie. Nawyk narzekania sprawia, że za każdym razem, gdy choćby najmniejsza rzecz nie idzie po naszej myśli, włączamy płytę z niekontrolowanymi negatywnymi wypowiedziami czy myślami o sobie lub innych. Zazwyczaj te powtarzane niczym mantra przekonania są mocno przesadzone. Jak sobie z tym poradzić? Najpierw, jak w każdym przypadku, musimy uświadomić sobie, że właśnie włącza się procedura doprowadzająca do narzekania. Można to zrobić poprzez wizualizację polecenia: „Stop narzekaniu!". Pomocny w tym będzie znak, który warto zapamiętać.

Czy potrafisz wymienić sytuacje, w których najczęściej zaczynasz narzekać? Dzięki uświadomieniu sobie, kiedy to się dzieje, łatwiej Ci będzie znaleźć odpowiednią chwilę, by przypomnieć sobie znak stopu i przerwać ciąg narzekania. Zamiast tracić czas na bezowocne lamenty, zaczniesz szukać wyjścia (co i tak jest konieczne).

Dość często narzekamy nie na sytuację, a na konkretnego człowieka. Czy ten rodzaj narzekania też możemy zablokować? Tak, za pomocą empatii. Jeśli masz coś za złe jakiejkolwiek osobie, spróbuj sobie wyobrazić motywy jej postępowania. Zastanów się, co wtedy czuła? Co było dla niej ważne? Postaraj się po prostu zrozumieć drugiego człowieka. Łatwiej Ci będzie nie chować urazy, co jednocześnie zmniejszy Twoją tendencję do narzekania. Warto pozbyć się skłonności do zbyt łatwych ocen. Naprawdę nie musimy zawsze wszystkiego osądzać. Wyrażajmy swój osąd, jeśli ktoś nas poprosi lub gdy widzimy, że komuś dzieje się krzywda. W innych przypadkach zachowujmy dystans i powstrzymujmy się od wyrażania opinii negatywnych.

Powyższe metody nie zadziałają w przypadku dużo głębiej zakorzenionych nawyków, jakimi są nałogi.

Oprócz zwykłego przyzwyczajenia wchodzi tu w grę także uzależnienie fizjologiczne, najczęściej związane z używkami (alkoholem, papierosami, narkotykami), lub psychiczne: zakupoholizm, hazard czy obsesyjne granie w gry komputerowe. Są na świecie osoby, które zerwały z nałogiem bez niczyjej pomocy i nie wróciły już do niego, jednak większości potrzebna jest grupa wsparcia, pomoc specjalisty, a niejednokrotnie kuracja farmakologiczna czy psychoterapia.

Pamiętajmy, że uzależnienia niszczą osobowość i życie człowieka, czyniąc go swoim niewolnikiem. Jeśli masz tego typu problem, zadzwoń do dowolnego ośrodka uzależnień lub skorzystaj z telefonu zaufania. Tam uzyskasz anonimową i rzetelną pomoc.

Ze złymi nawykami i nałogami próbujmy sobie poradzić, gdy tylko zauważymy, że powstały i zaczynają nami rządzić. Im dłużej pozwolimy im działać, tym trudniej będzie się ich pozbyć.

Człowiek, którzy poznał siebie

Wielkie wrażenie robi historia **Christophera Nolana**, pisarza, który we wczesnym dzieciństwie przeszedł porażenie mózgowe, w wyniku którego został całkowicie sparaliżowany i nie mógł nawiązać żadnego kontaktu z otoczeniem. Ale jego matka była pewna, że Christopher rozumie, co się wokół niego dzieje, dlatego też uczyła go sama, w domu. Któregoś dnia Nolanowi podano nowe lekarstwo, dzięki któremu mógł on poruszać jednym z mięśni szyi. Zaczął korzystać z urządzenia przymocowanego do głowy, które pozwoliło mu pisać na maszynie. Miał wtedy 11 lat. Bardzo długo uczył się pisać w ten sposób. Na początku wystukanie jednego wyrazu zajmowało mu ponad kwadrans. Christopher był jednak wytrwały i nie poddawał się. Dzięki temu i ogromnemu talentowi, który drzemał w nim od zawsze, w wieku 22 lat został ogłoszony literackim geniuszem. Pierwszą jego książkę opublikowano, gdy miał zaledwie 15 lat. Był to zbiór wierszy i prozy, które kształtowały się w jego umyśle od trzeciego roku życia. Kolejną pozycję stanowiła jego autobiografia, w której wprowadzał czytelnika w świat osoby sparaliżowanej, niemej, niemogącej komunikować się z otoczeniem. Najbardziej zadziwiające jest bogactwo przemyśleń i słownictwa oraz wyjątkowy styl Nolana. Można śmiało powiedzieć, że jego autobiografia to ewenement na skalę światową. Nikt wcześniej nie pisał z taką z szczerością i bez użalania się nad sobą o przeżyciach osoby ciężko upośledzonej na ciele. Za swoje publikacje Christopher otrzymał liczne nagrody, wielu krytyków wypowiadało się o jego pracach z największym entuzjazmem, oceniając je nie ze względu na jego ułomność. Nolan zawsze podkreślał, że litość, jaką często okazuje się osobom upośledzonym i kalekim, jest jednym z uczyć, których nie znosi najbardziej. Właśnie z tego powodu odmówił, gdy hollywoodzki producent zaproponował mu nakręcenie filmu o nim. Nie chciał stać się bohaterem ckliwej opowieści, nad którym litowaliby się widzowie. Mówił, że nauczył się akceptować i kochać siebie dzięki miłości, jaką został otoczony przez rodzinę. Można powiedzieć, że mimo ciężkiego doświadczenia, jakim była jego choroba, był to człowiek szczęśliwy i spełniony. Poznał i zaakceptował siebie, odkrył w sobie ogromny talent, określił swoje życiowe wartości i cele, a potem konsekwentnie dążył do ich osiągnięcia, czerpiąc z tego radość i satysfakcję.

Jego życie i twórczość było inspiracją dla wielu ludzi – Nolan dostawał tysiące listów, w których dziękowano mu za pokazanie prostej prawdy, że życie jest ogromną wartością bez względu na to, w jakiej sytuacji jest człowiek. Najważniejsze jest to, co wypełnia umysł i duszę.

Poznaj swoje silne i słabe strony

Istnieją różne koncepcje poznawania osobowości. Do tej pory skupialiśmy się na rozpoznawaniu cech charakteru i metodach ich wzmacniania. Teraz spróbujemy spojrzeć na siebie inaczej i zdefiniować swoje mocne oraz słabe strony. Jeśli chcesz to zrobić precyzyjnie, skorzystaj z internetowego profilu osobowości Clifton StrengthsFinder, opracowanego przez Centrum Badań Międzynarodowych i Szkolenia Instytutu Gallupa. Dzięki użyciu tego narzędzia możesz poznać indywidualny, specyficzny dla Ciebie zbiór pięciu dominujących talentów (nazywanych tam cechami) spośród 34 zdefiniowanych jako występujące najczęściej.

Zanim opracowano Clifton StrenghtsFinder badacze odkryli, że większość ludzi zaskakująco mało wie o sobie, a zwłaszcza o swoich mocnych stronach. Czy też należysz do tej licznej grupy?

Zwykle człowiek zapytany o swoje zalety czuje się nieswojo. Ożywia się dopiero, gdy mowa o wadach. O wadach mówiono mu w domu… żeby się poprawił. O wadach mówiono mu w szkole… żeby się poprawił. O wadach i niedoskonałościach mówi się mu w pracy… żeby się poprawił. To ma swoje skutki! Czujemy się przez cały czas niedoskonali. Mamy wrażenie, że ideał czeka niemal zaraz za progiem, tylko… musimy się poprawić. Poprawa jednak niewiele daje, bo zbyt często skupiamy się na tym, do czego zupełnie nie mamy talentu. Jeśli nie mamy w sobie genu przywództwa, to ukończenie nawet kilkunastu kursów nie zrobi z nas genialnego kierownika, będziemy co najwyżej umiarkowanie dobrzy. Natomiast, jeśli ktoś jest urodzonym przywódcą, to każde szkolenie w tym kierunku, każde doświadczenie i przemyślenie sprawi, że cecha ta będzie się wzmacniać.

Poznanie indywidualnego zbioru dominujących talentów pozwoli na ich rozwinięcie w mocne strony. Talent bowiem, jak pisze jeden z twórców Clifton StrengthsFinde Marcus Buckingham, to jeszcze nie mocna strona, tylko cecha o największym potencjale rozwojowym. Cechy te mogą być bardzo różne, na przykład: komunikatywność, empatia, optymizm, odpowiedzialność. Co w takim razie będzie mocną stroną? Mocna strona to połączenie talentu z wiedzą i umiejętnościami, które zapewnią nam niemal doskonałość w wykonywaniu jakiejś czynności albo zadania. Spełniony powinien być jednak jeszcze jeden warunek – mocnej stronie powinny towarzyszyć pozytywne emocje.

Jeśli robimy coś bardzo dobrze, ale z niechęcią, wyłącznie z poczucia obowiązku, to nie możemy tego nazwać mocną stroną.

Co badacze radzą zrobić ze słabościami? Ignorować? Nie... Nie należy również z nimi walczyć, jednak nie powinniśmy nadmiernie im ulegać. Najlepiej rozwijać w sobie mocne strony, tak aby oddziaływanie tych słabych stało się nieistotne. Można postarać się zmienić obszar działalności. Jeśli na przykład nie jesteś zbyt dokładny, zdarza Ci się zapominać o czymś ważnym lub odkładać sprawy na później, masz niewielkie szanse na uczynienie ze skrupulatności swojej mocnej strony. W takiej sytuacji praca biurowa zawsze będzie Cię męczyć i bardzo wątpliwe, czy przyniesie Ci satysfakcję, mimo że zrobisz wszystko, by wykonywać ją perfekcyjnie. Obruszasz się? Uważasz, że w takiej sytuacji nikt nie wybrałby tego zajęcia? Na pewno? To dlaczego spotykamy lekarzy, nauczycieli, polityków, urzędników, a nawet aktorów, o których można powiedzieć wszystko, tylko nie to, że są szczęśliwi i spełnieni.

Gdy Bill Gates dostrzegł, że zarządzanie firmą nie sprawia mu takiej satysfakcji jak praca programisty, znalazł do tych działań wspólnika. I to była mądra decyzja!

Reasumując, warunkiem spełnienia jest poznanie dominujących talentów i doskonalenie ich poprzez zdobywanie odpowiedniej wiedzy i umiejętności. Zapewne już w szkole zauważyłeś, że pewnych przedmiotów uczyłeś się łatwo i z przyjemnością, a w trakcie nauki potrafiłeś zapomnieć o upływającym czasie. Za to opanowanie innych kosztowało Cię ogromnie dużo wysiłku, a efekty były mierne. W dorosłym życiu także są czynności, które opanowujemy szybko i mimowolnie, zaś nauczenie się innych przychodzi nam z trudnością i nie sprawia żadnej radości. Po tym rozpoznajemy, czy mamy do czegoś talent, czy też nie. Dominujące talenty mogą się ujawnić same, jeśli tylko będziemy potrafili siebie obserwować. Czy warto to robić? Tak, jeśli wiesz, że to w nich drzemie Twój potencjał, Twoja siła. Opłaci Ci się to nie tylko w życiu zawodowym, ale i osobistym.

Czy w budowaniu mocnych stron istnieją ograniczenia? Niestety, tak. Najczęściej przeszkodą jest niechęć do zmiany, obawa przed porażką, trudności w zaakceptowaniu prawdy.

Czy łatwo na przykład przyznać się przed sobą, że obowiązkowość nie jest cechą dominującą naszej osobowości? Im wyższe stanowisko, im więcej mamy lat, tym trudniej pogodzić się z różnymi niezupełnie pozytywnymi stwierdzeniami na swój temat. Chyba że zacznie nam zależeć na prawdziwej samoocenie. Czy już do tego dojrzałeś? Czy wierzysz w sens koncentrowania się na swoich mocnych stronach?

Dzięki doskonaleniu talentów i zaprzestaniu ciągłej walki ze słabościami zaczniemy wreszcie robić to, w czym jesteśmy dobrzy, co da nam szansę na osiągnięcie szczęścia. Praca nad doskonaleniem talentów przynosi lepsze efekty niż próby poprawiania słabych stron na siłę. Czy to znaczy, że nie powinniśmy zajmować się wzmacnianiem cech, w które zostaliśmy wyposażeni mniej szczodrze? Nie! Niekiedy jest to przydatne lub nawet konieczne z punktu widzenia naszych życiowych celów. Często jednak nie ma potrzeby, by usiłować dojść do ideału w obszarach niebędących naszą domeną. Wystarczy osiągnąć poziom, który nie będzie blokował dalszego rozwoju. Z niektórymi słabościami możemy sobie poradzić poprzez szukanie sposobów utrzymywania ich w ryzach. O jakich słabościach mówię? O złych emocjach, które zgodnie ze słowami Seneki mogą utrudniać rozwój cnót, na przykład: zawiść, lęk, obawa czy pożądliwość.

Sam z przyjemnością poddałem się analizie i wypełniłem test Clifton StrenghtsFinder. Jakie otrzymałem wyniki? Otóż okazało się, że głównymi cechami mojej osobowości są: ukierunkowanie, osiąganie, maksymalizm, dowodzenie i bliskość.

Ukierunkowaniem nazywamy potrzebę koncentrowania się na określonym celu i obranie ściśle wytyczonego kierunku. Osoby z tą cechą często analizują swoje działania i rezygnują z tych, które nie prowadzą do realizacji zamierzeń. Jako kolejną cechę, która może mi posłużyć do budowania mocnej strony osobowości, Clifton StrenghtsFinder wskazał osiąganie. To oznacza, że mam silną potrzebę przemieniania zamierzeń w rezultaty. Clifton StrenghtsFindet określił mnie też jako maksymalistę. Dopatrzył się we mnie silnego dążenia do doskonałości i perfekcji. Ostatnią cechą jest dowodzenie.

Wynik testu w 90 procentach się zgadzał z tym, co myślałem na swój temat. Sądzę, że w obecnej chwili wymienione cechy mogę już nazwać moimi mocnymi stronami i opierać na nich dalsze działania.

Jeśli skoncentrujesz się na swoich mocnych stronach, zyskasz pewność, zdecydowanie i siłę, które ułatwiają poruszanie się w świecie i podejmowanie trafnych decyzji. Nie licz jednak na to, że wyniki testów dadzą Ci jednoznaczną odpowiedź, w jakiej dziedzinie będziesz miał osiągnięcia. Osoby z cechami podobnymi do Twoich mogą z powodzeniem spełniać się w różnych branżach. Wybór należy do Ciebie.

Twoje miejsce jest tam, gdzie się dobrze czujesz, gdzie robisz to, co lubisz i do czego masz predyspozycje. Wykorzystanie profilu mocnych stron pomoże Ci osiągnąć szczyt w wybranym obszarze i wskaże, jaką rolę możesz tam odgrywać z największym pożytkiem dla siebie i innych.

Słownictwo – budulec naszej osobowości

Słowa mają ogromną moc. Potrafią inspirować, ale też ranić, a nawet wywoływać wojny. Nasze przekonania zawsze ubrane są w słowa, to za ich pomocą myślimy i wyrażamy myśli.

Niewielu ludzi zdaje sobie sprawę z tego, jak silną bronią dysponuje dzięki językowi. Właściwy dobór słów może budować, motywować, budzić wiarę i optymizm, natomiast zły niszczy, zniechęca i prowadzi do porażki. Dlatego zachęcam Cię do przeanalizowania języka, jakim się posługujesz, i zastanowienia się, czy nie dominuje w nim słownictwo odpowiedzialne za „podcinanie skrzydeł". Przemyśl, jaki pod tym względem jesteś. Znajdź chwilę na wypisanie słów, których używasz najczęściej, potem zastanów się, jakie budzą w Tobie uczucia.

Jeśli negatywne – pesymizm, zniechęcenie, smutek, irytację – to znak, że nie są to dobre słowa. Zalecam je po prostu wyeliminować z codziennego słownika i zastąpić ich pozytywnymi odpowiednikami. Pozostaw te słowa, które uskrzydlają, wywołują radość i entuzjazm. Poszukaj ich synonimów i używaj na co dzień jak najczęściej. Zamiast nazywać niepowodzenie porażką, powiedz sobie, że otrzymałeś właśnie cenną lekcję. Chwal siebie. Nie mów: „Nieźle mi poszło", powiedz: „To prawdziwy sukces". Zastanów się także, jak zwracasz się do innych. Jeśli używasz w odniesieniu do nich słów obraźliwych i niemiłych, zmień to. Zastępując pejoratywnie nacechowane słownictwo pozytywnym, poprawiasz nie tylko swój sposób mówienia, ale także swoje uczucia i emocje, a w konsekwencji całe życie. Ważne jest także wzbogacanie słownictwa, gdyż wpływa to na każdą sferę Twojego życia.

Dobór słów determinuje też w pewnym stopniu to, co nas spotyka, czyli nasze przeznaczenie. Dlatego warto świadomie kontrolować i ukierunkowywać ten proces. Zagadnienie słownictwa omawiane jest szeroko w wielu publikacjach, np. w książce *Obudź w sobie olbrzyma* Anthony'ego Robbinsa. Aby zdiagnozować siebie pod tym względem, wykonaj pewne ćwiczenie. Wypisz wszystkie pozytywne Twoim zdaniem słowa, których używasz na co dzień, i przeanalizuj je pod kątem ich prawdziwego wydźwięku. Może się bowiem okazać, że zwroty, które wydają Ci się dobre, w rzeczywistości odpowiadają za niepowodzenia i blokady, które nie pozwalają Ci osiągnąć sukcesu.

Mówisz na przykład: „Wydaje mi się, że dam radę". I jesteś przekonany, że to bardzo motywujące sformułowanie. Jednak w rzeczywistości wyraża ono brak pewności i wiary we własne możliwości. Na co dzień powinieneś używać około 30 słów, które mają faktycznie pozytywny wydźwięk. Jeśli okaże się, że jest ich mniej, postaraj się świadomie zastąpić negatywne słowa pozytywnymi i włączyć je na stałe do swojego słownika.

W poniższym zestawieniu prezentuję kilka przykładów zwrotów negatywnych oraz ich pozytywnych zamienników. Na ich podstawie możesz sam wymyślać inne, nawet bardziej entuzjastyczne sformułowania.

Wnioski: Wpływaj sam świadomie na rozwój swojej osobowości poprzez używanie w myślach odpowiednich słów, które będą tworzyły właściwe nastawienie do rzeczywistości. Pamiętaj że postawa jest Twoim wyborem. Ona wszystko zmienia. Postawa jest w mojej ocenie darem który sami możemy kontrolować.

Zwrot negatywny	Zwrot pozytywny
To się nie uda.	Przeanalizujmy, jakie mamy możliwości.
To jest niemożliwe.	Zobaczmy, co w tej materii osiągnęli inni.
Jesteś głupi.	To co mówisz, brzmi nierozsądnie.
Jakoś mi poszło.	To był wielki sukces
Na pewno nie dam rady.	Mam wiele atutów, dzięki którym powiedzie mi się.
Wątpię, żebym to osiągnął.	Przeanalizuję możliwości i swoje mocne strony i opracuję strategię osiągnięcia celu.
Znowu się nie udało.	Bardzo się staraliśmy, ale niestety tym razem nie udało się w pełni osiągnąć celu.
To moja wina, jestem do niczego.	Sprawdzę, jakie popełniłem błędy, żeby w przyszłości ich nie powtarzać, a następnym razem na pewno pójdzie mi lepiej.

Jesteś sową czy skowronkiem? I co z tego wynika?

Nieraz daje się nam to we znaki: Chcemy posiedzieć dłużej z przyjaciółmi, obejrzeć wyczekiwany film późno w nocy, a tu oczy nam się zamykają i ani rusz nie potrafimy przełamać tego stanu. Albo musimy wstać wcześniej niż zwykle, dźwięk budzika gwałtownie wyrywa nas z błogiego snu i informuje, że dobre chwile odpoczynku się skończyły. To nie jest przyjemne.

Już wiesz, o czym będzie mowa! O zegarze biologicznym. Taki wewnętrzny zegar funkcjonuje w każdym z nas. Dzięki niemu wstajemy rano i zasypiamy wieczorem. Od niego zależy nasza zdolność do wykonywania pracy umysłowej i fizycznej o określonej porze, poziom aktywności, a nawet apetyt i wiele różnych funkcji organizmu. Rozumiesz więc, że niemożliwe jest utrzymanie wysokiej formy przez 24 godziny na dobę. Od czego zależy, kiedy jest najwyższa? Niestety, nie od siły woli. To procesy zachodzące wewnątrz naszego organizmu regulują rytm jego działania. Powinniśmy je poznać i nauczyć się funkcjonować zgodnie z nimi.

Wyróżniamy dwa zasadnicze typy ludzi w zależności od ich rytmu dziennego: sowy (nocne marki) i skowronki (ranne ptaszki). Sowy nie lubią wczesnego wstawania. Trudno im wmusić w siebie jakiekolwiek śniadanie. Budzą się długo i z oporami wchodzą w rytm dzienny. Za to wieczorem ich aktywność zdecydowanie wzrasta. Mogą być wtedy efektywne i twórcze. Żadna godzina nie jest dla nich zbyt późna, żeby rozpocząć działanie. Skowronki przeciwnie. Ludzie tego typu wstają rano z przyjemnością i od razu rozpoczynają krzątaninę. Codzienna toaleta, przygotowanie śniadania czy wyjście do pracy nie sprawiają im trudności. Funkcjonują już od rana na dość wysokich obrotach. Kulminacja następuje koło południa. Potem ich aktywność stopniowo spada. Wieczorem za to nie są w stanie podjąć żadnej pracy. Ta pora doby kojarzy im się wyłącznie z odpoczynkiem i przygotowaniem do snu.

To są typy krańcowe. Nie każda sowa kładzie się spać nad ranem i nie każdy skowronek wstaje o bladym świcie. Wpływ na te zachowania mają indywidualne cechy organizmu. Należą do nich reakcja na światło oraz zdolności przystosowawcze zegara biologicznego.

Są osoby, które każdego dnia wstają z kurami. Nawet jeśli sen nie przyniesie im pełnego odpoczynku, bo na przykład zbyt późno położyły się spać, zawsze budzą się, gdy za oknem zaczyna się robić jasno (czyli latem wcześniej, zimą później). Trudno im też usnąć w długi letni wieczór, zanim na dworze naprawdę się ściemni.

Zegar biologiczny reguluje nie tylko okresy czuwania i snu nocnego. W obu tych cyklach zachodzą dodatkowe zmiany aktywności. Dlatego też w niektórych godzinach pracuje nam się dobrze, w innych wszystkie czynności wykonujemy wolniej i mniej sprawnie, a niekiedy organizm wyraźnie domaga się chociaż chwili snu. Dobrodziejstwo drzemki doceniane jest w krajach południowych, gdzie tak zwanej sjeście sprzyja też pogoda. Gorąco sprawia, że wczesnym popołudniem trudno czymkolwiek się zajmować, więc wszyscy chowają się w cieniu i odpoczywają przed drugim okresem aktywności, który przypada na wieczór. Jeśli poznasz swój rytm biologiczny, możesz spróbować dostosować do niego codzienne czynności. To bardzo ułatwia życie.

Wiem, że nie zawsze można tak zrobić. Wielu ludziom trudno w ciągu dnia znaleźć czas na regularne posiłki (które powinny być ważną zasadą), a co dopiero na dostosowywanie się do zegara biologicznego, choć w konsekwencji bardzo się to opłaca. Człowiek, który słucha rytmu swojego organizmu, częściej postrzega życie jako satysfakcjonujące i szczęśliwe. Nawet spory wysiłek fizyczny lub umysłowy nie powoduje w nim nadmiernego zmęczenia czy rozdrażnienia. Chętniej prowadzi życie towarzyskie i znajduje więcej czasu dla rodziny.

Jeśli jest taka konieczność, możemy spróbować przestawić swój zegar biologiczny. Niektórym przychodzi to z łatwością. Potrafią przystosować się do pracy w nocy lub nie odczuwają zbyt długo zmęczenia wynikającego ze zmian stref czasowych podczas długiej podróży samolotem. Wielu z nas ma jednak z tym kłopoty. W takim przypadku przestawianie się na inny plan dnia powinno być stopniowe. Jeśli od razu spróbujemy na przykład położyć się spać trzy godziny wcześniej niż normalnie i będziemy chcieli trzy godziny wcześniej wstać, prawdopodobnie się to nie powiedzie. Organizm nie będzie potrafił przejść nagle ze stanu aktywności w stan snu nocnego. Ten proces przebiega falowo, nie skokowo. Uśniemy więc mniej więcej o zwykłej porze, a będzie nam niezwykle trudno wstać wcześniej. Jeśli jednak przygotujemy się do zmiany i przez kilka dni będziemy przesuwać porę zasypiania, by kłaść się spać pół godziny wcześniej (zachowując wszelkie wieczorne nawyki), po jakimś czasie organizm się przystosuje. Oczywiście, możliwe jest też stopniowe przeniesienie okresu aktywności na godziny późnonocne, a odsypianie w dzień.

Twój zegar biologiczny. Jak żyć z nim w zgodzie Jamesa Waterhouse'a, Davida Minorsa i Maureen Waterhouse – tę książkę warto przeczytać. Jest w niej m.in. test pozwalający określić indywidualny rytm, a także praktyczne wskazówki, jak go trochę zmienić.

Praca nad kształtowaniem nowych cech

Niektórzy odczuwają brak cech charakteru, które uważają za wartościowe i potrzebne. Takie odczucia zdarzają się chyba każdemu. Przedstawię prostą receptę na kształtowanie w sobie pożądanych cech.

Zawsze zaczynajmy od definicji problemu oraz celu, do którego dążymy. To powszechna zasada, która obowiązuje zarówno w świecie wielkiego biznesu, jak i w sferze spraw osobistych. Ważne jest używanie precyzyjnych terminów i unikanie niedomówień. Aby coś zdefiniować, należy sięgnąć do wiarygodnych źródeł informacji, dlatego **poszukaj mentora czy autorytetu, który będzie Twoim wzorem i doradcą.** Nie musisz spotykać się z nim osobiście, możesz także poznać go poprzez książkę, film czy tekst w Internecie.

Idealną sytuacją byłaby wizyta u zawodowego trenera lub osobistego doradcy, ale jeśli nie ma takiej możliwości, bardzo pomocne mogą okazać się ogólnie dostępne poradniki na ten temat.

Kolejnym krokiem jest opracowanie planu pracy nad wytworzeniem w sobie pożądanej cechy. Powinien on uwzględniać mniejsze cele pośrednie, a także okresową ocenę realizacji celu właściwego. To znaczy, że pracując nad daną cechą, należy wyznaczać sobie kolejne etapy. Pokonanie każdego z tych etapów to dotrzymanie obietnicy danej samemu sobie i kolejny krok przybliżający do właściwego celu, którym jest pogłębienie własnej wrażliwości. Co pewien czas powinieneś zatrzymać się w tym procesie i zastanowić, co do tej pory zrobiłeś.

Dobrze jest też znaleźć przyjaciela, który pomoże Ci w ocenianiu postępów. Musi to być osoba życzliwa i dyskretna, ale jednocześnie szczera, która nie obawia się mówić wprost nawet niezbyt przyjemnej prawdy. Jeśli pracujesz nad daną cechą przez około 30 dni, to po zakończeniu tego okresu dobrze jest wracać co kilka miesięcy do niektórych ćwiczeń, by utrwalić rezultat.

Refleksje końcowe

Znalezienie odpowiedzi na pytania: „Kim jestem?", „Z jakim darem się urodziłem?", „Co muszę zaakceptować, a co mogę zmienić w swojej osobowości?", nie jest łatwe. Opisałem niektóre metody poznawania siebie i wskazałem, dlaczego warto to robić. Powinieneś jednak pamiętać, że charakterystyka osobowości uzyskana w samodzielnie przeprowadzonych testach jest tylko przybliżona. Trudno bowiem o pełen obiektywizm podczas samoobserwacji i samooceny. Warto więc także skorzystać z konsultacji u doświadczonego psychologa.

Osobowość możesz poznać jedynie pośrednio, ponieważ manifestuje się ona poprzez zachowania. Jej obraz może zaciemnić stres lub złe samopoczucie wynikające na przykład z choroby. Jeśli chcesz znaleźć charakterystyczne cechy swojego temperamentu, określić typ inteligencji i naturalne predyspozycje, powinieneś nie tylko przeprowadzać testy, ale też stale się obserwować. I nabrać dystansu do swoich zachowań. I zastanawiać się nad reakcjami. Dopiero takie przyjrzenie się sobie da Ci możliwość wiarygodnej samooceny.

Dlaczego warto podjąć ten trud? Znajomość siebie pozwala świadomie kształtować życie. Gdy już poznasz swoją osobowość (będziesz mógł wskazać swoje wady i zalety, mocne i słabe strony, talenty i predyspozycje, czyli ogólnie mówiąc, potencjał, jakim dysponujesz), spróbuj stworzyć obraz siebie w przyszłości. Wyobraź sobie, jaki chcesz się stać w każdej sferze życia: zawodowej, rodzinnej, osobistej (w tym duchowej). Zacznij się uczyć, jak tego dokonać, ale nie traktuj swego umysłu jak śmietnika, nie wrzucaj tam byle czego. Wkładaj tylko perły i brylanty, bo to, co do niego przenika, staje się częścią Ciebie i objawia się poprzez myśli, słowa, decyzje i zachowania.

Nigdy nie mów, że jest za późno. Zawsze – powtarzam, zawsze – jest dobra pora na zmiany, najlepsza, jaka mogła Ci się zdarzyć.

Co możesz zapamiętać?
1. Uwierz, że kluczem do rozwoju i osiągnięcia spełnienia jest gruntowne poznanie siebie.
2. Dąż do jak najlepszego poznania cech swojego charakteru, mocnych i słabych stron, predyspozycji poprzez zastosowanie odpowiednich testów – inteligencji i psychologicznych.
3. Określ typ swojego temperamentu oraz styl myślenia.
4. Skorzystaj z Profilu StrenghtsFinder opracowanego przez Instytut Gallupa, by poznać dominujące cechy swojej osobowości.
5. Pracuj na słownictwem i używaj go tak, by stał się językiem sukcesu.
6. Poznaj rytm swojego zegara biologicznego i zmieniaj jego nastawienie w zależności od potrzeby.
7. Pracuj nad kształtowaniem nowych cech zgodnie z moimi wskazówkami.
8. Zacznij już dziś, podejmij decyzję, by poznać siebie jak najlepiej w każdym aspekcie, bo ta wiedza pozwoli Ci osiągnąć szczęście.

❊

Inaczej o poczuciu własnej wartości

Spis treści

Wstęp 135

Istota poczucia własnej wartości 136

Wszystko zaczyna się w dzieciństwie 141

Kluczowe obszary poczucia własnej wartości 148

Sposoby budowania poczucia własnej wartości 153

Poczucie własnej wartości wystawione na próbę 163

Refleksje końcowe 165

Co możesz zapamiętać? ☺ 168

Wstęp

Poczucie własnej wartości nie jest czymś stałym. Zmienia się w ciągu naszego życia. Na obraz naszej osoby wpływają doświadczenia w różnych sferach: osobistej, zawodowej, rodzinnej. Niekiedy obraz ten diametralnie zmieniają wydarzenia, w których uczestniczymy. Polska noblistka Wisława Szymborska w jednym ze swych utworów napisała: „Tyle wiemy o sobie, ile nas sprawdzono".

Nietrudno wygłaszać okrągłe zdania o tym, co byśmy zrobili w jakiejś sytuacji, póki się w niej nie znajdziemy. Bohaterka cytowanego wiersza, Ludwika Wawrzyńska, uratowała kilkoro dzieci z pożaru – sama w nim zginęła. Czy zachowalibyśmy się podobnie?

Czy narazilibyśmy swoje życie dla ratowania innego człowieka? Łatwo odpowiedzieć: „Tak, oczywiście!". Trudniej to zrobić. Dopóki życie nas nie sprawdzi, nie będziemy wiedzieć, jak postąpimy. A jeśli stchórzymy? Jeśli ugną się pod nami nogi, a strach przed śmiercią czy kalectwem nie pozwoli na właściwą reakcję? Czy będziemy potrafili zachować w nienaruszonym stanie poczucie własnej wartości? Raczej nie! Prawdopodobnie osłabnie ono przynajmniej na jakiś czas.

Rozważmy teraz inną sytuację. Jeśli po wielu niepowodzeniach zawodowych znajdziemy pracę, w której wyraźnie objawi się (i zostanie doceniona!) nasza kreatywność, solidność, zaangażowanie lub jakakolwiek inna cecha, czy poczucie własnej wartości nie podskoczy do góry jak temperatura w tropikach? Jestem przekonany, że tak!

Niekiedy taka zmiana okaże się trwała, a niekiedy tylko chwilowa. Dlatego warto rozwijać poczucie własnej wartości i poszukać dla niego mocnego fundamentu. Zapewni nam to bowiem coś, co jest nie do przecenienia – stabilność obrazu samego siebie. Dzięki temu nie będzie się on zmieniał pod wpływem pojedynczego zdarzenia kilka razy w ciągu tygodnia, miesiąca czy roku. Nie będzie zależny od nastroju lub błahego powodu: dodatkowego kilograma wagi, pobrudzonej sukienki, drobnego konfliktu w pracy czy w domu, czyjejś krytyki lub błędów, które przecież popełnia każdy.

Istota poczucia własnej wartości

Skąd bierze się to, że otaczający nas ludzie mają tak różne poczucie własnej wartości bez związku z zestawem cech, jakie u nich obserwujemy? Na jednym biegunie są osoby zbyt pewne siebie, przekonane o swojej wyjątkowości i nadzwyczajności, a na drugim ludzie, którzy wątpią, czy ich życie i oni sami mają jakąkolwiek wartość. Czy zastanawiałeś się kiedyś, dlaczego tak jest?

Każdy z nas ma w swoim umyśle obraz idealnego siebie. To taki zbiór oczekiwań wobec własnej osoby. Są one ogromne! Czego się po sobie spodziewamy? Czego od siebie oczekujemy? Niestety wielu z nas oczekuje od siebie wzorowych zachowań we wszystkich życiowych sytuacjach! Tak jakbyśmy w każdym momencie życia chcieli zasłużyć na świadectwo z czerwonym paskiem. Co to oznacza? Ciągłe wymagania. Jako pracownicy wymagamy od siebie nieustającej chęci do pracy. Nie ma w nas przyzwolenia na pomyłki, błędy, niedyspozycje. Umysł powinien bez przerwy tryskać pomysłami – jeden ma być lepszy od drugiego, a każdy z aplauzem przyjmowany przez przełożonych i współpracowników! Jako rodzice chcemy być zawsze mili i uśmiechnięci, tworzyć w domu atmosferę zrozumienia, perfekcyjnie komunikować się z dziećmi, rozwiązywać konflikty spokojnie i skutecznie, pokazywać potomstwu tylko wypoczętą i zadowoloną twarz, cierpliwie wytrzymywać nieznośne zachowania i umieć na wszystko znaleźć radę. Jako małżonkowie chcemy spełnić oczekiwania drugiej strony, zawsze być niezawodni, wielkoduszni i pełni miłości. Do tego uważamy, że powinniśmy mieć same zalety, a jeśli nawet mamy jakieś wady, to nie wolno nam dopuścić, by kiedykolwiek się ujawniły.

Piękny obrazek, prawda, tyle że... daleki, często bardzo daleki od tego, co obserwujemy na co dzień. Zdarza się przecież, i to nierzadko, że wstajemy w humorze – delikatnie mówiąc – średnim, co się odbija na rodzinie. Potem siedzimy przy biurku (lub przy maszynie) i nic nam się nie chce. Czas pracy wydaje się nie mieć końca, a podsumowanie całodziennych działań wypada bardzo blado. Wracamy do domu, a małżonek i dziecko zamiast cieszyć – budzą nasze zniecierpliwienie. I my, tacy wspaniali, tacy idealni chcemy już tylko jednego – żeby wszyscy dali nam święty spokój. A jeśli wszyscy zgodnie z życzeniem dadzą nam święty spokój?... Na co wykorzystamy ten czas?... Na nic! Nawet nie odpoczniemy!

Zestawmy teraz ideał z rzeczywistością. Dysonans aż kłuje w oczy, prawda?! A właśnie w obszarze tego dysonansu kształtuje się to, co nazywamy poczuciem własnej wartości. Obszar dysonansu powinien być średni (właściwa ocena): ani zbyt duży (niedocenianie siebie), ani zbyt mały (przecenianie własnej osoby).

Możemy mieć do czynienia z trzema sytuacjami:
- zawyżoną samooceną;
- zaniżoną samooceną;
- optymalną (zrównoważoną) samooceną.

O samoocenie zawyżonej mówimy, jeśli ktoś w ogóle lub prawie w ogóle nie odczuwa dysonansu między własną osobowością a wyobrażeniem o niej. Taka osoba bardzo mocno wierzy w to, że jest wyłącznie zbiorem zalet. Nie tylko postrzega siebie jako „naj", ale robi wszystko, żeby inni też tak o niej myśleli. Chce, żeby było wyraźnie widać, że we wszystkich sferach życia jest bardziej wartościowa od innych. Jest przekonana, że wszystko rozumie i potrafi lepiej. Uważa się za autorytet w każdej dziedzinie. Podejmuje się nawet tego, do czego zdecydowanie nie ma kompetencji, bo wierzy, że i tak zrobi to doskonale. Lekceważy innych, jest arogancka, wywyższa się. Cechuje ją pycha, próżność, brak życzliwości i bezinteresowności. Zupełnie nie zwraca uwagi na potrzeby innych ludzi. Zachowuje się egoistycznie i nonszalancko. Niekiedy temu zachowaniu towarzyszy gadżetomania. Chętnie kupuje wszystko, co markowe. Prezentuje nowy nabytek tak, by każdy widział, że rzecz pochodzi z najwyższej półki, i ją... podziwiał. Niekiedy zawyżone poczucie wartości przyjmuje formy bliskie absurdu. W jednej z firm pracowała kiedyś główna księgowa, która chcąc pokazać swoją wyższość nad innymi pracownikami (włącznie z dyrektorami wysokiego szczebla), wywiesiła w pomieszczeniu socjalnym tabliczkę informującą, że wszyscy muszą myć po sobie filiżanki poza... prezesem i główną księgową, czyli nią samą. Odniosło to skutek daleki od zamierzonego. Zamiast zdobyć większy szacunek, okryła się śmiesznością.

Samoocenę zaniżoną mają ci, u których obszar dysonansu jest zbyt duży. Nieraz wcale nie dostrzegają oni swoich zalet. Uważają, że niczym szczególnym się nie wyróżniają i niczego nie potrafią zrobić dobrze. Zwykle boją się zająć czymś nowym w obawie, że ich brak kompetencji i wszystkie wady od razu wyjdą na jaw. Nie zabierają głosu w towarzystwie, bo sądzą, że nie mają nic ciekawego do powiedzenia, więc nikt nie będzie ich słuchał. Nie zgłaszają swoich pomysłów w pracy, z góry zakładając, że są bez wartości i inni je wyśmieją. To najczęstsze objawy.

U ludzi z samooceną zaniżoną można jednak zaobserwować także zachowania przeciwne, dokładnie takie, jak u osób z zawyżonym poczuciem własnej wartości, czyli postawę charakteryzującą się agresją, zarozumialstwem i brakiem życzliwości. To forma mechanizmu obronnego. Tego typu zachowanie przez chwilę pozwala poczuć się lepszym, ukryć swoją słabość i małość. Osoby takie chcą za wszelką cenę wzbudzać podziw lub strach, albo jedno i drugie, dlatego zachowują się arogancko i agresywnie. Czują się słabe, więc posługują się prymitywną demonstracją siły oraz nadmiernie wykorzystują swoją pozycję w pracy i w domu. Paradoksalnie, powoduje to dalsze obniżenie ich samooceny. Jeszcze bardziej odchodzą od wyobrażonego ideału, a więc zwiększają obszar dysonansu. Zaczynają siebie nie lubić i utrwalają w sobie przekonanie, że nie zasługują na nic dobrego. Chowają się za kolejne gardy i nasilają niewłaściwe działania.

Ludzie z niską samooceną mają skłonność do rozpamiętywania wszystkiego, co złe, i koncentrowania się na porażkach. Porażki są dla nich dowodem, że są gorsi i słabsi od innych, oraz doskonałym pretekstem do tego, by nie podejmować żadnych prób zmian. Co ciekawe, mimo niskiej samooceny nie doceniają innych, raczej im zazdroszczą. Czują się pokrzywdzeni przez los. Mają pretensję do świata i zrzucają winę na wszystko dookoła za swoje niepowodzenia.

Samoocena optymalna (zrównoważona) opiera się na realistycznej, pozytywnej opinii o sobie samym. To najbardziej wartościowy typ samooceny. Obszar dysonansu jest w tym przypadku średni. Ani tak mały, żeby popaść w samouwielbienie, ani tak duży, by całkowicie negować swoją wartość.

Osoby z samooceną zrównoważoną mają przeważnie dobre samopoczucie. Zauważają w sobie wiele pozytywnych cech i potrafią budować na nich kolejne etapy życia. Łatwiej im osiągnąć szczęście, a życzliwość wobec świata (który wtedy nie przedstawia się jako wroga konkurencja) jest zupełnie naturalna. Życzliwości tej towarzyszy przekonanie, że wszyscy ludzie są równi i w takim samym stopniu zasługują na szacunek. Osoba optymalnie oceniająca swoją wartość ceni siebie i własne działania bez względu na to, czy zakończyły się sukcesem, czy porażką. Cieszy się z powodzenia i nie załamuje się błędami, bo wyciąga z nich naukę na przyszłość. Do kolejnych wyzwań rusza z nową energią i entuzjazmem.

W tym miejscu warto jeszcze wspomnieć o ogromnym wpływie samooceny na związki uczuciowe. Obniżone poczucie własnej wartości nie pozwala cieszyć się miłością i znalezieniem partnera życiowego. Człowiek, który nie wierzy we własną wartość, podświadomie jest przekonany, że nie zasługuje na miłość, albo ma wrażenie, że ten, kogo obdarzył miłością, oszukuje go, zapewniając o swoich uczuciach. Bez przerwy więc sprawdza, czy partner go kocha, stawia warunki, nie ustaje w wymaganiach. Zamyka obiekt swoich uczuć w klatce, której pręty zrobione są z wiecznego niezadowolenia, i stale zmniejsza obszar swobody. Tak jakby chciał udowodnić, że ma rację! Że trafił na partnera, który go wcześniej czy później opuści. To zresztą zwykle następuje. Partner nękany bezpodstawnymi zarzutami, osaczony i stykający się z wiecznym niezadowoleniem w końcu ma dosyć, nie wytrzymuje i zrywa związek. Poczucie własnej wartości człowieka opuszczonego staje się jeszcze niższe. Zwłaszcza że w tym, co się stało, nie widzi swojej winy.

Ciekawie to zjawisko opisała Susan Forward w książce *Szantaż emocjonalny. Jak się obronić przed manipulacją i wykorzystaniem*. Bardzo polecam tą książkę.

Zbyt wysokie poczucie własnej wartości także nie pozwala naprawdę kochać. Ludzie o przesadnie wysokiej samoocenie często wybierają swoich partnerów spośród osób o słabszej konstrukcji psychicznej. Nie potrafią docenić bliskiej osoby. Nie dbają o nią. Mało tego! Nie biorą w ogóle pod uwagę, że „druga połówka jabłka" ma jakieś potrzeby. Zresztą nie tyle chcą miłości, ile ciągłego zachwytu nad sobą. Małżonek to dla nich lustro, które w każdej chwili można zapytać słowami baśni: „Lustereczko, powiedz przecie, kto jest najpiękniejszy (najprzystojniejszy, najwspanialszy, najmądrzejszy...) w świecie?". I słyszą: „Ty, oczywiście, że Ty!". Karmią się tym podziwem, nawet jeśli jest bezpodstawny. Jednak z czasem to już nie wystarcza, potrzebują nowych doznań, nowych zachwytów, nowego lustereczka. I... odchodzą. Póki nie zmienią swojej postawy, nie mają szansy na prawdziwy, oparty na partnerstwie związek.

W miłości, podobnie jak w sferze zawodowej, najlepsze okazuje się optymalne, czyli zrównoważone poczucie własnej wartości. Wtedy obie strony związku mają możliwość rozwijać się indywidualnie. Odnoszą się do siebie z życzliwością i wzajemnie mogą liczyć na zrozumienie. Nie ma mowy o lęku przed odrzuceniem. Jeśli taki związek się rozpada (co zdarza się rzadko), to zwykle partnerzy pozostają w przyjaźni. Czy rozpoznajesz siebie w którymś typie związku? Jak zachowujesz się wobec osób, które kochasz?

Wszystko zaczyna się w dzieciństwie

Właściwie możemy tak powiedzieć o niemal każdym elemencie naszego życia. Szczególnie jednak dotyczy to poczucia własnej wartości. Mówi się, że dziecko, w które nikt nie wierzy, samo nigdy w siebie nie uwierzy i wyrośnie z niego dorosły, który także w siebie nie wierzy. I choć nie jest to do końca prawda, bo przy dużej samoświadomości i ogromnej pracy nad sobą można to zmienić, zaburzenia samooceny są najczęściej efektem wychowania. Poczucia niższości trudno się pozbyć w dorosłym życiu.

W poprzednim rozdziale pisałem o idealnym obrazie własnej osoby, który każdy z nas ma w swojej głowie. Skąd ten ideał się wziął? Największą rolę w jego tworzeniu odgrywają: środowisko, w jakim dorastamy, i oczekiwania tych, którzy nas otaczają.

Czy w dzieciństwie nie zdarzyło Ci się wrócić do domu ze szkoły z oceną bardzo dobrą i usłyszeć: „Czemu nie szóstka? Nie mogłeś napisać (odpowiedzieć) lepiej?". Jeśli takie zachowania rodziców się powtarzają, to młody człowiek utrwala w sobie myśl: „Powinienem dostać szóstkę. Każdy stopień poniżej szóstki jest zły". A przecież szkoła to nie jedyny obszar podlegający ocenie! Synowie i córki bardzo często słyszą, że coś zrobili nie tak. Nie tak się zachowali, nie tak sprzątnęli pokój, nie tak narysowali obrazek, nie tak zabierają się do naprawy czegoś itd. Dziecko czuje, że nie jest w stanie sprostać wszystkim wymaganiom. Nawet jeśli odnosi sukcesy w jakichś dziedzinach, rodzice nigdy nie są z niego w pełni zadowoleni! „Drugie miejsce? Nie mogło być pierwsze?", „Grasz w teatrzyku szkolnym? Czemu nie główną rolę?", „Zostałeś wybrany do samorządu? Nie chcieli Cię na przewodniczącego?". I tak w kółko. W takich warunkach trudno czuć się ważnym i wartościowym.

Mały człowiek zaczyna mieć wrażenie, że jego wartość zależy od rozmaitych czynników zewnętrznych, na przykład od wyglądu, umiejętności czy osiągnięć. Jeśli rodzice przyjęli taki styl wychowania, dziecko koncentruje się na próbach sprostania wszystkim wymogom otoczenia. Chce zasłużyć na pochwałę wymagających rodziców, której tak bardzo potrzebuje. Utrwala w sobie przekonanie, że na wszystko musi zasłużyć i ciężko zapracować, nawet na miłość, i... że człowieczeństwo samo w sobie nie jest nic warte.

To może całkowicie zniszczyć poczucie własnej wartości młodego człowieka. Tak jak wcześniej chciał zasłużyć na pochwałę rodziców, tak później chce być chwalony przez innych ludzi: nauczycieli, szefów, partnerów. Całą energię skupia na tym, by sprostać czyimś wymaganiom. Odczuwa strach, że jego pomysły nie znajdą uznania, więc ogranicza naturalną kreatywność. Rezultatem jest jeszcze większy brak pewności siebie oraz kłopoty z nawiązywaniem zdrowych relacji z innymi. Pozwala się ranić. Wiele rzeczy robi wbrew sobie, by zadowolić innych, by zasłużyć na miłość i szacunek, których raczej nie zdobędzie. Ludzie nie szanują bowiem osób całkowicie im podporządkowanych, godzących się na wszystko. Zbytnia uległość i chęć przypodobania się za wszelką cenę odbiera atrakcyjność i zniechęca potencjalnych partnerów, więc osoby uległe rzadko osiągają satysfakcję zawodową, rzadko także tworzą udany związek, którego tak bardzo pragną. Przeżywają ogromny zawód, chociaż z reguły tego nie okazują. Ból, rozczarowanie i zniechęcenie życiem kryją pod maską agresji, ironii lub obojętności. Poniżają innych lub całkowicie wycofują się z kontaktów z ludźmi.

Rodzice świadomi tych zagrożeń nie mają łatwego zadania. Nie wystarczy dziecka ciągle chwalić. Pochwały w nadmiarze szkodzą tak samo jak ich brak. Mogą spowodować przechylenie się szali w drugą stronę. Wtedy wychowanie przyczyni się do nadmiernego, niczym niemotywowanego wzrostu poczucia własnej wartości. W zderzeniu z życiem może to przynieść równie fatalne skutki. Trzeba się wykazać dużym wyczuciem i – co też nie jest proste – dobrą znajomością psychiki własnego potomka.

Pierwsze i najważniejsze, to mierzyć osiągnięcia dziecka jego miarą i stąd czerpać powody do pochwał! Co to znaczy? Wyobraźmy sobie taką sytuację: Kilkuletnie dziecko podbiega z kartką, żeby pochwalić się rysunkiem. Obrazek przedstawia domek z ogródkiem w słoneczny dzień. Niebo zielone, trawa fioletowa, słońce jednocześnie z gwiazdami, kwiaty większe od domu. Obiektywnie rzecz biorąc, rysunek daleki od realizmu. Maluch jest z niego bardzo dumny. Mamy dwa wyjścia: pochwalić rysunek, doceniając wyobraźnię („Ładny rysunek. Bardzo oryginalny. Jakie wesołe kolory! Taki wielki kwiat! Sam go wymyśliłeś, czy gdzieś widziałeś?") albo zrobić uwagę na temat „nieprawdziwości" przedstawionego świata („Narysowałeś źle, niebo musi być niebieskie, trawa zielona. Jak rysujesz słońce, nie możesz dodawać gwiazd. Kwiaty to jakieś mutanty, nie mogą być większe od domu!").

Wyobraźmy sobie teraz, co dzieje się w umyśle dziecka w każdej z tych sytuacji. W pierwszej wzmacniamy radość, dziecko szczęśliwe i radosne pobiegnie do swoich zajęć, być może z entuzjazmem stworzy nowy rysunek. Będzie spokojne, bezpieczne i zadowolone. W drugiej dysonans między zadowoleniem dziecka twórcy a reakcją krytykującego rodzica będzie tak duży, że zachwieje poczuciem wartości małego człowieka. Dyskomfort spowoduje, że radość uleci jak powietrze z nakłutego balonika, a dziecko odejdzie zniechęcone. Raczej nie zajmie się tego dnia rysowaniem, być może już nigdy nie będzie tego robiło z przyjemnością. Wykluje się w nim myśl: „Nie robię tego dobrze". Później może się ona przerodzić w o wiele groźniejsze i smutniejsze przekonanie: „Niczego nie robię dobrze".

No, tak. Ktoś może w tym miejscu zapytać, jak postąpić, jeśli dziecko zrobi coś, czego nie można pochwalić. Chwalić mimo to? Udać, że się niczego nie zauważyło? Przemilczeć? Żadne z tych wyjść nie jest dobre. Spróbujmy zastanowić się nad tym.

Wyobraźmy sobie taką sytuację: Syn wraca ze szkoły z oceną niedostateczną za brak zadania domowego. Poprzedniego dnia pytaliśmy, czy odrobił lekcje. Zajęty czymś innym odpowiedział, że zaraz. A potem... pewnie zapomniał albo liczył na to, że nauczyciel nie będzie sprawdzał pracy domowej. Co możemy zrobić? Najgorszą reakcją będzie złość: „Ty nigdy nie potrafisz o niczym pamiętać. Zawsze to samo. Nigdy nie nauczysz się odpowiedzialności. Jak można być takim bezmyślnym..." itp. Przyjrzyjmy się dobrze tym słowom. One nie odnoszą się do sytuacji, wyłącznie generalizują. „Nigdy", „zawsze" to nie są dobre słowa. Jakie będą lepsze? Może: „Przykro mi, że tak się stało. Szkoda, że wczoraj nie zrobiłeś tego od razu, jak Ci przypomniałem. Czy możesz to poprawić?".

Zwróć uwagę, że mimo zaistniałej sytuacji ta druga wypowiedź nie jest pozbawiona szacunku do człowieka, pierwsza natomiast tak.

Nawet jeśli zdecydujemy się na ostrzejszą wypowiedź i krytykę, powinna ona dotyczyć jedynie konkretnego zdarzenia. Każdy chce być dobry i chwalony. Jeśli więc powiemy: „Nie podoba mi się Twoje zachowanie. Przypominałem, ale nie wziąłeś tego pod uwagę. No i masz efekt", dodajmy: „Czy nie lepiej było dwa dni temu? Najpierw odrobiłeś lekcje i miałeś je z głowy. Potem dopiero zająłeś się zabawą i nie musiałeś już o nich pamiętać". Jeśli się odwołujemy do zdarzeń wcześniejszych, to wyłącznie do pozytywnych. Pilnujmy też, by podkreślać, że zdarzenie oceniamy negatywnie, natomiast syna czy córkę jako człowieka – nie.

Nie wspominam tu o wyzwiskach, bo zakładam, że albo nigdy nie miałeś tego typu wyrażeń w swoim słowniku, albo dawno je z niego wyrzuciłeś. Obraźliwe słowa ranią na długo. Nie tworzą pola do dyskusji. Nie sposób się z nimi pogodzić ani ich zapomnieć. Używanie wyzwisk i poniżających stwierdzeń w stosunku do dziecka nie przynosi dobrego efektu. Wzmacnia w nim strach, agresję i zniechęcenie, a przede wszystkim demotywuje i zabija poczucie własnej wartości!

Dobrą metodą na kształtowanie u dzieci optymalnego poczucia własnej wartości jest wytyczanie granic i wyznaczanie obowiązków dostosowanych do ich wieku, a także wspieranie w realizacji celów.

Wytyczanie granic polega na jasnym stawianiu wymagań. Dziecko powinno znać ramy akceptacji jego zachowań. Ramy te powinny się poszerzać wraz z rozwojem i wiekiem dziecka, zapewniać mu poczucie bezpieczeństwa, ale i dawać wolność rozumianą jako prawo do decydowania o sobie. Pewne granice oczywiście pozostaną, bo będą je wyznaczać wartości nadrzędne.

Ważne jest przydzielanie dziecku obowiązków i uczenie szacunku dla wszystkich domowników. Nie może być tak, żeby całe funkcjonowanie domu było skoncentrowane na dziecku i spełnianiu jego życzeń. Każdy powinien mieć obowiązki wynikające z przynależności do rodziny. Wszyscy powinni się wzajemnie troszczyć o siebie, darzyć miłością i szacunkiem oraz dzielić pracą konieczną do sprawnego działania gospodarstwa domowego. Dlatego też nie można odcinać dziecka od prac domowych. Co może robić? Najpierw podlewać kwiaty, wycierać kurze, potem wykonywać także inne czynności. Dobrze, żeby początkowo było to wspólne działanie. Dzieci lubią uczestniczyć we wspólnych pracach domowych. Rodzice powinni to wykorzystać. W ten sposób nie tylko zbudują rodzicielski autorytet, lecz także trwałą więź z dzieckiem. To istotna wartość, jednak cenniejsze w tym jest coś innego. Dziecko zaczyna rozumieć, że jego praca może być dla kogoś ważna. Pochwały (nawet jeśli początkowo efekt nie będzie w pełni zadowalający) staną się dowodem, że potrafi coś zrobić dobrze. W przyszłości przeniesie to przekonanie na inne czynności w życiu.

Sposób wychowania rzutuje na całe dorosłe życie człowieka. Dziecko, podobnie jak człowiek dorosły, powinno mieć też jakieś cele. Nieraz próbuje je sobie wyznaczyć, ale nie zauważamy tego. Mówi na przykład: „Zbuduję z klocków wieżę do samego sufitu". I co słyszy? „Nie buduj takiej wysokiej, bo na pewno się przewróci. Poza tym nie masz tylu klocków". Czy takie słowa zachęcają do działania? Jeśli dziecko snuje różnego typu plany, starajmy się go nakierować na szukanie rozwiązań (na szukanie, a nie na konkretne rozwiązanie) i nie utrącajmy jego pomysłów na samym początku, choćby wydawały się nam absurdalne. Czy loty człowieka w kosmos zawsze uważane były za możliwe do realizacji?... Niech mu będzie wolno myśleć, mylić się i dochodzić do celu w wybrany przez siebie sposób. Jeśli go nie osiągnie, pomóżmy mu porażkę potraktować jak zwyczajny błąd i naukę. Nie pozwólmy, by zniechęciła je do kreatywności i obniżyła poczucie własnej wartości.

Jeśli otworzymy przed dzieckiem nowe horyzonty i nauczymy je mądrego, bo opartego na wartościach nadrzędnych, korzystania z wolnego wyboru, będzie miało dużą szansę na spełnione i szczęśliwe życie, a to jest celem każdego rodzica.

Jeśli nie jesteś rodzicem i jeszcze sporo czasu minie, zanim zajmiesz się budową własnego gniazda, może po przeczytaniu tego rozdziału pomyślisz: „No, tak. Jestem taki... (niepewny siebie, mało kreatywny, bez celu w życiu...), bo rodzice swoim postępowaniem tak mnie ukształtowali. Nie mogę więc niczego od siebie wymagać. Gdyby oni byli inni (mądrzejsi, lepsi, bardziej wymagający, bardziej pobłażliwi), wtedy...". Mylisz się! To niezupełnie tak wygląda! Nie pisałem o tym, byś szukał usprawiedliwienia ani żeby zaczął w Tobie narastać żal do rodziców i chęć zrzucenia na nich winy za brak optymalnego poczucia własnej wartości.

Bez względu na to, na ile identyfikujesz się z treścią tego rozdziału, pamiętaj, że w większości rodzin i matka, i ojciec mają na uwadze troskę o dziecko oraz zapewnienie mu dobrej przyszłości. Różnie im to wychodzi, ale większość z nas wiele zawdzięcza rodzicom. O resztę każdy powinien zadbać sam!

Kluczowe obszary poczucia własnej wartości

Poprzedni rozdział wskazuje na ogromną rolę pozytywnego wychowania w rozwoju poczucia własnej wartości każdego człowieka. Wielu z nas pewnie przyszły na myśl różne zdania, które słyszeliśmy we własnym dzieciństwie: „Czy Ty nigdy nie możesz po sobie sprzątnąć?", „Czy Ty zawsze musisz się w coś wpakować?", a może nawet: „Głupi jesteś i nic nie rozumiesz", „Jesteś za mały, by ze mną dyskutować". Jak już pisałem, to, że w ten sposób nas wychowywano, nie oznacza jeszcze, że poczucie własnej wartości nie jest możliwe do osiągnięcia. Pamiętajmy, że działania większości rodziców mają na celu dobro dziecka. Rodzice, karcąc nas i krytykując, chcieli dobrze. Jako dorośli jeszcze sporo możemy zrobić dla poczucia własnej wartości, chociaż nie jest to łatwe. Ważne, byśmy działali racjonalnie i planowo.

Działanie powinno obejmować trzy kluczowe obszary: **samoświadomości, akceptacji siebie i pozytywnego myślenia**. Więcej informacji na ten ważny temat znajdziesz w książce *6 filarów poczucia własnej wartości* Nathaniela Brandena.

Samoświadomość jest pierwszym warunkiem uzyskania optymalnego poczucia własnej wartości. W którymś momencie życia każdego z nas, u jednych wcześniej, u innych później, pojawia się chęć zmiany, takiej planowej, bez czekania na cud i gwiazdkę z nieba, bez liczenia w tej sprawie na innych. Często pierwsza refleksja to właśnie pytania: „Co mogę zrobić? Co potrafię zrobić? Od czego zacząć?". Nieznajomość własnego „ja" skazuje człowieka na bezrefleksyjne, bezmyślne życie, które może charakteryzować brak szczęścia, brak spełnienia i brak szacunku dla samego siebie. Dzięki samoświadomości potrafimy działać skuteczniej i bardziej racjonalnie. Przyjmujemy odpowiedzialność za swoje życie. Nie dość tego, zaczynamy dostrzegać, że naprawdę mamy na nie wpływ. Jeśli wiesz, kim jesteś i czego chcesz, łatwiej ustalić Ci wartości nadrzędne i podporządkować im cele życiowe, a potem skutecznie dążyć do ich osiągnięcia przy wykorzystaniu wszelkich posiadanych atutów.

A co zrobić ze świadomością własnych niedoskonałości? Przyjąć je naturalnie. Na niedoskonałości są dwa sposoby. Pracujmy nad tymi, które powinniśmy zwalczyć, żeby mieć dobre relacje z ludźmi i móc dotrzeć do celu. Z pozostałymi warto się po prostu pogodzić.

I tu przechodzimy do drugiego ważnego obszaru, który ma duży wpływ na poczucie własnej wartości. Jest to **akceptacja siebie**. Nie ma ona nic wspólnego z niezdrowym narcyzmem ani manią wielkości. Akceptacja siebie oznacza wiarę w to, że jest się człowiekiem kompletnym. Zaczynamy mieć świadomość własnych zalet, ale dostrzegamy i tolerujemy wady. Jednocześnie stajemy się bardziej wyrozumiali dla innych. Nie wartościujemy ludzi. W różnorodności dostrzegamy dobre strony. Dzięki niej możemy się uzupełniać jako społeczeństwo i działać skutecznie na różnych polach.

Zacznijmy od akceptacji własnego wyglądu. Obecnie ludzie przywiązują zbyt wielką wagę do tak zwanego ideału urody. Istnieje jakiś kanon, wymyślony przez studia mody, wymagający na przykład od kobiet niezwykłej chudości, odpowiednich proporcji ciała, braku zmarszczek, określonego kształtu twarzy, wielkości nosa, bieli zębów i nie wiadomo czego jeszcze. W utrwaleniu tego nierealistycznego wizerunku pomagają reklamy. Tam wszyscy są piękni, proporcjonalni, bez zmarszczek! Tylko tam, bo... to produkt programów graficznych. Jak to się robi?

Przepisy znajdziesz w Internecie. Każdy, kto popatrzy na taki „ideał", dochodzi do wniosku, że wiele mu do niego brakuje, bo jest: za niski, za wysoki, za gruby, ma za duże dłonie, garbaty nos, worki pod oczami... Można wymieniać w nieskończoność. To pożywka dla rozmaitych firm poprawiających urodę. Lepiej sobie powiedzieć: „Mam prawo być, jaki jestem". Dopiero jeśli to nie pomaga, kompleksy są bardzo głębokie, a defekt odbija się na relacjach społecznych, warto poradzić się specjalisty. Na początek dobrego psychologa.

Dbałość o zdrowie jest kolejnym przejawem akceptacji siebie. Organizm to niezwykła fabryka. Produkuje wszystko, czego potrzebujemy, więc starajmy się, by działała bez zarzutu. Jeśli nie będziemy potrafili zadbać o zdrowie fizyczne, nie będziemy też w stanie zatroszczyć się o psychikę.

Jak zatroszczyć się o psychikę? Bardzo istotne jest poznanie cech swojego charakteru i umysłu, a potem stała obserwacja własnych reakcji. Czy próbowałeś kiedyś przyjrzeć się bez cenzury myślom, odczuciom i emocjom? Czy zdajesz sobie sprawę, jak przeżywasz kolejne doświadczenia? Co sprawia Ci przykrość, a co radość? O czym marzysz? To ważne! Zbyt często zachowujemy się tak, by nikogo nie urazić, by spełnić czyjeś oczekiwania. Niekiedy nawet sami nie wiemy, czego chcemy, bo nigdy nie dopuściliśmy, by nasze pragnienia skonkretyzowały się w naszym umyśle. A mamy do nich prawo. Mamy prawo marzyć. Mamy prawo myśleć, o czym chcemy. Mamy prawo mieć własne przekonania. Ta świadomość bardzo wzmacnia poczucie własnej wartości.

Stąd już prosta droga do trzeciego obszaru pracy nad samooceną: **pozytywnego myślenia**. Pozytywne myślenie nie rodzi się samo z siebie. Nie możemy oczekiwać, że nagle z umysłu znikną wszystkie pesymistyczne przewidywania, a na ich miejsce wskoczą pozytywne myśli. Samo to się nie stanie, ale... my możemy to spowodować.

Pozytywne myślenie jest rezultatem pielęgnowania pewnego nawyku. Chodzi o przyjmowanie do naszych umysłów takiej wiedzy, którą można nazwać dobrym pokarmem intelektualnym.

Osobiście wybieram książki z dziedziny inspiracji (dokonań człowieka, odkryć, możliwości naszego mózgu), ale też książki historyczne które pokazują prawdę na przeróżne tematy.

Przekonałem się że pozytywne nastawienie do życia rodzi zaufanie do innych. A William James odkrył, że to podstawa dobrych kontaktów z innymi. Szukając w ludziach tego, co w nich najlepsze, z pewnością to odnajdziesz.

W tej trzypoziomowej analizie bardzo przydaje się prowadzenie dialogu wewnętrznego. Starajmy się być przyjaciółmi również dla siebie. Prawdziwymi! Czy takie skupienie na sobie może prowadzić do samouwielbienia? Wyzwolić pokłady egoizmu lub egocentryzmu i doprowadzić do niedostrzegania potrzeb innych ludzi? Czy wzmacniając poczucie własnej wartości, możemy przesadzić w drugą stronę i nadmiernie zajmować się sobą? Jeśli stawiasz sobie tego typu pytania, takie niebezpieczeństwo Ci nie grozi. Pełna akceptacja siebie na wszystkich poziomach nie ma nic wspólnego z niezdrową narcystyczną fascynacją swoją osobą. Jest to zrównoważone podejście, które pozwala dostrzec zarówno własne zalety, jak i wady. Któż jest od nich wolny?!

Mocno wierzę, że samoakceptacja daje dystans do własnych błędów, ale pozwala też na uświadomienie sobie, że błędy innych są tak samo nieuniknione. Dzięki takiemu myśleniu stosunek do ludzi może się zmienić na lepsze.

Z tego, co napisałem, łatwo wywnioskujesz, że ogromną rolę w pielęgnowaniu poczucia własnej wartości odgrywają słowa. Mają ogromną moc. Potrafią inspirować, ale też ranić, a nawet wywoływać wojny. Przekonania wyrażamy głównie poprzez słowa (oprócz nich mamy do dyspozycji jeszcze mowę ciała). Słowami także myślimy. Czy zdajesz sobie sprawę z tego, jak silną bronią dysponujemy? Odpowiednim doborem słów możemy motywować, budzić wiarę i optymizm, podsycać nadzieję. Możemy też niszczyć i zniechęcać. Dlatego wcześniej radziłem Ci przeanalizować słowa, jakie wypowiadasz do własnych dzieci, a teraz chcę Cię zachęcić do tego, żebyś analizował je zawsze, bez względu na to, czy kierujesz je do dzieci, innych dorosłych, czy do siebie samego. Słowem możesz ranić również siebie. I będą to rany nieporównanie głębsze i trudniejsze do zagojenia niż odniesione fizycznie.

Czy widzisz różnicę między myśleniem o sobie w sposób generalizujący a myśleniem odnoszącym się do konkretnego wydarzenia? Jeśli mówisz: „Jestem leniwy", „Wszystko robię źle", „Nikt mnie nie lubi", nie dajesz sobie możliwości zmiany sytuacji. Skoro jesteś, jaki jesteś, to nic nie może się zmienić. Czy w takim przypadku zdobędziesz się na znalezienie w sobie motywacji i siły do samorozwoju? Raczej nie.

Szukaj wyjść, nie chowaj się za niekorzystnymi słowami i zwrotami. Staraj się myśleć o sobie pozytywnie. Unikaj też stwierdzeń typu: „Wydaje mi się…", na przykład: „Wydaje mi się, że mogę podjąć się tego zadania".

To wzbudza nieufność, nie tylko w rozmówcy, ale też we własnym umyśle. Takie zdania wyrażają zwątpienie. Wydaje Ci się?... Nie jesteś pewny?... Czyli co?... Przewidujesz porażkę?... Wykreśl takie podteksty zarówno ze swoich wypowiedzi, jak i z myśli.

Sposoby budowania poczucia własnej wartości

Wskazałem już obszary, nad którymi warto pracować, by ustawić poczucie własnej wartości na poziomie umożliwiającym skuteczne działanie. Zwróciłem uwagę na wpływ słów na naszą osobowość. Odpowiednio sformułowane myśli i wypowiedzenia mogą sprawić, że uwierzymy w swoją wartość, która nie zależy od czynników zewnętrznych. Są one, co prawda, raz bardziej, raz mniej sprzyjające, ale tworzą tylko nasze otoczenie. My jesteśmy osobnym bytem, wartościowym samym w sobie. Żyjemy, mamy jakieś umiejętności, cele, uczucia, okazujemy emocje – to powoduje, że jesteśmy nieprzeciętni, jedyni w swoim rodzaju, ale… ani gorsi, ani lepsi od innych.

Co jeszcze możesz zrobić dla zwiększenia poczucia własnej wartości? Mógłbym to zawrzeć w dwóch zdaniach: „Polub siebie i innych", „Pracuj z radością". Zdaję sobie jednak sprawę, że to bardzo ogólne stwierdzenia. Co oznacza na przykład polubienie siebie? Moim zdaniem, człowiek, który lubi siebie, czuje się dobrze we własnym towarzystwie. Czy to znaczy, że dobrze czuje się wyłącznie, gdy jest sam? Nie, dobre czucie się samemu ze sobą niewiele ma wspólnego z samotnością. Taki człowiek nie odczuwa samotności, nawet gdy przez długi czas jest pozbawiony towarzystwa. Nie wierzysz? Zobacz, ilu ludzi ma pracę, która wymaga wielogodzinnego przebywania w odosobnieniu: pisarze, malarze, tłumacze, redaktorzy... Czy oni są samotni? Jeśli lubią siebie, nie! Myślą nad czymś, realizują projekty zawodowe i dążą do doskonałości w tym, co robią. Zwykle dzielą czas między pracę a rodzinę i przyjaciół. Czerpią radość z osiągnięć, nawet jeżeli mierzą je jedynie stopniem swego zadowolenia.

Możesz powiedzieć: „No, dobrze, ale ja nie jestem pisarzem ani malarzem, nie jestem nawet samotnym podróżnikiem". Nie szkodzi. Oto kilka prostych rad, które pomogą Ci poczuć się dobrze we własnej skórze:

Zaakceptuj swój wygląd! Akceptacja wyglądu to jeden z istotnych elementów budowania poczucia własnej wartości. Co czujesz, gdy pomyślisz o swoim wyglądzie? Pełne zadowolenie, niedosyt czy konsternację? Tu za mało, tam za dużo, fałda, zmarszczka, koloryt skóry, kształt nosa, uszy? Co Ci się nie podoba? Tylko niektóre elementy czy wszystko? Nie spotkałem jeszcze człowieka w pełni zadowolonego ze swojego wyglądu. Ale... znam wielu ludzi, którzy swój wygląd po prostu akceptują. Akceptacja nie równa się aprobacie. Aprobata znaczyłaby: podobam się sobie, podobają mi się wszystkie elementy mojego ciała. To trudne, a może nawet niemożliwe. Znacznie łatwiej o akceptację. Mogą mi się nie podobać moje uszy i zęby, ale akceptuję, że są właśnie takie. Nie będę w nich szukał powodu własnych niepowodzeń. Niedoskonałości ciała można przyjąć jak inne elementy natury: góry, rzeki, jeziora. Wszystko po prostu ma jakiś kształt. Nasze ciało też. Nie ma czegoś takiego jak obiektywna brzydota.

Inaczej o poczuciu własnej wartości

Ideał ludzkiej figury i piękna twarzy nie został ustalony raz na zawsze. Niemal każde pokolenie i każda cywilizacja tworzy swój. Jeśli chodzi o ideał sylwetki kobiecej, starożytni Egipcjanie na przykład uznawali za piękność kobietę smukłą, o wąskich biodrach, długim nosie i doskonale wygolonej głowie (Nefretete). W antycznej Grecji i Rzymie ideałem była kobieta o nieco atletycznej budowie ciała (wizerunki Afrodyty lub Wenus). W średniowieczu podziwiano bladą cerę i niemal chorobliwą szczupłość, a w baroku pełne kształty i okrągłe twarze. Nasze czasy znów przyniosły modę na szczupłe sylwetki (Twiggy), co powodowało, że wiele kobiet (nie tylko modelek) zapadało na anoreksję. Teraz wydaje się to zmieniać.

Każdy ma prawo być, jaki jest! Nie musisz operacjami plastycznymi dostosowywać się do wzoru. Jedyne, co warto zrobić, to zwyczajnie zadbać o siebie. Zatroszcz się o włosy i paznokcie. Ubieraj się czysto i ze smakiem w każdej sytuacji – to, że któregoś dnia nigdzie nie wychodzisz, nie zwalnia Cię z zadbania o estetyczny wygląd. Znajdź swój indywidualny styl, a gdy już to zrobisz, nie zmieniaj go tylko dlatego, że ktoś uzna Twój ubiór za nieodpowiedni. Podążanie za modą za wszelką cenę pozbawione jest racjonalności. Przecież zmienia się ona co sezon.

Czy warto wydawać pieniądze na tak złudną wartość? Dlaczego złudną? Modne ubranie rzuca się w oczy, ale... czy chcemy być oceniani przez pryzmat rzeczy? Czy zależy nam na tym, żeby inni utrzymywali z nami kontakt, dlatego że się dobrze ubieramy? Może lepiej zainwestować w swoje wnętrze, cechy charakteru, wiedzę i umiejętności? Nie zauważyłem, żeby ktoś, kto to zrobił, kiedykolwiek żałował swojej decyzji.

I jeszcze jedna ważna rzecz. Codziennie witaj się z sobą przyjaźnie. Pierwsze poranne spojrzenie w lustro każdemu z nas pokazuje podpuchniętą, trochę szarą twarz i zmierzwione włosy. Spójrz na siebie w tym wydaniu i uśmiechnij się. Na początek możesz spróbować poszukać w swoim odbiciu jednego elementu wyglądającego lepiej niż inne. Zobaczysz, że od razu spodobasz się sobie bardziej. Powiedz coś miłego do swego lustrzanego odbicia, w końcu jesteś w łazience i nikt poza Tobą tego nie usłyszy. Co powiedzieć? Na przykład: „Cześć, życzę Ci miłego dnia!" albo „Cześć, lubię Cię!". Możesz wymyślić cokolwiek innego, ale zadbaj, by były to słowa budujące i pozytywne. Mogą być zabawne, koniecznie jednak sympatyczne i przyjazne. Jeśli będziesz je powtarzał codziennie, wykształcisz w sobie nawyk rozpoczynania dnia z uśmiechem, co jest tak samo ważne jak śniadanie.

Pracuj z wyczuciem nad mową ciała! Tyle się o niej teraz mówi. Jest ważna, ale ingeruj w nią ostrożnie. Ciało powinno odzwierciedlać nasze przekonania. Nieszczerość przekazu będzie bardzo czytelna dla rozmówcy. Lepiej więc nie stosować sztucznych gestów (udawanie dobrze wychodzi tylko aktorom). Raczej pamiętajmy o postawie, nośmy głowę wysoko (nie mylmy tego z zadzieraniem głowy), prostujmy plecy, uśmiechajmy się pogodnie i patrzmy rozmówcy prosto w oczy.

Miejmy świadomość znaczenia poszczególnych gestów. Jednak zamiast ćwiczyć odpowiednie trzymanie rąk, starajmy się zmieniać własne emocje. Co to znaczy? Jeśli w jakiejś sytuacji czujemy się na pozycji gorszej niż rozmówca (przykładem może być spotkanie w sprawie pracy, na której nam bardzo zależy), pamiętajmy, by się nie garbić i nie zwieszać rąk, ale osiągnijmy to przede wszystkim zmianą nastawienia. Spróbujmy (na przykład przez afirmację) utwierdzić się w przekonaniu, że nadajemy się do tej pracy. Wyobraźmy sobie naszych hipotetycznych rozmówców jako zwykłych ludzi, którzy kiedyś byli w tej samej sytuacji, co my teraz.

Kształć się, zdobywaj nową wiedzę i umiejętności! Poczucie własnej wartości wzmacnia zdobywana wiedza. Nie kończ edukacji na nauce szkolnej. W czasach niezwykle szybkiego postępu we wszystkich dziedzinach warto uczyć się przez całe życie. Zapytasz: „Jak to? Za sobą mam szkołę średnią i studia, zdobyłem zawód i muszę się dalej kształcić? Po co?". Nauka zapewni Ci utrzymanie poczucia wartości na optymalnym poziomie. A jeśli zostaniesz ekspertem w jakiejś dziedzinie, nie będziesz musiał zabiegać o pracę. Tak wynika z moich obserwacji.

Ludzie potrzebują ekspertów, a więc kogoś, kto wie więcej, kto jest znany z dbałości o szczegóły, komu można zaufać.

Bezpieczeństwo zatrudnienia i świadomość niezbędności w społeczeństwie mocno podnosi samoocenę. Jak się kształcić? Można wybrać różne formy: samokształcenie (czyli samodzielne zdobywanie nowych informacji i umiejętności), kształcenie instytucjonalne (kursy i szkolenia, ale dobre jakościowo!) oraz staże (możesz zwyczajnie umówić się z kimś, kto jest dla Ciebie autorytetem, żeby pozwolił Ci przez jakiś czas przypatrywać się jego pracy). Ucz się też od młodszych i starszych kolegów i koleżanek. Jeśli skończyli studia 10, 15 lub 20 lat później niż Ty (albo 10, 15, 20 lat wcześniej niż Ty), mają inną wiedzę. Warto się z nią zaznajomić. Więcej o tym, jak się uczyć, będziesz mógł przeczytać w trzeciej części serii.

Nie porównuj się z innymi! Przede wszystkim nie stosuj porównań wartościujących: „Ta jest zdolniejsza, a tamten lepszy ode mnie". Stąd równia pochyła prowadzi do stwierdzenia: „Jestem gorszy od innych", a potem: „Jestem najgorszy ze wszystkich". Lepiej oceniać swoje własne postępy. Codziennie zdobywamy większe doświadczenie, codziennie czegoś się uczymy, nawet mimowolnie. To już daje powód do budowania dobrego zdania o sobie. Porównujmy siebie z dzisiaj do siebie z wczoraj. A nie siebie do kolegi czy koleżanki. To ślepa uliczka!

Zawsze znajdzie się ktoś, kogo uznamy za mądrzejszego lub ładniejszego. Będzie tak, bo osoba, o której pomyślimy, jest po prostu inna. Może ma cechy, które sami bardzo chcielibyśmy mieć. Jeśli mamy na przykład kompleks zbyt głęboko osadzonych oczu, naszą uwagę będą przykuwać czyjeś piękne, duże oczy, a zupełnie nie będziemy zauważać zbyt krótkiej szyi. Jeśli doskwiera nam brak pomysłowości, zauważymy kreatywność, ale nie dostrzeżemy niesłowności i bałaganiarstwa u tej samej osoby.

Doceniaj zalety innych, lecz szanuj także swoje. Pamiętaj, że to, co potrafisz i sobą reprezentujesz, tylko Tobie wydaje się zwyczajne. Dla wielu jest nieprzeciętne i godne podziwu.

Wyznaczaj realistyczne cele i staraj się dążyć do ich osiągnięcia! To zagadnienie będziemy podejmować wielokrotnie. Często zdarza się nam myśleć wyłącznie życzeniowo, a więc: „Chciałbym wygrać na loterii i pojechać do Australii". To tylko życzenia, nie cele. Równie dobre jak: „Chciałbym w ciągu kilku sekund znaleźć się na Księżycu" czy „Chciałbym mieć 20 lat mniej". Jeśli czegoś pragniesz, niech to będzie realistyczne i sformułowane w postaci celu, a nie zachcianki.

Stawianie celów jest umiejętnością. Można ją wykształcić, choć wymaga to wysiłku i przyjęcia odpowiedzialności za samego siebie. Warto byś się na to odważył! Wówczas będziesz miał szansę zrealizować marzenia.

Przykładaj się do pracy, ale nie wpadnij w pułapkę perfekcjonizmu! Ważne jest podejście do pracy. Żeby była efektywna, powinna Ci sprawiać przyjemność. Nie poprzestawaj na tym, za co Ci płacą, ale staraj się zrobić więcej. Wykazuj się inicjatywą. Nie wymagaj jednak od siebie niemożliwego, czyli bezwzględnej perfekcji we wszystkim. Perfekcjonizm jest szkodliwy nie tylko w przypadku, gdy inni go oczekują, lecz także, gdy sami wymagamy od siebie zbyt wiele. Perfekcjonista uważa, że zawsze wszystko można zrobić lepiej, szybciej, dokładniej... Nie da się go zadowolić. Próby sprostania przesadnym wymaganiom (własnym czy cudzym) prowadzą jedynie do frustracji. Twórca perfekcjonizmu etycznego, Arystoteles, nie nawoływał do zadręczania się brakiem możliwości osiągnięcia ideału, ale zalecał dążenie do niego systematyczną pracą nad sobą, codziennym doskonaleniem własnej osobowości. I w tym widział szczęście człowieka. Czy wydaje Ci się to słuszne?

Nie jesteś, ale też nie musisz być nieomylny. Pracuj z oddaniem, jednak toleruj (choć naprawiaj) własne błędy. Trzymaj się kierunku, ale wybaczaj sobie drobne odchylenia od kursu. Każdy ma prawo do pomyłek i niezbyt szczęśliwych decyzji.

Nie zniechęcaj się krytyką! Powszechnie się sądzi, że krytyka to przede wszystkim wytykanie błędów. Warto jednak zwrócić uwagę, że słowo to pochodzi od greckiego *kritikos* – osądzać. *Kritike techne* oznacza sztukę sądzenia. To trochę zmienia postać rzeczy! Osąd może być zarówno pozytywny, jak i negatywny. Krytyk literacki może zganić za błędy, brak rzeczowości czy kiepski styl, ale także pochwalić, gdy książka jest dobra. Podobnie krytyk sztuki czy krytyk muzyczny.

W życiu stykamy się z dwoma rodzajami krytyki: niekonstruktywną i konstruktywną.

Krytyka niekonstruktywna przyczynia się do znacznego obniżenia poczucia własnej wartości. Krytyk wykazuje się agresją, skupia na wyliczaniu wad osoby, a nie na popełnionych przez nią błędach. Generalizuje. Taka krytyka zwykle ma negatywne skutki. Osoba krytykowana może uznać, że do niczego się nie nadaje. Przekonana o własnej nieskuteczności może obawiać się podjęcia jakichkolwiek dalszych działań. Może też wycofać się z kontaktów z ludźmi lub atakować wszystkich dookoła w poszukiwaniu winnego. Co w takim przypadku można zrobić? Przede wszystkim nie odpowiadajmy agresją na agresję. To pomysł najgorszy z możliwych. Jeśli wypracowaliśmy w sobie samoświadomość, będziemy potrafili zneutralizować destrukcyjną krytykę. Spokojnie poprośmy jej autora o przedstawienie konkretnych zarzutów. Zadajmy w tym celu kilka rzeczowych pytań, na przykład: „Co, dokładnie, zrobiłem źle?", „Na czym polegał błąd?", „Czy postąpiłem wbrew wcześniejszym ustaleniom?", „Czy masz dla mnie jakieś konkretne propozycje?". Konieczność odpowiedzi na te pytania spowoduje, że krytyka przerodzi się w konstruktywną.

Krytyki konstruktywnej warto wysłuchać z uwagą. Nie jest skierowana przeciwko człowiekowi. Wskazuje konkretne niedociągnięcia oraz podpowiada rozwiązania lub kierunki działań, które umożliwią poprawę sytuacji. Taką krytyką się nie zniechęcaj. Pamiętaj, że każdy robi błędy!

Nie ma i nie było na świecie człowieka, który by tego uniknął! Nie zrażaj się zatem. Z błędów wyciągaj wnioski, a z krytyki naukę!

Czy wiesz, że w historii kultury wśród krytykowanych i niedocenianych za życia można znaleźć wielu takich, których wielkości po latach nikt nie podważa? Na przykład **Cézanne**. Najpierw krytykował go własny ojciec, z zawodu bankier, a później paryska publiczność i wielcy krytycy sztuki. Gdy malarz podarował Emilowi Zoli namalowany przez siebie obraz, dzieło wylądowało na strychu! Trzynaście razy starał się, by przynajmniej jeden z jego obrazów znalazł się na Salonie, największej dorocznej wystawie paryskiej i trzynaście razy mu odmówiono. Podobny los spotykał dzieła innych impresjonistów (do odrzuconych należało nawet słynne dziś

Śniadanie na trawie Edouarda Maneta). Towarzyszyły temu złośliwe artykuły w prasie oraz niewybredne żarty, których dopuszczali się najwięksi i najbardziej opiniotwórczy krytycy sztuki. Wiara w prawdziwą wartość własnej twórczości spowodowała, że Cézanne oraz jemu podobni nie zaprzestali malowania.

Tu mała dygresja. Zdarzy się pewnie, że i Ty będziesz poproszony o wygłoszenie opinii na temat czyjejś pracy. Staraj się, by Twoja krytyka była konstruktywna. Jeśli uważasz, że jesteś kompetentny, wykazuj błędy i pomóż je skorygować. Bardzo uważaj, by Twoje słowa nie odnosiły się do osoby, lecz do jej postępowania. Masz prawo nie akceptować czyjegoś działania, ale wyrażaj szacunek do człowieka. Stosuj jeszcze jedną dobrą zasadę: chwal przy innych, krytykuj w ciszy gabinetu!

Znajdź hobby! Hobby to zajęcie, które podejmujemy dla przyjemności, mimo że zazwyczaj nie przynosi nam żadnych profitów. Zadowolenie z jego uprawiania jest tak duże, że jeśli je dla siebie odkryjemy, gotowi jesteśmy inwestować spore pieniądze w jego rozwój. Poświęcamy mu także znaczną część naszego wolnego czasu. Aby nie być gołosłownym, posłużę się własnym przykładem. Gdy odkryłem w sobie zdolności muzyczne, zacząłem grać ze słuchu na flecie. Opanowanie instrumentu nie zajęło mi wiele czasu. Ogromnie mnie to podbudowało. Bliski kontakt z muzyką, i to nie tylko w charakterze odbiorcy, sprawia mi wielką satysfakcję. Gram kilka razy w tygodniu. Tęsknię do tych chwil. Świadomość, że potrafię zrobić coś, czego się wcześniej po sobie nie spodziewałem, wpłynęła pozytywnie na moje poczucie własnej wartości.

To nie wszystkie korzyści z uprawiania hobby. Dzięki hobby możemy poznać ludzi, z którymi zwiążemy się towarzysko. Wspólne bieganie, plenery artystyczne, kluby filmowe i książkowe sprawiają wszystkim uczestnikom dużo radości. Staje się to bardzo ważne w momencie, kiedy z różnych względów nie spotykamy się z ludźmi w zakładzie pracy (np. pracujemy w domu, zajmujemy się opieką nad dziećmi, jesteśmy na emeryturze) i mamy mniejszą możliwość osobistego kontaktu z innymi.

Być może dojdzie do tego, że pasja będzie wypełniać niemal cały Twój czas, a w końcu stanie się Twoim zawodem. Serdecznie Ci tego życzę. Zarabianie na tym, co sprawia przyjemność, przynosi ogromną satysfakcję i wzmacnia wiele pozytywnych cech.

Ciesz się z tego co masz! Będziemy o tym wspominać jeszcze wielokrotnie. Buduj obraz własnego życia z tego, co osiągnąłeś, a nie z tego, czego Ci brakuje. Koncentruj się na blaskach, a nie na cieniach. Nawet jeśli nie jest Ci łatwo, wiele Twoich przedsięwzięć zapewne skończyło się sukcesem. Skupiaj się na małych radościach. Naucz się dostrzegać pogodę za oknem, uśmiech małżonki, radosną zabawę dziecka, śmieszną sytuację na ulicy czy oryginalne ubranie mijanego przechodnia.

Utrzymuj serdeczne relacje z otoczeniem! Nie uzależniaj się od innych, ale zachowuj się wobec wszystkich z serdecznością. Popatrz życzliwie wokół. Pamiętaj, że otaczają Cię inni ludzie. Oni także myślą i czują. Jeśli zauważasz, że możesz pomóc, pomagaj. Jeśli ktoś potrzebuje rozmowy, rozmawiaj.

Naucz się słuchać. To ważne! Tak mało jest teraz uważnych słuchaczy. Dobro, które okażesz, wróci do Ciebie ze zwielokrotnioną siłą. Nie oznacza to, że za wszelką cenę masz się starać, żeby wszyscy Cię polubili. Nie da się tego osiągnąć. Pomyśl, czy Ty jednakowo lubisz wszystkich? Być może wszystkich szanujesz i to jest dobry kierunek. Nie rezygnuj ze swojego ja, ale bierz dobro innych pod uwagę, cokolwiek robisz.

Staraj się, by Twoje postępowanie nikogo nie krzywdziło. To zapewni Ci dobre relacje z ludźmi.

Poczucie własnej wartości wystawione na próbę

Poczucie własnej wartości każdego człowieka zmienia się z upływem czasu. Kolejne życiowe zdarzenia wystawiają je na próbę. Niekiedy bardzo ciężką. Przykładem może być historia życia laureata Pokojowej Nagrody Nobla **Nelsona Mandeli**, byłego prezydenta RPA. Mandela był potomkiem dynastii królewskiej ludu Thembu. W wieku siedmiu lat, jako pierwszy w rodzinie, rozpoczął systematyczną edukację szkolną. Później osiągał kolejne szczeble kształcenia, do studiów prawniczych włącznie. W okresie uniwersyteckim zaangażował się w działania na rzecz praw politycznych, społecznych i ekonomicznych czarnoskórej większości w RPA. Wstąpił do Afrykańskiego Kongresu Narodowego (ANC) walczącego z apartheidem. Najpierw stał się jego aktywnym działaczem.

Początkowo był zdecydowanym przeciwnikiem używania przemocy jako narzędzia walki politycznej i społecznej. Zmienił jednak zdanie po masakrze, której dokonano na uczestnikach protestu w Sharpeville. Wstrząsnęła nim brutalność i bezwzględność skierowana przeciwko niemal całkowicie bezbronnej ludności cywilnej.

Mimo delegalizacji Afrykański Kongres Narodowy nie zaprzestał działalności. Nelson Mandela został przywódcą zbrojnego ramienia tej organizacji Umkhonto we Sizwe (czyli Włócznia Narodu). Jej działania miały charakter sabotażowy, nie były skierowane przeciwko ludziom. To jednak nie uchroniło Mandeli.

W 1962 roku został aresztowany i skazany na dożywocie. W więzieniu spędził 27 lat. Tak długa izolacja nieodwracalnie zniszczyłaby poczucie własnej wartości większości ludzi. Jednak przyszły prezydent RPA nie załamał się i nie stracił wiary w siebie. Z więzienia kierował walką w słusznej sprawie. Ogromne naciski międzynarodowe oraz zmiana władzy w RPA (prezydentem został Frederik Willem de Klerk) spowodowały, że w 1990 roku Mandela odzyskał wolność i ponownie objął przywództwo Afrykańskiego Kongresu Narodowego. Jego walka przyniosła upragniony sukces. W 1994 roku odbyły się w RPA pierwsze wolne wybory, które wygrał Kongres, zdobywając ponad 60 procent głosów. W rezultacie tego zwycięstwa Nelson Mandela został prezydentem, pierwszym czarnoskórym prezydentem RPA. Pełnił tę funkcję przez pięć lat. W czasie jego rządów nastąpiło pokojowe odejście od polityki apartheidu, za czym mieszkańcy RPA opowiedzieli się w referendum zorganizowanym jeszcze przed dojściem Mandeli do władzy. Jako głowa państwa Mandela zdobył uznanie na całym świecie. W 1993 roku otrzymał Nagrodę Nobla (wraz ze swoim zastępcą, a poprzednim prezydentem, Frederikiem Willemem de Klerkiem).

Po odejściu z życia politycznego były prezydent zaangażował się w działalność społeczną, między innymi w kampanię na rzecz walki z AIDS. Utworzył fundację Nelson Mandela Children's Fund, której celem jest pomoc i ułatwianie dostępu do edukacji dzieciom niepełnosprawnym i chorym na AIDS. Podejmował się mediacji w rozwiązywaniu lokalnych konfliktów w Afryce. W wieku 85 lat, jako człowiek cieszący się dobrym zdrowiem i pełen życia, podjął decyzję o wycofaniu się z działalności politycznej. Po wieloletniej walce o kraj wolny od przemocy, chorób i nieszczęść postanowił poświęcić się wyłącznie sprawom osobistym.

Przypomnienie w tym miejscu sylwetki Nelsona Mandeli jest jak najbardziej celowe. Trudno znaleźć drugiego człowieka, który przez prawie 30 lat pobytu w więzieniu potrafił zachować ducha i nieugiętą wolę. Te cechy nie zawiodły go nigdy. Krzywdy i niesprawiedliwości, które dostrzegał i których doświadczał osobiście, utwierdzały go w przekonaniu o słuszności podjętej walki i wzmacniały jego poczucie własnej wartości.

Refleksje końcowe

Jak ważne jest poczucie własnej wartości, miałem okazję przekonać się jako właściciel wielu firm. W ciągu ostatnich 30 lat przyjąłem do pracy w sumie około 200 pracowników. Bardzo uważnie zapoznawałem się z nadesłanymi dokumentami. Przy każdym CV bardziej niż na wykształcenie zawodowe (zwykle wszyscy kandydaci je mają) zwracałem uwagę na to, czy ta osoba ma kompetencje miękkie, czy rozwinęła umiejętności, dzięki którym będzie nie tylko skuteczna, lecz także komunikatywna, asertywna, empatyczna. To samo sprawdzałem podczas rozmów z kandydatami. Moje doświadczenie wskazuje, że te umiejętności cechują ludzi, którzy mają optymalne poczucie własnej wartości. Ich zatrudnienie przynosi firmie długofalowe korzyści. Wielu znanych mi przedsiębiorców z branży reklamowej, inwestycyjnej, deweloperskiej, hotelarskiej itp. stawia głównie na kompetencje zawodowe kandydatów. Zakładają, że wystarczy, by przyszły pracownik był dobrym inżynierem, finansistą czy menadżerem. I na krótką metę tak jest. Często ludzie ci w początkowym okresie są nadzwyczaj efektywni, a ich wiedza wzbudza zachwyt i entuzjazm. Później jednak skuteczność podejmowanych przez nich działań szybko maleje, bo nie opierają się na zdrowym poczuciu własnej wartości, a na szantażu emocjonalnym, wykorzystywaniu innych, traktowaniu ludzi jak gorszych od siebie oraz mamieniu klientów nieprawdziwymi obietnicami. Kończy się wypaleniem zawodowym, konfliktem ze współpracownikami, rozczarowaniem (własnym i pracodawcy), a w końcu odejściem z pracy. To dowód, że same umiejętności zawodowe (kompetencje twarde), nawet ponadprzeciętne, nie gwarantują ani stabilnej pracy, ani zadowolenia z jej wykonywania.

Mam nadzieję, że po lekturze tej książki zdobyłeś samoświadomość, która pozwoli Ci utrzymać, wzmocnić, a – jeśli to potrzebne – najpierw wzbudzić w sobie poczucie własnej wartości. Bez tego trudno Ci będzie zaakceptować siebie w pełni.

Nieświadomość własnego „ja" skazuje człowieka na bezrefleksyjne życie, pozbawione szczęścia, a często i szacunku do samego siebie. Samoświadomość i zrozumienie, że jesteś – jak każdy człowiek – wyjątkowy i wartościowy, pozwoli Ci na skuteczniejsze i bardziej racjonalne działanie.

Staniesz się odpowiedzialny za swoje życie i dostrzeżesz, że zależy ono w głównej mierze od Ciebie. A wtedy drobne błędy i porażki przestaną być dramatem i nie obniżą Twojego poczucia własnej wartości. Wprost przeciwnie! Wzmocnią je.

Poczucie własnej wartości pozwoli Ci lepiej rozumieć innych. Rozumieć, czyli traktować ich jak wolnych ludzi, mających prawo do własnych ocen i przekonań. Dzięki temu zapanujesz nad negatywnymi emocjami, a tym samym zyskasz szacunek i zaufanie współpracowników, rodziny i znajomych.

Łatwiej będzie Ci znaleźć i utrzymać pracę w dobrej i stabilnej firmie.

Pamiętaj jednak o tym, że samoocena jest zmienna! Nad poczuciem własnej wartości pracujemy przez całe życie. Dobrą metodą jest fundowanie sobie cotygodniowych spotkań z samym sobą i przeprowadzanie czegoś, co można nazwać rachunkiem sumienia, a co w rzeczywistości jest rozmową z wewnętrznym „ja". Zachęcam, aby to robić w weekend, kiedy możemy sobie zapewnić kilkadziesiąt minut spokoju i odosobnienia. Warto wtedy zastanowić się nad minionym tygodniem. Za co mogę sobie postawić najwyższą notę? Co nie powinno się zdarzyć? Czy miałem na to jakiś wpływ? W którym momencie mogłem zachować się inaczej, by osiągnąć efekt zgodny z oczekiwaniami? Takie przemyślenia, prowadzone z pełną życzliwością dla siebie, pozwolą na bieżąco naprawiać błędy, weryfikować plany, korygować działania, by nie zboczyć z kursu, ponieważ wtedy zaczęlibyśmy dryfować daleko od wartości nadrzędnych i obranych celów.

Współczesne czasy, szczególnie w okresach nawiedzających nas cyklicznie kryzysów ekonomicznych, są pełne zagrożeń dla poczucia ludzkiej godności i wartości. Trudno jest dobrze myśleć o sobie i wierzyć w siebie, gdy traci się bliską osobę, przyjaciół, majątek lub pracę. Tym bardziej, gdy te straty się skumulują. Nie pozwólmy jednak, by nawet tak przykre doświadczenia trwale obniżyły naszą samoocenę! Nie gódźmy się na to! Człowiek może postąpić źle, może stracić wszystko... wszystko, ale nie swoją wartość!!! Wartość ta wynika z samego faktu bycia człowiekiem i o tym musimy pamiętać!

Problemy z samooceną mogą pojawić się w każdym momencie życia. Mogą mieć je także osoby przechodzące na emeryturę, kiedy przestają podlegać bezpośrednim ocenom, wyrażanym na przykład w postaci pochwał, listów gratulacyjnych, nagród i premii. Dlatego tak ważne jest, by w każdej sytuacji znaleźć dla siebie pola aktywności i działać! Praca nad poczuciem własnej wartości zaczyna się w dzieciństwie i nigdy się nie kończy.

Zwątpienie może przytrafić się każdemu, ale nie można się mu poddać. Zawsze, nawet w najgorszych chwilach, mamy wpływ na własne życie i możemy wyjść zwycięsko z najtrudniejszej sytuacji.

Co możesz zapamiętać? ☺

Poczucie własnej wartości to wewnętrzne przekonanie na swój temat, które nie jest stałe i pod wpływem różnych czynników podlega wahaniom.

Optymalne poczucie własnej wartości wynika z pozytywnej, ale realistycznej opinii o sobie samym.

Poczucie własnej wartości kształtuje się w dzieciństwie.

W budowaniu poczucia własnej wartości pomaga afirmowanie.

Na pozytywną samoocenę składa się pozytywne myślenie, akceptacja siebie i samoświadomość.

Poczucie własnej wartości można wzmocnić, korzystając z następujących rad:
- zaakceptuj swój wygląd,
- pracuj nad mową ciała,
- kształć się, zdobywaj nową wiedzę i umiejętności,
- nie porównuj się z innymi,
- wyznaczaj realistyczne cele i dąż do ich osiągania,

- przykładaj się do pracy, ale nie wpadaj w pułapkę perfekcjonizmu,
- nie zniechęcaj się krytyką,
- znajdź hobby,
- ciesz się z tego, co masz,
- dbaj o serdeczne relacje z otoczeniem.

Utrzymaniu optymalnego poczucia własnej wartości sprzyja cotygodniowa rozmowa z samym sobą, swoisty rachunek sumienia.

Inaczej
o wierze w siebie

Spis treści

Wstęp 173

Przepis na wiarę w siebie 176

Doceń wiedzę 181

Odwiąż się od innych 187

Znajdź pasję 191

Twórz wizję życia 195

Przeszkody 198

Refleksje końcowe 199

Co możesz zapamiętać? ☺ 202

Wstęp

Nie ma ważniejszej siły popychającej człowieka do działania niż wiara w siebie. Przed każdym z nas otwierają się różne możliwości, ale jednocześnie napotykamy bariery, które trzeba pokonać. Pomaga w tym wiara w siebie wyzwalająca wiele pozytywnych cech (wnikliwość, odwagę, wytrwałość, entuzjazm, realizm) koniecznych do osiągnięcia celu.

Przyjrzyjmy się kilku postaciom, które dzięki wierze w siebie, mimo przeciwności i wielu niepowodzeń, zrealizowały swoje marzenia.

Na początek przywołajmy postać **Abrahama Lincolna**. Rzadko kto doznał w życiu tylu porażek, co on. Kilkakrotnie ubiegał się o miejsce w senacie, ale bez powodzenia. Teoretycznie powinien pozostać przy tym, co już osiągnął, był przecież cenionym w swoim stanie prawnikiem. Uważał jednak, że jako polityk może dokonać więcej. Przygotowywał się tak samo rzetelnie do roli polityka, jak wcześniej do zawodu prawnika. Bezustannie odczuwał głód wiedzy.

Zdawał sobie sprawę, że to właśnie wiedza jest dla niego czynnikiem wzmacniającym. Był zagorzałym czytelnikiem Biblii. Z niej wywodziło się wiele jego poglądów, między innymi przekonanie, że wszyscy ludzie są równi i nikt nie ma prawa do wywyższania się. Jego wiara w słuszność głoszonych poglądów i we własne możliwości tak bardzo poruszyła obserwatorów debaty pomiędzy nim a Stephenem Douglasem podczas kampanii o fotel senatora, że chociaż Lincoln nie wszedł do senatu, to stał się sławny i w 1860 roku został 16. prezydentem Stanów Zjednoczonych. I to prezydentem, który wygrał wojnę secesyjną oraz otworzył drogę do zniesienia niewolnictwa w Stanach Zjednoczonych, wydając Proklamację emancypacji (weszła w życie 1 stycznia 1863 roku). Wiara, która pozwoliła mu wytrwać, wynikała ze zdobytej wiedzy. Im większa była jego wiedza, tym bardziej wzmacniała się jego wiara w słuszność postępowania.

Kolejną postacią, na którą warto zwrócić uwagę, jest znany na całym świecie aktor **Harrison Ford**. Jego ojciec pracował w agencji reklamowej, matka zajmowała się domem. Ford nie ukończył żadnej szkoły aktorskiej. Chciał być spikerem radiowym, bo spodobała mu się praca w małej szkolnej rozgłośni. Ale radio w Los Angeles, dokąd pojechał, porzuciwszy szkołę, nie poznało się na jego talencie i angażu nie dostał. Przez kilka lat grał epizodyczne role w filmach, a jego nazwisko nie było nawet zaznaczane na liście osób wymienianych w obsadzie. Doszło do tego, że zajął się stolarką (swoją drogą ciekawe, ile teraz kosztują zrobione kiedyś przez niego meble), by zarobić na utrzymanie rodziny. Aktorstwa jednak nie porzucił. Uparcie przyjmował nawet najmniejsze role, by ćwiczyć się w ulubionym zawodzie. To wzmacniało jego przekonanie, że los może się odwrócić. I tak się stało, gdy poznał George'a Lucasa, który otworzył mu drogę do sławy. Warto zwrócić uwagę, jak wielką rolę w jego przypadku odegrała wizja własnej przyszłości. To ona była paliwem, które napędzało jego wiarę w siebie i nie dało jej zginąć.

Wiara w siebie pozwoliła osiągnąć sukces wielu sportowcom, w tym także sportowcom z niepełnosprawnościami. W sierpniu 2012 roku w Londynie odbyła się paraolimpiada, czyli igrzyska olimpijskie osób niepełnosprawnych. W różnych dyscyplinach sportowych zmierzyli się ze sobą ludzie dotknięci przez los, a jednak wierzący we własne możliwości, wierzący w siebie. Złoty medal na tych igrzyskach (podobnie jak cztery i osiem lat wcześniej) zdobyła między innymi Polka **Natalia Partyka**, zawodniczka bez prawego przedramienia, odnosząca niezwykłe sukcesy w tenisie stołowym. Startowała w zawodach sportowych zarówno dla pełnosprawnych, jak i niepełnosprawnych, i zajmowała najwyższe lokaty w obu klasyfikacjach. Skąd u Natalii ta pewność i wiara w siebie? Nigdy nie myślała o sobie jak o inwalidce. Stała się prawdziwą przyjaciółką siebie samej. Regularnie prowadziła dialog wewnętrzny. Dzięki temu stała się bardziej odporna na przeciwności losu. Warto to zapamiętać! Nie czekajmy, aż inni będą nas oceniać, o nas mówić. Sami stańmy się dla siebie bliskim człowiekiem!

Podobne sukcesy odnosi niepełnosprawna pływaczka z RPA **Natalie du Toit**, która startuje również w zawodach dla pełnosprawnych sportowców. Obie zawodniczki są przekonane, że ograniczenia fizyczne nie stanowią przeszkody w sportowych zmaganiach z osobami pełnosprawnymi, a ich dokonania dowodzą, że mają rację.

Budujących przykładów jest bardzo wiele. Trochę nas one onieśmielają, bo poznajemy je dopiero wtedy, gdy stykamy się z czyimś sukcesem. Wydaje nam się, że sukcesy odnoszą osoby, które zawsze były wyjątkowe. Że takie się urodziły. Pamiętajmy jednak, że to nie urodzenie zadecydowało o ich powodzeniu, tylko konsekwentne dążenie do celu poparte głęboką wiarą w jego osiągnięcie.

Czy to oznacza, że wiara w siebie daje gwarancję powodzenia i zapewnia odnoszenie sukcesów, jednego po drugim? Oczywiście, że nie! Do tego potrzebne jest także spełnienie innych warunków. Jakich? Chodzi o realistyczne określenie własnych możliwości oraz budowanie sukcesu na rzetelnych podstawach wynikających z wyznawanego systemu wartości, znajomości siebie oraz ciągle uzupełnianej wiedzy.

Przepis na wiarę w siebie

Można by zapytać, dlaczego zajmuję się wiarą w siebie, skoro jedna z moich poprzednich książek traktuje już o poczuciu własnej wartości. Czy to nie są pojęcia odnoszące się do tego samego? Nie! Powiedziałbym raczej, że wiara w siebie wyrasta z poczucia własnej wartości, które opiera się na wierności wartościom nadrzędnym, akceptacji siebie, znajomości swoich mocnych stron oraz na dobrych kontaktach z innymi. Ta podstawa powstaje w wyniku wychowania, doświadczeń życiowych i nabywanej wiedzy. Każde osiągnięcie wzmacnia poczucie własnej wartości. Porażka natomiast potrafi je skutecznie osłabić, o ile nie potraktujemy jej jako nieuniknionego błędu, nauczki czy integralnego, przemijającego doświadczenia życiowego.

Czym różni się wiara w siebie od poczucia własnej wartości? Poczucie własnej wartości odczuwamy, myśląc o przeszłości lub teraźniejszości, natomiast wiara w siebie odnosi się do wydarzeń przyszłych.

Przypomnijmy pokrótce, w jaki sposób na naszą osobowość wpływają poszczególne elementy tworzące poczucie własnej wartości. Zacznijmy od wartości nadrzędnych, czyli tego, co najważniejsze. Wartości nadrzędne to nasz kościec moralny. Trzymają nas mocno w ryzach i nie pozwalają, byśmy zbłądzili, czyli nadają kierunek naszym działaniom.

Kolejnym elementem jest akceptacja siebie. Z tym zwykle mamy pewien kłopot. Z czego bierze się tak częsty brak akceptacji? Zazwyczaj wynosimy go z dzieciństwa. Dziecko bez przerwy krytykowane i niedowartościowane wyrasta na człowieka, który nie wierzy w siebie. Brak tej wiary nie musi jednak towarzyszyć nam przez całe życie. Aby się pojawiła, czasem wystarczy, że w naszym otoczeniu znajdzie się ktoś, kto nie będzie wyciągał pochopnych wniosków z naszego zachowania, da nam szansę i obdarzy zaufaniem.

Akceptacja siebie może zrodzić się także w wyniku poznania własnej osobowości. W momencie, kiedy zdamy sobie sprawę ze swoich mocnych i słabych stron, poznamy swój temperament i cechy charakteru, łatwiej zaakceptujemy to, że sporo brakuje nam do ideału. Polubimy siebie takimi, jakimi jesteśmy. Będziemy wiedzieli, co w sobie wzmacniać, z czym walczyć, a nad czym przejść do porządku dziennego.

Osoby z niską samooceną są przeświadczone o własnej słabości i bezsilności. Żeby to zmienić, warto zadbać o zmianę postrzegania siebie i skoncentrować się na pozytywach. Pamiętajmy, że nie ma ideałów. Każdy z nas ma osobowość złożoną z zalet i wad. Ten zbiór jest dla każdego inny – to normalne.

Akceptacja siebie wpływa także na kontakty z innymi. Jeśli widzimy w sobie ideał, nie przyznajemy się do swoich wad i słabości lub traktujemy je jako chwilowe, będziemy chcieli widzieć osoby idealne także w innych. A ponieważ ideałów nie ma, zapewne nie znajdziemy nikogo, kto naszym zdaniem byłby na tyle dobry, na tyle szlachetny, na tyle interesujący, że chcielibyśmy go łaskawie obdarzyć naszą przyjaźnią. Inaczej się dzieje, jeśli zaakceptujemy siebie i swoją naturalną odmienność. Uświadomimy sobie wtedy, że każdy człowiek ma prawo do własnego zestawu zalet i wad, do przekonań i upodobań odmiennych od naszych. Wtedy osłabnie chęć oceny innych pod kątem wyobrażonego przez nas ideału i relacje z ludźmi się poprawią. Nastąpi to jednak pod jednym warunkiem: inny człowiek i jego los musi nas obchodzić. Obchodzić jako osobny, wartościowy byt, a nie jako element, który będziemy wykorzystywać do porównań i ocen. Konieczna jest empatia i chęć pomocy w trudnej sytuacji, ale równocześnie pozbycie się tendencji do pouczania.

Ostatnim elementem fundamentu, ale równie ważnym, który w ostateczności decyduje o sile wiary w siebie, jest wiedza. Wiedza łączy się z wiarą w siebie nie tylko poprzez poczucie własnej wartości, lecz też bezpośrednio. Często wpływ wiedzy na wiarę w siebie jest pomijany, może dlatego, że zdobywanie wiedzy kojarzy się większości z nas ze szkołą. A przecież uczyć się można w każdym wieku.

Poczucie własnej wartości sprawia, że przyznajemy sobie prawo do szczęścia, a wiara w siebie pozwala nam podejmować działania, które nas do niego doprowadzą. Jest więc ona koniecznym spoiwem między marzeniem (pomysłem) a inicjatywą, planami a realizacją, przeszłością a przyszłością. Utrzymanie poczucia własnej wartości na wysokim poziomie wymaga ciągłej pracy nad sobą. Bez przerwy w coś jesteśmy zaangażowani, bez przerwy coś dzieje się wokół nas.

Dzięki nabywanej – celowo lub mimowolnie – wiedzy możemy z większym prawdopodobieństwem przewidywać efekty naszych działań oraz lepiej znosić niepowodzenia, a to zdecydowanie wpływa na wzmocnienie wiary w siebie. Równocześnie wzrastają w nas ambicja i kreatywność.

Władysław Kopaliński w *Słowniku mitów i tradycji kultury* pisze, że wiara w pojęciu ogólnym to między innymi: „przeświadczenie, ufność, że coś jest prawdą, że się spełni". Kluczem do zrozumienia pojęcia „wiara" jest słowo „przeświadczenie".

Jestem o czymś przeświadczony, to znaczy wiem, choć nie zawsze potrafię powiedzieć dlaczego. Mam do siebie zaufanie i posiadam przesłanki, by wierzyć. Jeśli wierzymy w miłość macierzyńską, to jej przesłanką jest codzienna opieka, nieustająca chęć pomocy i życzliwość. Jeśli wierzymy w przyjaźń, wiarę tę opieramy na zrozumieniu i współprzeżywaniu wzlotów i upadków.

Wiara w siebie jest mocnym przeświadczeniem, że to, co zamierzamy zrobić lub robimy, przyniesie w bliższej lub dalszej przyszłości oczekiwane efekty. Nie jest ona bezpodstawna. Tworzą ją przekonania prowadzące nas przez życie, powstałe na gruncie naszej wiedzy i doświadczenia. Gdyby nie hamulce, które nas powstrzymują, na skrzydłach wiary moglibyśmy dolecieć naprawdę daleko. Co nas hamuje? Na przykład przykre przeżycia. Trudno uwierzyć, że w miłości możemy być szczęśliwi, jeśli nasz dotychczasowy związek okazał się nieudany. W takiej sytuacji zaczynamy generalizować: „Żaden związek mi się nie uda". To nieprawdziwe i szkodliwe przekonanie możemy zmienić, ale pod jednym warunkiem: powinniśmy się otworzyć na zmianę. Innym hamulcem są stereotypy. To z ich powodu tak szybko klasyfikujemy ludzi i oceniamy ich krytycznie wyłącznie ze względu na narodowość, pochodzenie społeczne lub wygląd. Te negatywne przekonania rządzą nami bardziej niż nam się wydaje. Z nich rodzą się kompleksy i lęki. Warto to sobie uświadomić i pomyśleć o ich pierwotnej przyczynie, a następnie te złe odczucia zdusić w zarodku.

Wiedza o człowieku i jego dokonaniach, biorąca się ze studiowania dorobku przeszłych pokoleń, przekonuje o tym, że podstawy do wiary w siebie ma każdy z nas, tylko nie każdy je dostrzega.

Czas na kolejny przykład. Kiedy **Filippo Brunelleschi** stanął do konkursu na projekt kopuły wieńczącej katedrę Santa Maria del Fiore, miał już 41 lat. Był znanym rzeźbiarzem i złotnikiem. Wiele wiedział na temat zasad rządzących budownictwem, ale akurat w dziedzinie architektury nie miał żadnego osiągnięcia, które gwarantowałoby mu sukces. Był 1418 rok. Budowę katedry rozpoczęto jeszcze w XIII wieku.

W ciągu pierwszych 80 lat powstał zaledwie korpus budowli, a i ten zburzono po zmianie projektu.

Nowy plan przewidywał zwieńczenie świątyni ogromną kopułą, wspartą na ośmiokątnym bębnie. Miał się on wznosić 13 metrów powyżej sklepienia nawy głównej i mieć szerokość wewnętrzną równą 42 metrom. Wielu architektów twierdziło, że zamknięcie kopułą takiej konstrukcji jest niemożliwe. Zleceniodawcy, nie widząc innego wyjścia, ogłosili konkurs. Do rywalizacji stanęło kilkunastu śmiałków. Wśród nich Brunelleschi, który także przedstawił swój projekt. Nie chciał zdradzać jego szczegółów w obawie przed zawistnymi oczami konkurentów. Początkowo nie zyskał poparcia. Wierzył jednak w to, że jego pomysł jest możliwy do realizacji i naprawdę dobry. Dzielił się tą wiarą nie tylko z całą komisją katedralną, lecz także z poszczególnymi jej członkami oraz ludźmi obdarzonymi większym zaufaniem decydentów niż on. Sceptyków było wielu, ale żaden inny budowniczy nie przedstawił lepszego projektu. Komisji trudno było uwierzyć, że można skonstruować tak ogromną kopułę bez rusztowań (ich koszt byłby ogromny). Brunelleschi, by udowodnić, że potrafi tego dokonać, podjął się zbudowania kopuły wymyśloną przez siebie techniką nad jedną z kaplic w kościele San Jacopo sopr'Arno.

Wtedy ostatecznie otrzymał upragnione zlecenie. Realizował je przez 18 lat. Zmagał się z wieloma trudnościami. Najpierw zlecono mu wykonanie kopuły tylko do pewnej wysokości, wstrzymując się z decyzją, komu zostanie powierzone dokończenie prac. Potem dostał niekompetentnego współpracownika, za to popieranego przez zleceniodawców i znacznie lepiej wynagradzanego. Nie miał też potrzebnych urządzeń ani narzędzi, więc musiał wyprodukować je sam. Mimo to znakomicie wywiązał się z zadania. W 1436 roku katedra we Florencji mogła zostać poświęcona. Filippo Brunelleschi osiągnął sukces dzięki ogromnej wierze w siebie, opartej na mocnych podstawach: poczuciu własnej wartości oraz wiedzy z różnych dziedzin, pozwalającej przewidzieć stabilność i trwałość przyszłej konstrukcji. Następna tak wielka kopuła została wzniesiona dopiero 100 lat później przez Michała Anioła nad Bazyliką św. Piotra w Watykanie.

Doceń wiedzę

Wielu z nas lubi zdobywać szczyty i odczuwać tę szczególną radość, gdy się dotrze na samą górę. Nie ma znaczenia, czy zdobytym szczytem jest Śnieżka, Rysy czy Czomolungma (co w języku tybetańskim oznacza Bogini Matka Ziemi) nazywana też Mount Everest. Zachwyca otwarta przestrzeń, cieszy zwycięstwo nad samym sobą.

Stopień trudności kolejnej wspinaczki jest zazwyczaj nieco wyższy niż ten, który cechował poprzednie wejście. Czy nie przypomina to dochodzenia do kolejnych celów w innych dziedzinach? Zdobywanie szczytów Ziemi, podobnie jak pokonywanie granic własnych możliwości, opiera się na wiedzy, a jednocześnie zwiększa jej zasób. I nie chodzi tu tylko o to, że do wejścia na szczyt i do zdobycia celu trzeba się solidnie przygotować. Ze szczytu góry widzi się więcej i dalej. Z większym zasobem wiadomości o świecie też widzi się więcej i więcej się rozumie. W obu przypadkach poszerzają się horyzonty. Zdobywanie gór i zdobywanie wiedzy tak samo wciąga. Zarówno alpinistę, jak i badacza sukces zadowala na krótko.

Kiedyś w wypisach szkolnych znajdowało się opowiadanie o dwóch górskich wędrowcach. Piechurzy źle wyliczyli czas powrotu do schroniska. Nie zdążyli przed zmrokiem. Bez latarki, lampki, zapalniczki – jakiegokolwiek źródła światła – schodzili po omacku kamienną ścieżką. Wreszcie wyczuli, że droga się kończy, a kolejny krok może być niebezpieczny. Spróbowali stopami sięgnąć gruntu. Niestety, stopy zawisły w próżni. Rzucali w dół kamienie, żeby po odgłosie zorientować się, jak głęboka jest szczelina, na którą natrafili. Odpowiadał im tylko głuchy dźwięk. Wysnuli z tego wniosek, że doszli do skraju przepaści. Zdali sobie sprawę, że dalej iść nie mogą. Usiedli w pewnym oddaleniu od skalnej krawędzi i szczękając z zimna zębami, przesiedzieli tak do świtu. Gdy słońce rozświetliło nieco mrok, spojrzeli w „bezkresną przepaść". Jakie było ich zdziwienie! Okazało się, że to nie przepaść, tylko metrowy uskok otwierający łagodny stok z łąką, którą przecinała droga wiodąca do schroniska. Do celu mieli naprawdę niedaleko.

Na tym prostym przykładzie widać, że brak informacji (brak wiedzy) może doprowadzić do błędnych wniosków. Widać też, jak paraliżujący jest lęk. W tym przypadku skończyło się dobrze. Jednak w innej sytuacji błędne wnioski mogą fatalnie zaważyć na życiu ludzi lub społeczeństw, których niewiedza będzie dotyczyła.

Na umiejętnościach i rzetelnej wiedzy oparł swoje osiągnięcia alpinista i himalaista Peter Habeler, którego relacje z wypraw górskich niezwykle mnie inspirują. Jednym z jego dokonań było wejście na Mount Everest bez dodatkowego tlenu. Czy ryzykował? Tak! Ryzykuje każdy, kto się wspina! Czy możemy nazwać go samobójcą? Nie! Ponieważ do wyprawy dobrze się przygotował. Rozważał wszystko, zastanawiał się nad każdym hipotetycznym niebezpieczeństwem, które może napotkać w trasie. Stworzył naukową bazę, na której oparł wiarę w powodzenie przedsięwzięcia. Ten etap trwał dłużej niż sama wspinaczka, ale był niezbędny!

Polski noblista Czesław Miłosz w wierszu pod tytułem *Przypowieść o maku* obrazowo przedstawił ograniczenia, które powstają z braku wiedzy:

Na ziarnku maku stoi mały dom,
Pieski szczekają na księżyc makowy,
I nigdy jeszcze tym makowym psom,
Że świat jest większy nie przyszło do głowy.

Warto zdać sobie sprawę, że człowiek bez odpowiedniej wiedzy czuje się niepewnie, jest podatny na manipulację i w wielu sytuacjach bezradny. Nie będzie nawet próbował poznać siebie i określić swoich możliwości, a to bardzo ważne dla jakości życia.

Jaka wiedza jest człowiekowi potrzebna? Tę kwestię wyczerpująco przedstawili między innymi **Napoleon Hill** i **Charles Van Doren**, którzy podzielili wiedzę na szczegółową i ogólną. Wiedzą szczegółową nazwali zakres wiadomości i umiejętności, który człowiekowi pozwala utrzymać się przy życiu. Oprócz wiedzy szczegółowej istnieje także wiedza ogólna.

Czym różni się od szczegółowej? Wiedza ogólna nie jest pewna i konsekwencje jej braku nie są tak spektakularne. W starożytności ludzie byli przekonani, że Ziemia jest płaska. Potrafili nawet tego dowieść. Twierdzili bowiem, że gdyby była kulą, to nic nie mogłoby się na niej utrzymać, ani ludzie, ani przedmioty, a woda wystąpiłaby z niecek. Dopiero udokumentowanie ruchu Ziemi przez Kopernika zmieniło długo utrzymujące się fałszywe przeświadczenie.

W wielu systemach społecznych, czy to na pierwszym planie, czy w tle, widoczna jest wiara w predestynację, czyli przeznaczenie, pojawiająca się w religiach będących podporami tych systemów (na przykład w starożytnym Egipcie). Jakie konsekwencje ma wiara w przeznaczenie? Moim zdaniem, głównie destrukcyjne. Tak rozumiane przeznaczenie oznacza brak wpływu na własny los. Sprowadza człowieka do roli kukiełki, której poczynaniami kieruje ktoś inny, wyższy i potężniejszy, kto pozbawił ją wolności wyboru. Człowiekowi wierzącemu w przeznaczenie wydaje się, że żyje w przezroczystej kuli. Może poruszać się w jej obrębie, ale wyjście z niej jest niemożliwe. Z czasem, mimo że nie czuje się szczęśliwy, dochodzi do wniosku, że nawet nie warto próbować, bo jego miejsce – bez względu na to, co zrobi – jest z góry wyznaczone. Czy to prawda? Zastanów się! Jeśli jesteś pewny, że tak, spróbuj odpowiedzieć sobie na pytania: „Dlaczego w przeznaczenie wierzy tak wielu ludzi niewykształconych... i tych, którym się nie powiodło?", „Dlaczego ci, którzy żyją świadomie, nie tłumaczą swoich sukcesów predestynacją?". Raczej wskazują, że to wynik własnej pracy, własnych wyborów, niekiedy dodają tylko: „...i odrobiny szczęścia". Nie myślałeś nad tym do tej pory? Może głównym powodem wiary w predestynację jest chęć usprawiedliwienia swojej sytuacji?

Zastanówmy się, czego nas uczy orzeł z przykładu użytego przez **Anthony'ego de Mello**. Oto ta historia:

W pewnym gospodarstwie kura wysiedziała kilka jaj. Po odpowiednim czasie wykluły się z nich pisklęta. Jedno z nich w niczym nie przypominało delikatnego żółtego kurczaczka. Było wyraźnie większe, miało szponiaste pazury i silny, zakrzywiony dziób. Bystry obserwator zauważyłby szybko, że to nie kura, tylko orzeł. Pisklę jednak dorastało w przekonaniu, że jest dorodnym kogutem. Jadło robaki i grzebało w ziemi. Podobnie jak obserwowane wokół kury potrafiło przelecieć w powietrzu tylko kilka metrów i to nisko nad ziemią. Kiedyś dorosły już orzeł zobaczył ptaki krążące wysoko na niebie, jednak do głowy mu nie przyszło, że ma takie same możliwości. Zestarzał się i umarł w stadzie kur, do końca przekonany, że jest jedną z nich.

Czego zabrakło orłowi? Wiedzy i zrozumienia swojej sytuacji! Nigdy się nie dowiedział, że może unieść się w powietrze i zacząć żyć inaczej. Tego samego brakuje wielu ludziom. Nie wierzą w swoje możliwości, bo ich nie dostrzegają. No dobrze, możesz powiedzieć teraz: „Przecież wszyscy chodzimy do szkoły".

W większości społeczeństw rozwiniętych to nie tylko prawo, lecz także obowiązek. Nauka trwa zazwyczaj przynajmniej 10 lat. Czy to nie wystarczy? Przypomnij sobie, co czytałeś na początku tego rozdziału. Wiedza dzieli się na szczegółową i ogólną. Szkoły różnego szczebla pozwalają nam na zdobycie minimum wiedzy ogólnej (raczej zyskujemy tylko orientację w różnych dziedzinach) oraz wyposażają nas w pewne elementy wiedzy szczegółowej, która pozwala odgrywać jakąś rolę w społeczeństwie i zdobywać środki na utrzymanie. Mimo armii psychologów, pedagogów i opiekunów najczęściej profesję wybieramy dość przypadkowo. Rzadko która szkoła i rzadko który nauczyciel pokazuje uczniom konsekwencje wyboru kierunku nauki, zawodu, miejsca zamieszkania, partnera życiowego i tym podobnych.

Nie ma przedmiotu zaznajamiającego na przykład z prawami obywatela czy pacjenta... Nie uczy się też gospodarowania pieniędzmi, a przygotowanie do życia w rodzinie jest traktowane po macoszemu.

To powoduje, że wchodzimy w dorosłe życie z nadziejami opartymi na chwiejnych podstawach, więc... się rozczarowujemy. Jeśli nawet rozwinęliśmy w jakimś stopniu poczucie własnej wartości, to w wyniku negatywnych doświadczeń znacznie się ono osłabia, co pociąga za sobą rezygnację z szukania nowych dróg rozwoju i utratę wiary w siebie.

Warto w tym momencie rozdzielić pojęcie wiedzy od pojęcia szkoły. Nie każdy, kto chodził do szkoły, ma wystarczająco dużo wiedzy, by oprzeć na niej wiarę w siebie. To, że kogoś w szkole spotykały same niepowodzenia, nie oznacza, że nigdy już nie będzie mógł rozszerzyć swojej wiedzy teoretycznej (praktyczną zdobędzie przez doświadczenie). Pamiętam, że dla mnie ogromną przeszkodą była dysleksja. Nie zdawałem sobie wtedy sprawy z tego, że ten defekt (dziś uważam, że niewielki i nieistotny) przyczynił się do moich wyzwań i stanowił spore zagrożenie dla poczucia własnej wartości i wiary w siebie. Stąd wynikała moja ucieczka w inne sfery życia: wyznaczanie celów materialnych oraz organizowanie pracy własnej i grupowej, żeby je osiągnąć. Sukcesami w tej dziedzinie rekompensowałem brak powodzenia w szkole. Dopiero na kolejnym etapie kształcenia zwróciłem się ku nauce i wiedzy. Jeśli jesteś lub byłeś w podobnej sytuacji, weź pod uwagę, że szkoła nie jest jedynym miejscem, by zdobywać wykształcenie, a ocena szkolna nie jest miarą wartości człowieka.

Nie każdy potrafi uczyć się w tempie grupy, nie każdemu odpowiada środowisko szkolne. Za to w każdym wieku warto starać się poznawać i rozumieć. Sam możesz wybrać, czego i kiedy chcesz się uczyć. Powinieneś tylko dobrać odpowiednie dla siebie metody. Jeśli nie przepadasz za czytaniem lub nie możesz czytać – słuchaj, oglądaj, doświadczaj, choć oczywiście najlepiej jest połączyć te sposoby zdobywania wiedzy.

Może myślisz: „Po co mi to, i tak nie zostanę geniuszem". Skąd wiesz? **Stephen Hawking**, brytyjski astrofizyk i matematyk, dziś sława w swojej dziedzinie, był dobrym uczniem, ale nie wybitnym. Studiował nauki przyrodnicze i astronomię. Stale pogłębiał wiedzę i realizował coraz to nowsze projekty o dużym stopniu trudności. Nie przeszkodziła mu w tym nawet nieuleczalna i stale postępująca choroba (stwardnienie zanikowe boczne).

A zatem zastanów się... Może warto zmienić swoje podejście do uczenia się. Skorzystaj z różnych sposobów efektywnego zdobywania wiedzy. Może będzie to żmudne jak wspinaczka przez las, kiedy dookoła niewiele widać. Pomyśl jednak o celu. Wyobraź go sobie! Wzmocnienie wiary w siebie i dojście do celu warte jest Twojego wysiłku!

Odwiąż się od innych

Wróćmy do początków, czyli do czasów dzieciństwa, kiedy dla naszego bezpieczeństwa poruszaliśmy się w granicach wyznaczonych przez dorosłych: „tak jest dobrze", „tak jest źle", „to możesz", „tego nie wolno"... Kochamy swoich rodziców, wpaja się nam szacunek do nauczycieli, więc jesteśmy posłuszni, przynajmniej w pierwszym okresie życia. Jak już jednak pisałem, często się zdarza, że przenosimy takie zachowania w dorosłość i rozciągamy je na innych ludzi: współpracowników, szefów, kolegów i przyjaciół. Zwracamy uwagę na innych za bardzo i... tracimy samodzielność w myśleniu oraz działaniu.

Może potrafilibyśmy pofrunąć na skrzydłach marzeń, ale inni trzymają nas na niewidzialnych nitkach, podobnych w działaniu do sznurka, który nie pozwala latawcom wzbić się wyżej. Przyjrzyjmy się temu.

Co Cię trzyma na uwięzi? Czy jako dorosły człowiek zamierzasz uwzględniać wszystkie ograniczenia stworzone przez innych? Czy chcesz być tak zależny? Tak manipulowany? Myślę, że nie! Jak więc odróżnić nitki, które nie pozwalają nam rozwijać skrzydeł, od tych, które są konieczne dla funkcjonowania społeczeństwa?

Kogoś może dziwić, że na tak wiele spraw się nie godzisz, że jesteś inaczej zorganizowany, że masz potrzeby, których inni nie odczuwają. Takie zdziwienie jednak nie potrwa długo. Twoje otoczenie prędzej czy później się przyzwyczai. Reakcje w postaci niezadowolenia, zdziwienia czy wyśmiewania osłabną, a w końcu zupełnie ucichną. Wielu zacznie nawet myśleć z zazdrością: „Szkoda, że ja tak nie potrafię!".

To, czy się poddamy manipulacji, zależy wyłącznie od nas samych. Dlaczego zatem nawet ci, którzy dostrzegają swoje uzależnienie od innych, nic nie robią, by się uwolnić? Można powiedzieć, że to jest rodzaj bezpiecznego klinczu. To, że ktoś inny trzyma sznurki, zwalnia nas z odpowiedzialności za podejmowane decyzje. W razie niepowodzenia możemy zasłonić się formułką: „To Ty mi tak doradziłeś! Gdybyś wtedy mi powiedział, że to ryzykowne, to bym zrezygnował! Trzeba było mnie powstrzymać!".

Konsekwencją tych wszystkich nitek w dorosłym życiu jest brak wiary w siebie, która warunkuje spełnianie własnych marzeń i realizację pomysłów. Bez wiary w siebie będziemy szli przez życie (zawodowe i osobiste), zastanawiając się bez przerwy tym, co powie rodzina, koledzy, przełożeni. Intuicyjnie będziemy stawać krok w tyle za wszystkimi. Swoimi myślami będziemy dzielić się bardzo nieśmiało, a najczęściej stłamsimy je, zanim jeszcze dojrzeją. Wszystko po to, aby uniknąć odpowiedzialności. Będziemy najpierw sprawdzać, czy nie zadziała któryś ze sznurków. Jeśli tak i coś nas zatrzyma, szybko zrezygnujemy z nowego planu, choćbyśmy czuli, że jest naprawdę dobry i żałowali, że nie może być zrealizowany. Zapewniam Cię, że prędzej czy później przypomnisz sobie tę chwilę rezygnacji. Pomyśl o swoich starszych krewnych lub przyjaciołach, z którymi rozmawiasz czasem o życiu. Czy nie żałują porzucenia własnych marzeń pod wpływem opinii publicznej, którą dla przeciętnego człowieka jest rodzina i środowisko w miejscu zamieszkania?

Przyjrzyj się teraz sobie. Czy czasami nie wzmacniasz tych wszystkich sznurków i nitek swoim postępowaniem? Czy jeśli masz do zrobienia coś, na co nie masz ochoty albo wątpisz, że to potrafisz, to szukasz kogoś, kto to zrobi za Ciebie, bo „zrobi to lepiej"? A jeśli coś Ci się nie uda, to czy rozglądasz się wokół, żeby poszukać winnego? Zazwyczaj znajdzie się ktoś, kogo można wskazać, ale czy musisz to robić?

Konsekwencje porażki, złego wyboru, błędów i pomyłek są przykre, jednak warto je przeżyć, a naukę z nich płynącą wykorzystać w dalszym życiu. W akceptacji pomyłek może pomóc Ci myśl słynnego wynalazcy **Thomasa Edisona**: „Nie poniosłem porażki. Po prostu odkryłem 10 tysięcy błędnych rozwiązań!". Ania z Zielonego Wzgórza, popularna bohaterka książek dla grzecznych dziewczynek, urodzona optymistka, twierdziła, że w jej przypadku jedno jest pocieszające: nigdy dwa razy nie robi tego samego błędu. Może to o sobie powiedzieć prawie każdy z nas.

Co w zamian? Niepowtarzalny smak zwycięstwa (głównie nad sobą) odniesionego samodzielnie. Mówi się, że porażka jest sierotą, a sukces ma wielu ojców. Jeśli Twoje decyzje staną się suwerenne, każde Twoje osiągnięcie będzie w pełni należało do Ciebie. To sprawi Ci ogromną radość. Jednocześnie przyczyni się do wzrostu wiary w siebie. Każde kolejne ryzyko będziesz podejmować z dużo większym spokojem i przekonaniem, że plan się powiedzie; a nawet gdy się nie powiedzie, to wcześniej czy później znajdziesz wyjście z trudnej sytuacji i ruszysz dalej, być może z większym przyspieszeniem.

Stąd mój apel: odwiąż się od innych i weź odpowiedzialność za własne życie! Wtedy staniesz się wolny i zaczniesz sam decydować o sobie! Pamiętaj, że presja to nie wina innych. Nie masz wpływu na to, co robią i myślą, ale masz wpływ na swoje własne reakcje. To Ty decydujesz, jak się zachować. Czy nadal w każdej sytuacji zamierzasz ustępować i ulegać manipulacji? Czy też zaczniesz żyć według własnych planów?

Prawdziwa wolność przyniesie Ci najpierw trochę strachu: „Co teraz?", „Gdzie znajdę oparcie?", „Jak to, wszystko mogę? Co to znaczy wszystko?", „A jeśli się na sobie zawiodę?"... Zapewniam Cię jednak, że takie myśli zaledwie przemkną Ci przez głowę. Spróbuj na nie odpowiadać krótko i zwięźle. Na przykład: „Teraz ja decyduję o własnym życiu", „Oparcie mam w poczuciu własnej wartości", „Mogę wszystko, ale nie wszystko wybieram. Wybieram tylko to, co zostanie zaakceptowane przez moje wewnętrzne ja".

Może być też tak, że w pierwszych dniach po przyjęciu nowego sposobu postępowania trudno Ci będzie odpowiedzieć sobie na pytanie, czego tak naprawdę chcesz. To efekt lat podejmowania decyzji na uwięzi tych wszystkich sznurków i chęci przypodobania się otoczeniu.

Jeśli chcesz uwierzyć w siebie, to nie możesz pominąć tego etapu. Zmiana Twoich przyzwyczajeń zmieni nawyki Twoich bliskich, choć na pewno nie od razu; chyba że masz kilkanaście lat. Wtedy wszyscy rozumieją, że dorastasz i masz prawo do buntu. Potem jest trochę trudniej. Przy stawaniu się niezależnym pamiętaj o szacunku do innych. Dostrzegaj okazje, które pozwolą Ci przejawiać ciepłe uczucia. Może to być pamiętanie o ważnej dla kogoś rocznicy, zaoferowanie pomocy, jeśli taka jest potrzebna lub zwykłe zapytanie o zdrowie. Niezależność nie oznacza braku uczuć.

Warto zacząć od drobiazgów: autonomicznych decyzji w sprawie ubioru, wyboru pory posiłku czy odmowy zmiany planów tylko dlatego, że ktoś tego chce. To nikomu nie szkodzi ani nikogo nie krzywdzi. Uzasadniaj swoje postanowienia miłymi słowami, ale się nie tłumacz. Tłumaczyć się powinieneś tylko wtedy, gdy nie dotrzymasz obietnicy, nie zdążysz na czas lub nie będziesz mógł wypełnić przyjętych na siebie obowiązków. Decyzje w pozostałych przypadkach to wyłącznie Twoja sprawa. Ważne, by Twoim wyborom nie towarzyszyły emocje negatywne: złość albo zniecierpliwienie. Zrozum, że rodzina i przyjaciele na pewno nawet nie dostrzegają, że ich zachowanie to manipulacja, więc Twoją gwałtowną reakcją słusznie poczuliby się urażeni. Skupiliby się na tym, jak mówiłeś, a nie na tym, co mówiłeś. A przecież zależy Ci na przekazie konkretnej treści!

Znajdź pasję

Czym właściwie jest pasja? Pasja to taki rodzaj zainteresowania, któremu poświęca się większość wolnego czasu. Nie zawsze ma ona okazję ujawnić się w dzieciństwie, chociaż wtedy o to najłatwiej.

Jeśli szkoła jest kreatywna, a nauczanie każdego przedmiotu traktuje jak okazję do zainteresowania dzieci podejmowaną tematyką, to w uczniach ujawniają się talenty, które przeradzają się w pasje. W takich szkołach stosuje się ocenianie motywujące, czyli zachęcające do podejmowania wyzwań i rozwiązywania problemów, rozbudzające ciekawość i chęć do dalszej pracy. Dziecko intuicyjnie idzie w kierunku wyznaczonym przez własne zdolności, które mają szansę się ujawnić.

To, niestety, nie jest regułą. Co więc, jeśli szkoła, do której chodziliśmy lub chodzimy, okazała się zupełnie zwyczajna? Czy stoimy na przegranej pozycji i jesteśmy skazani na przeciętność? W żadnym wypadku. Talent można odkryć w każdym momencie życia.

Znany tancerz i choreograf **Agustin Egurrola** swoją przygodę z tańcem rozpoczął w wieku 19 lat. Wydawałoby się, że to przynajmniej o 10 lat za późno. A jednak! Przyjemność, jaką czerpał z tańca, sprawiła, że w ciągu kilku lat osiągnął poziom, który zapewnił mu zwycięstwo na mistrzostwach Polski i udział w prestiżowych zawodach międzynarodowych. Starał się nie tylko trenować dużo i u różnych mistrzów w kraju i za granicą. Uczył się także choreografii. Obecnie jest ekspertem w swojej dziedzinie. Prowadzi szkołę tańca i ma wiele zamówień na oprawę choreograficzną dużych imprez. Odniósł sukces, bo po pierwsze znalazł życiową pasję, a po drugie zajął się nią z wiarą w siebie.

Co zrobić, żeby odnaleźć dziedzinę, która stanie się naszą pasją? Przede wszystkim warto być otwartym na świat. Co to znaczy? Nie odbieraj sobie szansy wypróbowania czegoś nowego, gdy trafia się taka okazja. Skończyłeś 30 lat i nigdy nie grałeś na pianinie, a masz możliwość spróbować? Spróbuj! Od czasów szkolnych nie trzymałeś w ręku pędzla, a w pobliskim domu kultury rozpoczęły się zajęcia dla dorosłych właśnie z rysunku? Jeśli przemknęła Ci przez głowę myśl: „A może by tak…?", nie zastanawiaj się, lecz idź tam! Nigdy nie jeździłeś na nartach, a znajomi postanowili zimą wybrać się w góry i proponują Ci wspólny wyjazd? Masz „już" 40, 50 albo więcej lat? Jedź! Spróbuj teraz! Bo jeśli nie teraz, to kiedy?!

Jeśli już odkryjesz, że coś sprawia Ci przyjemność, zajmij się tym! Teraz! Bez względu na to, czy nowe zajęcie wiąże się z Twoim aktualnym zawodem.

Wanda Kudlaszyk, ceniona polska malarka nieprofesjonalna, z zawodu jest zootechnikiem. Mieszka w Gorzowie Wielkopolskim. Zadebiutowała już w dojrzałym wieku. W tej chwili ma za sobą wiele wystaw zbiorowych i indywidualnych. Doczekała się też wielu nagród.

Ważne jest szukanie impulsów motywujących. Co nazywam impulsami motywującymi? Ludzi oraz książki i programy, które wzmacniają decyzje i pozwalają utrzymywać stan motywacji na poziomie umożliwiającym stawianie kolejnych kroków. Otaczaj się więc ludźmi, którzy wzmogą w Tobie odwagę poszukiwacza, patrzących życzliwie i z przyjaźnią. Czytaj lektury wzbogacające Twoją wiedzę i zwiększające wiarę w siebie. Mogą to być dobre książki z dziedziny samorozwoju oraz biografie ludzi, których podziwiasz. Szukaj mistrzów w Twojej dziedzinie, zarówno wśród osób w swoim otoczeniu, jak i wśród postaci historycznych. Zobaczysz, że wcale nie jest ich tak niewielu. Wielu z nich przez lata tworzyło zupełnie zwyczajne dzieła, zanim ujawnił się ich talent lub wręcz geniusz.

Paul Cézanne przed 30 rokiem życia malował przeciętnie, niektórzy nawet twierdzili, że jego wczesne prace były po prostu złe. Zwrot w kierunku impresjonizmu zmienił sytuację. Cézanne wypracował swój styl i obecnie zalicza się do grona najlepszych impresjonistów.

Cesária Évora, piosenkarka pochodząca z Republiki Zielonego Przylądka, najpierw doznała pasma porażek, a w 1975 roku nawet odeszła od muzyki. Jej chwilowy powrót po kilku latach i pojawienie się na dwóch płytach przeszły bez echa. Miała już 47 lat, gdy na zaproszenie przyszłego agenta poleciała do Paryża. Kolejne dwie płyty cieszyły się umiarkowanym zainteresowaniem, dopiero lata 90. XX wieku przyniosły jej prawdziwy sukces i intratne kontrakty muzyczne. Choć sprzedała miliony płyt, przez całe życie odznaczała się skromnością.

Inspiracją dla nas może być także inny muzyk – śpiewak, tenor **Andrea Bocelli**. Urodził się z wrodzoną wadą wzroku. Jako kilkunastoletni chłopak całkowicie przestał widzieć. Na szczęście miał kochających i wspierających rodziców, którzy dbali o to, by mimo wszystko mógł się kształcić i rozwijać swoje zainteresowania. Już jako dziecko lubił muzykę i śpiew. Brał udział w konkursach wokalnych i odnosił w nich sukcesy, ale swoją przyszłość widział w zawodzie prawnika. Jednak już w latach studenckich (studiował w Pizie) wiele czasu poświęcał na granie i śpiewanie w barach. Jego interpretacje znanych piosenek wzruszały i zachwycały. Wreszcie postanowił poświęcić się muzyce. Podszedł do tego planowo. Zrezygnował z kariery prawniczej i zaczął dzielić czas między występy a naukę śpiewu. To był krok w dobrym kierunku. Teraz stoją przed nim otworem najbardziej renomowane sale koncertowe świata, a on sam czuje się człowiekiem spełnionym. Czy bez wiary w siebie mógłby to osiągnąć?

Na czym polega wpływ pasji na wiarę w siebie? Pasji nam nikt nie narzuca. Rozwijamy ją, bo chcemy, chociaż nie musimy. Sprawia nam to przyjemność. Z chęcią zdobywamy kolejne poziomy wtajemniczenia. Szukamy informacji oraz ludzi, z którymi możemy wymieniać doświadczenia. Stajemy się coraz bogatsi w wiedzę i kontakty, coraz pewniej się poruszamy w danym temacie. To wystarczy, żeby nasza wiara w siebie się umocniła.

Bardzo często zyskane w ten sposób poczucie pewności przenosi się na inne obszary życia. Gdy przez jakiś czas mamy kłopoty w szkole lub pracy czy trudności rodzinne, właśnie pasja może nam pomóc je przetrwać. Bardzo często towarzyszy nam przez całe życie.

Do Księgi Rekordów Guinnessa aplikuje wyczyn małżeństwa **Esther i Martina Kaferów** z Vancouver, którzy od ponad pół wieku z zamiłowaniem chodzą po górach. Do każdej wędrówki rzetelnie się przygotowują. Znają góry i podchodzą do nich z pokorą. Wspinali się już na szczyty w wielu krajach na wszystkich kontynentach. W 2012 roku weszli na Kilimandżaro.

Spróbuj i Ty odkryć swoją pasję. Zrobisz dzięki temu milowy krok na drodze własnego rozwoju. Pasja może uruchomić w Tobie pokłady wytrwałości i wiary w siebie, o których istnieniu dotąd nie wiedziałeś. A to przełoży się na zadowolenie z życia i satysfakcję w różnych jego sferach.

Twórz wizję życia

Bez względu na to, ile masz lat, twórz swoją wizję życia. Żyć tu i teraz, to znaczy nie odkładać niczego na później. Czy często zdarza Ci się zwlekać z wypełnianiem zadań? Czy na myśl o tym, że trzeba się nimi zająć, ogarnia Cię zmęczenie i zniechęcenie? Jeśli tak, prawdopodobnie należysz do licznej grupy osób, u których bardziej niż u innych do głosu dochodzi prokrastynacja, czyli tendencja do zwlekania, widoczna zwłaszcza wtedy, gdy wiadomo, że nie można się spodziewać natychmiastowych efektów działań bądź też gdy zajęcie jest nieprzyjemne lub trudne. Amerykański filozof Donald Marquis mówi, że prokrastynacja jest „sztuką nadążania za dniem wczorajszym", a Wayne Dyer dodaje: „… i unikania jutra". Jej przejawem jest życie w ciągłej nadziei, że mimo bezczynności wszystko się ułoży. Tak jakby problem się rozwiązywał od samego tylko postanowienia, że kiedyś, w bliżej nieokreślonej przyszłości, coś się zrobi. A to przecież nieprawda. Problem powróci, a do tego czasu zatruje Ci życie niepokojem.

Napotykamy różne rodzaje zwlekania. Bardzo częste jest odkładanie pracy do pewnego momentu, by następnie ukończyć ją na krótko przed ostatecznym terminem. To forma oszukiwania siebie przez usprawiedliwianie: „Miałem za mało czasu". A wystarczyło zacząć działać odpowiednio wcześnie, by spokojnie ze wszystkim zdążyć.

Jak długo bezczynność można usprawiedliwiać słowami: „Może będzie dobrze", „Mam nadzieję, że jakoś wszystko się ułoży"? Jeśli dojdziesz do wniosku, że prokrastynacja przeszkadza Ci w życiu, postaraj się ją wyeliminować.

Jak pokonać tę skłonność? Jest kilka sposobów. Możesz na przykład podzielić swój czas na okresy półgodzinne, godzinne lub dwugodzinne, podczas których będziesz wykonywał wszystko bardzo intensywnie, bez zwlekania z czymkolwiek. Możesz od razu rozpocząć coś, co od dawna odkładałeś. Brian Tracy nazywa to „zjedzeniem żaby" i proponuje, żeby zawsze wykonywanie zadań zaczynać od tego, które wydaje się najtrudniejsze lub najmniej przyjemne, czyli od zjedzenia największej żaby. Bardzo prawdopodobne, że okaże się, iż nie było to wcale takie trudne, jak Ci się wydawało.

Odkładanie nie dotyczy wyłącznie zadań. Prokrastynacja przenosi się na całość życia. Postaraj się więc nie mówić: „Jak będę miał czas...", „Jak dzieci dorosną...", „Jak zarobię więcej pieniędzy...". To przecież nawet nie marzenia, lecz mrzonki usprawiedliwiające brak działań.

Bez wizji życia błądzimy po omacku. Nie znamy drogi. Poruszamy się jak w labiryncie. Może trafimy na jakieś szczęśliwe miejsce, a może nie. Wkładamy w chaotyczną wędrówkę wiele siły, poświęcamy na nią ogromnie dużo czasu, a efektów nie ma lub są znacznie mniejsze, niż oczekiwaliśmy. Postępując w ten sposób, nie będziemy wiedzieć, czy to, co robimy, ma jakiś sens.

Znacznie lepiej jest uzmysłowić sobie, do czego konkretnie chcemy dojść. Zacznij od stawiania sobie pytań. Na przykład: „Co dla mnie jest ważne?", „Co chcę osiągnąć?". Zobaczysz, że na wiele z takich pytań niełatwo jest odpowiedzieć, mimo że zadajesz je sam sobie. Nad każdym pytaniem, na które nie znajdujesz prostej odpowiedzi, warto zatrzymać się dłużej – tak długo, aż opadną emocje i uświadomisz sobie, co naprawdę myślisz na dany temat. Niekiedy trzeba najpierw zmierzyć się z barierą zbudowaną z rutyny, przyzwyczajeń, nawyków, zwyczajów i zasad dobrego wychowania.

Jak tworzyć wizję życia, by nie należała do poślednego gatunku „mrzonki", ale do dużo lepszego, nazwanego „marzeniem"? Jeśli udało Ci się dokonać swoistego resetu umysłu poprzez poznanie siebie, określenie wartości nadrzędnych i sformułowanie odpowiedzi na trudne pytania, spróbuj zastanowić się nad tym, co chciałbyś robić, gdzie mieszkać, jakim być człowiekiem. Poszukaj przykładów ludzi, którzy robią to, czym Ty chciałbyś się zajmować, mieszkają tam, gdzie Ty chciałbyś mieszkać. Ich doświadczenia będą Cię inspirowały oraz wzmacniały Twoją wizję życia i wiarę w siebie. Przypatrz się tym momentom w ich życiu, które okazały się decydujące. Przyjrzyj się także, jak reagowali na niepowodzenia. Co robili, żeby drobne porażki nie spowodowały rezygnacji z planów?

Na koniec lektury tego rozdziału zastanów się nad tym, jak poglądy religijne mogą rzutować na tworzenie wizji życia. Niektóre religie podkreślają istotną rolę przeznaczenia w kształtowaniu losu człowieka. Ludzie w wielu społeczeństwach wierzą w to przesłanie i nie biorą w ogóle pod uwagę, że mogliby coś zmienić w swoim życiu. Z pokorą przyjmują biedę i poniżenie. Są przekonani, że jakaś siła wyższa chciała, żeby tak wyglądała ich egzystencja i nie ma od tego ucieczki. Takimi ludźmi bardzo łatwo manipulować. Wszystko można wytłumaczyć wolą Boską, co zapobiega ewentualnym protestom i próbom wyłamania się z porządku społecznego utrwalonego zasadami religijnymi.

Przeszkody

Każdy z nas jest ukształtowany inaczej. Genetyka ma wpływ nie tylko na to, jak wyglądamy, ale również na to, jacy jesteśmy. Dziedziczymy pewne predyspozycje charakterologiczne, temperament, ale nie osobowość. Osobowość jest dynamiczna. Rozwija się przez całe nasze życie (najbardziej intensywnie w dzieciństwie i młodości) pod wpływem bodźców pochodzących ze środowiska (rodziny, szkoły i temu podobnych). Od czego zależy więc nasze postępowanie poza uwarunkowaniami biologicznymi? Od tego, z kim się stykamy i czego doświadczamy.

Bez względu na to, jak się kształtowała Twoja osobowość, wchodzisz w okres dorosłości z pewnym bagażem. Jeśli wychowałeś się w kochającej, wspierającej się wzajemnie rodzinie, posiadasz te wszystkie podstawy, o których pisałem wcześniej. Dzięki nim wiesz, że jesteś wartościowy jako jednostka ludzka. Nie łączysz swoich cech z porażkami.

Porażka to tylko niepowodzenie pewnych działań. To one się nie udały. Ty pozostałeś tak samo wartościowym człowiekiem jak przedtem.

Niestety, bardzo często wychowanie łączy się z rozwijaniem w człowieku poczucia winy. Poczucie winy to nic innego, jak przypisywanie samemu sobie całej odpowiedzialności za skutki działań. Poczucie winy lubi się rozrastać. Rodzi się w dzieciństwie, kiedy maluch słyszy: „Jesteś niedobry, bo uderzyłeś ciocię", „Jesteś arogancki, bo nie powiedziałeś »dzień dobry« sąsiadce", „Przynosisz nam wstyd ocenami"... To słowa oceniające człowieka, a nie jego postępowanie! Czy to nie wszystko jedno? Absolutnie nie! Trudno się zmienić, jeśli ktoś przyklei człowiekowi etykietkę: „Jesteś zły". To daje małe pole do manewru. Inaczej jest, jeśli ktoś oznajmi: „Źle zrobiłeś". Zdarzenie już miało miejsce. Można pożałować swego postępowania i je zmienić. Charakter nic do tego nie ma. Trudno wierzyć w siebie, jeśli człowiek przyjmie za prawdę, że się do niczego nie nadaje. Nie gódźmy się na to, by ktokolwiek nami manipulował, wzbudzając w nas poczucie winy!

Poczucie winy może być tak silne, że zabije w nas wszelką aktywność. Wiarę w siebie, jeśli nie jest oparta na solidnych podstawach, niszczą także wszelkiego typu lęki. Lęk przed nieznanym, przed krytyką, ośmieszeniem, osamotnieniem.

Refleksje końcowe

Wiary w siebie potrzebuje każdy. Najważniejszą jej konsekwencją jest uzyskanie kontroli nad własnym życiem. Przestajemy być tratwą dryfującą na fali, którą prąd wody znosi, gdzie chce. Wiara w siebie uzbroi nas w ster i napęd, dzięki którym określimy kierunek i tempo, w jakim będziemy się poruszać. Pożeglujemy po odmętach życia pewnie! Pomoże nam w tym znajomość mechanizmów działania społeczeństw oraz głęboka wiedza o sobie i innych ludziach.

Oprzemy nasze cele na mocnych podstawach, dzięki czemu będziemy mieć zaufanie do siebie i swoich decyzji. Wiele z nich będzie decyzjami trafnymi, a te nietrafne nie spowodują, że zmienimy swoją samoocenę. Na ich podstawie jedynie zmodyfikujemy postępowanie, by mogło przynieść planowane rezultaty.

Poglądy głoszone przez każdego z nas wynikają z naszej aktualnej wiedzy i przemyśleń. Jeśli więc chcesz uwierzyć w siebie, otwórz się na nowe informacje. Nie zawsze to, czego dowiedziałeś się w szkole lub nawet przed kilku laty, jest aktualne przez całe życie. Pamiętaj, że masz dostęp tylko do ułamka wiedzy, którą dysponuje ludzkość. Niemożliwe jest, byś poznał całą wiedzę, ale możesz zwiększyć swoją własną dzięki nowym książkom, nowym rozmowom, nowym myślom.

Wróćmy na chwilę do treści w środkach masowego przekazu. Podobnie jak w przypadku lektur trzeba starannie wybierać źródła. Jest ich wiele: prasa, radio, telewizja, Internet. Nie warto zaśmiecać sobie głowy byle jakimi tekstami, filmami czy programami. Zabiorą nam tylko czas, którego nigdy nie odzyskamy. Nic pozytywnego nie wynika z wielogodzinnego ślęczenia przed ekranem komputera, stukrotnego sprawdzania poczty czy przyglądania się ofercie samochodów, jeśli nie mamy zamiaru kupić nowego auta w najbliższej przyszłości. Warto znaleźć własną pasję i stworzyć swoją wizję życia. Spróbuj to zrobić. Najważniejszym Twoim słowem powinno się stać słowo „wybieram": „Wybieram tę audycję!", „Wybieram ten portal internetowy", „Wybieram ten artykuł w prasie!".

Tak samo wybierajmy ludzi, z którymi chcemy się spotykać. Róbmy to z rozmysłem, ale pozwólmy, by powody i cele spotkań były różne. Z jednymi będzie łączyć nas praca, z innymi pasja, a jeszcze innych po prostu chętnie posłuchamy jako mentorów i autorytety wzmacniające naszą wiarę w siebie. Nieistotne, czy są znani jak Leonardo da Vinci lub Albert Einstein, czy też zupełnie zwyczajni jak sąsiad z przeciwka, którego pasją jest modelarstwo, a który o składanych przez siebie samolotach wie wszystko. Poznawajmy tych ludzi i czerpmy od nich inspirację.

Przypatrzmy się, jak wielką rolę w rozwoju ludzi kreatywnych odegrała wyobraźnia. To prawdziwa potęga! Pozwala tworzyć świat, którego nie ma. Jeszcze nie ma!

Kiedy **Leonardo da Vinci** snuł marzenia o latających ludziach, Kościół uznał to za herezję. Jednak artysta przez wiele lat prowadził dogłębne studia, które upewniły go, że jego marzenia mogą się spełnić. Obserwował i analizował. Czytał i badał. Wraz z wiedzą rosła jego wiara w realizację wizji człowieka unoszącego się w powietrzu. Na szkicu swej latającej machiny zapisał nawet kilka proroczych słów. Dziś wiemy, jak były prawdziwe. W powietrzu unoszą się najprzeróżniejsze „machiny latające": samoloty, balony, lotnie, motolotnie, nie mówiąc już o rakietach, które wynoszą statki kosmiczne daleko poza orbitę Ziemi.

Warto pamiętać też o przeszkodach utrudniających rozwijanie wiary w siebie. W większości są one pozorne i powstają w naszych umysłach. Przestają istnieć, gdy zmieniamy myślenie. Niestety, są też przeszkody od nas niezależne. Najważniejszą z nich jest niepełnosprawność. Okazuje się jednak, że można wierzyć w siebie mimo ograniczeń. Przedstawiłem już sylwetki niepełnosprawnych sportsmenek, teraz chciałbym wskazać na niepełnosprawnych malarzy. Patrząc na ich obrazy, malowane z ogromną precyzją, trudno się domyślić, że ich twórcy trzymali pędzel ustami lub nogami. Ludzie ci pokazują, że z powodu kalectwa nie trzeba zamykać się przed światem. Są otwarci i bardzo towarzyscy. Stale się uczą, poznają nowe techniki i dostosowują je do swoich możliwości. Ich dzieła niekiedy osiągają wysokie ceny.

Do takich osób należy chiński malarz **Huang Guofu**. Jako dziecko został porażony prądem i stracił obie ręce. To nie przeszkodziło mu w realizacji marzeń, a chciał malować obrazy. W wieku 12 lat nauczył się trzymać pędzel palcami nóg. Uczył się i ćwiczył malowanie. Gdy kilka lat później zmarł jego ojciec, sam musiał zarobić na swoje utrzymanie. Rzucił studia i zaczął odwiedzać duże miasta w różnych regionach Chin. Malował obrazy na ulicach i sprzedawał je. Opanował sztukę malowania pędzlem trzymanym w ustach. Powstające obrazy zwróciły uwagę marszandów. Swoimi dokonaniami Huang Guofu zainspirował innych ludzi o podobnej niepełnosprawności. Często powtarzane jest jego zdanie, że chciałby, by młodsze pokolenia wiedziały, iż nie ma żadnych poważnych trudności w życiu, a jedyną przeszkodą w działaniu może być tylko to, że tak naprawdę nie chcesz czegoś zrobić.

Podobną drogę przeszło wielu innych ludzi, na przykład **Daniel Laflamme** z Quebecu. Wiara w siebie i w powodzenie własnych pomysłów nie zależy od stanu ciała człowieka, a wyłącznie od stanu ducha, czyli od naszego myślenia, a to akurat każdy z nas może zmienić.

Jeśli brakuje Ci wiary w siebie, zacznij od przyjrzenia się przyczynom (ale nie skupiaj się na nich zbyt długo). Teraz już wiesz, gdzie ich szukać. Może nie wierzysz w swoje możliwości? Może niedostatecznie poznałeś siebie? Może masz niewłaściwe kontakty z innymi ludźmi? A może brakuje Ci wiedzy? Czasami wystarczy pozbyć się ograniczających przekonań. To od Ciebie zależy, czy towarzyszyć Ci będą poglądy otwierające i wzmacniające, czy też ograniczające i osłabiające. Przekonania są tylko sprawą wyboru. Warto mieć tę świadomość.

Rozważ to punkt po punkcie, a potem tak samo dokładnie uzupełnij wszystkie braki. Wtedy wiara w siebie stanie się Twoją nieodłączną towarzyszką.

Co możesz zapamiętać? ☺

1. Nie ma potężniejszej siły popychającej człowieka do czynu niż wiara w siebie.
2. Z wiarą w siebie sukces nie jest pewny, ale bez niej- zupełnie niemożliwy.

3. Wiara w siebie wyrasta z poczucia własnej wartości, które opiera się na wierności wartościom nadrzędnym, akceptacji siebie oraz dobrych kontaktów z innymi. Ostatnim elementem fundamentu, ale równie ważnym, jest wiedza.
4. Wiara w siebie jest głębokim przekonaniem, że to, co zamierzamy zrobić lub co robimy, przyniesie w bliższej lub dalszej przyszłości sukces.
5. Człowiek pozbawiony wiedzy czuje się niepewnie, jest podatny na manipulację i w wielu sytuacjach bezradny.
6. W procesie kształtowania wiary w siebie ważne są kontakty z innymi ludźmi.

Co potrafi człowiek?

Spis treści

Wstęp 207

Przełomowe momenty w historii ludzkości. 208

Inspirujące postacie historyczne
   i ludzie nam współcześni 217

Możliwości ludzkiego umysłu 222

Możliwości ludzkiego ciała 226

Potęga podświadomości 229

Co warto zapamiętać? ☺ 231

Wstęp

Nawet najdłuższa podróż zaczyna się od pierwszego kroku, jednak krok ten bywa zwykle najtrudniejszym jej etapem.

Z moich doświadczeń wynika, że pierwszym krokiem na drodze do poprawy naszego życia jest rozpoznanie własnego potencjału, możliwości i predyspozycji, które posiadamy. Jedni ludzie osiągają stan spełnienia, podczas gdy życie drugich to właściwie ciągłe poszukiwanie sensu życia. Czym się różnią?

Otóż ci pierwsi mają świadomość własnego potencjału i prawie nieograniczonych możliwości, potrafią je u siebie wskazać i na tej podstawie precyzyjnie określić życiowe cele, zwizualizować je w najdrobniejszych szczegółach i dobrać środki do ich osiągnięcia. Wiedzą, co mogą zrealizować, a czego nie, bo dobrze znają samych siebie.

Ludźmi kierują wyższe cele niż tylko utrzymanie się przy życiu i wydanie na świat potomstwa – wielu z nas pragnie wyjść poza przyziemne, egoistyczne dążenia i ma wyższe aspiracje: dążenie do pełni szczęścia, satysfakcji i spełnienia w głębokim, duchowym sensie. Co mam na myśli?

Chodzi mi o kierunki, w jakich możemy rozwijać swój potencjał. Myślę też o przełomowych dla losów ludzkości wynalazkach, o ludziach z pozoru zupełnie zwyczajnych, którzy pokonywali granice swoich możliwości i realizowali cele, jakie dotąd wydawały się nieosiągalne. O bohaterach, którzy na stałe zapisali się w historii. Pragnę byś i Ty uświadomił sobie swoją wyjątkowość, swoje możliwości. I byś zaczął działać. ☺

Przełomowe momenty w historii ludzkości

Każdy z nas na co dzień korzysta z większości osiągnięć nauki, ale najczęściej nie zastanawiamy się nad tym, jak wielka determinacja, wiara w siebie i pasja były udziałem ich twórców. Warto pamiętać, że niektórzy z nich pozostawali niedocenieni do końca życia, a wielu to bezimienni bohaterowie, których nigdy nie będzie dane nam poznać. Niemniej jednak ich dokonania pozwalają nam zobaczyć, jak wielki potencjał tkwi w człowieku i do czego jest on zdolny, gdy odpowiednio pokieruje swoim życiem.

Pierwszym przełomowym odkryciem w historii ludzkości był **ogień**. Początkowo człowiek starał się jedynie podtrzymywać płomień, aby później rozwinąć także umiejętność rozniecania go. Prawdopodobnie odkrycie to w dużym stopniu odpowiada za przetrwanie naszego gatunku.

Drugim w hierarchii ważności wynalazkiem jest **koło**. Bez niego świat, jaki znamy, nigdy by nie zaistniał, bo koło znajduje zastosowanie niemal wszędzie – we wszelkiego rodzaju pojazdach i maszynach.

Wynalezienie **alfabetu i pisma** to kolejny kamień milowy w rozwoju cywilizacji i kultury. Odtąd ludzie mogli zacząć utrwalać swoje myśli, idee, odkrycia i przekazywać je następnym pokoleniom, przed którymi mogły one odtworzyć historię przodków.

Dziś nie wyobrażamy sobie życia bez **kalendarza**. Pomysł jego powstania pojawił się niezależnie w kilku miejscach na świecie. Dominowały dwie odmienne koncepcje, obie wynikające z obserwacji przyrody i zachodzących w niej prawidłowości. Pierwsza opierała się na zmienności faz księżyca, druga bazowała na ruchach słońca i porach roku.

O wynalezieniu **papieru** opowiada stara chińska legenda. Według kronik z czasów dynastii Han papier stworzył w 105 roku n.e. dostojnik cesarski Cai Lun. Przy pierwszych eksperymentach posługiwał się korą drzewną, włóknami konopi i lnianymi szmatami.

Kolejnym wielkim przełomem w historii ludzkości było wynalezienie **druku**, który powstał po wymyśleniu papieru. Za pierwszą wydrukowaną w całości książkę uważa się *Sutrę Diamentową* z 868 roku.

Chciałbym też wspomnieć o wynalazkach, które zrewolucjonizowały dziedzinę transportu ludzi i towarów. Mam tu na myśli pojazdy poruszane czymś innym niż siła ludzkich lub zwierzęcych mięśni.

Pierwszym **pojazdem mechanicznym** był wóz artyleryjski napędzany tłokowym silnikiem parowym, zbudowany w 1769 roku przez francuskiego inżyniera wojskowego Nicolasa-Josepha Cugnota.

Jednak największą karierę zrobił pojazd wyposażony w silnik spalinowy napędzany benzyną. Pierwszy został zaprezentowany w 1875 roku w Wiedniu przez austriackiego wynalazcę Siegfrieda Marcusa. Posiadał jednocylindrowy silnik o mocy 0,75 koni mechanicznych, który pozwalał na poruszanie się z prędkością zaledwie 4 km/h.

Przełom nastąpił w 1883 roku, gdy niemiecki konstruktor Gottlieb Daimler przedstawił swój szybkobieżny silnik benzynowy. W roku 1886 na ulice wyjechał pierwszy pojazd z podobnym silnikiem skonstruowany przez kolejnego niemieckiego inżyniera Carla Benza. W 1926 roku przedsiębiorstwa obu konstruktorów po latach zażartej konkurencji połączyły swoje siły, tworząc firmę Daimler-Benz.

Wraz z wprowadzeniem przez amerykańskiego przemysłowca Henry'ego Forda taśmy produkcyjnej i pojawieniem się pierwszego modelu Forda T rozpoczęła się era masowej motoryzacji, która trwa do dziś.

Oczywiście jeszcze bardziej doniosłym krokiem w dziejach ludzkości było wzbicie się w powietrze.

Trudno nam wyobrazić sobie dzisiejsze życie bez pojazdów mechanicznych, ale chyba jeszcze trudniej byłoby nam żyć bez **elektryczności**. Pewne zjawiska elektryczne znano już w czasach przedhistorycznych, jednak niektóre, jak choćby uderzenie pioruna, budziły wówczas tak silny strach, że nawet nie próbowano ich badać. Dopiero starożytni Grecy zgłębili proste zjawiska elektrostatyczne, odkryli na przykład, że bursztyn pocierany kawałkiem tkaniny potrafi przyciągać drobiny i pyłki.

Od czasu tych nieskomplikowanych konstatacji do upowszechnienia się elektryczności na skalę masową minęło wiele setek lat. Wyraźny postęp w tej dziedzinie nastąpił dopiero w XVII wieku, kiedy stworzono pojęcie prądu elektrycznego. Złoty okres elektrotechniki przypadł na przełom XVIII i XIX wieku. Wtedy to Anglik Michael Faraday opracował podstawy elektromagnetyzmu. Jednocześnie Włoch Alessandro Volta zbudował pierwsze ogniwo elektryczne.

Z czasem udało się ustalić i opisać najważniejsze prawa rządzące elektrycznością. Wkrótce ta nowa dziedzina wiedzy zaczęła być wykorzystywana w praktyce. Powstały telegraf, telefon, żarówka i fonograf. Thomas Edison zbudował pierwszą elektrownię i pionierską miejską sieć elektryczną.

Dzisiaj rzadko się nad tym zastanawiamy, jednak oczywiste jest, że współczesna cywilizacja nie mogłaby istnieć bez elektryczności. Naukowcy poszukują obecnie tańszych metod pozyskiwania, wytwarzania i przekształcania energii elektrycznej oraz zwiększania wydajności istniejących urządzeń. W tej dziedzinie nadal pozostaje wiele do odkrycia. Może właśnie Tobie uda się wprowadzić jakąś innowację, wynaleźć coś i przejść do historii? Czas pokaże. Ale pamiętaj, że zawsze warto być ciekawym świata i szukać nowych rozwiązań.

Wraz z upowszechnieniem się elektryczności wkraczamy w erę wynalazków, których pojawienie się i funkcjonowanie nie byłoby możliwe bez prądu. Wspomnę o kilku z nich.

Dzisiaj w każdym domu znajduje się **lodówka.** Dzięki niej możliwe jest przechowywanie pożywienia i utrzymywanie go w stanie świeżości przez długi czas. Oczywiście ludzie od stuleci widzieli, że chłodne miejsca sprzyjają żywności, jednak do roku 1879, kiedy to niemiecki inżynier Carl von Linde wyprodukował pierwszą domową lodówkę, mało kto ośmielał się marzyć o posiadaniu w swoim domu urządzenia chłodzącego. Na ich upowszechnienie trzeba było zresztą poczekać, ponieważ dopiero w roku 1913, równocześnie w Europie i USA, została wyprodukowana pierwsza lodówka elektryczna. Nie trzeba chyba wspominać, że początkowo koszt tego urządzenia był gigantyczny – pierwsze chłodziarki produkowane w Europie przez firmę AEG kosztowały tyle, co dom lub niewielkie gospodarstwo.

Wynalazca **radia,** Guglielmo Marconi, pracował nad tym urządzeniem w latach 1895-1897, a w roku 1901 po raz pierwszy przesłał sygnał radiowy przez Atlantyk. Równocześnie nad tym samym projektem pracował serbski wynalazca Nicola Tesla, który spierał się potem sądownie z Marconim o pierwszeństwo i możliwość opatentowania wynalazku. Ostatecznie w 1943 roku sąd przyznał prawa patentowe Tesli. Wyrok ogłoszono po śmierci wynalazcy, przez co powszechnie za twórcę radia uznaje się Marconiego, mimo iż przyznał się on do wykorzystania w swoim projekcie wcześniejszych prac Tesli. W każdym razie wynalazek ten całkowicie zmienił świat. Już po dwudziestu latach od pierwszej transmisji odbiorniki radiowe znalazły się w milionach domów na świecie. Radio stało się medium służącym rozpowszechnianiu informacji i rozrywce.

Od wynalezienia radia do upowszechnienia się **telewizji** upłynęło wiele czasu. Dzisiaj jednak niektórzy z nas nie potrafiliby już żyć bez telewizora. Pierwsza transmisja ruchomego czarno-białego obrazu miała miejsce 30 października 1925 roku i była dziełem szkockiego inżyniera Johna Logie Bairda.

W 1928 roku w Wielkiej Brytanii pracę rozpoczęła pierwsza eksperymentalna telewizyjna stacja nadawcza. Program emitowano trzy razy w tygodniu, a obraz składał się zaledwie z 24 linii telewizyjnych. Dopiero w roku 1931 telewizję po raz pierwszy zademonstrowano szerokiej publiczności. Pięć lat później, również w Wielkiej Brytanii, rozpoczęto nadawanie cyklicznych audycji.

Pierwszy kolorowy program emitowała amerykańska stacja CBS od 1951 roku, ale kolorowe odbiorniki telewizyjne zaczęły masowo pojawiać się w amerykańskich domach dopiero od roku 1965. Początkowo były one bardzo duże, ciężkie, a jakość obrazu pozostawiała wiele do życzenia. Upłynęło sporo czasu, zanim przekształcono je w popularne obecnie telewizory plazmowe czy LCD, a sam obraz zyskał cyfrową formę.

Z innym ważnym w dziejach ludzkości wynalazkiem wiąże się pewna nieścisłość. Otóż **telefonu** nie wynalazł, jak się powszechnie sądzi, Alexander Graham Bell. On jedynie opatentował ten wynalazek. Za twórcę telefonu powinniśmy uznać włoskiego wynalazcę Antonio Meucciego, który w 1857 roku skonstruował pewną formę aparatu do komunikacji głosowej, prototyp telefonu. Nie miał jednak środków na jego opatentowanie. Pierwszy model stworzył, gdy zachorowała jego żona. Pani Meucci używała go do kontaktowania się z warsztatem męża z wnętrza domu. Później Włoch zmodernizował wynalazek tak, by można było porozumiewać się na znaczną odległość.

Wprowadzenie do użycia telefonu komórkowego wiąże się z wynalezieniem układów scalonych, co spopularyzowało bezprzewodową łączność radiotelefoniczną.

Telefon, najpierw stacjonarny, a w jeszcze większym stopniu komórkowy, stał się wynalazkiem, który nadał światu zupełne nowe oblicze.

Raczej rzadko zastanawiamy się nad dobrodziejstwami **łączności satelitarnej,** ale niewątpliwie technologia ta pełni doniosłą rolę we współczesnym świecie. Pierwszym obiektem, który został pomyślnie umieszczony na orbicie Ziemi, był radziecki satelita Sputnik 1, wyniesiony w przestrzeń kosmiczną 4 października 1957 roku.

Warto także wspomnieć o wynalezieniu **lasera,** który również ma wiele praktycznych zastosowań – od medycyny, poprzez kosmetologię, elektronikę, aż po nowoczesne uzbrojenie. Zjawisko wymuszonej emisji, na którym opiera się działanie lasera, teoretycznie rozważał już Albert Einstein. Jego istnienie zostało eksperymentalnie udowodnione w 1940 roku przez radzieckiego uczonego Valentina A. Fabrikanta. Następne badania przeprowadzono w USA. Pierwsze urządzenie noszące nazwę „laser" zostało zbudowane w 1954 roku. Dzisiaj z laserem spotykamy się na każdym kroku: w odtwarzaczu płyt CD, nagrywarce komputerowej, gabinecie lekarskim czy kosmetycznym.

Listę przełomowych wynalazków wieńczą **komputer** i **Internet,** które chyba najmocniej przyczyniły się do przeobrażenia społecznego, kulturowego i psychologicznego współczesnych ludzi.

Pierwszym właściwym komputerem, to znaczy maszyną zdolną do wykonywania różnych operacji matematycznych według zadanego jej programu i podającej wyniki w formie zapisu cyfrowego, było zbudowane w latach 1937-1944 przez Amerykanina Howarda H. Aikena urządzenie MARK-1. Dalszy szybki rozwój komputery zawdzięczają zastosowaniu w nich przekaźników elektronicznych, najpierw lampowych, a potem półprzewodnikowych. Pierwszy elektroniczny komputer ENIAC został zbudowany w 1946 roku. W roku 1950 powstał pierwszy komputer wykorzystywany do celów cywilnych.

Historia Internetu ma swój początek 29 września 1969 roku, kiedy to na Uniwersytecie Kalifornijskim w Los Angeles, w ramach eksperymentu prowadzanego na potrzeby wojska, zainstalowano pierwsze węzły sieci ARPANET.

W marcu 1989 roku Tim Berners-Lee oraz Robert Cailliau złożyli do CERN-u projekt stworzenia sieci dokumentów hipertekstowych o nazwie World Wide Web. W grudniu 1990 roku Tim Berners-Lee stworzył podstawy HTML i pierwszą stronę internetową. Dwa lata później powstała pierwsza graficzna przeglądarka WWW o nazwie Mosaic. Dalszy rozwój Internetu był tak dynamiczny, spontaniczny i wielotorowy, że trudno go dokładnie prześledzić.

Dzisiejsi użytkownicy Internetu to wielomiliardowa społeczność, która ciągle się powiększa. Dla coraz większej rzeszy ludzi jest to podstawowe medium, kanał komunikacji i źródło informacji, bez którego poczuliby się zupełnie bezradni i zagubieni.

Wyliczając największe osiągnięcia ludzkiego umysłu, nie sposób nie wspomnieć o przełomowych wynalazkach w dziedzinie medycyny, dzięki którym znacząco wydłużyło się nasze życie.

W 1929 roku pojawiała się **penicylina**, pierwszy antybiotyk, który umożliwił skuteczną walkę z większością bakteryjnych chorób zakaźnych. Przed jej upowszechnieniem wiele banalnych lub niespotykanych już dzisiaj dolegliwości powodowało śmierć.

Penicylinę odkrył w 1928 roku szkocki lekarz Alexander Fleming, jednak dopiero dziesięć lat później, we współpracy z australijskim farmakologiem Howardem Floreyem i angielskim biochemikiem Ernstem Chainem, udało mu się wyizolować czynny składnik hamujący rozwój bakterii chorobotwórczych. W 1939 roku ci trzej badacze założyli pierwszą na świecie wytwórnię penicyliny. Za swoje odkrycie zostali uhonorowani Nagrodą Nobla w 1945 roku.

Jak widać, czasami samo odkrycie nie wystarczy i aby uczynić je powszechnie użytecznym, potrzeba wsparcia innych ludzi. Dopiero połączenie sił i talentów kilku osób prowadzi do sukcesu.

Tak samo ważnym jak penicylina wynalazkiem są **szczepionki** przeciwko ospie, wściekliźnie, cholerze, dżumie, gruźlicy, tężcowi i wielu innym chorobom. W dużo większym stopniu niż jakiekolwiek inne środki medyczne XX wieku przyczyniły się one do poprawy stanu zdrowia ludzi na całym świecie. Szczepionki radziły sobie z zakażeniami odpornymi na antybiotyki, dały też możliwość poszerzenia profilaktyki leczenia wielu chorób, wobec których wcześniej medycyna była bezradna. Pierwsza, wynaleziona w roku 1923 roku, chroniła przed gruźlicą.

Kolejną ważną dziedziną medycyny, w której także dokonał się ogromny postęp, jest **transplantologia**. Historia przeszczepów sięga połowy XX wieku. Początki nie były udane, ale za to dziś aż 80 proc. chorych żyje przez co najmniej 5 lat po przeszczepie, niektórzy 20, a rekordziści nawet 40 lat. Pierwszy przeszczep serca przeprowadzono w 1967 roku. Dokonał tego Christiaan Barnard ze szpitala w Kapsztadzie.

Wspomnę jeszcze o wielkim naukowym osiągnięciu, jakim było **zrozumienie struktury DNA** – wpłynęło to na wszystkie dziedziny biologii. Współczesna nauka o genach ma swój początek w badaniach z 1869 roku, kiedy to Johann Friedrich Miescher, niemiecki chemik, odkrył, że materiał wyizolowany z jąder ludzkich komórek nie jest białkiem. W 1953 roku James Watson i Francis Crick, dwaj młodzi naukowcy pracujący na Uniwersytecie w Cambridge w Anglii, na podstawie dostępnych fizycznych i chemicznych informacji ustalili, że DNA ma strukturę podwójnej helisy. Opisanie struktury DNA i odkrycie jego kluczowej roli w dziedziczeniu to koronne osiągnięcia genetyki.

Obecnie bardzo żywiołowo rozwija się **genomika**, dziedzina biologii molekularnej zajmująca się analizą genomu różnych organizmów. Głównym jej celem jest poznanie sekwencji materiału genetycznego oraz badanie genomu. Najnowsze badania wykazują, że dzięki genom moglibyśmy wykrywać u ludzi skłonności do zapadania na różne choroby i zapobiegać ich rozwojowi na bardzo wczesnym etapie. Opieka medyczna mogłaby w ten sposób dostosować się do indywidualnych, genetycznie uwarunkowanych potrzeb każdego człowieka.

Powyższa lista wynalazków i odkryć, mimo że imponująca, nie jest oczywiście pełna.

Ograniczyłem się jedynie do wyliczenia tych, które moim zdaniem są dla ludzkości najważniejsze.

Warto też pamiętać, że nadal istnieje wiele niezbadanych zjawisk. Świat przyrody, głębiny oceanów czy kosmos wciąż są dla naukowców wielkim wyzwaniem. Wiele wynalazków technicznych miało swoje pierwotne źródło w uważnej obserwacji natury. Istnieje nawet osobna dziedzina nauki – **bionika**, wyspecjalizowany dział inżynierii biologicznej zajmujący się szczegółowym badaniem procesów odkrytych w przyrodzie pod kątem możliwości ich wykorzystania. Radary i systemy lokalizacji dźwiękowej opierają się na badaniu tej zdolności u nietoperza. System wideo funkcjonuje na zasadzie bardzo zbliżonej do działania ludzkiego oka. W Republice Południowej Afryki stworzono kompleks budynków, w którym system darmowej wentylacji i chłodzenia wzorowano na pionowych kanałach w kopcach termitów. Obserwacja świata przyrody była także z powodzeniem wykorzystywana przez konstruktorów samolotów, pojazdów podwodnych oraz tych przeznaczonych do eksploracji obcych planet.

Inspirujące postacie historyczne i ludzie nam współcześni

Biografie i dokonania innych ludzi są nieocenionym źródłem motywacji, z którego powinniśmy czerpać. Zgłębiając tajemnice sukcesów, historie zmagań i ciężkich prób, którym byli poddawani inni ludzie, odkrywamy, że właściwie każdy z nas posiada potencjał do osiągania znaczących i ambitnych celów.

Ludzie, których sylwetki tu przedstawiam, tak naprawdę różnią się od nas jedynie odrobiną pasji, niesłabnącą motywacją i wiarą w siebie. Myślę, że każdy może w sobie odkryć i rozbudzić te przymioty. Także i Ty. Ma w tym pomóc książka, którą trzymasz w ręku. Jednak istnieje pewne niebezpieczeństwo, przed którym chciałbym Cię ostrzec.

Otóż studiując biografie znanych osób, można natknąć się na ludzi, którzy co prawda osiągnęli sukces w jakiejś dziedzinie, dokonali wiekopomnych odkryć, wielokrotnie pobijali rekordy, jednak mimo to nie możemy o nich mówić jako o ludziach prawdziwie szczęśliwych i spełnionych. Za swoje osiągnięcia zapłacili oni bowiem wysoką cenę, cenę rezygnacji z innych sfer życia. Sukcesy naukowe, finansowe, zawodowe czy sportowe odnieśli kosztem rodziny, bliskich, rozwoju osobistego czy duchowego. W rezultacie byli samotni i nieszczęśliwi. Dlatego też nigdy nie zapominajmy, że prawdziwy sukces polega na harmonijnym rozwoju w każdej z istotnych dziedzin życia. Liczmy się z tym, że każdy wyczyn niesie ze sobą koszty w innych sferach i dobrze zastanówmy się, czy nasze dążenia warte są tej ceny, czy nie zaniedbamy tym samym czegoś prawdziwie ważnego.

Zapraszam zatem do zapoznania się z sylwetkami ludzi, którzy rozwinęli i wykorzystali swój potencjał i dzięki temu przeszli do historii.

William Szekspir, powszechnie uważany za największego pisarza w historii ludzkości, stworzył 38 sztuk, 154 sonety i wiele poematów. Mimo że już za życia cieszył się popularnością, największą sławę zyskał śmierci. Dzieła Szekspira przetłumaczono na wszystkie najważniejsze języki nowożytne, a inscenizacje jego sztuk wciąż cieszą się niesłabnącą popularnością. Trudno przecenić wpływ Szekspira na literaturę i teatr. Dzięki niemu rozwinął się teatr elżbietański, jego sztuki zostały docenione przez intelektualistów, zadowalając jednocześnie mniej wybredne gusta łaknące jedynie czystej rozrywki. Szekspir miał talent do tworzenia powiedzeń i zwrotów, które na stałe weszły do powszechnego użycia i są popularne nawet wśród ludzi, którzy jego dzieł nigdy nie czytali. Był i nadal jest inspiracją dla pisarzy i poetów. Jego utwory wpłynęły także na życie wielu przeciętnych ludzi, którzy znajdowali w nich bliskie sobie treści. Szekspir miał talent do wyrażania myśli, idei i uczuć, które właściwe są wszystkim ludziom bez względu na epokę, w której żyją – są ponadczasowe i uniwersalne, pomagają uchwycić sens ludzkiej egzystencji. Angielski dramaturg jest przykładem geniusza, który do perfekcji opanował sztukę posługiwania się słowem i dzięki temu zapisał się na trwałe w historii ludzkości. Zachęcam do poznania dzieł Szekspira. Być może będą miały one inspirujący wpływ również na Ciebie.

Michał Anioł, wielki artysta Odrodzenia, zapamiętany został jako wspaniały malarz, rzeźbiarz i architekt. Jego dzieła zachwycają od ponad czterech stuleci, wywarły także wielki wpływ na dalszy rozwój malarstwa i rzeźby w Europie. Talent Michała Anioła ujawnił się bardzo wcześnie. W wieku trzynastu lat oddano go na nauki do sławnego wówczas mistrza Ghirlandaia we Florencji. Zaledwie dwa lata później młodzieniec zamieszkał w pałacu Medyceuszy i trafił pod opiekę władcy Florencji, Wawrzyńca Wspaniałego. Swoje dzieła tworzył na zamówienie władców i papieży. Podziw dla kunsztu Michała Anioła wzbudzają choćby monumentalne freski zdobiące sklepienie Kaplicy Sykstyńskiej w Rzymie, doskonałe posągi Dawida, Mojżesza czy piety zachwycające precyzją wykonania i dbałością o detal. Nadal są obiektem niesłabnącego podziwu i niedoścignionym wzorem dla wielu artystów. Kluczem do sukcesu Michała Anioła była jego niezmierna pracowitość i dbałość o szczegóły. Był perfekcjonistą i wiedział, że stworzenie doskonałego dzieła wymaga czasu. Mimo twardych warunków, jakie stawiał swoim zleceniodawcom (praktyka niezbyt powszechna w owych czasach), to właśnie jemu papieże i świeccy władcy zlecali wykonanie najważniejszych rzeźb i malowideł. Artysta poświęcał dużo czasu na tworzenie odpowiednich fundamentów swoich prac. Osobiście angażował się w wybór i przygotowanie materiałów rzeźbiarskich, farb i innych surowców; dużo eksperymentował w tym zakresie. Pracując nad rzeźbą, uważnie studiował i poprawiał każdy jej milimetr, był w stanie dostrzec i dopracować setki szczegółów swego dzieła. Praca była dla niego przede wszystkim pasją, której poświęcał się w stu procentach. Jeśli wkładamy cały swój talent, zaangażowanie i wysiłek w to, co robimy, jeśli dajemy z siebie wszystko, dobrze planujemy i dbamy o szczegóły, nie będziemy narzekać na brak pracy czy słów uznania. Inni sami nas znajdą i będą zabiegali o naszą uwagę i czas.

Prawdopodobnie najwybitniejszym i najbardziej wszechstronnym geniuszem w historii ludzkości był **Leonardo da Vinci**. W swoich szkicach Leonardo zawarł pomysły wielu skonstruowanych dużo później urządzeń i maszyn, m.in.: samolotu, helikoptera, czołgu, łodzi podwodnej. Jego słabością była niemożność skupienia się na dokończeniu rozpoczętych prac. Zapamiętany został jednak głównie jako genialny malarz, a dwa z jego dzieł, *Mona Lisa* i *Ostatnia Wieczerza*, to najsławniejsze obrazy świata. Studia Leonarda nad anatomią człowieka stały się impulsem do rozwoju tej dziedziny nauki. Da Vinci interesował się także fauną, florą, hydrologią, filozofią, architekturą i wieloma innymi dziedzinami. Właśnie wszechstronność była główną cechą człowieka Renesansu, a Leonardo da Vinci był wzorem dla ludzi tej epoki, rozwijał swój potencjał i możliwości twórcze w każdej z dostępnych mu dziedzin.

Kolejny przykład dotyczy kobiety odważnej i pełnej wiary. Sukces **Mary Kay Ash** był rezultatem połączenia nietypowego podejścia do rynku, pasji i nadrzędnego celu, jaki sobie postawiła – rozwój kobiet: osobisty, zawodowy i finansowy. Swoją firmę, zajmującą się bezpośrednią sprzedażą kosmetyków, założyła w wieku 45 lat, a historia jej kariery uczy, że nigdy nie jest zbyt późno, by rozpoczynać coś nowego i uczyć się nieznanych wcześniej rzeczy. Oczywiście z wiekiem coraz trudniej nam podejmować nowe wyzwania, ale nie jest to przecież niemożliwe. Zwłaszcza, jeśli ma się pozytywne nastawienie do świata, wiarę w siebie i niesłabnącą chęć aktywnego uczestnictwa w życiu. Ważne jest, by stale wyznaczać nowe cele. Dzięki nim łatwiej jest rozpalić w sobie ogień entuzjazmu. Wyjątkowość firmy Ash polegała na tym, że pracowały w niej wyłącznie kobiety, które założycielka nazywała współpracownicami, a nie pracownicami. Było to w tamtych czasach niemałą rewolucją. Trzeba zaznaczyć, że w 1963 roku, kiedy rodziła się firma Ash, kobiety przede wszystkim zajmowały się domem i nie były aktywne zawodowo, a dzięki inicjatywie tej wyjątkowej osoby otrzymały szansę realizowania się na gruncie zawodowym i uzyskania finansowej niezależności. Mary Kay Ash potrafiła zainspirować pracujące dla niej kobiety, wzbudzać w nich entuzjazm, dzięki któremu osiągały one niespotykane wyniki. Stosowała nowatorskie jak na owe czasy metody motywowania. Opierały się one na rozpoznaniu prawdziwych potrzeb kobiet – uznania, docenienia, szacunku i samorealizacji. Firma zapewniała swoim współpracownicom także wsparcie emocjonalne, którego nie znajdowały u bliskich. Ze skromnego sklepu w Dallas firma Ash rozrosła się szybko w ogromną korporację generującą roczne obroty na poziomie setek milionów dolarów. W 1976 roku stała się pierwszym kierowanym przez kobietę przedsiębiorstwem notowanym na nowojorskiej giełdzie papierów wartościowych. Obecnie firma Ash współpracuje z prawie dwoma milionami konsultantek działających na ponad 30 rynkach całego świata. Firma Mary Kay Ash nie tylko odniosła ogromny sukces biznesowy, przyczyniła się też do ekonomicznego wyzwolenia amerykańskich kobiet i ich aktywizacji zawodowej. Jeszcze dziś odwaga, wizja i niezachwiana wiara w sukces, jakimi emanowała Mary Key Ash, inspirują kobiety na całym świecie do odkrywania i wykorzystywania swojego potencjału i urzeczywistniania marzeń.

Mimo że ludzie, których opisałem, są godni podziwu, nie traktuj ich, proszę, jak niedościgły wzór. Oni też miewali wątpliwości, ponosili porażki, tracili wiarę w siebie. Niektórzy z nich to niewątpliwie geniusze, ale przecież są wśród nich ludzie, których moglibyśmy nazwać przeciętnymi. Niektórzy żyli bardzo skromnie i za życia w ogóle nie byli znani, doceniono ich dopiero po śmierci. Najważniejsze jednak, że wszyscy oni przeszli do historii nie dlatego, że mieli potencjał, ale dlatego, że odważyli się ten potencjał wykorzystać i zaczęli działać, by osiągnąć swój cel. Próbowali, nie zniechęcali się porażkami i wytrwale parli do przodu.

Do tego właśnie chcę Cię zachęcić. Chcę, byś poznał ogromne możliwości człowieka i zrozumiał, że ma je każdy z nas. Tylko od naszych chęci i pracy zależy, czy skorzystamy ze swojego daru. Przypomina mi się powiedzenie: „Chęć szuka sposobu, niechęć powodu". Choć myśl ta sama w sobie jest prosta, tkwi w niej głęboka mądrość.

Możliwości ludzkiego umysłu

Z pewnością ludzki mózg jest najbardziej skomplikowanym tworem we wszechświecie. Dowiedz się więcej o jego budowie, działaniu i możliwościach, poczytaj o tym choć przez godzinę, a na pewno nabierzesz dystansu do wielu problemów.

Tajemnica możliwości człowieka kryje się w głównej mierze w umyśle, którego fenomen chciałbym pokrótce przybliżyć. Przez wiele lat naukowcy przyrównywali ludzki mózg do komputera. Dzisiaj wiemy już, że jest to porównanie bardzo nieadekwatne. Mózg składa się z około 50 miliardów neuronów i biliarda synaps, przez które przepływa około 10 biliardów impulsów na sekundę. Nawet najnowocześniejszy i najbardziej skomplikowany komputer wydaje się prymitywny w porównaniu z tymi danymi.

Komputer ma oczywistą przewagę nad człowiekiem w nielicznych aspektach – szybkości dokonywania obliczeń i bezbłędnym powtarzaniu tysiące razy tych samych czynności. Potrafi określić prawdopodobieństwo zaistnienia pewnych zdarzeń, ale nie wyciągnie z nich żadnych nowych wniosków ponad te, które zostały mu uprzednio przez człowieka zaprogramowane. Słowem, nie zanosi się, żeby w przewidywalnej przyszłości maszyna była w stanie stworzyć nową jakość myślenia.

Filozofia, najogólniejsza refleksja dotycząca całej rzeczywistości, traktowana jako nauka nauk, przez wieki poszukuje wiedzy prawdziwej, dającej podstawy wszystkiemu, co tworzy ludzki umysł. Dlatego powstał wyrafinowany język matematyki, którym posługują się naukowcy. Moja żona, która jest fizykiem, właśnie dzięki znajomości matematycznych prawidłowości występujących we wszechświecie ostatecznie upewniła się w swej wierze w Boga.

Nasz umysł jest strukturą plastyczną, podlegającą ciągłym zmianom. O jego rozwoju decydują zarówno informacje, jakie do niego wprowadzamy poprzez zmysły, jak i to, o czym myślimy. Mózg zmienia się pod wpływem doświadczeń, jakie są naszym udziałem w ciągu całego życia. Na sprawność umysłową ma również wpływ aktywność intelektualna. Zdaniem naukowców, mózg ludzi aktywnych umysłowo ma aż do 40 procent więcej połączeń (synaps) między komórkami nerwowymi (neuronami) niż mózg osób intelektualnie leniwych.

Wydaje się, że najważniejszą częścią mózgu, odpowiedzialną za naszą wyjątkowość, jest **płat czołowy**. Kora przedczołowa u człowieka stanowi bowiem dużą i plastyczną powierzchnię, u zwierząt jest zaś słabo rozwinięta lub nie ma jej wcale. Zwolennicy teorii ewolucji nie potrafią racjonalnie wytłumaczyć tej jakościowej przepaści pomiędzy mózgiem człowieka a mózgami zwierząt. Ja skłaniam się ku przekonaniu, że była to wola Boga, który po prostu stworzył człowieka z tak wyjątkowym umysłem.

Za korą przedczołową jest opasujący głowę pas kory ruchowej. Tworzą ją miliardy neuronów mających połączenia z mięśniami. Z tego obszaru mózgu pochodzi szczególna umiejętność wykonywania najbardziej precyzyjnych czynności manualnych za pomocą dłoni, kciuka i pozostałych palców, a także możliwość wykorzystywania jamy ustnej, warg, języka i mięśni twarzy do mówienia.

Ciekawą częścią mózgu jest znajdujący się w płacie skroniowym mózgu **hipokamp**, który ma duże znacznie dla pamięci świeżej i odgrywa ważną rolę w procesie uczenia się. To właśnie w tym obszarze następuje przenoszenie wspomnień z pamięci krótkotrwałej do długotrwałej. Badania dowiodły, że hipokamp może ulec uszkodzeniu pod wpływem dużego stresu. Ludzie, którzy są tego świadomi, unikają stresów, ponieważ wiedzą, że zabijają one kreatywność i zdolność prowadzenia dialogu wewnętrznego, który to jest jednym z kluczowych narzędzi pracy nad samorozwojem.

Jedną z najbardziej fascynujących umiejętności, w jakie wyposażony jest człowiek, jest zdolność do komunikacji za pomocą mowy. W XVII wieku angielski myśliciel **Tomasz Hobbes**, poszukując odpowiedzi na pytanie, co odróżnia człowieka od świata natury, uznał, iż jest to właśnie mowa. Na co dzień traktujemy ją jako oczywistość, jednak jeśli głębiej przeanalizujemy temat, przekonamy się, że mówienie jest niezwykle skomplikowanym procesem.

Umiejętność ta ujawnia się bardzo wcześnie – każde zdrowe ludzkie dziecko zdobywa ją niemal błyskawicznie. Oczywiście zwierzęta również potrafią się komunikować, ale żaden inny gatunek nie rozwinął tak skomplikowanego systemu porozumiewania się, wymagającego również odpowiedniej budowy aparatu mowy.

Umiejętność mówienia jest najprawdopodobniej dziedziczona genetycznie, a słuchanie mowy rodziców decyduje jedynie o tym, który z ponad 4 tysięcy języków będzie naszym pierwszym. Struktura mózgowa odpowiedzialna za posługiwanie się językiem jest przystosowana (dziś moglibyśmy powiedzieć „zaprogramowana") do jego nauki. Kiedy już przyswoimy swój pierwszy język, „program" ten może zostać wyłączony, a jego zasoby skierowane ku innym procesom poznawczym.

Wykorzystanie nieprzebranych możliwości ludzkiego umysłu jako narzędzia do kształtowania własnego życia jest możliwe pod warunkiem, że poznamy i zgłębimy mechanizmy jego działania i procesy w nim zachodzące. Każdy z nas zapewne słyszał o ludziach, którzy mają genialną pamięć ejdetyczną, fotograficzną lub potrafią bardzo szybko czytać ze zrozumieniem czy prowadzić niezwykle skomplikowane obliczenia w pamięci. Każdy może rozwijać te i podobne umiejętności, ponieważ potencjał ludzkiego umysłu wykorzystujemy zazwyczaj zaledwie w kilkunastu procentach (choć nie jest to ostatecznie udowodnione).

Peter Russell, autor książek dotyczących świadomości i duchowego przebudzenia, w *The Brain Book* twierdzi, że kwestia zbadania tajemnic ludzkiego umysłu, mimo wielu lat badań, nadal pozostaje otwarta. Im więcej wiemy w tej materii, tym więcej pozostaje jeszcze do odkrycia.

Zachęcam do gruntownego przestudiowania tego tematu, bo wiedza o możliwościach umysłu zadziwia i zachwyca. Jestem przekonany, że dzięki niej każdy będzie w stanie obudzić w sobie pragnienie szukania własnej drogi rozwoju, która prowadzi do spełnienia i trwałego zadowolenia.

Wyznaczenie granic ludzkiego poznania to kluczowe zadanie, jakie postawił przed sobą niemiecki myśliciel XVIII wieku **Immanuel Kant**. Definiując podmiot, dokonał przełomowego dla filozofii odkrycia – tak ważnego, że nazwano go „przewrotem kopernikańskim" filozofii. Kant uznał, iż w procesie poznania podmiot warunkuje przedmiot. Z tego na pozór prostego twierdzenia wynikają ogromne konsekwencje – to człowiek kreuje rzeczywistość, tworzy i nazywa świat go otaczający i może go zmieniać. (Problem granic ludzkiego poznania oraz koncepcję przewrotu kopernikańskiego Immanuel Kant przedstawił w *Krytyce czystego rozumu*).

Możliwości ludzkiego ciała

Rzadko zastanawiamy się, jak działają wewnętrzne układy naszego ciała. Uważamy to za oczywiste i normalne. Jako istoty myślące i inteligentne, powinniśmy bliżej przyjrzeć się własnemu organizmowi, który jest niezwykle pięknym i precyzyjnym mechanizmem. Takie zastanowienie nad ciałem, jego budową i funkcjonowaniem pozwoli nam docenić to, co już posiadamy, okazać za to wdzięczność.

Niestety najczęściej interesujemy się swoim ciałem i zdrowiem dopiero wtedy, gdy dzieje się z nim coś złego. Trafnie ujął to XVI-wieczny poeta, Jan Kochanowski, w jednej ze swoich fraszek: *Szlachetne zdrowie, nikt się nie dowie, jako smakujesz, aż się zepsujesz.*

A przecież analizując budowę i funkcjonowanie organizmu, nietrudno dojść do wniosku, że **ciało jest cudem**. Za przykład niezwykłości ludzkiego ciała niech posłuży nam poczęcie i rozwój dziecka w łonie matki. Organizm człowieka to wielka fabryka, jest w nim wszystko, czego potrzebujemy – nie tylko do fizycznego przetrwania, ale także do wyzwalania w sobie radości i szczęścia.

Ludzki organizm kryje w sobie siłę, moc i wytrzymałość. Kość człowieka jest trwała jak beton i jednocześnie dostatecznie elastyczna, by nie być zbyt łamliwą. Nasze mięśnie, więzadła i stawy są znacznie silniejsze i bardziej wytrzymałe, niż nam się wydaje. Poznajmy swoje ciało, przyjrzyjmy się dokładniej działaniu wszystkich jego układów: pokarmowego, oddechowego, sercowo-naczyniowego, limfatycznego, rozrodczego, nerwowego, odpornościowego itd. Zobaczmy, jaka moc i energia kryją się w ludzkim organizmie.

Kiedy zrozumiemy reguły funkcjonowania ciała, łatwiej nam będzie zaspokajać jego potrzeby w taki sposób, aby działało jak najlepiej. Wiedza ta pozwoli podejmować odpowiedzialne decyzje w zakresie zdrowia i higieny życia.

W zdrowym ciele zdrowy duch – to stare przysłowie jest jak najbardziej prawdziwe. Dbając o ciało, zapewniamy sobie lepsze samopoczucie psychiczne, dzięki czemu jesteśmy bardziej życzliwie i optymistycznie nastawieni do świata.

O tym, że warto dobrze zarządzać swoim ciałem i zapewniać mu jak najlepsze warunki, zaświadczają aż nadto ludzie, którzy w zdrowiu dożyli bardzo sędziwego wieku, przekraczając granicę 100 lat. Najwięcej jest ich w Japonii, ponieważ trwałym elementem tamtejszej kultury jest zdrowy tryb życia i odżywiania. Pamiętajmy jednak, że stopniowe wydłużanie się ludzkiego życia jest także, w pewnym sensie, zasługą rozwoju cywilizacji. W czasach, gdy społeczeństwa nękały choroby, głód i ataki żywiołów, ludzie żyli o kilkadziesiąt lat krócej niż dziś. Dłużej żyjemy dzięki szczepionkom, antybiotykom, wiedzy o odpowiednim odżywianiu i trybie życia, a także dzięki ekonomicznym możliwościom.

Czas na inspirujący przykład. **Terry Fox** to człowiek, który przekroczył granice ludzkich możliwości. Był on studentem i sportowcem amatorem, zamierzał zostać nauczycielem wychowania fizycznego. Gdy miał 18 lat, zdiagnozowano u niego raka kości i by go ratować, lekarze musieli amputować mu nogę powyżej kolana. Przebywając w szpitalu, Terry bardziej niż swoją tragedię przeżywał cierpienie małych dzieci, które również zmagały się z chorobą nowotworową. Dlatego, nie bacząc na swoje kalectwo, zdecydował się przebiec trasę od wschodniego do zachodniego wybrzeża Kanady. W czasie biegu, nazwanego Maratonem Nadziei, zbierano pieniądze na walkę z rakiem, m.in. na kupno aparatury pozwalającej na wczesne wykrywanie nowotworów podobnych do tego, na jaki zapadł Terry. Do biegu przygotowywał się przez wiele miesięcy, w czasie treningów pokonał ponad 5000 kilometrów i drobiazgowo zaplanował kolejne etapy maratonu. Fox zdołał przebiec ponad 5300 km, zanim postęp choroby zmusił go do zakończenia biegu. Wkrótce potem, w wieku 22 lat, zmarł. Mimo to osiągnął swój cel. Niezwykłe zainteresowanie mediów przyniosło wielką sławę nie tylko jemu, ale także, a właściwie przede wszystkim idei, której się poświęcił – i to było jego największym sukcesem. Dzięki Maratonowi Nadziei zebrano 24 miliony dolarów, a Terry stał się legendą; pośmiertnie uhonorowano go wieloma tytułami i nagrodami, został też obwołany jednym z największych bohaterów Kanady. Do dziś w jego ojczyźnie, USA i Europie organizowane są tzw. Terry Fox Run – biegi, w czasie których zbierane są datki na badania nad nowotworami. Sam biegacz stał się symbolem wytrwałości i determinacji, ikoną walki z rakiem. Terry poznał siebie, swoje możliwości, ograniczenia, silne strony i najgorętsze pragnienia i zdecydował się podążać za nimi. To dało mu spełnienie.

Potęga podświadomości

Psychologia od lat bada zagadnienia związane ze **świadomością** i różnymi jej poziomami. Szczególne miejsce znalazła w koncepcji psychoanalizy **Zygmunta Freuda**. Zaproponował on trzypoziomowy obraz ludzkiej psychiki, gdzie poszczególne strefy są dynamiczne, zmienne i wzajemnie na siebie oddziałujące. Nazwał je: ego, id i superego (*Wstęp do psychoanalizy*).

Ego, inaczej „ja" lub „jaźń", to świadoma część naszej psychiki – pamięć, wyobraźnia, plany, marzenia.

Id, zwane także „ono", to podświadomość, nieświadoma energia, impulsy prowokujące nas do działania, stanowi źródło naszych pragnień, niepokojów. W nim zawarta jest miłość i popęd seksualny.

Superego czuwa nad naszym postępowaniem i wyborami, na które wpływają wzorce kulturowe, tradycja, wpojone nam normy moralne i będące ich pochodnymi: sumienie oraz poczucie obowiązku.

Skupię się na dwóch pojęciach: świadomości i podświadomości. Szczególnie interesująca wydaje się podświadomość, ponieważ stanowi potężne narzędzie mogące pomóc nam znacząco zmienić swoje życie. Świadomość to stan psychiczny, w którym zdajemy sobie sprawę z procesów wewnętrznych (np. własnych myśli) oraz zjawisk zachodzących w środowisku zewnętrznym i jesteśmy w stanie na nie reagować.

Natomiast **podświadomość** to ta część nas samych, z którą zwykle mamy bardzo słaby kontakt. Mimo to właśnie ona jest odpowiedzialna za większość wydarzeń w naszym życiu. Spotyka nas wszystko, co znajduje się w naszej podświadomości w postaci wyobrażeń. Wyobrażenia te podświadomość składa w całość, pilnie obserwując decyzje, myśli i poczynania naszej świadomości. Tak więc to nasz świadomy umysł wpływa na wyobrażenia naszej podświadomości.

Często nie zdajemy sobie sprawy, w jaki sposób się to odbywa i dlatego za wszystkie nieszczęścia materializujące się w naszym życiu obwiniamy okoliczności zewnętrzne, nie wiedząc, że mamy w tym swój udział. Z drugiej strony podświadomość, jeśli wydamy jej świadomie pewne polecenia, może podsuwać nam gotowe rozwiązania problemów i narzędzia do osiągania celów.

Właściwie zarządzając świadomością, na przykład słuchając tylko autentycznie dobrych rad i zbierając rzetelną wiedzę, możemy wpływać na podświadomość, która automatycznie wykona postanowienia podjęte przez nas świadomie. Świadomość możemy porównać do zarządu firmy, a podświadomość do jej pracowników, którzy realizują zadania wyznaczone przez zarząd. Oczywiście jeśli będziemy zaśmiecali swój umysł szkodliwymi treściami, to dostaną się one także do naszej podświadomości, a ta może zacząć torpedować wszelkie podejmowane przez nas wysiłki.

Jak kierować swoją podświadomością?

Skoro nasze podświadome nastawienie ma tak wielki wpływ na decyzje podejmowane w codziennym życiu, warto poznać metody wpływania na nią. Najpierw ustal jednak, jakie masz nastawienie wobec odkrywania swoich możliwości, wprowadzania zmian, nowości, osiągania celów.

Możliwe, że podświadomie podchodzisz do tego negatywnie i w ten sposób sam skutecznie blokujesz swoje działania.

Może odkryjesz, że nie jesteś w stanie osiągnąć tak upragnionej niezależności finansowej, ponieważ gdzieś w głębi duszy uważasz, że pieniądze są „brudne" i nie wypada o nie zabiegać. Głęboko skrywane kompleksy mogą na przykład uniemożliwić nauczenie się i posługiwanie językiem obcym.

Dlatego też pierwszym krokiem do wyzwolenia jest odkrycie Twojego podświadomego nastawienia do celów i marzeń. Gdy jesteśmy już świadomi własnych negatywnych myśli, zapiszmy je i spójrzmy na nie racjonalnie. Czy mają one jakiekolwiek realne podstawy? Może są błędne i irracjonalne? Czasem, by się z nich oczyścić, potrzeba pomocy psychologa, ale najczęściej jesteśmy w stanie sami uporać się z tymi problemami.

Jak dotrzeć do swojej podświadomości i odpowiednio ją zaprogramować? Najprostszym sposobem jest kontrolowanie treści, które do niej docierają; należy po prostu dopuszczać tylko pozytywne bodźce – to ważne, z kim się kontaktujemy, co czytamy, oglądamy.

Co warto zapamiętać? ☺

Chciałbym, aby ta książka była dla Ciebie jak światełko w tunelu – by pokazała Ci, że powinniśmy mierzyć wysoko i nie osłabiać się poprzez powielanie negatywnych schematów i zniechęcających stereotypów.

Odkrywanie tego, w jaki sposób inni doszli do celu, jak trwali przy swoich postanowieniach, prowadzi do konstatacji, że wrodzony talent jest tylko w niewielkim stopniu odpowiedzialny za sukces. Nie zdolności są tu najważniejsze, lecz raczej motywacja, wewnętrzna siła, która pcha ludzi do przodu i mimo trudności nie pozwala im się poddać. Motywacja do takiego działania pojawia się wtedy, gdy określimy powody, dla których chcemy to robić, mamy wyraźną wizję upragnionego celu.

Bardzo istotne jest też dobre przygotowanie. Jest takie powiedzenie, że jeśli chcesz ściąć drzewo siekierą w ciągu czterech godzin, to trzy z nich musisz poświęcić na ostrzenie siekiery. Obserwując ludzi, którzy wiele osiągnęli, zauważymy, że nigdy nie zaniedbują oni gruntownych przygotowań do realizacji zamierzeń. W tym przypadku spontaniczność nie jest wskazana, nie ma na nią miejsca ani w świecie biznesu, ani w innych sferach zawodowych.

Dlatego jeśli coś postanowisz, najpierw odpowiedz sobie na pytanie, dlaczego tego pragniesz. To zrodzi wewnętrzną motywację. Potem czytaj, zbieraj informacje, analizuj, myśl strategicznie i planuj skrupulatnie swoje działanie.

Zachęcam Cię, byś po przeczytaniu tej książki pomyślał o tym, co możesz zrobić dla siebie, innych, całego świata, uwierzył w siebie i zaczął działać.

Inaczej
o byciu odważnym

Spis treści

Wstęp 235

Czym jest odwaga? 235

Źródła odwagi 240

Działanie odwagi 242

Korzyści płynące z odwagi 244

Przeszkody do pokonania 245

Ludzie odważni 247

Jak znaleźć w sobie odwagę? 249

Co możesz zapamiętać? ☺ 252

Wstęp

Do bardzo ważnych przymiotów tworzących dojrzałą osobowość należy odwaga. Moim zdaniem jest ona jedną z kilku cech (razem z wiarą w siebie, wytrwałością, wnikliwością, entuzjazmem i realizmem) stanowiących solidną i trwałą konstrukcję psychiczną, na bazie której można budować i wzmacniać inne wartościowe elementy swojego charakteru.

Czym jest odwaga?

Odwaga to świadoma, śmiała i zdecydowana postawa wobec życia, to także umiejętność wypowiadania się i postępowania zgodnie z własnymi przekonaniami bez względu na konsekwencje. Ludzie odważni realizują marzenia i osiągają cele. Odwaga daje wolność rozumianą jako możliwość i umiejętność decydowania o samym sobie. To budzi skojarzenia z hebrajskimi słowami: *chazar* oznaczającym bycie silnym i *amac* znaczącym tyle, co bycie mocnym. Odwaga to pewność tego, co się robi; nie należy jednak mylić jej z nadmierną pewnością siebie. Odwaga jest tą wewnętrzną siłą, która pozwala nam wytrwać i nie rezygnować z najtrudniejszych wyzwań.

Jest przydatna w każdym aspekcie i w każdej dziedzinie życia, stanowi jeden z fundamentalnych elementów „szkieletu" dojrzałej osobowości. To odwaga umożliwia wejście w sferę spraw niemożliwych, które, jak szybko przekona się człowiek śmiały, nieosiągalne są tylko pozornie, dla niego bowiem staną się całkiem realne, a satysfakcja z ich poznania i oswojenia będzie niezwykłą nagrodą.

Ludzie odważni mają otwarty i żądny wiedzy umysł, zadają sobie pytania i wytrwale szukają na nie odpowiedzi.

Odwaga w pracy jest niezbędna już na etapie starania się o nią. Odważna postawa polega na tym, że potencjalnego pracodawcę nie tyle prosimy o zatrudnienie, co proponujemy mu współpracę. Chodzi o takie prowadzenie rozmowy, by wskazać korzyści dla obu stron. Przedstawiamy swoje mocne strony i propozycje ułożenia naszych relacji z firmą – dobrym posunięciem jest na przykład rezygnacja z części stałego wynagrodzenia na rzecz prowizji (ewentualnie premii) za udane transakcje zawarte z naszym pośrednictwem. Dotyczyć to może pracy nie tylko w dziale handlowym, ale również w działach: zakupów, finansowym, marketingu, technicznym, logistyki, informatycznym.

W jaki sposób działać, by pracodawca widział w nas współpracownika czy nawet, w przyszłości, swojego partnera? Oto przykład.

W przeszłości byłem partnerem, konsultantem i doradcą w firmie deweloperskiej. Jednym z moich zadań było przygotowanie tej firmy do wejścia na giełdę, a wiąże się to ze świadomym rozwijaniem i powiększaniem wartości niematerialnych oraz prawnych walorów spółki. Aby osiągnąć maksymalną jej wartość, pośrednio nadzorowałem i wdrażałem różne procesy w czterech działach. Nie będę opisywał, jak wiele radości dawała mi ta praca i z czym się wiązało wiele moich decyzji, chcę przede wszystkim pokazać, że sytuacja ta stała się dla dyrektorów wspaniałą okazją do wykazania się odwagą. Oficjalnie zostałem dyrektorem ds. strategii i rozwoju, bezpośrednio podlegały mi działy sprzedaży mieszkań i marketingu. Zaproponowałem dyrektorom tych działów, aby zdobyli się na śmiałość i przemyśleli, w jaki sposób mogą zwiększyć rentowność czy zmaksymalizować dochody swoich działów. Obiecałem, że w zamian przekażę im w ramach premii udział w osiągniętych w ten sposób zyskach. Nie czekałem długo – dyrektor sprzedaży wpadł na pomysł, aby klienci, którzy szybko wpłacają na nasze konto większe kwoty, dostawali niewielki upust. Dzięki temu firma uzyska lepszą płynność, bo nie będzie musiała wykorzystywać całego kredytu przeznaczonego do obsługi danego osiedla mieszkaniowego. Takie rozwiązanie oznaczało mniejsze koszty, czyli większą rentowność. Pomysł był świetny, dyrektor zyskał dodatkowe źródło dochodów i stał się partnerem spółki.

Inny przykład. Dyrektor marketingu postanowił, że chce zarabiać więcej. Przyznam, że ta ambitna postawa bardzo mi się spodobała, widziałem jego odwagę i zapał do działania. Pytał mnie wprost, jak może zwiększyć zyski firmy. Doszliśmy wspólnie do wniosku, że skoro zarządza i wpływa na budżety marketingowe, powinien ulepszyć czy nawet całkowicie zmienić swój dział. Budżet na następny rok planował zazwyczaj w ostatnim kwartale bieżącego roku. Zaproponowałem, aby przygotowywał go na pół roku przed wprowadzeniem w życie. W jaki sposób to posunięcie miało zapewnić mu dodatkowe źródła zysku? Otóż ustaliliśmy, że będzie on nie tylko koordynatorem działu marketingu, ale również negocjatorem cen reklam w mediach i jeśli okaże się to potrzebne, będzie szukał sposobów na uzyskanie maksymalnych upustów, a nawet decydował o rozliczeniach barterowych. Wcześniej także podchodził do sprawy profesjonalnie, ale czegoś w jego pracy brakowało, bo jedynie wypełniał swoje obowiązki (choć trzeba przyznać, że w sposób naprawdę rzetelny). W tym momencie wszystko się zmieniło. Dowiedział się oficjalnie, że jeśli uzyska dodatkowe upusty, większe niż te, które mieliśmy rok wcześniej, będzie miał swój udział w tych zyskach. Motywacja była duża. Ale jak to zrealizować? Media nie są skłonne do rozdawania rabatów na lewo i prawo. Zaproponowałem mu więc, aby przeczytał kilka dobrych książek na temat negocjacji. Po ich przestudiowaniu tryskał energią i regularnie uzyskiwał świetne wyniki, na co miało wpływ również to, że ustalaniem i planowaniem nowych budżetów zajmował się od tej pory dużo wcześniej, nie zostawiał ich na ostatnią chwilę.

Jestem dumny z tego dyrektora. Jego kreatywność zwiększyła wartość naszej spółki, ale najbardziej skorzystał na tym on sam, bo gdyby na przykład chciał zamieszkać w innym mieście i szukał tam dobrej pracy, to – jestem o tym przekonany – nie miałby z tym najmniejszych problemów. Jego referencje zrobiłyby wrażenie na każdym pracodawcy; nie ma takiego szefa, który nie słuchałby z zaciekawieniem, że ktoś jest tak zaangażowany w pracę i skupiony na jej wynikach, jak ten człowiek. Niestety, dla większości pracodawców jest to trudne wyzwanie: znaleźć człowieka, który będzie pracował tak, jakby robił to dla siebie.

Oto inny przykład który pokazuje, na czym polega okazywanie odwagi. W 1997 roku jedna z moich spółek realizowała nowatorski wówczas projekt umieszczania reklam na tramwajach. Zaplanowałem podpisanie umowy z dużą firmą produkującą armaturę sanitarną. Zdawałem sobie sprawę, że spotykając się z jej zarządem, niewiele osiągnę – prezesi przedsiębiorstw o zasięgu ogólnopolskim nie zaryzykują utraty reputacji i raczej nie podejmą współpracy z lokalną firmą (w tym czasie dopiero miałem aspiracje, aby stać się graczem krajowym). Postanowiłem więc doprowadzić do spotkania z samym właścicielem fabryki. Istotną rolę odegrała tu metoda wizualizacji, jaką zastosowałem. Po kilku miesiącach znalazłem sposób na dotarcie do właściciela fabryki. Musiałem jednak poczekać około 7 miesięcy na spotkanie, ponieważ właściciel fabryki mieszkał w USA. Kiedy dowiedziałem się, że zamierza przyjechać do Polski, zaplanowałem wizytę w Jordanowie – siedzibie firmy. Samo umówienie spotkania było sporym wyzwaniem.

Do spotkania doszło. Wyjaśniłem właścicielowi, jaką wartość dodaną możemy zaoferować: monitoring przebiegu całej kampanii reklamowej – ten właśnie detal miał stanowić o naszej przewadze nad konkurencją. W momencie spotkania z właścicielem fabryki nie miałem jeszcze pewności, czy uda mi się dojść do porozumienia z szefami firm kierujących miejską komunikacją, do której należały nośniki reklamy – byłem na etapie wstępnych ustaleń – ale postanowiłem odważnie wyjść z propozycją, wierząc, że uda mi się wszystko zorganizować, by dotrzymać obietnicy. Właściciela fabryki przekonała usługa monitoringu – znał te procedury z USA, stosowano je tam od dawna, a w Polsce rynek reklam na tramwajach rozwijał się niezwykle powoli właśnie ze względu na brak monitoringu.

Gdy już przyjął moją ofertę, zaproponowałem coś, czego w zasadzie się nie praktykuje – podpisanie umowy jeszcze tego samego dnia, od razu. Na miejscu naniosłem odpowiednie poprawki, by dostosować jej treść do nowych warunków i umowę podpisaliśmy. Wyjście z tak niecodzienną propozycją było odważne, ale właściwie nie miałem wyjścia – przeczuwałem bowiem, że jeśli opuszczę ten pokój bez podpisu właściciela, mogę zapomnieć o całej sprawie. Widziałem przecież miny dwóch członków zarządu obecnych na spotkaniu – jeśli nie zawarłbym kontraktu od razu, ci mili panowie z zarządu zapewne skutecznie zniechęciliby właściciela do mojego pomysłu. To przekonanie dało mi odwagę. Udało się! W umowie zawarliśmy jednak zapis, że moja firma otrzyma wynagrodzenie tylko wtedy, gdy faktycznie udostępni usługę monitorowania kampanii. Wiedziałem, że jeśli nie załatwię tej sprawy, nic nie zarobię. Czy za bardzo ryzykowałem? Miałem już pewne doświadczenie zawodowe i wiedziałem, co robię. Kierowałem się zasadą, że nie ma rzeczy niemożliwych, a są tylko rzeczy trudniejsze do zrealizowania. Co prawda nie było mi łatwo przekonać zarząd komunikacji miejskiej do wprowadzenia monitoringu, ale musiałem doprowadzić to zadanie do końca. Determinacja, jaka się włącza w sytuacjach trudnych, pomogła mi osiągnąć wyznaczone cele.

To przedsięwzięcie było dla mnie bardzo ciekawą życiową lekcją. Nauczyłem się, że gdy coś **chcę**, a nie jedynie **powinienem** zrobić, to wystarczy, że skupię się na szukaniu odpowiedzi na pytanie: jak?, i będę to robić aż do skutku. W takich chwilach odnajdujemy w sobie silną determinację, która pozwala nam działać skutecznie. Myślę, że podobne doświadczenia są udziałem wielu ludzi. Wiedziałem, że jeśli się czegoś podejmuję, to chcę być konsekwentny i chcę dążyć do wyznaczonego celu. Dzięki temu osiągnąłem sukces. Czułem wtedy, że dla takich chwil, dla momentów dumy z pokonania trudności i dla zwycięstwa naprawdę warto żyć. Zrozumiałem także, że bez odwagi nie osiąga się ambitnych celów. Jeśli pojawi się ona w odpowiednim momencie naszego życia, możemy dzięki niej osiągnąć realistyczne cele. Jednak nie zawsze byłem tak odważny, jak w sytuacji, którą opisałem. Kiedyś byłem wręcz nieśmiały.

Źródła odwagi

Niektórzy z nas wydają się obdarzeni odwagą w większym stopniu niż inni. Widać to już we wczesnej młodości, a nawet dzieciństwie. Może się zdawać, że tacy ludzie zostali ulepieni z lepszej gliny. Możemy im zazdrościć, że potrafią powiedzieć innym, co myślą i bez oporów wygłaszać swoje zdanie na jakiś temat, nawet jeśli większość nie podziela tych poglądów. Ludzie ci mają skrystalizowane przekonania, nie boją się krytyki, nie obawiają się przekonywania innych do swoich racji. Wydaje mi się, że właśnie w tym tkwi tajemnica sukcesu, właśnie takie postępowanie buduje odważną postawę, szczególnie u osób, które nie mają ku temu naturalnych predyspozycji.

Pomyślmy o człowieku, który w coś głęboko wierzy. Czyż odwaga nie rodzi się pod wpływem jego wiary? Cecha ta pojawia się u tych, którzy posiadają specjalistyczną wiedzę, poszukują odpowiedzi na ważne dla nich pytania. Włożyli w to wiele wysiłku i wierzą w to, co dobrze poznali. W efekcie rośnie ich zaangażowanie i gdy ktoś podda w wątpliwość ich wiedzę, zakwestionuje ich racje, obrona staje się dla nich rzeczą naturalną. Ludzie, którzy poświęcili jakiejś kwestii mnóstwo czasu i pracy, rzadziej skłonni są do biernej czy obojętnej postawy, przestają obawiać się reakcji otoczenia. Właśnie w takich sytuacjach na arenę wkraczają odwaga i determinacja i cechy te stają się **potężną** siłą, jaką dysponujemy. Człowieka odważnego i zdeterminowanego trudno jest pokonać.

Fryderyk Nietzsche mawiał, że każdy z nas posiada „wolę mocy" i, pracując nad samym sobą, może „wyhodować" w sobie nadczłowieka, ideał człowieczeństwa. To energia, zapał i wytrwałość są wyznacznikami naszej mocy, naszego potencjału.

Na podstawie własnego doświadczenia życiowego mogę stwierdzić, że ludzie odważni mają nie tylko nawyk starannego wyznaczania celów, ale posiadają też wewnętrzną potrzebę tworzenia planu osiągania tych celów. Taki plan ma zazwyczaj kilka alternatywnych scenariuszy, ponieważ determinacja przejawia się także w przewidywaniu reakcji otoczenia i zwrotów sytuacji. Musi mieć on także określone ramy czasowe, być elastyczny, zrozumiały nie tylko dla nas, ale i dla naszego otoczenia. W ten sposób ludzie odważni osiągają to, czego pragną, ponieważ inni, którzy być może chcą utrudnić im zadanie, są zbyt leniwi, aby przygotować plan zniechęcający takie odważne osoby. Jest to prawda, której sam doświadczyłem i nadal doświadczam.

Działanie odwagi

O tym, jak wiele mogą osiągnąć ludzie odważni, przekonujemy się, analizując postępowanie tych, którzy dzięki niezłomności i determinacji zmienili losy świata. Przykładami niech będą dwie postacie historyczne: **Krzysztof Kolumb** i **Abraham Lincoln.**

Kolumb latami gromadził specjalistyczną wiedzę i rozmyślał o dalekich, morskich wyprawach. Z jego analiz wynikało, że podróżując na zachód, może odnaleźć morską drogę do Indii. Wiara w to dała mu siłę i odwagę, by próbować przekonać do swoich idei najpierw władcę Portugalii, a gdy to się nie udało – królową Hiszpanii Izabelę Kastylijską. Zainteresował swoim pomysłem hiszpańskich dygnitarzy. Jeden z dworzan królowej Luis de Santangel namówił ją, by wysłuchała propozycji Kolumba. Izabela dała się przekonać odważnemu odkrywcy i zezwoliła na wyprawę pod hiszpańską banderą. Podróż częściowo sfinansował dwór królewski, a częściowo hiszpańska rodzina kupiecka Pinzonów. Kolumbowi obiecano dziedziczny tytuł Wielkiego Admirała, Wicekróla odkrytych ziem oraz dziesiątą część zysków. Zadziałało tu prawo przyciągania – nagle pojawiło się rozwiązanie, wyjście z sytuacji, a to zdarza się tylko ludziom odważnym. W tym przypadku przełomowym momentem było spotkanie z osobami, które uwierzyły w powodzenie śmiałego planu i stały się ambasadorami żeglarza, ułatwiając mu kontakt z królową. Wieści o powodzeniu pierwszej wyprawy Kolumba sprawiły, że wielu ludzi chciało mu później pomagać i uczestniczyć w jego sukcesie.

Lincoln zapisał się na kartach historii jako odważny bojownik o wolność ludzi dyskryminowanych ze względu na kolor skóry. Jego przekonania sprawiły, że gdy został prezydentem, popierające niewolnictwo Południe, obawiając się ograniczenia swoich praw w tej dziedzinie i zwiększenia wpływu przemysłowych stanów Północy na politykę kraju, wystąpiło z Unii i na początku 1861 utworzyło Konfederację Stanów Ameryki. Wiara w słuszność tego, co chce osiągnąć, dała Lincolnowi odwagę do działania. Nie poddawał się, mimo że miał wielu wrogów, także takich, którzy grozili mu śmiercią. Można powiedzieć, że prezydent Lincoln zginął za swoje przekonania, ponieważ kres jego życiu położyła kula zamachowca powiązanego z Konfederatami.

Także we współczesnym społeczeństwie odnajdujemy ludzi cenionych i podziwianych za odwagę. Cecha ta jest wręcz niezbędna do wykonywania niektórych zawodów. Strażacy, żołnierze i policjanci – wielu z nich poświęciło życie, ratując ofiary pamiętnego zamachu na World Trade Center w Nowym Jorku w 2001 roku. Dziesięć tysięcy ratowników z niezwykłą odwagą i poświęceniem przeczesywało zgliszcza dwóch wież w poszukiwaniu żywych jeszcze ludzi. Życie straciło tam ponad 300 strażaków. W 2007 roku, będąc w Nowym Jorku, nocowałem w hotelu znajdującym się 100 metrów od miejsca, w którym rozegrała się tragedia. Z pokoju na 28 piętrze widziałem ruiny WTC. Myślałem o decyzjach, jakie musieli podejmować ci doświadczeni strażacy, gdy całą swoją energię skupiali na ratowaniu ludzi. Zastanawiałem się, skąd mieli taką odwagę i myślę, że brała się ona z gruntownego przygotowania: lat szkoleń i treningów, symulacji, uczenia się teorii i zdobywania praktycznych doświadczeń. Wiedza i doświadczenie wpływają na działanie, pozwalają ograniczyć lęk i podejmować racjonalne, ale i odważne decyzje.

A zatem aby nauczyć się odwagi, my również powinniśmy zacząć od teorii. Starajmy się najpierw przesiąknąć tym tematem, potem zebrać opinie, najlepiej od ludzi okazujących odwagę na co dzień, a następnie wykorzystujmy każdą okazję, by wprowadzić naszą wiedzę w czyn. Osobowość zaczyna jaśnieć, gdy do głosu dochodzi odwaga.

Korzyści płynące z odwagi

Czasem wydaje nam się, że nie warto ryzykować, przekraczać granic i opuszczać dobrze znanych rejonów. Jest też druga strona medalu. Dzięki odwadze mamy wpływ na własne życie, czujemy, że żyjemy, nie jesteśmy bezwolni i bezmyślni, wyrastamy ponad przeciętność i przyjmowaną przez większość konserwatywną, zachowawczą postawę. Ludzie odważni zazwyczaj lepiej umieją sobie radzić z problemami. Wiedzą, dokąd zmierzają, a wiedza ta jest naturalnym paliwem dla odwagi. Wiele osób, które wychowywały się w skromnych warunkach, już w wieku kilkunastu lat dobrze wie, czego nie chce – nie chce żyć w biedzie. Jest to dobry punkt wyjścia do zdobycia wiedzy o tym, czego się pragnie – w tym przypadku jest to bezpieczeństwo, także finansowe.

Ja również wychowywałem się w skromnym domu i właśnie dzięki temu, że zawsze wiedziałem, czego chcę, mam odwagę po to sięgać. Być może ktoś wzrastający w dostatku nie ma tej świadomości i brakuje mu odwagi w dorosłym życiu. U mnie taka postawa ujawniła się, gdy jako młody człowiek zajmowałem się biznesem związanym z systemem kart rabatowych. Miło wspominam swój zapał i wiarę w to, że jestem w stanie zrealizować swoje cele. W ciągu 3 lat niemal w stu procentach zrealizowałem wspólnie z zespołem 14 pracowników cele, jakie postawiłem swojej firmie. Miałem wówczas zaledwie 23 lata.

Dzięki odwadze stawiamy czoła plotkom i oszczerstwom, przekraczamy granice i łamiemy konwencje; mamy pewność, że to, co robimy, jest właściwe i pożyteczne. Człowiek odważny planuje śmiałe posunięcia, zachowuje właściwy osąd ludzi i sytuacji, potrafi ufać innym i wspiera ich rozwój, myśli pozytywnie i wierzy w realizację zamierzeń.

Przeszkody do pokonania

Zdarza się, że choć bardzo chcielibyśmy postępować odważnie, coś nas blokuje – czasem **są to** irracjonalne obawy, a czasem zniechęcający wpływ otoczenia. W takim przypadku kształtowanie odważnej postawy należy zacząć od drobnych codziennych spraw. Odwagi uczymy się już w dzieciństwie. Czasami rodzice, karząc i określając granice wedle własnych, często mylnych przekonań albo okazując zbytnią opiekuńczość, skutecznie hamują rozwój odważnej postawy u dziecka. Ojciec, który codziennie po powrocie z pracy narzeka na swojego szefa, jest sfrustrowany i zniechęcony, czuje się zmuszany do wykonywania jakichś zadań, bo przecież „trzeba wyżywić rodzinę", nie może być dobrym wzorem dla dziecka, które nie rozumie, dlaczego jego rodzic po prostu nie rzuci znienawidzonego zajęcia. Taką postawą uczy dziecko, że należy się godzić z najgorszą nawet rzeczywistością. Świadomy rodzic zauważa u swojej pociechy zalążki odwagi, pielęgnuje je i nigdy nie tłamsi tej pięknej cechy. W rozwoju odważnej postawy przeszkadza także paraliżujący myślenie irracjonalny lęk, który często sami w sobie podsycamy, karmiąc się szkodliwymi treściami. Aby pokonać te przeszkody, można przeprowadzić wewnętrzny dialog i zidentyfikować źródła swoich problemów.

Zastanówmy się, czym dla nas jest odwaga, jak ją definiujemy. Może pojęcie to budzi w nas negatywne skojarzenia? Może sądzimy, że jest tym samym, co tupet? Proponuję poznanie własnych osądów na ten temat i próbę ich zmiany. Lekarstwem na lęk może być także wiedza i odpowiednie przygotowanie do zadań, które przed nami stoją. Ważne jest, aby nie wpaść w przesadę – nie mylmy odwagi z brawurą czy ze zwykłą głupotą.

Cecha ta nabiera szczególnego znaczenia, gdy traktujemy ją jako gotowość do przeciwstawienia się presji środowiska. Człowiek odważny po pokonaniu lęków wewnętrznych musi sprostać także tym zewnętrznym, bo działając wbrew utartym schematom, naraża się na nieprzychylne opinie, złośliwości, a w skrajnych przypadkach nawet na otwartą wrogość. Ludzie pozbawieni odwagi zazwyczaj zazdroszczą tego przymiotu innym. Jest to cecha, która co prawda naraża nas na nieprzyjemne zdarzenia i odsłania na ciosy, ale daje także niezwykle satysfakcjonujące poczucie, że jesteśmy kowalami własnego losu.

Częstą przeszkodą na drodze do bycia odważnym jest lęk przed nowym i nieznanym. Zmiany nie muszą jednak wiązać się z jakimś konkretnie wyrażonym ryzykiem, pojmowanym jako niebezpieczeństwo doznania bezpośrednich szkód. To naturalne, że obawiamy się zmiany, ponieważ wytrąca nas ona ze starych, dobrze znanych torów i nie wiemy, co przyniesie jutro. Tym bardziej nie możemy ocenić, czy będzie dla nas czymś dobrym, czy złym.

Przeprowadzka do innego miasta, nowa praca, decyzja o małżeństwie, narodziny dziecka – to sytuacje, kiedy w życiu człowieka zachodzą bardzo poważne zmiany. Lęk przed nimi jest powszechny, ponieważ naruszają one budowany misternie, nieraz przez długie lata, system codziennego życia. W takiej sytuacji znalazł się bohater popularnej książki Spencera Johnsona *Kto zabrał mój ser?* Zastałek nie przyjmuje do wiadomości faktu, że życie to cykl nieustannych zmian, do których człowiek musi się odpowiednio przygotować. Naiwne przekonanie, że w naszym ciągle przeobrażającym się świecie może istnieć ostoja, której zmiany się nie imają – nasza praca, dom i rodzina – prędzej czy później zostanie brutalnie zweryfikowane przez rzeczywistość. Trzeba mieć odwagę, by przyznać, że nic nie jest dane raz na zawsze, że trzeba nieustannie poszukiwać, zadawać pytania, reagować na czynniki zewnętrzne.

Starożytni chińscy mędrcy ze szkoły taoistycznej nauczali, że jedyną niezmienną prawdą rządzącą światem jest ta, iż wszystko nieustannie podlega zmianie. Zmiana jest wpisana w nasz świat, podlega jej wszystko i wszyscy. Spróbujcie dwa razy wejść do tej samej rzeki! To niemożliwe, bo płynie nią inna już woda, co zauważył Heraklit z Efezu.

Ludzie odważni

Współczesnym przykładem człowieka odważnego jest polski polityk **Lech Wałęsa**. Było on przywódcą ruchu opozycyjnego, który doprowadził do upadku komunizmu w Polsce.

Wałęsa miał odwagę walczyć o wolność całego narodu, mimo że doskonale zdawał sobie sprawę, iż za swoją działalność może ponieść najsurowszą karę: zostać uwięzionym, a nawet zginąć z rąk przedstawicieli ówczesnych władz. Dzięki swoim bohaterskim czynom zyskał światową sławę i otrzymał Pokojową Nagrodę Nobla oraz wiele innych prestiżowych wyróżnień.

Kolejną odważną osobą jest Polka **Irena Sendlerowa**, która w czasie II wojny światowej uratowała około 2,5 tysiąca żydowskich dzieci. Sendlerowa zaczęła pomagać Żydom na długo przed powstaniem warszawskiego getta. Potem organizowała przemyt dzieci z getta, umieszczając je w przybranych rodzinach, domach dziecka i u sióstr franciszkanek.

Za swoją działalność została aresztowana przez Gestapo, torturowano ją i skazano na śmierć. Udało się jednak przekupić niemieckich strażników i została uratowana. Po wyjściu z więzienia nadal poświęcała się ratowaniu żydowskich dzieci. Niestety, nie mogła cieszyć się uznaniem i wdzięcznością współczesnych, bo przez lata mało kto wiedział o jej bohaterskich czynach. W jej własnym kraju zaczęto ją doceniać dopiero w pierwszych latach XXI wieku – otrzymała wówczas wiele odznaczeń i wyróżnień, podjęto również inicjatywę, by zgłosić jej kandydaturę do Pokojowej Nagrody Nobla. Irena Sendlerowa nie doczekała wyników tych starań, zmarła w 2008 roku.

Chcę teraz przytoczyć historię człowieka, o którym słyszałem od znajomego dyrektora dużej firmy ubezpieczeniowej. Był on mechanikiem samochodowym, ale chciał zmienić coś w swoim życiu i postanowił zostać agentem ubezpieczeniowym. Na szkoleniu dowiedział się, że aby skutecznie sprzedawać polisy, powinien zrobić listę potencjalnych nabywców. Wykonał to zadanie i przed każdą rozmową z osobą z listy starał się poznać jej dokonania. Podczas spotkania, korzystając ze zdobytych informacji, wspominał o jakimś osiągnięciu swojego rozmówcy i dopytywał o szczegóły. Zdobywał tym przychylność i zaufanie potencjalnych klientów. W ciągu roku ubezpieczył na duże kwoty kilkudziesięciu ludzi. Udało mu się to osiągnąć dzięki wielkiej odwadze, która pozwoliła mu po pierwsze wyjść z warsztatu samochodowego i rozpocząć karierę w zupełnie nowej dziedzinie, a po drugie dała mu na tyle mocną wiarę w siebie, że potrafił przygotować własną dobrą ofertę i zyskać wielu klientów.

Jak znaleźć w sobie odwagę?

Postępowanie ludzi odważnych często oceniane jest jako irracjonalne. Jednak w rzeczywistości posiadają oni dogłębną wiedzę na dany temat, niezachwianą wiarę i intuicję.

Budowanie własnej odwagi to ważny proces. Aby być odważnym, należy najpierw dobrze poznać siebie, swoje silne i słabe strony, swój potencjał. Ważne jest, by nie porównywać się z innymi, ale stale rozwijać poczucie własnej wartości. Każdy z nas jest indywidualnością i powinien pracować nad sobą, biorąc pod uwagę swoje unikalne cechy.

Pracę nad odwagą należy zacząć od zadania sobie pytania: jaki stopień odwagi teraz prezentuję? Jeśli dojdziemy do wniosku, że mamy w tym zakresie lekcję do odrobienia, zadajmy sobie kolejne pytanie, tym razem o powody, dla których nie wykazujemy tak dużej odwagi, na jaką nas stać. Odkryjmy, co nam w tym przeszkadza, co nas blokuje. Zapamiętajmy wnioski i odpowiedzi.

Drugim krokiem jest postanowienie, że jesteśmy gotowi poświęcić czas, pracę i energię na zgłębianie nowych dziedzin, zdobywanie wiedzy, rozwijanie pasji. Dzięki temu zyskamy wiarę i przekonanie, a w efekcie – odwagę.

Aby być odważnym, trzeba tego chcieć. Konieczne jest podjęcie takiej decyzji i ułożenie planu działania. Potrzebne jest także zaufanie do samego siebie, wspomagane przez entuzjazm i wytrwałość. Odwadze towarzyszy też pozytywne myślenie, które redukuje lęki i napięcia, pozwala skupić się na możliwościach i jak najlepszych rozwiązaniach. Koncentrując się tylko na problemach, żyjemy w stresie, pełni obaw, które nas zżerają i hamują działanie. Jeśli jesteśmy nastawieni pozytywnie, nawet porażki i niepowodzenia nie są w stanie nas dotknąć, bo traktujemy je po prostu jako naukę.

Jak napisałem, odwaga rodzi się dzięki obserwacji, analizie wydarzeń, wiedzy i doświadczeniu. Zanim przystąpimy do działania, powinniśmy zebrać tyle informacji, ile tylko się uda. Poświęcenie czasu na analizy i obserwacje przyniesie pewność, że to, co robimy, jest słuszne. **Kartezjusz**, jeden z wybitnych nowożytnych myślicieli, którzy ukształtowali nasz sposób postrzegania i rozumienia świata, zalecał stosowanie prostej metody poszukiwania prawdy. Zachęcał, aby nie brać niczego na wiarę, nie akceptować, dopóki nie będzie to dla nas jasne, wyraźne i oczywiste. Gdy pragniemy podjąć decyzję, musimy głęboko przeanalizować dany problem, rozłożyć go na proste elementy, co do których nie będziemy mieli żadnych wątpliwości. Następnie spróbujmy przejść do bardziej złożonych zagadnień, aż znajdziemy rozwiązanie. Naturalnym zakończeniem tych rozważań powinno być sprawdzenie, czy po drodze nie popełniliśmy błędu. Jeżeli wynik jest dla nas jasny, wyraźny i oczywisty – znaleźliśmy właściwe rozwiązanie, odkryliśmy naszą prawdę! (Kartezjusz, *Rozprawa o metodzie właściwego kierowania rozumem i poszukiwania prawdy w naukach*).

Moim zdaniem, przemyślenia Kartezjusza są bezcenne, a pochylenie się nad nimi wniesie do naszej analizy głębię i, mam nadzieję, skłoni do kultywowania szlachetnej odwagi.

Wiele zyskamy rozmawiając i przebywając z odważnymi ludźmi, czytając ich biografie – warto brać z nich przykład, czerpać inspirację z ich dokonań. Zdobywanie informacji, poszukiwanie ukrytych wiadomości, szperanie w antykwariatach, surfowanie po Internecie, odwiedzanie kluczowych dla naszego zagadnienia miejsc, prowadzenie wywiadów i, co najważniejsze, przesiewanie ziaren od plew, analizowanie, myślenie, kojarzenie faktów, słuchanie samego siebie, zapisywanie wniosków w specjalnie do tego celu założonym zeszycie – oto środki do budzenia w sobie odwagi i determinacji. To jest droga do odkrywania, jakimi cudownymi ludźmi jesteśmy. W ten sposób na własnym przykładzie możemy zobaczyć, jak rodzi się cecha, która w dużym stopniu odpowiada za jakość naszego życia. Wchodźmy głęboko w tematy, które nas pociągają, nie ustawajmy w zdobywaniu specjalistycznej wiedzy, która przerodzi się w silne przekonanie. Przede wszystkim należy zacząć działać – postawić przed sobą cele, początkowo łatwiejsze, potem coraz trudniejsze, i osiągać je, czerpiąc radość z sukcesów.

Właśnie takiego uczucia doświadczył słynny **Spartakus**, który wszczął bunt w szkole gladiatorów i szybko stał się wielkim zagrożeniem dla Rzymian. Zorganizował wokół siebie tysiące oswobodzonych niewolników i prowadził ich ku lepszemu życiu, życiu wolnych ludzi. Lekarstwem na strach jest działanie, a jego postawa potwierdza tę zasadę. Spartakus karmił swoją odwagę czynem. Najpierw przeciwstawił się przełożonemu, potem stał się świadkiem odwagi innego gladiatora, który wolał zginąć, niż zabić Spartakusa w walce zorganizowanej ku uciesze bogatego Rzymianina. Działanie wyzwala w nas niespożyte siły psychiczne, rodzi wiarę, która cementuje nasze przekonania. Podejmując wyzwania, zmagając się z przeciwnościami, dowiadujemy się o sobie tego, co do tej pory było ukryte. Odkrywamy tkwiący w nas potencjał i zdajemy sobie sprawę, że możemy mieć wpływ na własne życie.

Warto być odważnymi, nawet jeśli czasem czujemy się niezrozumiani i nie możemy liczyć na poparcie. Dlaczego? Bo dzięki odwadze można stać się dobrym liderem, dobrym małżonkiem, dobrym rodzicem czy przyjacielem. Przekonałem się, że odwaga przynosi umiejętność mówienia ludziom prawdy, pozwala czasem ich skorygować, służyć radą i jak najczęściej chwalić. Dzięki odwadze nauczymy się rozwiązywać problemy, stawiać im czoła. Stojąc twarzą pod wiatr, widzimy więcej niż ci, którzy ustawiają się do wiatru plecami. Kłopoty wydają się wtedy mniejsze, a gdy je skutecznie rozwiązujemy, bardziej ufamy samemu siebie.

Najwięksi wrogowie odwagi to lenistwo umysłowe, bierność, brak planowania i niskie poczucie własnej wartości.

Co możesz zapamiętać? ☺

1. Odwaga to świadoma i zdecydowana postawa wobec życia. Ludzie odważni realizują swoje marzenia i osiągają cele.
2. Odwaga rodzi się dzięki specjalistycznej, głębokiej wiedzy na dany temat, dającej silne przekonanie i wiarę w swoje racje.
3. Przeszkodami na drodze do rozwinięcia odwagi są irracjonalne przekonania, zniechęcający wpływ otoczenia, strach i lęk.
4. Skorzystaj z przestawionych historii ludzi odważnych. Wzoruj się na nich lub poszukaj własnych przykładów.
5. Aby zyskać odwagę, trzeba najpierw zdobyć dogłębną wiedzę na dany temat, gruntownie poznać siebie i swój potencjał, podjąć stanowczą decyzję, poświęcić czas i energię na rozbudzenie w sobie tej cechy.

✼

Inaczej
o byciu wytrwałym

Spis treści

Wstęp 255

Definicja wytrwałości 255

Budowanie wytrwałości a marzenia 256

Przyczyny braku wytrwałości 260

Czy można nauczyć się wytrwałości? 261

Jak działa podświadomość? 263

Odwaga i cierpliwość a wytrwałość 264

Metody pracy nad wytrwałością 265

Paliwo niezbędne do zachowania wytrwałości 267

Inne metody wypracowania w sobie wytrwałości 270

Słowa-haki 272

Co możesz zapamiętać ☺ 273

Wstęp

Wytrwałość – razem z wiarą w siebie, wnikliwością, odwagą, realistycznym podejściem do świata i życiowym entuzjazmem – jest jednym z filarów dojrzałej osobowości. Właśnie te cechy pozwalają nam świadomie kierować własnym życiem i kształtować samego siebie. W oparciu na nich łatwiej nam będzie rozwijać inne, równie pożyteczne i wartościowe przymioty, które będą ich owocami.

Rozważając znaczenie wytrwałości w naszym życiu, odpowiedzmy sobie na następujące pytania:
- Co powoduje, że niektórzy z nas odznaczają się wytrwałością?
- Co może nam przeszkadzać w byciu wytrwałym?
- Jak wypracować w sobie tę szlachetną cechę?
- Dlaczego czasem nawet bardzo utalentowana osoba szybko rezygnuje z własnych planów, zaś człowiek z pozoru przeciętny nie ustaje, wręcz walczy, aby osiągać swoje cele?

Definicja wytrwałości

Czym jest wytrwałość? Można ją określić jako konsekwentne dążenie do zamierzonego celu, ale to nie wyczerpuje istoty tej cechy – bycie konsekwentnym oznacza jedynie to, że trwamy w postanowieniu zrealizowania planów. Natomiast prawdziwie wytrwali jesteśmy, gdy mimo przeszkód, niedogodności, zniechęcenia, a także zniechęcania przez innych, nawet bliskich osób, dalej podążamy w wybranym kierunku.

Budowanie wytrwałości a marzenia

Dla każdego podążającego w określonym kierunku człowieka istotny jest konkretny cel. A zatem osoby wytrwałe, na przykład sportowcy, doskonale wiedzą, dokąd zmierzają, a świadomość tego jest ich paliwem. Co więcej, osoby wytrwałe wiedzą, dlaczego podążają daną drogą, liczą się z koniecznością wyrzeczeń i włożonego w tę drogę wysiłku. Kim jest człowiek wytrwały? Kimś, kto posiada jasną wizję celu i wierzy, że zasługuje na jego osiągnięcie.

Wszyscy wytrwali ludzie, jakich znam, mają odwagę marzyć, ale przykładają do swych pragnień właściwą miarę. Dlaczego tacy są? Być może nie pozwolili sobie wmówić, że marzenia niosą jedynie rozczarowania. Może nie chcieli poprzestawać na tym, co im przynosi los, tak jak większość ludzi, tylko zapragnęli wybić się ponad przeciętność?

Ustalmy zatem, dlaczego marzenia są paliwem dla działania, dla wytrwałego znoszenia przeciwności. Marzenie to wyobrażanie sobie siebie jako kogoś, kim chcielibyśmy być, lub jako kogoś, kto już posiada to, co chcielibyśmy mieć. Marzyciel widzi siebie jako osobę, która postępuje w pewien określony sposób. Na całym świecie zawody policjanta, strażaka, sędziego, ratownika czy lekarza są otaczane dużym szacunkiem. Czyż nie jest tak, że w rodzinach, gdzie któreś z rodziców wykonuje ten zawód, dzieci także podświadomie marzą o tej profesji?

Jeśli mają predyspozycje do tego, to już w młodości wyznaczają sobie pewne pośrednie cele, aby jak najszybciej stać się tym kimś z marzeń. Widzenie szczegółowego obrazu siebie, takiego jakim chcielibyśmy być, już od dzieciństwa pozwala zdobyć energię do tego, aby w końcu zostać na przykład ratownikiem, który może ocalić ludzkie życie.

Wierzę, że marzenia są najskuteczniejszym sposobem na wyrobienie w sobie wytrwałości w dążeniu do celu. Przekonałem się o tym wielokrotnie. To, że trzymasz w ręku napisaną przeze mnie książkę, oznacza, że jedno z moich marzeń, które pielęgnowałem od ponad 15 lat, właśnie się spełniło.

W Polsce w wielu środowiskach człowiek ambitny, wytrwale realizujący marzenia, musi być przygotowany na wiele przykrości. W niektórych środowiskach ludzie uważają, że posiadanie marzeń jest co najmniej nierozsądne. Spotkałem nawet takich, którzy gardzą osobami mającymi odważne marzenia, gdyż uważają, że to tylko bujanie w obłokach – jak mówią, życie trzeba „jakoś" przeżyć, twardo stąpając po ziemi. Właśnie pod wpływem takich opinii część z nas rezygnuje z ujawniania własnych marzeń. Oczywiście z czasem marzyciel może zyskać szacunek, ale początki bywają trudne. Tak zwani realiści, którzy twardo stąpają po ziemi, mogą zniechęcać innych, często także własne dzieci, do snucia marzeń.

A zatem odważ się marzyć – bądź w tym ekspertem. Pomyśl o tym, kim chcesz być i dlaczego. Podświadomość sama zrobi swoje, czyli ukierunkuje Twoją koncentrację na sprawy, które mają przybliżyć Cię do realizacji marzeń.

Zachęcam do analizy życia konkretnych ludzi wytrwałych, których marzenia mogą wydać się zaskakujące i wręcz niemożliwe do spełnienia.

„Miał po prostu szczęście..." – taki komentarz na pewno słyszałeś nie raz. Jak zauważyłem, mówi się tak o ludziach, którzy coś osiągnęli dzięki wytrwałości i determinacji. To dowód na to, że są ludzie, którzy nie wierzą w moc swego myślenia i działania. Uważam jednak, że są po prostu ignorantami w tej dziedzinie, bo przecież jest wiele wspaniałych przykładów na to, że marzenia mają ogromną moc.

Ludzie niepełnosprawni wspinają się na wyżyny w dziedzinach, w których nikt przy zdrowych zmysłach nie wróżyłby im najmniejszego sukcesu. Choćby **Jan Mela**, polski polarnik, najmłodszy w historii zdobywca biegunów północnego i południowego. Jednocześnie jest on pierwszym niepełnosprawnym, który dokonał takiego wyczynu. Mela stracił lewe podudzie i prawe przedramię w wyniku porażenia prądem, którego doznał w wieku 13 lat. W dwa lata po wypadku nawiązał kontakt z Markiem Kamińskim, znanym polskim polarnikiem i podróżnikiem, z którym potem odbył wyprawę i zdobył oba bieguny Ziemi. W 2009 roku Mela wspiął się także na Elbrus – najwyższy szczyt Kaukazu, razem z grupą innych niepełnosprawnych. Założył fundację Poza Horyzonty, która wpiera niepełnosprawnych w realizacji ich marzeń. Mela jest współautorem programu podróżniczego *Między biegunami* emitowanego w Radiu Kraków. Warto przytoczyć tu wypowiedź polarnika na temat pokonywania barier, która jest częścią przesłania jego fundacji: „W naszym życiu cały czas mamy przed sobą różne horyzonty – horyzonty wyobraźni, horyzonty możliwości. Jesteśmy otoczeni barierami, choć w rzeczywistości większość z nich znajduje się tylko w naszej głowie. Gdy uznajemy coś za niemożliwe, stawiamy sobie barierę, której nie przejdziemy. My chcemy przenosić siebie i innych poza horyzonty, pokazywać, że nie ma rzeczy niemożliwych" (http://www.pozahoryzonty.org/jas_tekst.html).

Natalia Partyka, obecnie jedna z najlepszych tenisistek stołowych w Polsce i Europie, osiągnęła tę pozycję, mimo że urodziła się bez prawego przedramienia. Trenowała wytrwale od 7 roku życia, nie ustawała w dążeniu do osiągnięcia mistrzowskiej formy, chociaż przez niepełnosprawność musiała zapewne starać się o wiele bardziej niż jej zdrowe koleżanki. Dzięki wytrwałości udało się jej zdobyć wiele medali w zawodach na szczeblu krajowym i światowym. Grała zarówno z niepełnosprawnymi, jak i pełnosprawnymi przeciwniczkami. Tak opowiada o swoim dążeniu do sukcesów sportowych: „Tenis stołowy jest moją największą pasją i tak naprawdę nie wyobrażam sobie życia bez celuloidowej piłeczki. Mimo tego, że sport to wiele wyrzeczeń i dni spędzonych poza domem, nigdy nie żałowałam, że zaczęłam trenować, ponieważ wszystkie lata spędzone na treningach i turniejach wiele mnie nauczyły. Gra sprawia mi dużo radości i satysfakcji i mam nadzieję, że w następnych latach mojej kariery ping-pong nadal będzie mnie bawić" (http://nataliapartyka.pl/o-mnie).

Zbigniew Sajkiewicz w dzieciństwie przeszedł chorobę Heinego-Medina. Mimo tego, dzięki ogromnej wytrwałości i samodyscyplinie, stał się jednym z najlepszych niepełnosprawnych pływaków w Polsce. Jest znany także na świecie: w swoim dorobku ma m.in. dwa medale igrzysk paraolimpijskich, dziesiątki pucharów i dyplomów pływackich mistrzostw Polski i Europy. Jego prawdziwą pasją jest pływanie długodystansowe. Na co dzień pracuje jako technik komputerowy i udaje mu się godzić to zajęcie z karierą sportową. O swojej największej pasji mówi: „Pływanie w jeziorach, w morzach stało się moją pasją. Moim marzeniem jest pokonanie Kanału La Manche, ale nie w jednym, lecz w dwóch kierunkach. To byłby wyczyn".

Kiedy poddajemy się wpływowi marzeń i wyznaczamy cele, wytrwałość pojawia się jako ich owoc. Zatem za przykładem tych osób rozpocznijmy rozmyślać o własnej przyszłości w kategorii celów i odważmy się marzyć.

Przyczyny braku wytrwałości

Wytrwałość należy dziś do rzadkich cech. Ludzie wolą się poddać, ewentualnie pójść na skróty, by potem przeżywać rozczarowanie swoim postępowaniem. To przykre. Gdzie leży przyczyna? Najczęściej powodami są negatywne myślenie oraz karmienie się informacjami, które dają krótkotrwałe zadowolenie, a w efekcie przyczyniają się do rozwoju kłopotów zdrowotnych i narastania różnych innych niepożądanych cech i zachowań: uprzedzeń, wrogości, zazdrości, braku wiary w siebie, zwątpienia w życiowe wartości.

Jakie informacje mogą być szkodliwe? Po pierwsze plotki, czyli złośliwe obmawianie, koncentrowanie się na wadach, słabościach innych. Po drugie filmy i seriale, które pokazują negatywne, jałowe, pozbawione jakości życie. Po trzecie gazety i portale, których podstawową treścią jest życie tak zwanych celebrytów i zupełnie niewłaściwy zachwyt nad ich wyjątkowością.

Media próbują karmić nas opiniami, że życie jest trudne, że udaje się jedynie wybrańcom i to tylko dlatego, że mieli szczęście czy znajomości, a nie w wyniku własnej pracy. I jak tu być wytrwałym i pozytywnie nastawionym do życia? Zniechęcenie i zgoda na smutną rzeczywistość są jednak kolejnymi gwoźdźmi do trumny naszej wytrwałości. Wielu myśli: jestem nieskuteczny, bo taki się urodziłem, inni są skuteczni, bo mają dobry przykład rodziców. Taka postawa niezwykle skutecznie zabija w nas chęć zrobienia czegokolwiek dla wyjścia z marazmu. Stąd patologie, postawa roszczeniowa, mechanizm zachowania, który powtarzają kolejne pokolenia dzieci wychowanych w takim środowisku. A wystarczy tak niewiele.

Przecież posiadamy dar myślenia, wyciągania wniosków, możemy stawiać pytania i szukać odpowiedzi. Sposobem na wyrwanie się z przeciętnego życia jest właśnie wytrwałość. Owszem, możemy bronić się przed osądami innych, tłumacząc, że nie jesteśmy w stanie zmienić swojej sytuacji, wmawiać im i sobie, że tak po prostu musi być, wycofać się i trwać w marazmie. Ale to tylko pogorszy sprawę. W ten sposób całkowicie zablokujemy swoją kreatywność i w żaden sposób nie pobudzimy wytrwałości.

Taka postawa całkowicie uniemożliwia myślenie w kategoriach nowych możliwości, jest niestety wszechobecna i właściwie stała się już normą. Nie ma dnia, żebym nie spotykał się z tym zjawiskiem – wielu ludzi wierzy, że na nic nie mają wpływu, a za wszystkie sukcesy i osiągnięcia odpowiedzialne jest szczęście. Spójrzmy, ilu ludzi regularnie gra w Lotto, licząc, że wielka wygrana wreszcie odmieni ich życie. Ludzie myślą schematami wypracowanymi przez większość, co tylko utrwala utarty wzorzec. A wystarczy się temu przeciwstawić i myśleć w kategoriach rozwiązań, nie zaś problemów.

Wytrwałość jest kluczem do wyrwania się z przeciętności i wejścia na drogę prowadzącą do życia pełnego jakości.

Czy można nauczyć się wytrwałości?

By konsekwentnie trwać w swoich postanowieniach, nie trzeba wcale urodzić się z taką cechą charakteru. Zapewne ci, którzy takich predyspozycji u siebie nie odnajdują, traktują to jako usprawiedliwienie: nie muszą się starać, bo i tak nie da się nic zmienić. Nic bardziej mylnego. Wytrwałości można się nauczyć, tak jak można nauczyć się obcego języka. Jest to możliwe pod dwoma warunkami: musisz wiedzieć, dlaczego chcesz być wytrwały i zrobić plan edukacji. Tylko tyle. Potem trzeba tylko trzymać się planu i czekać na rezultaty przemiany. To działa, ale najważniejszy jest pierwszy krok, wyrwanie się z szarej rzeczywistości i podjęcie decyzji: będę wytrwały, ponieważ pomoże mi to stać się godnym zaufania człowiekiem i moje życie będzie lepsze.

Słyszałem o człowieku, który postanowił zostać lekarzem. Nie byłoby w tym nic niezwykłego, gdyby nie to, że decyzję tę powziął już po skończeniu czterdziestego roku życia. I co? Zaczął studiować medycynę i z determinacją brnął do przodu. To właśnie marzenia zrodziły hart ducha i wytrwałość.

Czy łatwo być wytrwałym? Z pewnością nie. Tę cechę charakteru, podobnie zresztą jak wszystkie inne wartościowe przymioty osobowości, należy troskliwie wypielęgnować, a czasem nawet wypracować od podstaw.

A teraz chwila relaksu i proste ćwiczenie. Przez kilka minut pomyśl o osobach, które Twoim zdaniem wyróżniają się wytrwałością i bardzo Cię inspirują – o ich sytuacji życiowej, o ich marzeniach, o tym, jaką odwagą musieli się wykazać, by konsekwentnie podążać własną drogą. Taka postawa, nieprzystająca przecież do ogólnie przyjętych norm, rzadko jest akceptowana przez otoczenie, które indywidualistów nie traktuje zbyt dobrze, zazdroszcząc im właśnie wytrwałości. A nawet jeśli są szanowani i chwaleni, bo tak oczywiście też jest, to zwykle w podtekście tych pochwał pobrzmiewają opinie umniejszające ich osobiste zasługi w osiągnięciu celu: „on ma po prostu szczęście", „było mu to pisane", „to zasługa genów" – zwykle w ten sposób ludzie wyjaśniają tajemnicę sukcesu ludzi wytrwałych. Nie ulegaj takim myślom, nie wyciągaj pochopnych wniosków, doceniaj wytrwałość u innych, ich wysiłek w dążeniu do celu. Zachęcam do takiego nastawienia naszego umysłu: skoro on mógł spełnić swoje marzenia, to i ja mogę. Postaraj się wyobrazić sobie siebie jako wytrwałą osobę. Pomyśl o czymś, co chciałbyś osiągnąć; pomyśl, kim chcesz być.

Jak działa podświadomość?

Kiedy jesteśmy wytrwali i nie ustajemy w działaniu, podświadomość, jeśli jest odpowiednio zaprogramowana, działa na naszą korzyść i przeszukuje wszystkie nasze zasoby, aby uaktywnić siły niezbędne do działania. My nie zdajemy sobie sprawy z tego procesu. Jeśli nie ma w nas potrzebnego paliwa, to nasz dżin szuka sposobów na doładowanie baterii na zewnątrz.

W moim przypadku było tak: gdy miałem 15-16 lat, chodziłem do antykwariatu i kupowałem książki z dziedziny historii i psychologii. Nie potrafię wytłumaczyć, dlaczego to robiłem, ale tak właśnie działa podświadomość. Zaprogramowałem siebie wówczas na bycie człowiekiem szczęśliwym, spełnionym. Stało się to po śmierci mojego taty. Mając 15 lat, postanowiłem robić wszystko, aby każdego dnia doświadczać uczucia radości. I proszę, jak na zawołanie dżin znalazł sposób. Miałem za mało wewnętrznych zasobów, czyli paliwa, i podświadomość zaprowadziła mnie do antykwariatu ze wspaniałymi książkami, gdzie mogłem wzbogacić swoje wnętrze.

Pamiętam również, że fascynowali mnie ludzie wyróżniający się w działaniu. Na przykład moja nauczycielka języka polskiego, która miała wyjątkową osobowość. Biło od niej ciepło i cierpliwość, okazywała niezwykły takt wobec uczniów (moja klasa składała się z samych chłopców, a zatem nie było to łatwe zadanie). Była pełna zrozumienia, zdawała sobie sprawę, jak ważną rolę pełni w naszym życiu, przekazując nam wiedzę. Wiedziała, jak uruchomić nasz potencjał. Byłem zachwycony przedmiotem, którego uczyła. To właśnie ona dała mi siłę do działania; czułem, że we mnie wierzy. Moja podświadomość doskonale wiedziała, czego w danym czasie najbardziej potrzebuję. Była to wiedza z dziedziny psychologii oraz mentorzy pokazujący mi przykłady, zachęcający mnie do wyznaczania celów polepszających jakość mojego życia. Tego właśnie doświadczałem, a pojawiające się podpowiedzi, gdzie szukać właściwych narzędzi, były dla mnie czymś niezwykłym.

Odwaga i cierpliwość a wytrwałość

Bliskimi cechami i towarzyszkami wytrwałości są odwaga i cierpliwość. Męstwo było uważane za jedną z najważniejszych cnót w starożytnej Grecji, pisali o nim Platon i Arystoteles. Osoba wytrwała, czyli nierezygnująca z realizacji powziętego planu, może iść w obranym przez siebie kierunku zupełnie sama. Ludzie zazwyczaj nie chcą zapuszczać się w nieznane im rejony, bo to wymaga odwagi. Musieli ją mieć słynni amerykańscy pionierzy poszukujący nowych ziem i złota – nikt przed nimi tego nie robił, nie mieli więc wzorców i sami decydowali się na pójście dalej, w nieznane. Jeśli poruszamy się po znanych ścieżkach, nie musimy być odważni, ale jeśli podążamy drogą, którą nie kroczył dotąd nikt inny, odwaga jest nam potrzebna, ponieważ możemy zostać odrzuceni przez otoczenie. Pamiętajmy zatem, że choć wytrwałość to cecha niezwykła, nie jest jednak powszechna. Okazując ją, możemy spotkać się z brakiem zrozumienia, może nawet będziemy musieli samotnie iść własną drogą i długo szukać ludzi podobnych do nas.

Człowiek wytrwały jest również cierpliwy. Ten przymiot daje umiejętność opanowywania myśli, zdolności wpływania na nie, kontrolowania ich, odpędzania od siebie negatywnych obrazów, które mogłyby nas zniechęcać do podążania obraną drogą. Osoby cierpliwe wiedzą, że po burzy zawsze pojawia się piękna tęcza i dlatego nie rezygnują pod wpływem byle przeszkody, lecz osiągają wymarzone cele.

Wybitnym przykładem wytrwałości jest **Maria Skłodowska-Curie**, polska badaczka w dziedzinie fizyki i chemii, dwukrotnie uhonorowana nagrodą Nobla. Wraz z mężem, fizykiem Piotrem Curie, pracowała w starej opuszczonej szopie, gdzie oboje usiłowali wydzielić rad z rudy uranu. Pracowali bez funduszy, pomocy z zewnątrz, wsparcia czy zachęty ze strony środowiska naukowego. Udało im się po prawie 500 próbach, po 4 latach pracy. Gdy Piotr Curie po jednej z kolejnych porażek chciał się poddać, Maria powiedziała: „Jeśli to zajmie sto lat, to trudno, ale nie przestanę pracować tak długo, jak żyję". Co za niezwykły hart ducha! Skłodowska pracowała ciężko i z poświęceniem, nie brała pod uwagę, że eksperymenty mogą zniszczyć jej zdrowie. Warto być wytrwałym, mimo że czasem trzeba przezwyciężać niebotyczne przeszkody, bo osiągając cel, czujemy tak ogromną satysfakcję, że zapominamy o trudach prowadzącej do niego drogi.

Metody pracy nad wytrwałością

Do pracy nad wytrwałością potrzebny jest poligon i ćwiczenia. Grecki rzeczownik tłumaczony jako wytrwałość oznacza także bycie nieugiętym w obliczu trudności. Dlaczego to piszę? Pozostajemy wytrwali wtedy, kiedy nauczyliśmy się takimi być w obliczu trudów życia. Stawiliśmy im czoła i zaczęła się w nas umacniać pewna pozytywna postawa – uwierzyliśmy, że można dalej żyć i poczuliśmy się silniejsi. Na poligonie naszego życia nauczyliśmy się, że połączenie techniki i siły daje pożądany rezultat. To tak jak z kopaniem dołów w ziemi czy pieleniem w ogródku. Na początku pojawiają się pęcherze, nawet bardzo bolesne. Ale jeśli mimo nieprzyjemności pracujemy dalej, na dłoniach wytwarza się nowy naskórek – mocniejszy niż zniszczone warstwy – i skóra staje się twardsza, lepiej przystosowana do ciężkiej pracy.

Wytrwałość rodzi się pod wpływem ucisku, wyzwań i to właśnie te chwile – pojawianie się życiowych przeciwności – mogą przynieść odpowiedź na pytanie, co mam robić dalej ze swoim życiem.

Jeśli chcemy wykształcić w sobie wytrwałość, nie lękajmy się prób, nie nazywajmy ich porażkami, nie odwracajmy się do nich plecami, nie obwiniajmy innych za niedogodności. Pomyślmy pozytywnie, że ta chwila, ten czas to czas ćwiczeń. Życie przecież trwa dalej, a my przez nieudaną próbę nie tracimy go. Co najwyżej ktoś może pomyśleć, że jesteśmy niekompetentni, ale to przecież sytuacja przejściowa, bo dalej pragniemy się uczyć, wyciągamy wnioski i idziemy naprzód. Ci, którzy opanowali sztukę podnoszenia się po nieudanych próbach i idą dalej w wyznaczonym kierunku, osiągają w końcu swoje cele. To ci ludzie są zapamiętywani jako prawdziwie wytrwali.

Ćwiczenie wytrwałości odbywa się przez stawianie czoła próbom, do skutku, aż do zwycięstwa. Wykształcamy wówczas nawyk zwracania uwagi na szczegóły wyzwania, szukamy rozwiązań, czekamy na odpowiedni moment do działania, a więc jesteśmy coraz bardziej cierpliwi. Może uznamy też, że warto podejmować decyzje zupełnie inne, niż spodziewałaby się tego większość – jesteśmy więc odważni.

Właściwe słowa, które pozwolą wypracować w sobie wytrwałość, to: "nie poddam się", "dam radę", "wytrzymam", "jestem w stanie to zrobić", "nie ustąpię" "nie zrezygnuję", "mam prawo to mieć", "jestem wytrwały". Frazy te mają olbrzymią moc sprawczą.

Paliwo niezbędne do zachowania wytrwałości

Poniżej szczegółowo opisuję czynniki i mechanizmy sprzyjające zachowaniu wytrwałości.
- Przygotowujmy się do wykonywania zadań. Jeśli wiemy, jak coś zrobić, lub wiemy, jak to zrobili inni, jesteśmy w stanie stawić czoła wyzwaniu i nie poddać się. Zanim zaczniesz coś robić, zastanów się, czy jesteś kompetentny. Nie zaczynaj, jeśli nie masz wiedzy na dany temat. Przeprowadź ze sobą dialog i ustal, co już wiesz w danej sprawie, a czego powinieneś się jeszcze dowiedzieć. Jakże często ludzie zabierają się za zadanie, które szybko ich przerasta. Chwilowy zapał wygasa, przez co podsycają w sobie przekonanie, że nie są wytrwali. To bardzo niebezpieczne. Pamiętajmy więc o odpowiednim przygotowaniu.
- Nie przyjmujmy postawy ofiary. Nie obarczajmy innych winą za stan naszego życia i za nasze decyzje, bo to uniemożliwia działanie naszej podświadomości, która ma przecież wypracować i podtrzymać w nas wytrwałość. Inaczej uruchomi się inny mechanizm: obwiniania i tym samym ranienia innych. Pojawia się tzw. słomiany zapał. Możemy nawet uważać, że przyjmując bierną postawę, jesteśmy w komfortowej sytuacji, gdyż czujemy się bezpiecznie, ale to tylko złudzenie. To nie inni są odpowiedzialni za nasze życie, tylko my sami. Akceptując taką wiadomość i uznając

ją za prawdę, robimy miejsce dla ukształtowania się wytrwałości. Jednak nie jest to łatwe, ponieważ obwinianie innych jest zazwyczaj mocno zakorzenionym nawykiem i można naprawdę głęboko wierzyć, że winę za nasze nieudane życie ponoszą rodzice, żona, mąż, dzieci, rząd czy nawet sąsiedzi. Tylko wtedy, kiedy przyjmiemy do wiadomości, że jesteśmy kowalami własnego losu, możemy dokonać skutecznych przemian. Nie rozczulajmy się nad sobą. Życie szybko mija.

- Wyznaczanie celów jest ważnym, jeśli nie podstawowym paliwem dla wytrwałości. Aby cele były osiągalne, muszą spełniać kilka ważnych kryteriów. Jeśli wiemy, dokąd zmierzamy (mamy cel), jeśli wiemy, dlaczego chcemy się tam znaleźć, będziemy mniej skłonni do rezygnacji, nie będziemy ulegać presji czy destrukcyjnym wpływom innych. Zauważyłem, że jeśli codziennie rano i potem przed snem wyobrażam sobie zamierzone cele jako już osiągnięte, to zaczynają działać różne siły umacniające mnie w moich postanowieniach.

Opiszę teraz pewne wydarzenie z mojego życia. Otóż kiedyś musiałem przekazać piętro w budynku biurowym w ramach rozliczenia pomiędzy firmami. Było to spore wyzwanie. Pamiętam, że mecenas, z którym prowadziłem negocjacje, był nie tylko bardzo inteligentny, ale również doświadczony w biznesie; był świetnym negocjatorem. Oczekiwał, że przekażę w całości wartościową nieruchomość na pokrycie długu, jaki jedna z moich spółek miała do spłacenia. Łatwo się domyślić, że nie było to przyjemne uczucie. Byłem tym przejęty, ale również wiedziałem, że muszę postąpić słusznie i dojść do porozumienia. I tu z pomocą przyszła wizualizacja celu ostatecznego. Rano i przed snem wyobrażałem sobie, że mecenas jest zadowolony z rozwiązania, jakie zaproponowałem, że znaleźliśmy kompromis korzystny dla obu stron. Robiłem tak przez około 20 dni. I co się stało? Na spotkaniach podświadomość trzymała na wodzy moją niecierpliwość, zachowywałem się taktownie, okazywałem szacunek, zrozumienie, szczerze szukałem korzyści dla dwóch stron, nie zaś tylko dla siebie. Byłem zaskoczony rezultatami, a podczas negocjacji odczuwałem duży spokój. To wszystko było drogą, sposobem na rozwiązanie konfliktu. Świadomie byłem nastawiony na rozwiązanie, które wcale nie byłoby korzystne dla obu stron, a raczej tylko dla mnie. Wierzę, że podświadomość zrobiła to po swojemu. Jednak wcześniej wyznaczyłem jej zadanie, wyobrażając sobie dobry finał negocjacji, zadowalający wszystkich zainteresowanych.

Można powiedzieć, że najbardziej wytrwałymi ludźmi są wynalazcy. Wystarczy przeczytać biografię **Thomasa A. Edisona**. Człowiek ten podjął kilka tysięcy prób, zanim wynaleziona przez niego żarówka zadziałała. Nie poddał się, ponieważ oczami wyobraźni widział, jak jego wynalazek jest gotowy i w końcu tak się stało. A zatem paliwem pozytywnego myślenia, optymizmu, przekonania o tym, że damy radę, że warto być wytrwałym, jest wyobrażanie sobie własnego celu tak, jakby był już rzeczywistością.

- Wytrwałość to cecha ludzi pokornych. Ludzie pokorni wiedzą, że mogą zrobić błąd na drodze do celu, ale po upadku podnoszą się, idą dalej i nie popełniają po raz drugi tej samej pomyłki. Zastanów się, jaki jesteś pod tym względem? Czy masz zwyczaj myśleć nad tym, co robisz nie tak? Czy umiesz przyznać się do błędu? Ludzie pokorni tak właśnie czynią i dzięki temu stają się bardziej wytrwali.
- Wytrwałość to cecha ludzi zdyscyplinowanych. Osoby zdyscyplinowane znają siebie i wierzą w konsekwentne, systematyczne dążenie do celu, krok po kroku. Znają działanie

zasady przyczyny i skutku. Wierzą w sens podejmowania pozytywnej aktywności, myślenia w kategoriach rozwiązań, nie zaś problemów. Jeśli nauczymy się zorganizowanego postępowania, to wprowadzimy w ruch moc motywacji wewnętrznej – ten właśnie czynnik jest odpowiedzialny za wytrwałość.

Inne metody wypracowania w sobie wytrwałości

Potęga podświadomości to jedno z najważniejszych narzędzi pozwalających na dokonywanie zmian w samym sobie. Aby wykorzystać jej działanie, należy myśleć o tym, czego chcemy, a unikać myślenia o tym, czego nie chcemy. Kluczem do wytrwałości jest język wyobraźni, który pozwoli uruchomić nawigację i da podświadomości jasny przekaz, że ma nas doprowadzić tam, gdzie postanowiliśmy być. Absolutnie nie wolno pozwolić sobie na myślenie o rzeczach, których nie chcemy, na przykład o biedzie, chorobie, złym współmałżonku czy nieposłusznych dzieciach. Takie obrazy w pewnym sensie są dla podświadomości rozkazem i, podobnie jak w przypadku pozytywnych myśli, podświadomość zacznie szukać sposobu, abyśmy dostali właśnie te złe rzeczy, choć tak naprawdę nie chcemy tego doświadczyć. W rezultacie podświadomość, która nie kieruje się logiką, doprowadzi nas do tego, czego najbardziej się obawiamy.

Zobacz zatem siebie jako tego, kim masz się stać. Myśl o tym tak, jakbyś już stał się tą osobą. Wytrwałość włącza się niczym tempomat w samochodzie, który bez nacisku nogi na pedale gazu sprawia, że samochód nadal porusza się naprzód. Musisz tylko wcześniej wcisnąć odpowiedni przycisk.

Tym właściwym guzikiem jest zaprogramowanie samego siebie na urzeczywistnienie marzeń, osiągnięcie celów. Myśl tylko o tym, czego chcesz, czego pragniesz. Jeśli zdarza Ci się myślenie (niekontrolowane, nawykowe) w kategoriach tego, czego nie chcesz, to tak jakbyś najpierw włączał bieg wsteczny, a po nim natychmiast bieg na wprost. Co może się zdarzyć w takim przypadku? Samochód może ulec awarii. Tylko jasne, pozytywne przekazy do podświadomości mogą uruchomić wytrwałość. A zatem stań się wyjątkowy, stając się coraz bardziej wytrwały. Zyskasz szacunek ludzi i, co ważniejsze – będziesz dzięki temu lepszym, godnym zaufania człowiekiem. Wszystko, co rozpoczniesz, zostanie doprowadzone do końca.

Być może przyzwyczajeni jesteśmy do używania w potocznym języku słów, które hamują nasz rozwój osobisty. Słowa te mogą działać niczym wadliwy olej silnikowy, nieprzystosowany do danego samochodu, powodujący zatarcie silnika i całkowite jego zepsucie. Podobnie jest z wytrwałością: powinniśmy używać odpowiedniego „oleju", którym mogą być właściwe słowa, jakie słyszymy lub sami wypowiadamy.

Jakie słowa mogą być takim wadliwym olejem? „Nie dam rady tego zrobić", „nie jestem jeszcze gotowy", „nie potrafię tego zrobić", „to nierealne", „nie stać mnie na to". Czy wiesz, jak podświadomość odbierze te słowa? Potraktuje je jako prawdę. Nie będzie się zajmować ich analizą, intencjami, pobudkami, możliwościami. One są dla niej jak rozkazy.

Niech ta wiedza umocni Cię w przekonaniu, że nie można dopuszczać do siebie negatywnych słów, które zniechęcają i odbierają siły. Zwracajmy uwagę na to, czego słuchamy, co mówimy, o czym rozmyślamy.

Słowa-haki

„Kiedy poddasz się swojej wizji, sukces zaczyna cię gonić" – powiedział kiedyś John Cummuta. Podobnie jest w przypadku wytrwałości. Jeśli chcemy być wytrwali, używajmy wyrażeń, które nie pozwolą nam wpaść w pułapkę biernej postawy: „może kiedyś będzie lepiej", „pożyjemy – zobaczymy" itp. Właściwe sformułowania, które pozwolą wypracować w sobie wytrwałość, to: „dam radę", „wytrzymam", „jestem w stanie to zrobić", „jestem cierpliwy", „jestem odważny", „mam prawo to mieć", „jestem wytrwały". Stwierdzenia takie stanowią swego rodzaju napęd, mają olbrzymią moc sprawczą, a używający ich ludzie przekonują sami siebie, że sprostają wyzwaniu, i wzmacniają poczucie własnej wartości.

Po wypowiedzeniu słów-haków zaczyna działać podświadomość, która uwalnia energię czerpaną z nieznanych nam dotąd pokładów. Podświadomość wyszuka i uaktywni w nas cechy nierozłącznie związane z wytrwałością. Oczywiście na dokonanie się wewnętrznej przemiany potrzeba czasu. Słyszałeś pewnie o przypadkach, gdy w ułamku sekundy kobieta znajdowała w sobie nadludzką wręcz siłę i podnosiła auto, pod które wpadło jej dziecko, w ten sposób ratując mu życie. Jak tego dokonała? Co sobie mówiła? „Dam radę", „mam siły", „to jest moje ukochane dziecko, nie mam czasu czekać na pomoc", „jestem silna i wytrwała" – na pewno właśnie to! Siła podświadomości oddaje się do Twojej dyspozycji, podsuwaj jej zatem, czy to na głos, czy w myślach, właściwe polecenia, słowa-haki.

Tym, co wyjątkowo skutecznie przeszkadza w rozwijaniu wytrwałości, jest tak zwany obiektywizm lub błędnie rozumiany realizm (oparty na niepełnej wiedzy lub wiedzy z niepewnego źródła), a także krytykanctwo i osądzanie. Wystrzegajmy się tego jak ognia. Wytrwałość musi mieć właściwe fundament, na którym zbuduje się wspaniałe życie. Niech fundamentem tym będzie wiedza o możliwościach człowieka, o jego rozwoju osobistym, o celach i o zorganizowanym działaniu. Czytaj zatem biografie znanych ludzi. Zrób już dzisiaj listę takich osób i zaplanuj wizytę w księgarni bądź w antykwariacie. Pamiętaj, że zasługujesz na życie pełne jakości.

Co możesz zapamiętać ☺

1. Wytrwałość to konsekwentne dążenie do celu.
2. Marzenia są niezbędne do tego, by być wytrwałym.
3. Wystrzegaj się zjawisk i sytuacji sprzyjających załamywaniu się wytrwałości.
4. Wytrwałości można się nauczyć.
5. Pamiętaj o roli podświadomości w kształtowaniu wytrwałości.
6. Odwaga i cierpliwość są bliskimi towarzyszkami wytrwałości.
7. Stosuj metody wzbudzania i utrzymywania w sobie wytrwałości.

Inaczej
o byciu entuzjastycznym

Spis treści

Wstęp 277

Co to jest entuzjazm? 277

Entuzjazm naturalny 279

Pierwszy krok do entuzjazmu 282

Jak rozwijać entuzjazm? 289

Jak sobie radzić z przeszkodami? 297

Jak utrzymać entuzjazm? 304

Entuzjazm w kierowaniu zespołem 306

Refleksje końcowe 307

Co możesz zapamiętać? ☺ 309

Wstęp

Wielu z nas lubi przeróżne poradniki. Podróżnicy, fotografowie, biegacze, ogrodnicy, kucharze pokazują nam swój świat, budząc w nas marzenia i tęsknotę za czymś, co wcześniej nawet nie leżało w kręgu naszych zainteresowań. Dlaczego im się to udaje? Co sprawia, że siedząc przed telewizorem, nabieramy ochoty do podróżowania, biegania, opiekowania się własnym kawałkiem ziemi, a nawet do gotowania, które wcześniej kojarzyło nam się wyłącznie ze stratą czasu? Przecież często osoby prowadzące takie programy nawet nie są zawodowcami! A jednak potrafią nas przekonać, że to, czym się zajmują, jest fascynujące i godne uwagi. Jak myślisz, czemu tak się dzieje? Otóż, w ich słowach jest mnóstwo **entuzjazmu**. Entuzjazm pojawia się, gdy jesteśmy autentycznie zainteresowani tym, co robimy, gdy sprawia nam to radość. Przy tym drugorzędną sprawą jest, czy zajęcie to należy do kategorii przydatnych lub koniecznych, czy też wykonujemy je wyłącznie dla przyjemności (zresztą te kategorie mogą się nakładać).

Co to jest entuzjazm?

Czy zastanawiałeś się kiedyś, co sprawia, że człowiekowi chce się chcieć? Rzadko o tym myślimy. Czegoś chcemy albo nie chcemy i już. Może jednak warto dowiedzieć się, skąd się bierze ta siła sprawcza? Gdzie leży pierwotne źródło naszej chęci, którą natychmiast chcemy przekuć w działanie? Co powoduje, że tak mocno pragniemy coś zrobić, iż nic nie jest w stanie nas powstrzymać? Tym czynnikiem jest właśnie entuzjazm.

Potrafimy go dostrzec u innych, częściej lub rzadziej sami go odczuwamy. Niełatwo sprecyzować to pojęcie. Słownikowa definicja mówi, że jest to stan uniesienia, radości, zachwytu, który można nazwać również innym słowem – zapał. Podaje też, że słowo to wywodzi się z greckiego éntheos, co oznacza „natchniony przez Boga". Wydaje się jednak, że definicja ta, choć jasna, jest zbyt lakoniczna i nie oddaje w pełni złożoności omawianego pojęcia. Bo przecież entuzjazm to istota życia.

Gdy jesteśmy szczęśliwi, w naturalny sposób stajemy się entuzjastyczni, bo tak podchodzimy do naszych zadań i marzeń. I odwrotnie – gdy działamy z entuzjazmem, czujemy się szczęśliwi i spełnieni. Przekonałem się o tym wielokrotnie.

Chciałbym zatem zaproponować inną definicję – szerszą, która obejmie więcej aspektów tego pojęcia. Proponuję więc, aby entuzjazm rozumieć jako pozytywną emocję, silną i skoncentrowaną, która inicjuje i przyspiesza działanie, a także zwiększa wiarę w osiągnięcie celu i łączy się z odczuwaniem szczęścia oraz radości życia.

Z entuzjazmem wiążą się takie pojęcia, jak: energia wewnętrzna, zaangażowanie, determinacja, motywacja, pasja.

Mimo tylu niewątpliwych korzyści, jakie wynikają z entuzjastycznego podejścia do życia, możemy zaobserwować różne reakcje ludzi na entuzjazm innych: pozytywne i negatywne. Niektórym wydaje się, że entuzjazm jest pochodną ignorancji i wynika z braku rozsądku i z nieodpowiedzialności. Wiele razy spotkałem się z takim podejściem. Zdarzyło mi się nawet słyszeć, że to niepotrzebna dziecinada, właściwa ludziom infantylnym. Człowiek, który oddaje się swojej pracy lub jakiemukolwiek innemu zajęciu z entuzjazmem, bywa odbierany jako nierozważny naiwniak, który podejmuje przypadkowe decyzje podpowiedziane przez emocje. To niesprawiedliwe skojarzenia. Entuzjazm bowiem jest efektem głębokiej wiary w słuszność wybranej drogi oraz przekonania, że będzie ona fascynującą życiową przygodą.

Negatywne nastawienie do entuzjazmu mają najczęściej ludzie, którzy rozwinęli w sobie nieładną cechę zazdroszczenia innym nie tylko tego, co zdobyli, lecz także podejścia do codzienności. Skąd to się bierze? Człowieka entuzjastycznego wyróżnia spośród innych zadowolenie z życia, promieniowanie radością. Jest mu dobrze. Niektórych to dziwi, innych oburza i złości. Na szczęście wiele osób ocenia entuzjazm pozytywnie, patrzy na entuzjastów ze szczerym podziwem i naśladuje ich zachowanie, chcąc odczuwać to samo. Entuzjazm bowiem jest zaraźliwy. Czy zawsze? Tak dzieje się wtedy, gdy spełnione są dwa warunki. Po pierwsze powinien być szczery, a po drugie musimy być gotowi na jego przyjęcie.

Czy możemy wypracować gotowość do stania się człowiekiem entuzjastycznym? Wierzę że tak ☺.

Entuzjazm naturalny

Pokłady entuzjazmu są w każdym z nas. Mniejsze lub większe, niekiedy schowane głęboko w zakamarkach umysłu. Ten entuzjazm początkowy, po prostu istniejący, posiadamy wszyscy, jednak – podobnie jak wiele innych pożytecznych cech – w ciągu kilku pierwszych lat życia gdzieś go gubimy.

Zapał, przemożna chęć, by iść naprzód, w wieku dziecięcym łączy się z beztroską. U kilkulatka pragnienie zdobycia czegoś jest często tak ogromne, że nie widzi on niebezpieczeństw, nie przewiduje następstw, po prostu czegoś chce i z ogromnym zapałem, nie bacząc na nic, do tego dąży. Takich momentów ze swojego życia prawdopodobnie możesz przypomnieć sobie mnóstwo. Taką sytuację możesz też sobie wyobrazić. Pomyśl na przykład, że jesteś dziesięciolatkiem. Siedzisz z rodziną przy obiedzie. Nagle Twój tata mówi, że dziś możecie zbudować domek na drzewie. Marzyłeś o tym zawsze! Co robisz? Nawet nie jesteś w stanie dokończyć jedzenia swoich ulubionych naleśników z truskawkami. Już nie są ważne. Wybiegasz z domu, zanim posłuchasz dalszych objaśnień. Szukasz desek, wyciągasz narzędzia, które mogą być potrzebne. Chcesz jak najszybciej zacząć realizację zadania. Opanowuje Cię entuzjazm. Widzisz w marzeniach, jaki ten domek będzie wspaniały, najwspanialszy na świecie. Jak będzie można się w nim świetnie bawić! Cieszysz się jednak nie tylko z efektu, lecz także z dochodzenia do niego, z pracy, która Cię czeka. Czy to nie jest charakterystyczne dla dziecięcych działań? Coś jest do zrobienia? Podoba mi się? Więc zrobię to: teraz, zaraz, już!

Czy ta wizja sprawiła Ci przyjemność, czy raczej odczułeś konsternację? Z perspektywy osoby dorosłej szalony zapał może jawić się jako potencjalne zagrożenie. Domek na drzewie? Owszem, brzmi ekscytująco, ale… To „ale" jest jednym z najczęstszych zabójców entuzjazmu. Stanowi w pewnym stopniu efekt naturalnego procesu wchodzenia w dorosłość. W którymś momencie trzeba stać się odpowiedzialnym, stawić czoła wielu problemom.

W każdym kolejnym roku życia zdobywamy nowe doświadczenia. Zaczynamy pojmować, że nie wszystko przebiega tak, jak to sobie wyobrażamy. Przeżywamy porażki i bolesne rozczarowania. Jeśli nadamy im zbyt duże znaczenie, mogą stać się hamulcem skutecznie blokującym inicjatywę. To stopniowo zacznie niszczyć nasz dziecięcy entuzjazm i wyposażać nas w przeróżne „ale". Jak to może wyglądać w omawianym przykładzie? Dziecko zabiera się do pracy, a dorosły zaczyna tłamsić pozytywne emocje i kalkulować: „Czy warto? Może desek jest za mało? A może nie mamy tylu gwoździ? Chyba przydałaby się inna drabina" (wyższa, jeśli nasza jest niska, lub niższa, jeśli dysponujemy wysoką).

Długie rozważanie i niekończące się kalkulacje zabijają chęć, która zrodziła plan. Prowadzą do zniechęcenia i rezygnacji z realizacji pomysłu. Nawet dziecko ulega temu zniechęcającemu gadaniu i po jakimś czasie traci ochotę na działanie. Czuje się zawiedzione i rozczarowane. Na efekty nie trzeba długo czekać. Masowym zjawiskiem są młodzi ludzie, którym nic się nie chce, którzy w życiu głównie odczuwają nudę. Utracili czysty pierwotny entuzjazm, więc nie czują potrzeby działania, nie mają wystarczającej motywacji, nie potrafią skoncentrować się na żadnym zadaniu.

Warto, by rodzice (i kandydaci na rodziców) mieli tego świadomość i ostrożniej udzielali rad, które mogą prowadzić do zaniechania realizacji pomysłu powstałego w wyobraźni dziecka. Zniechęcanie do działania jest charakterystyczne dla rodziców nadmiernie opiekuńczych. Tak bardzo chcą oni uchronić dziecko przed bólem i rozczarowaniem, że zrobią wszystko, by ono nigdy tych przykrych uczuć nie doznało.

Jednocześnie należy się starać, by dojrzewający umysł nie tracił świeżości myślenia, entuzjazmu i optymizmu. To możliwe, jeśli będziemy nad dzieckiem mądrze rozpinać parasol ochronny zamiast zamykania go w więzieniu zbudowanym z naszych własnych lęków. Przede wszystkim zaś starajmy się wzbudzać w dzieciach radość z działania i sami w niej uczestniczmy.

Większość z nas już wyrosła z wieku dziecięcego. Czy to oznacza, że nie możemy wrócić do tamtego entuzjazmu? Możemy! Można go w sobie na nowo wzbudzić, niejako „przypomnieć" i użyć w dorosłym życiu, by uczynić je szczęśliwszym, łatwiejszym i ciekawszym. Czy ten entuzjazm będzie różnił się od dziecięcego? Tak, będzie mniej beztroski. Będzie dojrzały, oparty jednocześnie na zaangażowaniu i doświadczeniu. Będziemy zdawać sobie sprawę z możliwych konsekwencji tego, co robimy, ale nie zbudujemy z nich przeszkody nie do przejścia, która mogłaby zablokować nasze działania. Wraz z entuzjazmem wróci do nas to, co najważniejsze: spontaniczna radość.

Pierwszy krok do entuzjazmu

Zatrzymajmy się na chwilę przy dziecięcym postrzeganiu świata. W zachowaniu dzieci najłatwiej dostrzec przejawy różnych cech, które z biegiem czasu w sobie tłumimy. W dzieciństwie spontaniczna radość i zapał nie są jeszcze skażone. Większość z nas miała okazję obserwować, jak dzieci słuchają czytanej im bajki lub jak przeżywają film opowiadający o odwiecznej walce dobra ze złem. Utożsamiają się z bohaterami, bo mają łatwość posługiwania się wyobraźnią. Razem z nimi przeżywają kolejne wydarzenia. Głośno wyrażają emocje mimiką, postawą ciała, wyrazem oczu, śmiechem, płaczem, gestem. Tak samo reagują w zabawie i przy pomaganiu rodzicom czy rodzeństwu w codziennych czynnościach (do czego do jakiegoś wieku się garną). Tak się właśnie przejawia nieskażony entuzjazm. Czy posiadałeś go także? Na pewno. Przypomnieniu sytuacji, na które reagowałeś entuzjastycznie, służyło ćwiczenie zamieszczone w poprzednim rozdziale. Na ogół te momenty pamiętamy, gdyż entuzjazm jest silną emocją – tak silną, że pozostawia w pamięci trwały ślad.

Skoro potrafiliśmy być entuzjastyczni w dzieciństwie, znamy to uczucie i możemy je odtworzyć. Tylko czasami trzeba nad tym dłużej popracować. Mam szczęście należeć do ludzi, którym entuzjazm towarzyszył przez całe życie. Od najmłodszych lat bez względu na warunki miałem marzenia i je realizowałem, nawet w niesprzyjających okolicznościach. Entuzjazm mi w tym pomagał. Teraz dzielę się nim z innymi. Spontaniczność, żywiołowość, pasja, otwarcie na nowe doznania i nowych ludzi to cechy, które może rozwinąć każdy z nas. Najpierw jednak warto przyjrzeć się swojemu rozumieniu entuzjazmu. Po co? By pozbyć się negatywnych przekonań, jeśli je mamy.

Czym jest przekonanie? To wiara w jakąś "prawdę", która jednak nie musi obiektywnie być prawdą. To tylko my właśnie w taki, a nie inny sposób widzimy rzeczywistość, fakty, sytuacje czy mechanizmy działania. Gdybyśmy mieli możliwość jednakowego postrzegania "prawdy" w każdych okolicznościach, nie byłoby różnic poglądów, a przecież obserwujemy je na co dzień we wszystkich dziedzinach. Przykładem może być niezależność finansowa. Jak myślisz? Jak się ją zdobywa? Przez uczciwą pracę, rzetelne wykonywanie obowiązków, pomysłowość i kreatywność czy raczej przez nieuczciwe działania, kombinatorstwo i oszustwa? Jeśli w Twoim przekonaniu dobrobyt można osiągnąć wyłącznie w ten drugi sposób, to jako człowiek uczciwy być może dojdziesz do przekonania, że nigdy nie osiągniesz odpowiednio wysokiego poziomu życia, bo musiałbyś się sprzeniewierzyć swoim zasadom. A skoro będziesz w to wierzył, to będziesz to miał, a raczej w tym przypadku... nie miał, czyli Twoje potrzeby finansowe rzeczywiście nigdy nie zostaną zaspokojone. To działa jak sprzężenie zwrotne, więc utrwala fałszywe przekonania i blokuje dobrą energię. Czy możemy być entuzjastyczni, jeśli nasz umysł jest pełen negatywnych przekonań? To raczej niemożliwe. Pozbycie się ich lub zamiana w przekonania pozytywne, przede wszystkim jednak prawdziwe, stanowi podstawę uczenia się entuzjazmu, a raczej powracania do niego.

Jak wiemy, przekonania nabywamy głównie w wyniku wychowania i socjalizacji. W jakiś sposób je dziedziczymy. Jeśli w rodzinie i najbliższym otoczeniu będziemy się stykać z osobami pełnymi entuzjazmu, dobrej woli, otwartymi, życzliwymi i uśmiechniętymi, to mamy dużą szansę stać się takimi ludźmi. Jeśli zaś od dziecka wmawia nam się, że wszyscy wokół tylko czyhają na nasze potknięcia, że nikt nie ma dobrych intencji, a każdy dzień jest męką, wykrzesanie z siebie dobrych myśli, nadziei na spełnione życie będzie bardzo, bardzo trudne. Choć i w tym aspekcie, jak wynika z moich badań i obserwacji, nawet w tak trudnych okolicznościach nasze reakcje na odszukanie jakości życia są kwestią interpretacji tego, czego doświadczamy. Nawet traumatyczne przeżycia z dzieciństwa można przekuć na postawę pełną entuzjazmu – siły która zaprowadzi nas do wymarzonych celów.

A jeśli nie ma w nas tej właściwej interpretacji tego, co nas spotkało w przeszłości? Co w takiej sytuacji robić? Zdemaskować negatywne przekonania i je zmienić. Możemy tego dokonać. Przekonania bowiem nie są zależne od warunków zewnętrznych. Zależą jedynie od naszego myślenia.

Dotyczy to także zmiany przekonań związanych z entuzjazmem. Być może na razie hasło „entuzjastyczny" od razu otwiera w Twoim umyśle szufladkę z zawartością: „Aaa... Entuzjastyczny... A więc bezmyślny, pozbawiony refleksji, bierze się za coś, zanim się zastanowi. Nieprzygotowany. W gorącej wodzie kąpany. Naiwniak, głupiec...". Jeśli tak, to nie jesteś odosobniony. Jednak definiowana w ten sposób postawa nie opisuje entuzjazmu. Entuzjazm nie polega na pochopnym braniu się za cokolwiek, bez przemyślenia i przygotowania. To nie słomiany zapał. Tak postępuje wielu ludzi. Płomień rozpala się w nich nagle, start do działania następuje w jednej chwili. Tyle że każdy czynnik, który spowolni lub zatrzyma na sekundę tę rozpędzoną lokomotywę, działa jak piasek wsypany w tryby maszyny. Budzi złość i zniechęcenie. Następuje jeszcze kilka gwałtownych posunięć i... koniec. Rezygnacja. Maszyna się zepsuła. Zadanie, którego wykonywanie miało sprawiać przyjemność, staje się męczącą robotą.

Czy może jednak przynieść satysfakcję? Zastanówmy się, gdzie leży granica między entuzjazmem a naiwnością. To trudne do określenia. Trzeba wziąć pod uwagę całą osobowość konkretnego człowieka. Liczy się głównie zmysł przewidywania i zdolność do myślenia przyczynowo-skutkowego.

Wzorem entuzjazmu nie jest osoba, która z wielkimi zapowiedziami, huraoptymizmem i buńczucznymi hasłami wielokrotnie podchodzi do jakiegoś działania i nie potrafi wyciągać wniosków z popełnianych błędów, wciąż tych samych. To wcale nierzadko spotykany typ zadowolonego z siebie w każdej sytuacji głuptasa, doprowadzającego bliskich do rozpaczy spontanicznymi akcjami, podczas których uśmiech nie schodzi mu z twarzy. Ten motyw nader często wykorzystywany jest w komediach, bardzo starych jak kultowy Flip i Flap lub znacznie nowszych jak Jaś Fasola. (Na marginesie: bardzo mi się podoba humor i gra aktora Rowana Atkinsona ☺). Filmy te utrwalają obraz osoby rozsądnej jako pozbawionej poczucia humoru i entuzjazmu. Wiadomo, bohaterowie komediowi są przerysowani, podobnie jak postacie ze skeczów kabaretowych oraz karykatury. Można te obrazy filmowe czy przedstawienia potraktować jak ostrzeżenie przed negatywnymi skutkami entuzjazmu, ale trzeba mieć do nich dystans i pamiętać, że powstały głównie po to, by bawić, a nie uczyć.

Kim są ludzie, którzy radosną i twórczą postawę innych traktują z lekceważeniem, a nierzadko z wrogością? Myślę, że są to osoby nieszczęśliwe i zgorzkniałe, którym życie przecieka między palcami, bo za bardzo dopasowują się do otoczenia.

Już dawno stracili umiejętność indywidualnego działania, a raczej zmienili ją w łatwość krytykowania każdego, kto chce żyć po swojemu i realizować własne plany. Zapewne czują oni podświadomie, jak wiele stracili przez to, że wciąż się wahali, krępowali, obawiali, że wciąż wciskali hamulec, że zdeptali bezlitośnie tę cząstkę siebie, która rwała się do radosnej aktywności. Ta zatruwająca ich dusze gorycz oddziałuje negatywnie na wszystkich dookoła. Często przeradza się w zawiść. Przykre jest to, że tacy ludzie przekazują swoje smutne spojrzenie na świat dzieciom (uczniom, pracownikom, znajomym). Im samym zabrakło entuzjazmu, lecz zamiast przyznać, że się mylili, odbierają innym prawo do niego.

To nic innego, jak wkładanie kija w szprychy pędzącego roweru. Sam tego doświadczyłem wiele razy, nawet od najbliższych mi osób. Gdy snułem wizje i plany, gdy stawiałem sobie nowe, często odległe cele, najbliżsi nie podzielali mojego entuzjazmu, uznawali moje pomysły za mało realistyczne i starali się odwieść mnie od ich urzeczywistniania. Nie winię ich za to. Intencje mieli dobre. Działali w dobrej wierze, chcąc uchronić mnie przed kłopotami. Ale gdybym się poddał i przyjął ich sposób myślenia, to pewnie nie spełniłbym swoich marzeń do dziś. Warto uwolnić się od wpływu takich osób i ich przekonań, nawet jeśli to są nasi bliscy.

Wiem, że to jest jedno z najtrudniejszych zadań, tym bardziej jeśli naszą wartością jest rodzina i jej szczęście. Ale w moim zrozumieniu tej wartości jest taki szczegół: skoro pragnę szczęścia dla mojej rodziny, to wyznaczam granicę w relacjach, szczególnie w aspekcie opiniowania pomysłów i planów które mają na celu zmienić na lepsze jakość życia. Mojego, ale też w pewnym zakresie życia moich najbliższych.

Zniechęcanie to zabójcza trucizna dla naszego entuzjazmu. Czy można się zabezpieczyć przed jego destrukcyjnym działaniem? Można. Oprócz unikania etatowych zniechęcaczy, zazdrosnych i przepojonych goryczą, można spróbować wpłynąć na nich. Pokazać im inny sposób postrzegania świata i wesprzeć w zmianie nastawienia. Antidotum może być także znalezienie przeciwwagi, wzorca w postaci zaangażowanej i entuzjastycznej osoby, która wesprze nasze zamierzenia.

Jednym z przekonań, które warto zmienić, by uwolnić swój entuzjazm, jest twierdzenie, że prawdziwa praca „musi boleć". Musi być ciężka, nieprzyjemna. Człowiek musi być „styrany". Jeśli nie, to znaczy, że pieniądze dostaje „za nic". Czy czasami nie uważamy podobnie? Czy nie utwierdzamy się w przekonaniu, że nie wypada cieszyć się z tego, że robimy to, co robimy? Że z satysfakcją chodzimy do pracy, z radością wykonujemy kolejne zadania, a pieniądze zarabiamy na tym, co sprawia nam największą frajdę? Ktoś, kto pracuje z entuzjazmem, bez względu na to, czy jest fryzjerem, czy dyrektorem dużego przedsiębiorstwa, wykonuje swoją pracę dokładniej i sumienniej niż inni. Efekt jest taki, że jako klienci (lub pracownicy) chcemy do takiej osoby wracać i utrzymywać z nią kontakt.

Fryzjer z pasją podchodzący do swego zawodu wykorzystuje wszystkie swoje umiejętności i angażuje inwencję, bo cieszy to nie tylko klienta, lecz także jego samego. Kiedy ludzie wychodzą z jego zakładu zadowoleni, wręcz szczęśliwi, kiedy ma stałych klientów przychodzących z przyjemnością, a na dodatek przyprowadzających nowe osoby, jest to dla niego najlepsza zapłata, dowód, że warto pracować dobrze, a jednocześnie pożywka dla entuzjazmu. Entuzjazm rodzi się, kiedy robimy, a nawet kochamy to, co lubimy. Zapłata jest wtedy często rzeczą drugorzędną.

Przykład fryzjera przywołałem tu nie bez kozery. Gdy miałem 18 lat, pomyślałem, że to mogłaby być praca dla mnie.

Postanowiłem zdobyć odpowiednie umiejętności. Ale... nie poszedłem uczyć się tego zawodu w jakiejś szkole. Miałem inny plan. Przez jakiś czas chodziłem do różnych zakładów fryzjerskich, siadałem w poczekalni i przyglądałem się pracy tych, którzy z uśmiechem na twarzy strzygli i czesali. Tak spędziłem kilka miesięcy. Pracowałem wtedy jako dozorca nocny w liceum, a więc w ciągu dnia miałem wystarczająco dużo czasu. Czy znalazłem klientów, gdy uznałem, że mogę spróbować swoich sił? Tak, byli to moi mali siostrzeńcy. Mieli wtedy 7 i 5 lat. Kiedy nabrałem wprawy, krąg chętnych się pozwiększył: koledzy, znajomi oraz osoby, które spotykałem, pracując jako wolontariusz. Było to bardzo miłe.

Osoba entuzjastyczna postępuje właśnie w taki sposób. Czerpie energię ze swego wnętrza i kieruje ją na działanie, na zewnątrz. Działa szybko, ale nie pochopnie, bo dokładnie wie, czego chce. Brak zwłoki w pracy nie świadczy o lekkomyślności, ale o chęci szybkiego osiągnięcia celu. Cel powinien być jednak dobrze zdefiniowany, tak jak i droga do niego prowadząca. Działanie ze słomianym zapałem pomija etap przygotowań, entuzjazm zaś pozwala szybko go przejść i działać dalej już z nakreślonym planem i oszacowanymi szansami powodzenia.

Entuzjazm to radość z działania, radość, która pozwala lekko i swobodnie przechodzić z jednego punktu do drugiego. Warto przytoczyć angielskie powiedzenie: „ciesz się z podróży". Podróż bowiem (czyli działanie) jest nie mniej ważna od celu, do którego zmierzamy. Przypomnij sobie, jak miło jest przygotowywać się do wyjazdu, przeglądać przewodniki, planować trasę, pakować się. To przyjemność, która pozwala poradzić sobie nawet z obawami przed lotem czy nieprzewidzianymi kosztami pobytu, jeśli takie się pojawią.

Czy już wiesz, od czego zacząć pracę nad rozwijaniem entuzjazmu? Jeśli tak, to przyjrzyj się swoim przekonaniom na różne tematy. Odnajdź te negatywne. Zastanów się nad nimi. Może znasz ludzi, którzy mają inne zdanie? Dopuść ich na chwilę do głosu. Może to oni mają rację? Może warto zejść z utartej ścieżki myślenia i zmienić nastawienie na bardziej otwarte?

Jak rozwijać entuzjazm?

Zmiana negatywnych przekonań związanych z pojęciem entuzjazmu oczywiście nie rozwiąże wszystkich problemów. To zaledwie początek. Nawet jeśli nabierzemy przekonania, że entuzjazm jest pojęciem całkowicie pozytywnym, wartościowym i niesie same korzyści, to trzeba jeszcze to przekonanie utrwalić poprzez działanie. Jest takie powiedzenie: „najpierw działaj, potem oczekuj". W tym przypadku także się sprawdza. Dopiero w działaniu możemy doświadczyć pozytywnej mocy entuzjazmu. Z książek, które przeczytamy na ten temat, z pewnością sporo się dowiemy, ale dopiero sprawdzenie tej wiedzy w praktyce i doświadczenie siły entuzjazmu pozwala zrozumieć, ile on rzeczywiście znaczy. Bez tej cechy trudno osiągnąć cele w sferze osobistej, trudno też prowadzić jakąkolwiek działalność biznesową.

Co zrobić, żeby uwierzyć, że wykształcenie entuzjazmu jest możliwe? Nie każdy przecież otrzymał w darze odpowiedni jego zasób. Trudno oczekiwać wrodzonej spontaniczności i emanowania energią od osoby introwertycznej lub refleksyjnego melancholika. Istnieją skuteczne metody rozwijające entuzjastyczne podejście do życia. Wiele z nich sam przetestowałem, więc mogę je zaprezentować z pełnym przekonaniem.

Jedna z nich została opracowana przez psychologa **Williama Jamesa**, ale rozwinął ją amerykański pastor i autor książek z dziedziny rozwoju osobistego **Norman Vincent Peale**. Metoda Peale'a polega na świadomej zmianie myślenia i zachowania, a nawet wyglądu, tak aby odzwierciedlały cechy, które dopiero zamierzamy w sobie wykształcić. To rodzaj wizualizacji, tyle że bardziej konkretnej, przeprowadzanej w umyśle, ale widocznej na zewnątrz. Punktem wyjścia jest założenie – powtarzane wielokrotnie – że źródło każdej zmiany tkwi w naszych myślach i w dużym stopniu to my sami decydujemy, jacy jesteśmy, a raczej jacy postanawiamy być. Pomyśl przez chwilę nad swoim zachowaniem i przypomnij sobie, czy w każdym środowisku zachowujesz się jednakowo. I co? Oczywiście, że nie.

Prawdopodobnie inaczej mówisz, inaczej wyglądasz, a nawet masz inną minę lub przybierasz odmienną postawę w zależności od tego, czy bierzesz udział w oficjalnych rozmowach handlowych, czy jesteś wśród przyjaciół, z którymi znacie się od dawna, albo wśród ludzi, z którymi łączy Cię niewiele. Skoro możesz zmieniać swoje zachowanie i dostosowywać je do sytuacji, możesz też świadomie zaprogramować się na entuzjazm. To tym łatwiejsze, że – jak pisze Peale – entuzjazm nie towarzyszy nam stale. Odczuwa się go (lub nie) zawsze w odniesieniu do czegoś. Naucz się więc rozpoznawać sytuacje, w których warto włączyć entuzjazm. Myśl o wynikających z nich szansach i korzyściach. Daj się porwać chwilowej ekscytacji marzeniem i celowo odtwarzaj to odczucie podczas działania.

Dowodem skuteczności metody Normana Peale'a jest życie **Franka Bettgera**, handlowca i biznesmena, autora bestsellerowych książek z dziedziny motywacji i przedsiębiorczości.

Bettger w młodości grał w bejsbol, ale długo był zawodnikiem co najwyżej przeciętnym, więc został wydalony z klubu. Na odchodne usłyszał, że jest leniwy i powinien wkładać w to, co robi, choć trochę entuzjazmu. Nie zrezygnował z gry. Przeniósł się do innego klubu. Może to wydawać się śmieszne, ale postanowił, że już nigdy nikt go nie posądzi o lenistwo. Bez względu na okoliczności zawsze będzie entuzjastyczny. To postanowienie było tak silne, że przełamał swoje słabości i na boisku dawał z siebie wszystko. Jak to zrobił? Najpierw wyobraził sobie siebie jako entuzjastycznego gracza, a potem zrealizował tę wizję. Determinacja w połączeniu z radością gry przyniosła nadspodziewane efekty. Przemiana Franka bejsbolisty była tak niezwykła, że nadano mu przydomek Beczka Entuzjazmu. Bettger sam był zdziwiony nagłym powodzeniem i aż taką poprawą umiejętności. Ich wzrost i jednocześnie rozkwit entuzjazmu pokazał mu jasno, że gruntowna przemiana jest możliwa i należy tego próbować, jeśli tylko ma się na to ochotę.

Ważne było osobiste przekonanie Franka Bettgera, że chce robić to, co robi. Chce, a nie musi, czy powinien. Jeśli zamierzamy w swoim życiu coś zmienić, to obudźmy i utrwalajmy w sobie podobną postawę.

Do pogłębiania entuzjazmu w każdym momencie życia przydaje się rozwijanie wiedzy. Nie tylko poprzez edukację szkolną, lecz także, a może przede wszystkim, poprzez poznawanie różnych aspektów życia, dorobku cywilizacji, przypatrywanie się innym ludziom oraz oczywiście poprzez zdobywanie wiedzy specjalistycznej w wybranych dziedzinach. Wiedza jest jednym z czynników, na których opiera się entuzjazm.

Osoba mało entuzjastyczna nie wzbudza zaufania ani do swoich działań, ani do działań firmy. Osłabia też zapał innych. Działa to także w drugą stronę. Zaobserwowałem i sam doświadczyłem, że entuzjazm jest zaraźliwy. Warto mieć kontakt z ludźmi, którzy coś robią z pasją.

Nie muszą być to od razu rzeczy wielkie. Ja w taki sposób poznałem na przykład przyjemność wędkowania. Gdy miałem 10 lat, zachęcił mnie do tego sąsiad. Najpierw tylko obserwowałem, jak rano pełen zapału wychodzi z domu z wiadrem i wędkami, a potem wraca – szczęśliwy i dumny z połowu. Zapragnąłem poczuć się tak jak on. Szukałem z nim kontaktu i wypytywałem o szczegóły jego hobby. Przekazał mi to wszystko, co sam wiedział o sztuce łowienia ryb. Jego opowiadania były niezwykle interesujące, nasycone emocjami. Poczułem przemożną chęć rozpoczęcia własnej przygody z wędką. Nie minęło dużo czasu, gdy wyposażony w odpowiednie akcesoria ruszyłem nad jezioro. Początkowo oddawałem się nowej pasji jedynie w wolne dni, ale już wkrótce potem chodziłem na ryby prawie codziennie. Potrafiłem wstać nawet o 4 rano, by móc łowić przed pójściem do szkoły. Nic nie było w stanie mnie powstrzymać. Sąsiad zaraził mnie i swoim hobby, i swoim entuzjazmem. Jeśli więc odczuwasz brak entuzjazmu, a każdej myśli o podjęciu jakiegoś działania towarzyszy destrukcyjne: „po co?" i „nie warto!", poszukaj kontaktu z kimś, kto z entuzjazmem uprawia tę dziedzinę. I zacznij go naśladować. Początkowo będzie Ci się to wydawało sztuczne, ale jeśli otworzysz się na zmiany, po niedługim czasie przyjmiesz tę postawę za swoją. To skuteczna metoda. Od czasu fascynacji wędkowaniem stosuję ją z dużym powodzeniem w różnych dziedzinach życia.

Jak już wspominałem, entuzjazm nie jest cechą stałą. Stała może być tylko zdolność do odczuwania i okazywania go w obliczu jakiejś konkretnej sytuacji czy konkretnego zadania.

Czy wyobrażasz sobie wartość entuzjazmu cukiernika przygotowującego tort na jakąś ważną uroczystość, jeśli właściciel cukierni polecił zastąpić potrzebne produkty gorszymi i tańszymi? Czy wyobrażasz sobie determinację konstruktora pojazdu latającego, który nie wierzy, że jego wynalazek kiedykolwiek wzniesie się w powietrze? Czy wyobrażasz sobie wreszcie zapał trapera, który sądzi, że pokonywanie pieszo długiej drogi jest bez sensu? Oczywiście, że nie. Jeśli więc chcesz wzbudzić w sobie entuzjazm do jakiegoś pomysłu lub projektu, zastanów się najpierw, czy wierzysz w jego sensowność i czy tak naprawdę chcesz go realizować lub uczestniczyć w jego realizacji. Pomyśl, czy cel wart jest Twojego wysiłku. Jak się o tym przekonać? Możesz wykorzystać ćwiczenie proponowane przeze mnie na końcu tego rozdziału. Jeśli dojdziesz do wniosku, że nie zależy Ci tak bardzo na wytyczonym celu, lepiej zrezygnuj, bo będziesz się męczył, a Twoje starania przyniosą mierne skutki.

I tu dochodzimy do kolejnego sposobu wzbudzania entuzjazmu. Ciesz się życiem i zauważaj jego dobre strony. Poznaj siebie i uświadom sobie, co sprawia Ci autentyczną przyjemność. Czy wiesz, jak wiele osób nie dostrzega wokół siebie piękna i dobrych zdarzeń? Widzą tylko to, co brzydkie, co się nie powiodło. Jeśli zauważasz w sobie takie tendencje, postaraj się je zmienić. Zacznij od uśmiechania się do siebie i innych. Czy zwróciłeś uwagę, że osoby, które mają naturalny, szczery uśmiech, są mile widziane w każdym towarzystwie i szybciej załatwiają sprawy w różnych instytucjach? Uśmiechnięci sprzedawcy generują znacznie większe przychody niż inni.

Przypomnij sobie ostatnie zakupy. Prawdopodobnie masz swoje ulubione sklepy. I nie chodzi tu o sklepiki osiedlowe, w których sprzedawcy znają klientów, bo są nimi mieszkańcy najbliższych domów, od lat ci sami. Pomyśl o sklepach, gdzie kupujących jest tak wielu, że trudno ich zapamiętać. Atmosferę sklepu wyczuwamy najpóźniej po kilku pierwszych minutach. Bywa różnie. Na jednym biegunie jest obsługa, która biega po sklepie, z zapałem poprawia towar, przekłada coś, zapisuje, mijając klientów, tak jakby byli przezroczyści. Ma się wrażenie, że przeszkadzają im w pracy. Na drugim zaś – są sprzedawcy i asystenci sprzedawców, którzy ledwo klient wejdzie do sklepu, osaczają go i pytają: „W czym mogę pomóc?", choć wcale po nich nie widać chęci pomocy. Wiedzą ze szkoleń, że powinni zadać takie pytanie, więc pytają wielokrotnie i nachalnie. Najrzadziej zdarzają się sprzedawcy, u których widać autentyczną chęć oferowania towaru w taki sposób, by klient był zadowolony. Potrafią rzeczywiście doradzić, a nawet odwieść od zakupu, jeśli dostrzegą, że nabywca prawdopodobnie pożałuje podjętej decyzji. To prawdziwi profesjonaliści, szczerze oddani swojej pracy, szczęśliwi, że mogą ją wykonywać. Dowodem jest ich niewymuszony uśmiech i naturalność. Po zakupach w takich sklepach wychodzimy nie tylko z dobrym towarem, ale i z doskonałym nastawieniem do świata.

Uśmiech i autentyczna swoboda zachowania potrafią skutecznie zjednać sympatię otoczenia. Prezentuj taką postawę także w odniesieniu do siebie. Uśmiechnij się do swojego odbicia w lustrze. To działa! Gdy się do siebie uśmiechasz, czujesz się wspaniale, rośnie Twoje poczucie zadowolenia. W ten sposób możesz poprawić sobie gorszy nastrój. Spójrz na siebie przyjaźnie, w końcu otoczenie możesz zmienić, a ze sobą pozostaniesz przez całe swoje życie.

Spójrzmy na swoje życie jak na wspaniały dar. Cieszmy się z niego. Otrzymaliśmy go tylko na ograniczony czas, ale możemy wykorzystać dowolnie. Czemu więc nie mielibyśmy sprawić, by dar ten przyniósł nam szczęście? Tutaj także możesz zastosować zasadę, że świat jest taki, jak Twoje myślenie o nim.

Jak odnaleźć sytuacje, marzenia i cele, które wywołają entuzjazm? Bądź otwarty na to, co się dookoła dzieje. Patrz z uśmiechem na ludzi, którzy się ubierają inaczej niż wszyscy. Przyjrzyj się z życzliwością prowokującym fryzurom nastolatków. Czy muszą Ci się podobać? Nie! Czy Ty musisz wycinać we włosach kółka albo farbować czubek głowy na zielono? Absolutnie nie! Ale czyjaś fryzura nie wyrządza Ci żadnej szkody, popatrz więc na to bez oburzenia i z sympatią. Możesz pomyśleć, że młodość ma swoje prawa. Przypomnij sobie kilka własnych zachowań z okresu dojrzewania, które były pewnego rodzaju buntem wobec pokolenia dorosłych, wydającego się młodym zupełnie bez wyobraźni. I co tu ukrywać! Nie bez powodu! Spróbuj poćwiczyć swoją spontaniczność!

Zmieniaj się, zmieniaj sposób ubierania, miejsce zamieszkania, miejsce pracy. Zmieniaj drogi, którymi chodzisz, rytm dnia, rytm tygodnia, sposób spędzania wolnego czasu. Skręć w uliczkę, którą dawno nie szedłeś. Zajmuj się wszystkim, o czym myślisz skrycie „chciałbym, ale…". Wyrzuć z myślenia to „ale", jeśli tylko Twoje zamierzenia nie spowodują czyjejś krzywdy. Możesz wiele. I z tej wielości czerp entuzjazm.

Jeśli brakuje Ci czasu, a lubisz pospać, spróbuj pójść godzinę wcześniej do łóżka. Prawdopodobnie wstaniesz godzinę wcześniej niż zwykle. Twój poranek może okazać się dużo mniej nerwowy. Ze spokojem wypijesz poranną kawę, zjesz śniadanie i, co najważniejsze, będziesz miał czas entuzjastycznie nastawić się do nadchodzącego dnia. Pomóż sobie gimnastyką, optymistyczną muzyką czy chwilą dobrej rozmowy z kimś z rodziny. W miarę możliwości zjedz śniadanie na tarasie lub balkonie. Wykorzystaj wolne chwile na zaplanowanie dnia, jeśli nie zrobiłeś tego poprzedniego wieczoru. Spisz zadania na kartce. Może okaże się, że wcale nie jest ich tak wiele, jak myślałeś? Może wygospodarujesz tego dnia jeszcze jakąś godzinkę na spotkanie z przyjaciółmi? Ulubiony sport? Wyjście na koncert lub na wystawę, która się kończy?

Wykorzystaj nadchodzący dzień jak najlepiej. Z entuzjazmem i energią.

Entuzjazm karmi się też marzeniami. Pod warunkiem, że sobie na nie pozwolisz. Ich rola jest nie do przecenienia. To one wzmacniają kluczowe cechy naszej osobowości. One też potrafią wzmocnić nasz entuzjazm. Nie wszystkie marzenia muszą przeradzać się w cele. Nie wszystko musisz porządkować i klasyfikować. Nie wszystko musi mieć poważną przyczynę. Weź na przykład kawałek papieru i naszkicuj swoją karykaturę, odwzoruj widok za oknem lub pokoloruj kartkę, tak żeby linie i zamalowane przestrzenie wyraziły Twój aktualny nastrój. Po co? Po nic. Niech Twoje działanie nie ma żadnego celu poza chwilowym relaksem, zaspokojeniem chęci zrobienia czegoś zupełnie niepoważnego i niepotrzebnego. Nie musisz tego robić najlepiej na świecie. Nie musisz porównywać się do niczego. Po prostu ciesz się chwilą i drogą – robieniem czegoś, a nie celem.

Niech tym razem cel nie przysłania Ci działania. Nie musisz go sobie nakreślać. Działaj dla samego działania. Z nim zwykle pojawia się entuzjazm. Naucz się go rozpoznawać i odczuwać, by potem umieć go wywołać. To, co robisz celowo – w pracy lub dla rodziny – powinno zacząć sprawiać Ci taką samą przyjemność, jak to, co robisz bez celu, bez jakiegokolwiek obowiązku, nie mówiąc już o przymusie, który potrafi zdusić entuzjazm w zarodku.

Wróćmy do głównego wątku tego rozdziału. Jeśli już wiesz, jak przejawia się entuzjazm, wyznacz sobie wartościowy cel. Co to znaczy wartościowy? Taki, który rzeczywiście chcesz osiągnąć. Ty sam! Nie Twoja rodzina, otoczenie, znajomi, współpracownicy. Cel może być spójny z ich celami, ale przede wszystkim Ty powinieneś się z nim identyfikować. Staraj się, by był zgodny z Twoimi wartościami nadrzędnymi.

Zobacz konkretne korzyści (niekoniecznie materialne), które z niego wynikną. Warto mieć dobrze przemyślane plany. To one dają motywację, by codziennie rano z radością wstawać z łóżka i spełniać swoje marzenia.

Jak sobie radzić z przeszkodami?

Skuteczność metod przedstawionych w poprzednim rozdziale sprawdziłem w praktyce. To nie znaczy jednak, że wszystko szło gładko. Jak każdy, kto stara się o cokolwiek, napotykałem rozmaite przeszkody. Liczyłem się z tym. Pokonywałem je jedna po drugiej, by jak najszerzej otworzyć drzwi dla entuzjazmu.

Co może przeszkodzić w pojawieniu się entuzjazmu?

Zacznijmy od bardzo ważnego czynnika – zdrowia. Dbałość o dobry stan ciała to obowiązek każdego z nas. Niestety, mamy skłonność albo do przesadnego zajmowania się nawet chwilowym spadkiem nastroju, dopatrując się w nim symptomu jakiejś groźnej choroby, albo do lekceważenia nawet dłużej trwających dolegliwości i zbywania ich krótkim: „samo przejdzie". Najlepiej zastosować złoty środek: dobrze się odżywiać, wystarczająco dużo spać, radzić się lekarza, jeśli ból nie ustępuje, a inne objawy trwają dłużej niż tydzień. W ramach profilaktyki warto też raz na kilka lat przeprowadzić gruntowne badania, które upewnią nas, że z organizmem wszystko jest w porządku, lub pozwolą wykryć chorobę we wczesnym jej stadium, co zwiększa szanse na wyleczenie.

Niezwykłym entuzjazmem wyróżniają się niepełnosprawni sportowcy. Z chęcią trenują i pokonują własne słabości. Do ich grona należy na przykład **Anthony Kappes** – niewidomy kolarz z Wielkiej Brytanii, który został czterokrotnie mistrzem świata i dwukrotnie mistrzem olimpijskim (w 2008 roku w Pekinie i w 2012 roku w Londynie).

Imponujące są też osiągnięcia innego pełnego entuzjazmu sportowca. To Norweg **Jostein Stordahl,** który jako siedemnastolatek stracił nogę w wypadku kolejowym. Uprawia aż trzy dyscypliny sportowe: curling (bardzo popularny w Skandynawii), podnoszenie ciężarów oraz żeglarstwo. Nie wszędzie i nie zawsze wygrywa z innymi, ale zawsze wygrywa z sobą i dla siebie.

Kolejną przeszkodą w odczuwaniu entuzjazmu i przyczynie większości życiowych niepowodzeń jest stres. Mniejszy lub większy – towarzyszy nam stale. W małej dawce jest nieszkodliwy, w nadmiarze może wywołać bardzo poważne dolegliwości. Jest nie tylko przyczyną problemów emocjonalnych, ma także zgubny wpływ na nasze życie i zdrowie. Ludzie poddani długotrwałemu działaniu czynników stresogennych mogą popaść w uzależnienia, cierpieć z powodu kłopotów z układem krążenia, pokarmowym i nerwowym. Stają się apatyczni i zniechęceni do życia.

Stres może znacznie osłabić entuzjazm. Najważniejsze w walce z nim nie jest łagodzenie jego skutków (czyli tak zwane leczenie objawowe), ale dociekanie i zwalczanie przyczyn. Nie zawsze istnieje możliwość likwidacji stresora. Kluczowa jest wtedy zmiana nastawienia. Sytuację stresogenną postarajmy się zaakceptować lub przynajmniej przyjąć do wiadomości. Gdy nie możemy zapanować nad nią samą, to zmieńmy swoje nastawienie do niej. O pomoc w zaakceptowaniu istniejącej sytuacji, jeśli jest dla nas bardzo trudna, możemy zwrócić się do psychologa.

Dość często zdarza się, że zmiana nastawienia powoduje znaczną poprawę samopoczucia i przypływ nowych sił.

Dochodzi do zredukowania stresu z poziomu destrukcyjnego do motywującego.

W moim przypadku skuteczna okazuje się strategia neutralizowania stresu, zanim urośnie do zbyt wysokiego poziomu. Brak stosowania się do tej strategii sprawia, że organizm uwalnia się od stresu sam, niekiedy w sposób niekontrolowany. Zapewne przypomnisz sobie z własnego życia sytuację, w której wzrost napięcia był tak duży, że wreszcie zareagowałeś gwałtownym wybuchem. To działa jak przecięcie wrzodu. Przez chwilę boli mocniej, ale potem robi się znacznie lżej. Niestety, uldze towarzyszą często negatywne skutki.

Może jednak nie warto czekać do chwili, kiedy zmiany można przeprowadzić już tylko rewolucyjnie albo dokonują się same ze szkodą dla wszystkich? Lepiej reagować w momencie, gdy rozpoznamy, co lub kto jest głównym stresorem. Dalsze angażowanie się w stresującą sytuację byłoby tylko stratą czasu i energii. Nikomu nie przyniesie żadnej korzyści. Zwykle uświadomienie sobie tego wystarczy, żeby nabrać dystansu, wyciągnąć wnioski i rozpocząć proces zmian. Jeśli wydaje nam się to niemożliwe, spróbujmy pomyśleć, czy ta sytuacja będzie dla nas równie ważna za rok, pięć lat, dziesięć. Może się okazać, że samo wyobrażenie sobie dystansu czasowego osłabi działanie stresu.

W końcu emocjom ulegamy zazwyczaj pod wpływem jakichś impulsów. Są one tak silnymi doznaniami, że nie da się utrzymać ich bardzo długo na wysokim poziomie. Z czasem słabną. Przypomnij sobie, ile razy okazywało się, że Twoje wzburzenie jest zupełnie niepotrzebne, że sprawę – wydawałoby się bardzo istotną – można było załatwić inaczej. Że jakieś wydarzenie po czasie raczej Cię śmieszyło niż złościło. Zwłaszcza gdy przypomniałeś sobie, jak miotałeś się bezsilnie, co rusz wybuchając gniewem.

I tu warto wypróbować skuteczność kolejnej metody. Jest nią poszukiwanie humorystycznego aspektu problemu. To rozładowuje napięcie. Zresztą niekiedy umysł wykorzystuje ten sposób bez naszego przyzwolenia. Prawdopodobnie albo sam to przeżyłeś, albo miałeś okazję obserwować. W sytuacji niezwykle wysokiego napięcia trudno niekiedy utrzymać powagę. Zdarza się nawet parsknięcie śmiechem albo drganie ramion, bo śmiech co prawda udało się stłumić, ale tego odruchu już nie. Taka reakcja jest rodzajem wentyla bezpieczeństwa. Jego uruchomienie osłabia stres, a więc może ratować człowieka przed naprawdę poważnymi konsekwencjami, takimi jak udar mózgu czy atak serca.

Warto wykorzystywać to ochronne działanie śmiechu. Spróbuj roześmiać się nawet teraz, bez powodu. Czy zauważasz zmianę w swoich odczuciach? Śmiech dodaje do naszego odczuwania element spontanicznej radości. To jakby powrót do dzieciństwa z jego beztroską i odczuwaniem przyjemności w najdrobniejszych sprawach: jedzeniu lodów na patyku, oglądaniu ulubionej kreskówki, zabawie na podwórku czy wypadzie rowerowym.

Skoro radość potrafi wywołać tyle dobrych uczuć, warto ją zastosować w celu wyeliminowania nadmiaru stresu. Możesz więc w sytuacji stresowej urządzić sobie „dzień dziecka" polegający na powrocie do zachowań z dzieciństwa. Zbuduj coś z klocków lego. Kup sobie watę cukrową, lody lub idź do wesołego miasteczka. Obejrzyj swój ulubiony film (z tych dozwolonych od lat siedmiu). Niech towarzyszą Ci w tym dzieci, własne lub zaprzyjaźnione z Twoją rodziną. Zabawa z dziećmi zaabsorbuje Cię. Da Ci czas niezbędny do nabrania dystansu. Pozwoli cieszyć się chwilą. Zmęczy fizycznie, ale spowoduje osłabienie negatywnie działającego napięcia psychicznego. Sam w chwilach stresu staram się przypominać sobie, co jest dla mnie ważne i cieszyć się z tego, co mam: rodziny, ciekawej pracy, hobby. To mnie uspokaja, przynosi mi zadowolenie i daje dystans potrzebny do realistycznej oceny sytuacji.

Stres można rozładować także poprzez sport i aktywność fizyczną, relaksacyjną muzykę, właściwe oddychanie. Pomaga otaczanie się życzliwymi ludźmi, od których możemy oczekiwać zrozumienia. O unikaniu przepojonych goryczą zniechęcaczy już pisałem.

Przeszkodą w odczuwaniu entuzjazmu mogą być również kompleksy. Dotyczą one nie tylko wyglądu, lecz także własnych możliwości. Przekonania o braku umiejętności logicznego myślenia czy braku zdolności, o tym, że inni są lepsi w wielu dziedzinach, skutecznie blokują entuzjastyczne nastawienie do realizowania planów. Niekiedy wychodzimy z błędnego założenia, że to, co my potrafimy zrobić, potrafią wszyscy, bo to żadna umiejętność. Jeśli jesteśmy skuteczni w rozmowach z klientami i negocjacjach, to wydaje nam się, że każdy by sobie z tym poradził. Jeśli podpisaliśmy kontrakt na znaczną sumę, to pewnie dlatego, że klient bardzo potrzebował akurat naszego produktu (może nie znał produktów konkurencji). Jeśli doskonale remontujemy mieszkania czy zajmujemy się ogrodem, to znaczy, że każdy mógłby to zrobić z takim samym efektem. Myślimy, że wszystkie umiejętności i talenty, których nie mamy, są więcej warte od tego, czym możemy się wykazać. Umacniamy w sobie to przekonanie, mówiąc: „Nie dziękuj, to potrafi każdy", „Ee, to nic takiego", „Jestem taki zwyczajny", „Nie ma we mnie nic ciekawego i godnego uwagi". To smutne, że siebie samych traktujemy w ten sposób. Takie deprecjonowanie własnej osoby przynosi wiele negatywnych skutków, a jednym z istotnych jest pozbawianie się szansy na entuzjazm. Czy możemy być entuzjastyczni, jeśli sądzimy, że brakuje nam talentów i umiejętności, czyli mocnych stron?

Czy chętnie zabierzemy się do pracy i będziemy z przyjemnością ją wykonywać, jeśli z góry założymy, że nic dobrego z tego nie wyniknie? To mało prawdopodobne. Gdybyśmy włożyli tyle samo wysiłku w rozwijanie wiary w siebie, ile wkładamy w pozbawianie się wartości, moglibyśmy „góry przenosić". Warto więc nad tym popracować.

Teraz rozważmy kilka sugestii, co można zrobić, żeby ruszyć w dobrym kierunku.

Najpierw poobserwuj siebie przez kilka dni. Postaraj się analizować każdą swoją rozmowę z drugim człowiekiem. Zwróć uwagę, w jaki sposób reagujesz, kiedy ktoś Ci dziękuje albo mówi jakiś komplement. Czy odpowiadasz w sposób, który nie umniejsza Twojej zasługi? Czy cieszysz się z docenienia i miłych słów? Czy potrafisz to okazać? Przyjrzyj się także swojej reakcji, gdy pojawia się coś do wykonania. Poobserwuj, czy wprawia Cię to w popłoch, czy traktujesz nowe zadanie jak początek ciekawej przygody. Wielu ludzi, jeśli proponuje im się coś nowego, z góry rezygnuje, mówiąc, że tego nie potrafią. W ogóle nie biorą oni pod uwagę, że właśnie stracili okazję – być może bezpowrotnie – by się tego nauczyć. Niektórzy uważają za swój plus nawet to, że podejmują się jedynie tego, co już dobrze umieją. Czy to słuszne? Zapewne nie. To droga prowadząca do nudy, stagnacji i przekonania, że życie jest niewiele warte. Jeśli zaobserwujesz u siebie podobne symptomy, zdemaskuj kompleksy i zajmij się ich rozbrojeniem.

Zacznij od zmiany przekonania, że nie wypada doceniać swoich umiejętności. Niektórzy błędnie uważają, że wiara w swoje umiejętności i przyznawanie się do ich posiadania to brak skromności i pokory. Nic bardziej mylnego. Pokora nie wiąże się z tym, jak oceniamy siebie. Jest uczuciem żywionym wobec innych. Brak pokory to niedocenianie ludzi i poczucie, że jesteśmy lepsi od innych, że nasze talenty, cechy, umiejętności, wygląd, pochodzenie czy majątek są więcej warte niż przymioty innych. Człowiek pokorny docenia to, co ma, ale nigdy nie stawia się ponad innymi. Nie porównuje wartości ludzi. Traktuje każdego z takim samym szacunkiem i życzliwością. Zdaje sobie sprawę, że ludzie się wzajemnie uzupełniają i każdy od każdego może się czegoś nauczyć. Nie mów więc o czymś, co dla kogoś zrobiłeś: „To nic takiego, każdy by mógł to zrobić". Lepiej użyj zdania: „Cieszę się, że moje umiejętności mogły Ci się przydać". Postaraj się przestawić myślenie na takie tory. Pomoże Ci w tym afirmowanie.

Różnorodne przeciwności napotykamy w życiu codziennie. Nie należy im się poddawać. Spójrzmy na **Walta Disneya**. Był człowiekiem wielu zawodów: producentem filmowym, reżyserem, przedsiębiorcą, scenarzystą, a także aktorem. Energicznym i emanującym entuzjazmem. Cechy te ujawniły się najmocniej, gdy postanowił koło Anaheim w Kalifornii stworzyć słynny Disneyland, park rozrywki o niespotykanych dotąd rozmiarach. Początkowo nikt nie traktował jego pomysłu poważnie. Do swojej wizji Disney musiał przekonać nie tylko współpracowników, lecz także urzędników i bankierów, którzy nie chcieli finansować ryzykownego przedsięwzięcia. Był jednak entuzjastyczny i konsekwentny. To przyniosło efekty. Stworzył miejsce, w którym wszyscy, mali i duzi, czują się szczęśliwi. Mali, bo znaleźli się w swoim wymarzonym świecie, a duzi, bo mogą wrócić do beztroskich lat dzieciństwa. Disneyland (teraz to już sieć parków na całym świecie) jest miejscem, w którym znikają podziały wiekowe, rasowe, światopoglądowe, a nawet językowe. Sam byłem świadkiem, jak ludzie z różnych stron naszego globu posługujący się odmiennymi językami porozumiewali się ze sobą bez najmniejszego problemu, ponieważ tam wszyscy mówią jednym językiem:

językiem radości, dziecięcej fantazji i miłości. Dla wszystkich czas się zatrzymuje. Warto zobaczyć dorosłych w górskiej kolejce, w krainie lalek czy labiryncie Alicji z Krainy Czarów! Błyszczące oczy, otwarte w śmiechu lub zachwycie usta. Tylko entuzjasta mógł wymyślić coś, co zarażałoby radością miliony osób z całego świata.

Pamiętaj, że przeszkody w odczuwaniu entuzjazmu będą miały tylko taką rangę, jaką sam im nadasz. Traktuj je jak zjawisko naturalne, z którym należy się pogodzić. Nie lekceważ ich, ale też nie przypisuj im jakiegoś większego znaczenia. Nie pozwól, by wpływały na Twoje poczucie własnej wartości. Miej świadomość ich istnienia i pokonuj śmiało jedną po drugiej. Nie zapominaj o tym, że każda przekroczona bariera nasila entuzjazm i jednocześnie wzmacnia pozostałe cechy kluczowe, przede wszystkim wiarę w siebie, wytrwałość i odwagę.

Jak utrzymać entuzjazm?

Zwracałem uwagę na to, że entuzjazm jest związany z konkretnymi działaniami, projektami i sytuacjami. Nie można go odczuwać w oderwaniu od nich ani stale. Nie wystarczy, że nauczymy się wywoływać w sobie entuzjazm, a następnie przyjmiemy do wiadomości, że trudności są nieodłączną częścią życia i trzeba je po prostu pokonywać. Entuzjazm podlega silnym wahaniom i może szybko osłabnąć. Dzieje się tak nie tylko wtedy, gdy nasze odczucie to słomiany zapał, którego nie da się przełożyć na sensowne działanie. Na początku trzeba uczciwie ocenić, czy to, czym zamierzamy się zająć (lub już się zajęliśmy), rzeczywiście ma dla nas tak duże znaczenie albo czy z jakichś powodów jest konieczne do wykonania.

Jeśli okaże się, że tak nie jest, to nie ma sensu ciągnąć na siłę projektu, który i tak nie ma szans powodzenia. Być może nawet nie jest nikomu potrzebny.

Niepodsycany entuzjazm potrafi jednak osłabnąć niemal do zera także wtedy, gdy cel, który nakreśliliśmy, jest ambitny, a korzyści z jego realizacji widoczne i oczywiste. To naturalny proces, który zresztą – jak wkrótce dowiodę – może być naszym sprzymierzeńcem.

W przypadku entuzjazmu po krótkim okresie oczarowania pomysłem i szalonej chęci realizowania go przychodzi zniechęcenie. Jeśli pomysł jest wart kontynuacji, można je pokonać, tak jak każdą inną trudność. Pisałem, że naturalna utrata entuzjazmu na wstępnym etapie realizacji projektu ma swoje zalety. Do głosu dochodzi wtedy istotna cecha kluczowa, która często zostaje przytłumiona pierwszym wybuchem entuzjazmu. Jest to realizm. Chwilowa utrata entuzjazmu lub zmniejszenie się jego mocy pozwala tej cesze włączyć się w projektowanie działań, ocenić to, co już zostało zrobione, i nakreślić dalsze etapy pracy.

Realizm pozwoli nam między innymi podzielić drogę do celu na etapy. Każdy z nich powinien być zakończony małym celem, czyli małym sukcesem, który zwiększy motywację i odbuduje entuzjazm. Entuzjazm stanie się wówczas mniej zależny od chwilowych trudności. Będzie prawdopodobnie nieco mniejszy niż początkowy, ale bardziej stabilny, mniej narażony na chwilowe wahania.

Ważna jest także nieustanna świadomość celu. Jeśli chcesz trafić lotką w najmniejsze środkowe koło, musisz się w nie wpatrywać. Gdy chociaż na chwilę odwrócisz wzrok, możesz chybić. Dotyczy to także wszelkich naszych pomysłów. Skupiaj się na celu. Myśl o nim. Stosuj omówioną już metodę wizualizacji wraz z wyobrażeniem sobie wspaniałego uczucia, jakie towarzyszy osiągnięciu celu. Ze świadomością celu wiąże się konsekwencja. Bez niej na nic się zdadzą najbardziej rozbudowane wyobrażenia, pięknie rozpisany plan i kolejne inspiracje. Nie oglądaj się, nie szukaj pretekstów do przerw, tylko idź, pokonuj kolejne etapy. Każde działanie przybliży Cię do osiągnięcia celu.

Werner Herzog już w wieku 12 lat postanowił, że zostanie reżyserem, a w jego filmach będzie występował znany aktor mieszkający po sąsiedzku. Jako dziecko Herzog był bardzo nieśmiały. Nie chciał nawet występować przed klasą. Żeby zdobyć wymarzony zawód, najpierw zaczął czytać encyklopedię kina. Zrozumiał jednak, że reżyserowi najbardziej potrzebna jest kamera. Zdobył ją. Potem pracował w hucie jako robotnik, by zgromadzić fundusze na pierwsze obrazy filmowe. Miał niewiele ponad 20 lat, kiedy założył własną firmę produkującą filmy. To były kolejne kroki przybliżające go do celu. Wiele jego filmów fabularnych i dokumentalnych przyniosło mu uznanie krytyki i pieniądze. Tak dużo może zdziałać entuzjazm w połączeniu z konsekwencją. Jeśli sprawisz, by ta para stała się nierozłączna, wcześniej czy później zdobędziesz to, czego chcesz.

Entuzjazm w kierowaniu zespołem

Od początku swojej drogi biznesowej, czyli od 1989 roku, intuicyjnie staram się zarażać ludzi entuzjazmem, zwłaszcza pracowników i partnerów biznesowych. Jak się to przejawia? Tak kieruję zespołem, żeby każdy jego członek był przekonany o swojej wartości dla firmy i o wartości produktu, którego jest współtwórcą. Najpierw wnikliwie analizuję usługę lub produkt, który zamierzamy wypuścić na rynek. Zachęcam też do tego innych. Chcę, żebyśmy wszyscy go sprawdzili i by każdy z nas mógł osobiście się przekonać, że to, co oferujemy, jest rzeczywiście dobre. Przywiązuję do tego wielką wagę. Wysyłam pracowników na odpowiednie szkolenia, by doskonalili swoje metody pracy. Dbam o autonomię każdego z nich, ponieważ uważam, że ludzie działają najskuteczniej bez zbędnego nadzoru. Darzę osoby w swoim otoczeniu dużym zaufaniem.

Sądzę, że uczciwość jest efektem wiary w ludzi. Staram się, by to, co sam osiągam, było dla moich pracowników dowodem, że śmiałe plany realizowane punkt po punkcie z wytrwałością i entuzjazmem przynoszą sukces!

Każdy kierujący grupą powinien pamiętać o tym, że entuzjazm jest jednym z najważniejszych warunków powodzenia firmy. Przedsiębiorstwa, które nie potrafią wywołać entuzjazmu w swoich pracownikach, nigdy nie osiągną tyle, ile firmy, które tego dokonają.

Refleksje końcowe

Entuzjazm jest warunkiem powodzenia Twoich planów. Jest możliwy do wyuczenia, co oznacza, że każdy z nas może postarać się, by mieć jego wystarczający zasób.

Jeśli podchodzisz do pracy lub jakiegokolwiek innego zadania bez entuzjazmu, zastanów się, czy w ogóle warto to robić. Pozbawiasz się bowiem w ten sposób radości życia, a bez niej trudno o odczuwanie szczęścia, do którego dąży większość z nas.

Jeśli rozwiniesz w sobie entuzjazm, Twoje życie nabierze nowej jakości. Łatwiej przyciągniesz do siebie innych, łatwiej też przekonasz ich do swoich projektów. Z pewnością zyskasz również nowych przyjaciół, bo ludzie cechujący się entuzjazmem otwierają się na świat i wyróżniają empatią, widzą rzeczywistość w barwach różowych, a nie szarych. Zazwyczaj łatwo im przychodzi zarówno dostrzeganie własnych mocnych stron, jak i wskazywanie zalet u innych i chwalenie ich za to. Sami też przyjmują z radością dobre słowa i pochwały. Tworzą wokół siebie atmosferę życzliwości, emanują pozytywną energią, a ona powraca do nich ze zdwojoną siłą. Zyskują w ten sposób wiarę w siebie i pewność działania. Nie utrwalają rutynowych zachowań i nie dają się nabierać na złudne poczucie bezpieczeństwa, które stwarza stabilizacja. Z odwagą wyznaczają kolejne cele, licząc się z przeciwnościami, bo są gotowi na ich pokonywanie.

Entuzjazm zwiększa kreatywność, pozwala pełniej rozwinąć i wykorzystać osobisty potencjał. Generuje osiągnięcia w różnych sferach życia, co dobrze wpływa na zdrowie fizyczne i psychiczne człowieka. Wyniki wielu badań naukowych dowiodły, że człowiek radosny, pozytywnie nastawiony do świata oraz przekonany, że może mieć życie szczęśliwe i satysfakcjonujące, mniej choruje, a jeśli to się zdarzy, szybciej wraca do zdrowia. Jest też mniej podatny na negatywne skutki stresu.

O zaletach entuzjazmu świadczą dokonania wielu ludzi. Entuzjastycznie podszedł do projektowania katedry we Florencji **Filippo Brunelleschi**. Entuzjazm prowadził poszukującego nieznanych lądów **Krzysztofa Kolumba**. Nazwiska można mnożyć: **William Gilbert** – badacz magnetyzmu, **Samuel Morse** – wynalazca alfabetu sygnałowego, **Florence Nightingale** – kobieta, która zrewolucjonizowała opiekę nad chorymi itp. Wszystkie te osoby dopięły swego dzięki zapałowi, który towarzyszył ich działaniom.

Z entuzjazmem można pracować nad nowym wynalazkiem, dokonywać odkryć, prowadzić badania naukowe. Entuzjastycznie można też oferować swoje usługi i towary, a nawet robić kolację i bawić się z dziećmi. Okazuj więc entuzjazm zarówno podczas realizowania ważnych życiowych celów, jak i wykonywania codziennych czynności.

Mocy entuzjazmu nie sposób przecenić. Uwalnia on pokłady energii, mobilizuje do działania i utwierdza w przekonaniu, że najśmielsze plany można urzeczywistnić. Zacznij więc zachowywać się tak, jakbyś już rozwinął tę cechę. Daj się ponieść fali entuzjazmu. Myśl o czekających Cię zadaniach jak o przygodzie życia. Wybieraj te, na których naprawdę Ci zależy. Naucz się odczuwać radość z własnej aktywności oraz kontaktów z innymi ludźmi. Myśl o sobie z sympatią i każdego dnia uśmiechaj się do tych myśli.

Rozbudzony entuzjazm będzie wspierał Cię w staraniach, by Twoje życie stało się lepsze, ciekawsze i pełniejsze.

Co możesz zapamiętać? ☺

1. Entuzjazm rodzi zapał, gorliwość, energię, determinację, motywację do działania, świadomość życiowego celu i pasję. Entuzjazm powstaje ze zdrowego poczucia własnej wartości i odpowiedzialności za własne życie.
2. Entuzjazm przejawia się w skłonności do odnajdywania we wszystkim pozytywnych aspektów i w wierze w pomyślny rozwój wydarzeń. Cechy te można w sobie obudzić i rozwijać.
3. Stosuj metodę Williama Jamesa oraz inne opisane w książce techniki budzenia w sobie entuzjazmu.
4. Bierz przykład z wielkich optymistów i entuzjastów.

Inaczej o byciu realistą

Spis treści

Wstęp 313

Czym jest realizm? 314

Granice realności.....................315

Nawyki myślowe do zmiany 319

Realizm w działaniu 326

Studium przypadku.....................332

Realizm w praktyce 341

Życie według własnego planu 347

Refleksje końcowe 356

Wstęp

Co kojarzy się ze słowem realizm? Na czym polega myślenie realistyczne i jakie są jego skutki? Wydaje się, że wszyscy to wiemy. Czy jednak zastanawiałeś się kiedyś nad związkiem realizmu z marzeniami? Pomaga w ich spełnianiu czy raczej przeszkadza? Proponuję na początek krótki test. Weź kartkę i coś do pisania. Spróbuj ułożyć kilka zakończeń zdania: „Jeśli spojrzeć na to realnie...". Zapisz je. Prawdopodobnie przynajmniej jedno z tych zdań (a być może wszystkie) w drugiej części zawiera słowo „nie", a więc brzmi na przykład: „Jeśli spojrzeć na to realnie, nie damy rady w tym czasie wykonać planu", „Jeśli spojrzeć na to realnie, nie uda mi się tego zrobić", „Jeśli spojrzeć na to realnie, pomysł jest nie do urzeczywistnienia". Dlaczego układamy takie zdania? Być może dlatego, że sami słyszeliśmy takie stwierdzenia wielokrotnie. Tworząc tak rozumiany „plan realistyczny", skupiamy się na zagrożeniach, a bagatelizujemy plusy przedsięwzięcia. Nabieramy przekonania, że ambitne (w domyśle: zbyt ambitne) plany nie są dla nas, że powinniśmy z nich rezygnować. W ten sposób zaprzepaszczamy wiele szans.

Jeśli mamy tendencję do rozumienia realizmu jako konieczności rezygnacji, spróbujmy to zmienić. Tak jak w przypadku innych przekonań zmiana jest możliwa. Od czego zacząć? Warto zadać sobie kilka pytań. Jak rozległe są granice realności, czyli granice ludzkich możliwości? Czy realista może być wizjonerem? Albo odwrotnie: czy wizjoner może być realistą? Czy realizm może pomagać w wytyczaniu celów i poprawiać jakość życia? Czy może być sposobem na spełnianie marzeń? Przeanalizujmy rzeczywiste znaczenie tego terminu i wszystkie jego aspekty. Przyjrzyjmy się wspólnie ludziom, którzy mieli – wydawałoby się – nierealne marzenia i spełniali je w sposób całkiem realny. Być może stanie się to dla Ciebie ważną inspiracją, impulsem do działania. Być może stwierdzisz, że właściwie pojęty realizm daje nadzieję, pomaga przezwyciężać trudności i pozwala rozwinąć skrzydła.

Czym jest realizm?

Zanim zredefiniujemy pojęcie realizmu, przyjmijmy istotne założenie, które sugerowałem we wstępie: realizm jest sposobem na spełnianie marzeń. Na początku trudno w to uwierzyć, ponieważ w naszych umysłach zakorzeniło się przekonanie, że realizm jest cechą, która wpływa raczej na rezygnację z marzeń niż na ich urzeczywistnianie. Kojarzymy go z uświadamianiem sobie ograniczeń, zahamowań i barier, aby... stworzyć z nich przeszkodę tak ogromną, że wydaje się nie do przejścia. Powtórzę: realizm jest sposobem na spełnianie marzeń. I to właśnie dlatego, że pozwala uświadomić sobie ograniczenia, zahamowania i bariery. Jednak nie po to, by stanowiły dowód na niemożność osiągnięcia celu, lecz po to, by jak najbardziej obiektywnie ocenić sytuację, a potem poszukać dróg, którymi będzie można pójść dalej.

Definicje słownikowe podają, że realizm to postawa życiowa polegająca na trzeźwej, bezstronnej ocenie rzeczywistości, pozwalająca na wybór skutecznych środków działania. A także umiejętność dokonania takiej oceny. Oparta jest ona na doświadczeniu, wiedzy i analizie faktów. Realista jest więc człowiekiem, który ma świadomość trudności, a mimo to nie boi się nowych wyzwań, z odwagą realizuje plany i w ten sposób czyni swoje życie fascynującym i pełnym barw. Realista potrafi właściwie ocenić możliwość (czyli realność) wykonania lub urzeczywistnienia czegoś. Czy w tym rozumieniu jesteś realistą? Czy potrafisz to stwierdzić?

Granice realności

Podejście realistyczne pozwala postępować skutecznie w każdej sferze życia. Sprzyjają temu nieustanny rozwój techniki i nieograniczony dostęp do informacji. Nie możemy więc tłumaczyć się, że czegoś nie zrobimy, bo brakuje nam wiedzy. Nikt z nas nie wynosi ze szkoły całej ludzkiej wiedzy. Nie jest to zresztą potrzebne. Ważne jednak, byśmy potrafili korzystać z tej jej części, która pozwoli nam realizować marzenia.

Cele wyprowadzone z marzeń i zrealizowane dają poczucie niezwykłej satysfakcji. Czy jednak każde marzenie może stać się rzeczywistością? Czy zawsze warto je realizować? Jak rozpoznać wśród swoich marzeń te, do których warto dążyć, nawet jeśli wydają się nieprawdopodobne, kiedy zaś uznać, że marzenie jest tylko mrzonką, przynajmniej w obecnym momencie naszego życia? Czyli, jak stwierdzić, co jest realne, a co nie? Jak ocenić, co możemy zrobić, a co przekracza nasze możliwości? Gdzie przebiegają granice realności zamierzeń?

Prześledźmy to na podstawie dokonań człowieka. Sięgnijmy do historii lotnictwa. W ciągu dziesięcioleci wynalazcy wyznaczali sobie wciąż nowe cele w tej dziedzinie. Pokonywali kolejne bariery na drodze przemieszczania się człowieka w powietrzu. Ktoś jednak kiedyś zainicjował ten proces. Spojrzał na ptaki i zamarzył, by latać podobnie jak one. Dowodem są opowieści, które znajdujemy w wielu mitach, na przykład w tym o Ikarze i jego ojcu Dedalu.

Do możliwości wznoszenia się podszedł naukowo geniusz wszechczasów **Leonardo da Vinci**, który od lat dziecięcych interesował się budową skrzydeł. Na potrzeby scenografii teatru na dworze Medyceuszy konstruował machiny latające. Wśród jego projektów znajduje się także skrzydłowiec, który miał latać dzięki ruchom skrzydeł. Dlaczego Leonardo go nie wypróbował? Odpowiedź jest prosta. Po wielu badaniach zdał sobie sprawę (realizm!), że człowiek jest zbyt słaby, by potrafił za pomocą skrzydeł utrzymać się w powietrzu. Marzenie Leonarda stało się możliwe do zrealizowania dopiero po wynalezieniu silnika, który zastąpił siłę mięśni człowieka. Cel został osiągnięty, choć droga do niego była inna.

Współczesne lotnictwo silnikowe rozpoczęło się od osiągnięcia **braci Wright**, którzy w 1903 roku przeprowadzili pierwszą udaną próbę lotu samolotem własnej konstrukcji. Przełamali tym przekonanie (to dowód, że przekonania mogą się zmieniać!), że maszyna cięższa od powietrza nie może wzbić się w górę. Kim byli ludzie, którzy to zrobili? Ciekawość naukową w wynalazcach samolotu silnikowego zaszczepili rodzice. Ojciec, Milton Wright, był redaktorem gazety, a matka – córką konstruktora. Oboje – wszechstronnie uzdolnieni, kreatywni i ciekawi świata. Swoje podejście do życia przekazali synom. Wyposażyli ich w wiedzę, nauczyli niezależnego myślenia i nieszablonowego rozwiązywania problemów. Pokazali, że współdziałanie jest lepsze niż rywalizacja. Starszy z braci, Orville, podkreślał, że rodzice zawsze zachęcali ich do rozwijania swoich pasji, do wnikliwości, do zastanawiania się nad wszystkimi sprawami, które budziły ich zainteresowanie. Bracia Wright jednak nie opierali się tylko na tym. Ważny był dla nich cel i robili wszystko, by go osiągnąć. Każdą trudność starali się pokonywać w jak najbardziej wydajny sposób. Szukali potrzebnej wiedzy i sprzymierzeńców. Cenili współpracę z innymi wynalazcami. Dzięki temu to właśnie oni zostali pionierami lotnictwa.

Spektakularne dokonanie stało się możliwe dzięki dogłębnemu przeanalizowaniu zasad aerodynamiki, zwłaszcza mechanizmu powstawania siły nośnej. Ta wiedza pomogła w opracowaniu skutecznej metody sterowania pojazdem powietrznym oraz w wyborze lekkiego i stabilnie pracującego silnika. Konstruktorzy zdawali sobie sprawę, że od czasów Leonarda da Vinci przesunęły się granice możliwości dokonań ludzkich. Uwierzyli, że w ich zasięgu jest skonstruowanie samolotu, a tym samym realizacja marzenia. Wykazali się odwagą i kreatywnością, dzięki której ulepszyli rzeczywistość.

Pierwsze produkowane seryjnie samoloty poruszały się z prędkością nieprzekraczającą 75 kilometrów na godzinę i mogły się wznieść na wysokość co najwyżej 150 metrów. W latach 20. poprzedniego stulecia miały już opływowe kształty i były wyposażone w wielocylindrowe silniki wspomagane przez sprężarkę. W 1927 roku Amerykanin Charles Lindbergh jako pierwszy przeleciał Atlantyk. W 1929 roku brytyjski samolot Supermarine S6 pobił absolutny rekord prędkości (529 km/godz.). Produkcję pierwszego samolotu pasażerskiego Boeing 247 rozpoczęto w 1933 roku. Potem było już tylko wyżej, szybciej i więcej.

Czy wiesz, jak ogromnego postępu dokonano w lotnictwie w ciągu ostatniego stulecia? Samoloty mogą dziś latać na wysokości ponad 12 500 metrów z szybkością przekraczającą 1000 kilometrów na godzinę. Co cztery sekundy w którymś miejscu na świecie startuje jeden z nich. Rocznie z transportu powietrznego korzysta pięć miliardów osób. A zaczęło się od marzeń, które nosiły w swoich umysłach kolejne pokolenia ludzi, dodając do podstaw myślenia o lataniu nową wiedzę, nowe odkrycia i nowe wynalazki, aż wreszcie bracia Wright zrobili coś, co reszta świata nadal uważała za niemożliwe. Włożyli wiele wysiłku w przygotowywania. Wielokrotnie powtarzali próby. Zdobyli się na odwagę, by przekroczyć dotychczasowe granice realności. Co ważne, oni nie musieli, lecz chcieli to zrobić.

Za braćmi Wright podążyli inni wizjonerzy, którzy pokonywali kolejne bariery. Poznawano właściwości przestrzeni powietrznej, przekraczano granice prędkości i wysokości.

Wreszcie wyruszono na podbój kosmosu. W przestrzeń kosmiczną wysłano najpierw rakiety bezzałogowe, potem zwierzęta, a w końcu ludzi. Obecnie Ziemię oplata gęsta sieć satelitów, które odpowiadają za łączność i komunikację. Załogowe wahadłowce regularnie odbywają rejsy między Ziemią a stacją kosmiczną, w której pracują ludzie. Brytyjska spółka Virgin Galactic przygotowuje się do oferowania komercyjnych lotów kosmicznych statkami powietrznymi zaprojektowanymi przez Scaled Composites. Wśród oczekujących na uruchomienie tej usługi znalazło się wiele znanych osób, między innymi Tom Hanks, Ashton Kutcher, Katy Perry, Brad Pitt i Angelina Jolie. Jeszcze 60, 70 lat temu takie projekty uznano by za efekt majaczenia lub produkt szalonego umysłu. A dziś to rzeczywistość, w której żyjemy i która nikogo nie dziwi.

Powyższa historia pokazuje, jak wraz z kolejnymi dokonaniami przesuwa się horyzont możliwości. Żadne osiągnięcia ludzkości nie przybliżają nas do niego. Mitologiczny Ikar nie miał dalej do linii tego widnokręgu niż bracia Wright albo konstruktorzy pierwszej rakiety kosmicznej. Choć trudno w to uwierzyć, horyzont możliwości człowieka będzie tak samo daleki nawet wtedy, gdy staną się możliwe podróże do odległych galaktyk. Z każdym odkryciem i wynalazkiem przesuwa się on, otwierając pole do działania kolejnym pokoleniom. Będzie ono równie duże jak to, które mieli nasi wielcy poprzednicy. Co dziś wydaje się niemożliwe, jutro będzie osiągalne, a pojutrze zupełnie zwyczajne. Jeśli chcesz, możesz włączyć się w ten proces i uczestniczyć w ciągłym postępie ludzkości. Wizjonerstwo to nic innego jak dalekowzroczność, planowanie przyszłości. Gdy zastanowisz się nad postępem w jakiejkolwiek dziedzinie życia, nie tylko w lotnictwie i kosmonautyce, dojdziesz do wniosku, że wchodzenie w niezagospodarowane obszary jest możliwe. Proces rozwoju i udoskonalania świata to „niekończąca się opowieść". Na bazie tego, co już wiemy, można robić kolejne kroki. Bez wizjonerstwa najważniejsze odkrycia i wynalazki ludzkości nigdy by się nie pojawiły.

Przyjrzyj się raz jeszcze swojej wizji życia. Zastanów się, co chciałbyś zostawić po sobie na Ziemi? Jakimi wartościami się kierujesz? Co zamierzasz osiągnąć? Czy rzeczywiście idziesz drogą spełniania swoich marzeń? Czy nie tracisz czasu na zajęcia, które Cię oddalają od celu? To pytania fundamentalne, na które tylko Ty możesz dać odpowiedź.

Otwierający się horyzont możliwości to tylko jeden z aspektów realizmu. Pokazuje, że cecha ta nie ogranicza naszych działań, ale je poszerza. Pozwala wytyczyć linię od punktu, w którym zaczynamy naszą drogę, do punktu, który jest naszym celem, nawet bardzo odległym. Wątpisz w to? Nie jesteś wyjątkiem. Powodów zwątpienia może być kilka. Jednym z nich są hamujące nawyki myślowe.

Nawyki myślowe do zmiany

Nawyki rządzą nie tylko naszym postępowaniem, lecz także myśleniem. I podobnie jak w przypadku nawyków żywieniowych czy higienicznych, wiele z nich formuje się już w dzieciństwie, w procesie wychowania. Dziecko ma specyficzny sposób widzenia świata. Ponieważ dysponuje stosunkowo niedużym doświadczeniem, wiele rzeczy – dla dorosłego w sposób oczywisty niemożliwych – jest dla niego zupełnie realnych. Stąd wiara w krasnoludki i inne postacie z bajek. Malec wierzy dorosłym także wtedy, gdy mówią: „To jest niemożliwe", „Nikt tak nie robi", „Tego nie ma", i włącza te przekonania w swoje doświadczenie. Nic złego się nie dzieje, jeśli dzięki temu zaczyna rozumieć, na czym polega fikcyjność bohaterów baśni i opowiadań. Gorzej, jeśli takie same sformułowania towarzyszą zapoznawaniu dziecka ze światem. Gdy trzy razy dziennie usłyszy ono: „Tak się nie da", „Tak nie można", „To nierealne", w ciągu roku to sformułowanie zabrzmi mu w uszach (i przeniesie się do umysłu) ponad 1000 razy. O wiele za dużo!

Psychologia dostarcza mnóstwo dowodów na to, że wielokrotne powtarzanie jakiegoś stwierdzenia może wpływać na zmianę postawy i kształtować sposób myślenia. Przez pierwszych kilkanaście lat życia dziecko może usłyszeć negatywny przekaz o nierealności swoich pomysłów około 20 tysięcy razy. Czy trudno przewidzieć, jakie skutki spowoduje w jego osobowości utrwalenie takiej informacji? To najlepsza droga do stworzenia negatywnych nawyków myślowych. Niejako automatycznie przy zetknięciu z czymś nowym w umyśle dziecka będzie pojawiał się strach przed ryzykiem. Do tego utrwali się w nim postawa wyrażona myślą: „Do niczego się nie nadaję". Ostateczną konsekwencją będzie sceptyczne nastawienie do kolejnych przedsięwzięć już w dorosłym życiu. Dorośli tak wychowywani zakładają, że ich pomysły nie mają wartości, więc ich nie rozwijają. Zazwyczaj nawet nie zdają sobie sprawy, że to nawyk wyrobiony w dzieciństwie, który teraz sami utrwalają swoim postępowaniem.

Tak oddziałuje na naszą osobowość potężna siła podświadomości. Spotyka nas bowiem wszystko, co znajdzie się w niej

Inaczej o byciu realistą

w postaci wyobrażeń i przekonań. Podświadomość nie analizuje faktów. Reaguje zgodnie z przyswojonymi wzorcami i na tej podstawie podsuwa wnioski, które przyjmujemy, nawet jeśli są irracjonalne i nie znamy ich podstaw.

Warto brać to pod uwagę. Jeśli jesteśmy rodzicami lub nauczycielami, uważajmy, co mówimy do dzieci lub w ich obecności i zastanówmy się, czy – choć sami chcemy się pozbyć złych nawyków – nie utrwalamy ich w dzieciach. Wpajanie negatywnych przekonań ma zgubny wpływ na przyszłość człowieka. Rodzi lęk i blokady psychiczne. Wyzwolenie się z nich wymaga potem wielkiej determinacji i wytężonej pracy.

Abyśmy mogli uprzytomnić sobie, jak to działa, odwołam się do sposobów tresury koni. Gdy zwierzę jest młode, uczy się je chodzić na uwięzi. Początkowo źrebak się wyrywa, ale nie ma dość siły, by się uwolnić. Rezygnuje więc i daje się prowadzić. Gdy jest starszy i silniejszy, nawet nie podejmuje prób uwolnienia, bo „wie", że nie przyniosą efektu. Człowiek, jeśli nauczy się „niemożności", zachowa się podobnie. Dla niego niewidzialną linką będą przytoczone wcześniej słowa. Ich negatywne przesłanie stłumi poczucie wolności i własnej wartości. Zwykle taka osoba nie będzie wyznaczała sobie ambitnych celów, bo z góry uzna je za nierealne. Czy chciałbyś tak wychować swoje dziecko? Zapewne nie.

Pamiętajmy, że pozytywne nawyki myślowe kształtują się głównie przez celebrowanie osiągnięć, nawet niewielkich. Doceniajmy więc, gdy dziecko poprawi klasówkę z dwójki na trójkę i nie oczekujmy od razu ocen celujących. Pozwalajmy nawet kilkulatkom podejmować wyzwania i samodzielnie realizować własne cele (odpowiednie dla ich wieku). Drobne zwycięstwa przyniosą im satysfakcję, dodadzą pewności i wiary we własne siły. Utrwalajmy w dzieciach świadomość, że trudności i potknięcia są naturalną częścią życia. Pomóżmy im nabrać przekonania, że nawet jeśli wpadną w kłopoty, to wartość ich samych jako ludzi nie będzie mniejsza, bo wynika ona z samego faktu bycia człowiekiem.

Informacja, że coś jest nierealne lub że czegoś nie da się zrobić, powoduje utrwalenie przekonania, że istnieje cała masa spraw i rzeczy niemożliwych. Jak taki negatywny przekaz wpływa na nasze postępowanie? Gdy staniemy przed wyzwaniem, w ciągu kilku sekund w zdecydowanej większości spraw nasz umysł, korzystając z negatywnego nawyku myślowego, sformułuje ocenę: „To niemożliwe". I sprawa, pomysł, propozycja wylądują w koszu. „To niemożliwe" zamyka drogę dalszemu myśleniu. Staje się ono bezprzedmiotowe, zanim jeszcze nastąpi próba sprawdzenia, choćby teoretycznego, czy rzeczywiście pomysł nie miał szans realizacji.

„To niemożliwe" jest bardzo istotnym demotywatorem. Z czasem może być także doskonałym pretekstem do ucieczki od rozwiązywania trudnych problemów oraz od konfrontowania się z przeciwnościami losu. Unikanie ich staje się nawykiem, z każdym rokiem silniejszym. W zachowaniu, które wydaje się racjonalne, trudno nawet dostrzec, że to tylko destrukcyjny nawyk, więc można go zmienić.

Oprócz demotywacji nawyki myślowe, zwłaszcza te nieuświadomione, mogą prowadzić do uproszczonej, a więc niepełnej oceny sytuacji. Co to znaczy uproszczonej? Żeby to w pełni zrozumieć, warto przyjrzeć się, w jaki sposób funkcjonuje umysł bombardowany w każdej chwili rozlicznymi informacjami przekazywanymi mu przez zmysły. Umysł już na wstępie dokonuje selekcji i decyduje za nas: ta się przyda, ta jest niepotrzebna. Jak to robi? Porównuje to, co się pojawia, z dotychczasową bazą oraz z zadaniami, z jakimi dotąd miał do czynienia. Podobno na przykład wzrok pozwala nam dostrzegać naraz zaledwie kilka (do pięciu) elementów.

Zauważamy to, co w jakiś sposób wyróżnia się z otoczenia i to, co nasz umysł uzna za istotne. Wielu z nas nie będzie potrafiło opisać ubioru człowieka, którego przed chwilą mijaliśmy na ulicy. Chyba że coś nas w tym ubiorze zaintrygowało. Autorzy programu *Pułapki umysłu* przygotowanego przez National Geographic udowodnili, że śledząc na ekranie telewizora wskazane elementy i licząc, ile razy się pojawiły, można nie dostrzec człowieka przebranego za kurczaka i biegającego po całym obszarze studia. Zadanie polegało na policzeniu ludzi ubranych w określony sposób, więc umysł odrzucał obraz, który z punktu widzenia celu był kompletnie nieprzydatny.

Niestety, umysł zbyt pospiesznie eliminuje niektóre informacje dostarczane przez zmysły. Zapewne nie raz przyszło Ci szukać kluczyków samochodowych, okularów, portfela, a potem dziwić się, że tyle to trwało, mimo że leżały w widocznym miejscu. Podobnie szuka się znajomych w tłumie. Jeśli umysł potraktuje zadanie jako poboczne bądź rutynowe, to nie odnotuje prześlizgiwania się wzroku po obiekcie, którego szukamy. Co jest wtedy rzeczywistością: kluczyki, które leżą tam, gdzie leżały, czy nasza obserwacja, że ich tam nie ma?

Z bodźcami docierającymi do nas przez uszy jest podobnie. Jeśli nie słyszymy jakichś dźwięków, bo nie odbieramy całego spektrum fal dźwiękowych, to co jest rzeczywistością? To, co słyszymy, czy to, co jest emitowane? Podobnie możemy zastanawiać się nad odbiorem bodźców w przypadku pozostałych zmysłów. Do jakich wniosków nas to prowadzi? Rzeczywistość istniejąca obiektywnie może być inna, niż my ją widzimy, słyszymy, czujemy i tym podobne. Nasz umysł tworzy bowiem jej obraz z danych, które sam dla nas wybiera.

Hamującym nawykiem myślowym jest przykładanie zbyt dużej wagi do powierzchownego oglądu rzeczywistości i dokonywanie oceny bez dokładnego rozważenia jak największej liczby istotnych danych (jak je dostrzegać i uwzględniać w analizie, napiszę w kolejnym rozdziale). Uproszczenia powodują wiele błędów i są odpowiedzialne za dokonywanie złych wyborów. Sposób rozwiązywania problemów przy uproszczonym myśleniu można przedstawić następująco: Twój umysł, szybko dokonując wyboru, doprowadzi Cię do rozwiązania, ale czy naprawdę będzie ono jedyne i najlepsze? Pomyśl, ile możliwości mogło Ci umknąć, ile dróg zostało zamkniętych. Czy na pewno słusznie? Czy żadna z nich nie prowadziła do rozwiązania lepszego, być może nawet genialnego? Tego nie wiesz i w większości przypadków nigdy się nie dowiesz. Może zatem nie warto traktować pojawiających się wyborów jak alternatywy albo-albo, lecz lepiej starać się łączyć pomysły pozornie się wykluczające?

Łączenie przeciwstawnych hipotez i pozornie wykluczających się pomysłów pozwala analizować je w sposób pełny. Schemat takiego myślenia różni się od poprzedniego tym, że nie zamyka żadnych dróg, nie stawia rozwiązań jako bezwzględnej alternatywy. Jeśli nie przydadzą się na tym etapie, być może okażą się pomocne na kolejnym.

Myślenie realistyczne przypomina poruszanie się między różnymi aspektami wyzwań i problemów. Rozwiązanie wygląda bardziej na zszywanie niż cięcie. Oczywiście nie musi wypaść akurat w tym miejscu. Może przesuwać się w dowolną stronę po siatce aspektów, aż wreszcie będzie satysfakcjonujące.

Roger Martin, specjalista w dziedzinie zarządzania i autor wielu książek, myślenie umożliwiające takie rozwijanie pomysłów i rozwiązywanie problemów nazwał zintegrowanym, czyli łączącym. W książce *Niepokorny umysł. Poznaj klucz do myślenia zintegrowanego* autor podaje kilka przykładów efektów całościowego postrzegania problemu i brania pod uwagę koncepcji nie tylko spójnych, ale i przeciwstawnych. Wśród osób, u których można było zaobserwować tego typu myślenie, Martin wymienia między innymi Isadore'a Sharpa, twórcę sieci luksusowych hoteli Four Seasons Hotels & Resorts Ltd., czy Marthę Graham, uznawaną za prekursorkę tańca współczesnego. Na czym polegała nowatorskość myślenia tych nietuzinkowych postaci? Przypatrzmy się im bliżej.

Isadore Sharp był dzieckiem polskich emigrantów pochodzenia żydowskiego. Urodził się w Kanadzie. Doświadczenie w branży budowlanej i handlu nieruchomościami zdobywał w niewielkiej firmie ojca. W końcu postanowił usamodzielnić się i zająć budową oraz uruchamianiem hoteli. Długo starał się o środki, aż w końcu je zdobył. Pierwsze hotele stawiał zgodnie z obowiązującym wówczas modelem: hotel mały, z rodzinną atmosferą, jednak skromnie wyposażony lub hotel wielki, z salami konferencyjnymi, luksusowy, ale za to mało przyjazny, bezosobowy i zimny. Budując kolejny gmach (w Londynie), Sharp postanowił zrobić to, czego nikt przed nim nie zrobił: otworzyć hotel, który będzie skupiał w sobie wszystkie najlepsze cechy hotelu małego i wielkiego. Powstał hotel średniej wielkości, luksusowy jak te wielkie i przyjazny jak te małe. Sharp postarał się, by ludzie w nim mieszkający czuli się jak u siebie w domu i w każdej chwili mogli liczyć na pomoc w dowolnej sprawie. Ponieważ oferta była wyjątkowa, mógł za swoje usługi żądać wysokiej ceny. I wszyscy chętnie ją płacili. Hotele Four Seasons ustanowiły nowy wzorzec komfortu hotelowego. Dodać jeszcze należy, że Isadore Sharp i jego żona mocno zaangażowali się w filantropię. Wspierali między innymi chorego na raka Terry'ego Foxa, kanadyjskiego lekkoatletę, który słynnym biegiem (od wschodniego do zachodniego wybrzeża Kanady) zwrócił uwagę na potrzeby ludzi dotkniętych chorobą nowotworową i zainicjował zbiórkę pieniędzy na badania nad nowotworami.

Amerykanka **Martha Graham** działała w sferze kultury, jednak jej sposób myślenia był podobny do tego, jaki reprezentował Sharp, budując hotele. Pasjonował ją taniec, ale uważała, że popisy baletowe są sztuczne i pozbawione uczuć. Włączyła się w nurt modernistyczny. Pragnęła, by taniec wyrażał emocje, więc dokonała zmiany sposobu ekspresji. Połączyła taniec z muzyką, której nikt nie nazwałby taneczną. Ograniczyła scenografię, uprościła kostiumy, za to dodała rekwizyty, których mogli używać tancerze. Z połączenia wielu składników powstała zupełnie nowa jakość – balet nowoczesny.

Takie możliwości daje właśnie myślenie zintegrowane, o którym pisał Roger Martin. Nie trzeba być obdarzonym takim myśleniem, można się go nauczyć. Warto zacząć od obserwacji własnych procesów myślowych. Pomyśleć o maksymalnym otwarciu się na nowości, na nieprawdopodobne propozycje, na szanse, które pojawiają się zazwyczaj tylko na chwilę. Niekoniecznie musimy z nich skorzystać, ale zawsze powinniśmy je wnikliwie rozważyć.

Realizm w działaniu

Najczęściej przywoływanym przykładem dokonań naukowych jest teoria względności Alberta Einsteina. Warto jednak też wiedzieć o dokonaniach **Charlesa Babbage'a**. Czy wiesz, że to on nazywany jest ojcem informatyki, a żył na przełomie XVIII i XIX wieku, kiedy o komputerach jeszcze nawet nie było mowy? Kim był nieco zapomniany dziś Babbage? Był utalentowanym i wykształconym matematykiem, ale także astronomem i mechanikiem. Starał się wykorzystywać swoją wiedzę praktycznie. Jako że żył w czasach początku rozwoju przemysłu, jego projekty dotyczyły organizacji pracy w fabrykach. Myślenie matematyczne pozwoliło mu zobaczyć pracę konieczną do wykonania danego wyrobu jako proces, który można podzielić na pojedyncze czynności. Uważał, że każdą z nich powinno się powierzyć innemu pracownikowi, bo to ułatwi i przyspieszy szkolenie załogi, a jednocześnie usprawni produkcję.

Później rozwinął tę zależność Henry Ford, twórca pierwszej taśmy produkcyjnej. Łączenie różnych dziedzin pozwoliło rozwiązać narastający problem: „W jaki sposób zwiększyć wydajność i zmniejszyć koszty produkcji?".

Babbage zaprojektował też między innymi maszynę analityczną, która mogła wykonywać ciągi zadanych jej instrukcji. Prawda, że brzmi znajomo? Tak otworzyła się droga do wynalezienia komputera.

Dzięki myśleniu realistycznemu swój cel osiągnął także **Simon Stevin**, żyjący na przełomie XVI i XVII wieku, czyli jeszcze wcześniej niż Babbage. Był jednym z najbardziej uznanych matematyków holenderskich. Jednocześnie miał drugą pasję: wodę. Lubił przebywać nad morzem, chłonąć zapach morskich fal i obserwować je. Często przyglądał się żeglarzom, którzy w czasie licznych sztormów uwijali się jak w ukropie, by ściągnąć żagle, zanim wichura powali ich statek. Matematyka i marynistyka. Co mogło wyniknąć z połączenia tych dwóch dziedzin? Jeśli nie znałeś wcześniej nazwiska tego niezwykłego człowieka, będziesz zapewne zdziwiony jego dokonaniami. Któregoś dnia Stevin postawił przed sobą zadanie do rozwiązania: pojazdy napędzane wiatrem poruszają się po wodzie. Ale wiatry wieją wszędzie! Czy wobec tego można skonstruować pojazdy żaglowe poruszające się... po lądzie?

Zwróć uwagę, że już wówczas widać było u wielkiego matematyka realizm myślenia. Czy coś z niego wynikło? Odkrywczy był wniosek, że wozy mogą być wprawiane w ruch nie tylko siłą mięśni zwierząt lub ludzi. Stevin przeprowadził mnóstwo prób, z czego wiele nieudanych. Zbudował pojazd na wzór żaglowca i postawił go na kołach, jednak był on bardzo wywrotny. Potem co prawda trzymał się drogi nawet przy silnych podmuchach wiatru, ale trudno go było zatrzymać, gdy już się rozpędził. W końcu konstruktorowi się powiodło. „Samochodem" napędzanym żaglem można było jeździć. Teraz należało znaleźć dla niego zastosowanie. Wehikuł kosztował bardzo dużo, a do tego podobnie jak żaglowce (i późniejsze samochody) musiał mieć przeszkoloną obsługę, która potrafiłaby odpowiednio manewrować żaglami, sterem i hamulcem, żeby jazda była bezpieczna, a żaglowóz jechał w dobrym kierunku. Jak myślisz, czy holenderski wynalazca wymyślił rozwiązanie tego problemu i pokonał tę przeszkodę?

Tak, nie mylisz się! Stevin pokonał i tę przeszkodę. Znowu posiłkował się logiką i realistyczną analizą faktów. Skoro dla pojedynczych osób posiadanie, konserwowanie i obsługa naziemnego żaglowca była trudna lub niemożliwa, może znajdą się chętni (tak jak znajdowali się chętni do odbywania rejsów po morzu), którzy zapłacą za przejazd. Zaprojektował więc i zlecił zbudowanie wozu żaglowego mieszczącego ponad 20 osób. Mało tego! Zbadał także, gdzie taki pojazd może mieć największe powodzenie i zaczął przewozić ludzi między holenderskimi miejscowościami Schwenningen a Petten, które dzieliła odległość ponad 60 kilometrów. Czy tak zorganizowany transport publiczny mógł działać? Ktoś powie, że tak, gdy wieje wiatr. A co, jeśli wiatru nie było? Czy wóz żaglowy bezużyteczny i pełen niezadowolonych ludzi stał w polu? Nie! Stevin i to przewidział. Na naziemnym statku znalazło się miejsce dla niedużego konia, który w razie flauty, jak w żargonie żeglarskim określa się brak wiatru, dociągał wóz do celu. To także dowód na skuteczność myślenia realistycznego, które przewiduje przyszłe trudności lub pokonuje te, które pojawią się podczas kolejnych prób.

Ile razy Babbage i Stevin mogli sobie powiedzieć: „To niemożliwe"? Zapewne wielokrotnie. Jednak nie zrobili tego, bo zebrali wystarczająco wiele informacji o rzeczywistości, by wysnuwać z nich trafne wnioski, nawet jeśli nie wszystkie ich wynalazki w tamtych czasach znalazły praktyczne zastosowanie.

Jak wiele można zdziałać dzięki śmiałemu wyznaczaniu nowych granic, optymizmowi i dobrze pojętemu realizmowi, pokazał amerykański polityk i wynalazca **Benjamin Franklin**. Przyszedł na świat w ubogiej rodzinie jako dziesiąte z siedemnaściorga dzieci. Rodziców nie było stać na kosztowną edukację, dlatego już jako dziesięciolatek musiał pomagać w rodzinnej firmie przy produkcji mydła i świec. Takie okoliczności często powodują rozwijanie myślenia pesymistycznego i prowadzą do szkodliwego przekonania, że jak ktoś się w takim miejscu urodził, to już go nic dobrego nie czeka. Franklin jednak nie poddawał się takim myślom. Intuicyjnie zrobił wszystko, by rozwinąć w sobie prawdziwy realizm prowadzący do przekraczania barier, a nie skłaniający do rezygnacji z działania przy pierwszej przeszkodzie. Cały wolny czas przeznaczał na naukę. Z zapałem chłonął wiedzę, a zaoszczędzone pieniądze wydawał na książki. Ojciec, patrząc na zamiłowania syna, postanowił, że zrobi z niego drukarza. Chłopiec pomagał w drukarni wydającemu gazetę bratu, któremu podrzucał potajemnie swoje pierwsze artykuły pisane pod pseudonimem. Po kilku latach pracy Benjamin rozstał się z bratem i wyjechał do Filadelfii.

Czy zrobił dobrze? Miał w kieszeni jednego dolara, ale potrafił myśleć realistycznie. Był wykształconym samoukiem, znał od podszewki branżę drukarską i wydawniczą. Nie brakowało mu inteligencji, a do tego miał nieprzeciętne poczucie humoru i talent do układania aforyzmów. Czy to nie są wystarczające przesłanki dla tego, by realistycznie patrząc na okoliczności, wierzyć, że powodzenie jest w zasięgu ręki? I rzeczywiście było. W wieku 22 lat Franklin został współwłaścicielem zakładu drukarskiego i rozpoczął wydawanie dwóch gazet, które szybko zdobyły grono wiernych czytelników, głównie ze względu na interesujące artykuły samego Franklina.

To mu nie wystarczyło. Miał talent do dostrzegania w otaczającej go rzeczywistości elementów, które można naprawić, wzmocnić lub dodać, by społeczeństwu żyło się lepiej. Wszystko uważał za możliwe i działał tak, by realizować swoje nadzwyczaj śmiałe projekty. To za jego sprawą w Filadelfii powstała ochotnicza straż pożarna, policja, szpital i biblioteka. Potrafił dostrzec problem i znaleźć jego rozwiązanie. Straż i policja zwiększały bezpieczeństwo mieszkańców, szpital dawał opiekę chorym, a biblioteka rozwijała umysły.

Jednak to także nie były jego największe przedsięwzięcia. Największy projekt dotyczył organizacji kształcenia młodych ludzi. Analizując go, można zrozumieć pozytywne działanie myślenia realistycznego. Franklin z własnego doświadczenia wiedział, ile trudności sprawia samodzielne uczenie się (był samoukiem, poznał cztery języki), a jednocześnie doskonale zdawał sobie sprawę z tego, że wiedza jest w życiu niezwykle ważna. Miał świadomość, że dla wielu ludzi barierą nie do przeskoczenia w dostępie do nauki są pieniądze, a raczej ich brak. Otwarcie biblioteki było tylko początkiem działań na rzecz kształcenia zdolnej młodzieży. Postanowił otworzyć akademię. W dość krótkim czasie znalazł siedzibę, zatrudnił kadrę nauczycielską i zainaugurował działalność szkoły, która później przekształciła się w Uniwersytet Pensylwanii.

Barierę niemożności Franklin pokonywał jeszcze wielokrotnie i wielokrotnie też znajdował rozwiązania pojawiających się problemów. Zawdzięczał to realistycznemu, nieszablonowemu myśleniu. Pozwalało mu ono dostrzegać takie aspekty rzeczywistości, których nie widzieli inni. Wynalazł wiele przydatnych przedmiotów, między innymi piorunochron i soczewki dwuogniskowe. Zreformował pocztę tak, że po raz pierwszy zaczęła przynosić zyski. Odnosił sukcesy polityczne. Był współautorem Deklaracji niepodległości uchwalonej 4 lipca 1776 roku.

Franklin umiał dobrze dysponować zgromadzonym majątkiem. W testamencie zapisał Filadelfii i Bostonowi po 5000 dolarów. Nakazał jednak takie zarządzanie tymi pieniędzmi, by można było je spożytkować częściowo po stu latach, a w pełni dopiero po dwustu. W efekcie społeczności obu miast wzbogaciły się o wiele milionów. Jeszcze dziś dzięki tym pieniądzom otrzymują wsparcie młodzi rzemieślnicy, instytucje naukowe i kulturalne, między innymi Franklin Technical Institute w Bostonie i Muzeum Nauki w Filadelfii.

Niezwykłość Benjamina Franklina nie wynikała wyłącznie z jego rozlicznych talentów. Podziwiać można przede wszystkim jego podejście do kolejnych wyzwań. Po pierwsze dostrzegał je, po drugie podejmował, a po trzecie wytrwale poszukiwał dróg, które doprowadzą go do celu. Nie dzielił swojego zaangażowania na poszczególne dziedziny, szukał rozwiązań na ich styku, na pobocztach głównej działalności. Najważniejsza była dla niego skuteczność. Jego wizje były równie śmiałe jak jego niezłomne dążenie do ich realizacji.

Tacy ludzie jak Franklin, Stevin i Babbage wskazują nam drogę. Dowodzą, że można przekraczać granice możliwości i dążyć do osiągnięcia nawet – zdawałoby się – nieosiągalnych celów. W tym momencie istotne jest oswajanie się z emocjami, stopniowe nabieranie odwagi. Zrozumienie, że wyrażenie: „To niemożliwe", pojawia się, gdy mamy obawy przed zajęciem się czymś. Stanowi rodzaj zasłony, za którą się chowamy, by nie powiedzieć: „Boję się za to zabrać". Czy warto z niej korzystać? Czy nie lepiej dać sobie prawo do błędu, ale zacząć realizować własne projekty, spełniać marzenia?

Pełne optymizmu myślenie realistyczne często powoduje, że pozytywne uczucia biorą górę nad niepewnością. Gdy zaś z wszechstronnej analizy sytuacji wyłoni się spójna wizja, kolejne kroki stają się łatwiejsze.

Studium przypadku

O wartości myślenia realistycznego w pełni przekonałem się, gdy postanowiłem rozwinąć jedną z moich firm reklamowych. Były to początki lat dziewięćdziesiątych. W pewnym momencie doszedłem do wniosku, że powinna ona stać się liderem reklamy na tramwajach i autobusach w Polsce. Początkowo nawet moim współpracownikom przedsięwzięcie wydało się nieosiągalną mrzonką. Mylili się, ponieważ decyzji tej nie podjąłem o tak, po prostu.

Zacząłem od przeanalizowania możliwości i zbadania rynku. Sam odwiedziłem wiele agencji reklamowych i rozmawiałem z potencjalnymi klientami. Chciałem dogłębnie poznać istniejącą ofertę oraz potrzeby konsumentów, a także dostrzec występujące na tym rynku problemy, których rozwiązanie umożliwiłoby mi realizację planów.

Wiedziałem, że potrzebuję wiedzy, której nie zdobędę w kraju, gdzie ten profil działalności reklamowej był jeszcze w powijakach. Poleciałem do Londynu, Paryża i Berlina, by dowiedzieć się, jak tam działa ta branża i co jest źródłem powodzenia agencji reklamowych, które są jej liderami.

Wynikiem moich analiz był szczegółowy biznesplan. Ale i to nie przekonało moich współpracowników. Ponieważ jednak dokładnie już wtedy znałem specyfikę rynku i byłem pewny sukcesu, nie zniechęciłem się i przystąpiłem do realizacji swojego planu.

Stwierdziłem, że przede wszystkim muszę zmodyfikować obsługę klienta. Doprowadzić do tego, żeby była wręcz doskonała, bo to była słaba strona konkurencji. Zadbałem o odpowiednie przeszkolenie handlowców. Przygotowałem nowy wzór umowy, tak by chroniła ona interesy obu stron, co w tamtym czasie nie było powszechną praktyką. Wprowadziłem nowatorską usługę umożliwiającą monitorowanie przebiegu kampanii. Klient mógł śledzić trasy, które pokonywał pojazd z reklamą jego firmy, dowiedzieć się, ilu pasażerów przewiózł i jakie miał przestoje.

Z miejskim przedsiębiorstwem komunikacji wynegocjowałem możliwość dostosowywania tras do pojazdów opatrzonych poszczególnymi reklamami. Klienci zareagowali entuzjastycznie. I choć nadal inni przypatrywali się moim działaniom z niedowierzaniem, wiedziałem, że postępuję zgodnie z zasadą realizmu. Określiłem precyzyjnie potrzeby klientów i... zaoferowałem im dokładnie taką usługę, jaka mogła je zaspokoić.

Odkryłem, że jest coś, czego dotąd nie robiła żadna z konkurencyjnych firm. Chodziło o całopojazdowe reklamy, obejmujące również okna pojazdu. Dlaczego do tej pory nikt z tego nie skorzystał? Agencje zakładały, że koszt przygotowania takich reklam jest zbyt wysoki. Przyjrzałem się temu fragmentowi rzeczywistości. Faktycznie, nakłady były wysokie, ale efekt znakomity. Pojazdy wyglądały jak wielkie mobilne billboardy. To musiało się rzucać w oczy i przełożyć na wymierne efekty reklamy.

Gdy zakładałem niewielką lokalną firmę reklamową w 1993 roku, miałem 22 lata. Po czterech latach zasięgiem działalności objęliśmy cały kraj i staliśmy się niekwestionowanym liderem na rynku reklamowym w Polsce, który liczył wówczas około 350 agencji. W 2000 roku co ósmy pojazd w kraju jeździł z naszą reklamą. Na tym jednak nie poprzestałem. Zastanawiałem się, jak rozpocząć współpracę z dużymi, liczącymi się w kraju firmami. To było kolejne ambitne marzenie. Nie zamierzałem z niego rezygnować, byłem uparty i zdeterminowany. Przyglądałem się różnym aspektom rynku, konfrontowałem z nimi swój pomysł i znalazłem rozwiązanie. Uznałem, że realizacja mojego kolejnego marzenia, które już wtedy przekształciłem w cel, wymaga współpracy z międzynarodowymi agencjami reklamowymi działającymi w Polsce. To one obsługiwały interesujące również mnie duże firmy .

Zastanawiałem się, co dalej? Miałem przecież ukształtowaną strukturę swojej 40-osobowej firmy. Zestawiłem ze sobą te dwie informacje. Uznałem, że łatwiej będzie dopasować nasz biznes do potrzeb realizacji celu niż wymagać od międzynarodowych agencji dostosowania się do nas. Postanowiłem, że uruchomię współpracę z dziesięcioma czołowymi agencjami. Nie było to zadanie łatwe. Zasada realizmu podpowiadała mi, że jeśli czegoś nie wiem, na przykład, jak zdobyć zaufanie potencjalnych partnerów, to muszę tak długo szukać rozwiązania, aż je znajdę. I najlepiej, by było ono nietuzinkowe. Kluczem do sukcesu w tym przypadku okazało się zatrudnienie skutecznej asystentki. Jej zadaniem było umawianie mnie na spotkania z osobami decyzyjnymi w agencjach, które widziałem w roli przyszłych partnerów biznesowych. Teraz to może wydawać się oczywiste, jednak wtedy wcale takie nie

Inaczej o byciu realistą

było. Owszem, umawiano spotkania, ale nigdy z osobami decyzyjnymi na poziomie rad nadzorczych czy zarządów. Mniej więcej po roku spotkań i negocjacji jedna z agencji dała nam zlecenie wykonania reklamy na tramwajach. Była to reklama marki Lipton firmy Unilever. Dalej wszystko potoczyło się już lawinowo. Wśród obsługiwanych klientów znalazły się inne znane marki: Danone, Procter & Gamble, Samsung, Gorenje.

To był wspaniały okres w moim życiu. Zrozumiałem, że dążąc do osiągnięcia ambitnych celów, należy korzystać ze wszelkich możliwych danych uzyskanych na różne sposoby. Trzeba mieć wiedzę ogólną i specjalistyczną, brać pod uwagę własne predyspozycje i po prostu działać w kierunku realizacji marzeń.

Moja firma rozwinęła się do tego stopnia, że zwrócił na nią uwagę jeden z bardziej znaczących funduszy inwestycyjnych w Europie, zainteresowany konsolidacją branży. W rozmowie z jego przedstawicielami usłyszałem, że wybrali moją agencję, ponieważ zobaczyli we mnie realistę i wizjonera jednocześnie. Tego właśnie szukali.

Zwróć uwagę na te słowa: realistę i wizjonera. Jak widzisz, jedno drugiego nie wyklucza. Mało tego, jedno powinno łączyć się z drugim. Można działać i z rozmachem, i racjonalnie. Jeśli pamiętasz moje wcześniejsze słowa, wiesz, na czym to polega. Zamiast wskazywać powody, dla których coś jest niemożliwe do zrobienia, szukałem odpowiedzi na pytanie: jak osiągnąć zamierzony cel?

To był duży sukces. Zdobyłem dzięki niemu bezcenną umiejętność wnikliwego przyglądania się rzeczywistości i tworzenia w umyśle realnych wizji. Wkrótce więc wyznaczyłem sobie kolejne wyzwanie. Logicznym następstwem poprzednich działań było przyjrzenie się rynkowi reklamy samochodów dostawczych. Zacząłem, jak poprzednio, od analizy faktów.

Szybko odkryłem, że trafiłem na niszę rynkową, niezagospodarowaną przez żadną liczącą się agencję. Realnie określiłem potencjał rynku. Dowiedziałem się, jak wiele firm ma własne floty samochodów dostawczych i jaka jest ich liczebność. Poznawałem potrzeby potencjalnych klientów. Następnie łączyłem zdobyte dane. Chodziło mi o przygotowanie jak najbardziej spójnej koncepcji, która mogłaby niemal gwarantować powodzenie przedsięwzięcia. Stworzyłem w tym celu nowy dział w firmie i mianowałem kierownika.

Okazało się, że nie był to dobry wybór. Potrzebowałem partnera pełnego wiary w nowy projekt, bo poprzeczkę postawiłem wysoko. Założyłem, że w pierwszym roku zdobędziemy klientów na 200 samochodów. Świeżo mianowany kierownik uznał, że to... nierealne! Taki wniosek wysnuł, ponieważ uznawał za prawdziwą tylko jedną przesłankę – z danych wynikało, że w roku poprzednim nasza firma wykleiła zaledwie 30 takich pojazdów. Innych faktów nie przyjmował do wiadomości. Choćby tego, że dotąd nie koncentrowaliśmy się na tym segmencie rynku, że była to nasza dodatkowa działalność. Nie uznał także za istotne zebranych już danych o potrzebach klientach i możliwościach ich zaspokojenia. Nie chciał realnego odzwierciedlenia rzeczywistości. Szukał powodów, które doprowadziłyby do rezygnacji z projektu. Tylko takich. Dodatkowym argumentem przeciwko podjęciu działań było to, że... żadna agencja na rynku nie zajmuje się tym, czym my chcemy się zająć. Czyli tam, gdzie ja dzięki realistycznemu myśleniu widziałem szansę, on przez źle rozumiany realizm (pesymistyczny) upatrywał dowodu wskazującego na pewną porażkę. Odezwały się w nim lęki i kompleksy. Trudno się więc dziwić, że nie widział siebie w roli lidera prowadzącego załogę do zwycięstwa. Co zrobiłem w tej sytuacji? Najprościej byłoby zwolnić tego człowieka. Postanowiłem jednak tego nie robić.

Miałem nadzieję, że gdy pomogę mu zobaczyć, że cel jest ambitny, ale realny, i że są mocne przesłanki potwierdzające to przekonanie, przełamie się i podejmie wyzwanie. Niestety, tak się nie stało. W końcu dał za wygraną i odszedł z firmy.

Kierownik, który przyszedł na jego miejsce, uwierzył w mój plan. Poszedł za moim tokiem myślenia. I co najważniejsze, zaczął działać w precyzyjnie wyznaczonym kierunku. Postanowiliśmy na początek zająć się branżą mleczarską. Działało w niej wówczas wiele firm dysponujących setkami samochodów, na przykład zakłady mleczarskie Mlekovita, Danone czy mleczarnia Grajewo, producent mleka Łaciate. Wiedziałem, że firmy te wydają pieniądze na różne formy reklamy (także na autobusach i tramwajach). Wiedziałem także, że w innych krajach europejskich praktycznie każde przedsiębiorstwo traktowało swoje samochody jak ważny nośnik reklamowy. Wniosek był oczywisty. Zainwestowanie w nasz produkt po prostu się im opłacało.

W pierwszym roku pozyskaliśmy pięć dużych firm z branży mleczarskiej, co dało nam 235 oklejonych reklamą pojazdów. Przekroczyliśmy liczbę założoną w planie. Mimo to nie przestaliśmy się rozwijać. Wyznaczaliśmy kolejne ambitne cele. Szkoliłem pracowników zgodnie z opracowaną przeze mnie listą argumentów sprzedaży.

Dzięki temu potrafili odpowiadać z marszu na najczęściej pojawiające się zapytania klientów i rozstrzygać ich wątpliwości za pomocą rzeczowej argumentacji. Uczyłem ich, jak odpowiadać na pytania dotyczące wysokich kosztów reklamy, jak mówić o korzyściach z inwestycji. Odpowiedzi opracowywałem bardzo skrupulatnie. Wziąłem pod uwagę wszystkie istotne dla klienta aspekty. Chciałem, by przed podjęciem decyzji, podobnie jak ja, miał szansę jak najbardziej realnie zobaczyć i ocenić rzeczywistość, czyli sytuację, w jakiej się znajduje. Pomagałem mu podjąć decyzję, całkowicie przekonany, że będzie ona korzystna i dla mnie, i dla niego.

Oczywiście, nie za każdym razem wszystko odbywało się tak, jak to zaplanowałem. W pewnym momencie zetknęliśmy się z dość niespodziewanym problemem. Okazało się bowiem, że spotkania z szefami i przedstawicielami działów marketingu firm, z którymi zaplanowaliśmy współpracę, są nieefektywne. Nie mogliśmy się z nimi porozumieć. Normą było długie oczekiwanie na odpowiedź albo uzyskiwanie odpowiedzi niekonkretnej, wymijającej. Byliśmy zbywani.

Przeanalizowałem fakty i doszedłem do wniosku, że właściwą drogą będzie dotarcie do zarządów firm, a czasami nawet do członków rad nadzorczych, by to właśnie ich przekonać do naszych usług. Szefowie marketingu nie posiadali wystarczających kompetencji. Często też nie mieli odwagi, by podjąć decyzję, gdy nie byli pewni reakcji zarządu. Niby nas wysłuchiwali i przytakiwali nam, ale w gruncie rzeczy nowatorski pomysł reklamy wydawał im się zbyt ryzykowny (zwłaszcza dla nich samych). Nie wierzyli w niego, więc nie mieli motywacji, by zainteresować nim własnych szefów. Nie chcieli brać na siebie odpowiedzialności za inwestowanie w nową, niesprawdzoną w Polsce formę reklamy.

Moja diagnoza sytuacji znów okazała się słuszna. Menadżerowie średniego szczebla w wielu firmach przede wszystkim bronią własnego *status quo*, prezesi natomiast zwykle mają silną pozycję, więc nie boją się podejmowania decyzji. Dotarcie do prezesów otworzyło nam drogę do dalszego rozwoju. Po sukcesie w pierwszym roku postawiliśmy sobie za cel w kolejnym roku 1000 pojazdów (czyli pięć razy więcej niż zakładał plan w poprzednim roku). Według moich analiz była to realna liczba. Zatrudniłem nowych handlowców, przeanalizowałem przypadki niepowodzeń.

Jedyny problem stanowiła niewystarczająco efektywna dla naszych potrzeb praca działu wykonawstwa. Nie nadążaliśmy z realizacją zamówień. Istotnym wyzwaniem stała się więc logistyka. To była kolejna przeszkoda do obejścia lub przeskoczenia. Postanowiłem związać się z partnerem o zasięgu globalnym, który mógłby nas wspomóc swoim doświadczeniem. Ponowna analiza firm potencjalnie nadających się do tego przyniosła odpowiedź: najlepsza będzie firma 3M, amerykański koncern produkujący 55 000 produktów, założony w 1902 roku i zatrudniający 75 000 ludzi. Kupowałem od niej bardzo dobre jakościowo folie oraz zdobywałem strategiczne informacje. W drugim roku wykleiliśmy ponad 1200 samochodów i nie mieliśmy już problemu z realizacją tak ogromnej liczby zamówień.

Starałem się zapewniać moich pracowników o realności celów, coraz bardziej ambitnych. Pokazywałem, że każda wizyta we właściwych firmach, mających po kilkaset samochodów, staje się ogromną szansą na podpisanie nowego kontraktu. Moi współpracownicy byli dumni z tego, że w naszej branży staliśmy się liderem w Polsce. Na przykład z 12 liczących się firm kurierskich na rynku obsługiwaliśmy dziewięć. Każda z nich miała średnio po 350 samochodów.

Kolejnym naszym celem była firma, która dysponowała 1700 pojazdami. To było trudne, bo już ją obsługiwała inna duża agencja ze stolicy. Moi współpracownicy tym razem zwątpili, czy rzeczywiście zdobędziemy to zlecenie. Jednak realne spojrzenie na sposób zaspokajania potrzeb firmy przez tę agencję dowiodło mi jasno, że nie spełnia ona wszystkich wymagań tak dużego klienta. Najważniejszym z nich była szybkość oklejania pojazdów na terenie całego kraju. Dowiedziałem się tego podczas spotkania z członkiem rady nadzorczej tej firmy. Okazało się, że musieli nieraz czekać nawet sześć dni, ponieważ obsługująca ich agencja nie miała oddziałów w innych miastach. My również ich nie mieliśmy, bo dotąd nie było takiej potrzeby, ale zobowiązaliśmy się skrócić czas oczekiwania do 24 godzin. Skorzystaliśmy z metody skutecznej we wcześniejszych naszych działaniach. Skoro sami nie możemy tego zrobić, będziemy szukać sojuszników. Stały się nimi agencje z różnych miast, z którymi podpisaliśmy stosowne umowy.

Z rozmów z członkiem rady nadzorczej dowiedziałem się także, że nie do końca dobrze był rozwiązany problem reklamacji. Zwyczajowo agencje dawały sobie na to trzy dni. My zaoferowaliśmy 36 godzin. Efekt? Podpisanie umowy z dużym klientem, co przełożyło się bezpośrednio na sukces firmy, wzrost zadowolenia jej pracowników i wiarę w możliwość dalszego rozwoju.

Historia mojej firmy jest przykładem stosowania zasady realizmu na co dzień. Niektórzy posługują się tą metodą intuicyjnie. Warto jednak nauczyć się wykorzystywać ją świadomie. Łatwiej wtedy dociec przyczyn niepowodzeń i szukać innej drogi. Czasem nie wszystko idzie po naszej myśli, ponieważ brakuje nam odwagi i rozmachu. Niekiedy nie wystarcza determinacji.

Przykład, który podałem wyżej, nie oznacza, że podobnie działo się za każdym razem, kiedy nakreśliłem sobie cel i chciałem go zrealizować. Doświadczałem również porażek. Targały mną wątpliwości, traciłem wiarę w powodzenie moich zamiarów. Takie chwilowe spadki nastroju, chęci, wiary w siebie dotykają każdego z nas. Z czasem jednak nauczyłem się, że porażki są nie tylko nieuchronne, lecz także przydatne. Nauka, jaką z nich możemy wynieść, okazuje się bezcenna. To nasze osobiste doświadczenie, które w kolejnych próbach może pomóc nam dokonywać dobrych wyborów i z coraz większym powodzeniem stosować zasady realistycznego myślenia. Samodzielność i znajdowanie rozwiązań to kwestia ćwiczeń, wiary w siebie i we własne możliwości.

Realizm w praktyce

W jaki sposób wypracować w sobie realizm optymistyczny? Poprzez kształtowanie postawy otwartej i gotowości na zmianę, niezrażanie się przeciwnościami i postrzeganie siebie jako wartościowego człowieka. Codziennie każdy z nas napotyka problemy i wyzwania. Codziennie mierzymy się z jakimiś trudnościami. Jeśli są banalne i nieistotne dla naszych dalszych celów, nawet ich nie zauważamy. Bo czy można zająć się dłużej wyborem między dwoma podobnymi produktami spożywczymi w pobliskim sklepie albo rozwiązywaniem dylematu, co zrobić najpierw: zatankować benzynę czy załatwić sprawę w urzędzie?

Inne problemy i wyzwania mogą się okazać bardzo ważne, a od podjętych decyzji może zależeć nasze dalsze życie. Są też decyzje pośrednie, których wpływu na naszą przyszłość nie jesteśmy w stanie przewidzieć. Do tych wyzwań powinniśmy podchodzić z optymistycznym realizmem. Jak kształtować w sobie taką postawę? Najlepiej pracować równocześnie nad wszystkimi elementami, które ułatwią nam podejmowanie decyzji, czyli nad poznawaniem siebie, wyobraźnią, wiedzą, wiarą w istnienie rozwiązań oraz procedurami myślenia.

Nie pierwszy raz zachęcam do poznawania siebie. Przypatrujmy się swoim reakcjom, dostrzegajmy mocne i słabe strony swojej osobowości, dbajmy o równomierne rozwijanie kluczowych cech, by pomagały nam w realizacji celów. Jeśli nauczymy się przewidywać swoje reakcje, będziemy świadomi własnej wartości i zaczniemy rozpoznawać, w jakich sytuacjach potrafimy zachować się odważnie, a w jakich będzie to dla nas trudne, nabierzemy zaufania do siebie i do swoich decyzji. Wiara w siebie i poczucie własnej wartości uodparniają na nieprzyjemne sytuacje. Każda z nich kiedyś mija, a koniec jakiegoś etapu w życiu może być początkiem czegoś znacznie lepszego. Nie warto skupiać się na rozpamiętywaniu strat. Z porażek powinno się wyciągnąć wnioski, zapisać je po stronie cennych doświadczeń i ruszyć dalej ku nowym celom. Pamiętać też należy, że w powszechnym rozumieniu zbyt często realizm jest związany z określeniami: materialny, przeliczalny, faktyczny. Zapomina się, że realny to jednak przede wszystkim: możliwy, osiągalny, wykonalny.

Wśród elementów istotnie wpływających na rozwój optymistycznego realizmu dużą rolę odgrywa wyobraźnia. Wyobraźnia pozwala nam na marzenia i na przekształcanie ich w konkretne cele. Pozwala chodzić pobocząmi dostępnych dotychczas rozwiązań i dokonywać kolejnych przybliżeń rzeczywistości. Pozwala też wizualizować cele, zobaczyć siebie w roli zwycięzcy oraz beneficjenta korzyści, jakie przyniesie zrealizowanie zamiaru. To pierwszy jego sprawdzian. Na podstawie wyobrażenia własnych odczuć możemy zrobić wstępną selekcję, odpowiedzieć sobie na pytania: „Czy to odczucie warte jest zachodu?", „Czy dla tego odczucia chcę przejść całą drogę do celu?", „Czy chcę podjąć ten trud?".

Wyobrażenie to jednak nie wszystko. Potrzebna jest także wiedza na temat, którego będzie dotyczyła decyzja. Najpierw więc pomyślmy, co ta wiedza powinna obejmować, a następnie ustalmy, co powinniśmy poznać i czego się dowiedzieć, żeby decyzje w sprawie wytyczenia drogi do celu były możliwie najlepsze. Wiedza to nie tylko wiadomości podręcznikowe i internetowe. To także specjalistyczne dane dotyczące konkretnego obszaru: firmy, sytuacji rynkowej, sytuacji politycznej lub jakiejkolwiek innej. Warto tu skorzystać z doświadczeń naprawdę dobrych doradców. Nie tylko dostarczą nam oni danych potrzebnych, żeby realistycznie spojrzeć na planowane zamierzenie, lecz także pomogą przeanalizować te informacje, by nie umknęło nam coś, co może okazać się potem przeszkodą w realizacji celu. Trzeba jednak pamiętać o mądrej selekcji treści i firm doradczych. Nie należy czytać tekstów nijakich i słuchać ludzi, którzy niewiele mają na dany temat do powiedzenia.

Do obszaru wiedzy zaliczam też inspirujące przykłady. Ludzi, którzy odważyli się pójść własną drogą i realizować dalekosiężne plany. Warto o nich czytać, warto ich poznawać. Szukajmy w ich postępowaniu odpowiedzi na pytania: „Jak osiągali swoje cele?", „Czy i gdzie znaleźli wsparcie?", „Jaką bazą dysponowali?", „Czy spełniam te warunki, a jeśli nie, co jeszcze powinienem zrobić?". Pytań możesz przygotować więcej – w zależności od potrzeb. Po przyjrzeniu się osobom, które Cię fascynują, na wiele z takich pytań sam znajdziesz odpowiedzi.

Pomoże Ci w tym przeanalizowanie wszystkiego, czego już dowiedziałeś się na temat swojego projektu. Zachowaj przy tym jak największy obiektywizm. Wymaga to zaangażowania i wytrwałości. Nie warto iść na skróty i oczekiwać szybkich i łatwych wyników.

Czasem, by jakieś zamierzenie stało się realne, powinniśmy zdobyć wiele nowych informacji, a niekiedy pozyskać do współpracy specjalistów. Nie obawiaj się tego. Powinieneś się we wszystkim orientować, ale nie musisz na wszystkim się znać. Są ludzie, którzy potrzebną wiedzę, zwłaszcza w wąskich specjalizacjach, zdobywali latami. Tobie też zajęłoby to lata, więc po co to robić? Skorzystaj z ich doświadczenia. Henry Ford pytany o szczegóły dotyczące produkowanych pojazdów zawsze odsyłał pytającego do kompetentnego specjalisty. Wychodził z założenia, że nie musi wszystkiego wiedzieć sam, może mieć pracowników z odpowiednimi kwalifikacjami. To pozwalało mu realizować najbardziej ambitne plany. Warto brać przykład z takiej postawy.

Kolejnym ważnym elementem optymistycznego realizmu, który jest konieczny, żeby wiedza, doświadczenie, wyobraźnia i znajomość własnej osobowości zadziałały, są procedury myślenia. Możemy konstruować w myślach różne uzasadnienia własnych decyzji, na przykład: „Nie, bo nie", „Tak, bo ja tak chcę". Do każdej możemy dobrać argumenty, które dowiodą słuszności przyjętej z góry tezy. Nasz umysł usłużnie je nam podsunie. Nie jest to jednak dobra droga. I nie jest to realizm. Myślenie realistyczne polega na oświetleniu celu, problemu czy wyzwania z różnych stron. Na wnikliwej analizie, która pozwoli przewidzieć nawet bardzo odległe efekty wybranego rozwiązania. Można ją przeprowadzić za pomocą odpowiednich procedur. Takich, które pozwolą zminimalizować ryzyko błędu, ale nie będą tłumić kreatywności.

Edward de Bono opracował znakomitą metodę myślenia prowadzącego do rozwiązań opartych na wszechstronnej znajomości stanu rzeczy. Opisał ją w książce *Sześć kapeluszy myślowych*. Jest stosowana z powodzeniem w wielu przedsiębiorstwach i korporacjach. Na czym polega? Przypuśćmy, że zespół do opracowania nowego projektu składa się z 24 osób. Dzieli się go na 6 grup. W każdej będą więc 4 osoby. Poszczególnym grupom przydziela się „kapelusze" w określonym kolorze, z których każdy oznacza sposób, w jaki grupa ma się przypatrzeć problemowi. Biały pozwala podawać wyłącznie fakty. Czerwony każe opierać się na intuicji, przypuszczeniach i swoim stosunku do projektu. Czarny to kapelusz pesymisty, kierujący poszukiwania w stronę wszelkich możliwych zagrożeń. Kapelusz żółty, przeciwieństwo czarnego, uprawnia do zbierania wyłącznie pozytywnych stron projektu, zielony wymaga włączenia kreatywności i formułowania nowych rozwiązań, a niebieski podsumowuje dyskusję. Szczegóły znajdziesz w wyżej wymienionej książce. Czym różni się ta metoda od zwykłego zastanawiania się nad problemem bądź wyzwaniem? W grupie, zwłaszcza w zespole ludzi pracujących na różnych, zależnych od siebie kompetencyjnie stanowiskach niekiedy niełatwo zdobyć się na wyrażenie własnego zdania. Jeśli na przykład pomysł jest kontrowersyjny, a podał go bezpośredni przełożony, trudno będzie głośno wyrazić swoje zastrzeżenia. Gra w sześć kapeluszy zakłada przyznawanie każdemu określonej roli. Nie można wybrać „kapelusza". Konkretna osoba nie ma więc wyjścia i „musi" podać wątpliwości, „musi" znaleźć dane, „musi" tryskać optymizmem bez względu na to, co sama myśli. Nie wyraża bowiem swoich przekonań, tylko wykonuje zadanie polegające na spojrzeniu na problem z wyznaczonej perspektywy.

Ta metoda może być przydatna także w rozwiązywaniu własnych problemów i przy formułowaniu własnych celów. Przypomnę to, co pisałem o działaniu umysłu, który ma zwyczaj nam „pomagać". Jeśli mamy jakiś problem, dość łatwo znajdujemy jego rozwiązanie (a raczej wydaje nam się, że je znaleźliśmy). Zazwyczaj jest ono zgodne z naszymi przypuszczeniami. Nie jesteśmy świadomi, że umysł podpowiada nam takie argumenty, by nasze przeczucie się sprawdziło i byśmy mogli czuć się komfortowo. Czy te argumenty będą nieprawdziwe? Nie, każdy z nich będzie zgodny z rzeczywistością. Tyle że... to nie będzie jej pełna analiza, więc możemy dojść do fałszywych wniosków.

Mówi się, że jeśli dwie osoby patrzą na to samo, to każda z nich widzi coś innego. Co zrobić, żeby nie sądzić tylko po pozorach? Jak nie podejmować decyzji w oparciu o jednokierunkowe podpowiedzi naszego umysłu? Jak patrzeć realistycznie i zobaczyć tyle elementów rzeczywistości, żeby stworzony z nich obraz nie był przekłamany? W tym celu możemy zastosować opisaną wyżej metodę de Bono. Tyle że sami kolejno „nakładamy kapelusze" i zastanawiamy się nad każdym aspektem problemu bądź wyzwania osobno. Dopiero na tej podstawie dokonujemy wyboru celu, strategii lub metody postępowania. Możemy też zastosować technikę polegającą na odpowiadaniu na konkretne pytania, które sami postawimy i dopasujemy do konkretnej sytuacji. Przykładowy zestaw pytań do wstępnej oceny pomysłu lub rozwiązania problemu może wyglądać tak:

- Czy projekt jest zgodny z moimi wartościami?
- Czy mam ochotę się nim zająć? Dlaczego?
- Jakie korzyści będę mieć z realizacji projektu?
- Kto jeszcze będzie miał korzyści z projektu?
- Czy ktoś straci na projekcie?
- Jakie zagrożenia mogę napotkać?
- Co wiem na tematy związane z projektem?
- Czego jeszcze muszę się dowiedzieć?
- Kto może mnie wspomóc w realizacji projektu? Dlaczego miałby chcieć to zrobić?
- Które z moich silnych stron wpłyną pozytywnie na realizację projektu?
- Które z moich słabych stron mogą spowolnić projekt lub spowodować jego niedokończenie? Jak mogę temu zapobiec?
- Które z moich dotychczasowych osiągnięć pokazują, że realizacja projektu będzie możliwa?

Możesz do tego zestawu dodać jeszcze kilka innych pytań, jeśli uznasz je za konieczne lub potrzebne. Każdą odpowiedź zapisz na oddzielnej kartce.

Następnie osobno ułóż wszystkie kartki z argumentami pozytywnymi (za podjęciem realizacji pomysłu), osobno zaś te, na których zapisałeś argumenty negatywne. Teraz dokonaj analizy. Nie patrz jednak wyłącznie na liczbę argumentów, lecz także na ich jakość i wagę. Swoją ocenę możesz wyrazić zróżnicowanymi kolorami, na przykład dla argumentów pozytywnych użyj barwy zielono-niebieskiej, a dla argumentów negatywnych żółto-czerwonej. Kolor czarny pozostaw dla argumentów neutralnych lub takich, których wagi nie jesteś jeszcze w stanie ocenić.

Jak widzisz, realizm można wyćwiczyć. Jeśli już wiesz, że nie polega na „szukaniu dziury w całym", tylko na wszechstronnej analizie sytuacji oraz świadomości potencjału, jaki każdy z nas ma do wykorzystania, możesz zacząć realizować marzenia, które być może czekają na to od lat.

Życie według własnego planu

Życie według własnego planu jest połączeniem racjonalnego myślenia z zaangażowaniem emocjonalnym. Czy to w ogóle jest możliwe? Czy to nie sprzeczność? Przykład **Thomasa A. Edisona** dowodzi, że nie. To właśnie jego czysta nieskrępowana radość wynikająca z tworzenia i odkrywania nowych możliwości doprowadziła do wynalezienia wielu niezwykle użytecznych dla ludzkości urządzeń. Nie przeszkodziły mu w tym porażki, które wykorzystywał do modyfikowania i ulepszania pomysłów. Bez wątpienia Edison był człowiekiem wybitnym, o ogromnym potencjale, nic jednak nie stoi na przeszkodzie, byśmy naśladowali go, starając się być wynalazcami, odkrywcami, prekursorami w swoich dziedzinach. Kreatorami rzeczywistości.

Tak się może zdarzyć pod warunkiem, że zaczniemy żyć według własnego planu. Obserwujmy innych, korzystajmy z dobrych wzorów, ale nikogo nie naśladujmy. Szukajmy własnych celów, na tyle inspirujących, by dążenie do ich realizacji stało się naszą pasją. Na tym gruncie rozwijajmy racjonalność myślenia, by z kolei pasja nie przysłoniła nam istoty życia, czyli naszych wartości i ludzi, którzy są w naszym otoczeniu i nas potrzebują.

Jak na realizację celów wpływają emocje? Niestety, nie zawsze pozytywnie. Dobrze by było podejmować życiowe decyzje, kierując się jedynie rozumem. Na chłodno i bez ekscytacji, po głębokim namyśle... Niestety, trudno całkowicie pominąć emocje i poprzestać na racjonalnym, obiektywnym myśleniu. Rozum i serce to połączenie nierozerwalne. Nasze funkcjonowanie w świecie zależy w równym stopniu od rozumu, co od uczuć i emocji. Z pomocą realizmu możemy jednak zapanować nad myślami, którymi karmią się emocje, i dzięki temu mieć kontrolę nad własnym życiem. Nie godzić się z tym, jak biegnie, lecz zaplanować je tak, by dawało satysfakcję.

Na początek zadaj sobie pytanie: „Czy jesteś zadowolony ze swojego życia?"... Jeśli dałeś odpowiedź twierdzącą, to wspaniale! Odpowiednio kierujesz swoimi myślami i dostrzegasz pozytywne aspekty życia, a one wywołują dobre emocje. Jeżeli jednak w Twoim otoczeniu, pracy, relacjach z bliskimi coś Ci przeszkadza lub chciałbyś, żeby wyglądało to inaczej niż obecnie, nie zastanawiaj się dłużej, lecz sprecyzuj, co zmienić. Zamiast zatrzymać się na stwierdzeniu: „Jest źle", idź o krok dalej i zaproponuj rozwiązanie. Włącz realizm. Pomyśl, co zrobić, by pewność siebie, optymizm i wiara w przyszłość stały się naturalnym stanem Twojego umysłu. Stawiaj sobie ambitne cele. Myśl o ich urzeczywistnianiu pozytywnie, z radością i wiarą w powodzenie. Znajdź w sobie tyle odwagi, żeby nie ulec presji otoczenia i nie poddać się.

Przykładem na wagę i znaczenie realizmu w życiu może być kwestia wyboru partnera. To trudne, gdyż często – nie zdając sobie z tego sprawy – myślimy życzeniowo. Widzimy w człowieku, z którym chcemy się związać, kogoś, kim on nie jest. Chcemy, by spełniał nasze oczekiwania i wyimaginowane warunki. Nie jesteśmy w stanie dostrzec, jaki jest naprawdę. Nie chcemy tego zrobić. Do czego takie postrzeganie prowadzi? Albo będziemy brnąć w zaprzeczenia i udawać przed sobą, że osoba, z którą łączymy swoją przyszłość, jest inna i trwać w toksycznym związku, co będą widzieć wszyscy dookoła, tylko nie my. Albo też po jakimś czasie rozczarujemy się ogromnie i zerwiemy związek. Może to być krzywdzące dla człowieka, który przecież aż tak znacznie się nie zmienił, tylko my zbyt późno zauważyliśmy, jak bardzo się różni od naszych wyobrażeń.

Czy można oszczędzić sobie rozczarowań i konfliktów? W stu procentach zapewne nie, ale można przynajmniej ograniczyć ryzyko ich wystąpienia, jeśli użyjemy realizmu. Należałoby zrezygnować z naiwnego myślenia w stylu: „Po ślubie już nie będzie taki zazdrosny", „Po ślubie nie będzie tyle czasu spędzać na czytaniu książek", „Po ślubie zawsze i wszędzie będziemy chodzić razem". Odważ się pytać o to, co dla Ciebie ważne. Jeśli chcesz mieć dzieci, dowiedz się, czy Twoja przyszła druga połowa widzi się w roli rodzica. Jeśli nie, to zastanów się, czy będziesz w stanie zaakceptować tę decyzję? Możesz mnie teraz zapytać: „A co z miłością? Czy ona się nie liczy?". Pozwól, że z kolei ja zadam Ci pytanie: „Co nazywasz miłością? Ten stan chwilowego zauroczenia? Fascynację seksualną?". Spójrz na to realistycznie. Gdyby to te przemijające uczucia były miłością, to wszystkie pary powinny się rozstawać, gdy tylko minie pierwszy okres związku. Stephen Covey zauważył w jednej ze swoich książek, że wyraz „kochać" jest czasownikiem, czyli oznacza działanie. Skoro tak, to jeśli dobrze wybierzesz, możesz zatrzymać miłość. W jaki sposób? Słuchaj, współczuj, służ pomocą, poświęcaj się, doceniaj, motywuj. Czy nie sądzisz, że gdyby ludzie w ten sposób się zachowywali, zasadniczo zmalałaby liczba rozwodów? I czy to nie jest podejście realistyczne?

Innym momentem istotnym w życiu człowieka jest wybór drogi życiowej, decyzja o wyborze zawodu, uczelni i kierunku studiów. Czym młody człowiek powinien się kierować, by ta decyzja była mądra i właściwa? Zapewne domyślasz się odpowiedzi – realizmem. Powinien więc odpowiedzieć sobie na następujące pytania: „Czy mam odpowiednie predyspozycje?", „Czy będę miał szansę wykorzystać swój talent?", „Czy poradzę sobie z egzaminami?", „Czy wyobrażam sobie siebie wykonującego zawód, którego się wyuczę?", „Czy ta praca przyniesie mi zadowolenie i będzie sprawiać satysfakcję?".

Tylko uczciwe odpowiedzi na takie pytania pozwolą dokonać mądrego wyboru. Jeśli w młodości człowiek podejmie dobrą decyzję, czas nauki będzie dla niego okresem twórczym i rozwijającym, a wykonywany później zawód okaże się prawdopodobnie tym wymarzonym. Wybór kierunku edukacji może zaważyć na jakości całego życia.

Najgorsze, co można zrobić w tej sytuacji, to ulec namowom kolegów lub rodziców. Decyzja oparta na sentymentach bądź przesłankach koniunkturalnych często okazuje się błędna. Świadczą o tym historie życia młodych ludzi, którzy wybrali kierunek edukacji, kierując się radami rodziców. To się często zdarza, bo w wielu rodzinach i środowiskach panuje pewnego rodzaju presja na dziedziczenie profesji. Lekarze nader często pragną, by ich latorośl studiowała medycynę, sędziowie i adwokaci kierują synów i córki do szkół prawniczych, rzemieślnicy nie wyobrażają sobie, by ich dzieci nie kontynuowały dzieła rodziców w rodzinnym warsztacie. W pewnym sensie takie postępowanie da się zrozumieć. Istnieje wiele wspaniałych rodzinnych przedsiębiorstw rozwijających się prężnie od pokoleń. Decyzje w tej sprawie powinny jednak wynikać z wewnętrznego przekonania ludzi wchodzących dopiero w dorosłe życie. Nie zawsze jest tak, że syn piłkarza ma we krwi grę w piłkę. Należy zdawać sobie z tego sprawę i nie mieć pretensji do dziecka, gdy nie chce być kolejnym ogniwem rodzinnej tradycji – nie chce być tym, kim jest jego ojciec czy matka. Niestety, czasami nastolatek ulega presji, bo nie potrafi się jej przeciwstawić. Obowiązkiem rodziców jest pozwolić dziecku pójść w wybranym kierunku, nawet jeśli jest skrajnie odmienny od ich wyobrażeń.

Nie powinno się wywierać nacisku ani wzbudzać poczucia winy, gdy dziecko chce pójść własną drogą. Jakkolwiek nazwie się tę drogę: powołaniem, predyspozycjami, wewnętrznym przekonaniem czy – bardziej poetycko – głosem serca, jej wybór będzie miał wpływ na późniejsze sukcesy bądź porażki młodego człowieka. Jeśli uszanujemy jego decyzję, odniesiemy korzyści także my. Nagrodą będzie szczęście naszego dziecka i dobre relacje z nim.

Przestrogą dla nas może być historia młodego chłopaka z Ukrainy, który – jak przyznał – nie mógł porozumieć się z rodzicami. Oni, z zawodu lekarze, marzyli, aby ich ukochany i jedyny syn poszedł w ich ślady i został lekarzem. Ale Siergiej o tym nie marzył. Ku zaskoczeniu rodziców od najmłodszych lat życia interesował się włosami. Lubił ich dotykać, patrzeć na nie. Gdy nieco podrósł, z upodobaniem przeglądał katalogi fryzjerskie, czytał o strukturze włosów i możliwościach ich przemiany dokonującej się poprzez różnorodne stylizacje.

Obserwował też ludzi i oceniał ich włosy. Mógł o tym opowiadać godzinami. Już jako kilkunastolatek strzygł kolegów. Koleżankom natomiast podpowiadał, jakie fryzury są modne i jakie pasują do konkretnej twarzy, kształtu głowy i karnacji. Naciskany przez rodziców wreszcie powiedział im, że w przyszłości zamierza zostać fryzjerem.

Byli załamani. Tłumaczyli mu, że to wstyd, że to zawód nie dla niego, że wybiera go tylko młodzież bez ambicji. Nic nie pomagało. Dla Siergieja fryzjerstwo było prawdziwą pasją. W przekonywanie go, że jednak powinien pójść na studia – jeśli już nie medyczne, to może chociaż inżynierskie – włączyła się niemal cała rodzina. W końcu nie wytrzymał szantażu emocjonalnego, jakim zaczęli posługiwać się bliscy, i wyjechał do USA. A właściwie uciekł z wycieczki, na którą się udał z grupą przyjaciół.

Jak się domyślasz, Siergiej znalazł sposób na realizację swojego marzenia. Na początek zatrudnił się w zakładzie fryzjerskim w małej miejscowości na południu Stanów Zjednoczonych. Już po dwóch latach przeniósł się do Nowego Jorku, a następnie do Nowego Orleanu. Dzisiaj ma kilka salonów fryzjerskich i całą rzeszę wiernych klientów. Jest szczęśliwym człowiekiem. Jego rodzice są teraz z niego dumni i chwalą się nim przed innymi. Siergiej zapytany kiedyś przez klienta, dlaczego zajął się włosami, choć mógł zostać lekarzem, prawnikiem lub inżynierem, powiedział, że nic innego nie mógłby robić z takim poświęceniem i oddaniem. Stał się prawdziwym profesjonalistą, a więc ekspertem w swojej dziedzinie, proszonym często o porady lub konsultacje. Spełnił swoje marzenie, nauczył się poprzez zmianę wizerunku wpływać na poczucie własnej wartości innych ludzi i dawać im radość.

Ta historia jasno pokazuje, że nie jest najważniejsze, jaką przyszłość rodzic widzi dla swego dziecka, ale gdzie widzi siebie dziecko. W tym przypadku wszystko dobrze się skończyło, bo Siergiej miał mocny charakter, wykazał sporą odporność na emocjonalne działania najbliższego środowiska. Miał odwagę podążać za tym, co było jego przeznaczeniem. Gdyby jednak było inaczej? Gdyby miłość do rodziców przesłoniła mu myślenie o własnej przyszłości i stłumiła marzenia? Gdyby był bardziej uległy? Może w tej chwili zamiast być spełnionym fryzjerem byłby zblazowanym i nieszczęśliwym lekarzem?

Jak zatem pomóc nastolatkowi w wyborze zawodu? Niezbędny jest właśnie realizm, który podpowiada, żeby – zamiast narzucać dziecku jakąś profesję – obserwować jego predyspozycje oraz upodobania i wskazywać różne drogi życiowe, które pozwoliłyby mu wykorzystać jego mocne strony. Ale wybrać dajmy mu samodzielnie.

Szczególnego wsparcia potrzebują dzieci wybitnie utalentowane. Jest na to wiele przykładów, także w historii kultury polskiej. Fryderyk Chopin może nie byłby tak znakomitym i znanym na całym świecie kompozytorem, gdyby nie jego rodzice, którzy w porę zauważyli wyjątkowość swojego syna i stworzyli mu odpowiednie warunki do rozwoju talentu. Podobno już jako niemowlę Fryderyk uspokajał się przy dźwiękach fortepianu, a w wieku kilku lat sam grał zasłyszane melodie. Rodzice niezwłocznie zatrudnili nauczyciela muzyki, którego uczeń w krótkim czasie przerósł. Świadomi predyspozycji i ogromnego potencjału swego dziecka robili wszystko, by umożliwić mu rozwijanie tego niezwykłego daru.

Każdy człowiek ma jakieś uzdolnienia i talenty. W ich odkrywaniu pomagają metody sprawdzone naukowo. Specjalne testy potrafią już w kilkulatku określić typ uzdolnień: muzycznych, plastycznych, technicznych lub innych. Młodzież w wieku około 16 lat może za pomocą testów poznać cechy charakterystyczne swojej osobowości i rodzaj temperamentu. Istnieją też testy sprawdzające, czy młody człowiek ma predyspozycje do wykonywania wybranego zawodu. Trzeba jednak pamiętać, że nastolatkowie przechodzą okres silnych zmian osobowości i trudno przewidzieć, w jakim kierunku będzie się ona rozwijała.

Zbyt wczesna diagnoza i przywiązanie się do niej może doprowadzić do zaszufladkowania dziecka i zbyt wczesnej specjalizacji. Jeśli poddamy dziecko takim testom, powinniśmy mieć świadomość, że zdobyta w ten sposób wiedza ocenia stan osobowości i predyspozycje na określonym etapie jego rozwoju. Już po roku może być w dużej części nieaktualna. Traktujmy więc ją tylko jako pewien sygnał, a nie wyznacznik, którego trzeba się kurczowo trzymać. Kierując dziecko w którąkolwiek stronę, obserwujmy, czy jest z tym szczęśliwe, czy nie spogląda tęsknie w zupełnie innym kierunku. Nie każde będzie miało tyle pewności siebie, by wbrew staraniom rodziców pójść za głosem swoich pragnień. Jeśli więc jesteś rodzicem lub nauczycielem, traktuj swoje dzieci bądź uczniów po partnersku. Najpierw poznaj marzenia, potem pomóż dziecku je realizować. Bądź inspiratorem, a nie hamulcowym.

Realistycznie określić swój potencjał można w każdej chwili życia. Nie brak przykładów ludzi, którzy jako 40-, 50-, a nawet 60-latkowie zmienili dziedzinę, którą się zajmowali. Niekiedy, by wreszcie oddać się swojej pasji, zrezygnowali z wygodnej posady, zmienili zawód i miejsce zamieszkania, a nawet tryb życia. Ci, którzy tego nie zrobili (na przykład ze względu na więzi rodzinne lub środowiskowe), mimo że czuli takie pragnienie, często żałują i pozostają z poczuciem, że zmarnowali życie. Wczesne uświadomienie sobie własnego potencjału daje dużą szansę, że maksymalnie go wykorzystamy. W ten sposób określimy obszar działania, który może nam przynieść satysfakcję, w którym będziemy najbardziej kreatywni i w którym możemy osiągnąć najlepsze rezultaty. Warunkiem jest zastosowanie zasady realizmu i niepoddawanie się emocjom w sytuacjach wymagających rzeczowej oceny.

Dokonując oceny celu (projektu, problemu), warto zatem wziąć pod uwagę wpływ emocji. One towarzyszą naszemu życiu. Nad wieloma z nich można pracować. Te, które są negatywne (na przykład złość, zawiść, wyniosłość), powinniśmy stłumić. Jest jednak wiele pozytywnych, które pomagają w realizacji marzeń. To między innymi radość czy życzliwość, jednak szczególną rolę odgrywa zaangażowanie. Pragnienia i cele (a nawet nasze możliwości) wraz z rozwojem osobowości przekształcają się i zmieniają. To normalna kolej rzeczy. Ważne, by tym zmianom towarzyszyło coś, co jest trwałe. Mam na myśli motor wszelkich działań – zaangażowanie. Bez niego każde przedsięwzięcie jest jałowe. Jeśli działamy z zaangażowaniem, radość z poszukiwań i osiągnięć jest większa, a potknięcia nie tak bolesne.

Emocje pojawiają się w wielu sytuacjach zawodowych. Szczególnie silne, gdy odnotujemy coś niespodziewanego: nagły zwrot kierunku działań, uzyskanie niezwykle wysokich lub wyjątkowo niskich wyników, konieczność podjęcia natychmiastowej kontrowersyjnej decyzji, dziwne zachowanie szefa lub pracownika i temu podobne. W takich momentach starajmy się nie poddawać nadmiernie emocjom, bo często zniekształcają one postrzeganie świata. Jeśli czujemy, że zaczynają nam przeszkadzać, skupmy się na sprecyzowaniu, co jest ich przyczyną.

Znajdźmy myśli wywołujące złe samopoczucie i postarajmy się je zmienić. Nie odrzucajmy jednak w całości tego, co podpowiadają nam emocje. Przeanalizujmy te podpowiedzi, korzystając z zasady realizmu i umiejętności obiektywnego przyglądania się sobie. To ważne na drodze do życia według własnego planu.

Refleksje końcowe

Na początku tej książki zapytałem o skojarzenia związane z pojęciem realizmu. Mam nadzieję, że teraz odszedłeś od pesymistycznego pojmowania tego słowa. Liczę na to, że odtąd inaczej rozumiany realizm będzie Ci towarzyszył i pomagał w realizacji marzeń i podejmowaniu decyzji.

Gruntowne poznanie siebie i stosowanie zasady realizmu do oceny ludzi i sytuacji przydaje się w każdej dziedzinie życia. Idealnie by było, gdybyśmy potrafili podejmować decyzje, kierując się rozumem nieprzytłoczonym przez wrażenia – gdybyśmy potrafili zastąpić na jakiś czas emocjonalne reakcje racjonalnym, obiektywnym myśleniem. Jednak nie namawiam do całkowitego pozbywania się emocji. Są nam potrzebne, pozwalają bowiem wziąć pod uwagę potrzeby innych ludzi i nasze własne. Istotne jest jednak to, żebyśmy nie pozwolili im nad sobą całkowicie zapanować.

Realizm umożliwia znalezienie odpowiedzi na pytania: „Po co to robię?", „Jak mam to zrobić?". Daje motywację, która wzmacnia wytrwałe dążenie do celu. Rozwiewa wątpliwości i pomaga zwalczyć pokusę ucieczki, jaką jest usprawiedliwianie się nierealnością dążeń.

Realizm umożliwia formułowanie celów i kreślenie planów możliwych do urzeczywistnienia. Korzystali z niego wielcy naukowcy, odkrywcy i wynalazcy. Dzięki tej cesze opierali się zwątpieniom i utrzymywali motywację na wysokim poziomie.

Wyobrażali sobie efekty swojej pracy i wiedzieli, że są przesłanki do ich uzyskania.

Warto pamiętać jednak, że realizm nie wisi w próżni. Opiera się na konkretnych argumentach. Powinniśmy nauczyć się ich szukać. Podałem kilka sposobów, co robić, by nie wpaść w pułapkę realizmu pesymistycznego, który każe nam zauważać wyłącznie negatywne strony pomysłów, projektów i marzeń. Metody te pozwalają uniknąć także przesady w drugą stronę – ucieczki w realizm bujający w obłokach, który sprawia, że lekceważymy wszystkie ostrzeżenia, nie dostrzegamy zagrożeń i idziemy prosto... ku porażce.

Realista może wyciągać wnioski jedynie na podstawie znanych mu faktów, które wcześniej bardzo skrupulatnie i wielowymiarowo przeanalizował. Nie może rozwiązywać równań z samymi niewiadomymi. Pamiętajmy także, że brak potrzebnych informacji nie oznacza, że ich nie ma. Po prostu jeszcze nie dotarliśmy do odpowiedniego źródła. Szukajmy go zatem, może w książkach, może na odpowiednich kursach, może u dobrych doradców czy mentorów, którym ufamy.

Jestem zwolennikiem puszczania wodzów fantazji na etapie marzeń i trzymania się ziemi w fazie wyznaczania celów i ich realizacji. Przestrzeganie tej zasady pozwoliło mi urzeczywistnić większość zamierzeń. Z każdym z nich nabieram większej pewności, że i kolejne, o ile podejdę do nich w ten sam sposób, też się powiodą. Ta praktyka pozwala mi twórczo wykorzystywać porażki. Przyglądam się realistycznie temu, co zrobiłem, by znaleźć miejsce, w którym tkwił błąd. Szukam tego, czego nie dostrzegłem wcześniej, by w przyszłości nie powtórzyć tej samej pomyłki.

Realista wizjoner, realista marzyciel – taka postawa powinna stać się celem każdego z nas. W każdej dziedzinie życia. Śmiało snuj marzenia, a potem je spełniaj, realizując plan punkt po punkcie. To nie będzie takie proste. Będziesz musiał zmierzyć się z lękami, obawami, blokadami, lenistwem i stereotypami, którym w jakimś stopniu każdy z nas ulega. Jednak nagroda jest warta wysiłku. Gdy wygrasz, a wierzę, że każdy może tego dokonać, staniesz się człowiekiem spełnionym, pełnym wiary w siebie i swoje możliwości, entuzjastycznie spoglądającym w przyszłość.

Inaczej
o byciu wnikliwym

Spis treści

Wstęp 361

Co to jest wnikliwość? 361

Obraz osoby wnikliwej 362

Wnikliwość w różnych sferach życia 364

Rozwijanie wnikliwości 370

Wnikliwość w działaniu 373

Zastosowanie zasad wnikliwości.....................375

Co mógłbyś zapamiętać? ☺ 375

Wstęp

Człowiek świadomy swoich możliwości, silnych i słabych stron, potrafiący efektywnie się uczyć, jest gotowy na to, by ukształtować w sobie nowe cechy, które staną się podstawą jego dojrzałej osobowości. To tak jakby na solidnym fundamencie postawić główne ściany konstrukcyjne budowli. Jedną z takich ścian dla charakteru człowieka jest wnikliwość. Uważam, że cecha ta, obok wiary w siebie, wytrwałości, odwagi, realizmu i entuzjazmu, jest odpowiedzialna za obecność szczęścia w naszym życiu. Wnikliwość, mówiąc najogólniej, to umiejętność świadomego wybierania własnej drogi i docierania do sedna rzeczy, patrzenia poza to, co widać na powierzchni. W praktyce wiąże się to z ciężką pracą, ale także z olbrzymią satysfakcją. Kiedy coś odkrywamy i poznajemy prawdę, odczuwamy dużą satysfakcję.

Co to jest wnikliwość?

W języku hebrajskim słowo „wnikliwość" ma związek z rozumowym poznawaniem przyczyn. Jego synonimami są wyrażenia: działać rozumnie, działać roztropnie, osiągać sukces. Odnoszą się one do tego rodzaju wiedzy, która umożliwia postępowanie w mądry sposób. Mądrość to nie tylko posiadanie informacji, lecz także umiejętność zastosowania wiedzy w praktyce. Zatem człowiek wnikliwy wykorzystuje swą wiedzę w codziennym życiu. Osoba szukająca przyczyn, na przykład przyczyn sukcesu czy porażki, to osoba poszukująca mądrości. Wnikliwość jest w dzisiejszym zabieganym świecie niezwykle cenioną cechą. Należy ją zestawić ze zrozumieniem i z ustalaniem przyczyn.

Greckie słowo *epignosis* oznacza dokładne poznanie. Poznając coś dokładnie, zaczynamy rozumieć pewne rzeczy lub czynności i łatwiej nam powiązać nowe wiadomości z dotychczas posiadaną wiedzą.

W myśli filozoficznej wnikliwe poszukiwanie prawdy było jednym z ważniejszych analizowanych problemów. Pierwszym pytaniem, jakie zadawali sobie myśliciele, było: „Czym jest prawda?". Odpowiedź Arystotelesa: „prawdziwe jest zdanie, które jest zgodne z rzeczywistością", uznana została za definicję klasyczną. Inna teoria – teoria zgody powszechnej – zakłada, że prawdą jest to, na co zgodzą się wszyscy lub grupa specjalistów. Utylitaryści uznali za prawdę wszystko, co było korzystne, użyteczne dla jednostki. Współczesny świat w definiowaniu tej wartości najczęściej kieruje się skutecznością. Aby odnaleźć prawdę, trzeba umieć zwątpić, odrzucić tezy uznane za pewne, takie, które świat próbuje nam narzucić. Krótko mówiąc, to, co zbuduje naszą osobowość, trzeba indywidualnie przepracować. Problem, przed którym stajemy, należy szczegółowo przeanalizować, dotrzeć do jego **źródeł**, znaleźć odpowiedzi na podstawowe pytania. Następnie trzeba stopniowo uszczegóławiać tezy ogólne, które sformułujemy w wyniku analiz, aż znajdziemy rozwiązanie problemu. Istotne jest również sprawdzenie, czy nie popełniliśmy błędu w toku rozumowania. Jeżeli wniosek jest dla nas jasny, wyraźny i oczywisty, mamy pewność, że to MY odnaleźliśmy prawdę.

Obraz osoby wnikliwej

Człowiek wnikliwy jest rozważny. Można mieć wątpliwości, czy taka osoba będzie miała wystarczającą siłę przebicia, by w dzisiejszym świecie coś osiągnąć, jednak są one zupełnie nieuzasadnione. Człowiek rozważny zanim wyznaczy sobie jakiś cel, najpierw zastanowi się nad faktycznymi możliwościami jego realizacji. Rozwaga powoduje, że dostrzega się różne niebezpieczeństwa, własne słabości i ograniczenia tkwiące w otoczeniu, a taka wiedza daje pewność i skuteczność działania. Osoba rozważna zawsze ma plan i to plan nie byle jaki. Powiedziałbym nawet, że jest to plan planów. Osoba wnikliwa widzi wiele aspektów jakiejś sprawy i bierze pod uwagę przeszkody, które mogą się pojawić. W jej planie znajdzie się zapis o tym, co zrobić, gdy te przeszkody się pojawią. Jeśli to nie pomoże, do realizacji zostanie wdrożony tak zwany plan B, czyli taki scenariusz, który pozwoli pozostać na obranej ścieżce. Człowieka, który mówi nam nie tylko o sukcesach i zaletach, lecz wspomina także o zagrożeniach i niedogodnościach, zazwyczaj darzymy dużym szacunkiem. Koncentrowanie się na pozytywnych aspektach jest typowe tylko dla ludzi mało doświadczonych, zaś każdy, kto już trochę poznał świat, podchodzi z rezerwą do takiego hurraoptymizmu. Jeśli zadbamy o rozwijanie wnikliwości, w naturalny sposób zyskamy umiejętność wyznaczania realistycznych celów i możliwych do zrealizowania planów.

Człowiek wnikliwy znajomość ludzkiej natury traktuje jako przyjemny obowiązek. Na jej poznanie poświęca dużo czasu. Wiedza z tego obszaru pomaga mu działać skutecznie i efektywnie. Osoba wnikliwa wie, że jednym z ważnych czynników odpowiedzialnych za osiąganie celów jest zrozumienie tego, jak w podobnych sytuacjach poradzili sobie inni. Dlatego poświęca czas na dociekanie przyczyn i okoliczności, w jakich znani ludzie, postacie współczesne lub historyczne, osiągnęli swoje cele. W tej kwestii wnikliwy człowiek nie słucha osób niekompetentnych, a jedynie znawców i ekspertów. Jeśli nabędzie wiedzę na określony temat, zmieni ogląd sytuacji, co będzie podstawą do podejmowania właściwych decyzji.

W Księdze Przysłów możemy przeczytać, że: „człowiek, który wargi swe trzyma w ryzach, działa rozumnie, czyli z wnikliwością". Po tym poznaje się człowieka roztropnego: mówi tylko wtedy, gdy trzeba, gdy ktoś go o coś poprosi i tylko tyle, ile potrzeba. Zanim coś powie, zastanowi się, jak jego słowa zostaną odebrane. Jego wypowiedź ma na celu podbudowanie innych, nigdy zaś upokorzenie czy wyrządzenie krzywdy. Czy ten aspekt wnikliwości jest zgodny z Twoim przekonaniem na ten temat?

Wnikliwość w różnych sferach życia

Wnikliwość pozwala na osiągnięcie sukcesu w biznesie i utrzymanie jego efektów przez dłuższy czas. Firmy, którym się powiodło, często po jakimś czasie spoczywają na laurach i budzą się dopiero wtedy, gdy grozi im upadek. Jeśli prezes jest osobą wnikliwą, nie dopuści do takiej stagnacji, ponieważ wie, że czas spokoju należy wykorzystać na przygotowanie się na rozmaite zmiany sytuacji rynkowej, na przykład na atak konkurencji. Wnikliwy w swojej pracy prezes najpierw będzie się zajmował rzeczami ważnymi, a dopiero potem pilnymi. Wie on na przykład, że bardzo ważnym zagadnieniem jest gruntowne przygotowywanie się do spotkań z pracownikami, kontrahentami czy kluczowymi klientami. Uwzględnia priorytety, potrafi wczuć się w sytuację innych ludzi. Nie bagatelizuje tego etapu, ponieważ wie, że stanowi on źródło wzajemnego zaufania. W ten sposób osiąga wiele celów, między innymi pewność tego, co mówi, wynikającą z wiedzy na dany temat. Inną korzyścią jest budowanie trwałych relacji z pracownikami, kontrahentami i klientami. Pracownik, który czuje się w firmie dobrze i ma satysfakcjonujące relacje z szefem, nie odejdzie do konkurencji tylko dlatego, że ta zaoferuje mu pensję wyższą o 10 procent. Czy Ty, mając dobrego, rozumiejącego i doceniającego Cię przełożonego, odszedłbyś do innej firmy, gdyby tam zaproponowano Ci o jedną dziesiątą więcej, a jednocześnie wiedziałbyś, że Twój przyszły szef ma despotyczne usposobienie? Podejrzewam, że nie. Łatwo więc dostrzec, w jaki sposób wnikliwość pozwala na zdobywanie lojalności innych.

Ta zasada odnosi się również do klientów i kontrahentów. Celem osoby wnikliwej jest bowiem zawsze sytuacja, w której wszystkie strony wygrywają. Osiąga to, zadając wiele pytań, także samemu sobie. Docieka na przykład, kim jest jej rozmówca, jaką ma osobowość, jak można do niego dotrzeć, jakie ma potrzeby i tym podobne. Potem człowiek wnikliwy prowadzi rozmowę w taki sposób, aby dana argumentacja trafiła do przekonania rozmówcy. Jest świadom, że największym kapitałem firmy są ludzie, a nie technologie. Dlatego inwestuje w kadry, w ich inspirowanie i motywowanie. Nie próbuje manipulować ani stosować żadnych innych podejrzanych technik psychologicznych. Wie, że jest to nie tylko nieuczciwe i nieetyczne, ale często też mści się srogo na osobie stosującej tego typu praktyki.

A jak wnikliwość przejawia się w życiu małżeńskim? W małżeństwie dużą rolę odgrywa łagodność. Jeśli małżonkowie odnoszą się do siebie delikatnie, zwłaszcza gdy występuje różnica zdań, ukazują tym samym swoją wnikliwość. Łagodność jest skutecznym i sprawdzonym sposobem na wyciszanie emocji. Chcąc ugasić ogień, zazwyczaj nie dolewamy do niego przysłowiowej oliwy, a raczej wody, która wygasza płomień. Uszczypliwe wypowiedzi tylko podsycają złość drugiej osoby, tak jak oliwa podsyca palący się płomień. Warto dać sobie chwilę na schłodzenie emocji i przeczekanie najgorszego wzburzenia. Krytyczne uwagi, nieraz nawet wyzwiska rzucane przez małżonków, również w obecności dzieci, mogą mieć fatalne następstwa. Zarówno mąż, jak i żona powinni zastanowić się, jak dużo mogą ich kosztować nierozważnie wypowiedziane słowa. Tak postąpi osoba wnikliwa.

Odpowiedzmy sobie na pytania: Czego potrzeba, gdy atmosfera staje się coraz bardziej gorąca? Czyż nie potrzeba właśnie wnikliwości? W Księdze Przysłów 16:23 czytamy, że serce mądrego skłania jego usta do wnikliwości, a jego wargom dodaje zdolności przekonywania. Wnikliwość pozwala zatem dostrzegać więcej niż to, co znajduje się na powierzchni. Człowiek wnikliwy każde potknięcie współmałżonka czy potencjalny konflikt będzie traktował poważnie, nie wyolbrzymiając go, a jedynie szukając prawdziwych przyczyn problemu. Wykorzysta te wydarzenia jako okazję do lepszego poznania współmałżonka, co w przyszłości pozwoli uniknąć podobnych sytuacji. Kiedy mężczyzna zastaje po powrocie z pracy do domu swoją żonę owładniętą niepohamowanym gniewem, ma wspaniałą okazję, by wykazać się wnikliwością i zdusić nadchodzącą awanturę w zarodku. Czy łatwo jest w takiej sytuacji stawić opór naturalnemu odruchowi i na krzyki, pretensje i złość nie odpowiadać tym samym? Wnikliwy małżonek zastanowi się, dlaczego żona tak się zachowuje. Odpowiedzi mogą być różne, ale mąż nie wyciągnie pochopnych wniosków i nie da się ponieść gniewowi. To wnikliwość daje człowiekowi moc przechodzenia do porządku dziennego nad potknięciami innych.

Czy potrafimy spojrzeć głębiej, poza słowa? Czy potrafimy nadal dostrzegać zalety innych i nawet w trudnej, konfliktowej sytuacji, rozpoznać czyjeś prawdziwe intencje ukryte pod płaszczykiem pretensji? Wiem, że to spore wyzwanie, sam nad tym ciągle pracuje i często stawiam się (symbolicznie) do kąta i zmuszam się do wyciągania konstruktywnych wniosków. To, co mi najbardziej pomaga, co jest skuteczne i w mojej sytuacji się sprawdza, to przypominanie sobie własnych błędów. Pamiętanie o tym, że moja żona regularnie okazuje cierpliwość wobec moich przywar jest naprawdę pomocne.

Wnikliwość dodaje siły w trudnych i stresujących momentach. Łączy się bowiem z wiedzą, która odpowiedzialna jest za wykształcanie się przekonań determinujących nasze nastawienie do życia i świata.

Na przykład w małżeństwie nie zdarza się, by ludzie zawsze i we wszystkim się zgadzali, różnice zdań są nieuniknione. Można powiedzieć, że sukces w tej materii opiera się na skupieniu na tym, co małżonków łączy, a nie na tym, co ich dzieli. Wówczas, nawet jeśli mają odmienne upodobania, zawsze osiągną kompromis. Trzeba tylko skoncentrować się na tym, co ich zespala i dodaje otuchy. Rodzin nie zakładają osoby idealne, można jednak znaleźć zadowolenie w małżeństwie, jeśli będzie się pracowało nad wnikliwością. W ten sposób dajemy związkowi szansę na przetrwanie wielu lat. Pozwalamy mu rozwijać się jak kwiatu codziennie podlewanemu czułością: miłym słowem, drobnym gestem, upominkami. Dzięki wnikliwości wiemy, że musimy szczerze starać się o nasz związek i współmałżonka, dbać o wzajemne relacje.

Człowiek wnikliwy potrafi się pogodzić z tym, że jego oczekiwania wobec innych osób okazują się nierealistyczne. Na przykład mąż choleryk, któremu gniew szybko mija, nie może oczekiwać, że jego żona, która ma tendencję do tłumienia w sobie złości i reagowania na sytuacje konfliktowe wycofaniem, powróci do stanu równowagi po ciężkiej awanturze w tym samym czasie, co on. Rozsądek podpowiada, by uwzględnić odmienny temperament, wychowanie i nawyki żony i dać jej czas na dojście do siebie, a przy najbliższej okazji przeprosić ją. Tak postąpi osoba wnikliwa.

Obdarzony wnikliwością człowiek nie zwraca się do innych w sposób nadmiernie emocjonalny i nieprzemyślany, bo wie, że w ten sposób wzbudzi tylko ich gniew. Należy uczyć się przewidywania negatywnych konsekwencji swoich czynów i słów. Bogactwo języka pozwala na stosowanie zamienników i eufemizmów, które niewiele zmieniają znaczenie wypowiedzi, ale całkowicie oczyszczają ją z negatywnych emocji. Nietrudno przewidzieć reakcję człowieka, którego określimy mianem głupca, nawet jeśli są ku temu uzasadnione powody – z pewnością poczuje się dotknięty i zareaguje kontratakiem. Natomiast gdy zamiast obrazić kogoś, mówiąc mu, że jest głupi, zwrócimy mu uwagę, że jego zachowanie nie było zbyt rozsądne, ocenimy nie człowieka, a tylko jego postępowanie w danej sytuacji, co pozwoli wyciągnąć konstruktywne wnioski i umożliwi rzeczową dyskusję na ten temat. Powinniśmy zatem odpowiadać za słowa i ćwiczyć się w panowaniu nad nimi. Pomaga w tym wnikliwość, dzięki której w sytuacjach konfliktowych łatwiej opanować emocje, wniknąć głębiej w problem, znaleźć jego przyczyny i rozwiązanie. Osoba wnikliwa pamięta, jak istotny jest sposób mówienia i ton głosu. Księga Przysłów 12:18 wspomina, że: *Język mądrych jest lekarstwem*. W innym miejscu tej samej księgi (19:11) mowa jest o tym, że łagodna odpowiedź uśmierza gniew.

Teraz zrób sobie przerwę i zastanów się nad swoim sposobem mówienia. Czy Twój język jest lekarstwem, czy może ostrym mieczem? Czy z wypowiadanych słów układasz drogę do pojednania, czy wznosisz barykadę? Czy prowadzisz wewnętrzny dialog i analizujesz sytuację? Czy wiesz, jakich słów użyć, by dążyć do zgody?

Mężczyzna może sądzić, że zwracanie się do żony w sposób łagodny jest oznaką słabości. To nieprawda. Żona szanuje męża, który stara się ją szanować, uwzględniać jej potrzeby, charakter, wychowanie i swoim zachowaniem pokazuje, że akceptuje ją taką, jaka jest. Jeśli masz jakieś zastrzeżenia do swojego partnera, nie zmienisz go gniewem i krzykiem, lecz miłością i łagodnością. Oczywiście trwałe zmiany nie nastąpią od razu, czasem potrzeba lat, ale pierwsze efekty widać już po kilku miesiącach starań.

Pamiętajmy zatem, że gniew czy impulsywne wypowiedzi zawsze pogarszają sytuację, powodują, że inni nie chcą z nami rozmawiać, zamykają się. Najważniejsze jest kontrolowanie emocji, by nie zdominowały naszych myśli i postępowania. Oczywiście każdemu czasem zdarza się powiedzieć coś, czego później żałuje. Należy zatem nauczyć się szczerze przepraszać za takie zachowanie.

Dzięki wnikliwości można przestać się martwić i stresować. Często zadręczamy się przyziemnymi kłopotami dnia codziennego. Co robi w takim przypadku osoba wnikliwa? Jeśli brakuje jej pieniędzy, najpierw ustala, dlaczego tak jest, liczy wydatki na jedzenie, rachunki, paliwo, edukację dzieci, ubrania, przyjemności i tak dalej. Następnie zestawia je z przychodami. Jeśli okaże się, że koszty przewyższają przychody, zastanowi się nad możliwymi rozwiązaniami, na przykład nad zmianą pracy na lepiej płatną, co może wiązać się z koniecznością nabycia nowych umiejętności.

Człowiek wnikliwy odważnie analizuje źródła stresu i zmartwień, nie boi się do nich zbliżyć, wręcz chce ich dotknąć i dokładnie zbadać. Szuka wytrwale odpowiedzi na pytanie, jak zmienić sytuację, widzi jej negatywne skutki. Chce pozbyć się smutku, który odbiera mu energię i który zauważają najbliżsi. Pomocne może być odkrycie w sobie jakieś mocnej cechy, której do tej pory się nie rozwijało. Może to być pewność siebie lub entuzjazm, ułatwiające dokonywanie znaczących zmian w życiu.

Równie często, co o pieniądze, martwimy się o sprawy zdrowotne. Jeśli potraktujemy nasze zdrowie w sposób wnikliwy, z pewnością sięgniemy po poradniki dotyczące zdrowego odżywiania i trybu życia, higieny osobistej, a następnie zaczniemy wprowadzać w życie zawarte w nich sugestie. Człowiek wnikliwy dba także o profilaktykę, regularnie odwiedza specjalistów, poddaje się badaniom kontrolnym. Niestety, wielu z nas martwi się o zdrowie, ale w ogóle nie dba o swój organizm. Przykładem niech będą częste przypadki zachorowań na raka szyjki macicy. A przecież chorobie tej można zapobiec lub ją wyleczyć, gdy zostanie odpowiednio wcześnie wykryta. Człowiek wnikliwy zdobywa wiedzę na temat zdrowia i przewiduje skutki zaniedbań na tym polu, bierze zatem pod uwagę konieczność działań prewencyjnych.

Podsumowując, osoba wnikliwa poświęca czas na analizę zagadnień, które są przedmiotem jej troski, i podejmuje stosowne kroki dla spokoju i szczęścia swojego oraz bliskich.

Rozwijanie wnikliwości

Wiemy już, jakimi przymiotami charakteryzuje się człowiek wnikliwy. Zastanówmy się teraz, jak obudzić i rozwinąć w sobie wnikliwość.

Jedna z metod pracy w tym zakresie polega na wyrobieniu sobie nawyku prowadzenia wewnętrznego dialogu. Postępowali tak wybitni myśliciele – Sokrates i Augustyn – ponieważ właśnie w wyniku takich rozmów z samym sobą rodzi się wnikliwość. Wsłuchiwanie się w siebie, badanie, analizowanie własnych wspomnień to dobry sposób na rozwijanie się i znajdowanie właściwych odpowiedzi. Jeśli wystarczająco często będziemy pytać siebie: „dlaczego?", wówczas odpowiedź na pytanie: „jak?", przyjdzie nawet, gdy nie będziesz na nią liczył. Nie oznacza to bynajmniej, że automatycznie przejdziemy od diagnozy sytuacji do jej zmiany, sądzę jednak, że nawykowe pytanie o przyczyny powinno nam towarzyszyć w poszukiwaniu wnikliwości.

Dociekajmy powodów sukcesów i porażek, nie bójmy się dotykać tematów trudnych, o dużym ładunku emocjonalnym, uczmy się na błędach. Jak to robić? W moim przypadku sprawdziło się założenie zeszytu, w którym prowadzę osobiste notatki. Raz w tygodniu zapisuję odpowiedzi na dwa pytania: „Co zrobiłem dobrze?", „Co mógłbym zrobić lepiej?".

Koryguję siebie regularnie, ale też i chwalę. Jak się tego nauczyć? Każdy powinien po prostu spróbować stać się sobie bliskim. Mam wrażenie, że ludzie uciekają od samych siebie, starają się zapełnić czas rozmowami z innymi, telewizją i innymi zajęciami, byle tylko nie pozostać z sobą sam na sam. Z moim obserwacji wynika, że przyczyną tego jest, po pierwsze, brak sympatii do siebie, a po drugie, niechęć do przyznawania się przed samym sobą do błędów i niedociągnięć. Często wybieramy towarzystwo tych osób, które obsypują nas pochlebstwami, należy jednak częściej być własnym przyjacielem, autentycznie chwalić i ganić samego siebie. Biblia mówi, że mamy **miłować bliźniego swego jak siebie samego.**

Czasami proszę kogoś, żeby opowiedział mi coś o sobie i zazwyczaj słyszę niewiele dobrego; niekiedy to, co mówi, brzmi jak wyuczona formułka. Jeśli jesteś jedną z takich osób, powinieneś popracować nad poczuciem własnej wartości.

Jak znaleźć czas na wewnętrzny dialog? Uważam, że wymaga to jedynie dobrego planowania. Żeby znaleźć czas na wewnętrzny dialog, wystarczy zaplanować sobie bloki czasowe z przerwami w pracy i dobrze je wykorzystywać. Należy mieć także silne przekonanie, że jest to skuteczna metoda – tylko pod tym warunkiem będziemy mieć wystarczająco silną determinację, by regularnie ją stosować. Nastawienie umysłu na wewnętrzny dialog to już połowa sukcesu. Spróbujmy zatem przekonać samych siebie, że bycie wnikliwym to jedynie kwestia dyscypliny.

Ważne jest też skoncentrowanie się na jednym zadaniu. Wówczas energia skupia się jak wiązka promienia laserowego i jesteśmy w stanie podołać niemal każdemu wyzwaniu.

Kolejnym sposobem jest czytanie biografii osób wnikliwych i mądrych, które zasługują na miano ludzi sukcesu, które zdołały pogodzić skuteczną działalność w wielu obszarach życia.

Pamiętaj również, by nie brać na siebie zbyt wielu uciążliwych zadań naraz z różnych dziedzin: zawodowej, osobistej, rodzinnej. Zbyt duże obciążenie powoduje wygaszenie wnikliwości, nawet jeśli cechę tę pracowicie w sobie wykształciliśmy. Wnikliwość potrzebuje sprzyjających warunków: wyciszenia, spokoju, odpowiedniej atmosfery. Jeśli narzucimy sobie dużo zadań w ograniczonym czasie, nie zdołamy do każdego z nich podejść wystarczająco wnikliwie. Powinniśmy nauczyć się selekcjonować prace, których się podejmujemy. Czasem musimy komuś odmówić.

Niekiedy ludzie mówią mi, że nie mają czasu na czytanie czy prowadzenie wewnętrznego dialogu. Dla mnie brzmi to tak, jakby mi mówili, że nie mają czasu na bycie szczęśliwym. Inni mówią, że nie mają odwagi czy wytrwałości. Jednak by sięgnąć po szczęście, potrzeba czasu i wysiłku. Przecież jeśli sami sobie nie pomożemy, nikt inny nie uczyni tego za nas. Wnikliwość jest cenną zaletą, która umożliwia dokładne badanie rzeczywiści i zagłębianie się w sedno spraw za pomocą wszechstronnej analizy. Każdy może rozwinąć lub posiąść ten przymiot i choć sposoby pracy nad nim nie są łatwe, naprawdę przynoszą efekty. Wnikliwość pomaga być szczęśliwym, niech więc dzisiejszy dzień będzie Twoim pierwszym na drodze do jej budowania.

Wnikliwość w działaniu

Izaak Newton i **Albert Einstein** to dwaj najsławniejsi myśliciele w historii nowożytnej nauki. To im zawdzięczamy największe odkrycia i przełomy w wielu dziedzinach wiedzy.

Angielski poeta Alexander Pope tak wypowiadał się o Newtonie: „Natura i jej prawa ukryte były w ciemnościach. Rzekł Bóg: »Niech stanie się Newton« i wszystko stało się jasne". Newton był człowiekiem wnikliwym, szukającym ukrytych przyczyn wszystkich zjawisk, odkrywającym ich prawdziwą naturę. Odbierając uniwersyteckie wykształcenie, bardzo szybko przyswoił sobie niemal całą znaną wówczas wiedzę. Pomiędzy 21 a 27 rokiem życia położył podwaliny pod teorie, które w krótkim czasie zrewolucjonizowały ówczesny światopogląd naukowy. Jego odkrycia i badania wprowadziły naukę na nowoczesne tory, po których porusza się ona do dziś. Jest autorem praw dynamiki, dla których wskazał praktyczne zastosowanie, zajmował się badaniami nad naturą światła, optyką, termodynamiką, akustyką, wynalazł rachunek różniczkowy, który stanowi najważniejsze osiągnięcie nowożytnej matematyki. Naukę można podzielić na dwie epoki: przed i po Newtonie. Wszystko, co działo się przed nim, to zlepki faktów i luźne teorie, natomiast po jego odkryciach nauka zaczęła przybierać formę spójnego systemu praw i twierdzeń, z których większość jest aktualna i wykorzystywana do dziś.

Albert Einstein to chyba najważniejsza postać nauki XX wieku i najwybitniejszy umysł w historii ludzkości. Jego najbardziej znane dokonania to sformułowanie szczególnej i ogólnej teorii względności, które autentycznie zrewolucjonizowały współczesną naukę. Zmieniły radykalnie sposób postrzegania zagadnień czasu, przestrzeni czy stosunku materii do energii. Co ciekawe, Einstein do swoich wniosków doszedł na drodze wyłącznie rozumowych metod, odrzucając empiryczne techniki obowiązujące w nowożytnej nauce. Ogromna wnikliwość pozwoliła mu na sformułowanie nieprawdopodobnych dla innych uczonych teorii przy wykorzystaniu jedynie własnego umysłu i języka matematyki. Co więcej, teorie Einsteina po dziś przechodzą pomyślnie wszystkie empiryczne testy, nikomu nie udało się udowodnić, że są błędne lub nie sprawdzają się w jakichś konkretnych warunkach. Są powszechnie uznawane w całym współczesnym świecie naukowym. Innym dokonaniem uczonego, za które otrzymał Nagrodę Nobla w dziedzinie fizyki, było wysunięcie hipotezy istnienia fotonów, czyli cząsteczek światła. Według niego światło ma dwoistą naturę, zarówno falową, jak i cząsteczkową. Wcześniej sądzono, że jest ono jedynie falą elektromagnetyczną, a fale i cząsteczki uznawano za byty w naturalny sposób przeciwstawne. Ta teoria Einsteina wywarła istotny wpływ na rozwój mechaniki kwantowej. Jego dokonania należy docenić tym bardziej , że nie zaprzestał pracy, mimo że początkowo wszyscy, nawet on sam, powątpiewali w wartość jego ustaleń. Jednak przezwyciężył wszelkie przeszkody i doprowadził badania do końca. W efekcie udało mu się przekonać do nich cały świat.

Zastosowanie zasad wnikliwości

Już sama praca nad obudzeniem wnikliwości jest dla nas korzystna. Gdy wyrobimy w sobie tę cechę i będziemy skupiali się na jej utrzymaniu, odczujemy kolejne pozytywne konsekwencje. Po pierwsze rozmiłujemy się w zdobywaniu i pogłębianiu wiedzy. To, co kiedyś było męczącym obowiązkiem, na który nie znajdowaliśmy czasu, teraz stanie się naszą pasją. Jeśli jakiś temat zacznie być dla nas ważny, będziemy chcieli wszystkiego się o nim dowiedzieć. Dzięki tej wiedzy zaczniemy działać i zachowywać się pewniej, a podejmowanie decyzji, nawet najtrudniejszych, będzie przychodziło nam bardzo łatwo. Codziennością stanie się staranne przygotowywanie do każdego spotkania i na każdą okoliczność. W ten sposób wyrazimy szacunek do naszych partnerów w pracy i życiu prywatnym, a także samym sobie. Systematyczne i wnikliwe zdobywanie wiedzy odciśnie się na naszej moralności. W końcu już Sokrates mawiał, że cnota to wiedza! Mądrości można się nauczyć „i ona jedna czyni człowieka szczęśliwym i daje mu powodzenie" (Platon, *Eutydem*).

Działając w oparciu o plany i różne scenariusze rozwoju sytuacji, będziemy w mniejszym stopniu narażeni na nieprzyjemne niespodzianki. Pozytywne skutki odczuje również otoczenie. Będziemy lepiej rozumieć współpracowników czy współmałżonka.

Co mógłbyś zapamiętać? ☺

1. Wnikliwość to umiejętność dokładnego badania zagadnienia, wnikania w nie, dokonywania wszechstronnej analizy i docierania do prawdy.

2. Rozwijanie w sobie wnikliwości we wszystkich sferach życia przyczynia się do budowania szczęścia i osiągania życiowego spełnienia.
4. Prowadzenie wewnętrznego dialogu pozwala rozwijać wnikliwość.
5. Cennym źródłem nauki są biografie ludzi, którzy utrwalili w sobie wnikliwość i dzięki temu osiągnęli szczęście i sukces.

※

Inaczej
o podejmowaniu decyzji

Spis treści

Wstęp 379

Samodzielność w podejmowaniu decyzji 379
    Poznaj siebie 381
    Decyzje błyskawiczne 383

Definicja 384
    Rozwiązywanie problemów 385
    Rodzaje decyzji 387

Jak decydować właściwie? 389
    Twój styl decydowania 389
    Etapy podejmowania decyzji 392

Uwaga, przeszkody!................................... 398

Decyzja to wybór 401
    Konsekwencje 402
    Ryzyko błędu 403
    Techniki wspomagające podejmowanie decyzji 405

W optymalnych warunkach 407

Co możesz zapamiętać? ☺ 408

Wstęp

W każdej niemal życiowej sytuacji podejmujemy jakąś decyzję. Czasem robimy to bezrefleksyjnie i rutynowo, innym razem musimy podołać wielkiemu wyzwaniu – wszystko zależy od stopnia trudności decyzji i naszych predyspozycji do ich podejmowania.

Ponieważ wielu ludzi ma problemy z podejmowaniem decyzji, unika tego i odbiera to jako dyskomfort i zło konieczne, myślę, że warto uczynić swoje życie łatwiejszym, ucząc się tak bardzo potrzebnej na co dzień umiejętności, jaką jest umiejętność podejmowania decyzji.

Samodzielność w podejmowaniu decyzji

Znana sieć sklepów z wyposażeniem wnętrz reklamowała się hasłem: „Ty tu urządzisz!". Tak jest w życiu: TY – i tylko TY – decydujesz, jak wygląda Twoje życie. Bo kluczem do sukcesu w tej dziedzinie jest samodzielność.

Bywa, że jedna decyzja zmienia całe nasze życie. Co więcej, przełomowych wyborów nieświadomie dokonujemy niemal codziennie.

Zastanawiamy się rano, czy jechać tą, czy tamtą drogą – wybieramy pierwszą opcję, a potem dowiadujemy się, że na drugiej trasie, tej, z której zrezygnowaliśmy, był karambol. Gdybyśmy pojechali drugą drogą, może teraz leżelibyśmy sparaliżowani po wypadku…

Rozważamy: podjąć pracę w przedsiębiorstwie A czy B? Trudny wybór. Po latach uświadamiamy sobie, że właśnie dzięki temu, że jednak zdecydowaliśmy się na firmę B, spotkaliśmy miłość swojego życia.

Możemy odnieść wrażenie, że naszym życiem rządzi przypadek, że nie mamy większego wpływu na przyszłość, nie możemy wszystkiego zaplanować, przewidzieć czy kontrolować. Są jednak decyzje, dzięki którym w pełni świadomie bierzemy los w swoje ręce, przewidując ich konsekwencje.

Wyobraźmy sobie młodego, zdolnego piłkarza, bramkarza, który staje przed następującym wyborem: grać najlepszym klubie w Europie, ale jako rezerwowy, czyli *de facto* „grzać ławę", czy podpisać kontrakt z klubem ocenianym niżej, za mniejsze pieniądze, ale za to występować w każdym meczu, doskonalić się, pokazywać z jak najlepszej strony? Nie trzeba być znawcą środowiska piłkarskiego, by zdać sobie sprawę, że wybierając pierwszą opcję, bramkarz praktycznie wypada z obiegu, nie jest powoływany do reprezentacji narodowej, ale... ma zapewniony byt na długi czas, może być z rodziną. W drugim zaś przypadku zyskuje możliwość rozwoju i może cieszyć się grą.

Co wybrać? Odpowiedź nie jest łatwa, bo nie ma jednej recepty na życie. Ważne jest, aby to była Twoja decyzja. Bo to TY decydujesz, jak będzie wyglądało Twoje życie. Nie pozwól, by inni robili to za Ciebie.

Czy potrafisz podejmować decyzje? Z pewnością tak. Właśnie podjąłeś jedną z nich – zdecydowałeś się sięgnąć po tę książkę. Pomyślisz może: nie, to nie była moja decyzja, to szef polecił mi przeczytać to w ramach poszerzania kompetencji zawodowych. Ja jednak uważam, że nawet jeśli czytasz to na czyjąś prośbę czy polecenie, to nadal jest to Twoja decyzja, bo przecież mogłeś odmówić. Podobnie jest w z innymi sprawami, na przykład z raportami, które – jak może uważasz – MUSISZ pisać, spotkaniami biznesowymi, na które MUSISZ chodzić, a nawet wagą, którą MUSISZ zrzucić. To nie PRZYMUS, to Twoje decyzje. CHCESZ napisać raport, aby uniknąć rozmowy dyscyplinującej, CHCESZ iść na spotkanie biznesowe, bo czujesz się odpowiedzialnym mężem i rodzicem, a także CHCESZ zrzucić parę kilo, żeby zmieścić się w ślubny garnitur (ma naprawdę świetny krój!).

Jeśli zrozumiesz, że to Twoje decyzje, że celem są Twoje korzyści, że wyniknie z tego coś dobrego dla Ciebie, to prawdopodobnie Twoja niechęć do tych „zadań" diametralnie się zmniejszy. To, co robimy – zaryzykuję nawet stwierdzenie, że WSZYSTKO, co robimy – wynika z tego, że CHCEMY to robić. To są nasze decyzje. Czy przychodzi Ci na myśl czynność, którą naprawdę i nieodwołalnie musisz wykonać? Ciekaw jestem, co to takiego. Sądzę bowiem, że zawsze jest alternatywa. Na przykład teraz... możesz przerwać czytanie tej książki. Mam jednak nadzieję, że podejmiesz decyzję i tego nie zrobisz ☺.

Nieprzypadkowo mówimy „decyzja należy do" – decyzja ma ojca, osobę, która ją podejmuje i która bierze za nią odpowiedzialność, bo wybór, jakiego dokonujemy, to nie tylko wyraz wolności i samodzielności, ale także zobowiązanie i świadomość konsekwencji. Decyzji nie można się bowiem pozbyć – jeśli ją podjąłem, to wziąłem za nią odpowiedzialność. Na zawsze. Nieodwołalnie. Ta nieuchronność nie powinna jednak przerażać. Jeśli to, co postanowisz, pozostaje w zgodzie z tym, co czujesz i co myślisz, nie musisz się obawiać – wszystko jest w porządku i decyzja na pewno zadziała na Twoją korzyść. Prędzej czy później.

Poznaj siebie

Jak istotne jest Twoim zdaniem podejmowanie decyzji na podstawie wiedzy o samym sobie?

Gdy miałem około dwudziestu lat, pewien autor książki, którą akurat czytałem, postawił pytanie: „Czy znasz siebie na tyle dobrze, że wiesz, dokąd podążać?".

To jedno pytanie stało się dla mnie inspiracją, aby podejmować decyzje w oparciu o wartości życiowe, które uznałem za fundament mojego życia. Podjąłem decyzję, by poznać siebie na tyle wnikliwie, żeby zrozumieć, jakie cele sobie wyznaczać. Moim zdaniem to kluczowa sprawa w podejmowaniu decyzji, jeśli mają to być decyzje, których nie będziemy potem żałowali.

Jeśli widzisz zagrożenie, zastanów się, przemyśl konsekwencje swojej decyzji, spróbuj przewidzieć jej skutki. Miej na uwadze to, by doraźne korzyści, być może bardzo kuszące, nie przesłoniły Ci skutków długofalowych, które pojawią się co prawda dopiero później, ale mogą być dotkliwe.

Oto przykład. Marzysz o dużym domu – większym i ładniejszym niż dotychczasowe mieszkanie, w którym Twojej rodzinie jest dość ciasno. Mieszkanie możesz sprzedać, a na pozostałą kwotę potrzebną do zakupu wymarzonego domu wziąć kredyt. Myślami już jesteś w swoim salonie, gdzie oczywiście będzie kominek. Planujesz garderobę i pralnię, a dla każdego dziecka osobny pokój. Czy jednak pomyślałeś także o tym, że utrzymanie domu będzie o wiele droższe? Czynsz, ogrzewanie (w domu będzie gazowe, które kosztuje dużo więcej niż to, które masz teraz), remonty... Stać Cię na to? I czy stać Cię będzie na to za rok, za dziesięć lat?

W rzeczywistości nie zdarzają się sytuacje, kiedy wszyscy są zadowoleni. Twoje decyzje też nie będą się wszystkim podobać. Każdy człowiek, w mniejszym lub większym stopniu, liczy się z opinią otoczenia. Tobie też z pewnością zdanie innych nie jest obojętne. Ważne jest, aby krytykując, odnosić się jedynie do postępowania człowieka (do jego decyzji), a nie do niego jako osoby. Nie pozwól więc, by przez pryzmat Twoich decyzji ktoś krytykował całego Ciebie. Mówiąc krótko: inni mogą oceniać Twoje wybory, ale nie Ciebie jako człowieka.

Ty także nie oceniaj innych. Możesz jedynie skomentować decyzję drugiego człowieka, jeśli on tego od Ciebie oczekuje. Najlepiej, gdyby była to krytyka konstruktywna – i tylko na prośbę osoby, której zachowanie komentujesz.

Decyzje błyskawiczne

Jak często o czymś decydujemy? Robimy to wiele razy dziennie, właściwie bez przerwy. Większość tych codziennych decyzji jest automatyczna: chcesz usiąść, widzisz krzesło, siadasz. Tak po prostu. Ale czy na pewno decydujesz się na to bez udziału własnej woli? Otóż nie. Twój mózg błyskawicznie analizuje sytuację, dostępne dane i wyciąga wnioski: krzesło jest stabilne, wytrzymałe, stoi prosto, jest czyste, wystarczająco duże, a Ty jesteś zmęczony, dostatecznie wysoki, znajdujesz się w odpowiedniej odległości i tak dalej. Zatem także w takiej sytuacji myślisz i analizujesz, tyle że bardzo szybko. I podejmujesz decyzję: siadam. Gdyby krzesło było zakurzone, a Ty miałbyś jasne spodnie, prawdopodobnie zdecydowałbyś: nie siadam.

Takich błyskawicznych decyzji, które wydają się wręcz bezmyślnym (a może lepiej powiedzieć: podświadomym) zachowaniem, podejmujesz całe mnóstwo: automatycznie sięgasz po widelec, kiedy masz zjeść drugie danie, a po łyżkę, gdy jesz zupę; automatycznie wybierasz pióro, podpisując ważną umowę, a czerwony ołówek, gdy poprawiasz tekst przemówienia; przed wejściem do biura szefa pukasz; wsiadając do auta, zapinasz pasy; stojąc w kolejce do kasy, wyciągasz kartę płatniczą, a podchodząc do samochodu – kluczyki. To wyuczone zachowania. Kiedyś „opracowałeś" sobie odpowiednie zachowania i teraz prowadzi Cię „automatyczny pilot". Bardzo to wygodne i odciążające umysł.

Definicja

Niestety, prawie nic nie jest w życiu pewne i jednoznaczne, musimy więc nieustannie podejmować dużo bardziej brzemienne w skutkach decyzje. Chociażby droga do pracy – prawdopodobnie masz stałą trasę, którą jeździsz, ale zapewne w ciągu ostatniego roku zdarzyło Ci się ją kilka razy zmienić z powodów od siebie niezależnych. Korek, wypadek, konieczność pojechania po drodze do szpitala czy urzędu. Błyskawiczna analiza dostępnych możliwości i wybór nowej trasy. Takich decyzji podejmujesz tysiące... Ale czy podejmujesz te właściwe? Jeśli masz wątpliwości, powinieneś dowiedzieć się, jak dokonywać wyborów, aby ich nie żałować.

Zacznijmy od zdefiniowania tego, czym jest DECYZJA. Zdaniem Władysława Tatarkiewicza „każda decyzja jest wyrzeczeniem się tego, co nie zostało wybrane". Decyzja bezpośrednio łączy się więc z wyborem. Zazwyczaj zaczyna się od poczucia dyskomfortu lub od dostrzeżenia innych możliwości. Rusza machina: widzisz, że coś może wyglądać inaczej i zaczynasz o tym myśleć, rozważasz, planujesz, snujesz wizje, zastanawiasz się, jak mogłoby być... Wniosek nie zawsze jest prosty. Z pomocą może przyjść – może Cię tutaj zaskoczę – rzut monetą! Nie, nie zachęcam Cię do oddawania się w ręce losu. Rzut monetą traktuję jako swoisty moment prawdy, bo gdy podrzucasz pieniądz, nagle uświadamiasz sobie, jakiego wyniku podświadomie oczekujesz. Jeśli więc zdarza Ci się, że nie wiesz, czego chcesz – rzuć monetą. W rzucie monetą ważny jest nie wynik, a moment rzutu – to wtedy uświadamiasz sobie, czego tak naprawdę chcesz, na jaki wynik liczysz.

Rozwiązywanie problemów

Zmiana jest czymś dobrym, bo otwiera nowe możliwości. Paradoksalnie jednak boimy się jej, ponieważ jest to sfera nieznana, niezbadana, nieoswojona. Po fakcie zazwyczaj jesteśmy zadowoleni. Okazuje się, że jest lepiej niż było, przełamaliśmy własne lęki i „nie ma tego złego, co by na dobre nie wyszło".

Żeby jednak coś się zmieniło, potrzebne jest działanie. Trzeba dostrzec, co jest nie tak, co można zrobić lepiej, dokładniej, solidniej, porządniej, oszczędniej, wydajniej, wygodniej. Często widzimy, w czym tkwi problem, widzimy potrzebę zmiany, ale czy łatwo nam jest podjąć działanie? Nie. Nie jest łatwo, bo zmiana bywa bolesna, trudna, ciężka, męcząca. I by nastąpiła poprawa, by żyło nam się lepiej, musimy ponieść trud. Zdajemy sobie z tego sprawę i być może dlatego wielu z nas nie dostrzega niedogodności, udaje przed samym sobą, że wszystko jest w porządku. Wybieramy prowizorkę, rozwiązania tymczasowe. Jakże prawdziwe jest powiedzenie: „Nie ma nic trwalszego niż prowizorka"! Prawdziwe, a zarazem przygnębiające.

Na szczęście prowizorka nie zawsze nas satysfakcjonuje i gdy problem doskwiera nam mocno, postanawiamy „coś z tym zrobić". Postanawiamy. Podejmujemy decyzję, że dokonamy zmiany, czyli *de facto* „podejmujemy decyzję o podjęciu decyzji". A więc decydujemy o czymś, świadomie wybierając jedną z minimum dwóch możliwości.

Decydowanie to wyjście z etapu rozważań, rozmyślań, analizy – i przejście na etap: „Działam! Jestem gotów! Mam plan. Wiem". Decydowanie to rozwiązywanie problemów. Dlatego umiejętność podejmowania decyzji jest tak istotna w naszym życiu. Czekanie na to, że problem sam się rozwiąże, odwlekanie momentu, w którym podejmiemy decyzję, to narażanie się na stres. A zatem bierzemy los w swoje ręce i SAMI decydujemy o tym, jak będzie wyglądać nasze życie. Nie płyniemy z prądem, nie niesie nas tłum, lecz kroczymy samodzielnie.

Oczywiście nie chodzi o to, by za wszelką cenę przeciwstawiać się otoczeniu, postępować wbrew niemu; możemy iść „z tłumem", to znaczy iść w tym samym kierunku, co inni, ale jest to nasza decyzja i nasza droga, tyle że zbieżna z drogami innym ludzi. Nie jesteśmy do tego przymuszani. Samodzielnie tak postanowiliśmy.

To, że decyzja ma być samodzielna, wcale nie oznacza, że nie powinniśmy przed jej podjęciem korzystać z rad czy doświadczeń innych ludzi. Wręcz przeciwnie! Gdy w danej dziedzinie brak Ci wiedzy, pytaj tych, którzy ją posiadają. Typowa sytuacja: rozważania maturzysty, jakie studia wybrać. Ta decyzja zaważy na całym życiu młodego człowieka. Załóżmy, że chce on zostać aktorem. Powinien więc porozmawiać z kimś, kto ten zawód już wykonuje, by poznać jego blaski i cienie, radość, jaką niesie taka praca, a także zagrożenia, jakie stwarza. Powinien uważnie wysłuchać opinii i wziąć je pod uwagę przed podjęciem decyzji. W trudniejszych kwestiach warto zasięgnąć opinii wielu osób, nie tylko jednej.

Kiedy mamy cel, wiemy, dokąd iść. Nawet gdy zboczymy z drogi, będziemy potrafili na nią wrócić, bo jesteśmy zdeterminowani, a nasza decyzja jest ugruntowana dzięki dobremu przygotowaniu i przemyśleniu sprawy. Nasze działania będą zdecydowane, nie zaniechamy ich nawet wtedy, gdy pojawią się przeciwności. Dążymy wytrwale do celu, nie poddając się. Wierzymy w to, co robimy, bo to jest NASZE.

Podjąwszy decyzję, nie od razu uwalniamy się od wątpliwości i od związanego z nimi stresu. Zastanawiamy się, czy zdecydowaliśmy właściwie i czy przewidzieliśmy wszystkie skutki. Mimo że proces podejmowania decyzji nie jest jeszcze zakończony, ważne jest, że coś zrobiliśmy, że nie zostaliśmy w miejscu, pozwalając, by problem narastał.

Ile czasu potrzebujemy na podjęcie decyzji? Często jest to zaledwie chwila – widzisz, że książka zaraz spadnie z półki, więc ją łapiesz. Odruch. Otrzymujesz wiadomość z prośbą o kontakt – od razu oddzwaniasz. Czasem jednak potrzebujesz więcej czasu: dzień, tydzień, rok, a nawet więcej. Zależy to od okoliczności, dziedziny, w jakiej podejmujesz decyzję, indywidulanych predyspozycji itd. Jeśli staniesz przed możliwością, a nawet koniecznością podjęcia decyzji, wiedz, że to bardzo korzystna dla Ciebie sytuacja, oznacza bowiem, że masz wybór: zrobię tak albo tak. TY decydujesz. Masz głos. Możesz zupełnie samodzielnie, w zgodzie ze sobą, dokonać tego wyboru. Zrobić tak, jak TY chcesz.

Bywa jednak, że działamy wbrew sobie, bo kierują nami zasady, według których zostaliśmy wychowani, postępujemy według znanego nam wzorca. Z przyzwyczajenia, niewiedzy czy może strachu przed nieznanym…

Rodzaje decyzji

Istnieje wiele rodzajów decyzji. Przedstawię najważniejsze z nich.

Pierwszym nasuwającym się tu podziałem jest rozróżnienie decyzji **łatwych i trudnych**. Łatwe to dla przykładu wybór rodzaju prezentu dla pracowników. Pracownicy działów kadr czy szefowie firm mają taki dylemat, gdy trzeba wybrać na przykład upominki noworoczne lub jubileuszowe. Co będzie lepsze: bon podarunkowy czy wejściówka do klubu sportowego? A może portfel albo zegarek? Podobną wagę według mnie posiada wybór mebli do sekretariatu.

Trudne decyzje dotyczą życia osobistego, systemu wartości. Co wybrać: kibicowanie synowi podczas ważnego dla niego meczu czy pracę po godzinach, bo kluczowy klient nagle potrzebuje pomocy? Czy podjąć dodatkową pracę w weekendy, nie skorzystać z przysługującego urlopu, lekceważyć zalecenia lekarza i swój stan zdrowia, czy raczej odpuścić sobie robienie kariery i zarabianie pieniędzy, a zadbać o siebie, swoje zdrowie i o relacje w rodzinie? To są dylematy, które mogą spędzać sen z powiek, a przecież nikt inny nie dokona za nas wyboru; musimy wybrać sami i liczyć się z konsekwencjami tego wyboru, czasem bardzo dla nas dotkliwymi.

Kolejny podział to decyzje: **najlepsze, zadowalające i złe**. Najlepszy wybór to taki, który przynosi najwięcej korzyści i daje największą gwarancję osiągnięcia oczekiwanych rezultatów, a zarazem pociąga za sobą najmniejsze skutki uboczne i minimalne ryzyko niepowodzenia. Decyzja zadowalająca to taka, której rezultat teoretycznie nas zadowoli, ale na dłuższą metę to rozwiązanie może się nie sprawdzić lub może nie być zgodne na przykład z naszym światopoglądem, mimo że początkowo tej rozbieżności nie dostrzegaliśmy. Natomiast zła decyzja to taka, która nie przyniesie nic dobrego, a może wręcz pogorszyć obecną sytuację.

Mamy więc decyzje łatwe i trudne, a także najlepsze, zadowalające i złe. Warto uwzględnić też podział ze względu na to, na kogo ma wpływ decyzja, kto ma ją podjąć i jaki rodzaj kompetencji jest wymagany, aby podjąć tę decyzję... W każdej klasyfikacji podstawą jest świadomość konsekwencji. I tu dochodzimy do bardzo istotnej kwestii, a mianowicie do pytania: jak?

Jak decydować właściwie?

W jaki sposób podejmujesz decyzje? Zbierasz i analizujesz dane, wyciągasz wnioski, radzisz się ekspertów? Decydujesz szybko i bez większego namysłu? A może uciekasz od problemów, przeciągasz sytuacje, pozwalasz innym decydować o swoim życiu? Czym kierujesz się, dokonując wyboru?

Twój styl decydowania

Istnieje wiele testów psychologicznych, które mogą pomóc Ci w określeniu, w jaki sposób podejmujesz decyzje. Poszukaj ich w Internecie. Oto jeden z nich, określający Twój styl podejmowania decyzji. Odpowiedz na poniższe pytania, wybierając wariant A lub B. Istotne jest, żebyś odpowiadał stanowczo i bez zbędnego zastanawiania się.
1. Co bardziej bierzesz pod uwagę u ludzi?
   A) Ich prawa.
   B) Ich uczucia.
2. Masz skłonność...
   A) ...bardziej cenić logikę niż uczucia.
   B) ...emocje cenić bardziej niż logikę.
3. Którą z wypowiedzi potraktujesz jako większy komplement?
   A) Ten człowiek jest zawsze rozsądny.
   B) Ten człowiek ma prawdziwe uczucia.

4. Co jest według Ciebie większym błędem?
   A) Przejawiać zbyt wiele serdeczności.
   B) Być niedostatecznie serdecznym.
5. Jakiego przywódcę (nauczyciela, lidera grupy rówieśniczej) cenisz?
   A) Zawsze dokładnego.
   B) Zawsze uprzejmego.
6. Co zdarza się częściej?
   A) Twoimi uczuciami rządzi rozum.
   B) Pozwalasz swojemu rozumowi podążać za uczuciem.
7. Co sprawia, że silniej odczuwasz dyskomfort?
   A) Bycie nierozsądnym.
   B) Bycie obojętnym.
8. W każdej z poniższych par wyrazów wybierz ten, który bardziej odpowiada Twojemu duchowemu odczuciu (pierwsze słowo to odpowiedź A, drugie – odpowiedź B):
   - stanowczy – współczujący
   - analizować – sympatyzować
   - wyższość – powodzenie
   - krytyczny – niekrytyczny
   - przekonujący – bojaźliwy
   - uparty – łagodny
   - cierpieć w milczeniu – przebaczyć
   - co powiedział? – kto powiedział?
   - stanowczy – oddany
   - przezorny – sympatyk.

Podlicz odpowiedzi. Jeśli więcej jest odpowiedzi „A", oznacza to, że należysz do typu myślącego. Ludzie tacy swoje decyzje podejmują na podstawie logicznej analizy obiektywnych faktów, przy czym są skłonni rozpatrywać najmniejsze nawet detale, także te, które są nieprzyjemne. Typ myślący z łatwością krytykuje innych, jeśli widzi, że ma do tego podstawy. Może zranić czyjeś uczucia i nawet tego nie zauważy.

Przeciwieństwem typu myślącego jest typ emocjonalny lub uczuciowy – przewaga odpowiedzi „B". Ludzie tacy w większym stopniu są zorientowani na osobiste, etyczne wartości każdego człowieka. Uważają, że logika jest niedostatecznym instrumentem przy podejmowaniu decyzji. Dlatego planując działania, starają się uwzględniać uwagi i uczucia wszystkich osób, które mają związek ze sprawą. We współpracy z innymi są taktowni, delikatni i współczujący.

Oczywiście test ten może dać Ci jedynie ogólne wyobrażenie o jednym z aspektów Twojego stylu podejmowania decyzji. Jego wyników nie można traktować jako jedynie słusznej wyroczni, jednak warto przeprowadzać tego typu sprawdziany, bo pomagają one nam niejako zajrzeć w głąb siebie.

Możliwe, że sposób, w jaki podejmujesz decyzje, zależy od tego, czego dotyczy decyzja i jaki będzie miała wpływ na Twoje życie. Czy umiesz być elastyczny, jesteś otwarty na nowe możliwości, dostosowujesz się do sytuacji?

Często życie weryfikuje nasze plany, może się więc też zdarzyć, że dotychczas nierealne marzenia nagle mają szansę być zrealizowane. Oto przykłady:

Brakuje Ci przestrzeni w domu, jesteś zawalony papierami. Kupujesz kolejne „korytka" na dokumenty, a potem kolejny regał. Zamiast półek z dokumentami wolałbyś mieć na ścianie obrazy, jednak nie możesz wyrzucić papierów, bo wszystkie są Ci potrzebne. Chcąc rozwiązać problem, podejmujesz decyzję, która w tym momencie wydaje Ci się najwłaściwsza, choć nie daje ci szansy na spełnienie oczekiwań (czyli na te wymarzone obrazy na ścianach) – zamawiasz wielki regał. Jednak omawiając zamówienie ze stolarzem, wpadasz na pomysł: „Przecież mogę kupić skaner!". Przed laty, gdy zacząłeś gromadzić papiery, nie było to możliwe. Teraz jest to już popularna metoda archiwizacji, jednak tak byłeś przyzwyczajony do starego stylu pracy, że nie dostrzegłeś tej możliwości wcześniej. Skopiujesz dokumenty, które nie muszą być przechowywane w wersji papierowej, i zmieścisz je wszystkie na jednym dysku zewnętrznym. Jaka oszczędność miejsca!

W tym przypadku rezygnacja z prawie już zamówionego, kolejnego regału wcale nie świadczy o Twojej niestabilności czy skłonności do pochopnych decyzji; to dowód na to, że jesteś elastyczny, potrafisz dostrzec inne możliwości, akceptujesz je i bierzesz pod uwagę. Możesz pozbyć się regałów i kupić wymarzone obrazy.

Inny przykład: od lat marzy Ci się wycieczka do Szwecji, chciałbyś pojechać tam z żoną, chociaż na tydzień. Niestety, nie stać Cię na to – ceny biletów i koszty pobytu są za wysokie, analizujesz to co roku, a wakacje wciąż spędzacie w domku letniskowym siostry na Mazurach. I nagle pojawia się tani przewoźnik, który oferuje loty za jedną czwartą ceny. Ponownie rozważasz decyzję i okazuje się, że masz wystarczająco dużo pieniędzy na podróż życia.

Kolejna sytuacja: chciałbyś ukończyć studia, ale wciąż masz ważniejsze wydatki. Pewnego dnia trafiasz jednak na informację, że kierunek, który najbardziej odpowiada Twoim potrzebom, można studiować prawie za darmo, bo uczelnia otrzymała dofinansowanie z Unii. Decydujesz się natychmiast.

Etapy podejmowania decyzji

Niezależnie od tego, z jakiego powodu podejmujesz decyzję ani jakie konsekwencje się z nią wiążą, w każdym przypadku musisz przejść przez kolejne jej etapy. Ważne jest zatem, by prawidłowo je określić i poświęcić im odpowiednio dużo uwagi. Posłuchaj, jakie są zasady działania tego procesu.

Pierwszy etap to zdefiniowanie problemu, analiza sytuacji i zbieranie danych. Nazwij problem, określ jego przyczyny i cel – co chcesz osiągnąć? Sprawdź, czy cel ten jest zbieżny z Twoimi ogólnymi życiowymi celami, Twoim światopoglądem, wyznawanym systemem wartości (o wyznaczaniu celów i ustalaniu swoich wartości nadrzędnych piszę w innych książkach tego cyklu).

Następna kwestia do rozstrzygnięcia to odpowiedź na pytanie, kiedy chcesz osiągnąć korzyść. Czy zależy Ci na szybkich efektach, czy możesz poczekać dłużej? Jak wielki trud czy koszt możesz i chcesz ponieść? Jaki wpływ na Twoją przyszłość będzie miała ta decyzja? Czy osiągnięcie tego celu ułatwi Ci realizację Twoich dalszych planów, czyli jakiegoś długoterminowego celu? Ile masz czasu na podjęcie decyzji?

Jest mnóstwo pytań i tematów do przemyślenia. A to jeszcze nie wszystko – powinieneś wziąć pod uwagę także innych ludzi. Pomyśl, na czyje życie i w jaki sposób wpłynie to, co postanowisz. Co się zmieni? Ważne jest też uświadomienie sobie własnej motywacji i ustalenie, czemu służyć ma ta decyzja – czy jest to reakcja na problem, czy podjęcie działania, które ma czemuś zapobiec.

Zanim uruchomisz lawinę zdarzeń, decydując się na zmianę, zastanów się, czy faktycznie coś trzeba zmieniać (być może to jedynie pogorszy sytuację, a niepodjęcie decyzji to też decyzja). Czasem trzeba się wycofać ze „wspaniałego", jak nam się początkowo wydawało, pomysłu.

Wyobraź sobie taką sytuację: zależy Ci, żeby Twoje dziecko poszło do szkoły muzycznej. Są pewne przeszkody – mieszkacie daleko i codzienny dojazd do szkoły zająłby dwie godziny, rozważasz więc przeprowadzkę w inną część miasta. Jako rodzice, którzy znają swoje dziecko, jesteście przekonani, że dziecko będzie miało ochotę i cierpliwość codziennie ćwiczyć grę na instrumencie, bo lubi muzykę i nie rozmyśli się za kilka miesięcy. Przedyskutowaliście to i decyzję o przeprowadzce uważacie za słuszną. Czy jednak jesteście pewni, że dziecko jest uzdolnione muzycznie? Czy naprawdę będzie chciało rozwijać się w tym kierunku i poświęcić całe dzieciństwo muzyce? Jeśli odpowiedź na te pytania brzmi „nie", prawdopodobnie niepodjęcie decyzji o przeprowadzce będzie w tym przypadku właściwsze niż jej podjęcie.

Inny przykład: jesteś właścicielem firmy. Rozważasz zatrudnienie lektora języka niemieckiego, który ma podszkolić pracowników. Zastanawiasz się, czy lekcje mają odbywać się w trakcie godzin pracy i czy pracownicy mają partycypować w kosztach nauki. Prawdopodobnie uznałeś, że biegła znajomość niemieckiego jest niezbędna do pracy w Twojej firmie – ale czy na wszystkich stanowiskach? I czy osoby, które wybrałeś, posiadają uzdolnienia językowe? Czy podołają? Czy będą się uczyć? Czy to będzie inwestycja, która przyniesie zysk? Czy pracownicy planują długoletnią karierę w Twojej firmie? Jakie są zapisy w ich umowach o pracę? Znowu – niepodjęcie planowanej decyzji po powtórnym przeanalizowaniu wszystkich przesłanek może wydawać się właściwsze.

Albo sprawa kupna samochodu: chcesz, żeby w jak najkrótszym czasie wóz rozpędzał się do setki czy raczej żeby miał pojemny bagażnik, bo kilka razy w roku jeździcie na wakacje i zabierasz dużo sprzętu? A może wciąż mógłbyś jeździć swoim starym autem? Czemu w ogóle rozważasz kupno nowego samochodu? Skąd ten pomysł? Czy uświadamiasz sobie to wszystko?

Na takie i podobne pytania powinieneś sobie szczerze odpowiadać, podejmując decyzje mające znaczny wpływ na

Ciebie i Twoje otoczenie. Ale czy zawsze powinieneś tak analizować temat? Przed każdą decyzją? Karl Kraus, znany austriacki dziennikarz, twierdził, że słaby człowiek wątpi przed decyzją, silny – po niej. Oznacza to, że nie powinniśmy bać się szybkich decyzji, zresztą w codziennym życiu czy naszej pracy zbyt gruntowne zgłębianie wszystkich aspektów każdej sprawy może być nawet szkodliwe i blokować nasze normalne funkcjonowanie – zwłaszcza gdy decyzję należy podjąć w bardzo krótkim czasie. Jeśli na przykład potrzebujesz wizytówek i masz już ich projekt, nie musisz porównywać ofert 20 drukarni, zapraszać ich do przetargu, przeprowadzać profesjonalnej analizy całej branży graficznej. Po prostu je zamawiasz.

I tu przechodzimy do **drugiego etapu**, którym jest: określenie możliwych rozwiązań problemu.

Kontynuujmy przykład dotyczący wizytówek: zlecając druk, potrzebujesz... no właśnie, czego? Zależy Ci na czasie, cenie czy na jakości? Pomyśl i wybierz tę drukarnię, która oferuje to, co Ci w tej chwili potrzebne. Nie trać czasu na niepotrzebne rozważania! Nadmiar informacji czasem szkodzi. Zwłaszcza w dzisiejszych czasach, kiedy z każdej strony jesteśmy atakowani przeróżnymi danymi, analizami, raportami, rankingami, w czasach kiedy na proste pytanie wpisane do wyszukiwarki dostajemy kilkaset tysięcy (lub więcej) odpowiedzi...

Przy bardziej złożonych problemach, kiedy konsekwencje złej decyzji mogą być bardzo kosztowne, zagłębienie się w dany temat, zdobycie wiedzy bardzo ułatwia, a nawet warunkuje trafne wybory. Zatem po zdefiniowaniu problemu, analizie sytuacji i zebraniu danych (pierwszy etap) przechodzimy do etapu drugiego – określania możliwych rozwiązań.

Spokojnie przyjrzyj się możliwościom, kolejno odpowiadając sobie na pytania: Jakie dają korzyści? Jakie ryzyko niosą? Jakimi narzędziami można to oszacować? Jakie mierniki wziąć pod uwagę? Co na ten temat mają do powiedzenia eksperci? Zastanów się nad konkretnymi rozwiązaniami. Spisz je – to bardzo przydatna metoda, zwłaszcza gdy jesteś wzrokowcem – określ plusy i minusy każdego z nich. Zwykłe spisanie na kartce to chyba najprostsza i najtańsza metoda porządkowania myśli, zupełnie niesłusznie bagatelizowana.

Proponując różne opcje, weź pod uwagę możliwość niepowodzenia każdej z nich. Określ prawdopodobieństwo sukcesu i porażki wszystkich pomysłów – prawdopodobieństwo, bo pewności nie możesz mieć nigdy. Wykorzystaj do tego narzędzia statystyczne. A gdy już to wszystko zrobisz… nie, jeszcze nie podejmuj decyzji, szczególnie gdy dotyczy ona kwestii dla Ciebie bardzo istotnych. Za wcześnie. Musisz jeszcze spojrzeć na problem z drugiej strony, nabrać dystansu. Poproś o opinię osobę, która ma odmienne zdanie lub jest krytycznie nastawiona do Twoich pomysłów. Nie poprzestawaj i na tym – zainteresuj swoim problemem kolejne osoby, na przykład pracowników czy współpracowników, jeśli sprawa dotyczy dziedziny zawodowej. Przygotuj ankietę, w której będą mogli zagłosować na konkretne propozycje lub zaproponować swoje. Zorganizuj warsztaty, burzę mózgów. Prawdopodobnie Twoi współpracownicy poczują się ważni i przedstawią Ci pomysły, na które nie wpadłeś…

Naturalnie warto też skorzystać z innych sprawdzonych metod, takich jak na przykład drzewo decyzyjne. Ta ceniona i popularna technika graficzna polega, ogólnie mówiąc, na narysowaniu różnych rozwiązań danego problemu wraz z „odgałęzieniami", czyli konsekwencjami danego posunięcia. Przydatny może być także tak zwany kalkulator ryzyka, który pomoże Ci określić stopień ryzyka, jakie jesteś gotów podjąć, a także to, czy inne osoby zaangażowane w wykonanie decyzji będą równie zdecydowane jak Ty.

Gdy określisz już możliwe sposoby rozwiązania problemu, możesz przejść do **trzeciego, finalnego etapu**, którym jest wybór najlepszego rozwiązania – podjęcie decyzji. Kluczową kwestią jest uświadomienie sobie własnych cech psychicznych, skłonności – czy dokonując wyboru, skupiam się na faktach czy na przeczuciach? I jak jest lepiej? Trudno odpowiedzieć jednoznacznie na to pytanie.

W każdym razie na tym ostatnim etapie, po przeanalizowaniu faktów, warto dać sobie chwilę oddechu przed ostatecznym rozwiązaniem. Jak? Po prostu prześpij się z tym problemem, pozwól działać podświadomości, niech da Ci jakąś podpowiedź. Nie zapominaj też o zasadzie, że podejmowanie takiej samej decyzji po raz kolejny wcale nie gwarantuje jej powodzenia za każdym razem. Wręcz przeciwnie: jeśli na przykład trzy razy z rzędu zorganizowałeś w połowie czerwca piknik dla swoich pracowników (współpracowników, członków klubu, krewnych, podopiecznych) i były to bardzo udane imprezy, to wcale nie oznacza, że za czwartym razem też będzie rewelacyjnie. Dlaczego tym razem może się nie udać? Powodów może być kilka. Choćby najzwyklejsze znudzenie, bo ludzie chcą odmiany, nowych atrakcji.

Tak czy inaczej – dokonaj wyboru, podejmij decyzję, przyjmij za nią odpowiedzialność. A gdy już to zrobisz, zadbaj o właściwą komunikację. Wszystkim zainteresowanym – o ile to możliwe – przekaż swoją decyzję osobiście. Zwłaszcza jeśli jest ona „niepopularna". Wyjaśnij im, co zdecydowało o tym, że ją podjąłeś. Poinformuj, jakie niedogodności czekają poszczególne osoby oraz jakie i kiedy wynikną z tego korzyści. Tę zasadę znają na pewno zarządcy budynków czy dróg, przeprowadzający ich naprawy, którzy umieszczają komunikaty w rodzaju: „Przepraszamy za niedogodności, remont potrwa do 20 listopada". W Warszawie w dwa tysiące jedenastym roku widziałem tabliczkę z tekstem: „Przepraszamy, ale żeby wybudować metro, musimy wydłużyć Twój spacer o 460 metrów". Między wierszami można tu wyczytać: „wiemy, że jest ci źle" i „to dla ciebie jest to metro". Taki przekaz z pewnością będzie lepiej odebrany niż suchy komunikat: „Uwaga! Objazd! Musisz dodatkowo przejść pół kilometra!". Konsekwentnie trzymaj się swojej decyzji i wyciągnij z niej jak najwięcej korzyści.

Uwaga, przeszkody!

Przekonanie, że wystarczy dobrze przemyśleć decyzję, by wszystko się udało, byłoby naturalnie naiwnością. Trzeba bowiem przygotować się na przeszkody, które mogą się pojawić. Do tych najpowszechniejszych, które utrudniają podejmowanie decyzji, należą: szum komunikacyjny (czyli natłok lub przeciwnie – niedobór danych), nadmiar możliwości (bądź brak alternatywy), strach przed konsekwencjami (czyli *de facto* przed przyjęciem odpowiedzialności).

Trudności powoduje też brak określenia konkretnego celu, jaki mielibyśmy osiągnąć, podejmując decyzję, a także wzięcie pod uwagę jednego tylko punktu widzenia czy brak obiektywizmu.

Umiejętność podejmowania decyzji przydaje się w każdej dziedzinie życia – prywatnej i zawodowej. Istnieją jednak profesje, których bez tej umiejętności po prostu nie można wykonywać. Chodzi o stanowiska kierownicze i menedżerskie, bowiem od tego, co postanowi prezes zarządu, zależy los całej firmy! Poczucie odpowiedzialności, obawa, czy dokonało się dobrego wyboru, są ogromnie stresujące, a to z kolei może blokować działanie, przesłaniać korzyści z podjętej decyzji. Stres może spowodować, że będziesz się bał zaryzykować, wiedząc, że zysk nie do końca jest pewny.

Zgodnie z definicją stres to dynamiczna relacja adaptacyjna pomiędzy możliwościami jednostki a wymogami sytuacji (stresorem) charakteryzująca się brakiem równowagi, którą człowiek chce przywrócić. W ten sposób rozumiany stres jest do życia niezbędny, jak twierdził twórca tego pojęcia Hans Selye, który badał to zjawisko przez kilkadziesiąt lat, a do psychologii wprowadził je w 1956 roku.

Menedżerowie narażeni są jednak na stałe funkcjonowanie w stresie. To ogromnie wycieńcza organizm, który nie jest do takiej pracy przygotowany, bo stres to nietypowa reakcja organizmu na wymagającą sytuację. Tworzy się więc błędne koło – jeśli stres jest silny i trwa długo, blokuje nasze działanie, a tym samym utrudnia usunięcie niepożądanej sytuacji, czyli stresora. Będąc w stresie, nie jesteśmy sobą – często zdarza się, że nie postępujemy racjonalnie. Nie potrafimy trzeźwo ocenić sytuacji, przewidzieć skutków danego zachowania. Podejmując decyzje w stresie, możemy postąpić nie tak, jak byśmy tego chcieli, jak zrobilibyśmy, mając jasny obraz tego, co się dzieje. Nie muszę chyba wyjaśniać, z jak poważnymi konsekwencjami się to wiąże – stres niszczy nasze zdrowie, a przecież jesteśmy zobowiązani się o nie troszczyć. Poza tym nasz stan wpływa też na naszych bliskich. Zestresowani w pracy mąż-ojciec oraz żona-matka mają bardzo negatywny wpływ na domowe życie.

Jak zatem przywrócić równowagę? Jak utrzymać odzyskane poczucie spełnienia i zadowolenia i nie dać się wpędzić w błędne koło stresu? Zadaj sobie pytanie: czy bardziej jesteś menedżerem swojej firmy, czy siebie, swojego zdrowia i swojej rodziny? Oto kolejny dylemat do rozstrzygnięcia: czego chcesz od życia, co jest dla Ciebie najważniejsze? Czy zrezygnujesz z rodziny na rzecz firmy? Odpowiedź wydaje się oczywista, ale zależy głównie od przyjętych wartości.

Stres wydaje się najpoważniejszym czynnikiem utrudniającym podjęcie właściwej decyzji (właściwej, czyli takiej, która poprawi jakość naszego życia), jednak negatywny wpływ na ten proces mogą mieć także nasze nawyki. Często to one powodują, że zachowujemy się tak, a nie inaczej. Każdy z nas ma jakieś zabawne, irytujące lub nieszkodliwe przyzwyczajenia. Pewnie i Tobie zdarza się, że postępujesz tak, jakbyś był zaprogramowany.

Może na przykład wciąż robisz zakupy w sklepiku pod domem, mimo że wiele razy sprzedano Ci tam nieświeży towar i nie zawsze mają akurat to, co chcesz kupić. Dlaczego zatem chodzisz tam nadal? Bo sprzedawca to Twój sąsiad od urodzenia, byliście kumplami w piaskownicy i szkole podstawowej i najzwyczajniej „nie chcesz mu robić przykrości, pozbawiając go zarobku". Czyż tak nie jest?

A może wciąż korzystasz z niedoskonałej przeglądarki internetowej, bo obawiasz się, że inna będzie jeszcze gorsza lub że będziesz musiał od nowa tworzyć listę ulubionych stron (choć wcale tego nie sprawdziłeś)?

Spróbuj zrozumieć, dlaczego to robisz – co sprawia, że tkwisz tam, gdzie nie jest ci dobrze. Lenistwo? Niewiedza? Lęk przed zmianą? Naprawdę niewiele trzeba, aby poprawić jakość życia.

Zacznij od wypisania negatywnych konsekwencji, czyli tego, co możesz stracić przez jakąś zmianę. Załóżmy, że jesteś niezadowolony ze swojego operatora komórkowego – chcesz przenieść numer do innej sieci. Jakie konkretne przeszkody widzisz? Czego się boisz? Które z tych obaw są realne? Co tak naprawdę może się nie powieść? Może tych ryzyk nie jest wcale tak wiele, jak sądziłeś?

Możesz również skorzystać z heurystycznej techniki porządkowania informacja określanej jako SWOT. Bazuje ona na analizie czterech grup czynników wpływających na daną decyzję:

S (*Strengths*) – mocne strony: wszystko to, co stanowi atut, przewagę, zaletę;
W (*Weaknesses*) – słabe strony, czyli wady i bariery;
O (*Opportunities*) – szanse: wszystko to, co stwarza szansę na korzystną zmianę;
T (*Threats*) – zagrożenia: wszystko to, co może spowodować, że zmiana się nie powiedzie.

Elementy zapisywane są zwykle w tabelce i poddawane dalszej analizie. Bardzo polecam metodę SWOT. Jeśli jej nie znasz, poczytaj o niej na przykład w Internecie.

Decyzja to wybór

W kształceniu umiejętności podejmowania decyzji bardzo przydają się sprawdzone metody, jednak istotą tego procesu jest proporcja strat i zysków – właśnie szacowania tego należy się nauczyć. Oto korzyści ze zdobycia tej wiedzy:

Po pierwsze – każda zmiana jest dobra, bo odświeża zastany porządek, uruchamia Twoją kreatywność, wytwarza dobrą energię, otwiera nowe możliwości.

Po drugie – masz prawo mieć swoje zdanie. Dlatego sam fakt podjęcia samodzielnej decyzji niezwykle podnosi samoocenę, sprawia, że masz chęć do działania, nastawia Cię pozytywnie.

Po trzecie – to, co robisz, to Twoja decyzja, co świadczy o Twojej dojrzałości i rozsądku; pamiętaj, że brak decyzji to też decyzja – nie trzeba na siłę wprowadzać zmian, jeśli w jakiejś chwili lepsze jest pozostanie przy dotychczasowym rozwiązaniu.

Po czwarte – samoświadomość. Dowiadujesz się czegoś o sobie, na przykład tego, że boisz się podjąć decyzję.

Po piąte – podejmowanie decyzji to nic innego jak samodzielne tworzenie przyszłości, wpływ na to, co się stanie, kreacja własnego życia.

Konsekwencje

Zatem masz wybór – przeanalizuj problem, oceń możliwości, podejmij decyzję i przyjmij za nią odpowiedzialność. Warto zdobyć umiejętności, które ułatwiają przechodzenie przez wszystkie etapy prowadzące do podjęcia decyzji. Które pomagają dostrzec korzyści i zagrożenia wypływające z konsekwencji poszczególnych opcji. Oto praktyczne wskazówki:

Ustal, czy masz zaufanie do samego siebie. Musisz bowiem wierzyć w to, że potrafisz podejmować decyzje i przyjmować za nie odpowiedzialność, a także że się tego nie boisz. Taka pewność siebie jest możliwa do osiągnięcia, gdy masz dostatecznie jasno określony i zwerbalizowany system wartości, na czele z wartością nadrzędną.

Czy potrafisz określić swoje życiowe wartości? Swoje priorytety, którym podporządkowujesz wszelkie swoje działania, którymi kierujesz się, podejmując decyzje? Nazwij je, bo one stanowią dla Ciebie punkt odniesienia, Twoje oparcie i cel. Na przykład jeśli wiesz, czy ważniejsze jest dla Ciebie zdrowie, czy kariera, błyskawicznie zdecydujesz, czy zgodzić się na prośbę przełożonego, aby przyjść do pracy w sobotę (zresztą po raz kolejny w tym miesiącu).

Jak reagujesz w sytuacjach kryzysowych? Jeśli wiąże się to dla Ciebie ze zbyt dużym stresem, co możesz z tym zrobić? Czy zastanawiałeś się, jak ten stres zmniejszyć? Czy potrafisz delegować zadania?

Czy umiesz przerzucić odpowiedzialność – pozwolić innym podejmować decyzje i ponosić za nie odpowiedzialność? Czy masz świadomość, że umożliwiasz im w ten sposób naukę (na ich własnych błędach) i zdobywanie doświadczenia? Iluż z nas musiało „przekonać się na własnej skórze", że „na tej ulicy są zawsze korki w poniedziałkowe poranki i lepiej jechać dłuższą trasą", że „takie chmury zawsze oznaczają deszcz i lepiej wziąć parasol", że „bilety na koncert znanego wokalisty należy rezerwować pierwszego dnia", że „zawsze należy wozić ze sobą zapasowy garnitur, kiedy jedzie się na konferencję jako trener" i tak dalej? Ileż to razy tłumaczyliśmy dzieciom, że lepiej najpierw odrobić lekcje, a dopiero potem pograć na komputerze czy iść do kolegi. A one i tak robią po swojemu, choć oczywiście potem żałują, że nie posłuchały rodziców. Trudno jednak uczyć się na cudzych błędach. My także jako dzieci musieliśmy sami sparzyć się, by pójść po rozum do głowy.

Ryzyko błędu

Każdemu z nas, także już w dorosłym życiu, zdarza się popełnić błąd. Rodzi się pytanie – czy przyznać się do niego, czy raczej przemilczeć, a może wyprzeć się wszystkiego? Najkorzystniejszą i najdojrzalszą decyzją jest oczywiście wyciągnięcie nauki z własnej pomyłki, zapamiętanie sposobu postępowania, by już go nie powtórzyć w przyszłości, a nawet zwyczajne przyznanie z uśmiechem: „Miałeś rację! Niemądrze zrobiłem, nie słuchając Cię, ale teraz już będę wiedział – zapamiętam to na zawsze".

Nie każdego jednak stać na takie zachowanie, wielu ludzi nie potrafi przyznać się do błędu, traktując to jako upokorzenie czy osobistą porażkę. A przecież każdy popełnia błędy, dajmy więc sobie do nich prawo. Jeśli zrobisz błąd – nie szkodzi, dużo gorzej jest, gdy go powtórzysz, bo nie wyciągnąłeś nauczki z tej pierwszej błędnej decyzji.

Świadomość skutków i konsekwencji poprzednich decyzji ułatwia podejmowanie kolejnych. Do tego przydaje się umiejętność analizy rzeczywistości, analizy własnego postępowania – to bardzo przydatna cecha.

Procedura procesu decyzyjnego składa się z trzech podstawowych faz: zbadania sytuacji; opracowania wariantów, ich oceny i wybrania najlepszego; wprowadzenia go w życie. Ile czasu poświęcić na każdy z etapów? Który z nich powinien trwać najdłużej, a który najkrócej?

To raczej indywidualna kwestia, w dużej mierze zależna od dziedziny i rangi zagadnienia. Warto jednak wziąć sobie do serca radę, jakiej w tym zakresie udzielił Albert Einstein. Otóż powiedział on: „Gdybym miał w ciągu godziny podjąć decyzję, to przez 40 minut badałbym problem, przez 15 minut sprawdzałbym, czy to dobrze zrobiłem, a w ciągu ostatnich 5 minut podjąłbym decyzję". Masz już więc odpowiedź – najwięcej czasu poświęć na zbadanie problemu, na dogłębną i uczciwą analizę okoliczności. Ustal swój punkt odniesienia i wprowadź w życie planowane zmiany.

Niektórzy dodają do procesu decyzyjnego jeszcze czwarty etap: kontrolę. Proszę, zwróć uwagę, że nie chodzi o kontrolowanie z zewnątrz, poza procesem, tylko o kontrolę jako ostatni etap całego procesu, związany z realizacją wprowadzonej już w życie decyzji – nadzór, wprowadzanie ewentualnych poprawek, bieżących zmian.

Techniki wspomagające podejmowanie decyzji

Znane są różne techniki podejmowania decyzji, a także przeprowadzania kolejnych etapów tego procesu. Wskażę niektóre z nich i zachęcam do szczegółowego ich zbadania. Materiały na ten temat są powszechnie dostępne na rynku.

Najpopularniejszą chyba techniką określania problemu jest diagram Ishikawy, znany także jako diagram ryby (ang. *fishbone diagram*), pomagający ustalić ciąg przyczynowo-skutkowy.

Analiza SWOT, o której już pisałem, to określenie silnych i słabych stron poszczególnych rozwiązań. Należy je porównać, ustalić, co Ci dają. Ciągle miej przy tym na uwadze swój główny cel. Co jest dla Ciebie najważniejsze? Które z tych rozwiązań najbardziej przybliża Cię do osiągnięcia tego celu? Nie opieraj się tylko na własnej opinii, bo ona siłą rzeczy nie jest obiektywna. Uważnie słuchaj, co inni mają do powiedzenia.

Spójrz z innej perspektywy. Zastanów się, czy na pewno masz wszystkie dane – i czy są one poprawne. Nie zapominaj o analizie najgorszego wariantu – jakie rezultaty może przynieść zaproponowane przez Ciebie rozwiązanie? Jeśli może ono spowodować coś, na co się absolutnie nie możesz zgodzić, musisz wymyślić inne...

Zastanów się, czy zadałeś właściwe pytania. Bo oczywiście pytania i szczere odpowiedzi na nie to podstawa procesu decyzyjnego. Co widzisz: las czy drzewa? Innymi słowy: ogół czy szczegół? Spojrzałeś z dystansu czy raczej skupiłeś się tylko na kilku aspektach sprawy? Czy podobny problem już się kiedyś pojawił? Jak sobie z nim poradziłeś? Co się stało, że problem znów zaistniał? Po co w ogóle chcesz podjąć decyzję, zmieniać coś? Czy nie może zostać tak, jak jest? Czy nie lepiej przeczekać, pozwolić innym się wykazać?... Kto jest odpowiedzialny za rozwiązanie problemu?

Pytania, pytania... Z odpowiedzi, jakich udzielisz, zbudujesz argumenty i będziesz wiedział, jaką decyzję podjąć.

Inną metodę proponują James G. March i Johan P. Olsen, autorzy *Rediscovering Institutions: The Organizational Basis of Politics*. Rozróżniają oni dwa podejścia – logikę konsekwencji i logikę stosowności – charakteryzujące się odmiennymi sekwencjami działania, odpowiednio: antycypacyjnymi i obowiązkowymi.

Stosując logikę konsekwencji, zadajemy sobie następujące pytania: Jakie mam warianty (możliwości) wyboru? Jakie są moje wartości (cele i preferencje)? Jakie są konsekwencje wyboru moich wariantów dla moich wartości? Gdy ustalimy odpowiedzi na nie, wybieramy wariant, który pociąga za sobą korzystniejsze konsekwencje.

W przypadku logiki stosowności pytamy: Jakiego rodzaju jest to sytuacja? Kim (w sensie społecznym) jestem? Na ile stosowne są dla mnie różnego rodzaju działania? Następnie postępujemy w sposób najbardziej stosowny.

W procesie podejmowania decyzji, w jego wstępnych etapach, doskonale sprawdza się praca w grupie, bo tworzy to efekt synergii – a jak wiadomo 1 + 1 = 11 i co dwie głowy, to nie jedna. Pracując razem, stosujemy metody heurystyczne, czyli takie, w których skupiamy się na szukaniu pomysłów, jak rozwiązać problem. Najbardziej znaną metodą pracy zespołowej jest burza mózgów – polega ona na swobodnej wymianie myśli, uwolnieniu fantazji i kreatywności. W tak pracującym zespole potrzebna jest jedna osoba, która będzie zapisywała myśli, skojarzenia, pomysły całej grupy (swoje też), jednak nie oceniając ich w żaden sposób – to jest w tym przypadku bardzo ważne, ale i bardzo trudne. Nie wolno jej, ani nikomu innemu, krytykować ani chwalić rzucanych pomysłów. Tylko taki sposób pozwoli uczestnikom otworzyć się. Burza mózgów to wspaniała, twórcza metoda. Wśród wielu – może nawet niemądrych pomysłów – zazwyczaj znajduje się kilka wartościowych idei, nad którymi będzie można popracować.

Technika SWOT, metoda Jamesa G. Marcha i Johana P. Olsena czy praca zespołowa to tylko niektóre, choć faktycznie najpopularniejsze, techniki wykorzystywane przy podejmowaniu decyzji. Warto poznać też inne, na przykład metodę Gordona czy analizę portfelową. Informacje na ich temat znajdziesz np. w Internecie.

W optymalnych warunkach

Mam nadzieję, że nie przytłacza Cię konieczność poznania i wypróbowania tych wszystkich przedstawionych tu metod i w natłoku wskazówek, które podałem, odnajdujesz istotę problemu. Wiele pytań, wiele analiz, wiele warunków do spełnienia...

Rzeczywiście, do podjęcia właściwej decyzji potrzebny jest spokój, harmonia – tylko w takich warunkach można przygotować dobry grunt pod kolejne procesy, kolejne wyzwania. Ale czy w życiu zdarzają się sytuacje, gdy można wyłączyć myślenie i postępować rutynowo? Wyluzować i cieszyć się chwilą? Czy w biznesie, zajmując wysokie stanowiska, można czasem „odpuścić", czy raczej cały czas trzeba kontrolować wszystkie procesy, analizować zmieniające się okoliczności i pilnować, czy aby na pewno dane się nie zmieniły? Sądzę, że można, a nawet trzeba to zrobić! Trzeba dać na luz i po prostu ułatwić sobie życie. Dobrze jest ustalić krytyczne punkty i tylko je monitorować. Nie da się bowiem pilnować wszystkiego i wszystkich. Ani w pracy, ani w domu. Zaufaj sobie i innym. Czasem pozwól sobie na postawę „co ma być, to będzie". Naturalnie tylko po analizie ryzyka i w mniej istotnych kwestiach. Nie możesz sobie bowiem pozwolić na lekkomyślność, zamawiając produkty żywnościowe do restauracji czy pozwalając swojemu czteroletniemu synowi iść samemu na plac zabaw.

Podejmując decyzje, rozważaj wiele możliwości, szukaj różnych wariantów. Nie bój się – wcale nie jest tak, że tylko jedna opcja jest właściwa. Stres i obawa przed podjęciem decyzji często wynikają właśnie z przekonania, że nie wybierzemy właściwie. A tak być nie musi! Opcja, którą wybrałeś, jest w porządku właśnie dlatego, że Ty tak postanowiłeś. Bądź więc otwarty na propozycje. Słuchaj. I podejmij decyzję. Samodzielnie.

Co możesz zapamiętać? ☺

1. Każdą decyzję powinieneś podjąć samodzielnie, ale opierając się na wielu różnych opiniach i dostępnej wiedzy.
2. Aby zagwarantować sobie podejmowanie jak najwłaściwszych decyzji, najpierw poznaj samego siebie – swoje pragnienia, motywacje i predyspozycje.
3. Poznaj i przeanalizuj etapy podejmowania decyzji – określenie problemu, zebranie danych, ich analiza, przemyślenie różnych rozwiązań, wybór, podjęcie decyzji i przyjęcie za nią odpowiedzialności.
4. Poznaj metody kształtujące umiejętność podejmowania decyzji i wybierz najbardziej dla siebie odpowiednią.

5. Największymi przeszkodami w podejmowaniu właściwych decyzji są: stres, brak obiektywizmu, brak konkretnego celu, a także zbyt mało lub zbyt dużo danych.
6. Każdemu zdarza się popełnić błąd – nie bój się pomyłki, lecz uczyń ją pożyteczną lekcją na przyszłość i nie rób tych samych błędów.

Inaczej o priorytetach

Spis treści

Wstęp 413

Podstawy skutecznego koncentrowania się
   na priorytetach 414

Praktyczne wskazówki pomocne w ustalaniu
   priorytetów i kierowaniu się nimi 420

Co możesz zapamiętać? ☺ 423

Wstęp

Zacznijmy od definicji: priorytet to sprawa tak bardzo dla nas istotna, że przypisujemy jej pierwszeństwo w zakresie naszej uwagi i działania. Stanowi jeden z głównych elementów naszego życia, staramy się nim kierować i ciągle odwołujemy się do niego, podejmując decyzje. Kiedy wyznaczymy sobie priorytety, łatwiej nam osiągać cele w różnych dziedzinach. Ma to związek z wartościami nadrzędnymi, bo określenie tych wartości i wyznaczenie celów na nich opartych powoduje zmianę w sposobie myślenia. Zaczynamy postrzegać rzeczywistość w kategoriach spraw dla nas najważniejszych, które pozwalają uporządkować nasze życie oraz odpowiednio ukierunkować energię i działania.

Ważne jest, by na początku nie stawiać przed sobą zbyt wielu zadań i skupić się na takich celach, które możemy w miarę łatwo i szybko osiągnąć. Trudne zadanie może zniechęcić, a nawet sprawić, że zrezygnujemy z prób jego zrealizowania.

Rozmyślanie o hierarchii ważności zamierzeń i o spodziewanych korzyściach dodaje pewności siebie i wyzwala determinację. Dzięki temu uczymy się mądrzej i efektywniej wykorzystywać czas, rezygnując z czynności niezwiązanych z wyznaczonymi celami i skupiając się na działaniach prowadzących do ich osiągnięcia. Mam nadzieję, że temat ten opisałem w tej książce na tyle dokładnie i zrozumiale, że zachęci Cię to do podjęcia trudu wykształcenia tej umiejętności. Zatem: pora na priorytety!

Podstawy skutecznego koncentrowania się na priorytetach

Miałem kiedyś przyjemność być słuchaczem interesującego wykładu. Mówca w obrazowy sposób pokazał, jak można traktować priorytety w swoim życiu i podejmować związane z nimi decyzje. Aby to zilustrować, wziął duże szklane naczynie. Najpierw włożył do niego kilka orzechów włoskich. Miały one symbolizować najważniejsze rzeczy w życiu danego człowieka, na przykład rodzinę, służbę Bogu, pomaganie innym. Następnie do naczynia wrzucił orzechy laskowe, które reprezentowały inne wartości, takie jak praca, zdobywanie środków do życia czy edukacja. Kolejno w naczyniu znalazły się także orzeszki ziemne, odpowiadające takim sprawom, jak na przykład realizacja własnego hobby, dbanie o higienę, zdrowie czy dietę. Potem mówca dorzucił do naczynia ziarenka ryżu, a na koniec dopełnił je kaszą manną. Te ostatnie rzeczy miały symbolizować wszystkie inne mało ważne sprawy, takie jak oglądanie telewizji, gra na komputerze, rozrywka i tym podobne. Wsypywane w tej kolejności, wszystkie orzechy i ziarna z łatwością pomieściły się w naczyniu. Potem mówca opróżnił je i zaczął napełniać w odwrotnej kolejności, to znaczy najpierw wsypał kaszę i ziarenka ryżu, potem mniejsze orzechy i tak dalej. Kiedy chciał do naczynia wrzucić orzechy włoskie, symbolizujące najwznioślejsze wartości, okazało się, że nie ma już na nie miejsca.

Jeśli marnujemy czas na rzeczy błahe i nieistotne, brakuje nam go na rzeczy należące do nadrzędnych wartości. Natomiast gdy skupiamy się na rzeczach w naszym życiu najistotniejszych, łatwiej znajdujemy czas na wszystkie inne drobiazgi, z których mimo wszystko nie chcielibyśmy zrezygnować.

Ustalenie priorytetów i silne postanowienie trzymania się ich na życiowej drodze sprawia, że podświadomość wyzwala w nas nieznane dotąd zdolności organizacyjne. Zaczynamy świadomie kontrolować własny czas. Przekonałem się o tym wielokrotnie. Zdarzało mi się zarówno marnotrawić czas na sprawy mało istotne, jak i działać według wyżej wymienionej zasady.

Zadaj sobie pytanie, w jaki sposób wykorzystujesz swój czas. Odpowiedz uczciwie, ile godzin dziennie spędzasz na towarzyskich spotkaniach, oglądaniu telewizji, buszowaniu w Internecie, czytaniu prasy i tym podobnych. Porównaj to z czasem, jaki poświęcasz na działania wynikające z twoich nadrzędnych wartości i celów. Być może dojdziesz do wniosku, że wszystko jest w porządku, a może jednak uznasz, że zwyczajnie marnujesz czas na czynności, które w żaden sposób nie zbliżają Cię do osiągnięcia celów, jakie sam sobie wyznaczyłeś.

Nie jest łatwo pogodzić rozliczne obowiązki i wykorzystywać czas w taki sposób, aby wystarczająco dużo poświęcać go najważniejszym sferom życia. Wyzwaniem staje się unikanie skrajnych sytuacji oraz zachowanie stałości myśli i uczuć. Kiedy staramy się sprostać tak wielu wymogom, przypominamy nieraz linoskoczka – nawet drobna utrata równowagi może być fatalna w skutkach. Pamiętajmy, że człowiek, który stąpa po linie, świadomie unika balastu, ma przy sobie tylko najpotrzebniejsze rzeczy. Zachowywanie równowagi może przyjąć formę prostego życia, wolnego od obciążeń, które często stają się źródłem problemów psychicznych, w tym depresji. Jednym z głównych jej źródeł jest przeciążenie. Wmawia się nam, że to tylko kwestia lepszej organizacji, że możemy wykonywać wiele zadań jednocześnie. Fakty jednak mówią co innego.

Przypatruję się próbującym perfekcyjnie się zorganizować ludziom, którzy biorą na siebie zbyt wiele zadań. Na przykład dbają o sylwetkę, uprawiając sport kilka razy w tygodniu. Robią to zwykle wieczorami, zamiast poświęcać ten czas rodzinie. Nie mam nic przeciwko aktywności fizycznej, ale warto się zastanowić, jakim kosztem utrzymujemy dobrą kondycję czy sylwetkę.

Niektórzy decydują się na dodatkową edukację, na kolejny fakultet lub jakiś wartościowy kurs, poświęcając soboty i niedziele. Pewnie jest to konieczne dla ich rozwoju zawodowego, bo przecież dzięki pracy utrzymują rodzinę, ale w pewnym momencie powinna zapalić się lampka ostrzegawcza. Znam osoby, które ambitnie kształciły się, może także z powodu niedowartościowania, i przypłaciły to kryzysem rodzinnym. W niektórych przypadkach doprowadziło to nawet do separacji czy rozwodu.

Inna sprawa to praca po godzinach. Czy rzeczywiście trzeba brać na siebie tak wiele zadań? Wydaje mi się, że nie zawsze robimy to, by poprawić swoją sytuację materialną, czasem dodatkowe zajęcia są pewną formą ucieczki przed życiem. Innym powodem może być chęć rywalizacji, nawyk porównywania się z innymi. Narzucanie sobie zbyt wielu zadań w krótkim czasie może wprowadzić człowieka w stan przygnębienia. Oczywiście depresja może mieć także zupełnie inne podłoże, ale pewne jest, że obciążając się nadmiarem zajęć, działamy na własną szkodę. Napięcie psychiczne i poczucie winy wynikające z niedopilnowania różnych spraw mogą się przerodzić w długotrwały stan przemęczenia emocjonalnego.

Prowadzenie prostego życia oznacza również świadome i dobrze skalkulowane zaangażowanie w takie tylko przedsięwzięcia, jakie są niezbędne do zapewnienia sobie życia na odpowiednim poziomie. Nie oznacza to, że trzeba rezygnować z dobrobytu i żyć w ubóstwie; chodzi o to, by zachować równowagę i umiar w dążeniu do zdobywania dóbr materialnych, a nie czynić z nich życiowego priorytetu. Zarobić dużo pieniędzy, wieść wygodne życie, wcześnie przejść na emeryturę – zdaniem niektórych takie podejście prowadzi do sukcesu, który jednak w ostatecznym rozrachunku nie daje szczęścia ani spełnienia, wywołując poczucie bezsensu życia. „Co z resztą mojego życia? Mam już wszystko, czego pragnąłem, więc co dalej?". Ludzie będący w takiej sytuacji, próbując odpowiedzieć sobie na te pytania, zaczynają zdawać sobie sprawę z bezcelowości i irracjonalności dalszego zarabiania pieniędzy, bo mają ich więcej, niż mogą wydać. Nie potrafią jednak się zatrzymać, bo tylko dążąc do bogactwa, mają poczucie, że istnieją, są ważni i wartościowi.

Znajdują się w błędnym kole – im więcej mają, tym bardziej się boją, że to stracą, a to z kolei pobudza ich do dalszego gromadzenia, co wywołuje jeszcze większy lęk. Nie zakończą tej bezsensownej pogoni, póki nie zwrócą się w stronę wartości pozamaterialnych. Także grecki myśliciel Sokrates, „przyglądając się mnogim towarom wystawionym na sprzedaż", mawiał: „Jak wiele jest rzeczy, których potrzeby nie odczuwam". Uważał, iż „głód jest najlepszym kucharzem [...], człowiek nie potrzebuje wyszukanych napojów, by ugasić pragnienie" (Diogenes Laertios, *Żywoty i poglądy słynnych filozofów*).

Wraz z rozwojem cywilizacji powstaje coraz więcej rzeczy, bez których nie możemy się obyć. Tak przynajmniej wierzymy – jest to efekt skutecznych reklam i manipulacji naszymi potrzebami. Świat, w którym żyjemy, jest z gruntu konsumpcyjny. Brakuje w nim nadrzędnych wartości, dlatego ustalanie priorytetów i życie zgodnie z nimi jest wyrazem dążenia do mądrości. Dawniej, gdy ktoś miał problem i nie potrafił podjąć decyzji, zastanawiał się nad sensem życia, rozmawiał z bliskimi, szedł na spacer lub do kościoła, a teraz świątyniami stały się galerie handlowe. Uproszczenie życia pozwala więcej czasu poświęcać na sprawy, które przynoszą spokój i satysfakcję. Priorytetem może być oddanie rodzinie, wolontariat, zaś dla osób wierzących – służba Bogu. Warto zadać sobie pytania: „Czy to, co robię, uprości moje życie, czy też je skomplikuje? Co zajmuje pierwsze miejsce w mojej hierarchii?".

Niektórzy przyznają, że nie mogą poświęcić wystarczającej ilości czasu na wszystko, czego potrzebują lub czego chcą. Wydaje się, że przyczyną jest brak priorytetów i umiejętności skupienia się na sprawach naprawdę ważnych. Upraszczając swoje życie i eliminując z niego zajęcia i zagadnienia, które nie pozostają w żadnym związku z naszymi wartościami i celami, nauczymy się z gąszczu obowiązków i zadań wyłuskiwać te, które powinny być naszymi priorytetami. W ten sposób mamy szansę stać się ludźmi szczęśliwymi i spełnionymi. Nie zapominajmy jednak, że oprócz priorytetów istnieje także drugi plan: mniej istotne aspekty życia. Te sprawy również wymagają naszej uwagi. Pamiętajmy o odpowiednim umiejscowieniu ich na liście zadań.

Drugim warunkiem niezbędnym do nauki ustalania i trzymania się priorytetów jest gotowość do przyjęcia odpowiedzialności za swoje życie. Osoba odpowiedzialna korzysta z dobrodziejstw daru myślenia, regularnie przeprowadzając wewnętrzny dialog. Priorytety są pięknymi owocami decyzji w zakresie wartości i celów. Odpowiedzialność mobilizuje do podejmowania i kontynuowania wysiłków w każdej dziedzinie życia. To postawa regulująca ludzkie dążenia w aspekcie emocjonalnym, behawioralnym i poznawczym. Rodzi ona harmonijną współpracę ważnych cech: zaangażowania, dyscypliny wewnętrznej, pozytywnego nastawienia.

Jak być odpowiedzialnym? Przyczyną braku odpowiedzialności jest często zaburzenie poczucia własnej wartości czy „zewnątrzsterowność", czyli brak autonomicznego systemu wartości. Osoby „zewnątrzsterowne" nie biorą odpowiedzialności za swoje czyny. Uważają, że ich życie to kwestia przypadku, a nie konsekwencja ich działań. Czy można zatem nauczyć się odpowiedzialności? Moim zdaniem, tak. Sprawdzonym sposobem na wypracowanie w sobie tej cechy są metody autosugestii i wizualizacji, o których więcej opowiem dalej.

Skuteczne jest także otaczanie się ludźmi odpowiedzialnymi, którzy mogą być dla nas przykładem. A jeśli nawet zazdrościmy im tej cechy, co bywa częste, to gdy pozbędziemy się tego uczucia i skupimy się na pozytywnej obserwacji ich odpowiedzialnego działania, możemy się wiele nauczyć. Dobrą metodą jest poznawanie doświadczeń ludzi, którzy właśnie dzięki odpowiedzialności osiągnęli zamierzony cel. Liczy się zarówno osobisty kontakt, jak i zgłębianie biografii.

Kolejną ważną lekcją jest zrozumienie działania zasady przyczyny i skutku. Jeśli uświadomimy sobie, że to krytykanctwo i wygłaszanie niszczących osądów sprawiają, że nasze relacje z innymi kuleją, to będziemy mieć szansę skutecznie je poprawić. Człowiek odpowiedzialny przyjmuje prawdę na swój temat i zgłębia przyczyny swojego zachowania. Oczywiście wymaga to dystansu do siebie i dużej dozy pokory. Niektórzy uważają, że najważniejsze jest mówienie prawdy prosto w oczy. Ich zdaniem taka postawa jest kluczem do szczęśliwego życia. Ale czy rzeczywiście o taką szczerość chodzi?

Przekonanie, że powinno się być bezpośrednim w relacjach z innymi jest oczywiście słuszne, ale są różne sposoby wyrażania opinii i emocji. Nie należy czynić tego w sposób, który może kogoś zranić, poniżyć, wywołać reakcje obronne, smutek czy złość. Wielu mądrych autorów książek podaje receptę: na szczerą rozmowę trzeba znaleźć właściwy moment. W takich książkach możemy przeczytać też, żeby przed wygłoszeniem negatywnej opinii serdecznie pochwalić rozmówcę i przez cały czas okazywać mu przychylność, zachowując łagodny ton. Krytyka zawsze osłabia, zniechęca drugiego człowieka, dlatego warto rozpocząć rozmowę od wskazania swoich wad, uświadomienia mu, że my również w czymś niedomagamy. Taką rozważną postawą łatwiej trafić do czyjegoś serca.

Odpowiedzialność to przejaw mądrości, a mądrość cechuje umiejętność przewidywania reakcji innych na nasze słowa. Stosowanie tych zasad na co dzień świadczy o dojrzałości i odpowiedzialności za siebie i innych. Przecież lepiej jest komuś pomóc, niż pogrążyć go czy zdławić. Życie jest zbyt krótkie na nieporozumienia, lepiej jest więc poświęcić czas na naukę komunikacji niż na ciągłe konflikty. Spróbuj teraz zastanowić się przez chwilę nad własnym życiem i ocenić je z perspektywy zdobytych przed chwilą informacji.

Praktyczne wskazówki pomocne w ustalaniu priorytetów i kierowaniu się nimi

Po pierwsze postarajmy się uprościć swoje życie, stosując się do rad zawartych w pierwszym rozdziale. To podstawa. Po drugie stosujmy metody autosugestii i wizualizacji. Chodzi w nich o świadome zaprogramowanie samego siebie, skonstruowanie w wyobraźni swojego wizerunku jako osoby odpowiedzialnej.

Można tego dokonać przez żarliwe i wielokrotne powtarzanie odpowiednich słów (afirmacja), na przykład: „Jestem w każdej dziedzinie życia i w każdym dniu odpowiedzialny". Niektórzy wątpią, że samo powtarzanie słów może ich zmienić. Rzeczywiście, trudno w to uwierzyć, dopóki samemu nie wypróbuje się tej metody. Ja korzystałem z niej wielokrotnie i mogę zagwarantować, że jeśli podejdzie się do tego zadania w sposób rzetelny, rezultat jest gwarantowany. Proponuję powtarzać wybrane zdanie trzy razy dziennie po minimum 50 razy na głos. U mnie zadziało to już po dziesięciu dniach. Uważam, że afirmacja jest nieocenioną metodą wywoływania w sobie wszelkich pozytywnych zmian. Dzięki niej zaczynają pojawiać się budujące myśli, które oczyszczają ze szkodliwych przekonań utrudniających przedefiniowanie własnej tożsamości.

Kiedy w człowieku zaczyna dominować pozytywne myślenie, budzi ono do życia pożądane cechy. Pojawia się zdumienie, bo na początku głowa pełna jest myśli, które trudno będzie uznać za własne. Nagle zauważamy u innych słowa i sformułowania, które nie przypadają nam do gustu. Są to oznaki zachodzących wewnątrz nas zmian. Jeśli uzbroimy się w cierpliwość, zyskamy szansę na ich obserwowanie. Ostrzegam jednak przed zbyt szybkim poddawaniem się. Niektórzy rezygnują po 2-3 dniach, gdy tylko coś wytrąci ich z równowagi, i tracą wiarę w siłę autosugestii. Niestety, tylko nieliczni zachowują wytrwałość w stosowaniu tych ćwiczeń. Jeśli łatwo poddajemy się zwątpieniu, w rezultacie nigdy nie doświadczymy wspaniałych zmian, jakich można dokonać za pomocą tej techniki.

Są tacy, którzy potrafią, oprócz powtarzania pewnych słów, wytworzyć wizję swojej osoby: widzą siebie jako kogoś, kim chcą być już po zmianach. Tym ludziom łatwiej jest wytrwać, ponieważ obrazy, którymi myślą, są bardzo sugestywne i mocno oddziałują na podświadomość. Niestety, nie każdy ma taki dar. Nie należy jednak się zniechęcać, ponieważ pod wpływem powtarzania wybranych słów nawet u bardziej opornych zaczną pojawiać się pozytywne wizje, które ich wesprą.

Narzędzie to pomaga także w trzymaniu się ustalonego planu i koncentrowaniu się na priorytetach.

Wizja to wyobrażenie siebie lub jakiejś sytuacji w przyszłości w stanie, do jakiego chcemy w danej dziedzinie doprowadzić. Możesz tę wizję odtwarzać w wyobraźni jak kolorowy film. Podświadomość sama podsuwa plan realizacji. Pojawiające się wówczas myśli warto notować i zapamiętywać, ponieważ stanowią bezcenne wskazówki. Ja prowadzę w tym celu specjalny notatnik. Z ogólnych uwag staram się tworzyć bardziej szczegółowe, które pomagają mi układać i realizować plany pozostające w ścisłym związku z priorytetami.

Priorytety są nierozerwalnie powiązane z koncentracją. Ta zaś rodzi się w oparciu na wyznaczanych celach. Muszą być one jasne, precyzyjne i realne. Koncentracja jest sposobem na ustalanie i trzymanie się priorytetów. Stanowi podstawę ukierunkowania działań zmierzających do osiągnięcia jakiegoś celu oraz do intensywnego skupienia uwagi na wybranym przedmiocie, zjawisku czy sytuacji. Mimo że za poziom koncentracji w dużej mierze odpowiadają nasze geny, jesteśmy w stanie pracować nad rozwijaniem tej umiejętności. Można to robić poprzez prowadzenie wewnętrznego dialogu i przekonywanie siebie, że w danej chwili musimy skupić się na tym jednym zadaniu.

Stwarzajmy sobie także odpowiednie do pracy warunki, które sprzyjają koncentracji. Posprzątajmy biurko, postarajmy się o spokój, wyciszmy się wewnętrznie. Nie pozwólmy, by niespodziewane wydarzenia wybijały nas z tego stanu. Dobrą metodą jest także wyznaczanie sobie małych, czasem symbolicznych nagród za całkowite skupienie się na jednym zadaniu przez określony czas. Może to być wyjście na lunch lub poświęcenie kwadransa na lekturę ciekawego artykułu w gazecie. Można też wypracować dobry nawyk kupowania sobie w nagrodę wartościowych książek, których lektura sprawia przyjemność, a jednocześnie czegoś uczy. Do takich prezentów można zawsze wrócić i czerpać z nich otuchę oraz inspirację w gorszych chwilach.

Gdy zdobędziemy umiejętność ustalania priorytetów, zaczniemy być skuteczni. Zyskamy **zaufanie** rodziny, klientów, współpracowników, a nasze życie stanie się harmonijne. Będziemy autorytetem dla innych i zaufamy sobie, co wyzwoli wprost nieograniczone możliwości. Zaczniemy lubić i szanować samych siebie, zyskamy szacunek i sympatię innych.

Dzięki priorytetom wewnętrzna motywacja popycha nas do przodu jak rozpędzona lokomotywa. Zaczynają działać w nas potężne siły, które pozwalają wytrwale dążyć do celu.

Co możesz zapamiętać? ☺

1. Priorytet to coś, co według Twojego przekonania jest bardzo ważne, coś, czym będziesz się kierować i czemu będziesz nadawać pierwszeństwo w swoim życiu.
2. Uprość swoje życie, by mieć podstawę do wyznaczania odpowiednich, wartościowych celów i ustalania priorytetów.
3. Weź odpowiedzialność za swoje życie. Korzystaj z daru myślenia i prowadź wewnętrzny dialog. Bierz przykład z osób odpowiedzialnych.
4. Pracuj nad koncentracją.
5. Stosuj metody autosugestii i wizualizacji.
6. Korzyści płynące z ustalenia priorytetów to: skuteczność, zaufanie, szacunek, kontrola nad własnym życiem i czasem.

✻

Inaczej
o byciu asertywnym

Spis treści

Wstęp 427

Co to znaczy „być asertywnym"? 427

Pięć praw regulujących zachowania asertywne. 430

Wewnętrzne blokady 431

Czynniki wspomagające zachowania asertywne. 432

Przyjmowanie ocen. 433

Wyrażanie krytyki. 435

Wyrażanie gniewu. 436

Stopniowanie reakcji. 437

Odmawianie. 438

Negocjacje 439

Asertywny bohater 441

Co możesz zapamiętać? ☺ 445

Wstęp

Gdy rozpoczynasz budowę domu, najpierw myślisz o solidnej podstawie, gruncie, na którym go stawiasz. Potem o fundamencie, wzmocnieniach, ścianach i dachu, a na końcu o pracach wykończeniowych. Tak jest również z naszą osobowością, z naszym istnieniem – gdy mamy niezbędną podstawę, możemy zająć się rozwijaniem tych cech i postaw, które sprawią, że nasze życie będzie jeszcze wspanialsze. W tym aspekcie ważne są nasze relacje z ludźmi, bo od nich w ogromnym stopniu zależy komfort naszego życia.

Właściwe i satysfakcjonujące kontakty z otoczeniem zapewni nam asertywność. Zdobycie tej umiejętności, choć nie zawsze łatwe, jest rodzajem moralnego obowiązku każdego człowieka. Dzięki asertywności życie staje się przyjemniejsze i łatwiejsze, jej brak natomiast jest źródłem większości konfliktów, przysparza niepotrzebnych kłopotów nam i ludziom wokół nas. Jak zatem być asertywnym?

Co to znaczy „być asertywnym"?

Asertywność to postawa charakteryzująca się posiadaniem i wyrażaniem własnego zdania oraz bezpośrednim wyrażaniem emocji w granicach nienaruszających praw innych osób.

Takie podejście wyklucza zachowania agresywne, ponieważ osoba asertywna, choć kładzie nacisk na obronę swoich praw w kontaktach z otoczeniem, to jednak używa do tego celu jedynie akceptowanych społecznie środków wyrazu. Potrafi kontrolować własne reakcje i nie poddaje się zbyt łatwo manipulacjom i naciskom emocjonalnym innych osób.

W skład postawy asertywnej wchodzą między innymi: zdolność odmawiania bez okazywania uległości i bez ranienia uczuć innych ludzi, umiejętność przyjmowania krytyki, ocen i pochwał, elastyczność zachowania, **świadomość** własnych słabych i mocnych stron, wrażliwość na innych oraz stanowczość. Człowiek asertywny potrafi wyznaczać sobie cele i konsekwentnie je osiągać oraz dbać o zaspokajanie własnych pragnień.

Asertywność wiąże się z pojęciem terytorium psychologicznego. Psychologowie posługują się nim w odniesieniu do naszych myśli, uczuć, postaw, potrzeb czy nawet rzeczy materialnych, wobec których obowiązują prawa przysługujące każdej jednostce. Wiele z tych praw ustalamy w relacjach z innymi ludźmi. Jeśli sam nie zdecydujesz się na określenie swoich granic, inni je ustalą według własnego uznania i reguł, najczęściej dla Ciebie niekorzystnych.

Odróżnia się dwa rodzaje postawy asertywnej: obronną i ekspansywną. **Asertywność obronna** potrzebna jest do obrony naszego terytorium psychologicznego. Używamy jej, reagując na krytykę lub odmawiając. **Asertywność ekspansywna** jest niezbędna, gdy docieramy do terytorium psychologicznego drugiej osoby. Używamy jej, chwaląc innych, wyrażając prośby i oczekiwania oraz krytykując.

Asertywność w żadnym wypadku nie polega na realizowaniu własnych zamierzeń kosztem innych. Odnosi się raczej do rozsądnej dbałości o swoje interesy z uwzględnieniem potrzeb otoczenia, ale bez ulegania jego negatywnym naciskom. Asertywność obok empatii jest podstawową umiejętnością wchodzącą w skład inteligencji emocjonalnej. Jest to zdolność nabyta i każdy może się jej nauczyć.

W wymiarze praktycznym asertywność odnosi się do swobodnego wyrażania emocji i potrzeb. Polega na uświadamianiu innych, jak mają Cię traktować. Oznacza korzystanie z osobistych praw bez naruszania praw innych i ranienia ich uczuć. Jest to postawa pełna szacunku dla siebie i innych ludzi. Osoba asertywna zna swoje możliwości i ograniczenia, akceptuje siebie i stara się w pełni wykorzystywać swój potencjał. Stawia sobie realistyczne cele i nie podejmuje się zadań zbyt trudnych ani takich, do których nie jest wewnętrznie przekonana. Potrafi odmówić, jeśli czegoś nie może lub nie chce zrobić. Dzięki temu oszczędza rozczarowań sobie i innym. Człowiek asertywny nie przejmuje się nadmiernie porażkami, pozwala sobie na popełnianie błędów, ale wyciąga z nich wnioski. Nie obawia się wyrażać opinii, myśli, uczuć i pragnień. Potrafi pogodzić się z krytyką i oceną, umie walczyć o swoje prawa i egzekwować ich przestrzeganie. Nie jest jednak agresywny, nie obraża innych. Wręcz przeciwnie – potrafi doskonale porozumieć się z otoczeniem i dąży do harmonijnego współistnienia z nim.

Trening asertywności powinien przejść każdy. Pomaga on pozbyć się niektórych niekorzystnych cech. Nieśmiałość, wstydliwość, nadmierna skromność, niska samoocena, skłonność do obwiniania innych, obawa przed rywalizacją, skłonność do dominacji, obawa przed popełnianiem błędów, nadmierna usłużność i uległość – tych cech zwykle w sobie nie lubimy.

Postawa asertywna przydaje się w relacjach ze współmałżonkiem – pozwala na radzenie sobie z poczuciem odrzucenia, niezrozumienia, zazdrością. Jest pomocna także w życiu zawodowym – pomaga przyjmować krytykę, radzić sobie ze współzawodnictwem czy odmawiać wykonywania zadań, których z różnych powodów nie możemy się podjąć. Asertywność będzie także nieocenionym narzędziem w relacjach z dziećmi, przyjaciółmi, urzędnikami, personelem sklepów i wszystkimi innymi osobami, które na co dzień spotykamy.

Zainteresowanych tematem asertywności odsyłam do fachowej literatury, zachęcam również do zagłębienia się w to zagadnienie od strony praktycznej. Na rynku istnieje wiele firm szkoleniowych oferujących treningi asertywności. W dalszej części książki zamieszczę przykłady zastosowania niektórych technik, które pomagają wyćwiczyć taką postawę.

Pięć praw regulujących zachowania asertywne

Znany amerykański psycholog **Herbert Fensterheim** sformułował pięć podstawowych praw regulujących zachowania asertywne, które według niego polegają na korzystaniu z własnych praw bez naruszania czy lekceważenia praw innych. Ich przeciwieństwem są zachowania agresywne, które budzą w innych strach i niechęć. Mimo że osoba agresywna osiąga zamierzone cele, buduje swój wizerunek jako bezwzględnego egoisty, z którym trudno jest współpracować.

Zachowanie asertywne różni się także od drugiej skrajności, czyli zbytniej uległości. Będąc asertywnymi, stanowczo bronimy swoich praw, natomiast będąc uległymi, lekceważymy własne prawa i stawiamy na piedestale potrzeby innych. W konsekwencji osoby zbyt uległe mogą czuć się wykorzystywane, krzywdzone i nieszanowane.

W odróżnieniu postawy asertywnej od agresywnej lub zbyt łagodnej pomocne będą wspomniane prawa Fensterheima. Oto one:
- Masz prawo do robienia tego, co chcesz, dopóki nie rani to kogoś innego.
- Masz prawo do zachowania swojej godności przez asertywne zachowanie, nawet jeśli rani to kogoś innego, dopóki twoje zachowanie nie jest agresywne.

- Masz prawo do przedstawiania innym swoich próśb, dopóki uznajesz, że druga osoba ma prawo odmówić.
- Istnieją takie sytuacje między ludźmi, w których prawa nie są oczywiste. Zawsze jednak możesz przedyskutować tę sprawę z drugą osobą i wyjaśnić ją.
- Masz prawo do korzystania ze swoich praw.

W ocenie własnego zachowania pod względem asertywności najlepiej chyba sprawdza się rada Herberta Fensterheima: „Jeśli masz wątpliwości, czy dane zachowanie jest asertywne, sprawdź, czy choć odrobinę zwiększa ono twój szacunek do samego siebie. Jeśli tak, jest to zachowanie asertywne".

Wewnętrzne blokady

Zdarza się, że prowadząc dialog wewnętrzny, używamy stwierdzeń, które blokują nasze asertywne zachowania. Do hamujących czynników należą:
- negatywne opinie na temat własnej osoby, swoich słabych stron czy ograniczeń, na przykład myślisz, że jesteś do niczego, że jesteś głupi, brzydki czy gorszy od innych;
- przywiązanie do odgórnie narzuconych norm i zasad, które objawia się myśleniem w kategoriach: „muszę", „nie powinienem", „nie wolno mi", „nie wypada";
- katastrofizm wyrażający się myślami: „na pewno mi się nie uda", „czeka mnie porażka", „wyśmieją mnie", „nikt nie zwróci na mnie uwagi";
- stawianie sobie w myślach pewnych warunków, po których spełnieniu zdecydujesz się na zachowanie asertywne – w rzeczywistości jest to tylko unik mający pomóc Ci w utrzymaniu dobrego mniemania o sobie. Użycie takiej

wymówki prowadzi zazwyczaj do rezygnacji z asertywnego zachowania; myślisz na przykład tak: „upomnę się o zwrot pożyczki, ale dopiero za trzy dni", „powiem szefowi, że nie zgadzam się na nadgodziny, jak tylko upewnię się, że ma dobry humor";
- koncentrowanie się na negatywnych konsekwencjach asertywnego zachowania, co powoduje zaniechanie dalszych prób i w rezultacie rezygnację z asertywności. Takie myślenie prowadzi do następujących wniosków: „nie potrafię zachowywać się asertywnie", „to nie dla mnie", „nie ma sensu się tego uczyć, bo i tak jestem beznadziejny".

Czynniki wspomagające zachowania asertywne

Aby wzmocnić motywację do podejmowania prób asertywnego zachowania, trzeba przede wszystkim zdać sobie sprawę z istnienia wymienionych w poprzednim rozdziale blokad wewnętrznych i starać się je zwalczać. W tych zmaganiach będą pomocne proasertywne postawy i odpowiadające im zdania-afirmacje, które przytaczam poniżej:
- koncentracja na pozytywnych doświadczeniach wyrażona myśleniem w kategoriach: „wiele spraw mi się w życiu udało", „potrafię wiele rzeczy", „dużo wiem na ten temat";
- odwołanie się do praw osobistych przysługujących każdemu człowiekowi: „mam prawo do odmowy", „mogę przeżywać i wyrażać gniew", „mam prawo nie zgadzać się z opiniami innych", „zasługuję na szacunek";
- odwołanie się do swoich pozytywnych właściwości: „jestem wartościowym człowiekiem", „mam wiele zalet i silnych stron";

- odwołanie się do osobistych wartości:" godność osobista jest dla mnie ważną wartością", „szczęście moje i mojej rodziny jest dla mnie wartością nadrzędną".

Powtarzanie w myślach tych zdań uzupełnionych o treści, które pasują do Ciebie, powinno pomóc Ci w wytrwaniu na drodze do asertywnej postawy.

Przyjmowanie ocen

Na krytykę zazwyczaj reagujemy nieskutecznie. Uciekamy się do kontrargumentów lub usprawiedliwiania się, albo atakujemy osobę oceniającą nas. Wielu ludzi źle znosi komplementy. Zaprzecza pochwale, przeformułowuje ją tak, by zrzucić z siebie odpowiedzialność za sukces albo deprecjonuje swoje osiągnięcie.

Jak zatem przyjmować zewnętrzne oceny w sposób konstruktywny? Poniżej zamieszczam przykłady asertywnych odpowiedzi na krytykę wyrażaną w różny sposób. Zapoznaj się z nimi i spróbuj wymyślić własne ich wersje w zależności od rodzaju ocen, z jakimi spotykasz się na co dzień.

Jeśli ktoś stosuje krytykę uogólnioną opierającą się o słowa „zawsze" i „nigdy", asertywna odpowiedź powinna skupiać się na faktach. Na przykład:

A: *Ty się zawsze spóźniasz.*
B: *To prawda, że spóźniłem się do pracy dziś i wczoraj, ale zazwyczaj przychodzę o czasie lub nawet wcześniej.*

Jeśli ktoś krytykuje Twoją osobę jako całość, choć sprawa dotyczy tylko jednego konkretnego zachowania, powinieneś stanowczo zaprotestować. Na przykład:

A: Jak mogłeś zapomnieć o naszej rocznicy ślubu? Jesteś nieczułym głupcem.
B: Rzeczywiście, przykro mi, że zapomniałem o tak ważnej dla nas obojga dacie. Postaram się wynagrodzić nam ten błąd, jednak proszę nie nazywaj mnie w ten sposób.

Czasem zdarza się usłyszeć krytykę wyrażoną w formie aluzji. W takiej sytuacji możemy od razu zdemaskować grę i wprost odnieść się do słów rozmówcy. Na przykład:

A: Nie znoszę bałaganiarzy, uważam, że ta cecha jest oznaką braku odpowiedzialności i złego wychowania.
B: Rozumiem, że masz na myśli bałagan, który od tygodnia panuje w moim pokoju. Bardzo proszę, byś następnym razem rozmawiał ze mną otwarcie.

Bywa i tak, że ktoś kompletnie nas zaskoczy swoją krytyką. Możemy wtedy poczuć się zakłopotani i sprowokowani do szukania usprawiedliwień lub nawet do kontrataku. Jednak znacznie lepiej będzie wyrazić wprost swoje zaskoczenie i zyskać czas niezbędny do przemyślenia tego, co się usłyszało. Powiedz na przykład: „Jestem zaskoczony tym, co mówisz, potrzebuję czasu, by to przemyśleć", „Zaskoczyłeś mnie i chciałbym się zastanowić nad tym, co powiedziałeś".

Inne przykłady asertywnych odpowiedzi na nieuzasadnioną krytykę: „Jestem innego zdania na swój temat", „Myślę o osobie inaczej", „Przykro mi, że tak uważasz, jednak ja mam inne zdanie", „Ja tak nie uważam".

W przypadku komplementów najlepszą reakcją jest uznanie pochwały i podziękowanie za nią. Kiedy ktoś prawi Ci komplementy, po prostu uśmiechnij się i podziękuj. Nawet jeśli uważasz, że jego zachwyt jest na wyrost, na pewno poprawi Ci to humor, zyska na tym Twoja samoocena i samoakceptacja. Przecież taką właśnie funkcję mają spełniać pochwały. Oczywiście warunkiem jest to, by były one szczere. Jeśli czujesz, że ktoś prawi Ci puste pochlebstwa, by Tobą manipulować, wyraź to jasno. Nie daj się wciągać w taką grę.

Wyrażanie krytyki

Asertywne wyrażanie krytyki ma wywrzeć konstruktywny wpływ na innych poprzez szczere i uczciwe wyartykułowanie opinii. Celem takiego zachowania nie jest ukaranie kogoś ani udowodnienie mu winy, lecz przekazanie informacji, którą może on wykorzystać do zmiany swojego zachowania lub do naprawy popełnionego błędu.

Według modelu asertywnego wyrażania krytyki zwanego zasadą FUO formułując krytyczną opinię, należy uwzględnić następujące elementy:
- **fakty** – odnoś się tylko do rzeczywistych wydarzeń, opisuj sytuacje i zachowania;
- **ustosunkowanie się** – wyrażaj swoją opinię i odczucia wobec przedmiotu krytyki;
- **oczekiwania** – sformułuj swoje oczekiwania i doprowadź do zawarcia z osobą krytykowaną umowy dotyczącej niepożądanego zachowania.

Techniką wspomagającą taką postawę jest coaching. W przypadku krytyki może on polegać na prowadzeniu rozmowy z osobą stojącą przed dylematem czy trudnym zadaniem poprzez zadawanie jedynie pytań otwartych, które mają zmotywować ją do samodzielnego znalezienia rozwiązania problemu.

Wyrażanie gniewu

Gniew może mieć różne natężenie: od niechęci, przez irytację i złość, po wściekłość i furię. Jego odczuwanie, po pierwsze, sygnalizuje, że w naszym otoczeniu dzieje się coś, czego nie akceptujemy, po drugie – dostarcza nam energii do zmiany tej niepożądanej sytuacji.

Niestety, wielu ludzi nie potrafi wyrażać gniewu w sposób asertywny. Zdarza się nam czasem wybuchać niepohamowaną złością i po fakcie wstydzić się swojego zachowania. Na przykład mówimy: „Ty głupcze, ile razy ci mówiłem żebyś tak się nie zachowywał?!". A zamiast tego mogliśmy przecież powiedzieć tak: „Jestem na ciebie wściekły. Nie życzę sobie, byś zachowywał się w moim towarzystwie w ten sposób". Drugi sposób jest o wiele bardziej asertywny. Jeśli wypowiemy się spokojnie i stanowczo, istnieje duża szansa, że rozmówca zastanowi się nad sensem naszych słów i weźmie je sobie do serca. W przypadku pierwszego sposobu wypowiedzi najprawdopodobniej cała sytuacja zakończy się awanturą, z której obie strony wyjdą przegrane i z urażoną dumą.

Inne przykłady asertywnego wyrażania gniewu: „Nie podoba mi się twoje zachowanie", „Nie lubię, gdy mówisz do mnie w ten sposób", „Irytuje mnie, gdy to robisz", „Jestem wściekły na ciebie i z trudem panuję nad sobą", „Nie życzę sobie, byś nazywał mnie w ten sposób", Nie pozwalam ci na takie traktowanie mojej osoby", „Denerwuje mnie sposób, w jaki się do mnie zwracasz", „Złości mnie to, że nie dajesz mi dojść do słowa".

Dobrym sposobem na zahamowanie wybuchu gniewu jest odczekanie kilku sekund przed odezwaniem się lub danie sobie jeszcze dłuższego czasu na to, by emocje opadły. Jeśli czujemy, że atmosfera robi się zbyt gorąca, możemy stanowczo zaproponować przerwę w dyskusji i powrócić do niej po jakimś czasie, gdy wszyscy uczestnicy nabiorą dystansu do spornej kwestii.

Stopniowanie reakcji

Zdarza się, że ktoś w naszej obecności zachowuje się w sposób, którego nie możemy i nie chcemy tolerować. Wtedy przydaje się zasada stopniowania reakcji. Krok po kroku określa ona asertywny scenariusz reagowania na czyjeś zachowanie, które nam nie odpowiada. Reakcja taka rozkłada się na cztery etapy:
1. Jeśli zachowanie jakiejś osoby przeszkadza Ci, drażni Cię lub złości, zwróć jej uwagę i poproś, by zachowała się inaczej.
2. Jeśli to nie poskutkuje, daj wyraz swojemu rozdrażnieniu po raz drugi, tym razem stanowczo żądając zmiany zachowania.
3. Gdy i to nie odnosi skutku, poinformuj, co zamierzasz uczynić, jeśli ten ktoś nie zmieni swojego zachowania (pamiętaj, by była to realna możliwość, do której możesz się uciec, a nie czcza pogróżka).
4. Wobec nieskuteczności dotychczasowych sposobów jesteśmy zmuszeni skorzystać z sankcji, którą zapowiadaliśmy.

Ważne jest, by na każdym etapie zachować spokój i traktować rozmówcę z szacunkiem. Nie możemy nikogo obrażać ani nikomu grozić. Przykładem sankcji, do których możesz się odwołać, aby wyegzekwować przestrzeganie swoich praw, jest zgłoszenie sprawy nauczycielowi, przełożonemu, ochronie obiektu lub stróżom prawa. Najważniejsze, by była to realna możliwość, a nie zapowiedzi bez pokrycia, których nie będziesz w stanie wypełnić.

Odmawianie

Wielu z nas ma poważne kłopoty z odmawianiem. Ile to razy spędziliśmy w pracy dodatkowe godziny lub siedzieliśmy na nudnym przyjęciu, mimo że planowaliśmy wykorzystać ten czas zupełnie inaczej. Najczęściej nie odmawiamy, ponieważ boimy się kogoś urazić lub sprawić mu przykrość. Niestety, płacimy za to wysoką cenę, marnotrawiąc swój czas na czynności, które nie przynoszą nam satysfakcji i w efekcie mamy pretensje do samych siebie, że daliśmy się na to namówić. Warto zatem nauczyć się odmawiać. Asertywna odmowa to stwierdzenie stanowcze, uczciwe i bezpośrednie. Powinno zawierać w sobie słowo „nie" oraz jasną informację o tym, jak zamierzasz postąpić. Skuteczna odmowa powinna zniechęcać rozmówcę do dalszego nalegania. Nie jest natomiast wskazane, by zawierała pretensje czy usprawiedliwienia. Możesz wyrażać się w taki sposób, by było jasne, że jest to Twoja ostateczna decyzja. Jeśli chcesz podać jakieś argumenty na poparcie odmowy, lepiej odwołaj się do osobistych preferencji („wolę", „chcę", „mam zamiar", „postanowiłem") niż do zewnętrznych czynników („muszę", „powinienem", „nie mogę", „nie wolno mi"), bo inaczej pozostawiasz rozmówcy pole do dalszej dyskusji.

Poniżej zamieszczam przykładowe odpowiedzi, których można udzielić, gdy ktoś poprosi o coś, czego nie chcemy lub nie możemy zrobić, a jednocześnie nie chcemy go urazić odmową. Przećwicz je i zastosuj jedną z nich przy najbliższej okazji. Obiecaj sobie, że już nigdy nie zgodzisz się na coś wbrew sobie i swojemu dobru.

- „Chciałbym to zrobić, ale w tej chwili mam dużo innych obowiązków i niestety nie mam czasu, by zająć się twoją prośbą".

- „Miło mi, że mnie doceniasz i prosisz o to właśnie mnie, ale jestem niestety obecnie zbyt zajęty, by ci pomóc".
- „Przykro mi, że masz problem, niestety, nie będę mógł pomóc ci w tym tygodniu".
- „To bardzo ciekawa propozycja, muszę jednak odmówić, ponieważ zdecydowałem się już na inne rozwiązanie".
- „Przykro mi, ale nie będę na najbliższym spotkaniu, mam już inne plany na ten wieczór".
- „Przykro mi, ale nie dam panu pieniędzy, ponieważ nie wierzę, że kupi pan za nie jedzenie dla dzieci".
- „Dziękuję, ale zdecydowanie nie jestem zainteresowany państwa ofertą".
- „Nie, dziękuję, postanowiłem, że nie będę pił alkoholu przed południem".

Wiesz już, jak powinieneś formułować odmowę. Warto, byś zapoznał się także z **zasadami negocjacji** – asertywność jest podstawą ich skuteczności. Jednak nie powinna być ona mylona z manipulacją ani agresywnym dążeniem do załatwiania własnych interesów kosztem innych. W następnym rozdziale zaprezentuję bliskie mi podejście do negocjacji, którego naczelną zasadą jest przekonanie, że wszystkie strony powinny czuć, że wygrały i po zakończeniu rozmów nadal się nawzajem szanować.

Negocjacje

Poznanie teorii negocjacji uważam za niezbędne, ponieważ wbrew powszechnemu mniemaniu mają one miejsce nie tylko w świecie biznesu, lecz także w codziennym życiu każdego z nas. Negocjujemy ze współmałżonkami, dziećmi, współpracownikami, szefami, z obsługą sklepu. Skupmy się na tych treściach, które pozwolą nam skuteczniej realizować osobiste cele i wzmacniać relacje z otoczeniem.

Negocjacje to dwustronny proces komunikowania się, którego celem jest osiągnięcie porozumienia, gdy przynajmniej jedna strona nie zgadza się z jakąś opinią lub sposobem wyjścia z sytuacji. Każde pragnienie lub potrzeba może stanowić okazję do rozpoczęcia procesu negocjacji. Jest nią także każda wymiana poglądów, narada na jakiś temat czy rozmowa o planach. Powinniśmy zrozumieć, że negocjacje nie są grą ani wojną. Nie wygrywa ten, kto przechytrzy przeciwnika. Celem negocjacji jest ustalenie wspólnego stanowiska, które uwzględni i do pewnego stopnia zaspokoi potrzeby wszystkich zainteresowanych stron. Negocjacje są udane, jeśli przebiegają w atmosferze wzajemnego poszanowania i współpracy, a każdy wychodzi z nich wygrany.

Przygotowanie do negocjacji wymaga przede wszystkim posiadania wiedzy o samym sobie, swoich pragnieniach, potrzebach, silnych i słabych stronach. Jeśli na przykład wiesz, że masz skłonność do podejmowania decyzji pod wpływem emocji, powinieneś wziąć to pod uwagę i kontrolować się w czasie rozmowy. Natomiast jeśli jesteś opanowany, z powodzeniem możesz wykorzystać tę zaletę jako swój atut. Przeanalizuj także osobowość i pragnienia osób, z którymi przyjdzie Ci negocjować. Im więcej będziesz o nich wiedział, tym łatwiej Ci będzie porozumieć się z nimi i przekonać ich do Twojego stanowiska. Kolejnym krokiem jest gruntowna analiza i ocena sytuacji. Warto temu zagadnieniu poświęcić sporo czasu, bo właśnie ta wiedza i oparte na niej odpowiednie argumenty mogą przekonać drugą stronę. Zdefiniuj jasno i precyzyjnie problem oraz zaprojektuj kilka jego rozwiązań, wskazując przy tym ich korzyści dla wszystkich zainteresowanych. Zastanów się też, jaki konkretnie cel chcesz osiągnąć, a także z czego możesz, a z czego nie chcesz rezygnować na rzecz porozumienia. Tak przygotowany możesz rozpocząć negocjacje.

Jednak nawet jeśli pilnie odrobiliśmy lekcje z asertywności, może się zdarzyć, że podczas rozmów napotkamy rozmaite problemy. Mogą one wynikać z różnej interpretacji faktów przez każdą ze stron. Wtedy trzeba zrobić krok w tył i wspólnie z partnerem zdefiniować problem, ustalić wszystkie znane fakty.

Negocjując, warto zachować trzeźwą ocenę sytuacji, nie kierować się emocjami, wyrażać się jasno i precyzyjnie, aktywnie słuchać partnera. Nieocenionym narzędziem jest zadawanie pytań. Jest to najprostszy sposób na poznanie czyjegoś stanowiska, potrzeb i celów, a także uświadomienie innym pewnych oczywistych faktów – w tym przypadku używamy pytań retorycznych, by skłonić odbiorcę do przemyśleń na określony temat lub podkreślić wagę problemu. Stosuje się także pytania wskazujące, sugerujące odpowiedź lub pytania o punkt widzenia. Inna pomocna metoda to parafrazowanie wypowiedzi drugiej strony oraz używanie wypowiedzi świadczących o tym, że rozumiemy stanowisko rozmówcy. Warto unikać inicjowania i angażowania się w osobiste słowne potyczki oraz manipulowania innymi w złej wierze. Takie zachowania są po prostu nieetyczne i łamią podstawową zasadę negocjacji, czyli rozumienie ich jako procesu, z którego wszyscy wychodzą wygrani.

Asertywny bohater

Chciałbym opowiedzieć o człowieku, który swoją życiową postawę oparł na asertywności. Jest to **Mahatma Gandhi**, który walczył o niepodległość Indii, stosując przemyślaną strategię zakładającą dbałość o interesy własnego narodu bez łamania praw innych nacji. Jedną z metod, jakie stosował, był bierny opór. Z założenia nie chciał krzywdzić otoczenia, a jedynie wywierać nacisk, który miał pomóc w osiągnąć cel.

Gandhi pragnął Indii zjednoczonych i całkowicie wolnych. Chciał, by hinduiści i muzułmanie odnosili się do siebie z szacunkiem i przyjaźnią. Dążył do tego, by każdy mógł dowolnie wyrażać swoje poglądy, czcić i wielbić własne dziedzictwo i kulturę z równoczesnym poszanowaniem odmienności innych. Pragnął, by kobiety były traktowane tak samo jak mężczyźni, by żyły z godnością, poczuciem bezpieczeństwa i czerpały korzyści z własnego rozwoju. Mahatma żądał całkowitego wyeliminowania kastowości społeczeństwa oraz takiego samego traktowania wszystkich Hindusów. Chciał, by ludzie wzajemnie sobie pomagali (szczególnie, żeby bogaci wspierali biednych) i szanowali się nawzajem. Gandhi walczył i prowadził miliony Hindusów z wizją wolności osobistej i prawdziwego szacunku dla religii i życia w harmonii. Był twórcą koncepcji biernego oporu i spopularyzował zasadę niestosowania przemocy (ahinsa), która ma długą historię w religii hinduskiej czy buddyjskiej.

Głównym celem życia Gandhiego było poszukiwanie prawdy. Próbował osiągnąć ten cel przez uczenie się na własnych błędach i eksperymentowanie na samym sobie. Przekonał się jednak, że ujawnianie prawdy nie jest powszechną praktyką, ludzie unikają tego ze względu na uprzedzenia i konflikty interesów. Według Gandhiego raz odkryta prawda jest nie do zatrzymania i ma większą moc niż jakakolwiek broń masowej zagłady. Mówił, że najważniejszą bitwą, jaką ma do rozegrania, jest przezwyciężenie własnych demonów, strachów i niepewności. Twierdził, że winy nigdy nie należy szukać w innych ludziach, rządach czy wrogach, lecz w samym sobie. Problemy można rozwiązać poprzez proste „przyjrzenie się sobie w lustrze". Dla Gandhiego „bycie" nie oznaczało istnienia w sferze czasu, tak jak twierdzili greccy myśliciele, lecz było raczej istnieniem w sferze prawdy. Podsumował to zdaniem: „Bóg jest prawdą", które później zmienił na: „Prawda jest Bogiem".

W młodości Mahatma jadał mięso, jednak później stał się zdeklarowanym wegetarianinem. Eksperymentował z różnymi dietami i ostatecznie doszedł do wniosku, że wegetarianizm zaspokaja potrzeby jego organizmu, choć dopuszczał możliwość jedzenia jajek. Wielokrotnie powstrzymywał się od jedzenia, używając postu jako broni politycznej. Jeden dzień w każdym tygodniu spędzał w milczeniu. Wierzył, że powstrzymywanie się od mówienia przynosi mu wewnętrzny spokój. W wieku 37 lat postanowił nie czytać prasy, twierdząc, że opisywany w gazetach chaos panujący na świecie wprowadza zamieszanie w jego umyśle. Po powrocie z Afryki Południowej, gdzie z powodzeniem wykonywał zawód adwokata, Gandhi porzucił europejski ubiór, który kojarzył z sukcesem i bogactwem, i odtąd ubierał się z prostotą, aby skromnym strojem zdobyć zaufanie najbiedniejszych mieszkańców Indii. Opowiadał się za używaniem ubrań z tkanin własnego wyrobu i prostym stylem życia.

Mimo że Gandhi urodził się w rodzinie hinduistycznej, odnosił się z dużym szacunkiem do wszystkich religii, poznał ich dogmaty i praktyki. Pewnego razu zapytano go, czy jest hinduistą. Odpowiedział: „Tak, jestem, ale jestem także chrześcijaninem, muzułmaninem, buddystą i żydem" (http://pl.wikipedia.org/wiki/Mohandas_Karamchand_Gandhi).

Gandhi studiował naturę ludzką i metody wywierania wpływu na innych. Dzięki temu potrafił znaleźć sposoby działania, które przynosiły pożądane rezultaty. Jednocześnie szanował prawa wszystkich innych kultur, religii, narodów i jednostek.

Oprócz asertywności od Gandhiego możemy się także uczyć cierpliwości i wytrwałości w dążeniu do odkrywania prawdy i poszukiwania skutecznych środków do osiągania swoich celów.

Na koniec proponuję Ci ćwiczenie, które może okazać się pomocne w kształtowaniu postawy asertywnej. Weź kartkę i zapisz na niej kilka swoich pragnień. Na przykład:
- „Chcę mieszkać w domu z ogrodem".
- „Chcę zmienić pracę na lepiej płatną i dającą mi więcej satysfakcji".
- „Chcę spędzać więcej czasu z dziećmi".
- „Chcę częściej jeść romantyczne kolacje z żoną".
- „Chcę nauczyć się jeździć na nartach".

Bądź ze sobą szczery, nikt poza Tobą nie będzie czytał tego, co spiszesz, więc nie musisz obawiać się krytyki. Gdy już będziesz miał taką listę, zastanów się, czy udaje Ci się zaspokajać któreś z tych pragnień. Być może okaże się, że nie jest z tym najlepiej, a to oznacza, że powinieneś dokonać znaczących zmian w swoim życiu. Teraz weź kolejną kartkę i spisz na niej wszystkie swoje przyzwyczajenia i lęki, które przeszkadzają Ci w realizacji wypisanych wcześniej pragnień. Na przykład:
- „Boję się zmiany pracy i utraty tego, co już mam".
- „Nie chcę brać na siebie odpowiedzialności za dom, wolę bezpiecznie mieszkać w bloku, gdzie niczym nie muszę się zajmować osobiście".
- „Nie wierzę we własne możliwości".
- „Biorę na siebie zbyt dużo zadań i dlatego nie mam czasu dla dzieci i żony".
- „Nigdy nie wyjeżdżam na wystarczająco długi urlop, by nauczyć się jazdy na nartach, ponieważ nie chcę narazić się szefowi".

Skoro już uświadomisz sobie przeszkody, które stoją na drodze do spełnienia Twoich pragnień, podejmij decyzję o ich usunięciu. Zacznij pracować nad każdą z nich, zaplanuj szczegółowo kolejne kroki i przejdź do działania. Oczywiście niektóre z tych przeszkód można usunąć bardzo szybko, a nad innymi przyjdzie Ci pracować nawet przez kilka lat, ale nie poddawaj się, bo naprawdę warto wykonać tę pracę. Jedynie życie ze świadomością swoich prawdziwych pragnień i dążenie do ich zaspokojenia przynosi szczęście i satysfakcję. Jeśli jeszcze tego nie robisz, zacznij dbać o swoje potrzeby bez poczucia winy i chwal siebie za każda próbę zmiany nastawienia, nawet jeśli nie odniesiesz pełnego sukcesu. Pamiętaj, by często zadawać sobie pytania: „Czego pragnę?", „Co jest dla mnie dobre?".

To Ty jesteś w ogromnym stopniu odpowiedzialny za swoje życie i jeśli chcesz, by zaszły w nim jakieś zmiany, to tylko Ty sam możesz i powinieneś ich dokonać. W ten sposób zaczniesz aktywnie kształtować swoją egzystencję, tak jak to sobie wymarzyłeś.

Co możesz zapamiętać? ☺

1. Asertywność jest podstawą organizowania relacji z otoczeniem, służy egzekwowaniu swoich praw przy jednoczesnym poszanowaniu praw innych ludzi.
2. Zachowania asertywne reguluje pięć podstawowych praw.
3. Usuń wewnętrzne blokady uniemożliwiające rozwijanie asertywnej postawy.
4. Korzystaj z czynników wspomagających zachowania asertywne.
5. Naucz się przyjmować krytykę i komplementy oraz wyrażać konstruktywne oceny.
6. Kontroluj gniew oraz inne emocje, wyrażaj je w sposób asertywny.

7. Stosuj zasadę stopniowania reakcji.
8. Naucz się odmawiać.
9. Poznaj zasady prowadzenia negocjacji.

Inaczej
o umiejętności wyznaczania
i osiągania celów

Spis treści

Wstęp 449

Dlaczego nie umiemy wyznaczać celów?. 450

Moje doświadczenia 452

Kryteria wyznaczania celów 453
    Cel powinien być szczegółowy 454
    Cel powinien być mierzalny 458
    Cel powinien być trafny. 459
    Cel powinien być realistyczny. 461
    Cel powinien być terminowy 462
    Cel powinien być ekscytujący. 464
    Cel powinien być zapisany. 466

Wyciąganie wniosków z sukcesów i porażek. 469

Źródła inspiracji 471

Przykłady wyznaczania i osiągania celów
    w różnych obszarach 472

Człowiek, którzy zasłynął z maestrii
    w wyznaczaniu i osiąganiu celów 478

Co możesz zapamiętać? ☺. 480

Wstęp

Cel to stan, sytuacja lub obiekt, do którego dążymy. Wyznaczając sobie cele, decydujemy, co chcemy osiągnąć i dokąd chcemy zajść. Tym samym nadajemy swojemu życiu sens.

Wiemy, na czym powinniśmy się skoncentrować, aby zrealizować swoje zamierzenia. Angażując się tylko w te przedsięwzięcia, które wspomagają nas w dążeniu do celu, zyskujemy szansę na osiągnięcie spełnienia w życiu. U podstawy każdego celu leży jednak marzenie. Powinno być urzeczywistnione poprzez konkretne działania, a nie jakiś cudowny zbieg okoliczności. Cel to nie życzenie. Cel to coś, co chcemy osiągnąć. Z punktu widzenia prakseologii – nauki o skutecznym działaniu – cele mogą być zarówno zewnętrzne, jak i wewnętrzne; stopniowalne i niestopniowalne. Namalowanie obrazu, aby go sprzedać i zarobić pieniądze, będzie celem zewnętrznym, ale namalowanie go dla przyjemności samego tworzenia jest celem wewnętrznym. Rozwijanie osobowości i pokonywanie kolejnych słabości to z kolei cele stopniowalne. Z kolei postawienie sobie za cel małżeństwa uznaje się za niestopniowalne (nie można częściowo zawrzeć związku małżeńskiego).

Techniki, które opiszę, na stałe goszczą i w gabinetach biznesmenów, i na sportowych salach treningowych. Są to rozwiązania uniwersalne. Przydają się w codziennym życiu, mogą być stosowane przez każdego człowieka bez względu profesję i dziedzinę, w której działa. Wyznaczanie celów jest bowiem kluczowym elementem planowania życia. Cele dają nam przekonującą wizję i długotrwałą motywację. Kształtują nasze marzenia i nadają kierunek życiu. Wyzwalają determinację i koncentrację, dzięki czemu jesteśmy w stanie przezwyciężać przeszkody. Wyznaczając cele i dążąc do ich osiągnięcia, rozwijamy się i stajemy się lepsi.

Zastanawiając się nad własnymi pragnieniami, uświadamiamy sobie, co jest dla nas naprawdę ważne. Gdy osiągamy cele, zyskujemy pewność siebie, wiarę we własne siły i poczucie kontroli nad swoim życiem. Potwierdzamy swoje zdolności i kompetencje, a także zdobywamy nowe umiejętności.

Dlaczego nie umiemy wyznaczać celów?

Temat rozpoznawania własnych celów traktuję bardzo osobiście. Od dziecka żyję ich wyznaczaniem i dążeniem do ich osiągnięcia.

Uważam, że nadaje to kierunek i sens egzystencji. W praktyce okazuje się, że częściej wiemy, czego nie chcemy, aniżeli czego chcemy. Nie chcę być dłużej nieszczęśliwy, nie chcę wykonywać tej znienawidzonej pracy, nie chcę tkwić w toksycznym związku – mówią ludzie. Jeśli jednak zapytamy ich, czego chcą, okaże się, że nie potrafią określić, na czym polega szczęście, jakiej pracy i jakiego związku chcą. Myślę, że część z nas, kierowana zniechęceniem i rozczarowaniem porażkami z przeszłości, świadomie rezygnuje z wyznaczania celów. To zupełnie naturalne, że wolimy uniknąć bólu niepowodzenia i gorzkiego smaku przegranej. Ale nie powinno się to zmienić w paraliżujący aktywność lęk.

Ważne, by nieustannie pogłębiać wiedzę w tym zakresie. To da nam ogromną satysfakcję i wiarę w siebie.

Zanim jednak wyjaśnię, co konkretnie można zrobić, by dobrze wyznaczyć cel, chciałbym przestrzec cię przed zgubnym w skutkach działaniem, które choć jest ukierunkowane na cel, okazuje się ślepym podążaniem za nim – zamiast bowiem porządkować czynności, tylko osłabia naszą wolę. W filozofii konfucjańskiej istnieje pojęcie *ming*, tłumaczone jako działanie bez nagrody. Jeżeli cel nas zaślepia i za bardzo go pragniemy, nasze działania stają się powierzchowne i chaotyczne, a co za tym idzie – nie potrafimy go osiągnąć. Jeżeli natomiast zaplanujemy czynności i skupimy się wyłącznie na ich istocie oraz właściwym wykonaniu, to, paradoksalnie, mamy pewność, że ten cel osiągniemy. Wyobraź sobie, że musisz zdać ważny dla siebie egzamin. Wykładowca jest niezwykle wymagający, a w dodatku ma dobrą pamięć do twarzy. Omówił też z twoją grupą zasady egzaminu – będzie to test. Co robią niektórzy słuchacze? Przychodzą co prawda na wykłady, ale tylko po to, aby być zauważonym, i notują wyłącznie to, co można wypunktować (na pewno znajdzie się na teście). Tylko nieliczni skupiają się na treści wykładanego przedmiotu, systematycznie pracują i zadają pytania. W dniu egzaminu okazuje się, że wykładowca zachorował, egzamin przeprowadzi inna osoba i nie będzie to test. Cały wysiłek związany z chęcią bycia „zapamiętanym" i wybiórczym uczeniem się idzie więc na marne. Nietrudno się domyślić, kto zda ten egzamin – ci, którzy skupili się nie na celu, ale na działaniu: wnikliwym poznaniu treści. Podobne przykłady można mnożyć. Gdy gotujemy dla ważnej dla nas osoby, tak skupiamy się na wyniku naszych starań, że często zaniedbujemy dokładność receptur kulinarnych. Gdy kierowcy dojeżdżają do domów z długich tras, tak bardzo cieszą się na zbliżające się spotkanie z rodziną, że przez ostatnich 10 kilometrów zapominają o ostrożności – cel ich rozprasza. Planując cele, powinniśmy więc poświęcić tyle samo uwagi metodom ich osiągnięcia.

Moje doświadczenia

W 1994 roku w jednej z moich firm, zajmującej się wprowadzeniem na rynek kart rabatowych wówczas będących w Polsce nowością, pojawiło się wyzwanie zmotywowania handlowców do pracy na podstawie celów. Ustaliłem z nimi ogólne kierunki działania – i ze zdumieniem odkryłem, że nie potrafią przełożyć tego na konkretne zadania i samodzielnie zaplanować pracy. Postanowiłem więc sam określać wszystkim pracownikom cele i sposoby ich osiągania.

Mimo że wyznaczyłem bardzo konkretne zadania – określiłem liczbę potencjalnych klientów, których miał odwiedzić każdy handlowiec, a także liczbę umów, które należało podpisać – efektów nie było. Choć pracownicy dokładnie wiedzieli, do czego powinni dążyć, wyznaczali sobie mgliste cele wyrażone demobilizującymi sformułowaniami typu: „postaram się podpisać nie mniej niż 5 umów", „postaram się podpisać 40 umów". Zrozumiałem, że wspólnie musimy się uczyć wyznaczania realnych celów.

Ta sytuacja nauczyła mnie, że ludzie mogą myśleć o celach inaczej niż ja. Gdy przyjmowałem nowych pracowników, zupełnie inaczej tłumaczyłem im istotę ich pracy. Nowi handlowcy, z bardzo jasno i precyzyjnie określonymi zadaniami – zarówno jakościowymi, jak i ilościowymi zadaniami, zaczęli je po pewnym czasie realizować.

Była to jedna z ważniejszych lekcji, jakie otrzymałem w życiu. Kolejną stało się przystąpienie do sprzedaży kart rabatowych finalnym użytkownikom. Rozpocząłem tę działalność w mieście liczącym około 170 tys. mieszkańców. Moim celem było sprzedanie kart 10 procentom mieszkańców. Początkowo wszystko szło opornie. Sprzedawaliśmy po kilkaset sztuk na miesiąc. Sprzedaż ruszyła dopiero, gdy rozwinęliśmy pomysł skierowania oferty nie tylko do klientów indywidualnych, ale także do różnych firm i instytucji, które zaczęły zamawiać karty dla pracowników czy klientów, aż wkrótce jednorazowo kupowały od nas po kilkaset.

Przekonaliśmy do współpracy wiele firm, a każda kolejna podnosiła wiarygodność i renomę naszej inicjatywy. O powodzeniu zdecydował zapewne także fakt, że na rewersie kart umieszczaliśmy reklamę danej firmy. W niespełna dwa lata sprzedaliśmy 17 tys. kart. Udało nam się osiągnąć założony cel, mimo że wielu moich współpracowników już po pierwszych niepowodzeniach chciało się poddać. Nie uległem jednak tym negatywnym nastrojom. Nauczyłem się wówczas, żeby nie rezygnować z ambitnych dążeń nawet w obliczu piętrzących się problemów. Przeciwnie: im większe wyzwanie stanowi dany cel, tym większą satysfakcję daje jego osiągnięcie. Należy jednak spełnić jeszcze jeden warunek: cel powinien być realny, czyli możliwy do osiągnięcia. W przeciwnym razie, nawet przy maksymalnym zaangażowaniu, można ponieść klęskę i srogo się rozczarować, co skutecznie zniechęca do podejmowania kolejnych wyzwań.

Kryteria wyznaczania celów

Aby prawidłowo sformułować cel, powinniśmy poznać podstawowe zasady ich wyznaczania. Zostały one zdefiniowane w postaci tzw. metody SMART lub SMARTER. Nazwa jest akronimem angielskich słów: *specific, measurable, achievable, relevant, timely defined, exciting, recorded*. Innymi słowy – dobry cel powinien być: szczegółowy, mierzalny, realistyczny, trafny, terminowy, ekscytujący i zapisany. W polskiej literaturze stosuje się także zasadę 5M: **m**ierzalny, **m**obilizujący, **m**ożliwy do osiągnięcia, **m**ający określony termin, **m**ożliwie precyzyjny). Od siebie dodam jeszcze jedno kryterium: cel powinien być pozytywny, czyli sformułowany zgodnie z zasadą „czego chcę", a nie: „czego nie chcę". Poniżej wytłumaczę, jak zastosować te reguły w praktyce.

Cel powinien być szczegółowy

Przedmiot naszych dążeń musi być na tyle jasno i precyzyjnie określony, żeby łatwo było zaplanować, jak i kiedy go osiągnąć. Należy opisać sytuację wyjściową oraz docelową. Posłużmy się przykładem. Przypuśćmy, że chcę zacząć dbać o zdrowie. Jeśli jednak sformułuję to postanowienie w ogólny sposób, prawdopodobnie nigdy nie zacznę go wprowadzać w życie. Najpierw powinienem określić, co konkretnie oznacza dla mnie dbanie o zdrowie (przedstawiam to w punktach):
- przejście na mniej kaloryczną dietę zawierającą więcej warzyw i owoców, mniej mięsa i makaronów, całkowita rezygnacja z fast foodów,
- zadbanie o odpowiednio długi sen, czyli minimum 7 godzin,
- zminimalizowanie używek – kawy i alkoholu,
- rozpoczęcie regularnych ćwiczeń na siłowni, minimum 2 razy w tygodniu po półtorej godziny,
- odbywanie kontrolnych wizyt lekarskich i wykonywanie niezbędnych badań raz na pół roku.

Żeby ustanowić konkretny cel, należy odpowiedzieć sobie na 6 podstawowych pytań (w języku angielskim określa się je jako 6W: *who?*, *what?*, *where?*, *when?*, *which?*, *why?*):
1. Kto jest związany z celem? Czy dotyczy on tylko mnie, czy też muszę w jego osiąganie zaangażować także inne osoby?

2. Co chcę osiągnąć? Jaka konkretna sytuacja lub stan będą oznaczały, że dotarłem do celu?
3. Od czego powinienem zacząć? Gdzie jestem obecnie i dokąd chcę się dostać?
4. Kiedy rozpocznę realizację planu i na kiedy przewiduję jego osiągnięcie?
5. Jakie wymagania i ograniczenia wiążą się z osiąganiem tego celu?
6. Dlaczego chcę osiągnąć ten cel i jakie korzyści z tego odniosę?

Odpowiedzmy sobie na tych sześć podstawowych pytań.

Ad 1. Oczywiście większość wysiłku spoczywa na moich barkach. Jednak ponieważ mam rodzinę, a mój cel ingeruje w styl i tryb życia, jaki do tej pory prowadziłem, wywrze to wpływ także na innych jej członków. Będę więc musiał uzyskać ich zrozumienie i wsparcie. Powinienem również skorzystać z pomocy specjalistów, np. lekarza, dietetyka i trenera.

Ad 2. Cel uznam za osiągnięty, gdy będę realizował założenia zawarte w pięciu punktach precyzyjnie go określających. Będę mógł sobie pogratulować dopiero wtedy, gdy na stałe zmienię dietę, będę się wysypiał, zminimalizuję spożycie kawy i alkoholu oraz będę regularnie ćwiczył i odwiedzał lekarza.

Ad 3. Moim zdaniem najskuteczniejsze będzie rozpoczęcie wprowadzania zmian od ograniczenia używek oraz odbywania regularnych wizyt u lekarza. Już samo zminimalizowanie spożycia kawy i alkoholu doda mi energii, a wizyta u lekarza pomoże określić obecny stan zdrowia i, co za tym idzie, najodpowiedniejszą dietę i formę ćwiczeń.

Ad 4. Realizację zadania mam zamiar zacząć od jutra i daję sobie rok na pełne wprowadzenie w życie swoich postanowień.

Ad 5. Pewną przeszkodę mogą stanowić moi znajomi, wśród których wielu prowadzi zdecydowanie niezdrowy tryb życia.

Przebywając w ich towarzystwie, mogę być wystawiany na silną pokusę złamania niektórych postanowień. Postaram się jednak wpłynąć na nich pozytywnie własnym przykładem. Zamiast rezygnować z ich towarzystwa, spróbuję zachęcić ich do spędzania czasu w zdrowszy sposób. Z niektórymi być może będę musiał przestać się spotykać, ale w zamian planuję nawiązać nowe znajomości, np. na siłowni czy w barze ze zdrową żywnością.

Ad 6. Chcę osiągnąć swój cel, ponieważ zależy mi na długim życiu przy jednoczesnym zachowaniu sprawności i zdrowia. Pragnę widzieć, jak dorastają moje dzieci, a potem wnuki. Do końca czasu, jaki został mi dany, chcę korzystać z życia i czerpać z niego pełnymi garściami. Zależy mi na dobrym samopoczuciu i formie fizycznej, abym mógł robić wszystko, na co przyjedzie mi ochota. Po przejściu na emeryturę zamierzam dużo podróżować, a do tego potrzebna jest mi sprawność i kondycja. Chcę zminimalizować ryzyko zachorowania na ciężkie choroby, np. chorobę wieńcową czy raka. Zwiększę swoje szanse na długie, zdrowe i aktywne życie.

Dzięki precyzyjnemu określeniu celu wiara w możliwość jego osiągnięcia staje się silniejsza. W ten sposób pobożne życzenia zamieniają się w prawdziwe i głębokie pragnienia, które nadają sens życiu. Zacytuję tutaj stare buddyjskie przysłowie: *Kto chce, szuka sposobu, kto nie chce, szuka powodu*. Czy zdarza ci się, czasem niemal obsesyjnie, rozmyślać o obiekcie swoich pragnień? Jeśli stanie się on sensem twojej egzystencji – dążąc do niego, będziesz czuł, że w pełni korzystasz z życia. Natomiast jeśli jedynie sobie czegoś życzysz, zwykle brakuje ci zdecydowania, determinacji i gotowości do poświęceń. Wymyślasz preteksty, by nic w tym kierunku nie robić. Za takimi życzeniami zazwyczaj nie idą konkretne działania, a cel na zawsze pozostaje w sferze mrzonek.

Jedną z korzyści wyznaczania konkretnych celów jest wzmocnienie zaufania do samego siebie. Zyskasz poczucie, że możesz na sobie polegać. Wykształcisz w sobie zdolność do podejmowania i utrzymywania ukierunkowanego wysiłku. Rozwiniesz wyobraźnię. Wyznaczanie precyzyjnych celów sprzyja także dążeniu do zdobywania specjalistycznej wiedzy, bo kluczem do pokonywania przeszkód jest perfekcyjne przygotowanie merytoryczne. Najważniejsze jest jednak to, że pojawią się przed tobą niezliczone, wspaniałe okazje i możliwości do wykorzystania. Na każdym kroku ze zdumieniem i radością zaczniesz odkrywać całkiem nowe, nieznane ci dotąd sposoby na osiągnięcie tego, do czego dążysz. Być może już to przeżyłeś – w takim razie doskonale wiesz, o czym piszę.

Ja doświadczyłem tego, pracując dla pewnej firmy specjalizującej się w sprzedaży bezpośredniej. W 1992 roku postanowiłem w określonym czasie dołączyć 50 osób do mojej sieci marketingu bezpośredniego. Gdy precyzyjnie opisałem ten cel, nagle zacząłem zauważać wiele możliwości, które pozwoliłyby mi go osiągnąć. Działałem z wielką odwagą i pewnością siebie, chociaż wcześniej brakowało mi tych cech. W ten sposób przekonałem się o skuteczności metody precyzyjnego wyznaczania celów i potem z powodzeniem stosowałem ją do każdego innego wyzwania. Na początku swojej drogi zawodowej postanowiłem, że w ciągu roku kupię luksusowy samochód. Określiłem jego markę, rok produkcji, kolor, pojemność silnika oraz inne parametry (peugeot 605 V6, jasna skóra, automatyczna skrzynia biegów, czarny, rok produkcji: 1993). Moja żona mi nie dowierzała i trudno się jej dziwić: cena samochodu stanowiła równowartość naszych kilkuletnich zarobków. Ja jednak tak sugestywnie wizualizowałem ten cel, że wyobrażałem sobie, wręcz czułem, jak prowadzę to piękne auto. Czy mi się udało? Po 17 miesiącach pojechałem do Francji po mój wymarzony samochód. Kupiłem za gotówkę dwuletniego peugeota. Co prawda zajęło mi to trochę więcej czasu, niż początkowo planowałem, ale mimo to raz na zawsze uwierzyłem w skuteczność precyzyjnego i jasnego wyznaczania celów. Zasada ta sprawdza się w moim życiu zawsze i uważam, że precyzyjne cele są podstawą ich osiągania.

Cel powinien być mierzalny

Dobry cel powinien dać się wyrazić w liczbach albo przynajmniej mieć jakieś kryteria, według których można określić, czy zbliżamy się do jego osiągnięcia. Jeśli twoim celem jest schudnięcie o 10 kilo, to sprawa jest oczywista. Równie łatwo określić ilość pieniędzy, które chcesz zebrać, albo liczbę kilometrów, które masz przebiec każdego dnia. Zastanów się, jak zmierzyć mniej policzalne wartości. Ważne, by na tym etapie mieć już precyzyjnie określony cel. Nie uda się zmierzyć ogólnego życzenia bycia szczęśliwym, należy więc zdefiniować, czym jest dla nas szczęście. Wróćmy jednak do przykładu dotyczącego zdrowia. Wyżej określiłem już, jak rozumiem dbanie o nie. Teraz spróbuję zdefiniować kryteria, na podstawie których będę mógł ocenić, czy rzeczywiście realizuję swój plan. Zakładam zatem, że będę zadowolony, jeśli w ciągu pierwszych trzech miesięcy uda mi się:
- odwiedzić lekarza oraz wykonać wszystkie zalecone przez niego badania,
- opracować wraz z trenerem odpowiedni plan ćwiczeń i uczestniczyć w treningach 2 razy w tygodniu po półtorej godziny,
- opracować odpowiednią dietę i zacząć ją stosować w codziennym żywieniu (dodatkowo zakładam, że nie

będę w ogóle jadł po godzinie 18.00, a na pizzę i fast foody pozwolę sobie raz w miesiącu;
- ograniczyć spożycie kawy do jednej filiżanki dziennie, a na alkohol pozwolić sobie jedynie przy okazji dużych imprez i uroczystości (i jednorazowo nie wypić więcej niż 1 piwa lub 2 kieliszków wina),
- wykorzystywać minimum 7 godzin dziennie na sen, nie zarywać nocy, imprezując, oglądając filmy lub pracując.

Na kolejne trzy miesiące mogę opracować następne kluczowe punkty, których osiągnięcie będzie dla mnie miarą zbliżania się do wyznaczonego celu. W ten sposób można obiektywnie ocenić, czy rzeczywiście realizuję swój plan. Kiedy cele są mierzalne, łatwiej jest nam także podejmować decyzje, ponieważ dokładnie wiemy, czego chcemy, i jak możemy to osiągnąć.

Cel powinien być trafny

Trafność oznacza, że cel powinien być jednocześnie ambitny i dobrany w taki sposób, aby nie zniechęcał nas stopniem trudności. Jeśli jest zbyt łatwy, to nie stanowi dla nas wyzwania i nie mobilizuje do pracy; jeśli z kolei jest zbyt wygórowany – może kompletnie zniechęcić do wysiłku. Niektórzy mają tendencję do wyznaczania zbyt łatwych celów, gdyż boją się porażki albo są leniwi. Powinniśmy określać je tak, aby były trochę powyżej naszych obecnych możliwości, ale nie na tyle, żebyśmy stracili nadzieję na ich osiągnięcie. Wiąże się to z koniecznością poznania siebie oraz swoich mocnych i słabych stron.

Zamierzenie powinno być zgodne z nadrzędnymi wartościami. Nie powinniśmy dążyć do osiągania celów, którym trzeba poświęcić jakąś ważną dla nas wartość. Nie można na przykład postanowić, że w ciągu 5 lat zostanie się dyrektorem generalnym firmy, gdy ma się poważnie chorą żonę i piątkę dzieci, które potrzebują czasu i uwagi. Tych dwóch rzeczy po prostu nie da się pogodzić i trzeba mieć tę świadomość. Jeśli masz kilka różnych celów, które nie stoją ze sobą w sprzeczności, przyporządkuj im priorytety. W ten sposób unikniesz uczucia przytłoczenia przez zbyt wiele zadań i skierujesz uwagę na cele najważniejsze z punktu widzenia twoich kluczowych wartości.

Można na przykład dążyć do zdobycia podwyżki lub awansu, ale jednocześnie być dobrym mężem i ojcem. Dlatego powinniśmy tak planować działania w obu sferach, by jedna z nich miała pierwszeństwo nad innymi.

Stawianie sobie zbyt wygórowanych wymagań może przerodzić się w perfekcjonizm, który sprzyja nasilaniu się stresu. Niektórzy naukowcy twierdzą, że taka postawa może powodować zaburzenia trawienia, depresję, skutecznie odebrać nam chęć do życia. Perfekcjonista nie dopuszcza do siebie myśli o popełnieniu błędu, wyznacza sobie najwyższe standardy i nigdy nie jest z siebie zadowolony. Chce być idealnym ojcem, idealnym pracownikiem, idealnym mężem i czuje się szczęśliwy, gdy wydajnie pracuje. Kiedy jednak okazuje się, że jego wysiłki idą na marne, że nie jest w stanie przez dłuższy czas działać na najwyższych obrotach we wszystkich obszarach życia – popada we frustrację.

Wymagania i cele muszą być dopasowane do realiów, a planowanie powinno uwzględniać wszystkie istotne czynniki mające wpływ na realizację planów. Pomocne przymioty to pokora i skromność, które pozwalają realnie oceniać własne ograniczenia, bo źródłem rozczarowania bywają często sprawy zupełnie od nas niezależne, np. nasz wiek czy stan zdrowia.

Cel powinien być realistyczny

Aby cel w ogóle miał sens, musi być realny – to znaczy, że powinniśmy wierzyć, że uda się go osiągnąć. Tylko możliwe do zrealizowania dążenia nas dowartościowują, pozwalają nam pokonywać niemal wszelkie przeszkody i szybko podnosić się po porażkach, a także eliminują zgubne nawyki: niezdecydowanie i odkładanie wszystkiego na później. Należy także brać pod uwagę koszty, jakie trzeba ponieść; dobrze jest zastanowić się (i zapisać), jakie konsekwencje się z tym wiążą. Jeśli planujesz rozwój kariery zawodowej, zapewne zechcesz poświęcić mu część swojego czasu i być może zdajesz sobie sprawę, że odbędzie się to kosztem rodziny. Niekiedy cel wymaga innych poświęceń, np. zmiany pracy czy miejsca zamieszkania – musisz wówczas mieć świadomość, że tego typu kompromisy bywają nieuniknione. Właśnie z tych powodów możesz w pewnym momencie poczuć, że nie podołasz wyzwaniu. Zamiast się załamywać, po prostu przedefiniuj cel, by stał się możliwy do osiągnięcia w danych okolicznościach. Bywa, że decydujemy się na podjęcie jakiegoś wyzwania pod wpływem rodziny, mediów czy jakiejś innej presji społecznej. Wyznaczone w ten sposób cele będą nierealistyczne niejako z założenia, ponieważ nie uwzględniają naszych prawdziwych dążeń, preferencji, pragnień i ambicji. Błędem jest też wyznaczanie sobie zbyt trudnych, nieosiągalnych na danym etapie życia wyzwań.

Wynika to z naiwności, ale też z braku pokory, gdy bagatelizujemy przeszkody albo nie zdajemy sobie sprawy z tego, jak wiele umiejętności powinniśmy opanować, aby osiągnąć swój cel. Przyznaję, że przez długie lata moją słabością była naiwność i często zbyt optymistycznie traktowałem kolejne wyzwania.

Wyznaczajmy cele, których osiągnięcie zależy głównie od nas. Nie ma nic bardziej zniechęcającego niż porażka spowodowana czymś, na co zupełnie nie mamy wpływu, np. dekoniunkturą biznesową, złą pogodą, wypadkiem. Jeśli opieramy cele na własnych umiejętnościach i działaniach, możemy mieć nad nimi kontrolę i czerpać z nich satysfakcję.

Cel powinien być terminowy

Cele powinny mieć konkretnie określoną datę rozpoczęcia i zakończenia. Trzeba być bardzo zasadniczym i bezwzględnie wyznaczyć sobie sztywne ramy czasowe, np. rozpoczęcie 1 maja 2020 roku, a zakończenie 31 grudnia 2023 roku. Powtarzanie, że coś zacznie się jutro, a zakończy za rok, najczęściej powoduje ciągłe odsuwanie terminu. Konkretną datę trudniej jest tak po prostu zmienić.

Powinniśmy planować w różnych perspektywach czasowych. Odpowiedz sobie na pytanie: „co chcę robić za rok, za pięć, dziesięć, dwadzieścia lat?". Na tej podstawie wyznacz cele krótkoterminowe i długoterminowe. Podziel je na mniejsze, pośrednie, i określ terminy ich osiągnięcia. Dzięki temu będziesz mógł śledzić postępy. Na bieżąco analizuj, kontroluj i weryfikuj plany, nie zapominając przy tym o bieżących i codziennych sprawach. Konieczne jest wypracowanie w sobie systematyczności.

Nie powinno się odwlekać realizacji poszczególnych części składających się na finalne zamierzenie – prowadzi to do nagromadzenia się zadań, co z kolei wywołuje poczucie przytłoczenia i stres. Z analiz psychologów wynika, że często zaniżamy nakład czasu, wysiłku lub kosztów koniecznych do osiągnięcia celu. Warto wziąć sobie to do serca i gruntownie przemyśleć, formułując założenia i tworząc plany.

Podstawową sprawą jest wygospodarowanie czasu na ważne dla nas zadania, które zaniedbujemy właśnie z powodu nawału codziennych zajęć. Dobrym pomysłem jest wyznaczenie sobie 30–60 minut dziennie, które zamiast na oglądanie telewizji czy granie na komputerze, jak do tej pory, przeznaczymy na tę dodatkową pracę. W ciągu roku daje to aż 180–360 godzin! Podczas wykonywania bieżących zadań nie należy zapominać o planach długoterminowych – nie wolno tracić z oczu nadrzędnych życiowych celów i stać się niewolnikiem codzienności.

Do celu, którego osiągnięcie zajmuje kilka lat, powinno się zmierzać stopniowo, wyznaczając tzw. cele pośrednie, czyli dzielić działania na mniejsze etapy. W ten sposób łatwiej jest skupić się na konkretnych posunięciach i oceniać postępy. To bardzo stymulująca metoda – uczy wytrwałości i pozwala ciągle mieć przed oczami efekt, do którego dążymy. Jeśli zabraknie nam małych sukcesów, łatwo się zniechęcimy, rozczarujemy, popadniemy we frustrację. Sam regularnie doświadczałem, i nadal doświadczam, zniechęcenia, ale staram się pamiętać, że to stan przejściowy, który mija równie szybko i niespodziewanie, jak się pojawił. Pamiętajmy, że po burzy zawsze wychodzi słońce. Pomagają nam w tym drobne sukcesy. Osiąganie celów daje pozytywną energię i zwiększa samoocenę. Ludzie to jedyne istoty na ziemi, które mogą snuć marzenia i je spełniać.

Wyznaczania celów nie powinno się odkładać. Trzeba zrobić to tu i teraz. Nie pozwólmy, by życie przeciekało nam przez palce. Nie ma chyba nic bardziej przygnębiającego niż zorientowanie się w wieku pięćdziesięciu lat, że nigdy nawet nie spróbowaliśmy spełnić własnych pragnień. Nie pozwól, by i ciebie kiedyś dopadło takie uczucie. Wyznaczanie celów jest niezbędne do życia tak samo jak tlen. Wiem, że nie chciałoby mi się rano wstawać z łóżka, gdybym nie miał przed sobą żadnych wyzwań. Cele nadają ludzkiej egzystencji sens, czynią ją wartościową i pełną przygód. Właśnie to motywuje mnie do działania, nie chcę marnować czasu. Zauważyłem też, że osoby starsze, które nadal wyznaczają sobie nowe cele, dłużej zachowują sprawność fizyczną i umysłową oraz są optymistyczniej nastawione do życia.

Bardzo łatwo jest wpaść w wir codziennego życia i wypełnić czas rozmaitymi działaniami. Jesteśmy wtedy bardzo zajęci. Czasem jednak zastanawiamy się, czy to, co robimy, przybliża nas do jakiegokolwiek celu, czy może jest wyłącznie pozbawioną sensu gorączkową bieganiną. Jeśli nie wyznaczamy celów i nie planujemy sposobów ich osiągnięcia, nie możemy dobrze i efektywnie wykorzystać danego nam czasu, marnujemy go. Tak mija dzień za dniem, tydzień za tygodniem, w końcu rok za rokiem, a my nadal nie ruszamy z miejsca i się nie rozwijamy.

Cel powinien być ekscytujący

Obiekt naszych dążeń nie może być nam obojętny. Najlepiej motywuje wyobrażenie, czyli jego pociągająca i przekonująca wizja. Pamiętaj, że cele zmieniają się wraz z etapami dojrzewania człowieka. Wyznaczaj je regularnie, aby stymulować rozwój własnej osobowości. Jeśli jakieś zamierzenia przestały cię pociągać i ekscytować, zapomnij o nich i jak najszybciej pomyśl o nowych. To cel jest dla ciebie, a nie odwrotnie – powinien zatem dawać ci przyjemność i satysfakcję.

Pamiętam dokładnie, jak marzyłem, by móc wygłosić wykład biblijny, przemówić do szczerych, spragnionych wiedzy ludzi. Miałem wtedy chyba 17 lat. Chodziłem na spotkania, na których zgłębialiśmy istotę sensu życia. Obserwowałem innych mówców. Prelegenci zachęcali do pracy nad sobą, zmiany nastawienia, obrania celów, które pomogą stać się lepszym człowiekiem.

Początki mojej przygody z przemawianiem nie były łatwe. Uczyłem się podstaw – kontaktu wzrokowego z audytorium, pobudzania słuchaczy pytaniami retorycznymi albo używania stosownych przykładów i wielu innych przydatnych umiejętności. Jednak dopiero po mniej więcej trzech latach miałem okazję wygłosić pierwszy 45-minutowy wykład przed audytorium liczącym około 100 osób. Miałem mówić o radości, o tym, jak ją rozwijać i spowodować, by stała się nawykową postawą na całe życie. Byłem tak podekscytowany, że o niczym innym nie myślałem. Miałem 3 miesiące na przygotowanie materiału.

Wcześniej moje najdłuższe wystąpienie trwało 5 minut, a teraz miałem aż 900 procent więcej czasu do dyspozycji. Miotały mną różne uczucia, modliłem się do Boga o siły, o pomoc w przygotowaniu się, tak aby słuchacze zrozumieli, czym jest radość, skąd się bierze, jakie przeszkody mogą utrudniać jej okazywanie. Wiedziałem, że muszę podać kilka przykładów, które pomogą zapamiętać główne myśli. Najintensywniej myślałem o tym, jak przekonać ludzi, by skupiali się na tym, co w życiu mają, a nie na tym, czego im brak. Spędziłem około 90 godzin, wnikliwie wszystko analizując, chciałem bowiem dogłębnie poznać temat. Dużą część czasu poświęciłem na opracowanie sposobu przeprowadzenia wykładu. Czułem, że jeszcze nie jestem gotowy, że nie nadszedł mój czas, że nie dam rady, że nie przykuję uwagi słuchaczy. Stres mnie paraliżował, pokonanie lęku było dużym wyzwaniem. Nie wierzyłem, że mogę mówić zajmująco przez 45 minut. Aby zminimalizować strach, postanowiłem nauczyć się treści wykładu na pamięć, ale okazało się, że to nie był dobry pomysł. Miałem chwile zwątpienia i chciałem nawet zrezygnować, jednak coś w środku zagrzewało mnie i motywowało, aby jednak wystąpić. Czułem, że może to być początek ciekawej drogi. Na szczęście, kiedy stanąłem naprzeciwko setki ludzi i powiedziałem pierwszych kilka zdań, poczułem, że sobie poradzę; zdałem sobie sprawę, że przemawianie stanie się moją wielką pasją. W głębi serca zawsze wiedziałem, że ludzi nie należy traktować protekcjonalnie, trzeba mówić do nich w taki sposób, aby nie czuli się pouczani – coś mi podpowiadało, że potrafię właśnie tak zwracać się do słuchaczy. W każdym razie pragnienie, aby zostać dobrym mówcą i wygłaszać inspirujące wykłady, było we mnie bardzo silne. Czułem, że pomaganie innym, bycie nauczycielem może okazać się moją życiową drogą. Od tego czasu wygłosiłem około 400 przemówień (od 5 do 20 minut) i około 250 wykładów (od 30 do 45 minut). Nadal, kiedy staję przed audytorium, czuję ogromną radość, że dane mi jest właśnie tak służyć innym, choć oczywiście nie oznacza to, że jestem mówcą doskonałym – nadal walczę z różnymi blokadami i nawykami. Publiczne wystąpienia chyba już zawsze będą dla mnie życiowym wyzwaniem.

Cel powinien być zapisany

Przelanie myśli na papier działa na umysł i serce. Jednak aby móc coś zapisać, trzeba to najpierw świadomie przeanalizować. Wyznaczanie celów zaczyna się od refleksji i oceny bieżącej sytuacji, aby następnie określić tę, do której chcemy dążyć. Spisywanie celów odgrywa bardzo ważną rolę w ich planowaniu i osiąganiu. Mglisty pomysł, który jawi się jako mniej lub bardziej rozmyty obraz, może nabrać wyraźnych kształtów, gdy ubierzemy go w precyzyjne słowa. Dobrze jest, gdy dysponujemy bogatym zasobem słownictwa i używamy wielu synonimów. Taki opis inspiruje. Jeśli jednak czujesz, że twoje słownictwo nie jest zbyt rozwinięte lub, co gorsza, zostało oparte na negatywnych sformułowaniach, powinieneś popracować nad jego rozszerzeniem i wzbogaceniem o słowa pozytywne. Jednym z kardynalnych błędów przy wyznaczaniu celów jest mówienie „postaram się" zamiast „zrobię to". O ile pewniej brzmi to drugie stwierdzenie! Podobnie ma się słowo „muszę" do słowa „chcę". Dostrzegasz różnicę ładunku emocjonalnego tych dwóch czasowników? W drugim drzemie znacznie większa siła niż w pierwszym. Słownictwo, jakiego używasz, powinno nieść pozytywne przesłanie, ale powinieneś także zadbać o precyzję i jednoznaczność wypowiedzi.

Zapisanie celu spełnia kilka funkcji. Po pierwsze: nie zapomnimy o nim. Zapisanie motywuje do osiągnięcia zmierzenia: w razie trudności czy ogarniającego nas lenistwa nie możemy udawać, że nigdy nie istniało. Zapisanie celu pozwala także zastanowić się, czy naprawdę tego pragniemy.

Odkrywamy jasne i ciemne strony własnych planów oraz koszty, jakie możemy ponieść, realizując je. Odrabiając tę lekcję, odpowiadamy sobie także na następujące pytania:
- Jakie są moje życiowe cele i co jest dla mnie ważne?
- Jakie wartości są dla mnie najważniejsze i co oznaczają w praktyce?
- Co jest moją życiową pasją? Jak mogę przenieść ją na inne płaszczyzny życia, np. na grunt zawodowy?
- Jakie są moje mocne strony? W jaki sposób mogę z nich korzystać?
- Jakie są moje słabe strony i ograniczenia? Jak mogę dążyć do rozwoju w tych dziedzinach?

Zastanawiając się nad swoimi celami i sposobami ich osiągania, bardzo często najpierw dostrzegamy przeszkody. Warto zapisać te wątpliwości i pomyśleć o ich prawdziwym znaczeniu. Można także poradzić się autorytetów i ekspertów, zamiast sugerować się opiniami osób tylko pozornie kompetentnych. Jak odróżnić rzetelną sugestię od nieodpowiedzialnych osądów? Nie jest to łatwe. Dlatego najlepszym sposobem jest zasięganie porad tylko cieszących się dobrą opinią specjalistów, lektura rzetelnych poradników i biografii osób uznanych powszechnie za wybitnych ekspertów. Wystarczy poszperać w Internecie, udać się do biblioteki, podpytać życzliwych ludzi o kogoś, kto mógłby pomóc. Analizując pojawiające się przeszkody, zdobywamy też wiedzę o tym, jakie umiejętności i informacje powinniśmy mieć zdobyć oraz jakie warunki spełnić, aby osiągnąć cel. Bierz też pod uwagę inne czynniki, które leżą w zakresie Twoich kluczowych wartości. Realizując plan zawodowy nie możesz zapominać o rodzinie, przyjaciołach czy innych zobowiązaniach, które są dla Ciebie ważne. Powinieneś uwzględnić w nim czas i uwagę, które chciałbyś poświęcić każdemu z ważnych aspektów twojego życia. Nie warto dążyć do celu kosztem zaniedbywania siebie lub innych.

Wszystkie cele na dany rok zapisywałem do roku 2015 w kieszonkowym kalendarzu, który miałem zawsze przy sobie.

Od 2016 robię to w specjalnym notatniku w telefonie. Dokładniej opisuję swoje zamierzenia w specjalnych zeszytach. Używam ich także do analizowania stopnia realizacji danego planu. Warto, abyś założył osobny notatnik poświęcony celom, które sobie wyznaczyłeś. Zrób to od razu, najlepiej jeszcze dziś.

Wyciąganie wniosków z sukcesów i porażek

Kiedy już osiągniesz cel, nie umniejszaj jego wagi. Pozwól sobie choć na kilka chwil niczym nieskrępowanej radości.

W końcu po dniach, tygodniach, miesiącach czy latach dotarłeś tam, dokąd tak wytrwale podążałeś. Czyż nie należy ci się nagroda, zwłaszcza gdy wymagało to wielu wyrzeczeń? Wartością dodaną stają się także postępy, które poczyniłeś, i nowe umiejętności, jakie nabyłeś. Wyciągnij odpowiednie wnioski z minionych wydarzeń. Jeśli osiągnąłeś cel zbyt łatwo, następnym razem postaw poprzeczkę wyżej. Jednak gdy kosztowało cię zbyt dużo czasu, wysiłku i poświęceń – następny cel uczyń nieco łatwiejszym. Mogło się też zdarzyć, że przez ten czas zmieniły się twoje wartości lub ważne poglądy. Wówczas zmodyfikuj swoje dalsze plany. Gdy w procesie dążenia do celu zauważyłeś u siebie brak pewnych umiejętności, nie wahaj się nad nimi pracować. Na koniec najważniejsze: czyli twój stosunek do porażek. Zachęcam cię, abyś nie odbierał ich osobiście. Niepowodzenie łatwo możesz przekuć w sukces, o ile czegoś się nauczyłeś. Wyciągnij wnioski z niepowodzeń i wykorzystaj je przy kolejnych przedsięwzięciach.

Sięgnę po kolejny przykład z mojego życia.

W pewnym momencie zdecydowałem się na sprzedaż jednej z moich firm, która przestała dobrze funkcjonować. (było to w 2003 roku).Wiedziałem wówczas, że przywrócenie jej dawnej prosperity ugodziłoby w moje nadrzędne wartości. Musiałbym to robić kosztem rodziny – a ta wartość była mnie bardzo ważna. Dlatego też zdecydowałem się na sprzedanie firmy, nawet poniżej jej wartości określonej przez znaną firmę audytorską. Była to w pewnym sensie porażka, ale wiele mnie ona nauczyła. Po raz kolejny przekonałem się, co jest dla mnie najważniejsze oraz jakich błędów i posunięć powinienem unikać w przyszłości.

Jakieś 3 lata później bardzo dokładnie przeanalizowałem, co wtedy robiłem dobrze, a co źle. Doszedłem do wniosku, że pozwoliłem na zbyt szybki rozwój firm.

Błędem było powierzenie nowym dyrektorom działów kompetencji w zakresie procedury zatrudniania, która była nazbyt uproszczona: została zredukowana do jednej rozmowy składającej się z kilku pytań, po której zapadała decyzja o zaoferowaniu danej osobie posady. Dochodziło także do zatrudniania „po znajomości". Niestety, zlekceważyłem to. W efekcie na przykład nowy dyrektor finansowy w krótkim czasie zatrudnił dwie księgowe, które – jak się potem okazało – nie miały wystarczających kompetencji, by wykonywać powierzone im zadania. Miedzy innymi nie były zbyt dokładne, a ich organizacja pracy pozostawiała wiele do życzenia. Przez to miałem wrażenie, że ten dział ma dużo zadań i że konieczne jest ciągłe zatrudnianie nowych osób. Jeszcze przed sprzedaniem 100% udziałów spółki dokonałem rewolucji w tym dziale i poprosiłem zarząd firmy, aby przedstawił mi raport z uwzględnieniem nowych rozwiązań.

Okazało się, że księgowość może być z powodzeniem prowadzona na zewnątrz firmy. Renomowane biuro rachunkowe bez problemu poradzi sobie z zadaniami, a my oszczędzimy czas i środki. Inny wniosek dotyczył sprawy koncentrowania się na silnych stronach firmy i budowania jej przewagi rynkowej, a więc na marketingu i sprzedaży. W innych stworzonych przeze mnie firmach zwracałem na te kwestie szczególną uwagę. Teraz każde nowe przedsięwzięcie zaczynam właśnie od tego, co umiem robić najlepiej, a wszystkie pozostałe zadania – np. logistykę, księgowość, finanse, produkcję, działania prawne – przekazuję firmom, które świetnie radzą sobie z tymi właśnie zagadnieniami.

Źródła inspiracji

Przebywanie z ludźmi, którzy wyznaczają i osiągają cele, może mieć na nas bardzo pozytywny wpływ. Warto zastanowić się, czy mamy w swoim otoczeniu takie osoby, i spróbować poczuć ich dobrą energię. Jeśli mamy już na myśli jakiś konkretny cel, odwagi i determinacji może nam dodać poznanie doświadczeń innego człowieka, który podobne dążenie już zrealizował. Można to osiągnąć dzięki osobistemu kontaktowi, ale równie dobrą metodą jest czytanie biografii takich osób. Jeśli sam odnosiłeś sukcesy na tym polu, powinieneś dzielić się doświadczeniami z innymi. Najpierw jednak upewnij się, że znajdziesz przychylnych słuchaczy, którzy dobrze zrozumieją twoje intencje. Nierzadko zdarza się, że dzieląc się z głębi serca i w dobrej wierze swoimi dokonaniami, natrafiamy na pełnych tłumionej frustracji ludzi, którzy umieją patrzeć na innych jedynie z zawiścią. Tacy ludzie mogą cię np. posądzić o nieuczciwość, a w najlepszym razie o pyszałkowatość. Nie warto na siłę zabiegać o ich względy. Szukaj towarzystwa osób życzliwych, które będą razem z tobą cieszyć się z sukcesów i pomagać ci wyciągać wnioski z niepowodzeń.

W trudach realizacji zamierzeń może cię wesprzeć również osoba posiadająca odpowiednią wiedzę i doświadczenie w danej dziedzinie. Tak było w moim przypadku, gdy podjąłem decyzję o odchudzaniu się. Przez 6 lat nic w tym kierunku nie robiłem – moje cele nie były ani konkretne, ani spójne, bo wewnętrznie nie wierzyłem w ich realność. I chociaż wiedziałem, że chcę schudnąć, nie miałem żadnego planu.

Nie byłem gotowy udźwignąć tego zadania. Ale kiedy przyszedł na to odpowiedni czas, zacząłem osiągać konkretne rezultaty. Przeszedłem na dietę i podjąłem aktywność fizyczną. Słuchałem wówczas rad osób, które miały doświadczenie na tym polu. Połączenie wszystkich tych elementów pozwoliło mi odnieść sukces, ale była to droga pełna chwil słabości i zwątpienia. W rezultacie zrzuciłem 17 kg (schudłem z 96 na 79 kg).

Nie rezygnuj zatem zbyt pochopnie. Nie oczekuj, że uda ci się coś osiągnąć łatwo, szybko i bez wyrzeczeń.

Jest takie powiedzenie: wszyscy wiedzą, że czegoś nie da się zrobić, i nie robią tego, aż znajduje się taki jeden, który też nie wie, ale to robi. Często właśnie mnie przypadała rola tego jedynego wśród tłumu „oświeconych realistów", gotów byłem porywać się na rzeczy dla innych niewykonalne. Prawdziwa i wartościowa wiedza to w moim mniemaniu informacje, które pozwolą przezwyciężyć trudności, a nie takie, które nakazują w ogóle zaniechać działania. Niestety, świat pełen jest pseudoznawców, którzy pouczają i zniechęcają tych mniej pewnych siebie. Defetyzm powoduje, że niektóre naprawdę ciekawe i inspirujące inicjatywy nigdy nie zostaną podjęte. Nie ma nic bardziej uzdrawiającego niż uwolnienie się spod takich wpływów, pozbycie się obaw i uprzedzeń oraz wejście w rolę jedynego pełnego entuzjazmu „ignoranta" wśród rzeszy sfrustrowanych „mędrców".

Przykłady wyznaczania i osiągania celów w różnych obszarach

Cele powinny opierać się na twoich nadrzędnych wartościach. Zobaczmy na przykładzie, jak można je w ten sposób formułować.

Jeśli jesteś samotny, a twoją nadrzędną wartością jest rodzina, powinieneś dogłębnie przemyśleć swoją przyszłą rolę i zachowanie w tym kontekście. Zastanów się, czy spełniasz kryteria niezbędne do wejścia w rolę małżonka. Zadaj sobie następujące pytania:
- Czy czuję entuzjazm i radość, myśląc o spędzeniu całego życia z jednym partnerem?
- Czy jestem skłonny do kompromisu, czy raczej należę do tych, którzy zawsze stawiają na swoim?
- Czy potrafię zająć się domem: gotować, sprzątać, prać, dokonywać drobnych napraw itd.? Czy jestem gotowy się tego nauczyć?
- Czy chcę mieć dzieci?
- Czy jestem w stanie dla dobra rodziny poświęcić niektóre ze swoich przyjemności, zainteresowań, celów zawodowych?
- Czy kiedy spotykam się z potencjalnymi partnerami, wybieram osoby, które również pragną założyć rodzinę, czy też spędzam czas wyłącznie z lekkoduchami myślącymi jedynie o własnej przyjemności?

Jeśli już masz rodzinę i uważasz ją za nadrzędną wartość, zapytaj siebie:
- Czy poświęcam współmałżonkowi i dzieciom odpowiednią ilość czasu i uwagi?
- Czy okazuję im miłość i prawdziwe zainteresowanie ich potrzebami?
- Czy nie realizuję innych planów, osobistych lub zawodowych, kosztem rodziny?
- Czy w dostatecznym stopniu angażuję się w wychowanie dzieci?
- Czy w odpowiedni sposób dbam o utrzymanie ciepłych i bliskich relacji ze współmałżonkiem?
- Czy traktuję dzieci i współmałżonka z szacunkiem i miłością?

- Czy myślę o przyszłości swojej rodziny i planuję ważne dla nas wszystkich cele?
- Czy jestem świadomy, z czego muszę zrezygnować w innych obszarach życia, by z powodzeniem osiągać cele na polu rodzinnym? Czy się na to godzę?

Jeśli twoją nadrzędną wartością jest praca i kariera zawodowa, odpowiedz sobie na następujące pytania:

- Czy praca, którą obecnie wykonuję, daje mi satysfakcję?
- Czy jestem zadowolony z zarobków?
- Czy mam konkretne cele i plany dotyczące kariery zawodowej?
- Jakie stanowisko chciałbym zajmować za 2, 5, 10 lat?
- Jaka pensja satysfakcjonowałaby mnie za 2, 5, 10 lat?
- Jakie szkolenia i kursy chciałbym ukończyć w tym roku i w następnych latach?
- Czy moje plany są możliwe do zrealizowania w obecnej firmie, czy też powinienem rozważyć zmianę pracodawcy?
- Czy moje cele zawodowe nie stoją w konflikcie z innymi ważnymi wartościami, np. rodziną czy dbałością o zdrowie?
- Czy zdaję sobie sprawę ze wszystkich wyrzeczeń, które będę musiał ponieść, by osiągać swoje cele zawodowe?

Jeśli najważniejszą wartością jest dla ciebie wiedza i samorozwój, zapytaj siebie:

- Czy mam konkretne cele i plan w zakresie własnego rozwoju?
- Czy wiem, które dziedziny wiedzy chciałbym zgłębiać?
- Czy wybrałem konkretne umiejętności, które chciałbym zdobyć?
- Czy wiem, jakie kursy, seminaria i szkolenia powinienem odbyć, by je zdobyć?
- Czy określiłem realne horyzonty czasowe niezbędne do zdobycia nowej wiedzy i umiejętności?

Inaczej o umiejętności wyznaczania i osiągania celów

- Czy wiem, jakie korzyści wynikną z osiągnięcia tych celów?
- Czy na realizację swoich planów poświęcam odpowiednią ilość czasu? Czy robię to w sposób ukierunkowany i systematyczny?

Jeśli twoją nadrzędną wartością jest zdrowie, odpowiedz sobie na następujące pytania:

- Czy jestem świadomy tego, jakie czynniki sprzyjają utrzymaniu zdrowia i dobrej kondycji?
- Czy stosuję tę wiedzę w praktyce, tzn. odpowiednio się odżywiam, uprawiam sport, nie korzystam z używek, odwiedzam regularnie lekarzy itd.?

Jeśli najważniejsze jest dla nas szczęście osobiste, powinniśmy określić dosyć szczegółowo, co to dla nas oznacza. Dla przykładu opowiem, jak ja doszedłem do odkrycia swoich najważniejszych życiowych potrzeb, które składają się moje na szczęście. Bardzo długo zastanawiałem się nad jego definicją. Udało mi się dotrzeć do pragnień ukształtowanych jeszcze w dzieciństwie. Jak wspomniałem, moja rodzina nie była zamożna i często brakowało nam pieniędzy nawet na najbardziej podstawowe artykuły. Mimo że nie przypominam sobie, bym wtedy z tego powodu bardzo cierpiał, zostawiło to jednak trwały ślad w mojej psychice. Nakładały się na to problemy zdrowotne mojej mamy, która zawsze uskarżała się na różnego rodzaju dolegliwości, co bardzo mnie martwiło i napawało lękiem. Mama często przebywała w szpitalu i mieszkałem wtedy z rodziną jej brata. Czułem wielki dyskomfort, że ktoś musi się mną opiekować (miałem 11 lat). Uciekałem w wyobraźnię. Rozmyślałem o życiu bez chorób, cierpień, bez poniżania innych, porównywania się i negatywnej rywalizacji. Wyobrażałem sobie, że przyjdzie taki czas, gdy będę miał wpływ na swoje życie i będę spełniał swoje marzenia. Kiedy zmarł mój ojciec (miałem

15 lat), przeżyłem silny wstrząs, utraciłem wiarę i zaufanie do innych ludzi. Jego przedwczesne odejście zburzyło dotychczasowy porządek i harmonię w moim życiu. Chyba właśnie dlatego narodziła się we mnie tak silna potrzeba spokoju umysłu, na który składają się: bezpieczeństwo materialne, posiadanie wiedzy i umiejętności pozwalających na kontrolowanie własnego życia, a także dbałość o zdrowie oraz otaczanie się ludźmi, którym mogę ufać. Ustaliwszy te podstawowe dla mnie wartości, dowiedziałem się, jakie są moje życiowe dążenia i co mam robić, by je realizować. Wiedziałem, że muszę i chcę to zrobić w jak najkrótszym czasie. Może dlatego już w wieku zaledwie 18 lat otworzyłem pierwszą firmę, której nadałem nazwę Bananex. Dawała mi ona poczucie wolności i bezpieczeństwa. Jak wskazuje nazwa firmy, handlowałem bananami, kupując je w hurcie i sprzedając na rynku w detalu.

Szukając własnej definicji szczęścia, możesz zadać sobie pytania:
- Co tak naprawdę czyni mnie szczęśliwym?
- Co daje mi spokój umysłu i poczucie spełnienia?
- Jakie są moje najbardziej podstawowe potrzeby, bez których zaspokojenia źle funkcjonuję?

Gdy już dowiesz się, czym jest dla ciebie szczęście, postaraj się uszczegółowić jego składniki. Jeśli na przykład oznacza ono dla ciebie niezależność finansową, zapytaj siebie:
- Co rozumiem przez niezależność finansową? (Określ to jasno i precyzyjnie, w konkretnych kwotach).
- Czy moja obecna praca i zarobki pozwalają mi na uzyskanie niezależności finansowej?
- Czy mam opracowany roczny budżet mojej rodziny oraz planuję wydatki i zakupy w sposób rozsądny?
- Czy gromadzę oszczędności?

- Czy inwestuję nadwyżki finansowe w sposób zyskowny i bezpieczny?

Oczywiście pytania muszą być odpowiednio dostosowane do tematu, który akurat zgłębiasz. Pamiętaj, by zawsze wyjść od kluczowych wartości i na ich podstawie określać priorytety i cele.

Odpowiedź na takie pytania wymaga intymnego, przebiegającego w atmosferze kontemplacji i wyciszenia spotkania z samym sobą. Usiądź, zastanów się, zajrzyj w głąb siebie i pytaj aż do skutku o to, czego chcesz od życia. Czasem, aby uzyskać satysfakcjonującą, ważną odpowiedź, pytanie trzeba będzie powtarzać nawet kilkanaście razy. Każdy powinien znaleźć czas na taką wewnętrzną rozmowę i uświadomienie sobie swoich najbardziej podstawowych potrzeb.

Przy ustalaniu priorytetów nie ulegaj bezrefleksyjnie presji otoczenia, kulturowym uwarunkowaniom czy innym zewnętrznym czynnikom. Pamiętaj, że cele nigdy nie powinny stać w opozycji do twoich nadrzędnych wartości. Powinny z nich wynikać – to podstawa sukcesu i szczęścia.

Chociaż wyznaczanie i osiąganie celów uważam niemal za obowiązek każdego człowieka, wiem także, że trzeba liczyć się z pewnymi negatywnymi konsekwencjami tego działania. Otóż mogą znaleźć się w twoim otoczeniu ludzie, którzy zaczną patrzeć na ciebie z niechęcią, a nawet zawiścią. Możesz usłyszeć niewybredne dowcipy i złośliwe docinki wyrażające powątpiewanie w realność twoich planów. Nie daj się jednak zwieść z raz obranej drogi. Gdy tylko twoje wysiłki zaczną przynosić wymierne rezultaty, złośliwi zamilkną, a dla wielu innych staniesz się inspiracją i wzorem.

Człowiek, którzy zasłynął z maestrii w wyznaczaniu i osiąganiu celów

Walt Disney to jeden z największych twórców przemysłu rozrywkowego w historii. Kojarzony jest nieodłącznie z filmami produkowanymi przez The Walt Disney Company oraz ogromnym parkiem rozrywki – Disneylandem – który bawi kolejne już pokolenia. Disney otrzymał 26 nagród Amerykańskiej Akademii Filmowej (w tym 4 honorowe) oraz 46 nominacji. Urodził się w Chicago, ale prawie całe dzieciństwo spędził na farmie niedaleko Marceline w stanie Missouri, a następnie w Kansas City. Jego rodzice byli prostymi i ubogimi ludźmi, codziennie borykali się z problemami finansowymi. W szkole Disney nie wyróżniał się niczym szczególnym, nauczyciele uważali go za marzyciela. Zresztą w wieku 16 lat porzucił naukę i gdy wybuchła I wojna światowa, został ochotniczym kierowcą ambulansu. Zanim wkroczył na drogę, która doprowadziła go do sukcesu, imał się najróżniejszych zajęć: był gońcem w redakcji, a nawet listonoszem. Sławę przyniosła mu jednak dopiero działalność w branży filmowej.

Disney rozmyślnie firmował wszystkie swoje produkcje własnym nazwiskiem. Chciał, by napis „Walt Disney" kojarzył się jednoznacznie z dobrą rozrywką dla całej rodziny. Jego współpracownicy podziwiali go za wizjonerskie spojrzenie, które zawsze wybiegało daleko w przyszłość. Widział nie tylko ostateczny kształt danego przedsięwzięcia, ale potrafił także opisać je w najdrobniejszych szczegółach, wraz z drogą prowadzącą do celu. Ludzie byli pod wrażeniem twórczego rozmachu Disneya. Potrafił godzinami opowiadać o swoich wizjach i planach w sposób tak przekonujący, że słuchacze mogli ich niemal dotknąć. Miał talent do wydobywania z ludzi tego, co najlepsze. Niezwykła łatwość, z jaką opisywał cele i rezultaty planowanych działań, sprawiała, że inni dawali z siebie wszystko, dzięki czemu nieraz byli zaskoczeni swoimi osiągnięciami. Przychylność otoczenia Disney zjednywał sobie niezwykłym optymizmem i pasją, która przejawiała się we wszystkim, czego się podejmował. Nie przejmował się porażkami, nie zraził się w ogóle bankructwem swojego pierwszego filmowego przedsięwzięcia. Ciągle ulepszał pomysły i pokonywał kolejne bariery. Kiedy zrewolucjonizował film animowany i doszedł do kresu możliwości tej dziedziny, zajął się nowymi przedsięwzięciami: filmem fabularnym i przyrodniczym, rozrywkowymi programami telewizyjnymi oraz parkiem rozrywki, który stał się ukoronowaniem dzieła jego życia. W świadomości publicznej Disney został zapamiętany jako twórczy geniusz z powodzeniem realizujący najśmielsze wizje i spełniający marzenia. Jego współpracownicy określali go jako człowieka, który wie, czego chce, i wie, jak tego dokonać.

Sam Disney nigdy nie dorobił się wielkiego majątku, dopiero w ostatnich latach życia zaczęło mu się znacznie lepiej powodzić. Tak opowiadał o narodzinach pomysłu stworzenia swojego imperium rozrywki: „Wszystko zaczęło się, kiedy moje córki były jeszcze małe i zabierałem je w niedzielę do wesołego miasteczka. Siedziałem na ławce, jadłem prażone orzeszki ziemne i rozglądałem się wokoło. Zastanawiałem się, dlaczego, na Boga, nie ma jakiegoś lepszego miejsca, do którego mógłbym zabrać swoje dzieci i pobawić się razem z nimi. Rozwinięcie tego pomysłu zajęło mi około piętnastu lat" (B. Thomas, *Walt Disney. Fenomen sukcesu*). Dzięki Disneyowi film animowany zyskał rangę artystyczną. Miał on wielki wkład w rozwój masowej rozrywki familijnej na świecie. Disneyland okazał się strzałem w dziesiątkę – był nowatorskim przedsięwzięciem, które wpłynęło na dalszy rozwój rozrywki na świeżym powietrzu. Pod koniec życia Disney marzył o stworzeniu uczelni integrującej wszystkie dziedziny sztuki oraz o wybudowaniu wzorcowego miasta przyszłości. Któż mógłby przypuszczać, że syn ubogiego irlandzkiego emigranta zajdzie tak daleko i odciśnie tak wyraźne piętno na światowej historii? Jednak udało mu się – zapewne dzięki wizji i umiejętności nieugiętego dążenia do jasno wytyczonych celów. Gorąco zachęcam do wnikliwej analizy biografii tego człowieka.

* * *

Mam nadzieję, że dojdziesz do wniosku, że wyznaczanie celów jest dobrym narzędziem do osiągania satysfakcji. Nikt nie rodzi się z tą umiejętnością.

Oczywiście – jedni mają do tego większe, inni mniejsze predyspozycje. Jednak każdy może się tego nauczyć. Wykorzystaj przedstawione tu metody i techniki.

Jeśli do tej pory wierzyłeś, że twoim życiem rządzi szczęście, przypadek i zbieg okoliczności, jeszcze dziś przestań tak myśleć. Nie upatruj źródła sukcesów i porażek w czynnikach zewnętrznych.

Weź życie w swoje ręce, wyznaczaj sobie ambitne cele i osiągaj je.

Co możesz zapamiętać? ☺

1. Wyznaczając cele, decydujesz, co chcesz osiągnąć i dokąd chcesz zajść w życiu – nadajesz mu tym samym sens.
2. Dobry cel powinien być: szczegółowy, mierzalny, realistyczny, trafny, terminowy, ekscytujący i zapisany.

3. Wyciągaj wnioski z sukcesów i porażek.
4. Czerp inspirację z różnych źródeł – nie tylko z autorytetów, ale też z biografii i przykładów innych ludzi. Takich, którzy potrafią ustalać i osiągać własne cele.
5. Znajdź czas na spotkanie z samym sobą i wyznacz sobie cele w różnych sferach życia, w różnych perspektywach czasowych. Zapisz swoje wnioski i ustalenia.
6. Wyznaczania celów nie powinno się odkładać na potem. Zacznij to robić już dziś!

Inaczej o planowaniu

Spis treści

Wstęp 485

Współczesny wzorzec 486

Istota planowania 487

Perspektywy czasowe planowania 489

Etapy procesu planowania 490

Planowanie scenariuszowe 492

Skuteczne zarządzanie czasem 493
    Kwadrat Eisenhowera 494
    Cztery Generacje Zarządzania Czasem 495
    Zasada Pareto 497

Co możesz zapamiętać? ☺ 499

Wstęp

Myślenie strategiczne, wbrew powszechnej opinii, nie musi odnosić się jedynie do biznesu, wojny czy polityki – bardzo przydaje się także w sferze osobistej. Dla mnie pojęcie to oznacza kierowanie się w codziennym życiu planem uwzględniającym różne scenariusze rozwoju sytuacji. Posługiwanie się strategią to układanie i stosowanie przemyślanych planów działania, opartych na odpowiedziach na pytania: co? jak? dlaczego? z kim? Czyż nie jest tak, że czasami poddajemy się nurtowi życia i nie zastanawiamy się, jakie cele możemy osiągnąć? Jednak rzeczywistość wymusza na nas planowanie. Ludzie nieposiadający tej umiejętności zazwyczaj prowadzą życie, nad którym nie posiadają kontroli.

Z czasem dochodzą więc do wniosku, że nie ma sensu planować, ponieważ życie i tak wszystko zweryfikuje. Oczywiście, że nie da się przewidzieć wszystkiego. Z drugiej strony, nie planując niczego, stajemy się jak liść unoszony wiatrem. W efekcie możemy się pewnego dnia obudzić nieszczęśliwi, w znienawidzonej pracy, obok żony i dzieci, z którymi nie mamy żadnego kontaktu. Wtedy uświadomimy sobie, że zmarnowaliśmy swój czas i nie osiągnęliśmy niczego, na czym by nam zależało. Powodem takich sytuacji może być brak strategicznego podejścia do życia i brak nawyku kierowania się planem.

Takie dziedziny, jak praca, kariera zawodowa, samorozwój, rodzina, zdrowie, bezwzględnie wymagają planowania. Powinniśmy się nad nimi zastanawiać i określać, jakie cele chcemy osiągnąć i dlaczego, jak tego dokonać oraz z kim chcemy się zaangażować w dane przedsięwzięcie.

W ten sposób unikamy chaotycznych, prowadzących donikąd działań, które wypalają naszą energię. Planowanie pozwala skupić się na tym, co zbliża nas do celu. Ideałem jest posiadanie kilku alternatywnych sposobów jego osiągnięcia. Ponadto udzielenie sobie odpowiedzi na pytanie, dlaczego chcę coś osiągnąć, jest podstawą do obudzenia w sobie silnej wewnętrznej motywacji, by nie poddawać się mimo napotykanych przeciwności. Czasem zdarza się, że do osiągnięcia celu potrzebna jest współpraca z kimś. Na przykład wielu zdolnych muzyków nie potrafi pokierować swoją karierą od strony biznesowej, dlatego pracują z menedżerami, którzy robią to w ich imieniu. Podobnie jest w innych dziedzinach.

Jeśli nie posiadamy wszystkich atutów niezbędnych do realizacji planu, połączmy wysiłki z kimś, kto uzupełni nasze słabości i pomoże nam. Warto też przyjrzeć się postępowaniu ludzi, którzy są mistrzami strategicznego planowania i czerpać inspirację z ich sukcesów.

Współczesny wzorzec

Współcześnie nie brakuje ludzi, którzy strategicznie kierują swoim życiem. Urodzony w 1985 roku polski pianista **Rafał Blechacz** grę na fortepianie rozpoczął w wieku pięciu lat. Uczył się w Bydgoszczy w Państwowej Szkole Muzycznej im. Artura Rubinsteina, a potem ukończył studia na Akademii Muzycznej im. Feliksa Nowowiejskiego w klasie fortepianu.

W roku 2005 bezapelacyjnie zwyciężył w XV Międzynarodowym Konkursie Pianistycznym im. Fryderyka Chopina.

Blechacz, uczestnicząc w festiwalach i konkursach na całym świecie, zdobył także wiele innych nagród i wyróżnień – większość z nich jeszcze przed ukończeniem studiów. Zwycięstwo w Konkursie Chopinowskim, do którego przygotowywał się przez kilka lat, pozwoliło mu spełnić marzenia – występować w najbardziej prestiżowych salach koncertowych na świecie. Koncertował w Warszawie, Moskwie, Zurichu, Tokio, Amsterdamie, Londynie, Madrycie i wielu innych miejscach. Jego kalendarz jest zapełniony na dwa lata naprzód. Ma zaplanowane występy w głównych ośrodkach kulturowych Europy, Ameryki Północnej i Dalekiego Wschodu.

Blechacz wiedział, że aby stać się pianistą światowej klasy, musi najpierw zdobyć odpowiednie wykształcenie i umiejętności. Zdawał sobie sprawę, że w świecie muzyki sukces odnoszą tylko najlepsi. Dlatego też wytrwale ćwiczył i przygotowywał się do jednego z największych wyzwań, jakie może postawić przed sobą pianista – do Konkursu Chopinowskiego. Zapewne miał również plany awaryjne na wypadek, gdyby ktoś jednak okazał się lepszy. Kierowała nim ogromna miłość do muzyki i wiara we własny talent. Całe dotychczasowe życie poświęcił swojej pasji. Nie miał więc pewnie wielu wątpliwości na drodze do celu, ponieważ wiedział, że to właśnie muzyka jest sensem jego życia.

Widać też, że Blechacz potrafi skutecznie zarządzać swoją karierą i dobrze ją planuje. Ma doskonale zaprojektowaną stronę internetową, na której można znaleźć dane kontaktowe do jego przedstawicieli w Polsce i na całym niemal świecie. W jego działaniach zawodowych i kreowaniu wizerunku publicznego czuje się jasny i świadomy zamysł. Jest przykładem osoby, która wie, dokąd zmierza.

Istota planowania

Planowanie jest narzędziem formułowania i wdrażania strategicznych decyzji. Służy do ustalania dróg prowadzących do wyznaczonych celów, określa środki potrzebne do ich osiągnięcia. Punktem wyjścia jest ustalenie i postanowienie, czego się chce lub potrzebuje. Identyfikacja priorytetów i konkretyzacja zamierzeń umożliwiają skuteczny wybór działań i zasobów. Proces planowania opiera się na ciągu pytań i odpowiedzi. Trzy podstawowe pytania, które możemy sobie zadać w procesie planowania, to:

- Dokąd zmierzam?
- W jakich warunkach działam?
- Jak się tam dostanę?

Niezbędnym narzędziem do efektywnego zarządzania własnym życiem jest wewnętrzny dialog, czyli spojrzenie w głąb siebie, szczera, przeprowadzana w skupieniu rozmowa z samym sobą. Metoda ta, zalecana także na innych etapach procesu samodoskonalenia, pozwala uzyskać wartościowe i prawdziwe odpowiedzi na ważne pytania. Zachęcam do wygospodarowania czasu na przemyślenie, spisanie oraz poddanie gruntownej analizie tych pytań. Stanowi to punkt wyjścia do sporządzenia osobistych planów.

Zastanówmy się, co może być przyczyną braku zapału do planowania, a może nawet apatii w tym względzie. Myślę, że chodzi po prostu o brak umiejętności planowania, a także o **lenistwo** i opieszałość. Niestety, nikt nie rodzi się ze wykształconą zdolnością planowania; w dużej mierze nabywamy ją w procesie wychowania. Zazwyczaj wpajają nam ją rodzice i nauczyciele, gdyż to na nich spoczywa obowiązek wyposażenia nas w niezbędną wiedzę oraz obudzenie potrzeby planowania, która zaowocuje w dorosłym życiu.

Już kilkuletnie dzieci można włączać w ustalanie zajęć całej rodziny, projektowanie podziału obowiązków, rozkładu dnia czy wspólnych wyjazdów, co dobrze przygotuje je do tworzenia planów w dorosłym życiu. Jednak, jak zauważyłem, dość nagminnym nawykiem jest odkładanie spraw na potem, co może zrujnować wszelkie zamierzenia. Mam nadzieję, że przedstawione dalej sugestie pomogą wielu osobom we wprowadzeniu nowego rodzaju działania do swojego życia. Otwarcie przyznam, że sam zrobiłem z tej wiedzy dobry użytek i jestem wdzięczny za informacje, jakie znalazłem w wielu praktycznych książkach.

Perspektywy czasowe planowania

Planowanie pomaga prowadzić spokojne życie, nad którym ma się pewną kontrolę. Dlatego też możemy przygotowywać plany w różnych perspektywach czasowych. Można je sklasyfikować, biorąc pod uwagę czas ich realizacji:
- plany strategiczne obejmują okres powyżej 5 lat i pozwalają wytyczyć główne ścieżki, którymi potoczy się nasze życie;
- plany długoterminowe obejmują okres od 2 do 5 lat i dotyczą konkretnych przedsięwzięć służących realizacji nadrzędnego planu;
- plany średnioterminowe obejmują okres od kilku miesięcy do roku i dotyczą konkretnych zamierzeń, często składających się na plany długoterminowe i strategiczne;
- plany krótkoterminowe trwają do trzech miesięcy i dotyczą konkretnych zadań do wykonania;
- plany bieżące, czyli plany dziennie lub tygodniowe, dotyczą bieżących spotkań, zadań i spraw do załatwienia.

Ważne jest, by planować w każdej z wymienionych powyżej perspektyw czasowych. Plany z poszczególnych poziomów mogą zazębiać się, zaczynając od celu strategicznego, a na bieżących zajęciach kończąc. Wszystkie te działania powinny być podporządkowane Twoim nadrzędnym wartościom i priorytetom.

W dziedzinie tworzenia długoterminowych planów zaimponował mi pewien człowiek pracujący w branży reklamowej, który od kilkunastu lat zajmował się również himalaistyką. Co roku odbywał wyprawy, których celem było zdobycie kolejnych ośmiotysięczników. Planował je dokładnie z sześciomiesięcznym wyprzedzeniem, a trwały one od 4 do 6 miesięcy. W czasie przygotowań trenował, utrzymywał odpowiednią dietę i opracowywał z detalami przebieg tras. Swoją wytrwałością i determinacją wzbudził we mnie wielki podziw, zwłaszcza że w wieku 47 lat dzięki świetnej kondycji i radości życia sprawiał wrażenie, że jest młodym człowiekiem.

Pamiętajmy więc, że wszystkie nasze życiowe osiągnięcia, zarówno zawodowe, jak i osobiste, wiążą się z planowaniem w różnych perspektywach czasowych i umiejętnością złożenia tych planów w spójną całość, odpowiadającą za szczęśliwe i spełnione życie.

Etapy procesu planowania

W każdym procesie planowania dają się wyodrębnić pewne etapy. Pierwszy to ustalenie celów. Wybieraj te, które są zgodne z Twoimi predyspozycjami, możliwościami i umiejętnościami. Nie powinny one odbiegać od Twoich naczelnych priorytetów i nadrzędnych wartości. Mają bowiem pomagać w wyborze skutecznego działania, które w jak najkrótszym czasie ma doprowadzić do osiągnięcia planowanych rezultatów. Cele możemy także ocenić pod kątem pozytywnych konsekwencji lub także utraconych korzyści na wypadek nieskuteczności jakiegoś rozwiązania.

Kolejny krok to poszukiwanie alternatywnych rozwiązań prowadzących do osiągnięcia celu. Powinny one być opłacalne i maksymalnie wykorzystywać Twój potencjał i środki. Wybierz to rozwiązanie, które doprowadzi Cię do celu najprostszą, najmniej kosztowną, ale i zgodną z Twoimi nadrzędnymi wartościami drogą. Ważne jest, byś zastanowił się również nad ewentualnymi przeszkodami, które możesz napotkać, oraz byś ustalił odpowiednie scenariusze na tę okoliczność.

Następnie dokonaj wyboru konkretnego planu i przystąp do wprowadzania go w życie. Powinieneś obserwować i kontrolować swoje postępy, być gotowym do szybkiego reagowania, na wypadek niepowodzenia. W takiej sytuacji można sięgnąć po przygotowany wcześniej alternatywny plan B lub C.

Regularnie korzystam z tej metody – szczególnie przydała mi się, gdy próbowałem wypromować jedną ze swoich spółek w branży reklamowej. Zajmowała się ona sprzedażą oznaczeń odblaskowych na samochody ciężarowe i autobusy. Opisywana sytuacja wydarzyła się w 2003 roku. Plan A zakładał organizację dużej konferencji prasowej we współpracy z firmą 3M, z której materiałów korzystaliśmy oraz z Ministerstwem Infrastruktury. Jednak okazało się, że mimo zainwestowanych pieniędzy i dobrego przyjęcia, z jakim spotkało się to wydarzenie w mediach, nie odnotowaliśmy wzrostu zainteresowania naszym produktem. Miałem jednak plan B. Zgodnie z nim, promocją naszej działalności zajęła się wynajęta w tym celu agencja PR. Oczywiście jej wybór nie był przypadkowy. Był to oddział międzynarodowej agencji mającej już doświadczenie przy tego rodzaju projektach. Ta strategia zadziałała. Pozyskaliśmy do współpracy koncern paliwowy PKN Orlen, firmę Danone SA i największą ówcześnie firmę kurierską w kraju – Stolica SA. Doświadczenie to przekonało mnie, że warto obmyślać różne wersje rozwoju sytuacji i wprowadzać je w życie zamiast poddawania się przy pierwszym niepowodzeniu.

Wracając do planowania: na końcu całego procesu dokonaj kontroli realizacji planu. Zastanów się, czy doprowadził Cię on tam, gdzie chciałeś się znaleźć, i wyciągnij konstruktywne wnioski na przyszłość.

Planowanie scenariuszowe

Planowanie metodą scenariuszową, której istotą jest gruntowna analiza faktów, polega na budowie kilku wariantów rozwoju wydarzeń. Metodę tę stosujemy, aby właściwie przygotować odpowiednie strategie działania. Każda z nich powinna składać się z odmiennych ciągów wydarzeń wraz z różnymi prawdopodobnymi skutkami.

Metoda scenariuszowa wymaga dużego nakładu czasu i wysiłku intelektualnego oraz wzięcia pod uwagę ogromnej liczby czynników, jednak jej zastosowanie znacznie zmniejsza ryzyko wystąpienia niespodziewanych przeszkód czy wręcz porażki. Tworzone w ten sposób scenariusze powinny stanowić opis sekwencji zdarzeń prowadzących w logiczny sposób od sytuacji wyjściowej do możliwej w przyszłości. Scenariusze muszą zostać zapisane na przykład w postaci schematycznych rysunków, na których od poszczególnych wydarzeń i punktów prowadzą strzałki wskazujące ich rozmaite konsekwencje i następstwa czasowe. Warto poświęcić trochę czasu na gruntowne przygotowanie takich scenariuszy, zwłaszcza przy bardzo złożonych przedsięwzięciach.

W moim przypadku ćwiczenie tego typu zachowań nie było łatwe. Stanowiło i nadal stanowi spore wyzwanie. Pomaga mi świadomość, że w ten sposób ćwiczę najważniejszy „mięsień" w ludzkim ciele – mózg. To mnie uspokaja i wycisza, gdyż zyskuję świadomość, że mogę wpływać na własne życie.

Skuteczne zarządzanie czasem

Zajmijmy się teraz bardziej praktycznymi narzędziami i zasadami pomocnymi w planowaniu i zarządzaniu czasem. Przede wszystkim poświęć czas na samo planowanie. Pamiętaj, że zadania zajmują tyle czasu, ile Ty sam przeznaczysz na ich wykonanie. Każde 15 minut dziennie poświęcone na przemyślenie zadań na dany dzień pozwoli Ci zaoszczędzić nawet dwie godziny pracy. W planowaniu kieruj się nadrzędnymi wartościami, priorytetami, wyznaczaj sobie odpowiadające im cele. Opracuj indywidualny system planowania, dobierz narzędzia potrzebne do tworzenia planu. Jedni lubią zapisywanie w kalendarzach kieszonkowych, inni preferują opasłe zeszyty oprawione w skórę, jeszcze inni najchętniej korzystają z notatnika w telefonie. Sam musisz przetestować te metody i wybrać najlepszą dla Ciebie.

Zacznij planować już od dziś, nie czekaj na „właściwą" okazję czy moment spokoju i stabilizacji, bo mogą one nigdy nie nadejść. Nie licz też na to, że wystarczy zapisać plany, by zadziały – musisz je sam wprowadzić w życie. Weryfikuj postępy ich realizacji. Każde odchylenie to sygnał, że rozmijamy się z rzeczywistością i naszymi celami. Oznacza to, że straciliśmy panowanie nad rozwojem sytuacji i własnym życiem. Znajdź zatem czas na refleksję nad rezultatami i ich współmiernością do celów. Gdy pojawiają się przeszkody, Twoim zadaniem jest je zidentyfikować i zastosować taki wariant, który mimo wszystko doprowadzi Cię do celu. Uwzględnij w planowaniu swoje mocne i słabe strony, wady i zalety, dominujący typ inteligencji, rodzaj temperamentu oraz rytm zegara biologicznego.

Aby trzymać się priorytetów i skutecznie planować, warto poznać i zacząć stosować sposoby skutecznego zarządzania czasem i ustalania priorytetów. Poniżej przedstawię kilka takich metod: kwadrat Eisenhowera, Cztery Generacje Zarządzania Czasem oraz zasadę Pareto.

Kwadrat Eisenhowera

Jeśli chodzi o codzienną praktykę planowania, proponuję wyznaczać zadania na początku każdego tygodnia i każdego dnia. Można do tego wykorzystać matrycę dzielącą zadania na cztery obszary. W tym celu należy wziąć kartkę papieru i narysować na niej siatkę składającą się z czterech kwadratów. Oznaczamy je jako zadania: pilne i ważne, pilne i nieważne, niepilne i ważne oraz niepilne i nieważne. Pierwsze w kolejności wykonania powinny być zadania pilne i ważne, a następnie niepilne i ważne. Zadania pilne i ważne wymagają natychmiastowej uwagi i osobistego zaangażowania. Zadania mniej pilne, ale ważne, mogą poczekać, należy jednak pamiętać, że z czasem przerodzą się one w zadania pilne i ważne. Zastanów się, czy w przypadku rzeczy pilnych i nieważnych nie byłoby rozsądniej delegować je innym. Rozważ, czy w ogóle warto zajmować się rzeczami niepilnymi i nieważnymi.

Oto przykładowa sytuacja. W poniedziałek rano przychodzisz do pracy i okazuje się, że za godzinę masz wziąć udział w spotkaniu z jednym z kluczowych dla Twojej firmy klientów, jednocześnie wiesz, że powinieneś skończyć ważny raport dla swojego szefa. Zastanawiasz się, czym się zająć.

Czy dokończyć raport i pójść na spotkanie nieprzygotowanym, czy też odłożyć raport na później, a za to przygotować się gruntownie do ważnego spotkania. Dodatkowo asystentka zamęcza Cię prośbami o podjęcie pilnej decyzji w sprawie wystroju Twojego biura, a kolega namawia na wypełnienie ankiety dotyczącej Twojego zadowolenia z firmowej kuchni. Stosując się do zasad kwadratu Eisenhowera powinieneś w pierwszej kolejności zająć się przygotowaniem do ważnego spotkania. Jest to sprawa ważna i dodatkowo pilna. Następny w kolejności jest raport dla szefa, który jest ważny, ale niepilny. Decyzję, co do wyboru tapety do pokoju sceduj na swoją asystentkę – to sprawa wprawdzie pilna, ale mało ważna. Natomiast ankiety na temat kuchni nie wypełniaj wcale – jest to coś niepilnego i nieważnego, więc szkoda poświęcać na to czas i uwagę.

Więcej na ten istotny temat znajdziesz w książce Stephena Coveya *7 nawyków skutecznego działania*.

Cztery Generacje Zarządzania Czasem

Inna koncepcja zarządzania czasem autorstwa Stephena Coveya została przedstawiona w jego książce *Najpierw rzeczy najważniejsze. Naucz się określać priorytety i skutecznie zarządzać czasem*. Nazwano ją programem Czterech Generacji Zarządzania Czasem. Pierwszą generację reprezentuje lista zadań do wykonania. Druga to kalendarz, w którym określasz, ile czasu potrzebujesz na wykonanie danej rzeczy. Trzecia generacja to priorytetyzacja zadań, czyli decydowanie o tym, co jest ważne, a co nieistotne. Czwarta generacja to zmodyfikowane podejście do kwadratu Eisenhowera. Covey sugeruje, że najpierw należy skoncentrować się na zadaniach ważnych i niepilnych oraz wyeliminować wiele działań z pozostałych kategorii. To właśnie skupienie się na zadaniach ważnych i mniej pilnych jest kluczem do sukcesu. Dzięki temu można uniknąć przyszłych problemów, optymalnie zaplanować swój czas i skutecznie delegować zadania innym. Jest to nowatorskie podejście różniące się od klasycznych teorii na temat zarządzania czasem, gdzie zalecano, by najpierw zajmować się rzeczami ważnymi i jednocześnie pilnymi. Tutaj mamy do czynienia z innym zaleceniem. Najwyższy priorytet mają rzeczy ważne i niepilne, czyli takie, którymi warto się zająć teraz, gdy jest czas i nie doprowadzać do przeobrażenia się tych zadań w pilne.

Po raz kolejny posłużę się przykładem ze środowiska pracy. Załóżmy, że w ramach swoich obowiązków musisz przygotowywać dla szefa półroczne raporty z osiąganych przez Twój dział wyników. Zazwyczaj siadamy do pisania takiego raportu na kilka dni przed ostatecznym terminem, kiedy sprawa ta staje się ważna i dodatkowo bardzo pilna. Zdecydowanie lepszym rozwiązaniem jest przygotowanie materiałów do raportu znacznie wcześniej i pisanie go na bieżąco w wolnych chwilach, a pod koniec półrocznego terminu jedynie uzupełnienie go o ostatnie dane i podsumowania. Wtedy na pewno stworzysz go na czas, a dane w nim zawarte będą przeanalizowane znacznie bardziej rzetelnie i skrupulatnie, niż gdybyś to zrobił w ostatniej chwili.

Takie podejście pozwala zwiększyć efektywność i skuteczniej zarządzać własnym czasem, a w dłuższej perspektywie przynosi same korzyści w postaci braku konieczności „gaszenia pożarów" i nerwówki robienia czegoś w ostatniej chwili. Dzięki takiemu systemowi planowania zyskujesz poczucie, że to Ty decydujesz o swoim życiu, dyrygujesz nim i narzucasz biegowi wydarzeń własne tempo.

Doskonałym przykładem osoby stosującej tę zasadę jest moja żona. Już na studiach egzaminy zdawała jako pierwsza, wakacje poświęcała na relaks, wypoczynek, a nie na naukę, zaliczanie kolejnych przedmiotów i związany z tym stres. Jej zapał i umiejętność przewidywania rozwoju sytuacji są dla mnie budujące i inspirujące. Jeśli moja żona ma na przykład przygotować ważną umowę, rozkłada to zadanie nawet na 3-4 dni , oczywiście jeśli może sobie na to pozwolić. Wie, że jest to praca koncepcyjna, wymagająca pełnego skupienia i przymus czasowy nie jest tu mile widziany. Bardzo ją cenię za tę umiejętność ☺.

Zasada Pareto

Zasada Pareto pozwala wybierać priorytety oraz ułatwia organizację czasu, dzięki czemu osiągasz maksymalne wyniki w minimalnym czasie. Zgodnie z tą zasadą powinieneś skupić się na tych 20 procentach działań, które generują 80 procent efektów. Schemat leżący u podstaw tej metody został odkryty w 1897 roku przez włoskiego ekonomistę Vilfreda Pareto. W wymiarze ogólnym głosi ona, że 80 procent skutków wypływa tylko z 20 procent przyczyn. Oznacza to, że wbrew intuicji, skromniejszym nakładem środków i wysiłku można osiągnąć lepsze rezultaty. Kierując się tą regułą należy poświęcać czas na te czynności, które będą najbardziej efektywne z punktu widzenia zamierzonego celu. Resztę możesz spokojnie pominąć. W ten sposób optymalizujesz swoje działania. Żaden człowiek nie jest w stanie zrobić wszystkiego, dlatego też dobrze jest poświęcić się tym aktywnościom, które są w znacznej mierze odpowiedzialne za przyszłe wyniki.

Niestety, w praktyce często trudno rozpoznać, które czynności należą do tych 20 procent. Jednak poprzez wyrobienie w sobie analitycznego podejścia, poznawanie doświadczeń innych ludzi oraz baczną obserwację otoczenia, można z coraz większą łatwością identyfikować działania, którym warto poświęcić czas. Należy po prostu za każdym razem gruntownie i wnikliwie zastanawiać się nad ich skutkami.

A oto kilka przykładów zastosowania zasady Pareto:
1. Około 80% przychodów przedsiębiorstwa generowanych jest przez około 20% jego klientów.
2. Około 80% wartości sprzedaży firmy uzyskuje się dzięki około 20% produktów, które ta firma oferuje.
3. Około 80% wartości intelektualnej przedsiębiorstwa reprezentowanych jest przez około 20% wszystkich jego pracowników.
4. Około 80% reklamacji składanych przez klientów firmy ma swoje źródła w około 20% wszystkich przyczyn reklamacji w tej firmie.
5. Około 80% ludności danego regionu zajmuje około 20% terenów całkowitych tegoż regionu.

Wyrobienie w sobie nawyku strategicznego myślenia oraz stosowanie sprawdzonych zasad planowania jest wręcz nieocenione w codziennych zmaganiach z rzeczywistością. Oczywiście nie będzie łatwo i nie spodziewaj się, że od razu odniesiesz pełny sukces. Obiecuję jednak, że Twoja wytrwałość zostanie wynagrodzona.

Nie bój się porażek. Sam przeżyłem ich wiele, ale traktowałem je jako źródło cennych informacji do wykorzystania w przyszłości, a nie jako osobistą klęskę. Dzięki takiemu podejściu nie poddawałem się przygnębieniu. Jeśli ja mogłem to osiągnąć, nic nie stoi na przeszkodzie, by mogło się to udać i Tobie. Gdy posiądziesz umiejętność planowania, Twoje życie zmieni się w każdym szczególe zgodnie z Twoimi zamierzeniami i preferencjami.

Co możesz zapamiętać?

1. Myślenie strategiczne odnosi się do osobistej sfery każdego człowieka. Oznacza kierowanie się w codziennym życiu planem uwzględniającym różne scenariusze rozwoju sytuacji.
2. Rafał Blechacz to dobry przykład człowieka posługującego się strategią.
3. Planowanie jest narzędziem formułowania i wdrażania strategicznych decyzji.
4. Planuj w różnych perspektywach czasowych.
5. Uwzględniaj poszczególne etapy procesu planowania.
6. Stosuj metodę scenariuszową.
7. Stosuj opisane zasady skutecznego planowania.
8. Naucz się zarządzać swoim czasem – wykorzystuj zasadę Pareto, kwadrat Eisenhowera oraz koncepcję Czterech Generacji Zarządzania Czasem.

Inaczej o uczeniu się

Spis treści

Wstęp 503

Istota uczenia się 504

Powody, dla których warto się kształcić................505

Metody uczenia się 506

Skuteczne techniki wspomagające uczenie się 510
    Mnemotechniki...................................510
    Notowanie nielinearne............................513
    Aktywne powtórki 515
    Szybkie czytanie 516
    Uczenie się w stanie relaksu 517
    Samokształcenie 518

Geniusz samouk 519

Ludzie wokół nas......................................520

Co możesz zapamiętać? ☺ 523

Wstęp

Wielu z nas podświadomie zmierza do osiągnięcia satysfakcji i spełnienia. Jedną z dróg prowadzących do tego celu jest samodoskonalenie.

Gruntowne poznanie siebie, swoich predyspozycji, mocnych i słabych stron, talentów i uzdolnień, pozwala na racjonalne planowanie samorozwoju i kształcenie się w kierunkach dopasowanych do konkretnego człowieka. Jednak nie można na tym poprzestać, bo aby umacniać swoją osobowość, należy ciągle zdobywać nowe umiejętności i poznawać nieznane dotąd dziedziny. Uczenie się jest wpisane w życie człowieka. Jesteśmy z natury ciekawi otaczającego nas świata, zadajemy trudne pytania i szukamy na nie odpowiedzi.

Szybkie tempo życia powoduje jednak, że pozwalamy, by zawładnęły nami zgubne nawyki i wygoda, które zniechęcają nas do poznawania nowych rzeczy. To bardzo niepokojąca prawidłowość – przecież wiedza pomaga podejmować właściwe decyzje, planować życie, świadomie kształtować osobowość i nie pozwala, byśmy stawali się ofiarami manipulacji. Powinniśmy więc zrobić wiele, by na jej zdobywanie mieć odpowiednio dużo czasu. Bardzo ważny jest dobór właściwych źródeł informacji. Zadajmy sobie trud weryfikacji autorytetów, ponieważ nie zawsze rady rodziny czy anonimowych osób na forum internetowym są odpowiednie.

Ja osobiście ukierunkowuję się na ludzi powszechnie szanowanych i cenionych, ekspertów w swoich dziedzinach, ale także przyglądam się tak zwanym zwyczajnym ludziom, których życiowa postawa może być wzorem dla innych.

Istota uczenia się

Uczyć się to przyswajanie pewnej wiedzy, zdobywanie jakiejś umiejętności poprzez branie przykładu z kogoś oraz wyciąganie wniosków z doświadczeń. Naturalna nauka polega na uruchomieniu przez uczącego się człowieka własnych możliwości poznawczych, takich jak: spostrzeganie otaczających go rzeczy i zdarzeń, wyobraźnia, myślenie abstrakcyjne, uogólnianie wyników obserwacji, przetwarzanie odbieranych informacji, praktyczne myślenie prowadzące do działania. Zatem, uczenie się to nie bezrefleksyjne wykuwanie na pamięć formułek, lecz złożony proces, w który powinniśmy zaangażować wszystkie zmysły i funkcje poznawcze. Uczenie się to także wyciąganie praktycznych wniosków z przyswojonych informacji i wdrażanie ich w codziennym życiu. Zdobywanie wiedzy nie jest wartością samą w sobie; kluczowe jest wykorzystywanie zdobytych wiadomości w praktyce. Dlatego w tej książce postaram się odpowiedzieć na pytanie, jak skutecznie się uczyć, by wykorzystywać w pełni zdobywaną wiedzę i czerpać z niej inspirację.

Colin Rose – (specjalista w zakresie uczenia się, między innymi języków obcych), w którego szkoleniu brałem udział, stwierdził, powołując się na badania przeprowadzone przez naukowców Uniwersytetu Teksańskiego, że zapamiętujemy 10% tego, co czytamy, 20% tego, co słyszymy, 30% tego, co widzimy, 70% tego, co mówimy i 90% tego, co widzimy i robimy. Warto uwzględnić tę wiedzę, rozważając temat uczenia się.

Powody, dla których warto się kształcić

Dzięki zdobywaniu wiedzy zaspokajamy jedną w ważniejszych potrzeb rozwojowych człowieka: dążenie do samorealizacji. Pojęcie to ma bardzo wiele znaczeń w myśli filozoficznej. Pisał o niej Arystoteles, kiedy zachęcał do samodoskonalenia. Niezwykle ciekawe podejście do tego tematu rozwinęło się w myśli Wschodu – filozofii indyjskiej. Samorealizację rozumie się tam jako rozwój jednostki w sferze duchowej, co ma doprowadzić ją do wyzwolenia z błędnych poglądów.

Samorealizacja jest jednym z warunków satysfakcjonującego życia. Realizując potrzebę wiedzy i rozumienia świata, zyskujemy też zaufanie do siebie, pewność własnych racji i poglądów oraz wynikający z tego spokój. Dzieląc się z innymi swoją wiedzą, czujemy się potrzebni i doceniani przez otoczenie. Dzięki temu możemy stać się autorytetem i inspiracją dla swoich dzieci, bliskich, przyjaciół i współpracowników. Któż z nas nie chciałby stać się ekspertem w jakiejś dziedzinie, szczególnie w oczach własnego syna czy córki? Czyż to nie wspaniałe uczucie być potrzebnym innym, udzielać mądrych rad? Wiedzę i umiejętności, które zdobędziemy, będziemy mogli przekazać przyszłym pokoleniom i w ten sposób ofiarować światu cząstkę siebie, pozostawiając go bogatszym i lepszym.

Współcześnie wiedza jest najważniejszym źródłem wartości jednostek, społeczeństw, gospodarki. Informacje i umiejętność wykorzystania ich w odpowiedni sposób stały się największym kapitałem. Dlatego też zdobywanie wiedzy staje się warunkiem przetrwania i powinno wynikać ze świadomego brania odpowiedzialności za własne życie. Ten, kto posiada lepszy jakościowo i obszerniejszy zasób wiedzy od innych, ma większe szanse na szczęśliwe i spełnione życie. Ludzie, którzy nie kształcą się w sposób nieprzerwany, ryzykują pozostanie w tyle za rozpędzonym światem.

Według Petera Druckera, ojca współczesnego zarządzania, naprawdę wyedukowani to ci, którzy nauczyli się, jak uczyć się nieprzerwanie przez całe **życie**. Dlatego ciągle pogłębiajmy wiedzę i nigdy nie rezygnujmy z uczenia się. Nauka może i powinna trwać całe życie. Zachęcam aby nie twierdzić, że jest się już za starym, by się czegoś nowego dowiedzieć, przyswoić sobie jakąś umiejętność. Jeśli tylko zdrowie na to pozwala, cały świat stoi przed nami otworem. Przykładem niech będą znane osobistości, które zaskakiwały nowatorskimi dziełami czy dokonaniami będąc już w podeszłym wieku. Można tu wymienić sławnych kompozytorów Irvinga Berlina i Artura Rubinsteina, znanego malarza Pabla Picassa czy polityka Winstona Churchilla. Wszyscy ci wielcy ludzie okres swojej najbardziej twórczej aktywności przeżywali, będąc już w wieku przez wielu określanym jako starość. Nigdy nie jest za późno na to, by działać i uczyć się czegoś nowego.

Metody uczenia się

Nauka może wydawać nam się czymś nieprzyjemnym i nudnym, szczególnie jeśli kojarzymy ją ze szkolnymi doświadczeniami i godzinami spędzonymi na ślęczeniu nad książkami i wkuwaniu na pamięć ogromnych partii materiału. Tradycyjny sposób uczenia się, metoda pamięciowa połączona z biernym uczestnictwem w wykładzie, jest obecnie uważany za mało skuteczny. Warto zwrócić uwagę, że ten sposób stał się popularny w czasach średniowiecznych, kiedy to nauczyciel jako jedyny miał rację, interpretował wiedzę, a uczeń miał ją tylko wiernie odtworzyć. Metoda ta była mocno krytykowana przez XVII-wiecznego angielskiego myśliciela **Francisa Bacona**, według którego tylko nauczanie problemowe, zachęcanie ucznia do stawiania pytań i samodzielnego rozważania w połączeniu z eksperymentami mogą przynieść wartościową wiedzę. Tym samym Bacon nawiązywał do swojego wielkiego poprzednika – Arystotelesa, którego zdaniem tylko połączenie doświadczania rzeczywistości z wysiłkiem intelektualnym pozwoli zrozumieć świat. W swojej szkole Likejonie uczył podopiecznych podczas przechadzek, nie zamykał ich w salach wykładowych, stąd nazwa: szkoła perypatetycka (gr. *perypates* – przechadzać się).

Do samodzielnego myślenia zachęcani byli także uczniowie platońskiej Akademii. Zajęcia prowadzone były metodą dialogu, a nauczyciel zasiadał ze swoimi słuchaczami w kręgu, aby wszyscy byli na równych miejscach i nikt nie był wyróżniany.

Ojcem metody dialogu w nauczaniu był jednak nauczyciel **Platona**, wielki myśliciel **Sokrates**. Był on przekonany, że każdy człowiek posiada wiedzę wrodzoną, a rolą nauczyciela jest tylko uświadomienie mu jej, wydobycie jej z głębi rozumu. Pierwszym etapem tego procesu było wskazanie uczniowi jego błędów. Sokrates czynił to, pozornie zgadzając się z fałszywymi przekonaniami rozmówcy, a potem umiejętnie zadawanymi pytaniami stopniowo doprowadzał go do momentu, gdy zdał on sobie sprawę, że wniosek przeczy pierwotnym założeniom.

Kiedy uczeń zrozumiał swój błąd, nauczyciel, znowu prostymi pytaniami, prowadził go do sformułowania prawidłowej odpowiedzi. Proces ten był niezwykle twórczy, angażował rozmówcę, a tym samym był bardzo skuteczny.

Dziś metodycy nauczania z szacunkiem wykorzystują model sokratejski, przygotowując współczesne programy do szkół.

Obecnie w wielu szkołach największy nacisk kładzie się na rozwijanie zdolności umysłowych uczniów: obserwacji, wyobraźni, myślenia abstrakcyjnego, wyciągania wniosków, pamięci logicznej, przetwarzania wiedzy i umiejętności praktycznego jej zastosowania. Krótko mówiąc, najważniejsze staje się jak najpełniejsze i najaktywniejsze uczestnictwo uczącego się w procesie nauki. Nauczyciele i wykładowcy starają się przekazywać tylko tyle wiedzy, ile trzeba, aby uczeń czy student posiadał niezbędne podstawy do dalszej pracy i rozwoju w konkretnej dziedzinie. Z moich obserwacji wynika, że coraz częściej zwraca się uwagę na indywidualne możliwości jednostki i wybiera najwłaściwsze dla danej osoby sposoby uczenia się. Proces nabywania wiedzy powinien być równocześnie maksymalnym treningiem umysłowym. Taka forma nauki może być ekscytującą zabawą przynoszącą radość i satysfakcję.

Zgodnie z oczywistą prawdą powtarzaną przez nauczycieli i wykładowców, aby być naprawdę dobrym uczniem, trzeba mieć dwie cechy: systematyczność i pilność.

Nawet jeśli nie posiadamy naturalnego zamiłowania do uczenia się, możemy je w sobie rozbudzić poprzez odnalezienie właściwych metod. Kiedy przekonamy się, że potrafimy przyswajać wiedzę szybko i bez nadmiernego wysiłku, zyskamy motywację, a pierwsze sukcesy przyniosą nam dużo radości i satysfakcji. Pamiętajmy jednak, że uczenie się jest procesem, który nigdy się nie kończy.

Zastanówmy się, jak wytłumaczyć naszym dzieciom, dlaczego nauka jest ważna. Typowe banalne przestrogi: „jak się nie będziesz uczył, to skończysz, zamiatając ulice", zazwyczaj nie odnoszą skutku. Tego typu wizje przyszłości są dla dziecka zbyt abstrakcyjne, by mogło z nich wyciągnąć pożądane przez nas wnioski. Mało tego, taka metoda wywołuje lęki i może wzbudzać pogardę, a co najmniej brak szacunku dla osób wykonujących pracę dozorcy, sprzątaczki itp.

Warto poświęcić trochę czasu na szczerą rozmowę z dzieckiem i uświadomienie mu w kategoriach przez nie zrozumiałych, dlaczego powinno przykładać się do nauki w szkole, mimo że czasem wydaje mu się to nudne i niepotrzebne. Już od najmłodszych lat można rozbudzać w dziecku ciekawość świata i zaspokajać jego naturalne potrzeby w tym zakresie. Stwarzajmy warunki, w których nauka staje się zabawą, a rodzic, aktywnie w niej uczestnicząc, staje się dla dziecka wzorem.

Dobre rezultaty można osiągnąć dostosowując słownictwo i poziom złożoności związków przyczynowo-skutkowych do wieku i stopnia rozwoju emocjonalnego i intelektualnego. Starsze dzieci zrozumieją znacznie bardziej skomplikowane argumenty. Z gimnazjalistą możemy rozmawiać o konkretach, na przykład jego przyszłości zawodowej, predyspozycjach, zainteresowaniach i uświadamiać mu, jakie dziedziny wiedzy powinien szczególnie uwzględnić w swojej edukacji.

Pomóżmy swoim dzieciom wybrać odpowiednie metody uczenia się. Obserwując je, zdobędziemy wskazówki, które pomogą nam określić, jakie techniki sprawdzą się w ich przypadku. Niektóre dzieci znacznie lepiej uczą się w samotności, inne potrzebują pracy z drugą osobą, jeszcze inne uczą się najefektywniej robiąc notatki. Zachęcajmy je do eksperymentowania i wybrania najlepszej dla nich metody. Akurat w tym wymiarze mogę nazwać się szczęśliwym człowiekiem, ponieważ moje córki odnalazły własny sposób na poznawanie świata. Uczenie się i zdobywanie wiedzy odgrywa w ich życiu ważną rolę.

Zapraszam zatem do zapoznania się z metodami uczenia się, z których również ja korzystam.

Skuteczne techniki wspomagające uczenie się

Mnemotechniki

Są to metody ułatwiające zapamiętywanie oparte na trzech zasadach: asocjacji, lokalizacji i wyobraźni. Asocjacja polega na łączeniu porcji informacji do zapamiętania z elementem mnemotechniki, który będzie nam o danej informacji przypominał. Do połączenia tych dwóch elementów konieczne jest ich skojarzenie, które w każdym przypadku może i powinno być ustalane wedle preferencji danej osoby. Mogą to być naprawdę dowolne rzeczy. Na przykład do zapamiętania kodów i długich ciągów cyfr przydatne bywa skojarzenie każdej cyfry z innym przedmiotem. I tak dla cyfry 4 może to być krzesło, dla 2 – łabędź, dla 8 – bałwanek itd.

Oczywiście Twoje własne asocjacje są zawsze najlepsze i odzwierciedlają sposób, w jaki pracuje Twój mózg. Wyobraźnia jest konieczna do tworzenia trwałych i sugestywnych połączeń i asocjacji niezbędnych do zapamiętania i przypominania sobie informacji. Im silniejsze wyobrażenie, tym silniej zostanie zakorzenione w umyśle do późniejszego odtworzenia. Mnemotechniczne skojarzenia mogą być tak żywe, intensywne jak tylko chcesz, jeśli tylko pomagają Ci w skutecznym zapamiętywaniu.

Lokalizacja pozwala na zbudowanie spójnego systemu, w którym informacja będzie przechowywana, i który oddziela jedną mnemotechnikę od drugiej.

Lokalizacja to inaczej mentalne miejsce, w którym jak w szufladzie umieszczasz zapamiętane informacje z danej grupy. Gdy chcemy przypomnieć sobie wiedzę z jakiegoś zakresu, otwieramy po prostu właściwą mentalną szufladę, w której przechowywane są potrzebne dane.

Powinieneś pamiętać, że stosowanie mnemotechnik będzie skuteczne tylko wtedy, gdy poświęcisz odpowiednio dużo czasu na ich poznanie i przećwiczenie. Doświadczenie jest najlepszym nauczycielem. Oto przykładowe mnemotechniki:

Technika haków to prosta technika polegająca na zapamiętywaniu informacji dzięki skojarzeniu ich z wcześniej ustalonymi znaczeniami, które nadajemy kolejnym cyfrom. Te skojarzenia mogą mieć różnorakie źródła. Poniżej podaję przykładową listę takich, które wywodzą się z wizualnego podobieństwa zapisów graficznych cyfr do określonych rzeczy. Przedmioty użyte jako element asocjacji to właśnie haki, na których można zawieszać potrzebne informacje. Najprostsza przykładowa dziesiątka haków wygląda następująco:

1 – świeca   6 – baran
2 – łabędź   7 – kosa
3 – jabłko   8 – bałwan
4 – krzesło   9 – balon
5 – dźwig   10 – rycerz

Na przykład jeśli chcesz zapamiętać numer telefonu: 521 899 410, kojarzysz po prostu każdą z występujących w nim cyfr z jednym z haków i tworzysz z tego historyjkę. W naszym przykładzie będzie ona wyglądała tak: dźwig (5) kierowany przez łabędzia (2) trzymającego zapaloną świecę (1) podnosi bałwanka (8), który w rączce trzyma dwa baloniki (99) i sadza go na krześle (4), którego pilnuje rycerz (10). Podobnie możesz postąpić w przypadku innych informacji.

Ważne jest, by wszystko, co sobie wyobrażasz, było wyraźne, sugestywne i żywe. Lepiej unikać banalnych i statycznych obrazów, niech pomiędzy elementami asocjacji rozgrywa się jakaś akcja. Im bardziej niezwykłe, a nawet zabawne będą skojarzenia, tym mocniej zapadną w pamięć. Żeby przywołać informacje, które chcieliśmy zapamiętać, należy odtworzyć historyjkę złożoną z haków, a skojarzone z nimi dane pojawią się samoistnie.

Łańcuchowa technika skojarzeń polega na kojarzeniu ze sobą kolejnych elementów ubranych w obrazy, które przechodząc jeden w drugi, tworzą swego rodzaju film, który można wyświetlać w wyobraźni. Ta metoda jest dobra, gdy musimy zapamiętać jakiś ciąg informacji w odpowiedniej kolejności. Załóżmy, że mamy opanować listę zadań na dany dzień, a każde z nich należy wykonać w określonym czasie i kolejności. Niech będą to: wizyta u lekarza, zakupy w aptece, zakupy w supermarkecie, zakupy w sklepie papierniczym, wizyta u fryzjera, wizyta w myjni samochodowej, odebranie dziecka z przedszkola. W wyobraźni należy stworzyć historyjkę, która pozwoli nam połączyć wszystkie te elementy w ciąg następujących po sobie zdarzeń.

Moja historyjka wyglądałaby tak: wchodzę do gabinetu lekarskiego, gdzie wita mnie człowiek w fartuchu i ze stetoskopem, bada mnie, po czym wypisuje receptę na leki, podając mi ją zrzuca ze stolika stertę zeszytów, które podnosi fryzjerka wyposażona w nożyczki i suszarkę, następnie tą suszarką jakiś mężczyzna suszy mój samochód, którym po wysuszeniu zaczyna bawić się moja córeczka znajdująca się w przedszkolnej sali.

Budując historyjkę trzeba wyposażyć ją w jak największą liczbę żywych skojarzeń. Powinny one oddziaływać na wszystkie zmysły: wzrok, słuch, dotyk, zapach, węch i smak. Im bardziej żywy i sugestywny będzie ten scenariusz, tym lepiej zapadnie ona w pamięć.

Przytoczony powyżej przykład zastosowania techniki łańcuszka jest banalny, ale warto zaznaczyć, że korzystając z tej techniki na co dzień, można przyswoić ogromną ilość informacji. Ważne jest, by prawidłowo zapamiętać pierwszy element łańcuszka, gdyż bez niego trudno byłoby odtworzyć całość.

Istnieje jeszcze szereg innych, bardziej skomplikowanych technik zapamiętywania (na przykład Główny System Pamięciowy).

Notowanie nielinearne

Klasyczne metody prowadzenia notatek nie zawsze są efektywne. Często zdarza się, że nasze zapiski są chaotyczne i mało przejrzyste. Ich przygotowanie zabiera dużo czasu, a korzystanie z nich przysparza wielu trudności. Gdy zawierają dużo szczegółowych informacji, gubimy się w ich gąszczu i tracimy z oczu bardziej ogólne idee i logiczne związki pomiędzy poszczególnymi pojęciami. Oczywiście im bardziej przejrzysta struktura notatki, tym wygodniej z niej korzystać. Na pewno łatwiej jest zapamiętać informacje z tekstu, który jest podzielony na akapity odpowiadające poszczególnym zagadnieniom, zawiera podkreślenie głównych pojęć, kolorowe wyróżniki, rysunki czy wykresy. Jednak okazuje się, że klasyczne, linearne metody notowania nie są zgodne z tym, w jaki sposób nasz mózg odbiera, analizuje i segreguje informacje.

Badacze już dawno dowiedli, że ludzki umysł nie zapamiętuje linearnie, w sposób ciągły i chronologiczny, ale przetwarza tekst na obrazy, dźwięki, zapachy lub inne bodźce. Nielinearne techniki notowania wykorzystują naturalny sposób działania pamięci – skojarzenia, obrazy i inne struktury poznawcze. Opracowano je tak, by ich układ przypominał sposób, w jaki mózg organizuje pojęcia. Pozwalają one przedstawić na papierze skojarzenia, dzięki czemu łatwiej zapamiętać informacje i logiczne powiązania między nimi. Zawierają one tylko kluczowe pojęcia i obrazy, które kojarzą się z wieloma innymi informacjami, co umożliwia zawarcie o wiele większej liczby danych na pojedynczej kartce. Nie ma potrzeby zapisywania zdań w ich pełnej formie.

Nielinearne techniki notowania wyzwalają kreatywność, uwalniają umysł od schematycznego myślenia i otwierają nas na nowe pomysły.

Profesor **Joseph D. Novak** z Uniwersytetu Cornella prowadził badania związane z efektywną reprezentacją wiedzy, których rezultatem jest koncepcja **mapy pojęć**. Mapy te to dwuwymiarowe reprezentacje pojęć i ich wzajemnych relacji. Mogą być pomocne w nauce ze zrozumieniem – widoczne relacje pomiędzy pojęciami pomagają w zrozumieniu i zapamiętaniu nowych faktów, które odnoszą się do posiadanej już wiedzy. Można je wykorzystywać także wtedy, gdy mamy przekazać współpracownikom lub uczniom skomplikowane informacje, złożone pomysły czy też projekty (na przykład stron internetowych). Dane zagadnienie rozrysowane przy pomocy mapy pojęć wygląda jak schemat, na którym poszczególne pola z kluczowymi tematami połączone są strzałkami, wedle których powinniśmy prowadzić tok myślenia.

Mapy myśli opracowane przez **Tony'ego Buzana** są spokrewnione z omawianymi mapami pojęć. Odnoszą się one do sposobu robienia notatek przy użyciu słów-kluczy i obrazów. Jest to szybka i efektywna metoda, która dzięki informacji wizualnej ułatwia przyswajanie i zapamiętywanie. Dodatkowo uczysz się materiału z notatek już w momencie ich tworzenia. Może właśnie dlatego tak chętnie przygotowujemy w dzieciństwie ściągi, nawet jeśli później z nich nie korzystamy. Mapa myśli składa się z centralnie umieszczonego pojęcia. Wokół niego rysujemy od kilku do kilkunastu naczelnych odnóg, odpowiadających głównym wątkom tekstu. Od nich, zgodnie z porządkiem logicznym, odchodzą gałęzie szczegółowe. W notatce należy umieścić wyraźne, kolorowe rysunki lub symbole.

Aktywne powtórki

Aktywne powtórki to kolejna technika zwiększająca efektywność uczenia się. Jest ona tym skuteczniejsza, im więcej własnej pracy i zaangażowania włożymy w ten proces. Jeśli samodzielnie poszukujemy odpowiedzi na pytania, przetwarzamy zdobywaną wiedzę, próbujemy zastosować ją w praktyce, zapamiętujemy o wiele więcej informacji w sposób trwały, niż gdyby podano je nam w postaci gotowych odpowiedzi.

Istnieje technika powtarzania informacji, która jest o wiele skuteczniejsza niż klasyczne wkuwanie na pamięć. Po pierwsze ważne jest **przetwarzanie wiadomości, które chcemy zapamiętać**. Jeśli mają one formę słowną, warto nadać im postać graficzną – narysować wykresy czy schematy. Jeśli są to rysunki, można spróbować opisać je słownie. Aktywna powtórka nie polega na kolejnym odczytaniu materiału, ale na odtwarzaniu go na różne sposoby przy wykorzystaniu wielotorowości przepływu myśli w naszym umyśle.

Druga sprawa to **częstotliwość powtarzania**. Nowe informacje powtarzamy od razu, potem po godzinie, następnie po upływie dnia, tygodnia, aż wreszcie po miesiącu. Możemy także tak zaplanować swój czas, by podzielić go pomiędzy przyswajanie nowej wiedzy a utrwalanie tej już zdobytej poprzez aktywne powtórki.

Szybkie czytanie

W czasie II wojny światowej rozwijano techniki związane z pamięciowymi możliwościami ludzkiego mózgu, a następnie użyto ich do opracowania metod nauki szybkiego czytania tekstów. Na tych sprawdzonych przez lata sposobach opartych jest wiele obecnie stosowanych metod. Warto je przyswoić, by pozbyć się złych nawyków czytania, a dopiero w drugim etapie można wprowadzać nowe, skuteczniejsze metody. Czym zatem są te złe nawyki?

Czytając, często nieświadomie lub świadomie, powracamy wzrokiem do przeczytanego już fragmentu tekstu. Jest to tak zwane **zjawisko regresji**. Już samo jego wyeliminowanie znacząco zwiększa tempo czytania.

Jednak aby czytanie ze zrozumieniem przyspieszyć dwu-, trzy-, pięcio-, a nawet dziesięciokrotnie, musimy zastosować się do jeszcze kilku zasad. Przede wszystkim jednym spojrzeniem powinniśmy obejmować kilka wyrazów, wierszy czy nawet akapitów. Powinniśmy także odzwyczaić się od powtarzania na głos lub w myślach czytanego tekstu (wokalizacja). Oczywiście nie jest to łatwe, trzeba się tego od nowa nauczyć odpowiednimi ćwiczeniami i systematycznym treningiem.

Osobną kwestią pozostaje poziom zrozumienia tekstu przy zwiększającym się tempie czytania. Istnieje wiele poglądów na ten temat. Jedni twierdzą, że wraz z szybkością czytania wzrasta także stopień zrozumienia, jednak nie ma na to żadnych oficjalnie uznanych dowodów. Inni uważają, że do uchwycenia sensu nie jest konieczne zrozumienie całości czytanego materiału. Potwierdzeniem tej tezy może być przeprowadzenie prostego eksperymentu: wsyartcy ztosaiwć pwesrzie i oattnsie lrteiy sółw, a te w śdrkou ppesitawroazć i nsaz usymł somisitnae odzwtory wrayzy w ich prydawiłowm brieznimu. Cechą naszego umysłu jest bowiem „dopowiadanie" sobie brakujących bądź nieuporządkowanych treści.

Jeszcze inni przekonują, że w kursach szybkiego czytania nie chodzi o zrozumienie tekstu – trenuje się tam jedynie szybkość. Ta koncepcja ma sens o tyle, o ile dla kogoś czytanie to jedynie omiatanie wzrokiem jak największej liczby stron w jak najkrótszym czasie, po czym w pamięci pozostają tylko szczątkowe i wyrywkowe wiadomości.

Warto zapoznać się z technikami szybkiego czytania i usprawnić swoje umiejętności w tym zakresie. Ja jednak nie podchodzę do tej metody bezkrytycznie. Cenne wydają się rady dotyczące eliminacji regresji czy zwiększania pola widzenia, które zastosowane wraz z innymi technikami zwiększającymi prędkość czytania, dadzą nam szansę efektywniejszego wykorzystania czasu przeznaczonego na naukę, którym nikt przecież nie dysponuje w nadmiarze.

Pamiętajmy, że w czytaniu chodzi nie tylko o tempo, ale także o zrozumienie tekstu, a zatem nie ma sensu „połykanie" na przykład *Wojny i Pokoju* w kilka godzin, by, jak powiedział Woody Allen, zapamiętać z niej tylko tyle, że było to coś o Rosji.

Zainteresowanych zgłębianiem tematu szybkiego czytania odsyłam do książki Tony'ego Buzana *Podręcznik szybkiego czytania* lub *Szybkie czytanie. Czytaj 1000 słów na minutę i zapamiętuj informacje*.

Uczenie się w stanie relaksu

Mózg ludzki pracuje w różnym zakresie fal. Fale beta przeważają podczas codziennej aktywności życiowej, fale alfa w stanie relaksu, fale theta są typowe podczas zwykłego snu, natomiast fale delta w czasie snu głębokiego.

W kontekście niniejszego rozdziału najbardziej interesuje nas działanie mózgu i pamięci w zakresie fal alfa. Wielu badaczy twierdzi, że w tym stanie szybciej niż w przypadku działania fal beta zapisujemy informacje w pamięci długotrwałej. Na podstawie rozlicznych badań powstały specjalne urządzenia, które wprowadzają użytkownika w stan głębokiego relaksu. Wykorzystywane są one na przykład do nauki języków obcych.

Krytycy tej metody podkreślają jednak, że jej użytkownicy zamiast się uczyć, często zapadają w sen. Nie ma jednoznacznych dowodów na jej skuteczność, poprzestańmy więc na twierdzeniu, że przebywając w stanie relaksu, łatwiej nam się skoncentrować i przyswajać nowe informacje. Natomiast, gdy jesteśmy zdenerwowani czy zestresowani, trudno nam przypomnieć sobie nawet najprostsze dane, a nowa wiedza często w ogóle nie przedostaje się do naszej świadomości.

Samokształcenie

Samokształcenie to samodzielne zdobywanie wiadomości i umiejętności praktycznych z danej dziedziny wiedzy według jakiegoś określonego planu. Optymalną sytuacją jest, gdy staje się ono stałą potrzebą życiową i stanowi wsparcie dla tradycyjnego kształcenia. Obecnie uważa się, że samokształcenie jest jedną z najbardziej efektywnych metod przyswajania wiedzy. Wiele badań dowiodło, że informacje zdobyte na drodze własnych doświadczeń i aktywności najdłużej pozostają w pamięci, łatwiej jest je także wykorzystywać w praktyce.

Geniusz samouk

W kontekście uczenia się nie sposób nie wspomnieć o nietuzinkowej postaci, jaką niewątpliwie był **Thomas A. Edison**. Ten wybitny, niesłychanie wszechstronny i płodny wynalazca (posiadał 1097 oryginalnych patentów) wyróżniał się także tym, że wiedzę i sukcesy naukowe zawdzięczał głównie własnej pracy i samodzielnej nauce.

Edison nie miał łatwego startu. Urodził się w Milan w stanie Ohio, w rodzinie ubogich handlarzy drewnem. Z powodu przebytej w dzieciństwie szkarlatyny, która spowodowała u niego problemy ze słuchem, Thomas stronił raczej od rówieśników. Być może przyczyniło się to do jego późniejszych sukcesów – samotność pomogła mu wyrobić w sobie umiejętność koncentracji.

Edison nie miał praktycznie żadnego wykształcenia formalnego. Do szkoły chodził w sumie tylko przez kilka miesięcy. Podobno jeden z jego nauczycieli uznał go nawet za opóźnionego umysłowo. Może właśnie brak szkolnego wykształcenia, które przecież tak często tłamsi nieprzeciętne umysły, pozwolił na nieskrępowany i pełny rozwój geniuszu Edisona. Jak wiemy z jego biografii, Thomas nie był nieukiem, bardzo dużo czytał, interesował się zawłaszcza naukami przyrodniczymi. Sam zgłębiał wiedzę i prowadził doświadczenia naukowe. Kiedy miał zaledwie 10 lat, matka pozwoliła mu urządzić w piwnicy laboratorium, w którym spędzał całe dnie. Był niestrudzonym samoukiem, sam odnalazł najskuteczniejsze i najlepsze dla siebie metody nauki.

Wykazywał się inicjatywą, samodyscypliną, pilnością, systematycznością i koncentracją. Wiązało się to z przekonaniem, że posiadanie bardzo rozległej wiedzy – nawet pozornie nieprzydatnej – jest nieodzowne, jeśli chce się, poprzez oryginalne skojarzenia, dochodzić do nowatorskich rozwiązań i pomysłów. Edison bez wątpienia wywarł ogromny wpływ na życie ludzi i współczesny kształt świata. I zapewne zdawał sobie z tego sprawę, ale sława nie uderzyła mu do głowy. Mawiał skromnie, że **geniusz to 1% natchnienia i 99% mozołu**.

Ludzie wokół nas

Z moich obserwacji wynika, że uczyć możemy się nie tylko od specjalistów i uznanych autorytetów, ale także od tak zwanych zwyczajnych ludzi. W jakim sensie? Otóż każdy z nas posiada unikalne doświadczenia życiowe, którymi może się podzielić. Według Arystotelesa na umysł człowieka składają się: wiedza wyuczona, umiejętności praktyczne i mądrość. Łatwo więc zauważyć, że mądrość wcale nie musi, choć oczywiście może, wiązać się z wykształceniem. Spotykamy przecież ludzi, którzy są głęboko mądrzy, chociaż nie nadążają za współczesnymi nowinkami technologicznymi, nie ukończyli uniwersytetów. Niestety zdarzają się też utytułowani profesorowie, którym brakuje podstaw etycznych, trudno więc nazwać ich ludźmi mądrymi.

Pięciomiesięczne dziecko uczy nas spontanicznego uśmiechu, a trzylatek nieskrępowanego pytania: „dlaczego?". Od osób starszych możemy dowiedzieć się, czym jest cierpliwość i łagodność.

Z wielką przyjemnością opiszę tu moją znajomość z panem Franciszkiem (rocznik 1918), która pomogła mi uczyć się szacunku dla drugiego człowieka i szczerości, cechy, którą szczególnie cenię. Poznałem go 17 lat temu podczas jednego ze spotkań edukacyjnych, w których uczestniczę jako wolontariusz. Jednym z rozmówców był właśnie pan Franciszek. Otwarcie mówił o swoich przekonaniach i ujął mnie swoją szczerością. To bardzo życzliwy, ciepły i pełen godności człowiek. Przez te lata odwiedziłem go już chyba dwieście razy.

W chwili, kiedy piszę te słowa, pan Franciszek już nie żyje. Ale kiedy z nim ostatnio się spotkałem, rozmowa z nim wyglądała jak z 45-latkiem, kontakt z nim był dla mnie wyśmienitą ucztą intelektualną. Gdy z nim rozmawiałem, zapominałem o całym świecie, grzałem się w cieple jego łagodności, a widząc, jaki szacunek okazuje innym, dużo się uczyłem.

Obserwując innych, możemy wiele zyskać dla swojego samorozwoju. Jakiś czas temu poznałem człowieka, mojego rówieśnika, który jest nadzwyczaj skromny, a jednocześnie dokładnie wie, czego chce od życia. Jest artystą malarzem, a jego marzeniem od zawsze było malowanie wszystkiego, co ma związek z jego ukochanym miastem. Przyszedł do mnie, ponieważ byłem odpowiedzialny za uruchomienie sieci hotelowej w tym właśnie mieście. Zaoferował, że namaluje cykl około 100 obrazów, które mogłyby zawisnąć w hotelach, nadać im unikalny klimat i tchnąć w nie nowego ducha.

Zainteresowała mnie jego osobowość, biło od niego prawdziwe ciepło, posiadał niespotykaną zdolność słuchania, delikatność i, co najważniejsze, był bez reszty zaangażowany w to, co robi. Postanowiłem poznać go bliżej i bardzo na tym skorzystałem – znalazłem osobę, która emanuje ciepłem i bezinteresowną życzliwością dla innych. To cudowne doświadczenie. Człowiek ten, mimo że o tym nie wie, podczas każdego spotkania uczył mnie czegoś ważnego.

Udoskonalanie się jest moją pasją, dlatego obserwując takich ludzi, zaczynam przesiąkać ich cechami i przejmować niektóre sposoby ich myślenia i postępowania.

W obecnych czasach zmiany następują bardzo szybko, codzienne życie stawia przed nami coraz większe wymagania. By dostosować się do realiów, musimy ciągle zdobywać nowe umiejętności i kwalifikacje, jednak w tej sytuacji paradoksalnie problemem staje się nadmiar informacji, którymi jesteśmy bombardowani przez media każdego dnia.

„Tyle mamy władzy, ile mamy wiedzy" – przekonywał Francis Bacon. Miał na myśli jedynie opanowanie przez człowieka świata przyrody, ale dziś tej sentencji nadaje się szersze znaczenie. I nie chodzi tu rządzenie krajem, chociaż na pewno żadnemu państwu nie zaszkodzi wykształcona elita polityczna, ale o władzę rozumianą jako poznanie świata, a przede wszystkim poznanie samego siebie: opanowanie własnych słabości, wykształcenie lub wzmocnienie pozytywnych cech.

Ludzie, którzy zechcą poświęcić swój czas, aby nauczyć się skutecznie zdobywać, przesiewać, analizować, przetwarzać i wykorzystywać informacje i włożą w ten proces dużo własnego wysiłku, mają szansę na sukces i pełne, satysfakcjonujące życie. Dlatego też sama teoretyczna znajomość technik efektywnego uczenia się nie przyniesie żadnego pożytku, jeśli nie poprzemy jej praktyką i systematycznymi ćwiczeniami.

Naszym obowiązkiem jako ludzi jest ciągłe uczenie się oraz rozwijanie swoich możliwości i talentów. Jest to naturalna potrzeba, która towarzyszy nam od pierwszych chwil życia, a odpowiednio pielęgnowana nie zanika aż do późnej starości. Trzeba ją tylko karmić właściwymi treściami i nawykami. Pamiętajmy, że nauka jest spoiwem fundamentu, na jakim budujemy jakość naszego życia.

Co możesz zapamiętać? ☺

1. Ciągłe uczenie się jest naturalną potrzebą i obowiązkiem każdego człowieka.
2. Współczesny świat wymusza na nas konieczność stałego rozwijania się.
3. Zdobywanie wiedzy i nowych umiejętności wzbogaci Twoje życie osobiste.
4. Nieprzerwane uczenie się jest warunkiem osiągnięcia pełni szczęścia i spełnienia.
5. Nigdy nie jest za późno na uczenie się nowych rzeczy!
6. Poznaj skuteczne techniki uczenia się i wybierz te, które najbardziej Ci odpowiadają.

❊

Inaczej
o inicjatywie

Spis treści

Wstęp 527

Czym jest inicjatywa? 527

Ludzie z inicjatywą 530

Gdy brakuje inicjatywy. 532

Wzbudzanie inicjatywy 535
    Podział ludzi ze względu na skłonność
        do podejmowania inicjatywy 536
    Praca nad sobą – w pięciu punktach 538

Podsumowanie. 544

Co możesz zapamiętać? ☺ 545

Wstęp

Każdy z nas znajdzie w swoim otoczeniu ludzi, którym nie spełniły się marzenia: nie zostali muzykami, mimo że mieli talent, nie zobaczyli piramid, nie założyli firmy, nie wyjechali w Bieszczady, nie wybudowali domu, choć myśl o tym towarzyszyła im przez całe życie. Gdyby tylko zrobili pierwszy krok w kierunku realizacji swego marzenia!... Gdyby wykazali się INICJATYWĄ!... Gdyby...

Wykazując inicjatywę w jakiejś sprawie, dowodzisz, że Ci na tej sprawie zależy. Przejmując inicjatywę, bierzesz sprawy w swoje ręce i sprawiasz, że zaczynają się one toczyć tak, jak Ty byś sobie tego życzył. Co z tego wynika? Otóż dzięki inicjatywie kierujesz swoim życiem, dajesz sobie szansę na spełnienie marzeń. Jeśli nie podejmiesz inicjatywy, automatycznie pozbawisz się takiej szansy. Dlatego chęć i umiejętność wykazania się inicjatywą są nie tylko uzupełnieniem osobowości – nie tylko bonusem, jak niektórzy mogliby sądzić – ale niezbędnym jej składnikiem, dzięki któremu możemy uruchomić „proces realizacji marzeń".

Czym jest inicjatywa?

Pewien człowiek żył w biedzie. Mało zarabiał, z kilkorgiem dzieci mieszkał w ciasnym, niszczejącym domu bez żadnych wygód. Marzył o tym, żeby w jakiś sposób zdobyć pieniądze. Dzięki nim mógłby wyremontować dom, wykształcić i wyposażyć dzieci, a sobie i żonie zapewnić wygodną przyszłość. Był przekonany, że może się tak stać tylko dzięki wygranej na loterii, więc modlił się o to codziennie. Prośby słane do nieba nie przynosiły rezultatu. Mijał dzień za dniem, tydzień za tygodniem, modlitwy były coraz żarliwsze... i nic. Wreszcie któregoś dnia z nieba rozległ się głos zniecierpliwionego Boga: „Człowieku, daj mi szansę! Kup los!".

Ten znany dowcip wydaje się nam zabawny, ale jeśli dłużej się nad nim zastanowimy, to dojdziemy do wniosku, że niezwykle często „nie kupujemy losu", czyli nie robimy nic, by zrealizować swoje plany. Potem mamy pretensje do Boga czy innej siły wyższej, do otaczających nas ludzi lub po prostu do „niesprzyjających okoliczności".

Ktoś z moich znajomych opowiedział mi historię o mężczyźnie, który przez dwadzieścia lat za każdym razem, gdy słyszał opowieść o czyichś podróżach, mówił: „Ja też bym tak chciał. Pasjonują mnie obce kraje. Chciałbym oglądać inne krajobrazy, poznawać inną kulturę, inaczej myślących i żyjących ludzi. Gdybym mógł, to jeszcze dziś zapakowałbym się do samolotu i poleciał na drugi koniec świata".

Wreszcie ktoś go zapytał: „Dlaczego tego nie zrobisz?" Odpowiedział: „Nie mam na to pieniędzy. Nie znam języka. Nie mam paszportu. Nie mam z kim pojechać". Przez dwa dziesięciolecia nie podjął żadnej próby, żeby zdobyć pieniądze na wyjazd, nauczyć się języka, wyrobić sobie paszport i poszukać towarzyszy podróży.

Czego mu zabrakło? Przecież miał marzenie, które nosił w sobie kilkadziesiąt lat! Mało tego, doskonale wiedział, co trzeba zrobić. Niestety, nic z tego nie wyszło, ponieważ... zabrakło mu INICJATYWY.

Według definicji Władysława Kopalińskiego inicjatywa to pomysł do realizacji, wystąpienie z propozycją, ale też impuls do działania, pomysłowość, przedsiębiorczość, projekt. Według *Słownika języka polskiego* PWN inicjatywa to propozycja realizacji jakiegoś pomysłu, a często też pierwsze działania mające na celu jego realizację. Inicjatywa to chęć zrobienia czegoś. Zgodnie ze *Słownikiem frazeologicznym języka polskiego* Stanisława Skorupki pojęcie inicjatywy może łączyć się z określeniami: śmiała i twórcza. Można coś zrobić z czyjejś inicjatywy, mieć lub wykazywać inicjatywę, wystąpić z inicjatywą. Zwróć uwagę na słowa, jakich użyto w tych definicjach: śmiała i twórcza; pomysł, pomysłowość, przedsiębiorczość, impuls do działania.

Młodzi ludzie, pytani o skojarzenia z analizowanym słowem, wskazali, że o inicjatywie możemy mówić, jeśli jest podjęta dobrowolnie, powinna mieć jakiś cel, a inicjator musi sam mocno wierzyć w jej użyteczność i musi być gotowy do włączenia się w jej realizację, najlepiej jeśli tej realizacji będzie przewodził.

Jak widać, pojęciu INICJATYWA towarzyszą wyłącznie pozytywne określenia. I rzeczywiście, używamy go niemal wyłącznie w pozytywnym kontekście. Wyobraźmy sobie takie zdanie: „Trzej mężczyźni z własnej inicjatywy okradli bank". Nie pasuje. Chyba że wyraz „inicjatywa" został użyty w sensie ironicznym.

Czym zatem jest inicjatywa? Oto pełna definicja tego pojęcia sformułowana na podstawie tego, co do tej pory przedstawiłem:

INICJATYWA to pomysł wraz z chęcią jego zrealizowania tak dużą, że przeistacza się w działanie. Inicjatywa ma wiele cech, które towarzyszą jej nieodłącznie – najważniejsze z nich to: śmiałość i kreatywność, celowość i dobrowolność.

Jako przykład przywołam przypowieść Spencera Johnsona, której bohaterami jest para ludzi, Zastałek i Bojałek, oraz para myszy, Nos i Pędziwiatr. W którymś momencie okazuje się, że kończy im się zasób sera (ser jest tu symbolem dobrostanu, czegoś, co wydaje się stałe i niezmienne). Gdy Nos i Pędziwiatr orientują się, że w miejscu, z którego czerpali ser, teraz go nie ma, wyruszają w drogę, żeby znaleźć nowy, natomiast Zastałek i Bojałek (zwrócimy uwagę na nieprzypadkowe nazwiska) szukają winnych i narzekają. To oczywiście nie zmienia ich sytuacji, nie posuwa ich ani o krok do przodu. Zmiana w ich życiu może nastąpić jedynie wtedy, gdy zaczną postępować inaczej, czyli WYKAŻĄ INICJATYWĘ. To jedyna droga, żeby znaleźć „nowy ser"!

Ludzie z inicjatywą

Inicjatywą warto wykazać się nie tylko w sytuacjach krańcowych – gdy tracimy pracę, szansę na awans lub gdy następuje rozpad rodziny. Dobrze by było, aby towarzyszyła nam ona każdego dnia, aby udało się ją uruchomić i stale podsycać. Dzięki temu prawdopodobnie nigdy nie dotkną nas duże problemy, a nawet jeśli tak, to poradzimy sobie z nimi znacznie szybciej i lepiej.

Pisał już o tym niemal sto lat temu **Napoleon Hill**. Żył w latach 1883-1970. Z zawodu był dziennikarzem i przez dwadzieścia lat przeprowadzał wywiady z wieloma ludźmi, którzy osiągnęli sukces w różnych dziedzinach. Byli to między innymi:
- wynalazcy – Thomas Alva Edison i Aleksander Graham Bell,
- przedsiębiorcy – Henry Ford i John D. Rockefeller,
- prezydenci Stanów Zjednoczonych – Woodrow Wilson i Franklin Delano Roosevelt.

Na podstawie tych rozmów opracował i napisał *Filozofię sukcesu*, dzięki czemu nazywa się go obecnie prekursorem literatury sukcesu. I choć był tylko teoretykiem, jego książki od lat cieszą się ogromnym powodzeniem na całym świecie.

Napoleon Hill jako jeden z pierwszych zwrócił uwagę na nadzwyczajną wagę inicjatywy. Uważał, że jest ona kluczem do sukcesu. A wiedział, co mówi, skoro miał okazję przyglądać się z bliska ludziom, którzy dzięki inicjatywie osiągnęli w życiu sukces. I o ile można dyskutować, czy pieniądze i sława to naprawdę wspaniałe nagrody (sam uważam, że największą nagrodą jest poczucie spełnienia w życiu), to niewątpliwie na początku drogi do sukcesu – jakkolwiek rozumianego – stoi INICJATYWA.

Przyjrzyjmy się dwóm postaciom z listy Napoleona Hilla.

Pierwszą jest **Aleksander Graham Bell** – wynalazca telefonu. Człowiek, który wymyślił i opatentował urządzenie do porozumiewania się na odległość, a następnie postanowił je upowszechnić. Działalność rozwinął tak szeroko, że jeszcze stosunkowo niedawno AT&T, wywodząca się bezpośrednio z Bell Telephone Company, była największą firmą telekomunikacyjną na świecie! Bell osiągnął sukces i zdobył pieniądze. Czy zatrzymał się na tym? Nie! Założył także sieć laboratoriów badawczych, gdzie pracowano nad nowymi wynalazkami. Wniósł również swój wkład w rozwój lotnictwa, którego był gorącym entuzjastą. Co było początkiem tak wszechstronnej aktywności? Inicjatywa! Rozumiana jako pomysł i działanie polegające na robieniu więcej niż koniecznie trzeba.

Kolejna postać to **John D. Rockefeller**. Nazwisko także znane nam wszystkim, symbol sukcesu finansowego polegającego na zdobyciu fortuny praktycznie od zera. Rockefeller miał pomysł i wystarczająco dużo determinacji, by zostać współzałożycielem spółki naftowej. Nie zatrzymał się na etapie „bycia wspólnikiem" (co jest może i miłe, ale jeszcze sukcesu nie gwarantuje). Za pomysłem na działalność szła inicjatywa. Rockefeller ciężko pracował razem z kierownikami niższego szczebla i robotnikami. Uczestniczył w każdym etapie produkcji nafty. Opracował wiele rozwiązań doskonalących organizację i proces pracy. Konsekwentnie wprowadzał je w życie. Jemu także, podobnie jak Bellowi, inicjatywa (przypomnijmy – pomysł i działanie) zapewniła pieniądze i sławę.

Tu trzeba jeszcze raz podkreślić: sława i pieniądze to tylko wartość dodatkowa, którą przynosi inicjatywa. To nie o sławę i pieniądze głównie chodzi, dlatego zarówno Bell, jak i Rockefeller zajmowali się także działalnością niekomercyjną. Bell utworzył wspomnianą już sieć laboratoriów badawczych, natomiast Rockefeller został założycielem największej fundacji filantropijnej na świecie.

Bardzo często sława i pieniądze w ogóle nie są motorem pojawiającej się inicjatywy. Przecież **Jerzy Owsiak** czy **Anna Dymna** nie działają dla pieniędzy czy sławy. Anna Dymna była rozpoznawalna już wcześniej. Jerzy Owsiak, dziennikarz i organizator imprez rockowych, nawet nie myślał, że kiedyś będzie znany z akcji wykraczającej poza granice kraju. Każda z tych osób zauważyła potrzebę społeczną i postanowiła na nią odpowiedzieć. Jerzy Owsiak mógł pozostać przy działalności dziennikarskiej i impresaryjnej, a Anna Dymna mogła realizować się w teatrze. Wystarczyłoby tego i na sławę, i na pieniądze. Zaczęli jednak robić więcej, niż od nich wymagano. Mają satysfakcję i poczucie spełnienia! Inicjatywa przyniosła sukces!

Gdy brakuje inicjatywy

Skoro inicjatywa jest czymś tak ważnym i wartościowym w życiu każdego z nas, to dlaczego tak o nią trudno? Gdy zacząłem się zastanawiać nad znaczeniem i wagą inicjatywy,

Inaczej o inicjatywie

przypomniałem sobie mężczyznę, który nie zrealizował marzenia o dalekiej podróży, i postanowiłem dowiedzieć się od innych ludzi narzekających na swój los, dlaczego:
- nie zmienią pracy, skoro źle się czują w dotychczasowej,
- nie poprawią wyglądu swego osiedla, jeśli uważają, że jest zaniedbane,
- nie zajmą się fotografią, muzyką lub malarstwem, skoro zawsze chcieli to robić,
- czyli dlaczego nic nie robią, by zmienić sytuację, która im nie odpowiada.

Niemal wszyscy zaczynali jak wspomniany mężczyzna: „Chciałbym, lecz...", „Łatwo ci mówić, ale...", po czym następowała wyliczanka powodów. Domyślasz się zapewne, jakie to są powody. Przede wszystkim takie, z którymi trudno dyskutować. Na przykład wiek: „Jestem za stary (za stara)...", „Teraz już nie warto...", „T moim wieku?...". Kolejnym jest sytuacja rodzinna: „Mam małe dzieci...", „Mam dorastające dzieci...", „Muszę się opiekować rodzicami...", a także niedomagania organizmu: choroba i kalectwo.

Na pierwszy rzut oka wymieniane przez nich powody wydają się racjonalne i niezależne od nich. Tak jednak nie jest.

Wielki wynalazca Thomas A. Edison w wieku 15 lat w wyniku wypadku kolejowego prawie zupełnie stracił słuch. To jednak nie przeszkodziło mu w działaniu. Potrafił nawet dostrzec plusy tej niedoskonałości. Twierdził, że to, iż nie słyszy, pomaga mu w koncentracji.

Jakiś czas temu głośno było o tym, że sparaliżowany **Janusz Świtaj** prosi o eutanazję. Czuł się nie człowiekiem, ale jedynie żyjącym organizmem, ciężarem dla rodziców, którzy już przestawali sobie radzić z opieką nad dużym, bezwładnym mężczyzną. Jego własne życie polegało na przeczekiwaniu kolejnych dni bez nadziei na jakąkolwiek poprawę. Teraz jest pracownikiem fundacji Anny Dymnej **Mimo wszystko**, porusza się na zaprojektowanym dla niego wózku, posługuje się komputerem.

Przykłady można by mnożyć: Katarzyna Rosicka-Jaczyńska, którą choroba pozbawiła siły mięśni – nie chodzi, nie rusza rękami, nie mówi – napisała książkę i organizuje już drugi wyjazd do Indii, bo wierzy, że to jej pomoże. Albo Piotr Kalinowski z Bredynek na Mazurach – w wyniku wypadku stracił wzrok, a mimo to dalej kieruje gospodarstwem.

Okazuje się więc, że wiek, choroba, kalectwo – mimo że wydają się aż nadto wystarczającym usprawiedliwieniem dla braku inicjatywy – są jedynie pretekstami.

Kolejną grupę powodów-pretekstów podpowiada środowisko. Już od dzieciństwa słyszymy: „Po co ci to…", „Nikt tak nie robi…", „Co ludzie powiedzą…".

Tak bardzo nam się te słowa zakorzeniają w głowie, że w obawie przed niezadowoleniem otoczenia albo ośmieszeniem się rezygnujemy z prób realizacji pomysłów.

Niekiedy przyczyny niepodejmowania działań znajdują się w psychice. Wielu z nas ma tendencje do zniechęcania się: „To mi się nie uda…" „Nie z moim charakterem…", „Jestem na to za…" (i tu następuje wymienienie jednej lub wielu negatywnych cech: za głupi, za łatwowierny, za nerwowy…).

Czasami mówimy i myślimy, że zrealizujemy zamierzenia, ale… kiedyś: „Kiedyś nauczę się języka…", „Kiedyś będę podróżować…", „Kiedyś zmienię pracę…", „Kiedyś zajmę się renowacją mebli". A tak naprawdę tym „kiedyś" przykrywamy „nigdy". Dzięki temu „kiedyś" możemy nie podjąć działania, ale mieć jego pozór. Chyba nie ma nikogo wśród nas, kto nie postanawiałby czegoś „od jutra", „od poniedziałku" albo „od Nowego Roku". Ileż to planów snujemy „od…". Wszyscy też znamy powiedzenie: „Co masz zrobić jutro, zrób pojutrze, a będziesz miał dwa dni wolnego", i wiemy, że nad łóżkiem palacza wisi napis: „Od jutra przestanę palić", który codziennie jest aktualny!

Bywa też, że hamuje nas wcześniejsza porażka, którą potraktowaliśmy jak prawdziwą klęskę, a nie jak pouczające doświadczenie.

Wzbudzanie inicjatywy

Co jest warunkiem skutecznego podjęcia inicjatywy? Oto kilka wskazówek:
- Wytycz jasny cel – musi być pożyteczny dla ciebie i innych.
- Przedyskutuj to, co wymyśliłeś, z przyjaciółmi oraz z tymi, których inicjatywa będzie dotyczyła – zbierz pomysły, wysłuchaj zdań krytycznych, ale jeśli jesteś przekonany o wartości inicjatywy, nie odstępuj od niej.
- Unikaj ludzi, którzy będą chcieli cię zniechęcić, nie zrażaj się atakami.
- Zawsze współpracuj – poszukaj ludzi pomocnych w realizacji inicjatywy.
- Przygotuj plan. Stwórz wiele celów pośrednich.
- Punkt po punkcie dbaj o jego realizację, stale motywując do dalszej aktywności osoby, które ci pomagają (nie zmuszaj, ale porywaj do działania).
- Możesz być pobłażliwy dla innych, lecz musisz być wymagający od siebie.
- Bądź wiarygodny. Postępuj zgodnie z głoszonymi zasadami.

Jak sprawić, żeby inicjatywa nie była jednorazowym aktem, lecz towarzyszyła nam nieustannie w życiu prywatnym i zawodowym?

Podział ludzi ze względu na skłonność do podejmowania inicjatywy

Wspominany już Napoleon Hill podzielił ludzi na kilka grup. Do pierwszej zaliczył tych, którzy nigdy nie zrobią tego, co trzeba, zawsze dbają głównie o to, „żeby ręce i nogi miały spokój".

Drugą grupę stanowią ci, którzy zabierają się za cokolwiek wyłącznie zmuszeni koniecznością, a trzecią – ludzie, którzy są bardzo dobrymi pracownikami, ale... działają wyłącznie na czyjeś polecenie. Jeśli jakaś czynność nie zostanie im nakazana, to nie wezmą się za nią, choćby konieczność jej wykonania była jak najbardziej oczywista. Te dwie postawy dość często da się zaobserwować u dorastającej młodzieży. Można to sprawdzić nawet na najmniej skomplikowanym poleceniu, na przykład: „Idź po masło do sklepu". Najpierw usłyszymy: „Zaraz", a gdy użyjemy przewidzianych zwyczajem domowym środków perswazji, zakup co prawda zostanie dokonany, ale masło będzie leżało na stole do wieczora. Na uwagę, że trzeba było włożyć je do lodówki, usłyszymy: „Nie mówiłeś!".

Od tych trzech grup wyraźnie odcina się czwarta – ludzie z inicjatywą, robiący to, co w danej sytuacji zrobić trzeba; nie czekają na polecenia, zauważają potrzebę i... działają. Jest to postawa najbardziej godna pochwały. Osoba, która tak postępuje, cieszy się szacunkiem i sympatią, a zazwyczaj otrzymuje też godziwe wynagrodzenie. Przypisuje się jej same pozytywne cechy.

Czas na przykład. Kiedyś mój znajomy opowiadał mi o remoncie łazienki znajdującej się na piętrze jego domu. Przyszedł fachowiec, pan Janusz. Obejrzał pomieszczenie i zapytał o pomysł na nowy wystrój. Usłyszał, że pani domu: chciałaby kafle w kolorze granatowym i żółtym; marzy o narożnej wannie, ale ze względu na wysunięcie muru, które pewnie być musi, bo było tam od zawsze, zamówiła wannę zupełnie zwyczajną, prostokątną; spłuczkę wolałaby obudować, ale to chyba niemożliwe, więc niech będzie zwykła. Fachowiec pomierzył, pomierzył, stuknął w ścianę w paru miejscach i stwierdził: wysunięcie w murze częściowo nie maskuje żadnych przewodów ani rur, więc można je skuć – wymarzona wanna się zmieści; wskazał producenta mniejszych krytych spłuczek; przekonał panią domu, żeby zrezygnowała z tak bardzo kontrastujących ze sobą kafli, bo szybko się opatrzą i trudno będzie dobrać dodatki. Czy za te rady spodziewał się dodatkowej zapłaty? Nie! Widać zależało mu nie tylko na tym, żeby zrobić i zarobić, lecz także na tym, żeby praca przyniosła jak najlepszy efekt. To jednak nie wszystko. Po oględzinach łazienki zeszli do kuchni, gdzie przy herbacie ustalali szczegóły usługi. Nagle wzrok fachowca padł na szeroką rurę, która przecinała górny róg pomieszczenia. Zdziwiony zapytał, co to jest. Uzyskał odpowiedź, że rura kanalizacyjna prowadząca z łazienki u góry do głównego pionu w spiżarni. Zadał kolejne pytanie: „Czy ona musi tu być?". Nikt się dotąd nad tym nie zastanawiał, bo podobnie jak murek w łazience, rura była tu od zawsze. Fachowiec jeszcze raz pobiegł do góry, potem zajrzał do spiżarni i powiedział: „Tę rurę można przesunąć – część umieścić w stropie, część schować w spiżarni i nie będzie szpeciła". Tak się też stało, a opowieść o tym, powtarzana przez właścicieli domu wszystkim znajomym, przysporzyła panu Januszowi następnych klientów i dała zarobek.

To jeszcze nie koniec historii. Rok później ten sam kolega remontował kuchnię. Bardzo mu zależało na schowaniu rurek biegnących do kaloryfera z dołu i z góry, w pionie i w poziomie. Chciał zaangażować specjalistę, zadzwonił więc po pewnego pana Grzesia, który reklamował się jako instalator c.o. Pan Grześ rzucił okiem, obejrzał rurki, postukał w ścianę i zawyrokował: „Tego się nie da zrobić!". Dla wszystkich jest chyba oczywiste, kogo jako następnego poproszono o pomoc w tej kwestii i kto powiedział: „Owszem, tak – zrobię to".

Co różniło pana Janusza od pana Grzesia i od wielu innych fachowców? Inicjatywa – pomysł oraz chęć wykonania swej pracy dobrze, a także wykraczanie poza obowiązki bez liczenia na dodatkową zapłatę.

Praca nad sobą – w pięciu punktach

Rafał Blechacz niewątpliwie urodził się już z uzdolnieniami muzycznymi, podobno ma słuch absolutny. Czy to zapewniło mu sukces? Czy wyłącznie dzięki talentowi wygrał konkurs Chopinowski? Na pewno nie tylko dzięki temu! On ćwiczył, ćwiczył i jeszcze raz ćwiczył!

Adam Małysz – czy osiągnięte przez niego wyniki sportowe były rezultatem tylko jego predyspozycji? Znów odpowiemy: na pewno nie! Ćwiczył, ćwiczył i jeszcze raz ćwiczył.

Stephen King, autor licznych powieści, wydał też książkę *Jak pisać. Pamiętnik rzemieślnika*, która jest prawdziwym kursem pisarstwa. I czego się z niej dowiadujemy? Jeśli ktoś chce zostać pisarzem, musi ćwiczyć, ćwiczyć i jeszcze raz ćwiczyć, czyli czytać i… pisać… codziennie… minimum 1000 słów!

Wiemy już zapewne, o co chodzi. Inicjatywę można po prostu wytrenować. Tu pojawia się pytanie: jak to zrobić? W podanych przykładach łatwo było wskazać przedmiot ćwiczeń: gra na fortepianie, skoki narciarskie, pisanie. Można sobie wyobrazić pianistę studiującego nuty, słuchającego muzyki, godzinami grającego na instrumencie… Można sobie

Inaczej o inicjatywie 539

wyobrazić skoczka narciarskiego kształtującego siłę i motorykę ciała oraz realizującego specjalnie dla niego przygotowany cykl treningowy... Można sobie wyobrazić pisarza, który dużo czyta, interesuje się ludźmi i światem, zgłębia tajniki języka i pisze, pisze, pisze...

Ale... jak ćwiczyć inicjatywę? Co konkretnie ćwiczyć? Kiedy ćwiczyć? Sformułowanie „ćwiczenie inicjatywy" rzeczywiście może budzić niedowierzanie. A jednak to możliwe! Efekt będzie zauważalny pod warunkiem, że potraktujemy te ćwiczenia tak poważnie, jak w każdej innej dziedzinie, w której chcemy dojść do wprawy.

Proponuję pięciopunktowy trening inicjatywy. Pomysł oparty jest głównie na obserwacji tych, którzy inicjatywę mają w małym palcu – najczęściej są to właściciele firm. Oni to wszystko praktykują na bieżąco, chociaż zazwyczaj nieświadomie.

1. Ćwicz wyobraźnię.

Dorosły człowiek przestaje marzyć, a nawet jeśli od czasu do czasu puszcza wodze fantazji, nie przyznaje się do tego, jakby to było coś wstydliwego. Chłopcy zapominają, że kiedyś chcieli być wodzami, królami, lotnikami, marynarzami i znakomicie potrafili całymi godzinami wcielać się w wymyśloną postać. Dziewczynki wyobrażały sobie siebie jako księżniczki, modelki, podróżniczki, dziennikarki. Każda idealnie grała rolę żony i matki. Wszyscy byli w wymyślonej przez siebie skórze świetni.

I cóż potem się dzieje? Skończenie kolejnych szkół, zdobycie zawodu i podjęcie pracy u większości ludzi powoduje zanik marzeń, co skutkuje niemożnością oddania się wizjonerstwu. Przestajemy widzieć i konkretyzować trochę odleglejsze cele działania, wykraczające poza codzienną rutynę.

Jak ćwiczyć wyobraźnię?

Przede wszystkim porzućmy skupianie się na przeciwnościach losu. W wyobraźni nie musimy stawiać sobie barier. Robimy to jednak na ochotnika. Pamiętasz wspomniane już „gdybania": „Gdybym był bogaty, zafundowałbym sobie prawdziwe wakacje...", „Gdybym skończył studia prawnicze, otworzyłbym własną kancelarię...", „Gdybym miał lepsze warunki w domu, a dzieci nie były wiecznie rozkrzyczane, napisałbym niezwykłą powieść..."? Tych myśli nic nie łączy z marzeniami, to są tylko USPRAWIEDLIWIENIA. To drobne słówko „gdyby" pozwala nam pozostać w bezczynności. Z „gdyby" nigdy nie rozwiniemy skrzydeł. Wykreślmy je ze swojego słownika.

Inna metoda: Każdego dnia przed snem lub w dowolnej chwili, gdy możemy oderwać się od codziennych zajęć, wyobraźmy sobie coś, dzięki czemu poczulibyśmy się szczęśliwi.

Wyobraźmy sobie na przykład dom idealny, taki, jaki chcielibyśmy mieć, gdybyśmy nie byli ograniczeni niczym: ani miejscem, ani pieniędzmi, ani dotychczasowymi doświadczeniami. Wyobraźmy sobie pomieszczenie po pomieszczeniu: salon, sypialnię, kuchnię, miejsce do pracy, łazienkę. Zagospodarujmy teren dookoła. Bez pośpiechu. Nie musimy tego zrobić jednorazowo. Możemy wymyślić budynek bardzo realistyczny: nowoczesny dom inteligentny, szałas, lepiankę albo jeden z tych coraz modniejszych obecnie domków na drzewie.

Możemy zdecydować się na kształt, który przypomina raczej fantazje Lema niż rzeczywistość, na przykład przezroczystą szklaną kulę z możliwością kształtowania wnętrz w zależności od nastroju i aktualnego zajęcia. Nie bądźmy dla siebie cenzorem. Nie zastanawiajmy się, czy to w tej chwili możliwe, czy to w ogóle kiedykolwiek będzie możliwe. To nie jest istotne, choć każde z takich marzeń może przerodzić się w wizję, a wizja to wstępny etap inicjatywy.

Takie ćwiczenie możemy przeprowadzić na dowolnie wybrany temat, wyobrazić sobie ze szczegółami to, na czym nam aktualnie bardzo zależy, o czym marzymy. Mogą to być: weekend, zawód, który chciałbyś wykonywać, hobby, podróż życia, miejsce pracy, Twoja firma za 5, 10 lub 20 lat, urlop. Może to być zresztą cokolwiek innego, byle spełnione były te dwa, wyżej opisane, warunki: wypełniamy marzenie treścią jak najdokładniej i nie oceniamy go pod względem możliwości realizacyjnych. Z każdym powtórzeniem to ćwiczenie będzie nam sprawiać większą przyjemność. Przebywanie w świecie idealnym musi cieszyć.

2. Jeśli i tak musisz coś zrobić, nie czekaj na polecenie.

Dotyczy to wszystkich sfer życia: pracy, domu i życia osobistego. Ileż to razy wiemy, że jakaś praca na nas spadnie, ale... czekamy nie wiadomo na co. Choć właściwie wiadomo: „Jak mi ktoś powie, że mam zrobić, to zrobię, a jak nie, to nie". Czy warto? W oczekiwaniu na polecenie, które i tak nadejdzie, trudno zająć się czymś innym. Z reguły tkwimy w marazmie i co najwyżej zastanawiamy się: „Zauważą i powiedzą, że mam to zrobić, czy nie zauważą". Jedno i drugie nie jest twórcze. Trudno się dziwić przełożonym i domownikom, jeśli źle przyjmują taką postawę i traktują osoby, które w ten sposób postępują, jako – delikatnie mówiąc – bezmyślne. Nie zależy nam chyba na takiej opinii ani w domu, ani w firmie.

3. Codziennie wykonaj jedną rzecz, której nikt od ciebie nie oczekuje, mimo że nie spodziewasz się za to żadnych gratyfikacji.

Przypomnijmy sobie przedstawianą we wcześniejszej części klasyfikację Napoleona Hilla (ludzie, którzy nigdy nie wykonują niczego – jak już pisałem, tą grupą nie będziemy się zajmować; ludzie, którzy wykonują tylko to, co konieczne; ludzie, którzy zrobią coś więcej pod warunkiem, że otrzymają takie polecenie; ludzie z inicjatywą, którzy widzą, co trzeba zrobić i to robią). Jeśli jesteś w grupie czwartej, to ten punkt już realizujesz i tak naprawdę ćwiczenia nie są ci potrzebne. Jeśli znajdujesz się w grupie drugiej lub trzeciej, od bycia człowiekiem z inicjatywą dzieli cię zaledwie jeden krok.

Rozejrzyj się w pracy. Może na przykład już dawno dostrzegłeś, że obieg dokumentów nie jest najlepszy. Może znalazłeś rozwiązanie, tylko nie przyszło ci do głowy, żeby je zastosować. Dziwisz się najwyżej, że nikt jeszcze nie wprowadził takiej prostej zmiany. Nie chowaj się za stwierdzeniem: „Nie będę się tym zajmować, bo mi za to nie płacą". Zrób to, przecież wszystkim dzięki temu będzie wygodniej.

4. Codziennie przynajmniej jednej osobie opowiedz o swoim marzeniu lub pomyśle.

Może to być domownik, kolega z pracy, przyjaciel lub ktokolwiek inny. Nie musisz trzymać się jednej i tej samej osoby. Zacznij od drobnej wzmianki. Z czasem rozwijaj temat. Zarażaj pomysłem, pokazuj jego dobre strony, przedstawiaj, co sam zrobisz, wskazuj możliwości przyłączenia się do realizacji projektu, staraj się, by rozmówca zaczął myśleć i mówić o nim pozytywnie.

Szczególnie my, Polacy, powinniśmy to ćwiczyć, bo mamy mocno rozwiniętą skłonność do narzekania i czarnowidztwa. Jakże często na pytanie: „Jak leci?", odpowiadamy: „Stara bieda", nawet jeśli powodzi nam się dobrze. Warto odejść od tego zwyczaju. Zacznijmy odpowiadać na przykład: „Dziękuję, całkiem dobrze". To znacznie lepszy wstęp do rozmowy o projektach i marzeniach. Ludzie chętniej będą słuchać kogoś, komu idzie „całkiem dobrze", niż człowieka, u którego jest „stara bieda".

Dlaczego mamy dzielić się wyobrażeniami? Między innymi dlatego, żeby znaleźć ewentualnych partnerów do realizacji przyszłych pomysłów, jednak przede wszystkim – dla samych siebie! Wzmacnianie wizji polega między innymi na głośnym wypowiadaniu i wielokrotnym powtarzaniu jej treści. To sygnał dla podświadomości, w jakim kierunku ma działać. Dawno już dowiedziono, że świat w swej istocie nie jest ani pozytywny, ani negatywny. To nasze myślenie o rzeczywistości nadaje mu jeden lub drugi z tych atrybutów. Żeby pozytywnie działać, musimy pozytywnie myśleć. I stale to wzmacniać.

5. Zaprzestań odkładania na później.

Odkładanie na później jest kuszące, ale często przekształca się w „kiedyś", o którego negatywnym oddziaływaniu już pisałem. Przysłowie takie „kiedyś" nazywa ładnie: „na świętego Nigdy".

Co zrobić, by poradzić sobie z pokusą odłożenia jakiegoś zajęcia?

Każdą czynność, nawet taką (a może zwłaszcza taką), która nie jest terminowa, uczyń terminową, czyli określ dokładną datę, kiedy ją wykonasz. Zapisz i trzymaj się tego. Zazwyczaj dotrzymujesz zobowiązań podjętych wobec innych. Czy jest jakiś powód, żebyś nie dotrzymywał tych, które będą dotyczyć ciebie? Ważne: trzeba postarać się, by nie ulegać usprawiedliwieniom, które podsunie nam mózg, takim jak: „Jestem zmęczony...", „Dziś już tyle zrobiłem...", „Nie mogłem dziś, naprawdę, zrobię jutro, na pewno...". Zaprzestanie odkładania na później nie tylko rozwija zdolność do podejmowania inicjatywy, ale oszczędza czas, który będziesz mógł wykorzystać na swoje przyjemności. Prawda, że to niezła perspektywa?

Podsumowanie

Zatem wiemy już, że bez inicjatywy nie spełnimy swoich marzeń. Aby jednak inicjatywa była skuteczna, postaraj się spełnić kilka warunków: wytycz jasny cel, przedyskutuj pomysł, unikaj malkontentów, znajdź współrealizatorów, zaplanuj kolejne kroki i realizuj je, wymagaj od siebie więcej niż od innych i bądź wiarygodny.

Wiemy też, że podejmowanie inicjatyw można wyćwiczyć. Służy do tego pięciopunktowy trening inicjatywy:
1. Ćwicz wyobraźnię.
2. Jeśli wiesz, że coś i tak musisz zrobić, zrób to, zanim padnie polecenie.
3. Codziennie wykonaj jedną rzecz, której nikt od ciebie nie oczekuje.
4. Codziennie przynajmniej jednej osobie opowiedz o swoim marzeniu lub pomyśle.
5. Zaprzestań odkładania na później.

Zapewne wielu czytelników nie wierzy w skuteczność takich ćwiczeń. To oznacza, że w nasze życie wdarła się już rutyna. Dotychczasowe doświadczenia mocno wyżłobiły tory w mózgu i pierwszą reakcją na możliwość zmian jest protest. Coś nam podpowiada jak zawsze: „Nie warto...", „To nie może się udać...", „Gdyby to było takie proste, wszyscy byśmy byli ludźmi z inicjatywą!". Można to przezwyciężyć!

Wystarczy ten jeden raz dać się zachęcić do podjęcia inicjatywy i ustalić pierwszy cel, który utoruje drogę następnym. Niech tym celem będzie przejście pięciopunktowego treningu inicjatywy. Warto spróbować, niczym nie ryzykujemy.

Codziennie przez miesiąc realizujmy każdy spośród pięciu punktów treningu. Zacznijmy od prostych spraw, zajmujących naprawdę niewiele czasu. Może to być wyniesienie śmieci bez przypominania, zabawa z dzieckiem bez specjalnego zaproszenia, przestawienie biurka w lepsze miejsce, zorganizowanie katalogów w firmowej poczcie elektronicznej, ustalenie terminu uporządkowania latami zalegających zdjęć i temu podobne.

Zapewniam, że efekty nadejdą szybciej, niż się ich spodziewamy. Życie stanie się łatwiejsze i przyjemniejsze. Zaczną pojawiać się nowe pomysły – coraz lepsze, coraz śmielsze, aż być może dojdziemy do tych wizjonerskich, które okażą się przydatne dużej grupie ludzi.

Takie działanie będzie także najlepszą promocją nas samych. Zmiana postawy zwróci uwagę na nasze zawodowe umiejętności i zalety, które dotychczas nie były zauważane. Otoczenie doceni tę „nową osobę": wierzącą w siebie, kreatywną i pracowitą, życzliwą i sympatyczną. Dla takiego efektu naprawdę warto spróbować.

Jak pisał Johann Wolfgang Goethe: „Zacznij tylko. W zdecydowaniu drzemie geniusz, siła i magia. Zacznij teraz".

Co możesz zapamiętać? ☺

1. Inicjatywa to decyzja o podjęciu jakiegoś działania, wiara w sens i skuteczność podjętych kroków, a zatem taka postawa może być wynikiem jedynie wewnętrznego przekonania człowieka o słuszności tego, co zamierza zrobić.
2. Wykazuj się inicjatywą nie tylko w wyjątkowych sytuacjach, bądź taki na co dzień.
3. Nie szukaj wymówek, by usprawiedliwić swój brak inicjatywy – nawet kalectwo, choroba czy wiek nie muszą ci w tym przeszkadzać.

4. Pracuj nad sobą, wyobrażaj sobie efekty, jakie chcesz osiągnąć, inicjuj sytuacje, w których możesz zacząć działać, nie czekaj na zachętę, nie odkładaj nic na później, bądź systematyczny.
5. Ćwicząc swoją inicjatywę, zaczynaj od spraw prostych i stopniowo podnoś poprzeczkę.

Inaczej
o zaufaniu

Spis treści

Rodzaje zaufania 549
   Zaufanie do siebie. 551
   Człowiek godny zaufania. 552

Zaufanie w różnych dziedzinach życia. 556
   Zarządzanie przez zaufanie 557
   Zaufanie a wychowanie 558

Tak ważne, a tak kruche. 560
   Test zaufania 561
   Człowiek sukcesu to człowiek ufny 561

Ciemniejsza strona zaufania 563
   Manipulacja. 563
   Kultura zaufania 563

Tak jest między nami 566
   Miłość, przyjaźń, zaufanie. 566
   Jak ufać, jak być godnym zaufania – praktyczne rady . . .569
   Niezbędnik człowieka budzącego zaufanie. 574

Zaufanie kontrolowane. 577

Co warto zapamiętać? ☺ 579
   Zaufanie do siebie. 579
   Zaufanie w relacjach z ludźmi. 581
   Zaufanie w związkach 582
   Jak zdobyć zaufanie. 583
   Jak wzbudzić zaufanie?. 583
   Brak zaufania. 585

Dodatek ekstra ☺: zaufanie w biznesie 586

Rodzaje zaufania

Zaufanie odbieramy jako coś bardzo cennego, trudno osiągalnego, ale i bardzo nietrwałego, kruchego – bo łatwiej odbudować zburzone miasto niż zburzone zaufanie. Nadajemy mu wysoką rangę w swoim życiu. Traktujemy je jak coś, o co warto się starać, a nawet walczyć. Jako coś, o czym marzymy – czasem skrycie, być może wstydliwie, bo wydaje się nam, że ufanie komuś to oznaka słabości, że to po prostu naiwność.

Tak czy inaczej zaufanie to ogromna wartość.

Kojarzymy ją zwykle z życiem osobistym, uczuciowym – ze związkiem dwojga ludzi, z rodziną, miłością, a także przyjaźnią.

Rzeczywiście – bez wzajemnego zaufania żaden prawdziwy związek nie jest możliwy. Po prostu. Ale chodzi nie tylko o życie osobiste. Zaufanie jest podstawą życia społecznego i wszelkich stosunków międzyludzkich. Kwestię tę rozpatrzyć możemy na dwóch płaszczyznach: pierwsza to: jak sprawić, by inni nam ufali, a druga: jak ufać innym. To jednak nie wszystko. W sumie doliczyłem się co najmniej trzech rodzajów zaufania. Są to:
- zaufanie do samego siebie,
- zaufanie do innych ludzi,
- zaufanie ludzi do mnie.

Zgodnie z definicją zaufanie do jakiegoś obiektu to wiedza lub wiara, że jego działania, przyszły stan lub własności okażą się zgodne z naszym życzeniem. W przypadku relacji międzyludzkich zaufanie dotyczy najczęściej uczciwości drugiej strony wobec nas.

Jest ono jedną z podstawowych więzi – zarówno w rodzinie, jak i grupach społecznych – i bywa szczególnie cenne w sytuacjach kryzysowych.

Zaufanie jest potrzebne właściwie w każdej dziedzinie: w pracy zawodowej, w życiu publicznym – także. Masz co do tego wątpliwości? To zupełnie naturalne, przecież życie uczy nas, że nie każdemu można ufać, że zaufanie komuś jest bardzo ryzykowne, że są ludzie, którzy tylko czekają, by nas oszukać, wykorzystać... A z drugiej strony ludzie są nieufni wobec nas, podejrzliwi, nie chcą być szczerzy.

W kontaktach z ludźmi obowiązuje zasada tak zwanego ograniczonego zaufania, margines bezpieczeństwa. Czy taka asekuracyjna postawa ułatwia nam życie?

Czy rzeczywiście jest wyrazem rozsądku? Niekoniecznie. Czasem rozsądniej jest zaufać, ale właśnie... zaufać rozsądnie. Zaufanie jest bowiem bardzo przydatną umiejętnością. Emocją, która jest niezbędnym składnikiem pełnej dojrzałej osobowości dorosłego i szczęśliwego człowieka. Towarzyszy nam na każdym kroku, chociażby podczas zakupów – bo ufamy np. że jedzenie, które wybieramy, jest zdrowe, smaczne itd. U lekarza, w autobusie czy w windzie także musimy zaufać innym ludziom i wierzyć, że zapewniają nam bezpieczeństwo. Z drugiej strony, gdy my jesteśmy sprzedawcami, pracodawcami, pracownikami, producentami, rodzicami – chcemy, by ufano naszym kompetencjom, intencjom i uczciwości.

Jak zatem ufać i jak być człowiekiem godnym zaufania?

Ale uwaga! Nie mylmy zaufania z nadzieją. Tak samo ważne i często uważane za jedno, w rzeczywistości się różnią.

Nadzieja jest bierna, to wiara w siłę, która przychodzi z zewnątrz – pomoże nam, ochroni. Wierzymy, że wszystko dobrze się ułoży. Samo, bez naszego udziału.

Zaufanie jest aktywne, wypływa z twojego wnętrza. Owszem, Bóg/Los/Siła Wyższa mogą nam wskazać drogę, ale sami musimy nią pójść, pokonując trudności, a wśród nich największą: własny opór, lęki i przyzwyczajenia.

Ufasz sobie, że potrafisz coś zrobić, a jeśli myślisz, że możesz – zrobisz to!

Zaufanie do siebie

No właśnie.... Zacznijmy jednak od początku, czyli od zaufania do siebie samego, bo ono jest podstawą wszelkich innych jego rodzajów.

Otóż to: *możesz, jeśli myślisz, że możesz*. (Oczywiście jeśli jesteś wobec siebie szczery i uczciwy). Ta sentencja najlepiej oddaje istotę zaufania do siebie. W każdej dziedzinie życia. Gdy ufamy sobie: że potrafimy coś zrobić, odpowiednio postąpić w danej sytuacji, wybrnąć z kłopotu czy zjednać sobie ludzi – wówczas jesteśmy na najlepszej drodze, aby osiągnąć założone cele. Do każdego zadania, problemu, człowieka czy grupy podchodzimy wtedy ze spokojem, pewnością siebie i pogodą ducha.

Jesteśmy pewni swych możliwości, pełni pozytywnej energii, która przyciąga równie pozytywną energię – korzystne dla nas zdarzenia, życzliwie nastawionych ludzi, cele, które chcemy osiągnąć. Trzeba tylko skierować na nie całą uwagę, myśleć o nich intensywnie i z przekonaniem, że znajdują się w naszym zasięgu.

Myśli są jak żołnierze walczący w słusznej, czyli naszej, sprawie, pod kierunkiem najwybitniejszego wodza – naszego umysłu. To my nadajemy im kierunek, rodzaj, siłę i decydujemy, czy działają na naszą korzyść czy nie.

Zaufanie do siebie oznacza myślenie o sobie jako o człowieku, który potrafi zrobić to, co chce, może na sobie polegać i realizuje to, co sobie postanowi. Jest to widzenie siebie w roli zwycięzcy: osoby osiągającej sukcesy, niebojącej się porażek, a jeśli już się zdarzą – traktującej je jak kolejne szczeble drabiny sukcesu. To szanowanie siebie, czucie się osobą pogodną, szczęśliwą, lubianą przez ludzi i przede wszystkim – co zawsze idzie w parze z sympatią otoczenia – przez samego siebie. Osoba ufająca sobie jest pełna pozytywnej energii i zgodnie z prawami psychiki taką samą energię przyciąga. A ponieważ energia płynąca z naszych myśli i emocji ma wielką siłę sprawczą, przyciąga do nas pozytywne zdarzenia i ludzi również emanujących pozytywną energią.

Zasada jest prosta: jeśli myślimy o czymś z pozytywnym nastawieniem i silnym pragnieniem – przyciągamy to; jeśli się czegoś obawiamy lub o upragnionym celu myślimy, że pewnie nie uda nam się go osiągnąć – tak właśnie się stanie. Pozytyw przyciąga pozytyw, negatyw – negatyw, wszystko jedno, czy to zgodne z prawami fizyki czy nie.

Jednym zdaniem: gdy mamy do siebie zaufanie, czyli wierzymy w siebie – życie wesprze nas w każdej sytuacji.

Człowiek godny zaufania

Jest uczciwy, honorowy, dotrzymujący słowa, prawdomówny, lojalny, czyli tak zwany porządny człowiek. Zaufaniem obdarzamy osobę, której wierzymy, że będzie nam dobrze doradzać, myśląc o nas, a nie o sobie. Człowiek godny zaufania dotrzymuje obietnic – jeśli mówi, że coś zrobi, robi to. Człowiek godny zaufania robi właściwe, dobre rzeczy, nawet jeśli inni robią złe rzeczy i namawiają go do tego samego. Czyli jest to człowiek z charakterem.

Czy możesz w tej chwili pomyśleć o kimś, kto jest takim właśnie człowiekiem, któremu ufasz bez zastrzeżeń? Komu możesz się zwierzyć, kto dotrzymuje obietnic. Masz kogoś takiego? Czy możesz potwierdzić to teraz przed samym sobą – bez wahania? Mam nadzieję, że tak. Jeśli nie masz takiej osoby, zastanów się, co może być przyczyną takiej sytuacji. Może powód jest w tobie? Dlatego tym bardziej powinieneś przemyśleć zagadnienia, które tu przedstawiam. A czy tobie można ufać? Pomyśl o tym.

Nie ma nic lepszego niż dobry wzór do naśladowania. Spędzaj dużo czasu z kimś, komu ufasz, komu także ufają inni; z kimś, kto twoim zdaniem jest godny zaufania. Zobacz, jaki jest, jak postępuje. Co sprawia, że jest tak wiarygodny. Warto też poznać sylwetki osób, które zapisały się w historii ludzkości jako godne zaufania.

Za chwilę poznasz konkretne wskazówki, które mogą pomóc ci stać się takim właśnie człowiekiem.

Przede wszystkim staraj się stale kontrolować swoje myśli:
- wypełniaj swój umysł pozytywnymi, dobrymi myślami i emocjami,
- negatywne myśli wyrzucaj, gdy tylko się pojawią, i zastępuj je dobrymi,
- staraj się unikać negatywnej energii: przygnębiających informacji, złych słów, toksycznych, tzw. dołujących cię ludzi, którzy sprawiają, że po spotkaniu z nimi czujesz się źle, niepewnie, nie w pełni wartościowy,
- otaczaj się ludźmi o pozytywnej energii, którzy cię wspierają, podtrzymują twoją pewność siebie, w których obecności dobrze się czujesz,
- wyrzuć ze swojego wewnętrznego słownika słowa typu: „nie mogę", „nie potrafię", „nie uda się",
- powtarzaj w myślach i na głos zdanie: „Potrafię to zrobić",
- wyobrażaj sobie siebie jako pogodnego, pełnego energii, lubianego przez ludzi człowieka,

- codziennie mów sobie: „jestem fajny", „lubię siebie", „zasługuję na to, co najlepsze",
- skupiaj całą uwagę na celu, który chcesz osiągnąć, wyobrażaj go sobie i myśl o nim jak najczęściej,
- zobacz w wyobraźni siebie osiągającego wymarzony cel: wyobraź sobie dokładnie, jak w tym momencie wyglądasz, co robisz i mówisz, jak się czujesz.

Możesz, jeśli myślisz, że możesz. Ufasz: sobie – że potrafisz, że możesz – i losowi, Bogu, życiu – że pomoże, że wesprze, dobrze podpowie; że działa na twoją korzyść. Ufasz, a więc słuchasz tych „podpowiedzi", tzw. wewnętrznego głosu (nazywamy go też intuicją). Spróbujmy się zastanowić, co towarzyszy zaufaniu, czyli – w efekcie – co składa się na sukces, udane życie, które osiągniesz dzięki zaufaniu do siebie.

Zastanów się nad poniższymi sugestiami.

AKTYWNOŚĆ – korzystaj z darów-szans, które otrzymujesz; działaj i sam stwarzaj okazje, możliwości, kreuj swoją rzeczywistość: znajduj, wyznaczaj własne cele i konsekwentnie je zdobywaj.

OTWARTOŚĆ – słuchaj podpowiedzi (intuicji, wewnętrznego głosu, życzliwych, mądrych ludzi); próbuj i ucz się nowych rzeczy, nie trzymaj się kurczowo przyzwyczajeń i nawyków, a także zawodów i zajęć, które nie przynoszą ci satysfakcji.

ODWAGA – idź swoją drogą, nie bój się nowości ani zmian, nie zniechęcaj się przeszkodami ani porażkami.

WYBACZENIE – wybaczaj sobie słabości i potknięcia, traktuj je jak kolejne stopnie w drodze do celu.

ZMIANA PROGRAMU – odetnij się od przeszłości, negatywnych zdarzeń i emocji; odrzuć myśli, nawyki i działania narzucone przez wychowanie, standardy obyczajowe, wydarzenia z dzieciństwa i obciążające cię przeżycia.

AKCEPTACJA – pokochaj siebie ze wszystkimi zaletami i słabościami; poczuj się atrakcyjną, pogodną, wartościową i pewną siebie osobą.

ZAUFANIE – uwierz, że możesz mieć to, czego chcesz, i być osobą, jaką chcesz być.

Zmiana wewnętrznego programu jest bardzo ważna w zdobyciu zaufania do siebie, a w efekcie – w osiągnięciu życiowych celów i sukcesów. I takie właśnie zadanie cię czeka, abyś mógł osiągnąć w życiu zamierzone cele. Ale najpierw pomyślmy, co zamierzamy osiągnąć, czyli czym ma się przejawiać nasza wiarygodność, jakim człowiekiem godnym zaufania chcemy być.

A zatem – tak jak w niemal każdym życiowym działaniu – i tutaj wyznaczamy sobie konkretny cel, by potem dążąc do niego, ciągle mieć go przed oczami, by widzieć oczami wyobraźni wymarzony efekt, siebie jako osobę godną zaufania. Ta ekscytująca wizja, przyjemna i kusząca, będzie podtrzymywać nas w działaniu, doda nam sił w trudniejszych momentach. Tak działa siła wizualizacji.

Cel musi być jasny i precyzyjny, musimy go wyraźnie zobaczyć.

Przeczytałem wiele lat temu, że należy mieć autowizerunek – słowo brzmi niezbyt przyjaźnie, ale w praktyce sprawa jest dość oczywista.

Brian Tracy wyjaśnia to pojęcie dokładnie w swojej książce zatytułowanej *Maksimum osiągnięć*. Ujmując to najprościej – autowizerunek jest naszym wymyślonym wizerunkiem, wewnętrznym obrazem osoby, jaką chcielibyśmy być. Jednym słowem: to nasza wymarzona postać. Wymarzona, ale możliwa do osiągnięcia.

Aby stać się osobą ze swojego wymarzonego wizerunku, czyli ożywić autowizerunek, powinniśmy zmienić swój wewnętrzny program: sposób myślenia, działania, reagowania, odczuwania. Tak – odczuwania, bo panowanie nad własnymi emocjami i uczuciami to podstawa świadomego życia. I jest to możliwe.

No właśnie – to, jak odbieramy różne wydarzenia i zachowania ludzi, zależy od nas samych. To my kreujemy naszą rzeczywistość, czujemy radość, smutek lub złość. Nikt nam nie może narzucić żadnej emocji ani uczucia. Gdy nauczymy się kontrolować własne myśli i emocje, które im towarzyszą, staniemy się tą osobą, którą chcemy być: pogodną, atrakcyjną, pewną siebie. Szczęśliwą! Osobą, która MA DO SIEBIE ZAUFANIE.

Zmiana autowizerunku, wewnętrzne „przeprogramowanie", wiąże się z nabyciem zaufania do siebie. Zaufanie do siebie to po prostu jedna z cech, elementów naszego wizerunku, którą powinniśmy w sobie wykształcić.

A więc UFAM SOBIE oznacza:
- akceptuję siebie,
- podobam się sobie,
- szanuję siebie,
- mam jasne, określone cele,
- jestem pewny siebie: swoich umiejętności, wartości, siły i woli,
- kocham siebie.

Zaufanie w różnych dziedzinach życia

Zaufanie to przewidywanie pozytywnych dla nas efektów działań innych ludzi, wiara w ich dobre intencje, oczekiwanie, że dotrzymają obietnic.

Zaufanie ma wiele twarzy – w zależności od rodzaju działalności, z jaką jest związane. Niezależnie jednak od tego, jakiej sfery życia dotyczy, ma jedną bardzo istotną cechę: wymaga wzajemności. Jednostronne zaufanie nie ma przyszłości.

Podobnie jest z brakiem zaufania. Nie znaczy to, że ufać należy każdemu i w każdej sytuacji, ale bez wzajemnego zaufania na dłuższą metę nie można stworzyć żadnej zdrowej, trwałej relacji: ani osobistej, ani zawodowej, ani społecznej. Nieufność jest powodem wielu złych decyzji, wstrzymuje rozwój, zarówno jednostki, jak i całych społeczeństw. Skutkiem braku zaufania są pesymizm, podejrzliwość, negatywne nastawienie ludzi do siebie, a także poczucie, że nie mamy wpływu na politykę i gospodarkę naszego kraju.

Mówiąc najprościej: zaufanie jest ważne i w miłości, i w gospodarce. Stanowi istotny element kapitału społecznego, bez którego niemożliwy jest rozwój demokracji ani budowanie kapitalizmu.

Jej znaczenie podkreślił m.in. słynny amerykański ekonomista, politolog i filozof polityczny Francis Fukuyama. Zaufanie to jedyna droga do wzrostu dobrobytu społecznego i rozwoju demokracji. Nieprzypadkowo Szwecja należy do krajów o najwyższym poziomie zaufania. Dla odmiany Polskę charakteryzuje jego bardzo niski poziom. A dotyczy to zwłaszcza elit rządzących i przedstawicieli biznesu. Jak wykazują badania, w porównaniu z mieszkańcami innych państw Unii Europejskiej Polacy są dość mocno nieufni w stosunku do siebie nawzajem. Tylko 22% obywateli uważa, że większości ludzi można ufać. Jednak zaufanie do bliskich, do rodziny, jest w Polsce stosunkowo wysokie.

Zarządzanie przez zaufanie

Taka diagnoza jest szczególnie istotna w pracy zawodowej czy, mówiąc ogólnie, w życiu publicznym. Sfera ta kojarzy się raczej z kontrolą niż ufnością w uczciwość i szczerość intencji ludzi. A jednak! Powstała nawet metoda zarządzania oparta na zaufaniu. Określa się ją jako „zarządzanie przez zaufanie" – z angielskiego: *trust management, management by trust*. Jest to zbiór działań związanych z kreowaniem systemów i metod, które pozwalają uzależnionym jednostkom dokonywać ocen i decyzji odnoszących się do niezawodności potencjalnych operacji zawierających ryzyko.

Świadome i ukierunkowane budowanie zaufania to kluczowy element strategii zarządzania zaufaniem. W zarządzaniu przez zaufanie istotne są dwa założenia.

- Brak zaufania i podejrzliwość są niejednokrotnie uzasadnione, gdyż w organizacjach rywalizujących i często pozostających w kręgu oddziaływań politycznych zaufanie nieodpowiedniemu obiektowi może się okazać dramatyczne w skutkach.
- W potencjalnie niepewnym, niebezpiecznym, ryzykownym otoczeniu trzeba być doskonale zorientowanym w tym, komu można ufać, komu nie i w jakich warunkach można to uczynić.

Ważne jest rozumienie konieczności dostrzegania zagrożeń. W zarządzaniu przez zaufanie nie chodzi o to, żeby nie ufać, lecz aby decydować o tym, w jakim stopniu ufać i jak budować zaufanie.

Zaufanie a wychowanie

Umiejętność wzbudzania zaufania w innych, a także zdolność do ufania innym ludziom jest ważnym elementem budującym dojrzałą osobowość. Stanowi bowiem podstawę kontaktów międzyludzkich. Aby kontakty te były właściwie, trzeba uczyć się ich od najmłodszych lat. Dlatego w wychowaniu dziecka istotne jest wykształcenie w nim właściwych reakcji i zachowań dotyczących zaufania. Naturalnie najważniejszy jest własny przykład, ale warto również przeprowadzić z dzieckiem swobodną rozmowę na ten temat. Gdy ma siedem, osiem lat, zrozumie, że jeśli komuś ufamy, pozwalamy mu na więcej. Zapytaj je, czy można mu ufać – to znaczy: czy możemy być pewni, że zrobi dobrą rzecz, nawet jeśli nikt nie będzie go pilnował; czy gdy coś obieca – mamie, babci, wychowawczyni w szkole – to dotrzyma słowa. Mały człowiek na pewno weźmie sobie do serca taką rozmowę i będzie cenił w sobie to, że jest godny zaufania.

Warto być człowiekiem godnym zaufania – w pracy, przyjaźni, rodzinie i w związku – bo wtedy łatwiej nam jest porozumiewać się z ludźmi, a przecież żyjemy wśród ludzi i z ludźmi. To jednak musi działać w dwie strony – my również powinniśmy im ufać.

Leonardo da Vinci twierdził, że kto nigdy nie ufa, będzie oszukany – czyli zupełnie przeciwnie, niż uważa wielu z nas – zwykle bowiem słyszymy rady, żeby nie ufać ludziom – nie ufać właśnie po to, by nie dać się oszukać. A tu? Proszę! Nie ufasz – a więc można cię oszukać. Słynnemu renesansowemu artyście i myślicielowi można wierzyć – swój sąd opierał na życiowym doświadczeniu. I zdawał sobie sprawę z praktycznego zastosowania tej cechy. Jego spostrzeżenia potwierdza współczesna psychologia. Z badań na temat przesądów związanych z zaufaniem wynika, że ludzie ufni wcale nie są bardziej lekkomyślni i nie jest łatwiej ich oszukać niż tych, którzy są raczej nieufni w stosunku do świata i życia.

Okazuje się, że łatwiej jest zaufać tym, którzy sami skłonni są ufać innym. A ci, którzy są bardziej nieufni, doznają częściej zawodu i niepowodzenia. W psychologii takie zjawisko nazywa się samospełniającym się proroctwem.

Warto więc podarować innym trochę zaufania, nie tyle ze względu na nich, ale przede wszystkim ze względu na siebie, by czuć się komfortowo w kontaktach z ludźmi i żyć swobodniej bez wiecznej czujności „na pewno ktoś chce mnie oszukać". Nie musi tak być. Możemy tak przeorganizować swoje myślenie o innych, by zdecydować, czy ufamy komuś czy nie, i precyzyjnie to zdiagnozować. Dla własnego dobra.

A zatem – zaufanie to trudna, ale bardzo przydatna sztuka.

Już Napoleon Bonaparte zdawał sobie sprawę, że „handel istnieje tylko dzięki zaufaniu".

Tak ważne, a tak kruche...

Pamiętajmy jednak, że tzw. ślepe zaufanie jest równie niedobre jak brak zaufania. Podejmując ważne decyzje, np. dotyczące ulokowania życiowych oszczędności czy kupienia mieszkania, musimy poświęcić temu znacznie więcej czasu i pracy niż zwykłym zakupom. Bierzmy zawsze pod uwagę, że instytucja, która oferuje nam jakąś superokazję czy promocję, też musi na tej transakcji zarobić. Gdy zatem ktoś proponuje nam lokatę z rocznym oprocentowaniem 20% albo niespotykanie tanią egzotyczną wycieczkę – zastanówmy się, zanim w to wejdziemy. Sprawdźmy wiarygodność sprzedawcy (w dobie Internetu to naprawdę proste), przejrzyjmy i porównajmy inne oferty, poradźmy się znajomych i ludzi z branży.

Nie mylmy zaufania z naiwnością. Jak odróżnić rozsądne zaufanie od naiwności? Przede wszystkim należy dostrzec przesłanki do tego, że ktoś jest godny zaufania. W przeciwnym razie można się bardzo rozczarować.

Zaufanie jest zatem bardzo cenionym, ale i kruchym przymiotem. Trzeba bardzo o nie dbać, bo zdarza się, że mozolnie i długo budowane – traci się w jednej chwili, przez jeden błąd. Zaufanie musi być więc pielęgnowane.

Jak być godnym zaufania? Tu przede wszystkim liczą się czyny – musimy po prostu postępować uczciwie, nie możemy zawieść tych, na których zaufaniu nam zależy. Nie bez powodu mówi się, że wartość człowieka określa to, na ile można mu zaufać. Lojalność – to cecha określająca do pewnego stopnia zaufanie. Jeśli można ci ufać, stajesz się wiarygodnym współpracownikiem, kolegą, sąsiadem, pracodawcą.

Test zaufania

Wyobraź sobie, że sąsiad wyjeżdża na kilka tygodni i na ten czas daje ci klucze od swojego domu, prosząc, byś zadbał o jego kwiaty, przypilnował dobytku i zatroszczył się o zostawionego w domu kota. Sąsiad wraca – kwiaty uschnięte. Tłumaczysz się: niespodziewanie przyjechał mały bratanek i zgubił klucz od domu sąsiada, więc nie mogłeś podlać kwiatów. No dobrze, ale to cię nie usprawiedliwia – przecież mogłeś zapobiec tej sytuacji, zabezpieczyć klucz przed dzieckiem... No tak, mogłeś, ale tego nie zrobiłeś. Potem wychodzi na jaw, że skłamałeś: żadnego bratanka nie było, a ty po prostu zapomniałeś o podlewaniu kwiatów, zapodziałeś klucz i wymyśliłeś historyjkę o dziecku, by się jakoś wytłumaczyć. Czy potem ten sam sąsiad pomoże tobie? Nie, bo nie można ci zaufać.

Człowiek sukcesu to człowiek ufny

Bez zaufania nie dojdziemy do niczego. Jest ono podstawą rozwiązywania naszych życiowych problemów, a to z kolei pozwala nam cieszyć się życiem i utrzymywać jego wysoką jakość. Zastanów się, czy kiedykolwiek udało ci się odnieść długotrwały sukces, nie opierając się na zaufaniu. Jestem pewien, że nie. Podstawą jest oczywiście ufanie sobie – własnym wyborom, intuicji, kompetencjom – wszystkim tym umiejętnościom, które przydają się w życiu, jak to się kiedyś mówiło: osobistym i zawodowym. Jednak ufanie innym to pewne ryzyko – bez niego jednak nie ma sukcesu. No dobrze, zgadzam się – możesz pomyśleć: „ale jak zaufać?". Na jakiej podstawie uwierzyć, że można polegać na drugim człowieku? Jak zaryzykować? Skąd wziąć to zaufanie? To dobre pytanie. Odpowiedź jest prosta, jednak na zastosowanie jej w praktyce potrzeba trochę czasu.

Otóż jestem przekonany, że przyczyną wszystkiego jest nasze postanowienie, chęć zrobienia czegoś lub bycia kimś. Tak więc powiedzenie „wystarczy chcieć" nie jest jedynie pozbawionym treści banałem. Tak – wystarczy, że mocno postanowisz, że chcesz zaufać.

Oczywiście nie oznacza to, że od razu zaufasz – w ten sposób jedynie uruchomisz proces budowania zaufania, myśli nie pojawiają się bowiem ot, tak, po prostu, same z siebie – tylko my możemy o tym zadecydować (nawet jeśli jest to decyzja nieświadoma).

Postanowieniem, które można porównać do nasionka, dajemy impuls, rozkaz naszej podświadomości; rozpoczęliśmy proces kształtowania się rośliny, czyli zaufania.

Ludzka myśl jest więc nasionkiem, od którego wszystko bierze swój początek – potem trzeba je pieczołowicie rozwijać, pielęgnować i krok po kroku dochodzić do celu.

Zaufanie towarzyszy nam w życiu codziennym, nawet jeśli czasem nie jesteśmy tego świadomi. Są osoby, które mimo okazywanego ludziom zaufania (a przynajmniej tym osobom wydawało się, że ufały innym) nie mają najlepszych doświadczeń z tym związanych. Czują zawód, mają wrażenie, że życie pokazało im figę. A może te doświadczenia nie były takie złe? Może były to wskazówki dotyczące dalszego rozwoju?

Może to była cenna lekcja – komu ufać, a komu nie.

Ciemniejsza strona zaufania

Manipulacja

W zasadzie wszystkie relacje – zarówno w biznesie, jak i w życiu osobistym – możemy sprowadzić do mechanizmu typu kupno-sprzedaż.

Wyobraźmy sobie świetnego sprzedawcę. Jeśli chce ci sprzedać – jak to się mówi: wcisnąć – towar dobry, ale zupełnie niepotrzebny i w tym celu przekonuje cię, że bardzo tego czegoś potrzebujesz, mamy do czynienia z manipulacją. Gdy posługując się równie skutecznymi technikami, sprzedawca przekonuje cię do kupna złego, bezwartościowego lub uszkodzonego towaru – to zwykłe oszustwo. Natomiast jeśli sprzedawca, równie umiejętnie jak w dwóch poprzednich przypadkach, wzbudza twoje zaufanie i dobrze ci doradza, pomagając wybrać najlepszy dla ciebie towar – mamy do czynienia z właściwym zastosowaniem zaufania w sprzedaży. Taki sprzedawca jest wiarygodny.

Kultura zaufania

Komu zatem można ufać? Zanim zaufasz komuś, przyjrzyj się, jak żyje, jak pracuje. To bardzo ważne, by ustalić, czy ten ktoś ma szczere intencje, bo właśnie zdobycie zaufania to pierwszy, główny cel wszelkiego rodzaju oszustw, co zresztą jest kolejnym dowodem na to, że zaufanie stanowi podstawę kontaktów międzyludzkich. Z drugiej jednak strony można powiedzieć, że obecnie żyjemy w tzw. kulturze zaufania, czyli że stosunki międzyludzkie, społeczne, opierają się na zaufaniu, nawet jeśli nie do końca zdajemy sobie z tego sprawę.

Kultura zaufania wyróżnia trzy rodzaje oczekiwań:
- **opiekuńcze** – liczenie na stałą, bezinteresowną pomoc innych ludzi; oczekiwanie, że inni będą nastawieni do nas altruistycznie, zawsze skłonni okazać nam swoje wsparcie w trudnych chwilach,
- **aksjologiczne** – liczenie na takie cechy innych ludzi, jak: sprawiedliwość, odpowiedzialność, uczciwość,
- **efektywnościowe** – oczekiwanie, że partnerzy zachowują się w sposób instrumentalny.

Istnieje także tzw. kultura nieufności, która jest przeciwieństwem kultury zaufania. W jej przypadku panuje przekonanie, że ludzie są egoistycznie nastawieni do innych i kierują się w swych działaniach przede wszystkim własnym interesem.

Kwestia ta stała się przedmiotem zainteresowania socjologów, choć dopiero w latach siedemdziesiątych ubiegłego wieku. Z punktu widzenia socjologii kwestia zaufania sprowadza się do swego rodzaju zakładu – polegającego na wybraniu najkorzystniejszej dla danej jednostki możliwości z nadzieją, że wybór się opłaci. To budzi skojarzenia z ekonomią – tu również trzeba nieraz zaryzykować, by zyskać.

Zachowania społeczne są również obarczone pewnym ryzykiem, np. wybierając się na podróż do Hiszpanii z danym biurem podróży, mamy nadzieję, że wrócimy z wakacji zadowoleni; kupując choćby pasztet, musimy ufać, że do jego wyrobu użyto pełnowartościowych składników, tak jak zapewnia producent w opisie na etykiecie. Takie ryzyko podejmujemy codziennie, przykłady można mnożyć. Dlatego ufać trzeba.

Ale – jak twierdzi pisarz Carlo Frabetti – „tylko ten, kto ma odwagę mówić to, co myśli, zasługuje na pełne zaufanie". Być może człowiek taki wyrazi się czasem niezręcznie, a nawet niegrzecznie, ale nie będzie mnie oszukiwał.

W społeczeństwie wyróżniamy kilka grup zaufania. Pierwsza to zaufanie osobiste, czyli krąg najbliższych nam osób, które nie powinny życzyć nam źle – rodzina, przyjaciele, znajomi.

Druga grupa to ludzie piastujący określone funkcje społeczne, przedstawiciele zawodów cieszących się poważaniem społecznym, np. adwokat, lekarz czy nauczyciel na wstępie otrzymuje od nas pewien kredyt zaufania, wierzymy w jego uczciwość i kompetencje, chęć pomocy.

Kolejną grupą są rzeczy obdarzone tzw. zaufaniem technologicznym. Są to towary, które z racji występowania pod pewną marką są traktowane jako lepsze niż te same, ale pod innym szyldem. Takie zaufanie wzmacniane jest jeszcze przez reklamę.

Ludzie odczuwają również zaufanie technologiczne, czyli skierowane do różnych złożonych systemów technologicznych, którymi przesiąkła nasza codzienność – jak choćby wszystko związane z komputerami. Coraz więcej zadań za ludzi wykonują maszyny, co jest miernikiem rozwoju cywilizacyjnego, ale i pewnym zagrożeniem związanym z uzależnieniem życia od maszyn.

Ostatni rodzaj to tzw. zaufanie instytucjonalne, czyli dobre nastawienie do pewnych instytucji, które z racji swoich doświadczeń i długiej tradycji są postrzegane jako przyjazne obywatelowi. Można do tej kategorii zaliczyć np. określoną uczelnię albo bank.

Tak jest między nami

Rodzina, przyjaciele, współpracownicy, sąsiedzi, bliżsi i dalsi znajomi – ludzie stanowią znaczną część naszej rzeczywistości: zdarzeń, myśli i uczuć. Dlatego to, jak układają się nasze relacje z nimi, ma dla nas ogromne znaczenie. Od dobrych lub nie najlepszych relacji z ludźmi zależy nie tylko nasze życie osobiste, ale także sukcesy zawodowe i szczęście w ogólnym znaczeniu. Wciąż wiele jest osób samotnych i nieszczęśliwych, rozpadają się związki... Zapytasz: „co to ma wspólnego z zaufaniem?". Bardzo wiele. Jak już pisałem, zaufanie to podstawa, bez której nie można stworzyć żadnej trwałej relacji.

Miłość, przyjaźń, zaufanie

Wyobraźmy sobie na przykład rodzinę, w której żona nie ufa mężowi. Nieważne są tu przyczyny – złe doświadczenia z przeszłości, zaniżone poczucie własnej wartości, tzw. grzechy młodości małżonka czy „życzliwe" podszepty znajomych.

Efekt? Każde wyjście z domu, późniejszy powrót z pracy, „tajemniczy" telefon czy SMS, o służbowych kolacjach i wyjazdach nie mówiąc, wywołują ciąg frustracji i podejrzeń manifestowanych złym humorem partnerki, „podchwytliwymi" pytaniami czy, co gorsza, sprawdzaniem wiarygodności partnera w innych źródłach, np. u kolegów z pracy, albo kontrolowaniem go tzw. trzymaniem na krótkiej smyczy (nieustanne telefony, sprawdzanie, gdzie jest i co robi). Niewiele ma to wspólnego z miłością, bo jej podstawą jest zaufanie. A że wszystkiego sprawdzić się nie da, pozory często mylą, a rzeczywistość jest taka, jaką ją sami stwarzamy – związek bardzo szybko zamieni się w koszmar. Dla obu stron. Tym bardziej że czarne scenariusze lubią się sprawdzać, negatywne myśli i emocje przyciągają negatywne wydarzenia, działa tu więc tzw. samospełniające się proroctwo. Mówiąc najprościej – nasze wyobrażenia mogą nabrać całkiem realnych kształtów, zwłaszcza że nikt nie lubi być podejrzewany bez powodu. W ten sposób z najbardziej niewinnego człowieka można zrobić winowajcę.

Niełatwo też czuć się pod kontrolą i presją niezadowolenia partnera. A poczucie winy, które bywa wywoływane u współmałżonka jako „utajnione" narzędzie kontroli („muszę wrócić do domu o 20.00, bo ona będzie nieszczęśliwa", „muszę dziś posprzątać piwnicę, bo inaczej ona zrobi to sama i będzie ją bolał kręgosłup"), to najbardziej destrukcyjne z uczuć i wzbudzanie go u partnera jest zaprzeczeniem miłości (poza miłością własną, oczywiście).

Podobnie nie powinno się próbować zmieniać partnera, bo w ten sposób mówimy mu, że jest zbyt mało wart, podważamy jego pewność i zaufanie do siebie.

A co się dzieje, jeśli wątpimy w uczciwość i tzw. przyzwoitość partnera, i mamy do tego powody? Jak można żyć z kimś takim pod jednym dachem, dzielić osobiste i rodzinne tajemnice, mieć wspólny dom, konto i wspólne dzieci?

W dobrym związku oboje partnerzy powinni czuć się pewnie i bezpiecznie.

Zasadą powinno być spodziewanie się po partnerze najlepszych rzeczy, a najpiękniejszym wyznaniem miłości są słowa: „kocham cię i ufam ci". O miłości świadczy też zaangażowanie w rozwój potencjału partnera i umacnianie jego wiary w siebie. Taką definicję stworzył W. Scott Peck: „Miłość to całkowite zaangażowanie w rozwój potencjału drugiej osoby. Kochająca osoba powinna podkreślać, że wierzy w partnera i zrealizowanie jego celów. Wzajemne wsparcie i umacnianie zaufania do siebie są największym darem i dowodem miłości".

Bez zaufania niemożliwa jest też prawdziwa przyjaźń. Nawet w definicji przyjaźni występuje słowo „zaufanie". Jak pisze Argyle w *Psychologii stosunków międzyludzkich* – „przyjaciele to osoby zaufane. Przyjaźń rządzi się swoimi regułami, a ich złamanie grozi utratą przyjaciół".

Najistotniejszą rolę odgrywają reguły związane z zaufaniem:
- dotrzymywanie tajemnic,
- brak wzajemnego publicznego krytykowania,
- trzymanie strony przyjaciela pod jego nieobecność.

Bliskie przyjaźnie, podobnie jak miłość, są związkami społecznymi, w których ważne są idee wspólnoty, lojalności i dbałości o dobro drugiej osoby.

W badaniach przeprowadzonych przez Argyle'a i Henderson za najważniejsze powody zerwania przyjaźni i złamanie obowiązujących w przyjaźni reguł uznano:
- omawianie z innymi osobami powierzonych sobie przez przyjaciół sekretów,
- niewiarę lub brak zaufania do siebie nawzajem,
- publiczną krytykę przyjaciela,
- nieokazywanie emocjonalnego wsparcia.

Zastanów się zatem, czy jesteś godny zaufania. W Internecie można znaleźć wiele testów sprawdzających to. Testy sprawdzające zaufanie bardzo przydają się także w sferze zawodowej. Pracodawca może skorzystać z gotowych zestawów pytań, z których dowie się – przynajmniej w ogólnym zarysie – czy może zaufać swojemu pracownikowi.

Warto przemyśleć tę sprawę, zanim powierzy się komuś stanowisko.

Tylko komuś, komu w pełni ufamy, możemy powierzyć siebie, swoje interesy i życie. Tylko przed taką osobą możemy się w pełni otworzyć bez obawy, że nas źle oceni lub – co gorsza – wykorzysta nasze uczucia, pomysły i umiejętności. Ale bez tej otwartości, bez możliwości zawierzenia drugiej osobie, nie jest możliwy ani naprawdę bliski związek osobisty – przyjaźń, miłość – ani współpraca zawodowa czy jakiekolwiek wspólne działania, np. twórcze lub artystyczne.

Jak ufać, jak być godnym zaufania – praktyczne rady

Zatem: ufać czy nie ufać? Oczywiście – ufać, ale… z pewną dozą ostrożności. I starać się wzbudzać zaufanie, a potem stale je pielęgnować. To ogromnie ważne. A że inni ludzie również mogą do nas podchodzić z "pewną dozą ostrożności", czasem nawet całkiem dużą, np. gdy wcześniej się na kimś zawiedli lub są z natury nieufni, powinniśmy ich zachęcić, przekonać, że można nam zaufać. Ba, łatwo powiedzieć… Ale jak to zrobić? Najlepiej skorzystać z dobrych wzorców. Przeanalizujmy przyczyny, ustalmy, co sprawia, że ludzie przyciągają do siebie innych, że są lubiani i wiarygodni.

Doświadczenie uczy, że równie często jesteśmy skłonni do zaufania, jak i podejrzliwi w stosunku do ludzi i rzeczy. Decydują o tym indywidualne cechy psychologiczne, ale także pewne reguły kulturowe. To, czy wyznajemy "kulturę zaufania" czy "kulturę nieufności", może mieć wpływ na funkcjonowanie społeczeństwa.

Zaufanie jest korzystne zarówno dla osoby, która nim obdarza, jak i dla osoby, która jest nim obdarzana. Jeśli komuś ufamy, działamy swobodniej, nie mamy paraliżujących obaw, nie musimy nikogo kontrolować ani upewniać się. A osoba, której się ufa, wolna jest od stresującego ją ciągłego sprawdzania czy kontrolowania. Należy jednak pamiętać, że ufać można tylko osobie, która jest tego godna – czyli takiej, która dotrzymuje słowa, jest uczciwa i tak dalej. Musimy więc dobrze ulokować swoje zaufanie. Takie rozgraniczenie jest istotne, bo ufności nie można mylić z naiwnością – absolutnie cię do tego nie namawiam – i należy zdać sobie sprawę, że wokół nas są osoby w ogóle zaufania niegodne. Należy je zidentyfikować i jeśli nie można unikać kontaktów z nimi, to trzeba ustalić sposób postępowania z nimi (dotyczy to też rzeczy czy instytucji). Relacje z nimi powinny opierać się na... całkowitej nieufności. To również może przynieść obopólne korzyści. Nie ufając, unikamy bowiem rozczarowań, zwiększamy czujność, zabezpieczamy się przed zagrożeniem. A osoba, którą określiliśmy jako niegodną zaufania i tak ją traktujemy, być może dzięki temu poprawi swoje postępowanie i z czasem zmieni się na tyle, że będzie można jej zaufać.

Istotnym czynnikiem sprawiającym, że ludzie się lubią i sobie ufają, jest podobieństwo. Ludzie lubią osoby o podobnych postawach, przekonaniach, systemie wartości, pochodzeniu, zainteresowaniach, zawodzie i sposobie spędzania wolnego czasu. Bardzo zbliża też przynależność do tej samej organizacji, klubu czy kościoła. Ważne jest także to, w jaki sposób oceniamy innych ludzi. Im bardziej podobne kryteria oceny (np. cenimy mądrych a nie ładnych, prostolinijnych, a nie sprytnych), tym człowiek wydaje nam się bliższy. Co ciekawe – podobne osobowości nie przyciągają się tak silnie jak ludzie o podobnych zainteresowaniach, a w ogóle większe znaczenie ma brak podobieństwa – jest to tzw. hipoteza odpychania. Negatywne odczucia działają silniej niż pozytywne, łatwiej zniechęcić swoją odmiennością niż przyciągnąć podobieństwem.

I co z tego wynika? Można powiedzieć, że ciągnie nas do swoich. Lubimy i jesteśmy skłonni obdarzyć zaufaniem ludzi, których za „swoich" uważamy.

Oczywiście nie chodzi o to, żeby udawać lustrzane odbicie osoby, której sympatię i zaufanie chcemy zdobyć, nagle zmieniać system wartości, hobby czy religię. Chodzi o znalezienie i umiejętne podkreślenie podobieństw przy jednoczesnym łagodzeniu różnic. Może nie zawsze warto wdawać się w wojnę do ostatniej krwi z powodu innych poglądów czy upodobań, jeśli więcej pożytku i radości przyniesie nam zaufanie tej osoby. A co do wspólnego hobby – choć jak mówiłem, nic na siłę, zawsze wzbudzimy zaufanie, gdy będziemy otwarci na innych ludzi, na ich poglądy i zainteresowania; gdy zamiast opowiadać o swoich wyczynach, skupimy się z życzliwą uwagą na tym, co inni mają nam do powiedzenia. Zainteresowanie okazywane drugiemu człowiekowi jest kluczem do wzbudzenia zaufania. Oczywiście pod warunkiem, że opowieści, a zwłaszcza tajemnice, które nam powierzy, zachowamy dla siebie.

Podobieństwo zbliża, brak podobieństwa odpycha.

Kolejnym czynnikiem przyciągającym do nas drugą osobę jest zaspokajanie jej potrzeb. Zrobiono kiedyś badania w zakładzie poprawczym dla dziewcząt. Najbardziej lubiane i budzące zaufanie okazały się te dziewczyny, które chroniły inne osadzone i im pomagały.

Zaufaniem obdarzamy osoby życzliwe, które nas wspierają. Nie budzą zaufania ludzie dominujący, agresywni, skupieni na zaspokajaniu własnych potrzeb i wymagający tego od innych.

Ludzie zaczynają mieć zaufanie do innych, gdy mogą się przed nimi bezpiecznie otworzyć: są pewni, że druga osoba nie odrzuci ich ani nie wyśmieje, że nie wykorzysta ich wyznań dla zdobycia nad nimi kontroli lub przewagi i nie przekaże ich tajemnic osobom trzecim.

Uczucia działają na zasadzie sprzężenia zwrotnego. Zwykle lubimy tych, którzy nas lubią, którzy okazują nam zainteresowanie i zrozumienie.

Zaufanie wiąże się ze wspólnymi sprawami, które łączą ludzi. Przyjaciele, pary małżeńskie, współpracownicy mają swój wspólny świat: zajęcia, cele i marzenia, problemy i radości codziennego życia. Jak pisze Argyle: „wspólne spędzanie wolnego czasu łączy ludzi we wzajemnie podtrzymujące się sieci, przynależność towarzyska zaś dostarcza wsparcia społecznego".

Wciągając w nasz świat drugą osobę lub tworząc z nią coś wspólnego, otwieramy się, ujawniamy nasze myśli, plany i marzenia. Działamy razem, wzajemnie się wspieramy, gramy do jednej bramki. To buduje i umacnia zaufanie. A zaufanie jest pochodną wspólnego działania.

Budowanie zaufania to długotrwały i skomplikowany proces, zwłaszcza że pod wpływem negatywnych czynników w bardzo krótkim czasie można je stracić. Jednocześnie jednak uważa się, że w miarę kolejnych pozytywnych doświadczeń zaufanie się umacnia i niełatwo je wtedy podważyć.

Z pewnością im relacja krócej trwa, im jest nowsza, tym zaufanie będzie bardziej kruche. Utrwala się bowiem z upływem czasu, wraz z rozwojem i zacieśnianiem znajomości. Jak to się mówi – sprawdza się w boju. Ale już wiemy, że bez zaufania nie stworzymy żadnej trwałej relacji.

Jak je zatem budować?

Zaufanie ma swoich sprzymierzeńców i przeciwników, którzy pomagają lub przeszkadzają w jego narodzeniu i rozkwicie. Sprzymierzeńcami zaufania są: kompetencja, życzliwość, otwartość.

Na niekorzyść działają:
- niewystarczające wsparcie „sprzymierzeńców", czyli niedostateczne kompetencje, brak otwartości i życzliwości,
- niepewność, brak wiary w siebie,
- oparta na błędnych przypuszczeniach ocena partnera i sytuacji.

Ważnym elementem w budowaniu zaufania jest tzw. ryzyko sytuacyjne, również podlegające naszej subiektywnej ocenie. Gdy ryzyko postrzegamy jako małe, nasze zaufanie rośnie; przy wysokiej ocenie stopnia ryzyka trudno nam będzie zaufać partnerowi, wejść w relację osobistą lub biznesową.

Istnieje jednak i druga strona medalu: w ryzykownej sytuacji zaufanie działa jak panaceum, pomaga nam radzić sobie z ryzykiem. Jak stwierdził Robert Mayer, prawnik i zawodowy mediator, do którego klientów należą rządy, potężne korporacje, gwiazdy mediów i sportu: „ludzie najpierw kupują zaufanie, a potem idee".

Argumenty nie działają na uczucia, choćby były najmocniejsze i logiczne. Najważniejsze, żeby ludzie czuli się z nami dobrze, i uważali za wiarygodne to, co mówimy. Ufali, że nie chodzi nam tylko o to, by osiągnąć cel.

Obdarzenie kogoś zaufaniem oznacza, że ta osoba jest według nas uczciwa, że dba nie tylko o własne interesy, ale troszczy się też o dobro innych: jest szczera, dotrzymuje danego słowa, zobowiązań i terminów, potrafi dochować sekretu.

Zatem jeśli chcemy wzbudzać zaufanie, również musimy spełniać te warunki. I grać w otwarte karty. I tu powstaje pytanie – co zrobić, żeby inni nam uwierzyli?

Aby zdobyć zaufanie:
- bądź uczciwy i szczery, także wobec siebie,
- zawsze dotrzymuj danego słowa, zobowiązań i terminów,
- dochowuj sekretów,
- dbaj nie tylko o własne interesy, troszcz się też o dobro innych.

Bardzo ważne jest to, jakie wrażenie robisz na drugim człowieku. Można by zaryzykować stwierdzenie, że w przypadku zaufania ważniejsza jest forma niż treść. No, na pewno równie ważna. Potwierdzają to badania „New York Timesa", z których wynika, że ponad połowa Amerykanów wierzy w wypowiedzi lokalnych prezenterów telewizyjnych, natomiast dziennikarzom prasowym, choćby pisali dokładnie to samo, co mówią w telewizji, ufa tylko jedna trzecia badanych. Wniosek? Zaufanie wiąże się z bezpośrednim kontaktem – z tym, jakie wrażenie robimy na słuchaczu, co może wyczytać z naszej twarzy i gestów.

A tak to ujął Robert Mayer: „Jesteś czymś więcej niż tylko głosem płynącym z głośnika. To ty, żywy, oddychający, przyciągasz uwagę zainteresowanych, masz możliwość nawiązywać kontakt z ludźmi. Stworzyć w nich doznanie wygody, wiarygodności i zaufania".

W uzupełnieniu Mayer podaje przykład osoby, która przyciąga do siebie ludzi i wzbudza ich zaufanie. To człowiek naturalnie otwarty, przyjacielski, który niczego nie chce ci sprzedać, nie próbuje nikogo omotać ani wspinać się po drabinie społecznej.

Większość tych „przyciągających" cech można w sobie wypracować i wykorzystać (w dobrym tego słowa znaczeniu) w kontaktach z ludźmi, aby wzbudzić ich zaufanie i sympatię.

Niezbędnik człowieka budzącego zaufanie

- Okazuj drugiej osobie zainteresowanie jej uczuciami, myślami, zajęciami.
- Podczas rozmowy więcej słuchaj niż mów.
- Jeśli jesteś sprzedawcą, okazuj klientowi zaangażowanie, bądź „rzecznikiem" jego interesów.
- Nie wstydź się własnych słabostek – ludzie je uwielbiają, a okazywanie ich czyni cię wiarygodnym.
- Rozmawiaj z ludźmi o tym, co uważają za ważne.

- Umacniaj w ludziach poczucie własnej wartości.
- Okazuj akceptację i solidarność.
- Bądź empatyczny, stwarzaj emocjonalna więź z rozmówcą.
- Unikaj wychwalania się i przesady.
- Nie nadużywaj definitywnych stwierdzeń, takich jak: „zawsze", „nigdy", „najlepiej".
- Stosuj zasadę Mary Kay Ash: nie żałuj czasu, by sprawić, że druga osoba poczuje się ważna.

Zawsze punktowana jest szczerość. Okazywanie słabości, a zwłaszcza poczucie humoru czynią nas bardziej wiarygodnymi. Wolimy „zwykłych" ludzi, podobnych do nas, „swojskich", niewywyższających się, dających nam poczucie, że jesteśmy kimś ważnym, lepszym. Na tych podstawowych prawdach potrafią opierać swoje kampanie reklamowe znane firmy. I odnoszą sukcesy!

Linie lotnicze United Airlines zamiast bannerów reklamowych rozwieszały ulotki ze skargami pasażerów i własnymi obietnicami poprawy. Z kolei Nike, odnosząc się do krytyki za wyzysk pracowników w zagranicznych filiach koncernu, wykorzystywała w reklamach slogan: „Nike zgadza się – we wszystkim, co robimy, „dobrze" to zbyt mało. Możemy być jeszcze lepsi!".

A oto kolejne, niezwykle istotne, sposoby przekazu informacji o sobie, które mogą pomóc wzbudzić zaufanie lub to udaremnić.

Gesty
Nie gestykulujmy zbyt gwałtownie, bo to sprawia wrażenie chaosu i odrywa uwagę od treści wypowiedzi. Z kolei brak gestykulacji oznacza brak emocji. Jeśli w dodatku skrzyżujemy dłonie na klatce piersiowej, wytworzymy barierę odpychającą ludzi.

Gdy mówiąc, gestykulujemy spokojnie, podkreślając słowa, jesteśmy odbierani jako osoby racjonalne i poukładane wewnętrznie, a to zawsze budzi zaufanie.

Twarz

Z naszej twarzy można wyczytać więcej, niż byśmy chcieli. Zanim „ubierzemy" ją w to, co chcemy pokazać, przez chwilę pojawiają się na niej tzw. mikroekspresje odzwierciedlające prawdziwe emocje. Trafiają one do podświadomości rozmówcy. To dlatego czasem czujemy, że ktoś jest nieszczery, choć uśmiecha się do nas przyjaźnie. Wniosek? Udawanie nie popłaca.

Oczy

Patrzenie prosto w oczy, powszechnie uchodzące za oznakę szczerości, nie zawsze odnosi pożądany skutek. Gdy zbyt długo i natarczywie wpatrujemy się w czyjeś oczy, może się poczuć niezręcznie lub odebrać nas jako osoby agresywne czy bezczelne.

- Bezpośredni kontakt wzrokowy nie powinien trwać dłużej niż przez 60–70% spotkania.
- Uciekanie wzrokiem w dół oznacza, że nie chcesz o czymś mówić.
- Patrzenie w górę sugeruje, że zmyślasz.
- Przerzucanie spojrzenia z jednego oka na drugie dekoncentruje rozmówcę lub – w przypadku osoby płci przeciwnej – wskazuje na ochotę na flirt.
- Patrzenie na usta podkreśla wrażenie osoby chętnej do flirtowania.

Rada?

Najlepiej jest patrzeć w bok, a przy bliskim kontakcie skupiać wzrok na jednym oku rozmówcy.

Postawa

Skrzyżowane na piersiach ręce, noga założona na nogę, odchylone do tyłu ciało – taka postawa oznacza, że nie mamy ochoty na kontakt. Rozmówca nie będzie się czuł przy tobie swobodnie i nie odbierze cię jako osoby przyjacielskiej i godnej zaufania.

Co zrobić, by wzbudzać zaufanie i przyciągać ludzi do siebie?

- Przyjmuj postawę otwartą: ręce rozchylone, dłonie na wysokości pasa, wewnętrzną stroną do rozmówcy.
- Nie przysiadaj na skraju krzesła – to stwarza wrażenie braku swobody i poczucia bezpieczeństwa, które może udzielić się rozmówcy.

Nogi

Splątane, schowane pod krzesło, wykrzywione stwarzają dystans i sugerują niepewność lub stres.

Rada?

- Zostaniesz odebrany pozytywnie, gdy ułożysz nogi luźno i swobodnie, a stopy skierujesz w stronę rozmówcy.
- Jeśli znając już mowę swojego ciała, przyjmiesz postawę odzwierciedlającą pozytywne uczucia, wywołasz w sobie takie właśnie dobre emocje. A wtedy z pewnością zostaniesz odebrany jako osoba pozytywna, pociągająca i wzbudzająca zaufanie.

Zaufanie kontrolowane

Budowanie zaufania, umiejętność zarządzania nim i świadomość jego znaczenia mają decydujący wpływ na losy współczesnych przedsiębiorstw, organizacji, a nawet społeczeństw oraz przyczyniają się do ich rozwoju lub upadku. Zaufanie lub jego brak może zaważyć na całym naszym życiu, dlatego dbajmy o nie, rozwijajmy i umacniajmy jego pozytywne strony oraz uczmy się nim zarządzać.

A że zacząć, jak zwykle, należy od siebie, na zakończenie wróćmy do autozaufania, bo tylko ufając sobie, możemy osiągnąć cele i spełnić marzenia.

Posłuchajmy raz jeszcze słów Briana Tracy: „Kiedy zaczniesz w pozytywny, ufny sposób myśleć o najważniejszych aspektach twojego życia, przejmiesz panowanie nad tym, co cię w nim spotyka. Zasiejesz pozytywne przyczyny i zbierzesz pozytywne skutki. Zaczniesz mocniej wierzyć w siebie i w swoje możliwości".

A wtedy:
- przyciągniesz do siebie pozytywnych ludzi i sytuacje,
- twoje zewnętrzne życie wyników stanie się zgodne z wewnętrznym światem konstruktywnego myślenia.

Zmień sposób myślenia, a twoje życie się odmieni. I jak w każdej dziedzinie – ćwiczenie czyni mistrza. Ćwiczmy zatem afirmację – mówmy sobie słowa i zdania, które nas niejako zaprogramują pozytywnie – codziennie, na głos i po cichu.

Oto proponowane afirmacje na zaufanie:
- Wszystko jest dobrze. Wszystko dzieje się dla mojego najwyższego dobra. Z tej sytuacji wyniknie tylko dobro. Jestem bezpieczny.
- Potrafię poradzić sobie w każdej sytuacji.
- Ludzie kochają mnie i akceptują takiego, jakim jestem, tu i teraz.
- Kocham siebie. Nie jestem ani za mało, ani za bardzo jakiś i nie muszę się przed nikim wykazywać.
- Uwalniam się od wszelkich lęków. Jestem bezpiecznym i silnym człowiekiem.

- Jestem bezpieczny, uzewnętrzniając swoje uczucia. To, co daję innym, powraca do mnie.
- Jestem swoim niepowtarzalnym ja, unikalnym i twórczym.
- Mam tysiące możliwości.
- Jestem bezpieczny i spełniam się we wszystkim, co robię.
- Zasługuję na to, co najlepsze, i akceptuję to, co najlepsze, teraz!
- Życie spełnia wszystkie moje potrzeby. Ufam życiu.
- Wszystkie życiowe zmiany, które mnie spotykają, są pozytywne.
- Zasługuję na sukces i akceptuję go teraz.
- Potrafię dobrze o sobie myśleć. Potrafię dokonywać pozytywnych zmian. Mogę to zrobić!

Prawda, że budujące? Naturalnie każdy z nas może modyfikować zaproponowane afirmacje na własny użytek: dodać coś od siebie, dostosować je do własnej sytuacji i charakteru.

Mam nadzieję, że sporo o zaufaniu napisałem.

Kosztowało mnie to dużo wysiłku i skupienia.

Co warto zapamiętać? ☺

A zatem jeszcze raz:

Zaufanie to przewidywanie pozytywnych dla nas efektów działań innych ludzi, wiara w ich dobre intencje, oczekiwanie, że dotrzymają obietnic.

Zaufanie do siebie

Ufać sobie, znaczy:
- akceptować siebie,
- podobać się sobie,

- szanować siebie,
- mieć jasne, określone cele,
- być pewnym swoich umiejętności, wartości, siły i woli,
- kochać siebie.

Aby sobie zaufać:
- Bądź aktywny; korzystaj z szans, które otrzymujesz, i sam stwarzaj okazje; kreuj swoją rzeczywistość.
- Wyznaczaj własne cele i konsekwentnie je zdobywaj.
- Słuchaj podpowiedzi intuicji i życzliwych, mądrych ludzi.
- Bądź otwarty, ucz się nowych rzeczy, nie trzymaj się kurczowo przyzwyczajeń i nawyków, a także zawodów i zajęć.
- Idź swoją drogą, nie bój się zmian.
- Nie zniechęcaj przeszkodami ani porażkami, wybaczaj sobie słabości i potknięcia.
- Odetnij się od przeszłości, negatywnych zdarzeń i emocji.
- Pokochaj siebie, poczuj się atrakcyjną, pogodną, wartościową osobą.
- Uwierz, że możesz mieć to, co chcesz, i być osobą, jaką chcesz być; czuj i zachowuj się jak **zwycięzca**.

Kontroluj swoje myśli:
- Wypełniaj umysł pozytywnymi myślami i emocjami.
- Negatywne myśli wyrzucaj, a zastępuj je dobrymi.
- Staraj się unikać przygnębiających informacji, złych słów, toksycznych ludzi.
- Otaczaj się ludźmi o pozytywnej energii, którzy cię wspierają.
- Wyrzuć ze swojego wewnętrznego słownika słowa: „nie mogę", „nie uda się".
- Powtarzaj w myślach i na głos zdania: „Potrafię to zrobić", „Uda mi się".
- Wyobrażaj sobie siebie jako pogodnego, lubianego człowieka.

- Codziennie mów sobie: „jestem fajny", „lubię siebie", „zasługuję na to, co najlepsze".
- Skupiaj całą uwagę na celu, który chcesz osiągnąć, wyobrażaj go sobie.
- Zobacz w wyobraźni siebie osiągającego wymarzony cel.

Kiedy zaczniesz w pozytywny, ufny sposób myśleć o najważniejszych aspektach swojego życia:
- przejmiesz panowanie nad tym, co cię w nim spotyka,
- przyciągniesz do siebie pozytywnych ludzi i sytuacje

Zaufanie w relacjach z ludźmi

Od relacji z ludźmi zależy nie tylko nasze życie osobiste, ale także sukcesy zawodowe i szczęście w ogóle. Zaufanie wzbudzają wspólne zainteresowania, system wartości i zajęcia.
- Podkreślaj to, co łączy cię z drugą osobą.
- Nie podkreślaj różnic.
- Znajdź obszar i możliwość wspólnych działań: projektów zawodowych, zainteresowań, spędzania wolnego czasu.

Bądź otwarty, wprowadzaj drugą osobę do swojego świata: zapraszaj do domu, dziel się problemami i radościami.

Podobieństwo zbliża, brak podobieństwa odpycha. Zaufanie jest pochodną wspólnego działania. Zaufaniem obdarzamy osoby, które nas wspierają; nie budzą zaufania ludzie skupieni na zaspokajaniu własnych potrzeb.
- Staraj się pomagać ludziom i ich wspierać.
- Bądź życzliwy i bezinteresowny.
- W rozmowach, wspólnych planach i działaniach nie okazuj dominacji.
- Staraj się działać z empatią, wczuwać w nastroje i odczucia drugiej osoby.

- Bądź zawsze „po jej stronie".
  Zwykle lubimy tych, którzy nas lubią, okazują nam zainteresowanie i zrozumienie.
- Bądź otwarty na innych.
- Pozwól rozmówcy opowiedzieć o sobie, skup się na nim.
- Nie przerywaj.
- Gdy druga osoba mówi o ważnych dla niej sprawach, nie wtrącaj swoich opinii ani opowieści o sobie.
- Nie bagatelizuj problemów drugiej osoby ani jej uczuć.
- Powstrzymaj się od złośliwych, negatywnych komentarzy.
- Jeśli masz odmienną opinię, wyraź ją w sposób łagodny i życzliwy.
- Argumentuj, nie oceniaj.

Okazuj sympatię i akceptację osobie, której zaufanie chcesz zdobyć.

Zaufanie w związkach

W dobrym związku oboje partnerzy powinni czuć się pewnie i bezpiecznie. Wzajemne wsparcie i umacnianie zaufania do siebie są największym darem i dowodem miłości.

- Okazuj partnerowi zaufanie.
- Nie próbuj zmieniać partnera, bo podważysz jego pewność i zaufanie do siebie.
- Podkreślaj, że wierzysz w partnera i zrealizowanie jego celów.

Bliskie relacje z ludźmi oparte są na regułach przyjaźni. Aby nie stracić zaufania:
- nie omawiaj z innymi osobami sekretów powierzonych przez przyjaciela,

- nie krytykuj bliskiej osoby publicznie,
- okazuj przyjacielowi emocjonalne wsparcie,
- wobec innych ludzi zawsze bądź po ich stronie

Jak zdobyć zaufanie

Osoba wiarygodna jest:
- uczciwa,
- szczera,
- życzliwa,
- otwarta,
- kompetentna,
a ponadto:
- dotrzymuje danego słowa, zobowiązań i terminów,
- dochowuje sekretów,
- dba nie tylko o własne interesy, troszczy się też o dobro innych.

Jak wzbudzić zaufanie?

Aby wzbudzić zaufanie:
- okazuj drugiej osobie zainteresowanie jej uczuciami, myślami, zajęciami,
- podczas rozmowy więcej słuchaj niż mów,
- bądź empatyczny, stwarzaj emocjonalną więź z rozmówcą,
- umacniaj w ludziach poczucie własnej wartości,
- okazuj akceptację i solidarność,
- unikaj wychwalania się i przesady,
- nie wstydź się własnych słabostek, okazywanie ich czyni cię wiarygodnym,

- nie przekazuj zdobytych w osobistej rozmowie informacji innym ludziom,
- stosuj zasadę Mary Kay Ash: nie żałuj czasu, by sprawić, że druga osoba poczuje się ważna.

Zawsze graj w otwarte karty; udawanie na dłuższą metę się nie sprawdza.

Zaufanie wiąże się z bezpośrednim kontaktem, z tym, co można wyczytać z naszego wyglądu, twarzy i gestów.

- Nie gestykuluj zbyt gwałtownie – rób to spokojnie, podkreślając słowa.
- Nie krzyżuj dłoni na klatce piersiowej.
- Nie wpatruj się w natarczywie w oczy rozmówcy, bezpośredni kontakt wzrokowy nie powinien trwać dłużej niż przez 60–70% spotkania.
- Nie uciekaj wzrokiem w dół – to oznacza, że nie chcesz o czymś mówić.
- Nie patrz w górę – to sugeruje, że zmyślasz.
- Nie przerzucaj spojrzenia z jednego oka rozmówcy na drugie – to go dekoncentruje i wskazuje na chęć do flirtu.
- Zapytany o coś, patrz w bok, a przy bliskim kontakcie skupiaj wzrok na jednym oku rozmówcy.
- Nie krzyżuj rąk na piersiach, nie zakładaj nogi na nogę, a siedząc, nie odchylaj ciała do tyłu.
- Przyjmuj postawę otwartą: ręce rozchylone, dłonie na wysokości pasa, wewnętrzną stroną do rozmówcy.
- Nogi ułóż luźno i swobodnie, a stopy skieruj w stronę rozmówcy.
- Twój strój powinien być zgodny ze stereotypem przedstawiciela danej profesji i jego stanowiska.

Przyjmując postawę odzwierciedlającą pozytywne uczucia, wywołasz w sobie takie właśnie dobre emocje. Będziesz odebrany jako osoba pociągająca i wzbudzająca zaufanie.

Brak zaufania

Skutkami braku zaufania są:
- pesymizm, podejrzliwość, negatywne nastawienie ludzi do siebie nawzajem,
- niemożność powstania żadnej trwałej relacji osobistej, zawodowej ani społecznej,
- wstrzymanie rozwoju – zarówno jednostki, jak i społeczeństwa,
- niemożność zbudowania prawdziwej demokracji.

Zaufanie oznacza poczucie bezpieczeństwa, a lęk jest bardzo złym doradcą, za to skutecznym hamulcem – zarówno w relacjach osobistych, jak i biznesowych.

Nie mniej szkodliwe od braku zaufania jest tzw. ślepe zaufanie.

Superokazje bywają superpułapkami. Zaufanie nie jest tożsame z naiwnością.

Na koniec chciałbym jeszcze raz zwrócić twoją uwagę na kwestię zaufania w związku. Można powiedzieć krótko – bez zaufania nie ma prawdziwego, dojrzałego związku dwojga kochających się ludzi. Chyba nikt nie ma co do tego wątpliwości. W *Małych zbrodniach małżeńskich* Érica-Emmanuela Schmitta czytamy:

„– Chciałabyś, żeby miłość dowiodła ci, że istnieje. Nie tędy droga. To ty masz dowieść, że istnieje.

– W jaki sposób?

– Zaufać".

Zostańmy z tą myślą.

Życzę sobie i tobie jak najwięcej ludzi godnych zaufania wokół siebie.

Dodatek ekstra ☺: zaufanie w biznesie

Mogliście przeczytać o metodzie zarządzania zwanej zarządzaniem przez zaufanie. Temat zaufania w biznesie przedstawiam tu bardziej szczegółowo, ponieważ właśnie ono leży u podstaw funkcjonowania każdej firmy.

To bardzo ważna część tematu. Biznes i zaufanie? – zdziwią się niektórzy, bo te dwa słowa, a raczej to, co się pod nimi kryje, wydają się wzajemnie wykluczać. Biznes to twarda gra, pełna sztuczek, podchodów i podstępnych strategii.

Każdy, chce zdobyć dla siebie najlepszy kawałek tortu, próbuje to zrobić, nie oglądając się na przeciwnika, często bezkompromisowo i nie zawsze czystymi metodami. Tak to widzi wiele osób i często tak właśnie to wygląda. Gdzie tu miejsce na zaufanie?

Otóż wszystko zależy od ludzi i od tego, co chcą osiągnąć. Bo tak naprawę zaufanie jest podstawą dobrego biznesu i jego wielkim sprzymierzeńcem. A udowodnił to jeden z największych biznesmenów świata, który uczynił z biznesu prawdziwą sztukę i znalazł się na samym szczycie osobistego sukcesu, mierzonego osiągnięciami zawodowymi, spełnieniem życiowych celów i czołowym miejscem na liście najbogatszych ludzi świata. Któż to taki? **Warren Buffett**.

Nazwisko Warrena Buffetta jest w świecie biznesu synonimem sukcesu. Genialny strateg inwestycyjny i menedżer wypracował unikalny, efektywny model zarządzania firmą, sprawdzający się i w małych, i w największych przedsiębiorstwach. Sam wypróbował go z olbrzymim sukcesem, zarządzając własną firmą – Berkshire Hathaway.

W ciągu 44 lat wartość księgowa jednej akcji Berkshire wzrosła z 19 do 70 530 dolarów. Buffett zasłynął m.in. jako ofiarodawca największej w historii Stanów Zjednoczonych darowizny – na rzecz Fundacji Billa Gatesa i czterech innych fundacji rodzinnych przekazał 37 mld. dolarów, co stanowiło znaczną część jego majątku. W testamencie dochód ze wszystkich posiadanych akcji Berkshire zapisał na cele charytatywne.

Mamy tu przykład oryginalnego myślenia o biznesie, traktującego zaufanie jako podstawę skutecznej działalności. Doświadczenia i wskazówki Warrena Buffetta powinien poznać każdy menedżer, przedsiębiorca i student szkoły biznesu, aby nauczyć się, jak zarządzać firmą osiągającą sukces. A oto zasady biznesu Warrena Buffetta w pigułce.

AKCJONARIUSZE JAKO WSPÓLNICY

„Formalnie jesteśmy korporacją, ale działamy jak wspólnicy. Traktujemy naszych akcjonariuszy jak właścicieli-wspólników, a siebie jak wspólników-zarządzających. (...) Nie postrzegamy firmy jako właściciela naszych aktywów biznesowych, ale raczej jako instrument, za pomocą którego nasi akcjonariusze są właścicielami tych aktywów.

Dyrektorzy generalni firmy muszą uznać zarządzanie za swój styl życia, a właścicieli traktować jak wspólników, a nie jak frajerów. Nadszedł czas, aby szefowie firm sami przestrzegali głoszonych przez siebie zasad".

Warren Buffett (z listu do akcjonariuszy)
Fragment książki *Warren Buffett o biznesie.*
Zasady guru z Omaha Richarda J. Connorsa

Na czym zatem polegają zasady biznesu wg Buffetta? Przyjrzyjmy się kilku z nich, które „guru z Omaha" sam przedstawia swoim wspólnikom w bardzo przejrzysty sposób, m.in. w wydanej w 1996 r. publikacji *Instrukcja dla właścicieli*, przeznaczonej dla akcjonariuszy Berkshire, a zawierającej 13 zasad biznesowych dotyczących właściciela, czyli specyficzną filozofię zarządzania Warrena Buffetta.

- Nie postrzegamy akcjonariuszy Berkshire jak bezimiennego tłumu, ale jak wspólników w ryzykownym przedsięwzięciu, którzy powierzyli nam swoje pieniądze.
- Miarą naszego sukcesu jest długookresowy rozwój naszych firm (Buffett i jego wspólnik, Charlie Munger, są właścicielami m.in. Coca-Coli i Gilette, w które Berkshire zainwestował), a nie krótkotrwałe zmiany cen akcji.
- Nie możemy ci gwarantować wyników, ale możemy zagwarantować, że twoje powodzenie finansowe będzie ściśle związane z naszym. Chcemy zarabiać wtedy, kiedy zarabiają nasi wspólnicy.
- Stosujemy metody obliczeniowe, które gwarantują nam spokojny sen, jeśli nawet ceną za to jest niższa o kilka punktów procentowych stopa zysku.
- Pieniądze należące do firmy są pieniędzmi należącymi do akcjonariuszy. Gdy my osiągamy zyski, oni także zyskują.
- Akcje Berkshire stanowią dominującą część portfeli inwestycyjnych zarówno większości członków naszych rodzin, jak i wielu przyjaciół.
- Obce jest mi narażanie na ryzyko tego, co posiada i potrzebuje moja rodzina oraz przyjaciele.
- Naszym głównym celem jest maksymalizacja korzyści osiąganych przez wszystkich akcjonariuszy Berkshire.

Zatem jak widać, poza pełną „przezroczystością" szefów firmy, wspólnotą celów i interesów ze wspólnikami, za jakich uważają akcjonariuszy, w korporacji Warrena Buffetta obowiązują takie zasady jak w firmach rodzinnych. A nigdzie chyba zaufanie nie jest tak pielęgnowane, jak w firmie rodzinnej. Buffett słusznie zauważa, że w spółce cywilnej uczciwość wymaga, aby interesy partnera były traktowane sprawiedliwie zarówno wtedy, gdy staje się wspólnikiem, jak i wówczas, gdy opuszcza spółkę. I co?

„Nasze działania sprawdziły się" – stwierdza wspólnik Buffetta, Charlie Munger. – „Spójrzcie, jaką mamy frajdę: Warren i ja, nasi menedżerowie oraz akcjonariusze. Więcej ludzi powinno nas naśladować".

Otóż to. A zasady postępowania szefów Berkshire są bardzo proste:

„Sądzę, że mamy właściwą kulturę korporacyjną. Priorytetem dla nas wszystkich jest gorliwa dbałość o dobre imię firmy. Stać nas na ponoszenie strat, nie stać nas jednak na utratę dobrego imienia. Każde działanie musi być oceniane nie tylko pod względem jego legalności, ale także tego, co chcielibyśmy przeczytać o nas samych na pierwszej stronie ogólnokrajowej gazety w artykule napisanym przez niechętnego wobec nas, ale bystrego dziennikarza".

I jeszcze jeden cytat wart uwagi:

„Inwestorzy otrzymają wszystkie fakty, które sami chcielibyśmy znać, gdyby role się odwróciły. Jako firma mająca w swoim portfelu duże przedsiębiorstwo z branży komunikacyjnej, nie wybaczylibyśmy sobie niższych standardów dokładności, obiektywności oraz bezpośredniości w informowaniu. Uważamy, że szczerość przynosi nam jako menedżerom korzyści".

Tyle mówi nam sam Warren Buffett.

Dodam, że firma przekazuje informacje akcjonariuszom nie tylko w raporcie rocznym, ale też w raportach kwartalnych publikowanych w Internecie.

Celem szefów Berkshire jest bycie „kupcami z wyboru" dla innych firm, zwłaszcza rodzinnych, a więc tych, których właścicielom szczególnie zależy na dalszym losie przedsiębiorstwa.

Buffett zyskał wiarygodność, przestrzegając kilku prostych zasad, które powinny też dotyczyć firm, z którymi robi interesy. Są to:
- dotrzymywanie składanych obietnic,
- szybkie podejmowanie decyzji,
- trzymanie się ustalonych warunków,
- niepodejmowanie dozwolonego przez innych ryzyka,
- unikanie zadłużania firmy,
- jawne zasady działania wobec klienta,
- gwarancja absolutnej poufności,
- uczciwa księgowość,
- duma z oferowanego produktu,
- szacunek dla klientów,
- zapewnianie menedżerom niespotykanej gdzie indziej samodzielności,
- grupa lojalnych pracowników połączonych poczuciem wspólnej misji,
- szczere informowanie wspólników zarówno o dobrych, jak i mniej korzystnych faktach.

Historia działań Warrena Buffetta dowodzi zgodności deklaracji z czynami, a to jest gwarancją zaufania, którym się cieszy, i wyników, jakie osiąga.

Dodam jeszcze, że w firmach Warrena Buffetta obowiązuje i zapewne przestrzegany jest opracowany przez niego *Kodeks postępowania i etyki w biznesie*. Efekt? Większość akcjonariuszy Berkshire czuje się wspólnikami. Tylko niewielka część akcji zmienia właściciela w krótkim okresie, tak jak to zwykle bywa z akcjami innych firm. Akcjonariusze Berkshire w pełni ufają szefom i utożsamiają się z firmą. Najbardziej wymiernym rezultatem jest spektakularny sukces korporacji Buffetta i wszystkich „współwłaścicieli", stabilna, wysoka pozycja finansowa i stały rozwój.

„W Berkshire stanowię jednoosobowy komitet do spraw wynagrodzeń, który ustala uposażenie dyrektorów generalnych około 40 dużych firm. Ile zajmuje mi to czasu? Bardzo mało. Ilu dyrektorów w ciągu 42 lat istnienia Berkshire dobrowolnie się z nami rozstało, aby podjąć inną pracę? Żaden".

Jak widzimy na przykładzie Warrena Buffetta, zaufanie do liderów i przywódców jest bardzo ważne dla dobrego funkcjonowania firmy, a jego brak stanowi jeden z głównych problemów w świecie biznesu. To cenny skarb, ale – jak to ze skarbami bywa – niełatwo go zdobyć. Badania wykazują, że tylko ok. 30% pracujących Polaków w pełni ufa swoim przełożonym. Deficyt zaufania zauważono też w innych krajach.

Z badań przeprowadzonych w kilkudziesięciu firmach na całym świecie wynika, że połowa menedżerów nie ufa swoim liderom. Podobnie jest z personelem niższego szczebla i jego zaufaniem do kierownictwa. Przy tym w niektórych krajach, m.in. w Szwecji, Chinach, Brazylii i Holandii, w ostatnich latach odnotowano wzrost poziomu zaufania do biznesu, natomiast w innych, np. w USA i Irlandii, nastąpił jego spadek. We Francji, w Niemczech, Wielkiej Brytanii i w Polsce nie zauważono dużych zmian.

Znaczenia zaufania w biznesie nie można zatem przecenić, a tym bardziej nie wolno go nie docenić. Urasta ono do rangi jednego z najważniejszych elementów sprawnego działania przedsiębiorstwa, a zarządzanie zaufaniem stało się kluczową umiejętnością dobrego menedżera. Co to znaczy „zarządzać zaufaniem" i co wpływa na szybki rozwój tej dziedziny zarządzania?

ZARZĄDZANIE ZAUFANIEM

Zarządzanie zaufaniem to tworzenie systemu działań i metod, które pozwalają podejmować właściwe decyzje dotyczące operacji zawierających ryzyko związane z innymi jednostkami, a także umożliwiają odpowiednie reprezentowanie i wzrost własnej wiarygodności. Mówiąc prościej – to system tych działań, które umożliwiają ocenę wiarygodności partnera oraz budowanie własnej wiarygodności.

Zarządzanie zaufaniem staje się niezbędne w dobie globalizacji, z którą wiążą się:
- działalności ponad granicami,
- coraz ostrzejsza konkurencja,
- rosnąca liczba kontaktów,
- coraz większa masa docierających do nas informacji,
- wzrost wymagań klientów.

To tylko niektóre z czynników sprawiających, że w nowoczesnej firmie zarządzanie zaufaniem stało się koniecznością. Potwierdzają to zresztą wyniki badań przeprowadzonych wśród 500 najlepszych polskich firm.

Aż 95% badanych uznało, że zaufanie ma wpływ na sukces przedsięwzięcia. Znaczenie zaufania dla sukcesu firmy jest więc niepodważalne.

Tylko w jaki sposób należy zarządzać zaufaniem?

Skuteczne zarządzanie zaufaniem wymaga:
- ustalenia wspólnych celów i sposobów postępowania oraz jednomyślności w kluczowych punktach,
- jasno określonych, czystych zasad działalności i sposobów rozwiązywania problemów,
- respektowania tajemnic,
- szybkiego spełniania obietnic,
- gotowości do dzielenia się zyskami ze współpracownikami oraz sprawiedliwego podziału oszczędności (np. przy zmniejszeniu kosztów produkcji),
- stworzenia sieci osobistych kontaktów.

Relacje z ludźmi są źródłem cennych informacji o współpracownikach i partnerach, o ich zdolnościach, efektywności działania, charakterze, stylu pracy oraz upodobaniach. Taka wiedza pomaga angażować współpracowników w odpowiedni sposób bez stosowania kontroli.

No właśnie. Nikt nie lubi być kontrolowany, ale każdy lepiej i wydajniej działa, gdy czuje się doceniony i postawiony na odpowiednim miejscu, czyli zaangażowany zgodnie z zainteresowaniami, kompetencjami, upodobaniami i możliwościami. A dobry menedżer wie, że w biznesie doskonale sprawdza się znana psychologiczna zasada „wygrana–wygrana", oznaczająca osiągnięcie zysku i satysfakcji przez obie strony. Nikt nikogo nie wykorzystuje, nie lekceważy, nie próbuje pokonać ani „wykiwać". Obie strony osiągają cel, choć niekoniecznie ten sam. Wszyscy wygrywamy! A podstawą jest ZAUFANIE.

I choć trudno je precyzyjnie „zmierzyć" i równie niełatwo osiągnąć (jak już pisałem – o wiele łatwiej stracić), naprawdę warto o nie powalczyć. Każda firma może ustalić własne metody zarządzania zaufaniem. A korzyści okażą się bardzo wymierne. Spróbujmy je określić.

Zarządzanie zaufaniem:
- aktywuje pracowników,
- pobudza do twórczego myślenia,
- motywuje do podejmowania decyzji,
- ośmiela w prowadzeniu rozmów i transakcji,
- ma wpływ na dobrą koordynację działań firmy czy projektu,
- przyczynia się do efektywności działania i redukcji kosztów,
- zwiększa konkurencyjność firmy,
- podnosi zdolność zespołu do przetrwania sytuacji kryzysowej,

- zwiększa przepływ informacji i zachęca do ich wymiany,
- pomaga w budowaniu sieci współpracy,
- wpływa na wzrost satysfakcji klienta i jego lojalność.

Zaufanie pozytywnie wpływa na:
- skuteczność działania (wyznaczanie i osiąganie celów),
- sprawność (wykonywanie zadań na jasno określonych zasadach i we właściwy sposób),
- jakość (lepsza praca – zadowolenie klienta),
- innowację (wzrost kreatywności i aktywności pracowników, ciągły rozwój firmy),
- jakość życia zawodowego (poczucie bezpieczeństwa, inspiracja do pracy),
- produktywność (zwiększenie efektywności, zmniejszenie wykorzystywania ludzi),
- zyskowność (tworzenie i sprawiedliwy podział nadwyżek).

❋

Inaczej
o pozytywnym myśleniu

Spis treści

Wstęp 597

Optymizm w trudnych sytuacjach 597

Warto być optymistą................................600

Optymista – jaki jest?..............................602

Jak nastawić się pozytywnie?........................603

Wrogowie pozytywnego myślenia.....................607

Metody radzenia sobie ze stresem....................606
    Mechanizm powstawania stresu...................607
    Wychodzenie ze stresu...........................609

Spojrzenie w przyszłość 610

Co możesz zapamiętać? ☺..........................611

Wstęp

Pozytywne nastawienie – ta postawa życiowa zrobiła oszałamiającą wręcz karierę, choć samo sformułowanie nie jest przecież odkrywcze ani nowatorskie. Wiadomo: pozytywnie to lepiej niż negatywnie – chyba każdy się z tym zgodzi.

Jak więc nastawić się pozytywnie? Zanim jednak przejdziemy do tego, „jak?", warto odpowiedzieć sobie na pytanie: „czy?". Czy w ogóle warto nastawiać się pozytywnie do rzeczywistości? Jakie korzyści możemy z tego odnieść? Czy jakaś trudna sytuacja zmieni się na korzystną tylko dlatego, że będziemy wierzyć, że tak się stanie? Ja uważam, że tak. A przynajmniej nasz sukces jest dużo bardziej prawdopodobny, gdy wierzymy w jego osiągnięcie, niż wtedy, gdy zakładamy, że nam się nie uda. Jest jednak wielu przeciwników takiego podejścia. Twierdzą oni na przykład, że lepiej nie nastawiać się pozytywnie, lepiej „nie obiecywać sobie zbyt wiele", bo jeśli się nie uda, to rozczarowanie może być tym większe, może bardziej boleć niż gdybyśmy byli sceptyczni. Czyli – ich zdaniem – lepiej „rozczarować się pozytywnie". Czy rzeczywiście pozytywne nastawienie może przynieść więcej szkody niż pożytku? Jestem przekonany, że nie jest ono szkodliwe. Co więcej, jest wręcz niezbędne nie tylko do osiągania jakichś szczególnych, wyjątkowych sukcesów, ale także do codziennego życia. Jest po prostu warunkiem przetrwania.

Optymizm w trudnych sytuacjach

Najłatwiej zaobserwować optymizm w zachowaniu małych dzieci. Można powiedzieć, że rodzimy się z ogromnymi pokładami zapału, niestety, w toku wychowania i wprowadzania w świat dorosłych jest on zwykle skutecznie tłumiony. Energia ta rodzi u dzieci ogromną determinację, która w sytuacjach trudnych, ekstremalnych staje się potężnym narzędziem do wywierania wpływu na innych. Dorośli uginają się pod jego siłą, ale pewność, z jaką w tej sytuacji działają dzieci, zaskakuje rodziców i opiekunów i zmusza ich do podporządkowania się dziecięcej woli.

Przykładem niech będzie historia pewnej czarnoskórej dziewczynki, która żyła w USA w XVIII w. Jej mama, niewolnica na wielkiej plantacji, pewnego dnia zachorowała. Towarzysze niedoli złożyli się, oddając ostatnie grosze na zorganizowanie wizyty lekarskiej dla cierpiącej. Od lekarza dowiedzieli się, że jeśli kobieta nie otrzyma w szybkim czasie lekarstwa, umrze. Medykament kosztował 2 dolary – w tamtych okolicznościach była to dla czarnoskórych niewolników niebotyczna kwota.

Nikt zatem nawet nie próbował jej zebrać. Wszyscy pogodzili się z myślą, że kobieta jest skazana na śmierć. Wszyscy oprócz jej czteroletniej córeczki. Nie zważając na trudy i niebezpieczeństwo wyprawy, pobiegła do oddalonego o kilka kilometrów domu właściciela plantacji. Wiedziała, że żadnemu niewolnikowi bez wyraźnego pozwolenia nie wolno było nawet zbliżać się do bram posiadłości, jednak nie zatrzymała się ani na chwilę i bez wahania wbiegła wprost na podwórko, gdzie bawiły się dzieci plantatora. Wszystkie one były zaskoczone i przerażone widokiem małej niewolnicy. Miały świadomość, że za wtargnięcie na teren posesji czarnoskórą dziewczynkę czeka okrutna kara. Tak się złożyło, że z domu wyszedł akurat dorosły już syn właściciela majątku. On również był przerażony, ponieważ wiedział, że jeśli ojciec zobaczy dziewczynkę, cała historia skończy się dla niej tragicznie.

Próbował przepędzić ją z podwórka, jednak czteroletnia bohaterka nie cofnęła się nawet wtedy, gdy syn właściciela zagroził jej widłami. Odważnie postąpiła na przód i łamiącym się głosem wykrzyczała: „Prze pana, prze pana, proszę mi dać 2 dolary!". Syn plantatora początkowo nie zrozumiał prośby i nadal próbował przepędzić krzyczącą, ale dziecko nie ustąpiło i nie cofnęło się nawet o krok. Wtedy przerażony i zdezorientowany mężczyzna sięgnął do kieszeni i rzucił jej garść banknotów. Gdy mała niewolnica wróciła do czworaków z pieniędzmi, wszyscy myśleli, że je ukradła. Ona jednak zdobyła je dzięki wielkiej determinacji i wierze, że jej matka nie może tak po prostu umrzeć.

Historia czarnoskórej dziewczynki z plantacji dowodzi, że determinacja i żarliwość potrafią być tak silne, iż uginają się przed nimi wszelkie przeszkody i blokady. Nie można jej oczywiście rozpatrywać w kategoriach logicznego działania. Zresztą logika aż nazbyt często blokuje w nas chęć pokonania przeszkód. Dlatego uważam, że warto zweryfikować schematy naszego myślenia i przekonań. Nie wiemy, czemu syn plantatora spełnił prośbę dziewczynki, ale jej postawa okazała się skuteczna, jej dziecięca podświadomość skierowała ją do właściwego miejsca, wiedziała, kto może mieć pieniądze.

Nawet nie wiem, czy ta historia jest prawdziwa, może to tylko zmyślona opowieść. Jednak jest to przykład, który mnie osobiście się podoba i uczy, że nasze umysły nadają znaczenie różnym sprawom. Możemy, jak chcemy, interpretować to, z czym się spotykamy na co dzień.

Przykład tej dziewczynki uczy też, że optymizm jest naturalną cechą osób prostolinijnych, które nie zostały jeszcze skażone pesymizmem, zniechęceniem, brakiem wiary w osiągnięcie celu. Źle się czuję, wiedząc, że współcześnie wpaja się młodym ludziom szkodliwe przesądy, bezpowrotnie zabijając cechy tak piękne i świeże, jak optymizm i pozytywne myślenie. Mając na uwadze, że są one naturalnymi przymiotami każdego dziecka, powinniśmy bardzo uważać, aby swoim nieostrożnym zachowaniem czy niebacznie rzucanymi słowami nie stłumić tych wspaniałych cech w naszych pociechach.

Warto być optymistą

Pozytywne nastawienie, wynikające z optymistycznej postawy i entuzjazmu, charakteryzuje się skłonnością do dostrzegania we wszystkim dobrych stron, wiarą w pomyślny rozwój wydarzeń. Głównym argumentem przemawiającym na korzyść pozytywnego nastawienia jest to, że dzięki niemu potrafimy lepiej wykorzystywać pojawiające się życiowe szanse. Gdybyśmy byli nastawieni negatywnie, nie wierzyli w powodzenie jakiegoś przedsięwzięcia, to zapewne nawet nie podjęlibyśmy próby wykorzystania danej szansy.

Oto przykład. Wyobraź sobie, że masz ogródek działkowy pod miastem. Dostałeś go od rodziców, bo oni sami nie są już w stanie się nim zajmować, nie pozwala im na to podeszły wiek i słabe zdrowie. Praca w nim jest dość ciężka i czasochłonna – trzeba regularnie dbać o altanę, warzywa, kwiaty, trawnik. Nie przepadasz za tym, więc narzekasz i ciągle marzysz o tym, by kupić kawałek ziemi gdzieś nad jeziorem, gdzie mógłbyś wypoczywać latem i w weekendy, kąpać się, wędkować. Wreszcie trafia się okazja – znajomy rodziców chce sprzedać domek letniskowy nad wodą. Co więc robisz? Oczywiście... nie kupujesz, nawet nie podejmujesz próby negocjacji ceny, bo nie wierzysz, że Twoje marzenie mogłoby się spełnić. Nie zastanawiasz się, skąd wziąć pieniądze, bo na pewno nikt nie kupi od Ciebie ogródka działkowego, więc nie ma sensu tego sprawdzać. I oczywiście ktoś inny kupuje domek nad jeziorem za bardzo korzystną cenę. Wkrótce okazuje się, że Twój ogródek ma zostać zlikwidowany, bo na tym terenie ma powstać centrum handlowe, a zapłata, jaką oferują działkowcom, stanowi niemal równowartość kwoty, za jaką można było kupić domek nad wodą.

Ty jednak wolałeś narzekać, zamiast nastawić się pozytywnie i działać. A wystarczyło, żebyś dowiedział się, ile ma kosztować domek i żebyś słuchał żony, która już kilka razy Ci wspominała, że ogródki mają likwidować. Uznałeś, że i tak Ci się nie uda. Straciłeś swoją szansę. Możesz powiedzieć: „A skąd miałem mieć pewność, że te ogródki na pewno zlikwidują? Kupiłbym domek za pożyczone pieniądze, a skąd potem wziąłbym na spłatę?". Odpowiem prosto: Na pewno było mnóstwo ludzi, którzy wiedzieli o likwidacji ogródków (wiedziała o tym przecież Twoja żona) i zapewne nie brakowałoby chętnych, którzy kupiliby od Ciebie ogródek, by potem dostać wyższą rekompensatę. Straciłbyś na tym? Być może. Ale teraz za kwotę z rekompensaty nie kupisz tego wymarzonego domku, bo ceny działek rekreacyjnych poszły w górę.

Oferta starszego pana, znajomego Twoich rodziców, była wyjątkowo korzystna. Ale skorzystał na tym ktoś inny, nie Ty. Bo Ty nie wierzyłeś, że Ci się uda. Nie nastawiłeś się pozytywnie. Może tak naprawdę nie zależało Ci na tym, by mieć domek nad jeziorem i lepiej czułeś się, narzekając na swój los?

Przyczyną jest brak pozytywnego nastawienia. Najpierw jednak musimy przekonać się, że pozytywne nastawienie jest lepsze niż negatywne. Najlepiej przekonywać się o tym, obserwując sukcesy innych. Czy myślisz że jakiś wybitny sportowiec – chociażby kulomiot Tomasz Majewski – zostałby mistrzem olimpijskim, gdyby tego nie chciał? Albo inaczej: gdyby nie wierzył, że nim zostanie? Gdyby się pozytywnie do tego nie nastawił? Czy sądzisz, że potrafiłby się odpowiednio zmotywować i znaleźć w sobie tyle sił i energii, że mógłby wręcz przekroczyć próg swoich dotychczasowych możliwości, gdyby myślał: „na pewno mi się nie uda..."? Odpowiedź jest oczywista – bez pozytywnego nastawienia nigdy by mu się to nie udało. A zatem mam nadzieję, że przekonałem Cię, iż pozytywne nastawienie do życia, do zadań, jakie przed nami stoją, przynosi dużo większe korzyści niż nastawienie negatywne. Daje nieporównywalnie większe szanse na spełnione i szczęśliwe życie.

Optymista – jaki jest?

Pozytywne nastawienie jest lepsze niż negatywne. Ale jak nastawić się pozytywnie? Czy wystarczy tak postanowić? Jeśli nie potrafimy z siebie tego wykrzesać, to co zrobić? Jak się tego nauczyć? Jak sprawić, by szklanka wypełniona wodą do połowy zawsze wydawała się nam w połowie pełna, a nie w połowie pusta? Zanim zastanowimy się nad źródłami pozytywnego nastawienia, chcę zwrócić Twoją uwagę na to, jak poznać, że człowiek jest nastawiony pozytywnie.

Kim jest optymista? Przede wszystkim jest to człowiek, który wierzy w siebie i swój potencjał. Jest przekonany o własnej wartości, nie potrzebuje potwierdzania jej przez innych, tak samo jak nie oczekuje aprobaty dla podejmowanych przez siebie działań. Ma cel w życiu i odważnie do niego dąży. Jest skuteczny, odporny na stres, energiczny, umie przezwyciężać przeszkody. Ma odwagę zmieniać siebie i otaczający świat. Porażki go nie załamują, traktuje je jak cenne lekcje na przyszłość. Nie rozpamiętuje przeszłości ani nie obawia się o przyszłość. Potrafi podtrzymać na duchu innych.

XIX-wieczny psycholog i myśliciel **William James** opisał osobę pozytywnie nastawioną do świata jako człowieka uśmiechniętego, pogodnego, o wyprostowanej sylwetce, sprężystym kroku, energicznego, o mocnym uścisku dłoni, patrzącego innym prosto w oczy. Człowiek taki stara się zrozumieć innych, potrafi słuchać, okazuje szacunek, podziw i zainteresowanie rozmówcom. Wyraża się w sposób otwarty i zdecydowany. Taki człowiek podkreśla pozytywne cechy osób i pozytywne aspekty sytuacji, a jeśli krytykuje, czyni to w sposób delikatny, taktowny i konstruktywny.

Przedstawiłem tu obraz idealny, taki, do którego możemy dążyć. Oczywiście jest to trudne i być może niektórzy w tej chwili ulegają zwątpieniu, i myślą: przecież ja nie mam w sobie tyle energii, nie jestem taki i nigdy nie będę. Czy rzeczywiście? Czy jesteś pewien, że nigdy nie będziesz człowiekiem, który w pełni kieruje swoim życiem? Jeśli zauważasz u siebie choć namiastki takiej postawy, masz ogromną szansę je rozwinąć i wykorzystać w życiu.

Dla siebie. To początek drogi.

Jak nastawić się pozytywnie?

Pozytywne nastawienie, wynikające z optymistycznej postawy i entuzjazmu, charakteryzuje się skłonnością do dostrzegania we wszystkim dobrych stron, wiarą w pomyślny rozwój wydarzeń i umiejętnością wykorzystywania pojawiających się szans.

Jeśli człowiek posiada jasno sprecyzowane życiowe cele, łatwiej mu być optymistą. Każdy powinien zatem uświadomić sobie, co jest dla niego ważne, ponieważ jego cele powinny pozostawać w zgodzie z jego kluczowymi wartościami.

Stawiajmy przed sobą drobne wyzwania. Metoda małych kroków, czyli regularne osiąganie małych sukcesów, nie pozwoli nam się poddać, podtrzyma nasz entuzjazm. Marzenia i plany dają motywację, by codziennie rano wstawać z łóżka i cieszyć się każdym dniem. Szukajmy zatem inspiracji, gdziekolwiek się da. Otaczaj się ludźmi myślącymi pozytywnie, którzy radzą sobie w życiu, dzięki temu sam zaczniesz postępować w podobny sposób, a w trudnych chwilach ich postawa będzie dla Ciebie wsparciem.

Ważne jest, by dostrzegać dobre strony każdej sytuacji i nie dopuszczać do siebie złych myśli. Mówiąc najprościej, spodziewaj się od życia czegoś dobrego.

Nie należy jednak mylić pozytywnego nastawienia z naiwnością i brakiem realistycznego oglądu sytuacji. Prawdziwy realizm polega przecież na postrzeganiu świata takim, jaki on jest, i dostosowywaniu do niego swojego postępowania. Nie oznacza to wcale, że nie powinieneś podejmować nowych wyzwań ani wprowadzać nowatorskich pomysłów, nawet jeśli przez innych uznawane są one za nierealne. Odwaga w działaniu i przełamywaniu stereotypów rozwija poczucie własnej wartości i pozytywnie wpływa na poziom entuzjazmu i motywacji.

Zasoby wewnętrznej energii i sił witalnych można zwiększyć, prowadząc zdrowy tryb życia, dobrze się odżywiając, utrzymując aktywność fizyczną oraz ćwicząc techniki radzenia sobie ze stresem, który jest jednym z głównych czynników hamujących entuzjazm i pozytywne nastawienie.

Bardzo ważna jest też asertywna postawa, dzięki której możemy bronić swoich praw, nie krzywdząc innych. Wyraźne komunikowanie potrzeb i świadoma obrona własnego wewnętrznego komfortu pozwala uniknąć wielu trudnych czy niezręcznych sytuacji. Wówczas łatwiej nam skupiać się na robieniu rzeczy, które sprawiają nam przyjemność i przynoszą satysfakcję.

Nigdy nie przestawajmy się uczyć i eksperymentować. Starajmy się zdobywać nową wiedzę i umiejętności, okazywać ciekawość, czytać, pytać „dlaczego?". Osobom zniechęconym do klasycznych metod nauki proponuję poszukanie nowych, alternatywnych sposobów zdobywania wiedzy. Ważne jest także, aby podchodzić pozytywnie do nowości i zmian. Ludzie nie powinni tkwić w niekorzystnej dla siebie sytuacji tylko dlatego, że jest im ona dobrze znana. Nie bójmy się zmieniać sposobu myślenia, pracy, miejsca zamieszkania czy szkodliwych nawyków, których mamy już serdecznie dosyć.

Każda zmiana przynosi coś nowego i dobrego: nowe możliwości i okazje. Osoby, które mimo wszystko boją się zmian, mogą zaczynać od małych kroków: zmiany jakiegoś drobnego przyzwyczajenia, którego nie lubią, czy po prostu zrobienia czegoś nowego, czego dotąd nie miały okazji lub odwagi spróbować. Od razu poczują się lepiej i łatwiej im będzie dokonywać większych zmian w życiu.

Aby utrzymać pozytywne nastawienie, warto codziennie wieczorem podsumować w myślach, a jeszcze lepiej w specjalnym notatniku, dokonania mijającego dnia. Zastanów się, co dobrego i wartościowego zrobiłeś, pochwal samego siebie. Każdego ranka staraj się myśleć w jasnych barwach o czekającym Cię dniu. Pomyśl, co dobrego może Cię dzisiaj spotkać. Spraw, by wieczorne podsumowania i poranne projekcje weszły Ci w nawyk. W ten sposób obudzisz i podtrzymasz w sobie pozytywne nastawienie, odpędzisz negatywne myśli.

Metoda małych kroków pomaga także w realizacji długoterminowych celów, ponieważ warto co jakiś czas zatrzymać się i podsumowywać swoje sukcesy. Ciesz się nimi i bądź z nich dumny. W ten sposób podtrzymasz motywację do działania i nie utracisz entuzjazmu. Nie od razu Rzym zbudowano. ☺ Bądźmy cierpliwi wobec samych siebie.

Wrogowie pozytywnego myślenia

Najgroźniejszymi wrogami pozytywnego nastawienia są: stres, zamartwianie się przeszłością, nadmierne niepokojenie o przyszłość. Jeśli pozwolimy, by naszymi myślami zawładnęły zmartwienia i niepokoje, stracimy całą energię i optymizm. Zwykle, planując zmiany, zakładamy także czarny scenariusz, dopuszczamy do siebie myśli o niepowodzeniu, co może prowadzić do powstania stresu. Aby temu zaradzić, możemy prowadzić wewnętrzny dialog, który pozwala podtrzymać nawyk pozytywnej interpretacji wydarzeń. Bądźmy świadomi, że najczęściej niepotrzebnie wyolbrzymiamy czyhające niebezpieczeństwa, a większość przewidywanych przez nas porażek nigdy nie zdarzy.

Lęk przed porażką utrudnia osiągnięcie wewnętrznej harmonii i szczęścia. Problem ten od wieków zajmuje myślicieli. Starożytni stoicy uważali, że głównymi przeszkodami są afekty: zawiść, pożądliwość, smutek i obawa. Mają one charakter destrukcyjny, pobudzają często do czynów haniebnych.

Metody radzenia sobie ze stresem

Stres, czyli stan mobilizacji psychicznej i fizycznej, spowodowany jest najczęściej sytuacjami, które traktujemy jak wyzwanie, a także problemami, z którymi nie potrafimy sobie poradzić, ponieważ dotychczasowe sposoby ich rozwiązywania zawiodły.

Żyjemy w coraz szybszym tempie, podlegamy różnym naciskom i ograniczeniom, rywalizujemy, boimy się stracić pracę, zdrowie, obawiamy się kryzysu ekonomicznego. Długotrwałe poczucie zagrożenia rodzi ogromny stres. Jest on nie tylko przyczyną problemów emocjonalnych, ale ma także zgubny wpływ na nasze zdrowie i życie. Ludzie wystawieni na długotrwałe działanie stresu popadają w uzależnienia, zapadają na ciężkie choroby: schorzenia układu krążenia, układu pokarmowego czy nerwowego.

Większość z nas ma swoje sposoby na odreagowanie stresu: spacer, lekturę, kąpiel, masaż. Niestety, nie każdy potrafi sam poradzić sobie ze wszystkimi trudnymi sytuacjami. Jest to przykre i smutne. Poniżej będziesz mógł przeczytać o sprawdzonych sposobach radzenia sobie ze stresem, które sam stosuję.

Mechanizm powstawania stresu

Po pierwsze należy zidentyfikować, co jest źródłem napięcia (stresorem) oraz uświadomić sobie własne emocje związane z daną sytuacją. Następnym krokiem niech będzie ustalenie, co można zrobić, by zneutralizować działanie stresora. Ważne, by odpowiedzieć sobie na pytanie, dlaczego konkretna sytuacja czy zachowanie wywołuje w nas uczucie napięcia. W tym celu możemy wziąć pod uwagę kilka różnych punktów widzenia, by uzyskać w miarę obiektywny obraz, który może się stać się punktem wyjścia do zmiany sytuacji. Niejednokrotnie taka analiza daje świadomość, że dalsze angażowanie się w jakąś sytuację byłoby tylko stratą czasu i energii. Wtedy możemy wyciągnąć wnioski na przyszłość i starać się unikać podobnych zdarzeń. Jeśli jednak istnieje możliwość zmiany, dokonujmy jej.

Prześledźmy to na przykładzie. Wyobraź sobie, że bierzesz tygodniowy urlop, by załatwić kilka osobistych spraw i spędzić czas z rodziną. O swojej nieobecności informujesz współpracowników i prosisz, by dzwonili do ciebie tylko w naprawdę pilnych kwestiach. Niestety, odbierasz po kilka telefonów dziennie i musisz poświęcać czas na załatwienie problemów, z którymi dzwonią Twoi współpracownicy. W efekcie po urlopie wracasz do pracy zły, zmęczony i sfrustrowany. Ani nie załatwiłeś spraw osobistych, na których Ci zależało, ani nie odpocząłeś, a ilość zadań służbowych, od których i tak nie udało Ci się uciec, jest teraz dwa razy większa, bo w trakcie Twojej nieobecności koledzy przerzucali na Ciebie swoje własne obowiązki. Rzeczywiście, w takiej sytuacji stres jest niemal nieunikniony. Aby sobie z nim poradzić, możemy najpierw określić jego źródło. W tym przypadku jest nim brak szacunku dla Twojego wolnego czasu ze strony współpracowników oraz wyraźne ignorowanie prośby o kontaktowanie się z Tobą wyłącznie w pilnych sprawach.

Z drugiej strony Ty sam przyczyniłeś się do powstania tej sytuacji, ponieważ odbierałeś telefony z pracy i za każdym razem starałeś się zająć sprawami, z którymi się do Ciebie zwracano. Pozwoliłeś więc na to, by wyznaczone przez Ciebie granice zostały przekroczone. Gdy uświadomisz sobie taką zależność, łatwo zrozumiesz, że można łatwo uniknąć podobnych wydarzeń w przyszłości. Możesz po pierwsze porozmawiać z kolegami z pracy i z przełożonym, by wyjaśnić, że przez ich postępowanie niemożliwy stał się Twój wypoczynek w czasie należnych każdemu pracownikowi wolnych dni. Po drugie powinieneś ustalić zasady na przyszłość. Można na przykład postanowić, że osoba na urlopie telefony lub e-maile będzie odbierać tylko raz dziennie o określonej porze, a do działań firmy włączy się jedynie wtedy, gdy będzie to absolutnie konieczne. Oczywiście pracownik przebywający na urlopie powinien bezwzględnie trzymać się tych ustaleń. Gdy on zacznie je łamać, inni tym bardziej nie będą ich szanować.

Wychodzenie ze stresu

Co zrobić, gdy już znajdziemy się w stanie silnego stresu i wzburzenia? Przede wszystkim nie możemy dać się porwać myślom i emocjom. Postarajmy się zatrzymać i spojrzeć na sytuację z dystansu.

Pomóc mogą: zadanie sobie pytania, czy wydarzenie, które jest źródłem stresu, będzie równie ważne jutro, za tydzień, za miesiąc lub za rok, a także, jeśli to możliwe, zwrócenie uwagi na humorystyczny aspekt problemu, co skutecznie rozładuje napięcie. Potem część osobistego czasu warto przeznaczyć na poważną refleksję nad swoim życiem: w jakim kierunku ono zmierza? Nie dajmy się pochłonąć codziennej bieganinie i unikając perfekcjonizmu, wyznaczajmy sobie realistyczne cele. Nie czyńmy zobowiązań, których nie będziemy w stanie dotrzymać. Starajmy się unikać ludzi i sytuacji, które budzą negatywne emocje, niech paliwem do działania będzie dla nas to, co przynosi spokój i zadowolenie.

Istnieje także szereg prostych sposobów na rozładowywanie istniejącego już napięcia. Jednym z nich jest ruch, aktywność fizyczna. Sport pomaga zrelaksować organizm poprzez przyspieszenie krążenia krwi, co zwiększa wydalanie z organizmu toksyn i hormonów odpowiedzialnych z powstawanie stresu. Każdy powinien dobrać taką formę rekreacji, która najbardziej mu odpowiada, a poszukując jej, nie powinien poddawać się przy pierwszym niepowodzeniu. Nie można jednak zmuszać się do czegoś, co kompletnie nie sprawia nam przyjemności.

Kojąco wpływa na nerwy spokojna, relaksacyjna muzyka. Warto otaczać się na co dzień bliskimi, życzliwymi osobami, które ofiarują wsparcie i zrozumienie. Można także pić uspokajające napary ziołowe.

Skuteczną metodą relaksacji jest też właściwe oddychanie. Większość z nas oddycha zbyt płytko, wyłącznie klatką piersiową, przez co nie dochodzi do całkowitej wymiany powietrza zalegającego w dolnej części płuc. W ten sposób blokujemy przepływ energii w naszym organizmie i nieświadomie zatrzymujemy w sobie niepożądane napięcia i stres. Warto nauczyć się głębokiego, relaksującego oddychania z większym wykorzystaniem przepony.

Dobrym lekiem na stres jest też bezinteresowna pomoc innym. Kontakt z drugim człowiekiem i udział w nietypowym przedsięwzięciu wzbogaci nasze wnętrze. Podniesie samoocenę. Zachowania altruistyczne mają niemal terapeutyczną moc, z której powinniśmy jak najczęściej korzystać.

Ważne jest także, by cieszyć się chwilą, doceniać to, co się ma: rodzinę, przyjaciół, pracę, hobby.

Czy stres może przynieść jakieś korzyści? Tak, jeśli nauczymy się wyciągać wnioski ze swoich błędów i zrobimy z tego użytek. Bardzo pomocne może być zapisywanie spostrzeżeń z analizy sytuacji wywołującej stres.

Spojrzenie w przyszłość

Mam nadzieję, że nie masz już żadnych wątpliwości, iż pozytywne nastawienie może przynieść Ci same korzyści, a narzekanie i czarnowidztwo jedynie szkodzi. Działa to jak samospełniające się proroctwo – jeśli wierzysz, że Twoje plany się powiodą, jest duże prawdopodobieństwo, że tak właśnie będzie, a jeżeli nastawiasz się od razu, że „i tak się nie uda", to się nie uda! Tak działa podświadomość, którą zaprogramowujesz pozytywnie bądź negatywnie, i to ona podsuwa Ci rozwiązania zgodne z Twoim nastawieniem, prowadząc Cię do celu takiego, jaki masz w głowie.

Nastaw się zatem pozytywnie i w ten sposób wysyłaj sygnały swojej podświadomości, która pomoże Ci zrealizować zamierzenia. Przede wszystkim jednak nie rozpamiętuj porażek, błędów i niepowodzeń – to przecież zdarza się każdemu, a przeszłości nie zmienisz. Patrz w przyszłość, bo tylko na nią masz wpływ. Oczywiście pozytywny.

Co możesz zapamiętać?

1. Otaczaj się ludźmi myślącymi pozytywnie i szukaj dobrych stron każdej sytuacji.
2. Poznaj korzyści płynące z pozytywnego nastawienia.
3. Naucz się skutecznie walczyć z najgroźniejszymi wrogami optymizmu i pozytywnego nastawienia: stresem, niepokojem o przyszłość i zamartwianiem się przeszłością.

Inaczej o motywacji

Spis treści

Wstęp 615

Skąd bierze się motywacja? 616

Wzbudzanie motywacji w sobie 618

Motywujący wpływ na innych. 624
    Zasady dotyczące motywowania innych 625
    Czynniki motywujące. 626

Nauczyciel motywacji. 629

Co możesz zapamiętać? ☺ 631

Wstęp

Jeśli nie jesteś w pełni zadowolony ze swojego życia, nie obwiniaj o to innych ludzi, sytuacji czy nieżyczliwego losu. Spróbuj znaleźć odpowiedź na następujące pytanie: jakie umiejętności powinienem w sobie wypracować lub wzmocnić, by moje życie było takie jak chcę? Właśnie – to, czy będziesz szczęśliwy i spełniony, zależy przede wszystkim od Ciebie, od Twoich cech i działań. Zatem zmianę swojego życia zacznij od siebie. Jak? Przede wszystkim zacznij od tego, aby tego chcieć i wiedzieć, dlaczego chcesz to zrobić. Czyli po prostu spróbuj znaleźć w sobie motywację.

Naucz się motywować siebie i innych, a będziesz mógł dowolnie kształtować swój los, zaś Twoje życie stanie się lepsze i łatwiejsze.

Zgodnie ze słownikiem motywacja jest stanem gotowości człowieka do podjęcia jakiegoś działania. Działania, w którym wysiłek jest ukierunkowany na cel, skoncentrowany na zagadnieniach prowadzących do jego osiągnięcia. Człowiek zmotywowany ma silne, pozytywne nastawienie, dzięki któremu nie ustaje w wysiłkach aż do osiągnięcia pożądanego skutku. Zatem motywacja to siła, która pcha do przodu, wyzwala chęć działania i entuzjazm. Dzięki motywacji czujemy, że żyjemy i mamy wyraźne cele. Bez motywacji nie bylibyśmy w stanie rozwijać się zawodowo, uczyć się, zdobywać nowych umiejętności.

W kolejnych rozdziałach poruszam kwestie związane z motywowaniem samego siebie, a także możliwościami inspirowania innych.

Skąd bierze się motywacja?

Każdego dnia, stając przed trudnymi wyborami, decyzjami i różnymi zadaniami, mierzymy się ze świadomością, że nie zawsze możemy robić to, co chcemy. Aby ustalić, w jakiej dziedzinie chcemy być aktywni i dlaczego, powinniśmy nauczyć się prowadzić wewnętrzny dialog – niech stanie się to naszym codziennym nawykiem. Wtedy możemy być w stu procentach pewni słuszności tego, co robimy. Nie będziemy czuli się wykorzystywani i manipulowani przez innych.

Człowiek odpowiednio umotywowany będzie inspirująco wpływać na otoczenie. Jednak, aby odkryć motywy kierujące zachowaniem innych osób, powinniśmy się dowiedzieć, co skłania do działania nas samych. Taki wewnętrzny powód będę nazywał dalej motywatorem. Jest to wewnętrzny napęd, impuls skłaniający do działania lub postępowania w określony sposób.

Możesz pomyśleć, że dla wielu ludzi motywatorem jest chęć zdobycia nagrody, na przykład w postaci awansu, albo strach przed karą, na przykład brakiem premii. Są to jednak czynniki zewnętrzne, które mają ograniczony i krótkotrwały wpływ na nasze działanie. Znacznie silniej i dłużej oddziałują na ludzi motywatory wewnętrzne, ponieważ w praktyce odnoszą się do nadrzędnych wartości i życiowych celów.

Kluczowym czynnikiem kształtowania się motywatora jest posiadanie wizji samego siebie i swojej przyszłości. Przyjrzyjmy się ludziom, którzy konsekwentnie dążą do celu i mimo wielu przeciwności nigdy nie ustają w staraniach. Czyż nie są to osoby posiadające wizję i jasno wytyczone cele, do osiągania których nie brakuje im silnej wewnętrznej motywacji?

Spójrzmy na ludzi, którzy wiodą bezsensowną i jałową egzystencję, od jednego szarego dnia do kolejnego. Jeśli kogoś takiego zapytamy, jaki ma cel w życiu, kim chce być, jak widzi swoją przyszłość, czy usłyszymy konkretne informacje? Osoby tego typu zazwyczaj nie mają żadnej motywacji wewnętrznej, poddają się jedynie krótkotrwale i chaotycznie działającym zewnętrznym wpływom.

Człowiekiem, który miał jasną wizję i konsekwentnie ją urzeczywistniał, był premier Wielkiej Brytanii **Winston Churchill**. Jego działania odcisnęły piętno na światowej historii. Pociągnął za sobą cały naród brytyjski, który dzięki niemu tak odważnie potrafił odeprzeć niemiecki atak w czasie II wojny światowej. Churchill był zdeterminowany, by prowadzić walkę do samego końca i czynić to wszelkimi dostępnymi środkami. Aby móc bez przeszkód realizować tę strategię, wykluczył z rządu wszystkich zwolenników pokoju z Niemcami. Najbardziej wpływowego z nich lorda Halifaxa wysłał jako ambasadora do Waszyngtonu.

W przededniu bitwy o Anglię w swoim przemówieniu Churchill tak zagrzewał naród do walki: „Obronimy naszą Wyspę bez względu na cenę, będziemy walczyć na plażach, będziemy walczyć na lądowiskach, będziemy walczyć na polach i na ulicach, będziemy walczyć na wzgórzach, nigdy się nie poddamy".

Ta niezłomna postawa sprawiła, że jego słowa i dokonania przeszły do historii. Do dziś stanowią doskonały przykład tego, jak silna motywacja jednego człowieka może porywać i podbudowywać masy ludzkie. Każdemu życzę takiej charyzmy niezbędnej do inspirowania innych.

Pomyślisz, że nie każdy jest taki jak Churchill. Oczywiście, większość z nas może poczuć się przytłoczona jego osobowością i dokonaniami, ale wciąż możemy się od niego wiele nauczyć. Ten człowiek, pomimo wielu porażek, jakich doznał, wręcz emanował siłą i entuzjazmem. Pewność siebie i poczucie własnej wartości czerpał z innej, pozazawodowej działalności. Otóż jeszcze przed rozpoczęciem kariery politycznej Churchill był uznanym pisarzem. Dzięki sukcesom na tym polu ładował swoje akumulatory, generował wewnętrzną energię, która zmieniała się między innymi w motywację pozwalającą mu stawić czoła wielkim wyzwaniom w innych dziedzinach. Jest to wskazówka, że każdy z nas powinien odkrywać swoje mocne strony, a szczególnie umiejętności przynoszące radość i satysfakcję. Dzięki takim sukcesom dowartościowujemy się i łatwiej jest nam osiągać nowe cele.

Wzbudzanie motywacji w sobie

Zaprezentuję kilka konkretnych sposobów wzbudzania czy wzmacniania wewnętrznej motywacji. Najważniejszym jest odkrycie jej źródła. Jest to klucz do wytrwałości i samodyscypliny. Zadajmy sobie więc pytanie o nadrzędne wartości i życiowe priorytety. Zastanówmy się także, dlaczego właśnie te rzeczy są dla nas ważne. To ułatwi rozpoczęcie pracy nad sobą.

Wierzę w moc pytania „dlaczego". Powinniśmy odpowiadać na nie za każdym razem, gdy stajemy przed nowym zadaniem. Odpowiedź na nie pozwala narodzić się wewnętrznej motywacji, a wraz z nią determinacji, wytrwałości, konsekwencji i samodyscyplinie, które pomagają osiągać cele. W ten sposób ważne staje się już samo działanie, a decyzja o jego rozpoczęciu stanowi największą nagrodę za wytrwałość, zaś zewnętrzne korzyści odgrywają tu mniejszą rolę. Choć z praktycznego punktu widzenia najistotniejszym wydawać się może pytanie „jak", to pytanie „dlaczego" zawsze powinno być na pierwszym miejscu.

Inaczej o motywacji

Najpierw możemy znaleźć dobry motywator do podjęcia działania, a dopiero potem zastanowić się, jak osiągnąć cel, chociaż często odbywa się to jednocześnie – gdy zdamy sobie sprawę, dlaczego chcemy się w coś zaangażować, często pojawiają się pomysły, jak tego dokonać. Sam tego doświadczam i jestem zaskoczony, gdy całkiem niespodziewanie przychodzą mi do głowy świetne pomysły i odpowiedzi na najtrudniejsze pytania. Zawdzięczam to motywacji zrodzonej dzięki dokładnemu określeniu, dlaczego chcę coś osiągnąć.

Innym wspaniałym narzędziem wspomagającym motywację jest wizualizacja celu. Wykorzystujmy wyobraźnię, aby ujrzeć efekt ostateczny – to, co chcemy osiągnąć. W ten sposób można przekształcić abstrakcyjny cel w żywy, realny obraz, który będzie bardzo silnie oddziaływał na naszą motywację. Gdy właściwie dopracowana wizualizacja mierzy się z logiką, zwykle potrafi przełamać zdroworozsądkowe ograniczenia, którymi jesteśmy spętani. Dzieje się tak, ponieważ często tak zwana logika ma niewiele wspólnego z rzeczywistością, lecz jest zwykłym pesymizmem. Natomiast wyobraźnia i jej wytwory, jeśli poświęcimy czas na ich odpowiednie ukształtowanie, potrafią przezwyciężyć ograniczające nas sposoby myślenia i wyzwolić cały nasz potencjał. Przestajemy myśleć, że brak nam kompetencji albo że coś jest niemożliwe. Dzięki wizualizacji i codziennej pielęgnacji tej wizji motywacja stanie się tak mocna, że nic nie będzie mogło nas powstrzymać przed osiągnięciem celu.

Przykład? Przeanalizowałam około siedemdziesięciu biografii ludzi, których można nazwać spełnionymi. Większość z nich łączyło jedno – mieli żywą i jasną wizję celu. Oczami wyobraźni widzieli go we wszelkich, najdrobniejszych nawet detalach: kolorach, kształtach, zapachach, rozmiarach. Widzieli także siebie w wymarzonej sytuacji. To właśnie wyróżnia ludzi osiągających cele. Dlatego powinniśmy zgłębiać techniki budowania i pielęgnowania wizji naszego celu. Wówczas wewnętrzna motywacja stanie się niezwykle silna i pomoże nam szybko zrealizować to, czego pragniemy.

Skuteczność tej metody sprawdziłem na sobie, kiedy postanowiłem zostać pisarzem. Wizję tego przedsięwzięcia stworzyłem ponad dwadzieścia lat temu. Gromadziłem materiały, robiłem notatki, planowałem najpierw w wymiarze ogólnym, by następnie przechodzić do coraz drobniejszych szczegółów. Dzięki temu, gdy pojawiły się sprzyjające okoliczności, moja wizja bez większych przeszkód została zrealizowana. Można powiedzieć, że trzymałem niemal gotową koncepcję różnych książek w szufladzie i gdy nadszedł właściwy czas, po prostu je napisałem. Oczywiście poświęciłem temu czas, ale te lata przyniosły mi nieocenioną, niejako dodatkową, choć najistotniejszą korzyść – skupiłem się na doskonaleniu swojej osobowości i zbierałem tak bardzo potrzebne doświadczenia, które między innymi opisuję w moich książkach.

Odnalezienie własnego motywatora pomaga świadomie decydować o przyszłości. Rozważając podjęcie jakiegoś działania, przeanalizuj korzyści, jakie odniesiesz, gdy się na to zdecydujesz; pomyśl także, co stracisz, gdy tego zaniechasz.

Jeśli na przykład chcesz przestać palić papierosy, wyobraź sobie, że gdy tego dokonasz, zyskasz zdrowie, sprawność fizyczną, bardziej satysfakcjonujące życie seksualne, będziesz ładniej pachniał, Twoje dzieci nie będą unikały kontaktu z Tobą, oszczędzisz pieniądze. Poza tym, jeśli Ci się uda, będziesz z siebie naprawdę dumny.

Gdybyś jednak postanowił nie rzucać palenia, wyobraź sobie wszystkie możliwe choroby, na które się możesz narazić, stopniową utratę zdrowia, sprawności fizycznej, sił witalnych, kontaktu z dziećmi i innymi osobami niepalącymi, które po prostu nie chcą przebywać w towarzystwie palacza. Na koniec pomyśl, ile pieniędzy wydajesz na papierosy; wysokość kwoty, jaką przeznaczasz na nie w ciągu miesiąca czy roku najpewniej nieprzyjemnie Cię zaskoczy. Jeśli palisz paczkę dziennie, to rezygnując z tego szkodliwego nałogu, miesięcznie oszczędzisz około 350 zł, w ciągu roku daje to ponad 4200 zł. Tyle wystarczy, by we dwoje pojechać na tygodniową zagraniczną wycieczkę, o czym przekonał się mój znajomy, który oszczędzając przez rok pieniądze dotąd przeznaczane na papierosy, spędził zimowy urlop w Egipcie.

Kolejna ważna sprawa to moment rozpoczęcia wprowadzania w życie nowego postanowienia. Nie czekaj, aż ochota do działania sama się pojawi, bo może się to nigdy nie wydarzyć; pomyśl raczej, że każda chwila jest dobra i zacznij od razu, bo z każdym kolejnym dniem stajesz się starszy i mniej skory do zmian.

Nie szukaj wymówek ani przeszkód – to oszukiwanie samego siebie i pretekst do rezygnacji. Podejmij decyzję i działaj. Pamiętaj, że czas jest ważnym dobrem, bardzo cennym kapitałem, którego nie wolno marnować, a każda stracona chwila znika bezpowrotnie.

Odwlekanie ważnych przedsięwzięć jest poważnym błędem. Sam się o tym boleśnie przekonałem. Jeśli naprawdę Ci na czymś zależy, zacznij realizować to już dziś, a jeśli dojdziesz do wniosku, że nie jest to dla Ciebie ważne, to zrezygnuj, nie trać czasu i energii. Jeśli Twoje zadanie jest bardzo złożone, sporządź pisemnie harmonogram realizacji i konsekwentnie się go trzymaj.

Czasem wizja wielkiego wyzwania może przytłaczać, a przez to demobilizować. Podziel pracę na mniejsze kroki, które będą Cię stopniowo zbliżały do celu. Rozłożenie działań na prostsze czynności pozwoli Ci uwierzyć w realność końcowego efektu. Rób podsumowania swoich starań – raz w tygodniu, miesiącu i roku. Staraj się też delegować część obowiązków, by jak najlepiej wykorzystać potencjał innych ludzi: współpracowników czy członków rodziny.

Dobrym motywatorem bywa też publiczna deklaracja zamiarów. Niedotrzymywanie słowa danego innym, nawet jeśli nie traktują tego zbyt poważnie, powoduje nieprzyjemne uczucie dysonansu. Ogłoszenie zamiarów staje się dodatkowym bodźcem.

Aby wzmocnić motywację na początku lub już w czasie realizacji zadania, można zaplanować dla siebie miłą nagrodę za osiągnięcie celu. Przyjemne odczucie oczekiwania pomoże Ci wytrwać, może też sprawić, że zaczniesz bardziej pozytywnie postrzegać nielubianą dotąd pracę.

Innym sposobem wspomagania motywacji jest poszerzenie wiedzy na temat przedmiotu działania. Czasem nie czujemy zapału, ponieważ brak nam rzetelnych informacji na dany temat i przez to zadanie wydaje się trudniejsze, niż jest w rzeczywistości. Dlatego też, gdy stajemy wobec wyzwania w dziedzinie, o której niewiele wiemy, pierwszym naszym krokiem powinna być lektura odpowiednich książek, artykułów, wyszukanie informacji w Internecie lub skorzystanie z porad eksperta. Wraz ze wzrostem wiedzy zwiększa się wiara w możliwość powodzenia, a tym samym rośnie wewnętrzna motywacja.

Sam przekonałem się o ogromnej roli zdobywania wiedzy, gdy planowałem w latach 90. rozpoczęcie działalności na raczkującym wówczas w Polsce rynku reklamy na pojazdach. Dopiero zagraniczne wyjazdy i spotkania z potentatami na tym polu w innych krajach pozwoliły mi w pełni uwierzyć w realność moich celów i stworzyć skuteczną strategię działania. Gdybym nie próbował zdobyć więcej informacji, prawdopodobnie nigdy nie podjąłbym się realizacji tego przedsięwzięcia i nie odniósłbym sukcesu.

Motywacja pojawia się w nas tylko wtedy, gdy staramy się myśleć pozytywnie. Powinniśmy dopuszczać do siebie dobre, miłe i inspirujące informacje. Nie pozwalajmy, aby do naszego umysłu różnymi kanałami wtłaczano toksyczne i demotywujące treści, które wprowadzają nas w stan odrętwienia, zniechęcenia, pesymizmu i odbierają wiarę w siebie.

Jeśli chcemy czerpać ze świata tylko to, co dobre, powinniśmy otaczać się odpowiednimi ludźmi – pozytywnie nastawionymi do życia, pełnymi wiary i optymizmu. Takie osoby wydają Ci się infantylne i naiwne? Porzuć takie nastawienie. Towarzystwo ludzi, którzy odbierają życie jako ekscytującą i przyjemną przygodę, może wywrzeć na Ciebie prawdziwie pozytywny wpływ. Optymizm jest zaraźliwy. Sprawdza się tu stare powiedzenie, że kto z kim przestaje, takim się staje.

Zauważ, że optymiści nawet wyrażają się inaczej niż pesymiści. Mówią na przykład: „Stoję przed ciekawym wyzwaniem", zamiast: „Mam problem". Unikają negatywnych stwierdzeń, które działają jak samospełniające się proroctwa. Zamiast pogrążać się w bezradności i biernie czekać, biorą sprawy w swoje ręce i szukają rozwiązań opartych na własnych doświadczeniach lub uruchamiają kreatywność, by odkryć nowe, nieznane jeszcze metody działania. Dzięki pozytywnemu nastawieniu mają niewyczerpane pokłady motywacji, która staje się główną siłą napędową ich życia. Warto zarazić się takim nastawieniem, dlatego jeszcze dziś zrób listę takich osób i postaraj się spędzać z nimi jak najwięcej czasu.

Kolejnym źródłem inspiracji jest czytanie książek o różnej tematyce i biografii ludzi, którzy mogą być wzorem do naśladowania. Czytaj regularnie, poświęcaj na to minimum godzinę dziennie, a na każdy rozdział znajdź tyle czasu, ile potrzebujesz, aby jego treść dotarła nie tylko do Twojego umysłu, lecz by poruszyła także Twoje serce. Dzięki uważnej lekturze, dogłębnemu zrozumieniu i odczuciu jej sensu zaczniesz uwalniać się od złogów negatywnego myślenia, które zalegają prawie w każdym z nas w postaci obaw, lęków, wątpliwości czy usprawiedliwień.

Nie masz na to czasu? Nie lubisz czytać? Kup książkę w postaci audiobooka i słuchaj jej w samochodzie albo w domu, relaksując się czy wykonując proste prace. Można również oglądać inspirujące programy telewizyjne – obecnie istnieje wiele stacji, które nadają wartościowe programy dokumentalne.

Powinniśmy starać się unikać szkodliwych, negatywnych i toksycznych treści. Właśnie te czynniki są odpowiedzialne za hamowanie naszego rozwoju i brak motywacji do zmian. Często nawet nie jesteśmy świadomi tych wpływów, odczytujemy je jako głos rozsądku, konfrontację z rzeczywistością czy twardymi faktami. Ich źródłem mogą być media żerujące najczęściej na ludzkim nieszczęściu i naiwności, a także wiecznie narzekający i niezadowoleni ludzie z naszego otoczenia. Zastanów się, czy cokolwiek zyskujesz, przebywając w towarzystwie osoby, która faszeruje Cię pełnymi zawiści plotkami.

Oczywiście efekty podjętych działań nie będą natychmiastowe, ale jeśli usuniemy wszystkie chwasty ze swojego umysłu i otoczenia i zasadzimy ziarna nowych, pozytywnych wzorców myślenia, to już po kilku miesiącach poczujemy siłę powracającej motywacji.

Motywujący wpływ na innych

Zastanówmy się, jak możemy wpływać inspirująco na osoby z naszego otoczenia.

Jak wspominałem, aby motywować innych, sami musimy być dobrze zmotywowani. Jeśli my nie będziemy przekonani, nie uda się nam przekonać innych. A zatem pierwszym krokiem jest znalezienie odpowiedniego motywatora dla siebie, a następnie użycie takiej strategii przekonywania, która trafi do innych.

Zasady dotyczące motywowania innych

Istnieje kilka zasad pomagających motywować innych ludzi. Przede wszystkim przekaz musi być jasny, klarowny i zrozumiały dla wszystkich. Większość ludzi przyznaje, że najwięcej kontrowersji powstaje nie z powodu różnicy zdań, ale właśnie z braku zrozumienia. Zatem zanim spróbujesz przekonać kogoś do działania, upewnij się, że Twoja prośba jest jasna i konkretna, a potem postaraj się przekazać ją w możliwie najprostszy sposób. Zawsze bądź gotowy do odpowiedzi nawet na najbardziej niedorzeczne pytania.

Częstym błędem jest podawanie zbyt wielu informacji naraz, co może przytłaczać i wręcz uniemożliwić zrozumienie. Dlatego powinno się początkowo mówić tylko o tych sprawach, które są niezbędne do rozbudzenia chęci do działania, a resztę przekazywać stopniowo w miarę postępu prac nad zadaniem. Aby przekonać innych, trzeba samemu być oddanym sprawie, czyli posiadać absolutną pewność i wiarę w sens tego, co się robi. Wiara i zaangażowanie są bardziej przekonujące niż siła najbardziej nawet wyszukanych argumentów logicznych.

Dobry wpływ na motywację ma udzielanie pochwał i okazywanie uznania. Te czynniki działają mobilizująco i skłaniają do jeszcze pilniejszej pracy. Ważne jest, by zawsze były to pochwały prawdziwe i szczere. Jeszcze większą moc ma uznanie wyrażone publicznie. Podbudowuje ono nie tylko chwalonego, ale również świadków jego sukcesu, którzy zyskują dowód na to, że warto się starać. Trzeba jednak pamiętać, że publiczne pochwały u niektórych osób mogą wywoływać zakłopotanie. Dlatego kluczowe znaczenie ma wiedza o tym, komu, w jakim stopniu i w jakich okolicznościach możesz wyrazić uznanie.

Ważnym czynnikiem jest odwołanie się do naturalnego ducha rywalizacji, który kryje się w różnym stopniu w każdym z nas. Rozbudzenie w ludziach dążenia do przyjaznego współzawodnictwa zwiększa ich zaangażowanie i motywację.

Warto także nawiązywać i pielęgnować bliskie relacje z otoczeniem. Dzięki nim łatwiej jest się porozumieć się z innymi i przekonać ich do swoich zamierzeń.

Jeśli okażesz ludziom, że wierzysz w ich możliwości, zadziała to jak samospełniające się proroctwo i ułatwi osiągnięcie celu. Jednak wiedza o człowieku musi być oparta na faktach; stwierdzenie, że wierzysz w jego możliwości, nie może być pustym sloganem.

Pamiętajmy także o tym, że każdy z nas lubi podziwiać wyniki swojej pracy. Dlatego też powinniśmy wtajemniczyć współpracowników czy członków rodziny w efekt działania, w które się zaangażowali, pokazać im „produkt finalny". Wtedy widzą oni sens swojego wysiłku i chętniej włączają się w kolejne przedsięwzięcia.

Czynniki motywujące

Przyjrzyjmy się czynnikom, które mogą wpływać na ludzi motywująco. Jednym z najważniejszych jest dawanie im dobrego przykładu przez lidera. Słowne deklaracje nie wystarczą – chcąc inspirować ludzi, musimy pokazywać im, jak powinni postępować.

Sprawą podstawową jest wykształcenie w innych przeświadczenia o szczerości i szlachetności naszych intencji. Można to osiągnąć poprzez otwarte mówienie o swoich motywacjach, planach, celach i doświadczeniach. Taka postawa sprawia, że ludzie zaczynają nam ufać i chcą otwarcie rozmawiać.

Innym motywatorem może być korzyść, jaką spodziewamy się osiągnąć dzięki zaangażowaniu się w przedsięwzięcie. Korzyści te mogą być rozmaitej natury: duchowej, finansowej, emocjonalnej, intelektualnej, fizycznej i tym podobnych. Trzeba tylko odkryć, jaka korzyść najlepiej zaspokoi potrzeby osoby, którą chcesz zmotywować.

Również odwoływanie się do emocji stanowi dobry motywator. Jednak jest to bardzo delikatny obszar. Emocje są co prawda intensywne i mają ogromną moc oddziaływania, ale jednocześnie często wymykają się spod kontroli i są bardzo nietrwałe. Poza tym bazując na nich, łatwo ulec pokusie i dopuścić się manipulacji. Dlatego też skuteczniejsze wydaje się odwoływanie się do potrzeb, które każdy z nas ma. Jest to jeden z podstawowych czynników motywacyjnych.

Warto tu wspomnieć o **piramidzie potrzeb** opracowanej przez amerykańskiego psychologa **Abrahama Maslowa**. Jest to model hierarchii potrzeb złożony z pięciu poziomów. Zdaniem Maslowa człowiek zaspokaja swoje potrzeby po kolei, zaczynając od tych niższego rzędu – najpierw fizjologiczne, następnie bezpieczeństwa osobistego i rodziny, przynależności i miłości, szacunku, uznania społecznego i samorealizacji. Na tę ostatnią składają się kolejno: potrzeba wiedzy i rozumienia świata oraz potrzeby estetyczne i religijne. Chęć samorealizacji zakłada więc konieczność transcendencji, czyli wykraczania w rozwoju poza własne ograniczenia. W wymiarze praktycznym oznacza to, że powinno się motywować innych, uwzględniając poziom w hierarchii potrzeb, na którym się obecnie znajdują.

W środowisku pracy przez potrzeby fizjologiczne można rozumieć wynagrodzenie. Potrzeby bezpieczeństwa związane są z programami emerytalnymi, pewnością zatrudnienia, opieką zdrowotną. Potrzeby przynależności łączą się z uczestniczeniem w życiu organizacji, kontaktami ze współpracownikami, z poczuciem bycia członkiem zespołu. Potrzebę szacunku można zaspokajać poprzez awans, powierzanie odpowiedzialnych zadań, okazywanie uznania. Potrzeba samorealizacji, znajdująca się na szczycie hierarchii, związana jest z pełnym zaangażowaniem pracownika w wykonywanie obowiązków, jego rozwojem zawodowym i osobistym.

Potrzeby podstawowe możemy także podzielić na: fizyczne (na przykład: czyste powietrze, woda, jedzenie, ubranie), mentalne (na przykład: bycie kochanym, potrzebnym, uczenie się) i społeczne (na przykład: pokój, towarzystwo, praca).

Trzeba także pamiętać, że potrzeby stanowią źródło naszych wartości. Jeżeli nie mamy ani jednej pary butów na zimę, to kupno ich jest potrzebą pierwszorzędną, ale jeśli kupujemy już piątą parę w tym samym sezonie, bo zmieniła się moda, jest to kaprys.

Odwołanie się do potrzeb jest zazwyczaj skuteczne, ponieważ jest to mechanizm uniwersalny, wpisany w naturę człowieka – wszyscy mamy potrzeby i staramy się je zaspokoić.

Jeszcze innym sposobem na wzbudzenie w kimś chęci zaangażowania jest okazanie szacunku i uznania dla jego wiedzy czy wyjątkowych umiejętności. Każdy z nas uwielbia być specjalistą w jakiejś dziedzinie i jeśli damy mu odczuć, że uznajemy jego kompetencje, chętnie nam pomoże.

Warto także wspomnieć o możliwości apelowania do lojalności i przekonań. Każdy z nas skłonny jest do obrony i działania na rzecz osób lub organizacji, wobec których jest lojalny. Tak samo jest z ważnymi wartościami, jakie wyznajemy (można nazwać je przekonaniami) – są one silne i trwałe, więc jesteśmy skłonni działać w oparciu o nie przez długi czas, nie tracąc zapału i wiary w możliwość osiągnięcia celu.

Nauczyciel motywacji

W kontekście motywacji ciekawą postacią jest **Dale Carnegie**, autor niezwykle popularnej książki *Jak zdobyć przyjaciół i zjednać sobie ludzi*. Ten skromny syn ubogiego farmera i absolwent Kolegium Nauczycielskiego w Warrensburgu, który młodość spędził, pracując na wsi, znany jest milionom ludzi na całym świecie.

Wszystko dzięki jego pasji, którą było inspirowanie i pomaganie innym. Dawało mu to satysfakcję i spełnienie. Carnegie po ukończeniu szkół prowadził kursy korespondencyjne, organizował także szkolenia zawodowe dla ludzi biznesu. Początkowo zarabiał około 30 dolarów tygodniowo, jednak po napisaniu wspomnianej książki stawał się coraz bardziej sławny i zamożny. Bestseller ten przetłumaczono na 37 języków. Do dziś publikacja ta jest źródłem inspiracji i motywacji dla wszystkich czytelników bez względu na ich wiek, pochodzenie społeczne, wykształcenie czy zawód. Moja siostra tak podsumowała swoje wrażenia z lektury książki Carnegiego:

„Dzięki niej zauważyłam, jak wiele błędów popełniałam w relacjach międzyludzkich w pracy, w rodzinie i wychowaniu dzieci. Odkryłam, że zbyt mało chwaliłam dzieci, byłam wobec nich zbyt krytyczna. Zaczęłam także wczuwać się w położenie męża, co pozwoliło nam uniknąć wielu kłótni. Przestałam walczyć o swoje racje za wszelką cenę, zaczęłam częściej ustępować. Rady zawarte w tej pozycji pomogły mi też w pracy, która polega w dużej mierze na kontaktach z ludźmi. Zaczęłam okazywać im więcej zainteresowania i już od początku zauważyłam pozytywny efekt. Klientki chwalą mnie za miłą obsługę, zapowiadają chęć powrotu do naszej firmy i dotrzymują słowa. Jestem z tego powodu bardzo dumna. Staram się także słuchać innych ludzi; przychodzi mi to z pewnym trudem, ponieważ z natury jestem osobą gadatliwą i wolę mówić niż słuchać. Na pewno przeczytam książkę Carnegiego jeszcze raz i postaram się wypróbować więcej zawartych w niej rad, bo widzę, że dzięki nim moje życie w każdej sferze zdecydowanie zmienia się na lepsze".

Może się wydawać, że pojęcie motywacji i inne z nim związane dotyczą głównie świata biznesu. W rzeczywistości jednak rozważania na ten temat mają odniesienie do codziennego życia. Każdy z nas staje przed nowymi zadaniami, do których wykonania musi motywować siebie, współpracowników czy rodzinę. Dlatego też uważam, że zgłębienie teorii w tym zakresie oraz nabycie pewnych praktycznych umiejętności jest obowiązkiem każdego człowieka, który bierze odpowiedzialność za swoje życie i świadomie chce dążyć do szczęścia i spełnienia.

Pamiętaj, że wszyscy ludzie, którzy chcą podjąć wyzwanie i trud świadomego kształtowania swojego życia, powinni mieć wewnętrzną, osobistą motywację i umieć wzbudzać ją w sobie i innych.

Motywacja zewnętrzna w postaci spodziewanych nagród lub grożących kar działa w sposób krótkotrwały i jest na dłuższą metę mało skuteczna. Dzięki wewnętrznemu przekonaniu będziesz wytrwały, konsekwentny, pełen wiary, optymizmu i mimo rozlicznych przeciwności nie poddasz się. Dlatego tak ważna jest codzienna praca. Dzięki niej nie tylko my będziemy odnosili sukcesy, ale też przyczynimy się do osiągania ich przez innych.

Co możesz zapamiętać? ☺

1. Motywacja to klucz do osiągania celów, do realizowania trudnych i czasochłonnych zadań.
2. Znacznie silniej i dłużej oddziałują na ludzi motywatory wewnętrzne, które odnoszą się do ich wartości i życiowych celów.
3. Odkryj, co Cię motywuje, zadawaj sobie pytanie „dlaczego".
4. Wizualizuj swoje cele.
5. Przeanalizuj korzyści, jakie odniesiesz z osiągnięcia celu.
6. Nie zwlekaj z wprowadzeniem w życie nowych postanowień.
7. Ogłoś publicznie, co zamierzasz osiągnąć.
8. Wyznacz sobie nagrodę za realizację zadania.
9. Poszerzaj swoją wiedzę na temat przedmiotu Twojego zadania.
10. Aby motywować innych, stosuj zasady przedstawione w tym rozdziale.
11. Dawaj innym pozytywny przykład swoim zaangażowaniem w sprawę.
12. Odwołuj się do korzyści, emocji, potrzeb i innych wspomnianych czynników motywacyjnych.

✱

Inaczej
o miłości

Spis treści

Wstęp 635

Co to za uczucie? 635

Potrzeba miłości 644

Jak nie utracić miłości? 646

Jak uczyć się okazywania miłości? 647

Rola sumienia w okazywaniu miłości. 649

Co mógłbyś zapamiętać? ☺ 651

Wstęp

Kiedy zbudujemy dom naszych marzeń, zwieńczeniem jest jego upiększenie, nadanie mu osobistego klimatu i charakteru, co zwykle jest najprzyjemniejszym i najbardziej oczekiwanym etapem budowy. Ma być wygodnie, pięknie, przytulnie. Po prostu wspaniale.

W dojrzałej, udoskonalonej osobowości człowieka taką rolę pełni miłość. To ona jest dopełnieniem wszystkiego.

Wartości życia najsilniej doświadcza się poprzez miłość. To ona nadaje sens naszej egzystencji. Traktowanie miłości tylko jako szczególnego stanu, ograniczonego w czasie i przynależnego jedynie wybrańcom, prowadzi do zubożenia zarówno jej, jak i samego życia. Miłość domaga się nieustannego rozwoju. Musimy się jej ciągle uczyć. To uczucie zajmuje u wielu ludzi centralne miejsce w życiu, jest siłą, która organizuje nasze istnienie i naszą osobowość. Piszę: u wielu ludzi, ponieważ nie dotyczy to wszystkich ludzi.

Szkoda, że tak jest, ale analizując zachowania ludzi, do takiego wniosku właśnie doszedłem.

Co to za uczucie?

Słownik języka polskiego definiuje **miłość** jako głębokie uczucie do drugiej osoby, któremu zwykle towarzyszy pożądanie; uczucie silnej więzi, oddania. Miłość oznacza także głębokie zainteresowanie, znajdowanie w czymś przyjemności.

To piękne uczucie budziło zainteresowanie myślicieli przez wieki. Jednym z najciekawszych starożytnych dzieł analizujących miłość jest *Uczta* Platona. Podczas tytułowej uczty toczy się dyskusja na temat tego, czym jest miłość. W języku potocznym często używamy zwrotu, że ludzie zakochani są jak dwie połówki jabłka. Zdaniem Platona miłość potrafi człowieka rozwijać duchowo i doprowadzić do zrozumienia najwyższego Dobra.

Jak współcześnie rozumiemy miłość?

Miłość wiąże się bezpośrednio z postępowaniem, które rodzi pozytywne uczucia. Kiedy doświadczamy miłości, czujemy się szczęśliwi i spokojni. Dlaczego tak się czujemy? Ponieważ miłości towarzyszy między innymi cierpliwość. Ta często niedoceniana cecha rodzi w nas wewnętrzny spokój, a w konsekwencji wyciszenie, które wprowadza nas w stan relaksu.

Ludzie, nawet ci, których kochamy, nie są doskonali, każdy ma wady i popełnia błędy, które wystawiają innych na próbę. Miłość skłania nas do okazywania cierpliwości, co łączy się z życzliwością i wielkodusznością wobec rozlicznych ludzkich przywar. Cierpliwość przejawia się zarówno w drobiazgach, jak i w rzeczach wielkich.

Posłużę się teraz przykładem, który usłyszałem podczas pewnego ciekawego wykładu. Wyobraź sobie niedoświadczonego ogrodnika, który zasadził na rabatce różę. Na początku podlewał ją codziennie, ale dziwił się, że ma tyle kolców. Zastanawiał się, jak z tak brzydkiej łodygi może wyrosnąć piękny kwiat. Wątpliwości sprawiły, że zaprzestał podlewania. Roślina umarła, zanim zdążyła zakwitnąć i ujawnić swoje ukryte piękno. Podobnie jest z ludźmi. W każdym z nas jest taka róża, czyli wewnętrzne piękno i dobro, w które jesteśmy wyposażeni z racji samego istnienia. Często jednak zarówno w sobie, jak i w innych widzimy same kolce, czyli wady, błędy, niedociągnięcia. Rozpaczając, tracimy nadzieję i zaniedbujemy pielęgnowanie dobra w nas samych i w innych, aż w końcu ono umiera. Na mnie pozytywnie wpłynął ten przykład – przez pewien czas rozmyślałem o nim w kontekście własnego życia. Choć jest prosty i krótki, to ma w sobie moc. ☺

Dostrzeganie piękna w osobowości innych to jeden z największych darów, jakie otrzymaliśmy. Potrafimy ominąć kolce ludzkich wad i odnaleźć dobro, czasem głęboko ukryte, czekające, by rozwinąć się niczym pąk. Czy znasz to odczucie, kiedy odnajdujesz w kimś dobro? Szukanie u innych ludzi dobrych stron osobowości moim zdaniem jest przyjemnością i kiedy spotykam się z różnymi osobami, potrafię niemal od razu dostrzec, czy mam do czynienia z człowiekiem, który lubi ludzi i szuka w nich dobra.

Podstawowymi cechami miłości są: życzliwość, przychylne traktowanie ludzi, akceptowanie ich ze wszystkimi wadami i brakami, dostrzeganie szlachetności ich charakteru. Okazując innym taką bezinteresowną miłość, zachęcamy ich, by pokonywali swoje słabości i pod kolcami odkrywali w sobie różę, czyli wszystko, co w człowieku najlepsze.

Pisałem wcześniej o cierpliwości. Czy jest jakiś sekret bycia cierpliwym? Myślę, że nie. Kiedy poświęcimy trochę czasu temu zagadnieniu, to zapewne dojdziemy do wniosku, że cierpliwość wyrasta w naszym symbolicznym ogrodzie, kiedy zasiane jest właściwe ziarno – miłość (miłość staje się naszą wartością nadrzędną). Oczywiście ziarno to musi być właściwie pielęgnowane (podlewanie, dbanie o właściwą glebę, pielenie). To wymaga pracy, skupienia i zaangażowania. Ale skoro miłość jest naszą wartością, naszym skarbem, to staje się naturalne, że wkładamy w to działanie serce.

Teraz napiszę kilka słów na temat innego aspektu bycia cierpliwym. Paliwem dla nauki okazywania cierpliwości jest opanowanie sztuki **wnikliwego** postrzegania świata. Wnikliwość powstrzymuje nas przed ocenianiem czynów jakiegoś człowieka lub pobudek, które nim kierowały. Wiem, że nie jest to łatwe. Sam nad tym pracuję i dość regularnie muszę się stawiać do kąta za karę, koryguję się, zadając sobie pytania w stylu: „Co się z Tobą dzieje?" ☺.

Ta świadomość celu, którym jest wytrwanie w byciu dobrym (nieoceniającym pochopnie), jest wartościowym kierunkiem. Osoba wnikliwa, nawet jeśli jest z usposobienia cholerykiem, może ćwiczyć swoje hamulce. Uważam, że cierpliwość, szczególnie w obcowaniu z najbliższymi, jest bardzo ważna, może nawet ważniejsza od innych kluczowych cech osobowości.

Czy zastanawiałeś się kiedyś, jak się czujesz w towarzystwie człowieka cierpliwego, a przy tym zdolnego do empatii, a jak w obecności kogoś, kto Cię krytykuje i traktuje z góry? Dostrzegasz różnicę? Gdy nasz rozmówca jest cierpliwy, zwykle jesteśmy rozluźnieni psychicznie, wręcz odprężeni, nie zaś spięci i podenerwowani jak w towarzystwie kogoś, kto podnosi głos, podważa lub lekceważy nasze kompetencje, zbyt pochopnie ocenia naszą postawę. **Jakże często hołubi się inteligencję, a mało uwagi poświęca cierpliwości.** Prawdziwe przyjaźnie powstają właśnie na fundamencie cierpliwości – zarówno pomiędzy małżonkami, jak i między rodzicami a dziećmi.

Odpowiedzmy sobie zupełnie szczerze na pytanie, jak pod tym względem oceniają nas najbliżsi – mąż, żona, dzieci, rodzice, rodzeństwo, dziadkowie. Czy uważają nas za cierpliwych? W takich sytuacjach bliscy zwykle mówią prawdę. Nie lekceważmy ich uwag ani opinii. Ja osobiście bardzo źle toleruję kontakt z osobami niecierpliwymi (oczywiście chodzi o tych bardzo niecierpliwych, bo niemal każdemu z nas brakuje w stopniu zadowalającym tej cechy ☺). Najczęściej przypłacam to smutkiem, który albo trwa kilkanaście minut albo nawet kilka godzin. W ich towarzystwie czuję się tak spięty, że dopada mnie ból głowy i podnosi mi się ciśnienie w gałkach ocznych, dlatego unikam ludzi zbyt zajętych innymi sprawami, aby znaleźć czas na wypracowywanie w sobie cierpliwości – przymiotu, który jest wyrazem miłości do innych ludzi.

Przejdę teraz do następnego aspektu. Mam przekonanie, że miłości obce są pewne toksyczne przywary, cechy, które psują, a może nawet niszczą relacje między ludźmi. Poniżej opisuję niektóre z nich.

Czasami **można usłyszeć opinię, że miłości obca jest zazdrość**. Warto pochylić się nad tą myślą. W dzisiejszym świecie to wyniszczające uczucie jest częstym gościem w ludzkich sercach. Zdarza się, że podświadomie odczuwamy zazdrość względem tych, którym powodzi się lepiej niż nam. Jednak miłości towarzyszy praca nad tą przywarą. Bo całkowicie zazdrości raczej nie uda się nam zlikwidować. W każdym razie zazdrość jest wyjątkowo toksycznym uczuciem, które psuje relacje z otoczeniem, powoduje frustrację, rodzi gniew i agresję. Do walki z zazdrością polecam metodę dialogu wewnętrznego – szczerą rozmowę z samym sobą.

Miłość jest w nieustannej walce z pychą. Ta cecha jest równie destrukcyjna jak zazdrość. Miłość podpowiada nam, że powinniśmy traktować innych z wielkim szacunkiem. Można powiedzieć, że taka postawa przybliża do nas innych. Natomiast ludzie pełni pychy zniechęcają do siebie, odpychają swoją wyniosłością. Jak zatem kochać bez cienia pychy? I tu po raz kolejny przychodzi z pomocą wnikliwość. Właśnie wnikliwą postawę uważam za jedną z naszych najważniejszych powinności.

Szanujemy innych, ponieważ myślimy o nich pozytywnie. Nie mamy do nich pretensji, usprawiedliwiamy ich zachowanie. Co nam w tym pomaga? Pamiętanie, że my również błądzimy, że czasem kogoś ranimy. Jesteśmy świadomi, że wszyscy (my również) czasem postępują niewłaściwie. Ale do tego, by pamiętać o swoich potknięciach, potrzeba pokory.

Szanujemy innych, gdyż chcemy, aby czuli się dobrze w naszym towarzystwie. Regularnie zachęcam do zgłębiania istoty empatii – jednej z podstaw właściwych relacji z ludźmi. Kiedy jesteśmy empatyczni, kiedy wczuwamy się w położenie innych, łatwiej nam uważać ich za wartościowych i szczerze szanować.

Miłość nie pozwala nam być egoistami – pobudza nas do bycia altruistami. Posłużę się przykładem, który usłyszałem podczas ciekawego wykładu. Pewnego człowieka zapytano kiedyś o cel jego życia. Spojrzał pytającemu głęboko w oczy, zastanowił się, pogrzebał w kieszeni, wyjął z niej mały, okrągły kawałek lustra i odpowiedział: „Pewnego dnia, w czasie wojny, gdy byłem małym dzieckiem, znalazłem na drodze kawałki rozbitego lustra. Wziąłem i zachowałem największy z nich, właśnie ten. Zacząłem się nim bawić, odbijałem w nim promienie słońca i oświetlałem ciemne miejsca, gdzie nie dochodziło światło. Kiedy dorosłem, zrozumiałem, że nie była to tylko dziecinna gra, lecz metafora tego, co mogę uczynić sensem swojego życia. Jestem fragmentem lustra. To, co mogę robić, to odbijać światło. Tym światłem może być zrozumienie, prawda, wiedza. Mogę nim oświetlać ciemne miejsca ludzkich serc. Z kimkolwiek się spotykam, pomagam mu to wyjaśnić. Mogę zmienić pewne rzeczy u niektórych ludzi, pomóc dostrzec im ciemne miejsca i wprowadzić tam jasność. Właśnie tym się zajmuję".

Zgadzam się z tym człowiekiem i uważam, że miłość działa właśnie w taki sposób. Jestem przekonany, że głęboki sens istnienia leży w szukaniu sposobów na wspieranie innych, wzmacnianie ich i inspirowanie.

Miłość uczy się pracy nad gniewem. Bo kochając, mimo sprzecznych dążeń czy braku porozumienia, chcemy nad sobą panować. Bardzo nam zależy na niestosowaniu wobec innych przemocy, nieobrażaniu nikogo. Staramy się wyjaśnić nasze racje spokojnie i w sposób rzeczowy, dążymy do kompromisu i obopólnej korzyści. Gdy jednak nie da się uniknąć konfliktu lub gdy wyrządzimy komuś krzywdę, dzięki miłości potrafimy przeprosić i wybaczyć sobie nawzajem. Przypomina mi się wypowiedź angielskiego poety Aleksandra Pope'a: **„Ludzie powinni być pouczani tak, jakby nie byli pouczani".** Jeśli opanujemy tę sztukę jako rodzice, szefowie czy nauczyciele, obca stanie się nam reakcja powodowana gniewem czy złością. Aby tego dokonać, musimy pamiętać, że ten, komu chcemy pomóc zrozumieć jakąś ważną kwestię, ma swoją godność, swoje ambicje, a nasze nerwy i gwałtowność w niczym nie pomogą. Gniew jest bowiem przejawem słabości i jeśli ktoś ma go w nadmiarze, powinien szybko zająć się naprawą swojej osobowości.

Wiąże się to z szukaniem pomocy u psychologa. Terapia w tym zakresie może całkowicie zmienić jakość życia osoby, która ma w sobie nadmierne pokłady gniewu. Obcowanie z człowiekiem pełnym złości niszczy relacje z innymi i prowadzi jedynie do regularnych konfliktów.

Oczywiście gniew jest tylko jednym z całej gamy uczuć (jest też pewną formą komunikowania się z otoczeniem). Tłumienie nadmiaru gniewu też jest niebezpieczne. Dlatego w pewnych okolicznościach kontrolowany gniew może być korzystny. Może na przykład wpłynąć na czyjeś zachowanie – na przykład na atak paniki ☺. Oczywiście to tylko teoria. Sam jednak jestem przeciwnikiem gniewu i odradzam tak zwaną szczerość w każdej chwili. To jest nawet niebezpieczne. Kontrolowany gniew proponuję raczej skojarzyć z umiarkowaną stanowczością i odwagą w sytuacjach trudnych, do których dochodzi raz na jakiś czas w życiu niemal każdego człowieka.

Miłość zna słowo „przepraszam". Lepiej jest go nadużywać niż wymawiać zbyt rzadko. Jeśli wyrządzamy komuś krzywdę, powinniśmy zdać sobie z tego sprawę, szczerze żałować swego czynu i prosić o wybaczenie.

Od drugiej strony możesz natomiast oczekiwać przebaczenia i kolejnej szansy. Wczuwajmy się w sytuację drugiego człowieka, okazujmy mu zrozumienie, współczucie i nauczmy się wspaniałomyślnie wybaczać, tak jak chcielibyśmy, by nam wybaczano. W ten sposób miłość chroni przed pielęgnowaniem urazy i nienawiści – uczuciami, które najbardziej destrukcyjne są dla nas samych. Wypaczają osobowość, pozbawiają radości, odbierają życiu sens i pozytywny wymiar. Przebaczenie zapewnia nam wewnętrzny spokój i harmonię.

Miłując, nie potrafimy się cieszyć z czyjegoś nieszczęścia, wspieramy innych i radujemy się ich sukcesami, pozbywamy się zawiści, od której przecież tylko krok do pogardy. Trudno pojąć, dlaczego tak wielu ludzi odczuwa satysfakcję, widząc bliźnich borykających się z różnymi życiowymi trudnościami, podczas gdy oni sami są po prostu leniwi i niezdolni do podjęcia jakiegokolwiek wyzwania. Może dlatego tak boli ich powodzenie pracowitszych i bardziej wytrwałych sąsiadów, marzy im się „równość" w niedostatku i marazmie – preferują „równanie w dół". Taka postawa jest wyjątkowo groźna i należy bezwzględnie ją ganić, także u siebie, jeśli zauważamy jej symptomy.

Zastępując zawiść prostą i szczerą miłością do bliźniego, zyskamy wiele powodów do radości i łatwiej znajdziemy prawdziwych przyjaciół. Kochając, jesteśmy w stanie zaakceptować siebie i drugiego człowieka ze wszystkimi zaletami i wadami. Nie nastawiamy się jedynie na ocenianie i krytykę. Wszystkie czyny, choćby na pierwszy rzut oka wydawały się nam ewidentnie złe, starajmy się zrozumieć i wytłumaczyć, znajdując ich prawdziwe, często głęboko ukryte przyczyny. Twierdzę, że takie pełne dobroci podejście do drugiego człowieka jest możliwe pod warunkiem, że pracowicie pielęgnujemy nasze pozytywne nastawienie, codziennie ucząc się go na nowo. Dla tych, którzy żywią głęboką urazę wobec innych, będzie to prawdziwa próba sił, można jednak ułatwić sobie zadanie, zaczynając od prostych zmian. Oto one:

Przestań słuchać pochopnie wyrażanych opinii i pogłosek, patrz w przyszłość z optymizmem i nadzieją, ufaj ludziom, zakładaj, że kierują się szczytnymi pobudkami, szukaj w nich wewnętrznego dobra, nie przypisuj im od razu złej woli.

Pozytywnego nastawienia wobec ludzi nie należy jednak mylić z naiwnością – chodzi po prostu o to, by nie nastawiać się negatywnie do innych, nie doszukiwać się jedynie wad, nie wątpić w ich szlachetność i dobre intencje. Miłość powinna nam w tym pomóc. W zrozumieniu tej kwestii może nam pomóc przypowieść, którą usłyszałem na jednym z wykładów.

Otóż pewien człowiek mieszkający w Indiach codziennie rano nosił do domu wodę ze studni w dwóch dzbanach, z których jeden był pęknięty. W tym wadliwym zawsze udawało mu się donieść jedynie połowę tego, co nabrał w studni. Któregoś dnia, po wielu latach pracy, pęknięty dzban w końcu nie wytrzymał wstydu, jaki odczuwał z powodu swojej niedoskonałości, i zwrócił się do nosiwody: „Wstydzę się, chciałbym Cię przeprosić, że z powodu pęknięcia w moim boku połowa wody wycieka po drodze do domu. Z powodu mojej wady Twoja praca idzie na marne". Nosiwoda poczuł współczucie dla pękniętego dzbana i odpowiedział mu tak: „Widziałeś te kwiaty, które tak bujnie kwitną po jednej stronie ścieżki, którą idę zawsze do domu? Wyrosły one tak pięknie właśnie dzięki Twojej niedoskonałości, o której wiedziałem i wykorzystałem ją w dobrym celu. Specjalnie zasadziłem nasiona po jednej stronie ścieżki, a Ty za każdym razem, gdy nią szedłem, podlewałeś je. Dzięki Tobie i temu, jaki jesteś, kwiaty mogły wyrosnąć. Gdyby nie Ty, nie mógłbym dekorować nimi stołu".

W pewnym sensie wszyscy jesteśmy takimi pękniętymi dzbanami, a miłość pozwala nam znosić przywary swoje i innych, dostrzegać cechy, które mogą być pomocne i użyteczne, odnajdować wewnętrzny potencjał i w odpowiedni sposób go wykorzystywać.

Na pewno nieraz słyszałeś, że **miłość to uczucie stałe.** Jak to rozumieć? Nie jest to uczucie płoche, podobne romantycznym uniesieniom, które znikają równie szybko, jak się pojawiają. Jest to uczucie dojrzałe i odpowiedzialne, które zawsze będzie istnieć i z czasem będzie się w nas umacniać. Czyż nie powinniśmy dążyć do takiej właśnie postaci miłości? ☺

Potrzeba miłości

Dla naszej osobowości miłość jest tym, czym serce dla organizmu. Każdego dnia pompuje olbrzymie ilości krwi, która jest przecież symbolem życia.

Nie na wszystko mamy wpływ, ciągle jesteśmy zaskakiwani sytuacjami, z którymi nie możemy się pogodzić. Przejawy niesprawiedliwości, o których ciągle słyszymy, niemożność wykonania jakiegoś zadania – jest wiele spraw, które dzieją się nie po naszej myśli. Czas i przypadek często zabierają nam to, co uważaliśmy za cenne – zdrowie, życie najbliższych czy dobra materialne. Nasze cele i plany są poddawane próbom. Wszystko, co nas spotyka, ma ścisły związek z innymi ludźmi. A przecież mają oni różne przekonania, uprzedzenia, odmienną strukturę emocjonalną, temperament, osobowość, mogą wyznawać inne wartości niż my. Skłania mnie to do refleksji, że w pokonaniu tych różnic i w osiągnięciu porozumienia mimo odmienności może pomóc właśnie miłość.

Może właśnie dzięki niej jesteśmy w stanie sprostać niemal każdemu wyzwaniu, jakie stawiają przed nami nasi bliscy: siostry, bracia, rodzice, dziadkowie, kuzyni, teściowie, żona czy mąż i dzieci. Miłowanie innych ma ścisły związek z ulepszaniem kontaktów z nimi, co oznacza mniej zawirowań i burz w życiu.

Wnikliwe zagłębianie się w temat miłości, a nawet jedynie poznanie teorii, z pewnością odmieni każdego człowieka. To najszlachetniejsze z uczuć, jakie możemy w sobie udoskonalać i umacniać.

Ludzie potrzebują miłości bardziej niż czegokolwiek innego. Z tą potrzebą przychodzimy na świat, jest ona wpisana w nasze człowieczeństwo, towarzyszy nam od momentu poczęcia. Rosnące w łonie matki dziecko potrzebuje jej miłości do harmonijnego rozwoju. Nauka potwierdza, że traktowanie z miłością dziecka w okresie prenatalnym silnie wpływa na jego późniejszy rozwój psychiczny i fizyczny. Również po urodzeniu niemowlęta, które nie otrzymują od rodziców lub opiekunów wystarczającej dawki uczucia, gorzej się rozwijają i są o wiele bardziej podatne na choroby.

Starsi ludzie pozostawieni sami sobie więdną i zatracają sens życia. Być może dlatego tak często współmałżonkowie umierają krótko po sobie. Życie bez tej drugiej osoby oznacza bowiem życie bez miłości. Gdy jej brakuje, podupadamy na zdrowiu, tracimy odporność fizyczną i psychiczną.

Ludzie często poszukują wparcia, biorąc udział w specjalnych spotkaniach grupowych, gdzie mają szansę na bliższy kontakt z drugim człowiekiem. Jesteśmy uzależnieni od dotyku, uścisków i innych gestów związanych z okazywaniem uczuć. Zastanówmy się nad tym przez chwilę. Jak bardzo potrzebujemy miłości? Co robimy, aby zaspokajać tę potrzebę?

Jak nie utracić miłości?

Jedną z przyczyn, dla których tracimy miłość, jest **niedocenianie tego, co posiadamy**. Zbyt szybko przyzwyczajamy się do dobrych rzeczy i przestajemy je zauważać, traktujemy je jak oczywistość.

Drobne troski i kłopoty mogą wpływać na nas negatywnie i sprawiać, że przestajemy doceniać naszych bliskich i nie okazujemy im miłości. Powinniśmy z tym walczyć. Można wykonywać pewne ćwiczenia, które pozwolą nam doceniać to, co mamy, i cieszyć się tym. Zadaj sobie pytanie: z jakiego powodu mógłbym być dzisiaj szczęśliwy? Wbrew pozorom można się cieszyć z bardzo prostych rzeczy, z drobiazgów. Może to być dobra ocena z klasówki dziecka albo wyremontowany chodnik obok domu. Można również cieszyć się po prostu ze zdrowia i dobrego samopoczucia. Zapytajmy też, jak dzisiaj może okazać miłość naszym bliskim.

Niestety, na co dzień spotykamy wiele osób, które wręcz mają **nawyk narzekania i wyrażania niezadowolenia** ze wszystkiego, co im się przydarza. Ich zachowanie na ogół wynika z frustracji, braku miłości i przyjaźni, a także z przyjęcia **nieodpowiedniego punktu widzenia** na sytuacje, z którymi się mierzą każdego dnia.

Wyobraźmy sobie górę piasku. Gdy patrzymy na nią, stojąc, widzimy po prostu kopiec. Natomiast gdy położymy się obok, kopiec może wydać się niebosiężną górą. Ilość piasku pozostaje taka sama, zmienia się tylko perspektywa patrzenia. Nieodpowiedni punkt widzenia może powodować, że drobne problemy postrzegamy jako niebotyczne wyzwania. Czasem wystarczy tylko popatrzeć na daną sytuację z dystansu, a objawi się nam ona w innym, korzystniejszym świetle.

Będziemy bardziej doceniać to, co już posiadamy, a tym samym zaczniemy odczuwać radość. Im zdrowszą perspektywę zachowujemy w codziennym życiu, tym łatwiej jest nam okazywać miłość i nie rozpraszać się pod wpływem drobnych życiowych wyzwań.

Jak uczyć się okazywania miłości?

W przeciwieństwie do wrodzonych cech i talentów **miłość oparta na zasadach nie rozwija się bez udziału świadomości**. Prawdziwie kocha ten, dla kogo miłość jest wynikiem własnych nadrzędnych wartości. Miłość oparta na wartościach jawi się nam jako decyzja i zadanie, które z odpowiedzialnością będziemy realizować przez całe życie.

Jeśli wartością nadrzędną jest rodzina, naszym zadaniem stanie się rozwijanie w sobie miłości do niej. Ojciec może kochać swoje dziecko, ale kierując się sentymentami i pozwalając mu na wszystko, przyczynia się do pojawienia w przyszłości pewnych wyzwań. Nie rozumie zasad rządzących miłością rodzicielską, która powinna polegać na stawianiu wyraźnych granic, ponieważ leży to w najlepiej pojętym interesie dziecka. Rodzic może nawet szczycić się tą pozorną miłością, ale świadczy to raczej o braku zaangażowania, gdyż umiejętne korygowanie i ustalanie zasad wymaga wysiłku. Miłość powinna budować, czyli dawać innym to, co jest dla nich dobre i sprzyja ich rozwojowi. Tę zasadę powinniśmy stosować także wobec dzieci. Być może, będąc jeszcze niedojrzałymi ludźmi, odbiorą wyznaczanie granic jako surowość, jednak po latach, gdy już wydorośleją, z pewnością docenią nasze wysiłki.

Na pewno nieraz słyszałeś już takie zdanie: **miłuj bliźniego swego jak siebie samego**. Zastanów się przez chwilę nad jego znaczeniem. „Jak siebie samego..." – każdy powinien dbać o siebie i mieć zdrowe poczucie własnej wartości. Jeśli mamy złe zdanie na temat własnej osoby, stajemy się krytyczni także wobec innych. Natomiast ktoś, kto ma o sobie rozsądne mniemanie i podchodzi do siebie z szacunkiem, zazwyczaj potrafi budować trwałe relacje z innymi. „Miłuj bliźniego swego"...

Miłowanie siebie samego zaczyna się od higieny osobistej, dbania o zdrowie i odpowiedniego trybu życia. Życie w zgodzie z samym sobą powoduje, że emanujemy spokojem również na zewnątrz. Niska samoocena i obwinianie się zatruwają nasze relacje z innymi. Tak więc aby kochać innych, nie musisz, a nawet nie możesz zapominać o sobie, bo żeby pokochać drugiego człowieka, musisz najpierw pokochać siebie.

Jeszcze na chwilę powrócę do następującego aspektu: **miłość jest przeciwieństwem egoizmu**, jednak wszyscy czasem jesteśmy samolubni, a niekiedy mamy potrzebę okazywania miłości. Musimy jakoś pogodzić te dwa dążenia. Ważne jest, by nie podsycać w sobie egoistycznych pragnień, lecz pielęgnować postawę opartą na rozsądnej dbałości o własne dobro przy jednoczesnej trosce o szczęście innych.

Zdarza się, że w naszym bliższym lub dalszym otoczeniu są **osoby, których nie lubimy**. Nie jest to jednak powód, by okazywać im niechęć. Można pracować nad wyrobieniem w sobie nawyku życzliwego podejścia nawet do tych ludzi, którzy nie wzbudzają w nas sympatii. Jak to zrobić? Na przykład **zapisując ich pozytywne cechy**. Czasami bywa to trudne, ale im więcej przymiotów danej osoby uda się dostrzec, tym łatwiej przyjdzie nam okazywanie jej życzliwości i szacunku.

Pozytywne patrzenie na innych pozwala żyć z nimi w dobrych relacjach. Ważnym aspektem okazywania miłości jest **bezinteresowne dawanie**. Przypomnijmy sobie, jak wspaniałe uczucie towarzyszy nam, gdy coś komuś ofiarowujemy – uśmiech, życzliwe słowo, czuły gest.

W okazywaniu miłości istotne jest także **używanie pozytywnych słów i zwrotów**. Unikajmy sformułowań, które mogą obrazić lub zranić. Możemy zaczynać rozmowę od tematu, który łączy nas z rozmówcą, a nie od pokazywania problemów czy wyrażania pretensji. W ten sposób okazujemy, że mamy dobre intencje.

Oczywiście powinniśmy być szczerzy w tym, co mówimy, ponieważ nie chodzi tu o manipulowanie innymi na potrzeby realizacji własnych celów, ale o nawiązanie prawdziwie pozytywnych relacji.

Dobrym sposobem jest także zadawanie pytań, świadczy to bowiem o autentycznym zainteresowaniu drugą osobą i jej problemami. Jeśli pytasz innych o ich punkt widzenia, dowartościowujesz ich i doceniasz.

Rola sumienia w okazywaniu miłości

Każdy z nas został wyposażony w sumienie, ale tylko potencjalnie. Nie ma bowiem wrodzonych zdolności wartościowania moralnego, odróżniania dobra i zła. Można jednak powiedzieć, że zadatki genetyczne, z którymi rodzi się człowiek, stanowią predyspozycje do rozwoju moralnego. Tak jak nikt z nas nie rodzi się z gotowym, rozwiniętym intelektem, z gotową umiejętnością porozumiewania się określonym językiem, ukształtowaną osobowością, tak samo nie rodzi się z uformowanym sumieniem. Otrzymaliśmy je jako strukturę wymagającą rozwijania wraz z budowaniem osobowości.

W pełni ukształtowane sumienie staje się nadrzędną strukturą poznawczo-oceniającą odnoszącą się do postępowania człowieka, czasem nawet autonomiczną w stosunku do pozostałych elementów osobowości oraz do świata zewnętrznego. Wówczas człowiek sam kieruje swoim postępowaniem według odkrytych i uznanych przez siebie norm moralnych. To dzięki dojrzałemu sumieniu wiemy, jaką powinniśmy podjąć decyzję, jeśli mamy moralny dylemat.

Oparte na wartościach sumienie może jednak ulec deformacji pod wpływem czynników zewnętrznych i wewnętrznych i stać się infantylne, zniewolone lub zakłamane. Sumienie infantylne posiada człowiek w rozróżnianiu dobra i zła kierujący się poglądami osób, których zdanie jest dla niego cenne. Sumienie zniewolone to takie, które zmieniło się pod wpływem przemocy, presji czy strachu. Traci się wówczas jasność w ocenie dobra i zła, w rozróżnianiu rzeczy ważnych i nieważnych. Sumienie zakłamane posługuje się mechanizmami obronnymi, które rozpraszają wątpliwości moralne po podjęciu niemoralnej decyzji.

Niektórzy z nas znieczulili swoje sumienie do tego stopnia, że nie potrafią już odróżnić dobra od zła. Jeśli i Tobie się to przydarzyło, postaraj się **przywrócić mu pierwotną wrażliwość**.

Najbardziej przerażający jest fakt, że rodzina, która od wieków miała za zadanie rozwijać w człowieku potrzebę i umiejętność okazywania miłości, rozróżniania dobra i zła, obecnie przestaje spełniać swoją rolę. Rodzice są tak zajęci zarabianiem pieniędzy, robieniem kariery zawodowej czy własnymi przyjemnościami, że nie mają już czasu dla dzieci, na okazywanie im uczuć i uczenie zasad. Wyrzuty sumienia, jeśli jeszcze w ogóle się pojawiają, współcześni rodzice zagłuszają, kupując dziecku nową zabawkę, komórkę, komputer. Tak wychowana latorośl nie będzie wiedziała w przyszłości, jak zbudować zdrową relację ze współmałżonkiem, z przyjaciółmi, z własnymi dziećmi. Krótko mówiąc, będzie emocjonalną kaleką niezdolną do okazywania i odbierania miłości.

Zjawisko to staje się coraz powszechniejsze i może się okazać, że w niedalekiej przyszłości potrzebne będą specjalne kursy, na których będziemy uczyć się okazywania miłości.

Co mógłbyś zapamiętać? ☺

1. Potrzeba miłości jest na stałe wpisana w ludzką naturę i stanowi jedno z podstawowych dążeń, którymi kierujemy się w życiu.
2. Aby nie utracić miłości, staraj się doceniać to, co masz, pozbądź się nawyku narzekania i przyjmuj odpowiedni punkt widzenia.
3. Okazywania miłości można się nauczyć.
4. Podstawą warunkującą miłość do innych jest samoakceptacja.
5. Miłość jest przeciwieństwem egoizmu, który jednak można w sobie zwalczać.
6. Zapisuj pomysły na okazywanie miłości innym oraz pozytywne cechy ludzi, których trudno Ci pokochać.
7. Staraj się wyzwolić z okowów ekonomicznych pragnień i nieustającej konsumpcji, aby odnaleźć w sobie naturalną potrzebę okazywania i otrzymywania miłości.
8. Przywróć swojemu sumieniu pierwotną wrażliwość.
9. Poświęcaj czas swoim dzieciom, by nauczyć je okazywania i otrzymywania bezinteresownej miłości.

✽

Bibliografia

Albright M., Carr C., *Największe błędy menedżerów*, Warszawa 1997.
Allen B.D., Allen W.D., *Formuła 2+2. Skuteczny coaching*, Warszawa 2006.
Anderson Ch., *Za darmo: przyszłość najbardziej radykalnej z cen*, Kraków 2011.
Anthony R., *Pełna wiara w siebie*, Warszawa 2005.
Ariely D., *Zalety irracjonalności. Korzyści z postępowania wbrew logice w domu i pracy*, Wrocław 2010.
Bates W.H., *Naturalne leczenie wzroku bez okularów*, Katowice 2011.
Bettger F., *Jak umiejętnie sprzedawać i zwielokrotnić dochody*, Warszawa 1995.
Blanchard K., Johnson S., *Jednominutowy menedżer*, Konstancin-Jeziorna 1995.
Blanchard K., O'Connor M., *Zarządzanie poprzez wartości*, Warszawa 1998.
Bogacka A.W., *Zdrowie na talerzu*, Białystok 2008.
Bollier D., *Mierzyć wyżej. Historie 25 firm, które osiągnęły sukces, łącząc skuteczne zarządzanie z realizacją misji społecznych*, Warszawa 1999.
Bond W.J., *199 sytuacji, w których tracimy czas, i jak ich uniknąć*, Gdańsk 1995.
Bono E. de, *Dziecko w szkole kreatywnego myślenia*, Gliwice 2010.
Bono E. de, *Sześć kapeluszy myślowych*, Gliwice 2007.
Bono E. de, *Sześć ram myślowych*, Gliwice 2009.
Bono E. de, *Wodna logika. Wypłyń na szerokie wody kreatywności*, Gliwice 2011.
Bossidy L., Charan R., *Realizacja. Zasady wprowadzania planów w życie*, Warszawa 2003.

Branden N., *Sześć filarów poczucia własnej wartości*, Łódź 2010.

Branson R., *Zaryzykuj – zrób to! Lekcje życia*, Warszawa-Wesoła 2012.

Brothers J., Eagan E, *Pamięć doskonała w 10 dni*, Warszawa 2000.

Buckingham M., *To jedno, co powinieneś wiedzieć... o świetnym zarządzaniu, wybitnym przywództwie i trwałym sukcesie osobistym*, Warszawa 2006.

Buckingham M., *Wykorzystaj swoje silne strony. Użyj dźwigni swojego talentu*, Waszawa 2010

Buckingham M., Clifton D.O., *Teraz odkryj swoje silne strony*, Warszawa 2003.

Butler E., Pirie M., *Jak podwyższyć swój iloraz inteligencji?*, Gdańsk 1995.

Buzan T., *Mapy myśli*, Łódź 2008.

Buzan T., *Pamięć na zawołanie*, Łódź 1999.

Buzan T., *Podręcznik szybkiego czytania*, Łódź 2003.

Buzan T., *Potęga umysłu. Jak zyskać sprawność fizyczną i umysłową: związek umysłu i ciała*, Warszawa 2003.

Buzan T., Dottino T., Israel R., *Zwykli ludzie – liderzy. Jak maksymalnie wykorzystać kreatywność pracowników*, Warszawa 2008.

Carnegie D., *I ty możesz być liderem*, Warszawa 1995.

Carnegie D., *Jak przestać się martwić i zacząć żyć*, Warszawa 2011.

Carnegie D., *Jak zdobyć przyjaciół i zjednać sobie ludzi*, Warszawa 2011.

Carnegie D., *Po szczeblach słowa. Jak stać się doskonałym mówcą i rozmówcą*, Warszawa 2009.

Carnegie D., Crom M., Crom J.O., *Szkoła biznesu. O pozyskiwaniu klientów na zawsze*, Waszrszawa 2003

Cialdini R., *Wywieranie wpływu na ludzi*, Gdańsk 1998.

Clegg B., *Przyspieszony kurs rozwoju osobistego*, Warszawa 2002.

Cofer C.N., Appley M.H., *Motywacja: teoria i badania*, Warszawa 1972.

Cohen H., *Wszystko możesz wynegocjować. Jak osiągnąć to, co chcesz*, Warszawa 1997. r Covey S.R., 3. rozwiązanie, Poznań 2012.

Covey S.R., *7 nawyków skutecznego działania*, Poznań 2007.

Covey S.R., *8. nawyk*, Poznań 2006.

Covey S.R., Merrill A.R., Merrill R.R., *Najpierw rzeczy najważniejsze*, Warszawa 2007.

Craig M., *50 najlepszych (i najgorszych) interesów w historii biznesu*, Warszawa 2002.

Csikszentmihalyi M., *Przepływ: psychologia optymalnego doświadczenia*, Wrocław 2005

Davis R.C., Lindsmith B., *Ludzie renesansu: umysły, które ukształtowały erę nowożytną*, Poznań 2012

Davis R.D., Braun E.M., *Dar dysleksji. Dlaczego niektórzy zdolni ludzie nie umieją czytać i jak mogą się nauczyć*, Poznań 2001.

Dearlove D., *Biznes w stylu Richarda Bransona. 10 tajemnic twórcy megamarki*, Gdańsk 2009.

DeVos D., *Podstawy wolności. Wartości decydujące o sukcesie jednostek i społeczeństw*, Konstancin-Jeziorna 1998.

DeVos R.M., Conn Ch.P., *Uwierz! Credo człowieka czynu, współzałożyciela Amway Corporation, hołdującego zasadom, które uczyniły Amerykę wielką*, Warszawa 1994.

Dixit A.K., Nalebuff B.J., *Myślenie strategiczne. Jak zapewnić sobie przewagę w biznesie, polityce i życiu prywatnym*, Gliwice 2009.

Dixit A.K., Nalebuff B.J., *Sztuka strategii. Teoria gier w biznesie i życiu prywatnym*, Warszawa 2009.

Dobson J., *Jak budować poczucie wartości w swoim dziecku*, Lublin 1993.

Doskonalenie strategii (seria *Harvard Bussines Review*), praca zbiorowa, Gliwice 2006.

Dryden G., Vos J., *Rewolucja w uczeniu*, Poznań 2000.

Dyer W.W., *Kieruj swoim życiem*, Warszawa 2012.

Dyer W.W., *Pokochaj siebie*, Warszawa 2008.

Edelman R.C., Hiltabiddle T.R., Manz Ch.C., *Syndrom miłego człowieka*, Gliwice 2010.

Eichelberger W., Forthomme P., Nail F., *Quest. Twoja droga do sukcesu. Nie ma prostych recept na sukces, ale są recepty skuteczne*, Warszawa 2008.

Enkelmann N.B., *Biznes i motywacja*, Łódź 1997.

Eysenck H. i M., *Podpatrywanie umysłu. Dlaczego ludzie zachowują się tak, jak się zachowują?*, Gdańsk 1996.

Ferriss T., *4-godzinny tydzień pracy. Nie bądź płatnym niewolnikiem od 7.00 do 17.00*, Warszawa 2009.

Flexner J.T., *Waschington. Człowiek niezastąpiony*, Warszawa 1990.

Forward S., Frazier D., *Szantaż emocjonalny: jak obronić się przed manipulacją i wykorzystaniem*, Gdańsk 2011.

Frankl V.E., *Człowiek w poszukiwaniu sensu*, Warszawa 2009.
Fraser J.F., *Jak Ameryka pracuje*, Przemyśl 1910.
Freud Z., *Wstęp do psychoanalizy*, Warszawa 1994.
Fromm E., *Mieć czy być*, Poznań 2009.
Fromm E., *Niech się stanie człowiek. Z psychologii etyki*, Warszawa 2005.
Fromm E., *O sztuce miłości*, Poznań 2002.
Fromm E., *O sztuce słuchania. Terapeutyczne aspekty psychoanalizy*, Warszawa 2002.
Fromm E., *Serce człowieka. Jego niezwykła zdolność do dobra i zła*, Warszawa 2000.
Fromm E., *Ucieczka od wolności*, Warszawa 2001.
Fromm E., *Zerwać okowy iluzji*, Poznań 2000.
Galloway D., *Sztuka samodyscypliny*, Warszawa 1997.
Gardner H., *Inteligencje wielorakie – teoria w praktyce*, Poznań 2002.
Gawande A., *Potęga checklisty: jak opanować chaos i zyskać swobodę w działaniu*, Kraków 2012.
Gelb M.J., *Leonardo da Vinci odkodowany*, Poznań 2005.
Gelb M.J., Miller Caldicott S., *Myśleć jak Edison*, Poznań 2010.
Gelb M.J., *Myśleć jak geniusz*, Poznań 2004.
Gelb M.J., *Myśleć jak Leonardo da Vinci*, Poznań 2001.
Giblin L., *Umiejętność postępowania z innymi...*, Kraków 1993.
Girard J., Casemore R., *Pokonać drogę na szczyt*, Warszawa 1996.
Glass L., *Toksyczni ludzie*, Poznań 1998.
Godlewska M., *Jak pokonałam raka*, Białystok 2011.
Godwin M., *Kim jestem? 101 dróg do odkrycia siebie*, Warszawa 2001.
Goleman D., *Inteligencja emocjonalna*, Poznań 2002.
Gordon T., *Wychowywanie bez porażek szefów, liderów, przywódców*, Warszawa 1996.
Gorman T., *Droga do skutecznych działań. Motywacja*, Gliwice 2009.
Gorman T., *Droga do wzrostu zysków. Innowacja*, Gliwice 2009.
Greenberg H., Sweeney P., *Jak odnieść sukces i rozwinąć swój potencjał*, Warszawa 2007.
Habeler P., Steinbach K., *Celem jest szczyt*, Warszawa 2011.
Hamel G., Prahalad C.K., *Przewaga konkurencyjna jutra*, Warszawa 1999.
Hamlin S., *Jak mówić, żeby nas słuchali*, Poznań 2008.
Hill N., *Klucze do sukcesu*, Warszawa 1998.

Hill N., *Magiczna drabina do sukcesu*, Warszawa 2007.
Hill N., *Myśl!... i bogać się. Podręcznik człowieka interesu*, Warszawa 2012.
Hill N., *Początek wielkiej kariery*, Gliwice 2009.
Ingram D.B., Parks J.A., *Etyka dla żółtodziobów, czyli wszystko, co powinieneś wiedzieć o...*, Poznań 2003.
Jagiełło J., Zuziak W. [red.], *Człowiek wobec wartości*, Kraków 2006.
James W., *Pragmatyzm*, Warszawa 2009.
Jamruszkiewicz J., *Kurs szybkiego czytania*, Chorzów 2002.
Johnson S., *Tak czy nie. Jak podejmować dobre decyzje*, Konstancin-Jeziorna 1995.
Jones Ch., *Życie jest fascynujące*, Konstancin-Jeziorna 1993.
Kanter R.M., *Wiara w siebie. Jak zaczynają się i kończą dobre i złe passy*, Warszawa 2006.
Keller H., *Historia mojego życia*, Warszawa 1978.
Kirschner J., *Zwycięstwo bez walki. Strategie przeciw agresji*, Gliwice 2008.
Koch R., *Zasada 80/20. Lepsze efekty mniejszym nakładem sił i środków*, Konstancin--Jeziorna 1998.
Kopmeyer M.R., *Praktyczne metody osiągania sukcesu*, Warszawa 1994.
Ksenofont, *Cyrus Wielki. Sztuka zwyciężania*, Warszawa 2008.
Kuba A., Hausman J., *Dzieje samochodu*, Warszawa 1973.
Kumaniecki K., *Historia kultury starożytnej Grecji i Rzymu*, Warszawa 1964.
Lamont G., *Jak podnieść pewność siebie*, Łódź 2008.
Leigh A., Maynard M., *Lider doskonały*, Poznań 1999.
Littauer F., *Osobowość plus*, Warszawa 2007.
Loreau D., *Sztuka prostoty*, Warszawa 2009.
Lott L., Intner R., Mendenhall B., *Autoterapia dla każdego. Spróbuj w osiem tygodni zmienić swoje życie*, Warszawa 2006.
Maige Ch., Muller J.-L., *Walka z czasem. Atut strategiczny przedsiębiorstwa*, Warszawa 1995.
Mansfield P., *Jak być asertywnym*, Poznań 1994.
Martin R., *Niepokorny umysł. Poznaj klucz do myślenia zintegrowanego*, Gliwice 2009.
Maslow A., *Motywacja i osobowość*, Warszawa 2009.
Matusewicz Cz., *Wprowadzenie do psychologii*, Warszawa 2011.

Maxwell J.C., *21 cech skutecznego lidera*, Warszawa 2012.
Maxwell J.C., *Tworzyć liderów, czyli jak wprowadzać innych na drogę sukcesu*, Konstancin-Jeziorna 1997.
Maxwell J.C., *Wszyscy się komunikują, niewielu potrafi się porozumieć*, Warszawa 2011.
McCormack M.H., *O zarządzaniu*, Warszawa 1998.
McElroy K., *Jak inwestować w nieruchomości. Znajdź ukryte zyski, których większość inwestorów nie dostrzega*, Osielsko 2008.
McGee P., *Pewność siebie. Jak mała zmiana może zrobić wielką różnicę*, Gliwice 2011.
McGrath H., Edwards H., *Trudne osobowości. Jak radzić sobie ze szkodliwymi zachowaniami innych oraz własnymi*, Poznań 2010.
Mellody P., Miller A.W., Miller J.K., *Toksyczna miłość i jak się z niej wyzwolić*, Warszawa 2013.
Melody B., *Koniec współuzależnienia*, Poznań 2002.
Miller M., *Style myślenia*, Poznań 2000.
Mingotaud F., *Sprawny kierownik. Techniki osiągania sukcesów*, Warszawa 1994.
MJ DeMarco, *Fastlane milionera*, Katowice 2012.
Morgenstern J., *Jak być doskonale zorganizowanym*, Warszawa 2000.
Nay W.R., *Związek bez gniewu. Jak przerwać błędne koło kłótni, dąsów i cichych dni*, Warszawa 2011.
Nierenberg G.I., *Ekspert. Czy nim jesteś?*, Warszawa 2001.
Ogger G., *Geniusze i spekulanci, Jak rodził się kapitalizm*, Warszawa 1993.
Osho, *Księga zrozumienia. Własna droga do wolności*, Warszawa 2009.
Parkinson C.N., *Prawo pani Parkinson*, Warszawa 1970.
Peale N.V., *Entuzjazm zmienia wszystko. Jak stać się zwycięzcą*, Warszawa 1996.
Peale N.V., *Możesz, jeśli myślisz, że możesz*, Warszawa 2005.
Peale N.V., *Rozbudź w sobie twórczy potencjał*, Warszawa 1997.
Peale N.V., *Uwierz i zwyciężaj. Jak zaufać swoim myślom i poczuć pewność siebie*, Warszawa 1999.
Pietrasiński Z., *Psychologia sprawnego myślenia*, Warszawa 1959.
Pilikowski J., *Podróż w świat etyki*, Kraków 2010.
Pink D.H., *Drive*, Warszawa 2011.
Pirożyński M., *Kształcenie charakteru*, Poznań 1999.

Pismo Święte Starego i Nowego Testamentu. Biblia Tysiąclecia, Warszawa 2002.

Pismo Święte w Przekładzie Nowego Świata, 1997.

Popielski K., *Psychologia egzystencji. Wartości w życiu*, Lublin 2009.

Poznaj swoją osobowość, Bielsko-Biała 1996.

Przemieniecki J., *Psychologia jednostki. Odkoduj szyfr do swego umysłu*, Warszawa 2008.

Pszczołowski T., *Umiejętność przekonywania i dyskusji*, Gdańsk 1998.

Reiman T., *Potęga perswazyjnej komunikacji*, Gliwice 2011.

Robbins A., *Nasza moc bez granic. Skuteczna metoda osiągania życiowych sukcesów za pomocą NLP*, Konstancin-Jeziorna 2009.

Robbins A., *Obudź w sobie olbrzyma... i miej wpływ na całe swoje życie – od zaraz*, Poznań 2002.

Robbins A., *Olbrzymie kroki*, Warszawa 2001.

Robert M., *Nowe myślenie strategiczne: czyste i proste*, Warszawa 2006.

Robinson J.W., *Imperium wolności. Historia Amway Corporation*, Warszawa 1997.

Rose C., Nicholl M.J., *Ucz się szybciej, na miarę XXI wieku*, Warszawa 2003.

Rose N., *Winston Churchill. Życie pod prąd*, Warszawa 1996.

Rychter W., *Dzieje samochodu*, Warszawa 1962.

Ryżak Z., *Zarządzanie energią kluczem do sukcesu*, Warszawa 2008.

Savater F., *Etyka dla syna*, Warszawa 1996.

Schäfer B., *Droga do finansowej wolności. Pierwszy milion w ciągu siedmiu lat*, Warszawa 2011.

Schäfer B., *Zasady zwycięzców*, Warszawa 2007.

Scherman J.R., *Jak skończyć z odwlekaniem i działać skutecznie*, Warszawa 1995.

Schuller R.H., *Ciężkie czasy przemijają, bądź silny i przetrwaj je*, Warszawa 1996.

Schwalbe B., Schwalbe H., Zander E., *Rozwijanie osobowości. Jak zostać sprzedawcą doskonałym*, tom 2, Warszawa 1994.

Schwartz D.J., *Magia myślenia kategoriami sukcesu*, Konstancin-Jeziorna 1994.

Schwartz D.J., *Magia myślenia na wielką skalę. Jak zaprząc duszę i umysł do wielkich osiągnięć*, Warszawa 2008.

Scott S.K., *Notatnik milionera. Jak zwykli ludzie mogą osiągać niezwykłe sukcesy*, Warszawa 1997.
Sedlak K. [red.], *Jak poszukiwać i zjednywać najlepszych pracowników*, Kraków 1995.
Seiwert L.J., *Jak organizować czas*, Warszawa 1998.
Seligman M.E.P., *Co możesz zmienić, a czego nie możesz*, Poznań 1995.
Seligman M.E.P., *Pełnia życia*, Poznań 2011.
Seneka, *Myśli*, Kraków 1989.
Sewell C., Brown P.B., *Klient na całe życie, czyli jak przypadkowego klienta zmienić w wiernego entuzjastę naszych usług*, Warszawa 1992.
Słownik pisarzy antycznych, Warszawa 1982.
Smith A., *Umysł*, Warszawa 1989.
Spector R., *Amazon.com. Historia przedsiębiorstwa, które stworzyło nowy model biznesu*, Warszawa 2000.
Spence G., *Jak skutecznie przekonywać... wszędzie i każdego dnia*, Poznań 2001.
Sprenger R.K., *Zaufanie # 1*, Warszawa 2011.
Staff L., *Michał Anioł*, Warszawa 1990.
Stone D.C., *Podążaj za swymi marzeniami*, Konstancin-Jeziorna 1998.
Swiet J., *Kolumb*, Warszawa 1979.
Szurawski M., *Pamięć. Trening interaktywny*, Łódź 2004.
Szyszkowska M., *W poszukiwaniu sensu życia*, Warszawa 1997.
Tatarkiewicz W., *O szczęściu*, Warszawa 1979.
Tavris C., Aronson E., *Błądzą wszyscy (ale nie ja)*, Sopot-Warszawa 2008.
Tracy B., *Milionerzy z wyboru. 21 tajemnic sukcesu*, Warszawa 2002.
Tracy B., *Plan lotu. Prawdziwy sekret sukcesu*, Warszawa 2008.
Tracy B., Scheelen F.M., *Osobowość lidera*, Warszawa 2001.
Tracy B., *Sztuka zatrudniania najlepszych. 21 praktycznych i sprawdzonych technik do wykorzystania od zaraz*, Warszawa 2006.
Tracy B., *Turbostrategia. 21 skutecznych sposobów na przekształcenie firmy i szybkie zwiększenie zysków*, Warszawa 2004.
Tracy B., *Zarabiaj więcej i awansuj szybciej. 21 sposobów na przyspieszenie kariery*, Warszawa 2007.
Tracy B., *Zarządzanie czasem*, Warszawa 2008.
Tracy B., *Zjedz tę żabę. 21 metod podnoszenia wydajności w pracy i zwalczania skłonności do zwlekania*, Warszawa 2005.

Twentier J.D., *Sztuka chwalenia ludzi*, Warszawa 1998.

Urban H., *Moc pozytywnych słów*, Warszawa 2012.

Ury W., *Odchodząc od nie. Negocjowanie od konfrontacji do kooperacji*, Warszawa 2000.

Vitale J., *Klucz do sekretu. Przyciągnij do siebie wszystko, czego pragniesz*, Gliwice 2009.

Waitley D., *Być najlepszym*, Warszawa 1998.

Waitley D., *Imperium umysłu*, Konstancin-Jeziorna 1997.

Waitley D., *Podwójne zwycięstwo*, Warszawa 1996.

Waitley D., *Sukces zależy od właściwego momentu*, Warszawa 1997.

Waitley D., Tucker R.B., *Gra o sukces. Jak zwyciężać w twórczej rywalizacji*, Warszawa 1996.

Walton S., Huey J., *Sam Walton. Made in America*, Warszawa 1994.

Waterhouse J., Minors D., Waterhouse M., *Twój zegar biologiczny. Jak żyć z nim w zgodzie*, Warszawa 1993.

Wegscheider-Cruse S., *Poczucie własnej wartości. Jak pokochać siebie*, Gdańsk 2007.

Wilson P., *Idealna równowaga. Jak znaleźć czas i sposób na pełnię życia*, Warszawa 2010.

Ziglar Z., *Do zobaczenia na szczycie*, Warszawa 1995.

Ziglar Z., *Droga na szczyt*, Konstancin-Jeziorna 1995.

Ziglar Z., *Ponad szczytem*, Warszawa 1995.

Indeks osób

Abelard Piotr 60
Aiken Howard A. 214
Allen Woody 517
Argyle Michael 568
Arystoteles 60, 159, 264, 362, 505, 507, 520
Ash Mary Key 220-221, 575, 584
Atkinson Rowan 285
Augustyn z Hippony 370

Babbage Charles 326-327, 329, 331
Bacon Francis 507, 522
Baird John Logie 212
Barnard Christiaan 215
Bell Alexander Graham 212, 530--532
Benz Carl 209
Berlin Irving 506
Berners-Lee Tim 214
Bettger Frank 290-291
Blechacz Rafał 486-487, 499, 538
Bocelli Andrea 193
Bonaparte Napoleon 560
Branden Nathaniel 148
Brunelleschi Filippo 179-180, 308
Buckingham Marcus 119

Buffet Warren 586-590
Buonarroti Michał Anioł 181, 219
Buzan Tony 514, 517

Cai Lun 209
Cailliau Robert 214
Carnegie Dale 629-630
Cézanne Paul 161, 193
Chain Ernst 215
Chopin Fryderyk 353
Churchill Winston 506, 617-618
Crick Fransis 216
Connors Richard J. 587
Covey Stephen R. 106, 350
Cugnot Nicolas-Joseph 209
Cummut John 272
Curie Pierre 265
da Vinci Leonardo 200, 220, 315--317, 559
Daimler Gottlieb 209
de Bono Edward 344, 346
de Klerk Frederik Willem 164
de Mello Anthony 184
de Santangel Luis 242
Diogenes Laertios 417
Disney Walt 303, 478-479

Douglas Stephen 173
Drucker Peter 506
du Toit Natalie 175
Dyer Wayne 195
Dymna Anna 532, 534

Edison Thomas Alva 27, 189, 210, 269, 347, 519-520, 530, 533
Egurrola Agustin 191
Einstein Albert 200, 213, 326, 373--374, 404
Eisenhower Dwight 27, 494-495, 499
Évora Cesária 193

Fabrikant Valentin A. 213
Faraday Michael 210
Fensterheim Herbert 430-431
Fischer Mark 14
Fleming Alexander 215
Florey Howard 215
Ford Harrison 174
Ford Henry 209, 327, 343, 530
Forward Susan 140
Fox Terry 228, 325
Frabetti Carlo 565
Frankl Viktor 39
Franklin Benjamin 112, 329-331
Freud Sigmund 229
Fukuyama Francis 557

Galen 85
Gandhi Mahatma 441-444
Gardner Howard 95-96
Gates Bill 120, 587
Ghirlandaio Domenico 219

Gibson William 76
Gilbert William 308
Goethe Johann Wolfgang 545
Goleman Daniel 97-98
Graham Martha 325-326

Habeler Peter 182
Halifax lord → Wood Edward
Hanks Tom 318
Hawking Stephen 186
Henderson Monika 568
Heraklit z Efezu 247
Herzog Werner 306
Hill Napoleon 183, 530-531, 536, 541
Hipokrates 85
Hobbes Thomas 224
Huang Guofu 201-202

Izabela I Kastylijska 242

James William 24, 152, 289, 309, 603
Johnson Spencer 247, 529
Jolie Angelina 318
Jung Carl Gustav 86

Kafer Esther 194
Kafer Martin 194
Kalinowski Piotr 534
Kamiński Marek 258
Kant Immanuel 226
Kappes Anthony 297
Kartezjusz 250
Keller Helen 76, 106
King Stephen 538
Kochanowski Jan 226

Indeks osób

Kolumb Krzysztof 242-243, 308
Konfucjusz 28, 102
Kopaliński Władysław 178, 528
Kopernik Mikołaj 183
Kraus Karl 395
Kretschmer Ernst 86
Kudlaszyk Wanda 192
Kutcher Ashton 318

Laflamme Daniel 202
Lem Stanisław 540
Lincoln Abraham 173, 242-243
Lindbergh Charles 317
Littauer Florence 85
Lucas George 174

Majewski Tomasz 601
Małysz Adam 538
Mandela Nelson 163-165
Manet Édouard 161
March James G. 406-407
Marconi Guglielmo 211
Marcus Siegfried 209
Marquis Donald 195
Martin Roger 324-326
Maslow Abraham 89, 627
Mayer Robert 573-574
Medyceusze 219, 316
Mela Jan 258
Meucci Antonio 212
Michał Anioł → Buonarroti Michał Anioł
Miescher Johann Friedrich 216
Miller Marlane 86, 88
Miłosz Czesław 183
Minors David 128

Morse Samuel 308
Munger Charlie 588-589

Newton Isaac 373
Nietzsche Friedrich 241
Nightingale Florence 308
Nolan Christopher 117
Novak Joseph D. 514

O'Brien Mark 49-50
Olsen Johan P. 406-407
Owsiak Jerzy 532

Pareto 27, 494, 497-499
Partyka Natalia 174-175, 258
Peale Norman Vincent 24, 290
Peck W. Scott 567
Perry Katy 318
Picasso Pablo 506
Pinzonowie 242
Pitt Brad 318
Platon 60, 102, 264, 375, 507, 637- -638
Pope Alexander 373, 643

Robbins Anthony 124
Rockefeller John D. 530-532
Roosevelt Franklin Delano 530
Rose Colin 504
Rosicka-Jaczyńska Katarzyna 534
Royce Frederick Henry 15
Rubinstein Artur 506
Russell Peter 225

Sajkiewicz Zbigniew 259
Schmitt Eric-Emmanuel 585

Selye Hans 399
Sendlerowa Irena 248
Seneka 43, 121
Sharp Isadore 325
Skłodowska-Curie Maria 265
Skorupka Stanisław 529
Sokrates 370, 375, 417, 507
Spartakus 251
Sullivan Anne 76, 106
Stevin Simon 327-329, 331
Stordahl Jostein 298
Szekspir William 218-219
Szymborska Wisława 135

Świtaj Janusz 533

Tatarkiewicz Władysław 384
Tesla Nicola 211
Thomas Bob 479

Tracy Brian 114, 196, 555, 578

Van Doren Charles 183
Volta Alessandro 210
von Linde Carl 211

Wałęsa Lech 247
Waterhouse James 128
Waterhouse Maureen 128
Watson James 216
Wawrzyniec Wspaniały 219
Wawrzyńska Ludwika 135
Wilson Woodrow 530
Wood Edward 617
Wright bracia 316, 318
Wright Milton 316
Wright Orville 316

Zola Émile 161

O autorze

Andrzej Moszczyński od 30 lat aktywnie zajmuje się działalnością biznesową. Jego główną kompetencją jest tworzenie skutecznych strategii dla konkretnych obszarów biznesu.

W latach 90. zdobywał doświadczenie w branży reklamowej – był prezesem i założycielem dwóch spółek z o.o. Zatrudniał w nich ponad 40 osób. Spółki te były liderami w swoich branżach, głównie w reklamie zewnętrznej – tranzytowej (reklamy na tramwajach, autobusach i samochodach). W 2001 r. przejęciem pakietów kontrolnych w tych spółkach zainteresowały się dwie firmy: amerykańska spółka giełdowa działająca w ponad 30 krajach, skupiająca się na reklamie radiowej i reklamie zewnętrznej oraz największy w Europie fundusz inwestycyjny. W 2003 r. Andrzej sprzedał udziały w tych spółkach inwestorom strategicznym.

W latach 2005-2015 był prezesem i założycielem spółki, która zajmowała się kompleksową komercjalizacją liderów rynku deweloperskiego (firma w sumie sprzedała ponad 1000 mieszkań oraz 350 apartamentów hotelowych w systemie condo).

W latach 2009-2018 był akcjonariuszem strategicznym oraz przewodniczącym rady nadzorczej fabryki urządzeń okrętowych Expom SA. Spółka ta zasięgiem działania obejmuje cały świat, dostarczając urządzenia (w tym dźwigi i żurawie) dla branży morskiej. W 2018 r. sprzedał pakiet swoich akcji inwestorowi branżowemu.

W 2014 r. utworzył w USA spółkę LLC, która działa w branży wydawniczej. W ciągu 14 lat (poczynając od 2005 r.) napisał w sumie 22 kieszonkowe poradniki z dziedziny rozwoju kompetencji miękkich – obszaru, który ma między innymi znaczenie strategiczne dla budowania wartości niematerialnych i prawnych przedsiębiorstw. Poradniki napisane przez Andrzeja koncentrują się na przekazaniu wiedzy o wartościach i rozwoju osobowości – czynnikach odpowiedzialnych za prowadzenie dobrego życia, bycie spełnionym i szczęśliwym.

Andrzej zdobywał wiedzę z dziedziny budowania wartości firm oraz tworzenia skutecznych strategii przy udziale następujących instytucji: Ernst & Young, Gallup Institute, PricewaterhauseCoopers (PwC) oraz Harward Business Review. Jego kompetencje można przyrównać do pracy **stroiciela instrumentu.**

Kiedy miał 7 lat, mama zabrała go do szkoły muzycznej, aby sprawdzić, czy ma talent. Przeszedł test pozytywnie – okazało się, że może rozpocząć edukację muzyczną. Z różnych powodów to nie nastąpiło. Często jednak w jego książkach czy wykładach można usłyszeć bądź przeczytać przykłady związane ze światem muzyki.

Dlaczego można przyrównać jego kompetencje do pracy stroiciela na przykład fortepianu? Stroiciel udoskonala fortepian, aby jego dźwięk był idealny. Każdy fortepian ma swój określony potencjał mierzony jakością dźwięku – dźwięku, który urzeka i wprowadza ludzi w stan relaksu, a może nawet pozytywnego ukojenia. Podobnie jak stroiciel Andrzej udoskonala różne procesy – szczególnie te, które dotyczą relacji z innymi ludźmi. Wierzy, że ludzie posiadają mechanizm psychologiczny, który można symbolicznie przyrównać do mentalnego żyroskopu czy **mentalnego noktowizora**. Rola Andrzeja polega na naprawieniu bądź wprowadzeniu w ruch tych „urządzeń".

Żyroskop jest urządzeniem, które niezależnie od komplikacji pokazuje określony kierunek. Tego typu urządzenie wykorzystywane jest na statkach i w samolotach. Andrzej jest przekonany, że rozwijanie **koncentracji i wyobraźni** prowadzi do włączenia naszego mentalnego żyroskopu. Dzięki temu możemy między innymi znajdować skuteczne rozwiązania skomplikowanych wyzwań.

Noktowizor to wyjątkowe urządzenie, które umożliwia widzenie w ciemności. Jest wykorzystywane przez wojsko, służby wywiadowcze czy myśliwych. Życie Andrzeja ukierunkowane jest na badanie tematu źródeł wewnętrznej motywacji – siły skłaniającej do działania, do przejawiania inicjatywy, do podejmowania wyzwań, do wchodzenia w obszary zupełnie nieznane. Andrzej ma przekonanie, że rozwijanie **poczucia własnej wartości** prowadzi do włączenia naszego mentalnego noktowizora. Bez optymalnego poczucia własnej wartości życie jest ciężarem.

W swojej pracy Andrzej koncentruje się na procesach podnoszących jakość następujących obszarów: właściwe interpretowanie zdarzeń, wyciąganie wniosków z analizy porażek oraz sukcesów, formułowanie właściwych pytań, a także korzystanie z wyobraźni w taki sposób, aby przewidywać swoją przyszłość, co łączy się bezpośrednio z umiejętnością strategicznego myślenia. Umiejętności te pomagają rozumieć mechanizmy wywierania wpływu przez inne osoby i umożliwiają niepoddawanie się wszechobecnej indoktrynacji. Kiedy mentalny noktowizor działa poprawnie, przekazuje w odpowiednim czasie sygnały ostrzegające, że ktoś posługuje się manipulacją, aby osiągnąć swoje cele.

Andrzej posiada również doświadczenie jako prelegent, co związane jest z jego zaangażowaniem w działania społeczne. W ostatnich 30 latach był zapraszany do udziału w różnych szkoleniach i seminariach, zgromadzeniach czy kongresach – w sumie jako mówca wystąpił ponad 700 razy. Jego przemówienia i wykłady znane są z inspirujących przykładów i zachęcających pytań, które mobilizują słuchaczy do działania.

Dodatek 1

Cytaty, które pomagały autorowi napisać tę książkę

Na temat rozwoju

Przeznaczeniem człowieka jest jego charakter.
Heraklit z Efezu

Osobowość kształtuje się nie poprzez piękne słowa, lecz pracą i własnym wysiłkiem.
Albert Einstein

Na temat nastawienia do życia

Jeśli jesteś nieszczęśliwy, to dlatego, że cały czas myślisz raczej o tym, czego nie masz, zamiast koncentrować się na tym, co masz w danej chwili.
Anthony de Mello

W końcu, bracia, wszystko, co jest prawdziwe, co godne, co sprawiedliwe, co czyste, co miłe, co zasługuje na uznanie: jeśli jest jakąś cnotą i czynem chwalebnym – to miejcie na myśli.

List do Filipian 4:8

Na temat szczęścia

Ludzie są na tyle szczęśliwi, na ile sobie pozwolą nimi być.

Abraham Lincoln

Więcej szczęścia jest w dawaniu aniżeli w braniu.

Dz 20:35

Na temat poczucia własnej wartości

Bez Twojego pozwolenia nikt nie może sprawić, że poczujesz się gorszy.

Eleanor Roosevelt

Na temat możliwości człowieka

Nie ma rzeczy niemożliwych, są tylko te trudniejsze do wykonania.

Henry Ford

Gdybyśmy robili wszystkie rzeczy, które jesteśmy w stanie zrobić, wprawilibyśmy się w ogromne zdumienie.

Thomas Edison

Na temat poznawania siebie

Najpierw sami tworzymy własne nawyki, potem nawyki tworzą nas.

John Dryden

Na temat wiary w siebie

Człowiek, który zyska i zachowa władzę nad sobą, dokona rzeczy największych i najtrudniejszych.

Johann Wolfgang von Goethe

Ludzie potrafią, gdy sądzą, że potrafią.

Wergiliusz

Na temat wnikliwości

Prawdę należy mówić tylko temu, kto chce jej słuchać.

Seneka Starszy

Język mądrych jest lekarstwem.

Księga Przysłów 12:18

Na temat wytrwałości

Nic na świecie nie zastąpi wytrwałości. Nie zastąpi jej talent – nie ma nic powszechniejszego niż ludzie utalentowani, którzy nie odnoszą sukcesów. Nie uczyni niczego sam geniusz – nienagradzany geniusz to już prawie przysłowie. Nie uczyni niczego też samo wykształcenie – świat jest pełen ludzi wykształconych, o których zapomniano. Tylko wytrwałość i determinacja są wszechmocne.

John Calvin Coolidge

Możemy zrealizować każde zamierzenie, jeśli potrafimy trwać w nim wystarczająco długo.

Helen Keller

Tak samo, jak pojedynczy krok nie tworzy ścieżki na ziemi, tak pojedyncza myśl nie stworzy ścieżki w Twoim umyśle. Prawdziwa ścieżka powstaje, gdy chodzimy po niej wielokrotnie. Aby stworzyć głęboką ścieżkę mentalną, potrzebne jest wielokrotne powtarzanie myśli, które mają zdominować nasze życie.

Napoleon Bonaparte

Na temat entuzjazmu

Tylko przykład jest zaraźliwy.

Lope de Vega

Na temat odwagi

Życie albo jest śmiałą przygodą, albo nie jest życiem. Nie lękać się zmian, a w obliczu kapryśności losu zachowywać hart ducha – oto siła nie do pokonania.

Helen Keller

Silny jest ten, kto potrafi przezwyciężyć swe szkodliwe przyzwyczajenia.
> Benjamin Franklin

Życie jest przygodą dla odważnych albo niczym.
> Helen Keller

Na temat realizmu

Kto z was, chcąc zbudować wieżę, nie usiądzie wpierw i nie obliczy wydatków, czy ma na jej wykończenie.
> Ew. Łukasza 14:28

Pesymista szuka przeciwności w każdej okazji, optymista widzi okazje w każdej przeciwności.
> Winston Churchill

Dajcie mi odpowiednio długą dźwignię i wystarczająco mocną podporę, a sam poruszę cały glob.
> Archimedes

Dodatek 2

Inspirujące cytaty

Wydaje mi się, że od dziecka miałem w sobie ciekawość świata i ludzi. Świadomie zacząłem prowadzić obserwacje i notować spostrzeżenia mniej więcej w piętnastym roku życia, kiedy wyprowadziłem się z domu rodzinnego do szkoły z internatem. Wtedy kupiłem pierwszy zeszyt do notowania moich przemyśleń. Teraz takich zeszytów mam całe mnóstwo. Często zapisywałem w nich inspirujące cytaty, których bogate źródło znalazłem w Biblii, a także w biografiach słynnych ludzi: odkrywców, wynalazców, naukowców i artystów. Najbliższe są mi te, które dotyczą sfery duchowej człowieka. Pomagały mi odkrywać prawdę o świecie i sensie życia. Wielokrotnie do nich wracam. Na tej podstawie wyciągam wnioski i stawiam kolejne pytania, by uzyskać pełniejszy obraz sytuacji i wytyczać dalsze kierunki rozwoju. Zachęcam Cię do zapoznania się z 179 wybranymi cytatami które moim zdaniem uczą bycia mądrym.

JOHN QUINCY ADAMS

Jeśli twoja aktywność inspiruje innych, by więcej marzyć, więcej się uczyć, więcej działać i stawać się kimś więcej, to jesteś liderem. Odwaga i wytrwałość są magicznymi talizmanami, przed którymi trudności znikają, a przeszkody rozpływają się w powietrzu.

Jakub Alberion

Znajdujesz to, czego szukasz, umyka Ci to, co zaniedbujesz.

Archimedes

Dajcie mi odpowiednio długą dźwignię i wystarczająco mocną podporę, a sam jeden poruszę cały glob.

Arystoteles

Cnotę widać wyraźniej w czynach niż w ich braku. Przyjemność życia jest przyjemnością płynącą z ćwiczenia duszy; to jest bowiem prawdziwe życie. Staraj się żyć dobrze, czerp z życia zadowolenie. Jeśli jesteś mądry, a nie wątpię, że jesteś, nie goń za dobrami materialnymi. To marność! Dąż do doskonałości we wszystkim! Szczęśliwy jest ten, kto dobrze żyje i komu dobrze się dzieje.

Mary Kay Ash

Dasz sobie radę!

Augustyn

Nie wychodź na świat, wróć do siebie samego: we wnętrzu człowieka mieszka prawda.

Jane Austen

Taki powinien być młody człowiek. Obojętnie, czym by się nie zajmował, jego zapał nie powinien znać umiaru, a on sam zmęczenia.

KENNY AUSUBEL

Używaj swoich zdolności, jakiekolwiek są.

RICHARD BACH

Obstawaj przy swoich ograniczeniach, a z pewnością staną się częścią Ciebie samego.

ROBERT BADEN-POWELL

Nie chodzi o to, byśmy osiągnęli nasze najwyższe ideały, lecz o to, aby były one naprawdę wysokie.

HONORIUSZ BALZAK

Prawdziwe szczęście jest rzeczą wysiłku, odwagi i pracy.

TRISTAN BERNARD

Jeśli jesteś dobrą piłką, to im silniej Cię uderzą, tym wyżej się wzniesiesz.

Biblia (Dz 20:35):

Więcej szczęścia jest w dawaniu aniżeli w braniu.

Biblia (Flp 4:8):

W końcu, bracia, wszystko, co jest prawdziwe, co godne, co sprawiedliwe, co czyste, co miłe, co zasługuje na uznanie: jeśli jest jakąś cnotą i czynem chwalebnym – to miejcie na myśli.

Biblia (Ga 6:9):

W czynieniu dobra nie ustawajmy, bo gdy pora nadejdzie, będziemy zbierać plony, o ile w pracy nie ustaniemy.

Biblia (Hbr 11:1-10):

Wiara jest poręką tych dóbr, których się spodziewamy, dowodem tych rzeczywistości, których nie widzimy.

Biblia (Łk 14:28):

Kto z Was, chcąc zbudować wieżę, nie usiądzie wpierw i nie obliczy wydatków, czy ma na jej wykończenie.

Biblia (Mt 17:20):

Jeśli będziecie mieć wiarę jak ziarnko gorczycy, powiecie tej górze: „Przesuń się stąd tam!", a przesunie się. I nic niemożliwego nie będzie dla Was.

Biblia (Prz 12:18):

Język mądrych jest lekarstwem.

Biblia (Prz 16:23-24):

Od serca mądrego i usta mądrzeją, przezorność na wargach się mnoży. Dobre słowa są plastrem miodu, słodyczą dla gardła, lekiem dla ciała.

Biblia (Prz 17:22):

Radość serca wychodzi na zdrowie, duch przygnębiony wysusza kości.

Biblia (Psalm I ks. I Dwie drogi życia):

Szczęśliwy mąż, który nie idzie za radą występnych, nie wchodzi na drogę grzeszników i nie siada w kole szyderców, lecz ma upodobanie w prawie Pana, nad jego prawem rozmyśla dniem i nocą. Jest on jak drzewo zasadzone nad płynącą wodą, które wydaje owoc w swoim czasie, a liście jego nie więdną: co uczyni, pomyślnie wypada.

Biblia (Rz 12:15,16):

Weselcie się z tymi, którzy się weselą. Płaczcie z tymi, którzy płaczą. Bądźcie zgodni we wzajemnych uczuciach.

Biblia (Prz 15:14):

Serce rozważne szuka mądrości.

Napoleon Bonaparte

Tak samo jak pojedynczy krok nie tworzy ścieżki na ziemi, tak pojedyncza myśl nie stworzy ścieżki w Twoim umyśle. Prawdziwa ścieżka powstaje, gdy chodzimy po niej wielokrotnie. Aby stworzyć głęboką ścieżkę mentalną, potrzebne jest wielokrotne powtarzanie myśli, które mają zdominować nasze życie.

Phil Bosmans

Dziecko jest chodzącym cudem. Jedynym, wyjątkowym, niezastąpionym. Uzdrowić człowieka oznacza oddać mu utraconą odwagę.

Wykorzystaj dzień dzisiejszy. Obiema rękoma obejmij go. Przyjmij ochoczo, co niesie ze sobą: światło, powietrze i życie, jego uśmiech, płacz i cały cud tego dnia. Wyjdź mu naprzeciw.

Nathaniel Branden

Jeżeli żyjemy świadomie, nie wyobrażamy sobie, że nasze odczucia nieomylnie wskazują prawdę.

Pearl Buck

Są ludzie, którzy nie zauważają małego szczęścia, ponieważ daremnie czekają na duże.

Orson Scott Card

Co innego słyszeć, a co innego słuchać...

Dale Carnegie

Szczęście nie przychodzi z zewnątrz. Zależy od tego, co jest w nas samych. Większość rzeczy na tym świecie stworzona została przez ludzi, którzy wytrwali, gdy zdawało się, że nie ma już nadziei.

Winston Churchill

Ciągłe podejmowanie wysiłku, a nie siła czy inteligencja, jest kluczem do wyzwolenia naszego potencjału. Jestem optymistą. Bycie kimkolwiek innym nie wydaje się do czegokolwiek przydatne.

Nigdy, nigdy, nigdy się nie poddawaj.

Pesymista szuka przeciwności w każdej okazji. Optymista widzi okazję w każdej przeciwności.

Sukces polega na tym, by iść od porażki do porażki, nie tracąc entuzjazmu.

Arthur Charles Clarke

Jedyny sposób, by odkryć granice możliwości, to przekroczyć je i sięgnąć po niemożliwe.

Paulo Coelho

Emocje są jak dzikie konie i potrzeba wielkiej mądrości, by je okiełznać.

Świat należy do ludzi, którzy mają odwagę marzyć i ryzykować, aby spełniać swoje marzenia. I starają się robić to jak najlepiej.

Odważni są zawsze uparci.

To możliwość spełnienia marzeń sprawia, że życie jest tak fascynujące.

Tylko jedno może unicestwić marzenie. Strach przed porażką.

John Calvin Coolidge

Nic na świecie nie zastąpi wytrwałości. Nie zastąpi jej talent – nie ma nic powszechniejszego niż ludzie utalentowani, którzy nie odnoszą sukcesów. Nie uczyni niczego sam geniusz – nienagradzany geniusz to już prawie przysłowie. Nie uczyni niczego też samo wykształcenie – świat jest pełen ludzi wykształconych, o których zapomniano. Tylko wytrwałość i determinacja są wszechmocne.

John Cummuta

Kiedy poddasz się swojej wizji, sukces zaczyna Cię gonić.

Antoni Czechow

Człowiek jest tym, w co wierzy.

Chris Darimont

Duża część postępu w nauce była możliwa dzięki ludziom niezależnym lub myślącym nieco inaczej.

Maria Dąbrowska

Pismo i sztuka to jedyni świadkowie czasów.

Margaret Deland

Trzeba czegoś pragnąć, żeby żyć.

Benjamin Disraeli

Największym szczęściem jest poczucie sensu życia.

John Dryden

Najpierw sami tworzymy własne nawyki, potem nawyki tworzą nas.

Marie Ebner-Eschenbach

Zrozumienie sięga często dalej niż rozum.

Thomas Edison

Gdybyśmy robili wszystkie rzeczy, które jesteśmy w stanie zrobić, wprawilibyśmy się w ogromne zdumienie.

Największą słabością jest poddawanie się. Najpewniejszą drogą do sukcesu jest próbowanie po prostu jeszcze jeden raz.

Nie poniosłem porażki. Po prostu odkryłem dziesięć tysięcy błędnych rozwiązań!

Pewnego dnia zaprzęgniemy do pracy przypływy i odpływy, uwięzimy promienie słońca.

Albert Einstein

Dobro człowieka musi zawsze stanowić najważniejszy cel wszelkiego postępu technicznego.

Najpiękniejsza rzecz, jakiej możemy doświadczyć, to oczarowanie tajemnicą.

Nie staraj się być człowiekiem sukcesu, lecz człowiekiem wartościowym.

Nigdy nie trać świętej ciekawości. Kto nie potrafi pytać, nie potrafi żyć.

Osobowość kształtuje się nie poprzez piękne słowa, lecz pracą i własnym wysiłkiem.

Ważne jest, by nigdy nie przestać pytać. Ciekawość nie istnieje bez przyczyny.

Życie można przeżyć na dwa sposoby: albo tak, jakby nic nie było cudem, albo tak, jakby cudem było wszystko.

Ralph Waldo Emerson

Bohater nie jest odważniejszy od zwykłego człowieka, ale jest odważny pięć minut dłużej.

By nakreślić kurs działania i zrealizować go do końca, potrzeba Ci odwagi żołnierza.

Prawdziwa siła zrozumienia polega na niedopuszczeniu do tego, by coś, czego nie wiemy, krępowało to, co wiemy.

Epikur

Chcesz być szczęśliwy? Czytaj księgi! Poznawaj poglądy mądrych tego świata! Doceniaj piękno! Ciesz się każdą chwilą bez cierpienia!

Nie ma życia przyjemnego, które by nie było rozumne, moralnie podniosłe i sprawiedliwe, ani też życia rozumnego, moralnie podniosłego i sprawiedliwego, które by nie było przyjemne.

Nie można żyć szczęśliwie, nie żyjąc godnie, moralnie i uczciwie.

Michael Faraday

Nic nie jest zbyt piękne, aby mogło być prawdziwe.

Alexander Fleming

Narodziny nowego poprzedza zazwyczaj jakieś banalne wydarzenie. Newton spostrzegł spadające jabłko, James Watt zaobserwował, jak woda kipi w kociołku, Roentgenowi zmętniała klisza fotograficzna. Ale wszyscy ci ludzie mieli wiedzę tak rozległą, że umieli z banalnych zdarzeń wycią-gnąć rewelacyjne wnioski.

Raoul Follereau

Na co się przydaje wiedza, jeśli nie służy człowiekowi?

Henry Ford

Nie ma rzeczy niemożliwych, są tylko te trudniejsze do wykonania.

Terry Fox

To drożdże, dzięki którym nadzieje wznoszą się do gwiazd. Entuzjazm jest błyskiem oka, sprężystością kroku, uściskiem dłoni, nieodpartym przepływem woli i energii potrzebnej do realizacji najśmielszych pomysłów. Entuzjaści to wojownicy, których cechuje hart ducha i trwałe wartości. Entuzjazm stanowi podstawę postępu. Dzięki niemu możliwe są osiągnięcia, bez niego pozostaje tylko alibi.

Anatol France

Marzenia możesz zrealizować, jeśli tylko spróbujesz to zrobić.

Aby osiągnąć wspaniałe rzeczy musimy marzyć tak samo dobrze, jak działać.

By dokonać wielkich dzieł, powinniśmy nie tylko planować, ale również wierzyć.

W miarę jak się starzejemy, odkrywamy, że najrzadsza jest odwaga myślenia.

Benjamin Franklin

Silny jest ten, kto potrafi przezwyciężyć swe szkodliwe przyzwyczajenia.

Anna Freud

Siły i wiary w siebie poszukiwałam zawsze gdzieś poza sobą, a one pochodzą z mojego wnętrza. Cały czas są we mnie.

Erich Fromm

Szczęście to coś, co każdy z nas musi wypracować dla samego siebie.

Gail Godwin

Nikt z nas nie staje się kimś nagle, w jeden dzień. Przygotowania do tego trwają przez całe nasze życie.

Johann Wolfgang Goethe

Biorąc pod uwagę wszystkie akty tworzenia, odkrywa się jedną elemen-tarną prawdę: gdy się czemuś prawdziwie poświęcamy, wspiera nas Opatrzność.

Człowiek, który zyska i zachowa władzę nad sobą, dokona rzeczy największych i najtrudniejszych.

Myślenie jest ważniejsze niż wiedza, ale nie ważniejsze niż obserwacja.

Potykając się, można zajść daleko, nie wolno tylko upaść i nie podnieść się.

Mikołaj Gogol

Trzeba mieć w sobie wiele miłości, aby nasza krytyka skierowana przeciwko innemu człowiekowi wyszła mu na dobre.

Władysław Grabski

Trzeba, by autorytet wypłynął z wartości moralnych i intelektualnych, wtedy tylko jest on trwałym i poważnym.

David Grayson

Jakże wielu ludzi, którzy wyprawiają się w poszukiwaniu szczęścia, nie zauważa, że ono czeka na ganku ich domu.

Trygve Gulbranssen

Pieniądz wiele żąda od swego właściciela – zabierze mu nawet duszę, jeśli nie będzie na siebie uważał.

Adolf Harnack

Nic bardziej nie wzmacnia człowieka niż okazane mu zaufanie.

Nic bardziej nie wzmacnia człowieka niż okazane mu zaufanie.

Hermann Hesse

Istnieją miliony oblicz prawdy, ale prawda jest tylko jedna.

Jaki sens miałoby pisanie, gdyby nie stała za nim wola prawdy.

Hi-cy-Czuan

Naucz się znajdować radość w życiu – to najlepszy sposób przyciągnięcia szczęścia.

Napoleon Hill

Wiara nakierowana na odniesienie sukcesu nada siłę każdej Twojej myśli.

Paul Holbach

Aby być szczęśliwym, trzeba pragnąć, działać i pracować, taki jest porządek przyrody, której życie polega na działaniu.

Ciesz się z podróży.

Oliver Holmes

Tylko wiara i entuzjazm sprawiają, że warto żyć.

Albert Jacquard

Zdolność myślenia nie zna granic.

Margo Jones

Odrobina wiary jest warunkiem powodzenia każdego przedsięwzięcia.

Erica Jong

Zaakceptowałam strach jako nieodłączną część życia – szczególnie strach przed zmianami. Idę naprzód mimo walenia serca, które mówi: zawróć.

Joseph Joubert

Dzieci potrzebują bardziej dobrego przykładu niż krytyki.

Kartezjusz

Myślę, więc jestem.

Erich Kästner

Można wyjść od jakiegoś punktu, ale nie można na nim spocząć.

Helen Keller

Gdy zamykają się jedne drzwi do szczęścia, otwierają się inne, ale my patrzymy na pierwsze drzwi tak długo, że nie widzimy tych drugich.

Możemy zrealizować każde zamierzenie, jeśli potrafimy trwać w nim wystarczająco długo.

Życie albo jest śmiałą przygodą, albo nie jest życiem. Nie lękać się zmian, a w obliczu kapryśności losu zachowywać hart ducha – oto siła nie do pokonania.

Johannes Kepler

Radość jest potrzebą, siłą i wartością życia.

Karol Kettering

Obchodzi mnie przyszłość, bo zamierzam spędzić w niej resztę życia.

Problem dobrze ujęty, to w połowie rozwiązany.

Antoni Kępiński

Dziecko, bawiąc się, doznaje po raz pierwszy w życiu radości twórcy i władcy.

W miarę dojrzewania uczuciowego wzrasta potrzeba dawania.

Jan Amos Komeński

Kto się o mądrość ubiega, ten księgi miłować winien nad srebro i złoto.

John Kotter

Większość ludzi nie prowadzi swojego życia. Oni je tylko akceptują.

Roger L'Estrange

To nie miejsce ani spełnienie jakiegoś warunku, ale sam umysł jest tym, co może uczynić każdego szczęśliwym lub nieszczęśliwym.

Leonardo da Vinci

Trzeba kontemplować i dużo myśleć. Kto mało myśli, ten dużo traci.

Abraham Lincoln

Ludzie są na tyle szczęśliwi, na ile sobie pozwolą nimi być.

Moim problemem nie jest, czy Bóg jest po naszej stronie. Moim największym zmartwieniem jest, czy my jesteśmy po stronie Boga. Bo Bóg ma zawsze rację!

Mike Litman

Człowiek rodzi się po to, by wieść nadzwyczajne życie, robić nadzwyczajne rzeczy i pomóc nadzwyczajnej liczbie ludzi.

Lope de Vega

Postęp to znaczy lepsze, a nie tylko nowe.

Tylko przykład jest zaraźliwy.

John Mansfield

Człowiek składa się z ciała, umysłu i wyobraźni. Jego ciało jest niedoskonałe, jego umysł zawodny, ale jego wyobraźnia czyni go znakomitym.

Marek Aureliusz

Najtrudniej jest dotrzeć do samego siebie.

Zawsze masz możność żyć szczęśliwie, jeśli pójdziesz dobrą drogą i zechcesz dobrze myśleć i czynić. A szczęśliwy to ten, kto los szczęśliwy sam sobie przygotował. A los szczęśliwy to dobre drganie duszy, dobre skłonności, dobre czyny.

JOHN MASON

Potrzeba młotka wytrwałości, by wbić gwóźdź sukcesu.

JOHN MCCAIN

Zacznij od tego, żeby mieć odwagę. Reszta przyjdzie sama.

ANTHONY DE MELLO

Jeśli jesteś nieszczęśliwy, to dlatego, że cały czas myślisz raczej o tym, czego nie masz, zamiast koncentrować się na tym, co masz w danej chwili.

LEROY „ROY" MILBURN

Wytrwałość jest tym dla ludzi, czym drożdże dla chleba i ciasta.

MONTESKIUSZ

Im mniej ludzie mówią, tym więcej myślą.

REINHOLD NIEBUHR

Boże, daj mi tę łaskę, bym przyjął to, czego nie mogę zmienić. Daj odwagę, bym zmieniał to, co zmienić mogę. I mądrość, bym odróżnił jedno od drugiego.

EARL NIGHTINGALE

Nie pozwól, by obawa o to, ile czasu zajmie osiągnięcie czegoś, przeszkodziła Ci w zrobieniu tego. Czas i tak upłynie, można więc równie dobrze wykorzystać go w najlepszy możliwy sposób.

Borys Pasternak

Nigdy w żadnym wypadku nie wolno wpadać w rozpacz. Mieć nadzieję i działać – oto nasz obowiązek w nieszczęściu.

Odwaga góry przenosi.

Ludwik Pasteur

Moja siła leży w nieustępliwości.

Norman Vincent Peale

Entuzjazm zmienia wszystko.

Platon

Doświadczenie pozwala nam kierować własnym życiem wedle zasad sztuki, brak doświadczenia rzuca nas na igraszkę losu.

Myśleć to, co prawdziwe, czuć to, co piękne, i kochać, co dobre.

Jules Henri Poincaré

Wiedzę buduje się z faktów, jak dom z kamienia; ale zbiór faktów nie jest wiedzą, jak stos kamieni nie jest domem.

Alexander Pope

Najlepiej znoszą krytykę ci, którzy najbardziej zasługują na pochwałę.

Anthony Robbins

Determinacja jest wyzwaniem budzącym ludzką wolę.

Eleanor Roosevelt

Bez Twojego pozwolenia nikt nie może sprawić, że poczujesz się gorszy.

Jan Jakub Rousseau

Prawdziwa grzeczność polega na wyrażaniu życzliwości.

Rośliny uszlachetnia się przez uprawę, ludzi – przez wychowanie.

Joanne K. Rowling

Liczy się nie to, kim się ktoś urodził, ale kim wybrał, by być.

Bertrand Russell

Pewne rzeczy są dla większości ludzi niezbędnym warunkiem szczęścia, ale są to rzeczy proste: pożywienie, dach nad głową, zdrowie, miłość, powodzenie w pracy i szacunek otoczenia.

Życie szczęśliwe jest w niezwykłym stopniu identyczne z życiem wartościowym.

William Saroyan

Dziecko poszukuje dziecka w każdym, kogo spotka. Jeśli znajdzie je w dorosłym, podoba mu się ta osoba bardziej niż inne.

Antoine de Saint-Exupéry

Będziemy szczęśliwi dopiero wtedy, gdy uświadomimy sobie nasze zadanie, choćby najskromniejsze. Wtedy dopiero będziemy mogli spokojnie żyć i spokojnie umierać, gdyż to, co nadaje sens życiu, nadaje sens także śmierci.

Andrzej Sapkowski

Jeśli cel przyświeca, sposób musi się znaleźć.

José Saramago

Nigdy się nie dowiemy, do jakiego stopnia nasze życie uległoby zmianie, gdyby pewne usłyszane i niezrozumiane zdania zostały zrozumiane.

Jean-Paul Sartre

Każdy musi odkryć swoją własną drogę.

Éric-Emmanuel Schmitt

Każdy związek jest domem, do którego klucze znajdują się w rękach mieszkańców.

Albert Schweitzer

Ten, kto ma odwagę oceniać siebie samego, staje się coraz lepszy.

Seneka Młodszy

Najwyższym dobrem jest duch, gardzący przypadkowymi dobrami, rozradowany cnotą, albo ściślej, niepokonana siła ducha, doświadczona we wszystkim, łagodna w czynach, delikatna w obejściu z innymi.

Nie rozglądaj się za szczęściem, bo w ten sposób go nie zobaczysz. Ono jest w Tobie i tylko w Tobie samym!

Wierz mi, prawdziwa radość jest rzeczą poważną.

SENEKA STARSZY

Dwie rzeczy dają duszy największą siłę: wierność prawdzie i wiara w siebie.

Prawdę należy mówić tylko temu, kto chce jej słuchać.

GEORGE BERNARD SHAW

Ideały są jak gwiazdy. Jeśli nawet nie możemy ich osiągnąć, to należy się według nich orientować.

RICHARD B. SHERIDAN

Najpewniejszym sposobem na uniknięcie porażki jest determinacja, by osiągnąć sukces.

MARIA SKŁODOWSKA-CURIE

Jeśli to zajmie sto lat, to trudno, ale nie przestanę pracować tak długo, jak żyję.

SOKRATES

Mądrość zależy od trzech rzeczy: osobowości, wiedzy, samokontroli.

WILLIAM SZEKSPIR

O ileż lepiej płakać z radości niż znajdować radość w płaczu.

AMY TAN

Kiedy piszesz, musisz zebrać w jeden strumień wszystkie swobodne prądy serca.

WŁADYSŁAW TATARKIEWICZ

Aby człowiek mógł być zadowolony z życia, jednym z najistotniejszych warunków jest, aby był przekonany, że ma ono jakiś sens, jakąś wartość.

Do szczęścia należą dwie rzeczy: wieść życie, z którego jest się zadowolonym, i być zadowolonym z życia, które się wiedzie.

Od człowieka zależy, czy przeszkody, jakie ma w życiu, będą mu dokuczać więcej czy mniej lub też wcale nie będą dlań przeszkodami.

CAROL ANNE TAVRIS, ELLIOT ARONSON

Nasze dobre uczynki mogą tworzyć spiralę życzliwości i współczucia – „błędne koło dobroci".

HENRY DAVID THOREAU

Chciałbym, ażeby każdy z wielkim staraniem wybrał własną drogę i szedł naprzód właśnie nią, zamiast drogą ojca, matki czy sąsiada.

Nic nie dodaje odwagi bardziej niż niekwestionowana zdolność człowieka do podźwignięcia własnego życia poprzez świadome działanie.

Paul Tillich

Męstwo, w połączeniu z mądrością, zawiera umiarkowanie człowieka w stosunku do siebie oraz sprawiedliwość w stosunku do innych.

Józef Tischner

Dzięki swoim wolnym decyzjom, dzięki odczuwanym wartościom, dzięki tysiącom podjętych czynności człowiek nieustannie tworzy samego siebie.

Brian Tracy

Twoje życie staje się lepsze, tylko kiedy Ty stajesz się lepszy.

Twój charakter jest Twoim najważniejszym atutem, dlatego powinieneś pracować nad sobą przez całe życie.

Mark Twain

Aby zerwać z nawykiem, wyrób sobie inny, który go wymaże.

Spraw, aby każdy dzień miał szansę stać się najpiękniejszym dniem Twego życia.

Jan Twardowski

Aby żyć w zgodzie z innymi, człowiek musi najpierw pogodzić się z samym sobą.

Wielkie dzieło nawrócenia świata rozpoczyna się od małych nieraz wysiłków, od budowania zgody w naszych rodzinach, parafiach, w środowi-skach pracy.

WERGILIUSZ

Ludzie potrafią, gdyż sądzą, że potrafią.

PAUL ZULEHNER

Kto nie ma odwagi do marzeń, nie będzie miał siły do walki.

Przysłowie angielskie:

Aby być szczęśliwym, trzeba pragnąć, działać i pracować, taki jest porządek przyrody, której życie polega na działaniu.

Przysłowie japońskie:

Ten jest ubogi, kto nie odczuwa zadowolenia.

Napis na budynku Williams College w Williamstown (USA):

Pnij się wysoko – Twoją metą niebo, Twoim celem gwiazda.

OFERTA WYDAWNICZA
Andrew Moszczynski Group sp. z o.o.

www.ingramcontent.com/pod-product-compliance
Lightning Source LLC
LaVergne TN
LVHW060133080526
838202LV00050B/4112